怎样认识
"西方马克思主义"

ZENYANG RENSHI
"XIFANG MAKESIZHUYI"

徐崇温 著

重庆出版集团 重庆出版社

图书在版编目(CIP)数据

怎样认识"西方马克思主义"/徐崇温著. —重庆：
重庆出版社, 2012.6
ISBN 978-7-229-05188-4

Ⅰ.①怎… Ⅱ.徐… Ⅲ.①西方马克思主义—研究
Ⅳ.①B089.1

中国版本图书馆CIP数据核字(2012)第092766号

怎样认识"西方马克思主义"
ZENYANG RENSHI "XIFANG MAKESI ZHUYI"

徐崇温 著

出 版 人：罗小卫
责任编辑：杨 耘 别必亮
责任校对：何建云
装帧设计：重庆出版集团艺术设计公司·钟丹珂

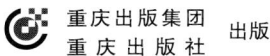
重庆出版集团
重庆出版社 出版

重庆长江二路205号 邮政编码：400016 http://www.cqph.com
重庆出版集团艺术设计有限公司制版
自贡兴华印务有限公司印刷
重庆出版集团图书发行有限公司发行
E-MAIL:fxchu@cqph.com 邮购电话：023-68809452
全国新华书店经销

开本：787mm×1 092mm 1/16 印张：40 字数：560千
2012年6月第1版 2012年6月第1次印刷
印数：1~10 000
ISBN 978-7-229-05188-4
定价：58.00元

如有印装质量问题，请向本集团图书发行有限公司调换：023-68706683

版权所有 侵权必究

目录

序言 ··· 1

第一篇 基本情况 ························· 1

一、什么是"西方马克思主义"? ················ 1
二、"西方马克思主义"研究在我国的开展 ············ 26
三、"西方马克思主义"理论研究的当前意义 ············ 43
四、应该怎样看待"西方马克思主义" ················ 49
五、坚持列宁的哲学党性原则,剖析"西方马克思主义"研究 ············ 59
六、就我国对"西方马克思主义"的研究答《求是》杂志社记者问 ············ 74
七、就国外马克思主义研究问题答《中国社会科学报》记者问 ············ 83
八、"西方马克思主义"的指导思想评析 ················ 91
九、评高尔曼对新马克思主义的界定 ················ 104

第二篇 讨论与争鸣 ························· 121

一、关于"西方马克思主义"研究中的若干问题 ············ 121
二、要实事求是地对待"西方马克思主义" ············ 140
三、就"西方马克思主义"问题答杜章智同志 ············ 149
四、关于"西方马克思主义"研究中若干问题的辨析 ············ 172
五、评"西方马克思主义"就是马克思主义论 ············ 185
六、再评"西方马克思主义"就是马克思主义论 ············ 206
七、三评"西方马克思主义"就是马克思主义论 ············ 225

第三篇 具体分析 ………………………………… 241
一、透视"青年卢卡奇热" ……………………… 241
二、青年卢卡奇的实践观评析 …………………… 263
三、不要把唯心实践观说成实践唯物主义 ………… 279
四、葛兰西的实践哲学评析 ……………………… 296
五、要划清实践唯物主义与实践哲学的原则界限 … 327
六、把马克思主义和弗洛伊德主义结合起来的赖希
　　 …………………………………………………… 343
七、怎样评价萨特和他的思想？ ………………… 373
八、萨特和马克思主义 …………………………… 388
九、高兹：把"存在主义的马克思主义"和生态运动、
　　后工业社会理论结合起来 ……………………… 459
十、马尔库塞的总体异化理论述评 ……………… 492
十一、评"当代走向社会主义的道路要由科学到乌托
　　　邦"论 …………………………………………… 516
十二、评施密特的马克思主义解释 ……………… 525
十三、评哈贝马斯的"重建历史唯物主义" ……… 537
十四、阿尔都塞的多元决定论和马克思主义 ……… 547
十五、阿尔都塞的反经验主义认识论和马克思主义
　　　 ………………………………………………… 567
十六、阿尔都塞的"理论反人道主义"和马克思主义
　　　 ………………………………………………… 586
十七、普兰查斯："结构主义的马克思主义"的阶级论
　　　和国家论 ……………………………………… 602

序　言

　　自从在20世纪70年代末,适应于我国改革开放形势发展的需要,作为整体的"西方马克思主义"思潮被系统地介绍进我国以来,迅速引起了我国学术界广泛而热烈的关注。在某种意义上说,甚至有发展成为一种显学的趋势。

　　我对"西方马克思主义"的认识,经历了一个发展过程:刚接触到它时,我曾习惯性地按苏联模式的观点去观察它,但随着研究的深入,我感到它对苏联模式的批评事出有因,而且有一些是有理的,这使我感到必须调整和重新确定观察它的理论坐标,这就是要以马克思在《关于费尔巴哈的提纲》中首次提出的"新唯物主义"世界观作为指针。从这样的高度来看,形成于20世纪20年代的"西方马克思主义"思潮,是当代西方社会的一种左翼激进主义思潮。对于我们的马克思主义研究来说,它明显地呈现出两重性:一方面,它的许多代表在主观上希望发展马克思主义,但却从一开始就用形形色色的西方唯心主义哲学流派的基本精神去解释、发挥、补充、"结合"马克思主义,把不同的哲学世界观的折中混合奉为自己的指导思想,由此形成"西方马克思主义"思潮的各个流派,同马克思列宁主义相对峙乃至抗衡;另一方面,"西方马克思主义"又冲破苏联模式教条主义的束缚,考察了当代资本主义在那时出现的新情况和新问题,揭露和批评了苏联模式社会主义的种种缺陷和弊端,从而为我们在新的历史条件下推进马克思主义提供了大量丰富的思想资料。

　　"西方马克思主义"的这种两重性,给在不同情景下接触到这种思潮的人带来了认识上的困难:有的时候,有一些人倾向于突出"西方马克思主义"的后一种思想特质,而漠视或低估了它在指导思想上用不同的哲学世界观的折中混合去取代马克思主义的情况,而简单地把它和马克思主义等量齐观、等同起来,乃至认为它就是马克思主义,甚至认为只有它才体现了马克思主义的真精神;而在另一些时候,又有一些人倾向于突出它的前一种思想特质,把"西方马克思主义"说得一无是处,而忽视或轻视了它冲破束缚、勇于探索的精神,对于我们在新的历史条件下推进马克思主义的参考借鉴作用;也还有一些人,在不同的时候忽而这样、忽而那样地游走于这两种倾向之间。正是这种认识上的疑惑,导致了我国学术界对于"西方马克思主义"思潮一波又一波的讨论和争论,到底应该怎样认识"西方马克思主义"的问题也因此凸现。

怎样认识"西方马克思主义"问题之所以重要,还因为这一思潮的相当一部分内容,直接涉及到对于马克思主义的一些基本原理的理解和诠释。对于这些思想资料,要是能够正确对待,它们无疑可以从不同的方面开阔我们的视野、启发我们的思考,取其精华而去其糟粕,加深我们对马克思主义基本原理的理解和把握的;反之,要是出现邓小平所指出的那种情况,"现在有些同志对于西方各种哲学的、经济学的社会政治和文学艺术的思潮,不分析、不鉴别、不批判,而是一窝蜂地盲目推崇",那就势必造成指导思想上的多元化,冲击马克思主义在意识形态领域的指导地位,严重损害中国特色社会主义事业。因此就必须认真解决这个怎样认识"西方马克思主义"的问题,努力做到如邓小平所教导的:"属于文化领域的东西,一定要用马克思主义对它们的思想内容和表现方法进行分析、鉴别和批判。"①

正是本着这样的认识,我把多年来所撰写的部分有关文章,在《怎样认识"西方马克思主义"》的标题下,编纂成三组:一、基本情况;二、讨论和争鸣;三、具体分析。现一并奉献给大家,由于这三组

---

① 《邓小平文选》第3卷,人民出版社1993年版,第44页。

文章从"西方马克思主义"的指导思想到其各派的主要代表人物及其主要代表作,展示了它的基本特征,彰显了它们同马克思主义基本理论和主要观点的基本区别和原则界限,因此,希望能够在建设社会主义核心价值体系,增强社会主义意识形态的吸引力和凝聚力引导一些社会思潮的发展和对于它们的研究方面,发挥一点积极作用;同时,期盼持"西方马克思主义就是马克思主义"论者能够增强尊重事实、实事求是的负责态度,使我国的国外马克思主义研究达到更高的水平。

怎样认识"西方马克思主义"的问题,还涉及到到底是用马克思主义去观察和评价"西方马克思主义",还是倒过来,用"西方马克思主义"的思想去理解和把握马克思主义的问题?在2012年3月30日的《中国社会科学报》第1版上,发表了一篇题为《学术刊物要推动马克思主义发展》的会议报道。这篇报道说,3月27日,《中国社会科学》、《哲学研究》、《马克思主义与现实》、《中国人民大学学报》在中央编译局召开联席工作会议。与会者认为,"在新的时代重新解读马克思主义的文本无可厚非,但用西方哲学或西方马克思主义哲学文本反哺对马克思主义的理解,必然导致马克思思想体系的支离破碎。马克思主义哲学如果只是设定为西方哲学史发展中的一个环节,这就从根本上否定了马克思主义哲学革命的意义"。我觉得与会者在这里所指的,正是那种把"西方马克思主义"当作就是马克思主义,用"西方马克思主义"去曲解马克思主义,导致否定马克思主义在意识形态领域中指导地位的错误倾向。而为了克服这种错误倾向,就必须认真解决到底应该怎样认识"西方马克思主义"的问题。

徐崇温

2012年4月于养心园

第一篇 基本情况

一、什么是"西方马克思主义"?

"西方马克思主义"并不是一个地理学概念,而是一个社会思想史概念,一个意识形态概念。它指的是一种在特定的历史背景下,产生于特定的时间和地点,具有特定内容的思潮。

(一)"西方马克思主义"思潮的出现

"西方马克思主义"思潮所据以产生的历史背景,是第一次世界大战以后,俄国的十月革命取得了胜利而西方国家的革命却相继遭到了失败。

第一次世界大战以及战争所造成的政治、经济、文化、社会方面的灾难性后果,使资本主义矛盾更加深刻和空前尖锐起来,它促使西方国家的无产阶级和劳动人民到摆脱剥削和压迫的社会主义革命中去寻找出路,俄国十月革命胜利的榜样更极大地鼓舞了这些国家的无产阶级。于是,从1918年到1923年,在德国、奥地利、匈牙利、意大利等国家和地区,先后爆发了骚动、起义和革命,但却一个接一个地失败了。

在这种情况下,西方国家的共产党人和左派开始对这些革命失败的原因进行思考。特别是当共产国际在资本主义相对稳定的形势下,在所属各国共产党内推行"布尔什维克化"的政策以后,更使这种思考不仅对准第二国际,而且也对准共产国际以及俄国共产党的路线和政策。在这方面,最典型的反应见诸于"马克思主义荷兰学派"的一名代表高尔特《致列宁同志的公开信》:革命并不单从一个经济危机中产生,还有进一步的条件,"德国、匈牙利、巴伐利亚、奥地利、波兰和巴尔干的例子告诉我们,危机和苦难是不够的,在这里有最可怕的经济危机——然而革命却没有到来。还必须有把革命带来的另一个因素,而如果缺乏它的话,革命就流产或失败。这个因素就是群众的精神"。因此,"必须总是以一种唤醒和加强工人的阶级意识的方式去行动和说话",并把社会主义建立在无产阶级广大群众自己解放自己的首创精神、无产阶级群众阶级意识的自由发展的基础之上[①]。

把这种对于西方革命失败的思考,首先提到哲学的高度,形成为一股思潮的,是匈牙利共产党人卢卡奇在1923年发表的《历史和阶级意识》一书。在这本书里,卢卡奇把西方革命失败的原因,归结为轻视革命主体作用的经济决定论,以及由此引发的无产阶级阶级意识的危机。为此,他用"总体性"的观点去取代经济因素首要性的观点,用无产阶级阶级意识创造历史的观点去取代不以人的意志为转移的历史规律性的观点;他在批评自然辩证法和反映论的同时,强调意志、意识、意识形态、主观性等在社会发展中的重要性,并提出了一种对马克思主义的自由主义和人道主义的解释。

卢卡奇的这种解释,一是把异化当作它的中心的批判范畴,把资本主义社会描绘成一个异化、物化了的世界,而把共产主义社会说成是"真正的人性"和人的"总体的个性"的实现;二是使马克思主义离开对自然和社会的"实证主义"研究,去探索主体和客体之间的辩证关系;三是主张把社会看成是各个相互作用和中介方面构成的"总

---

① 高尔特:《对列宁的回答》,巴黎1930年版,第89、106页。

体性",主张"把孤立的事实同总体性联系起来";四是认为人本身是历史辩证法的客观基础,并据此把人提到历史的主体的地位上,而拒斥唯物主义决定论。

西方曾经有人把卢卡奇的这本书说成是"20世纪最重要的马克思主义著作","西方共产主义的圣经",说它对20世纪初期革命的思考,可以和康德的《三大批判》[①]对法国大革命的思考相媲美。

和卢卡奇的《历史和阶级意识》一起代表这股思潮的,还有德国共产党人柯尔施的《马克思主义和哲学》(1923年),布洛赫的《乌托邦精神》(1918年)也表现了这一思潮。然而,对于这一思潮的奠基和发展具有更大影响的,则是意大利共产党领袖葛兰西,在被囚禁法西斯监狱期间所写《狱中札记(选)》一书中提出的"意识形态和文化上的领导权"的概念和理论。

葛兰西的这种理论认为,革命在西方失败的原因,在于照搬了俄国革命的战略,而没有考虑到两者的前提不同的缘故。俄国的政权是半封建的军事官僚国家,在那里,统治阶级的统治是以暴力为基础的。这样的国家,一旦遇上灾难,被压迫的群众起来,群起而攻之,在一场"运动战"中就把它搞垮了,这就是十月革命的战略;反之,西方国家的政权却是资本主义国家,在那里,统治阶级的统治,主要不是建立在暴力的基础上,而是建立在统治阶级对于被统治阶级在意识形态和文化上的领导权的基础上,建立在被统治阶级由此而对统治阶级的统治所给予的"同意"的基础上的,这就给西方资产阶级政权带来了强大的力量,它像一道屏障那样,抵御着经济危机和天灾人祸的侵入,把政权保护起来,当那里的无产阶级革命照搬十月革命的"运动战"战略来对付它时,就会遇到在俄国没有遇到过的暗堡、暗火力点,使革命的有生力量遭到大量杀伤。因此,资本主义社会之所以能够在生产力的发展超越了生产资料资本主义私有制的框框而仍

[①] 即康德的《纯粹理性批判》《实践理性批判》《判断力批判》。

然幸存下来,其关键性的因素,就在于资产阶级持有这种"意识形态和文化上的领导权"。与此相适应,西方国家的无产阶级要取得推翻资产阶级统治的胜利,就应该采用"阵地战"的战略,首先一个又一个地去夺取资产阶级在意识形态和文化上的领导权,只有把这些领导权阵地统统夺过来了,无产阶级才能取得推翻资产阶级统治的胜利。

20世纪30年代初期,由于马克思的《1844年经济学—哲学手稿》的首次公开发表,在一些人看来,似乎使卢卡奇对马克思主义的解释得到了证实,这就进一步推动了这股思潮的发展。

然而,在另一方面,又由于在1924年的共产国际第五次世界代表大会上,布哈林、季诺维也夫等先后指责卢卡奇、柯尔施的上述著作"回复到古老的黑格尔主义",是"理论上的修正主义",并宣布"我们不能容忍""在我们共产国际内有这种理论上的修正主义"。后来,柯尔施被开除出党,卢卡奇作自我批判,这就使这股思潮只能走向党外,首先在德国法兰克福的社会研究所中得到发展;而在党内,则作为一种"地下"传统,或明或暗地存在于一些在理论上持异议的党员的著作中。

直到1968年法国爆发"五月风暴"的时候,由于"西方马克思主义"被奋起造发达资本主义社会反的"新左派"青年学生和工人奉为思想武器,这一思潮才引起西方社会各方面人士的广泛注意。不仅"西方马克思主义"这个名词脍炙人口,而且在西方一些人的心目中,它还俨然成了"发达资本主义社会的马克思主义";甚至在苏联、东欧国家,这股思潮也产生了相当的影响。有一位名叫伊里巴贾科夫的学者在苏联《共产党人》杂志1987年第9期上发表的一篇文章中说:"曾有不少马列主义者产生了所谓'马列主义危机'的虚假观念,认为马列主义'不能'回答现时代的问题和成为当代条件下行动的思想指南,认为必须'改造'马列主义和建立某种'新的''西方马克思主义'。"

从上述对"西方马克思主义"思潮形成发展过程的简单回顾中，可以看出，这股思潮是在第一次世界大战以后，无产阶级革命在俄国取胜而在西方失败的情况下，在西方国家内出现的一股在理论上同列宁主义相对立而又自称是马克思主义的思潮。它从理论和实践两个方面批评共产国际和苏联共产党的内外政策；在政治方面，在对现代资本主义的分析和对社会主义的展望上，在无产阶级革命的战略和策略上，它提出了不同于列宁主义的见解；在哲学方面，它提出了不同于苏联对马克思主义的解释，主张"重新发现"马克思原来的设计。

(二)"西方马克思主义"概念的发展

尽管"西方马克思主义"思潮正式形成于1923年，但"西方马克思主义"这个概念的提出，却在此之后，而这个概念的流行，更在思潮出现之后好几十年。

"西方马克思主义"思潮奠基人之一的柯尔施，为回答人们对其《马克思主义和哲学》的批评，在1930年重版该书时，增补了一篇《〈马克思主义和哲学〉问题的现状——一个反批评》，他在其中多次提到区别于"俄国马克思主义"的"西方马克思主义"，他显然用后者去指以卢卡奇和他为代表的、对马克思主义作出的不同于俄国马克思主义的解释[①]。但是，柯尔施对"西方马克思主义"这个概念的使用，在尔后20多年的时间里一直没有引起人们的重视，所以，"西方马克思主义"这个概念也没有因此而流行起来。

1955年，法国学者梅劳-庞蒂在《辩证法的历险》一书第二章《"西方的"马克思主义》中，论述了从卢卡奇《历史和阶级意识》开始的、一种对于马克思主义的理解。他先是说"被这样理解的马克思主义，正因为它拒绝成为一种教条的历史哲学，它应当是一种革命哲

---

① 柯尔施:《马克思主义和哲学》，纽约1970年版，第120、134页。

学",接着又从自然辩证法、反映论等方面,论证了"'西方马克思主义'与列宁主义的冲突",并且说什么这种冲突"在马克思那里已经作为辩证思想与自然主义的冲突出现了"①。从此以后,"西方马克思主义"这个概念在西方社会中逐渐被人们所使用。

1976年,英国《新左派评论》杂志编辑安德森发表《西方马克思主义探讨》一书,把"从卢卡奇到葛兰西,从萨特到阿尔都塞,从马尔库塞到德拉-沃尔佩",列为"西方马克思主义的主要学派或理论家",并说"西方马克思主义尽管存在种种内部分歧和对立,却仍然构成一个具有共同学术传统的理论"②。这样,安德森就扩大了梅劳-庞蒂的"西方马克思主义"概念,使之不仅包括从卢卡奇、柯尔施、葛兰西直到德国的法兰克福学派和法国的存在主义马克思主义者这样一批拥护黑格尔、赞成人道主义和批判传统的马克思主义的人,而且也包括在第二次世界大战后崛起的、以德拉-沃尔佩为代表的新实证主义马克思主义者,以阿尔都塞为代表的结构主义马克思主义者这样一些反对黑格尔、反对人道主义而拥护科学传统的马克思主义的人。

对于安德森扩大"西方马克思主义"概念的这种做法,在西方学术界引起了激烈的争论,美国《目的》杂志编辑皮孔、美国麻省大学经济系教师沃尔夫、美国社会学家古尔德纳等人先后发表文章提出种种批评。有的批评安德森没有把英美两国的有关学者包括到"西方马克思主义"的范围中去;有的批评安德森是按照托派历史编纂学的观点来确定"西方马克思主义"的坐标和理论家名单的,而多数人则批评安德森把反对黑格尔的和拥护黑格尔的人搞在同一个"西方马克思主义"思潮里,模糊了两者的决定性区别,不能详述每一方独特的理论贡献,从而使"西方马克思主义"概念变得毫无意义。而

---

① 梅劳-庞蒂:《辩证法的历险》,伦敦1974年版,第35、64页。
② 安德森:《西方马克思主义探讨》,人民出版社1981年版,第3、7页。

马丁·杰、博斯特、诺凡克等人则竭力主张人本主义和实证主义是西方马克思主义思潮中的两派,之所以要把诸如德拉-沃尔佩、阿尔都塞等反对黑格尔的学派代表也包括到西方马克思主义中去,是因为有某些共同特征允许把人本主义各派和实证主义各派两方粗略地放到同一个阵营中去。这场争论的结果是大多数西方学者都持由安德森所代表的扩大"西方马克思主义"概念的做法,并一直延续至今。

例如,美国威斯康辛—麦迪逊大学教授安德鲁·莱文1989年在《什么是一种今天的马克思主义》一文中说,"我在由梅劳-庞蒂和安德森使之流行起来、被广泛接受的意义上使用'西方马克思主义'此词","粗略地说来,西方马克思主义此词指那种贯串在卢卡奇、柯尔施、葛兰西,法兰克福学派的'批判理论家'(阿道尔诺、霍克海默、马尔库塞等),存在主义马克思主义者(萨特、梅劳-庞蒂),结构主义马克思主义者(阿尔都塞、巴利巴尔)等人著作中的理论思潮"[①]。

英国学者特沃尔金则在1997年发表的《战后英国的文化马克思主义》一书中,一方面把"西方马克思主义传统"称作是"马克思恩格斯列宁经典著作以来最有创造性的马克思主义著作",另一方面又强调他所说的这个传统"包括诸如阿道尔诺、阿尔都塞、科来蒂、戈德曼、葛兰西、柯尔施、卢卡奇、丁伯纳罗、德拉-沃尔佩这样一些重要的马克思主义思想家"[②]。

(三)"西方马克思主义"各流派

那么,"西方马克思主义"思潮究竟包括多少流派呢?

"西方马克思主义"各流派分属人本主义(批判的)和科学主义两种倾向。

在人本主义方面,第一个流派便是黑格尔主义的马克思主义。

---

① 威尔和尼尔逊编:《分析马克思主义》,加拿大卡尔加里大学1989年版,第30页。
② 特沃尔金:《战后英国的文化马克思主义》,美国杜克大学1997年版,第136页。

它以卢卡奇、柯尔施、葛兰西为主要代表,法兰克福学派的代表在初期也奉行黑格尔主义马克思主义的思想路线。

这种黑格尔主义的马克思主义认为,资本主义之所以没有在20世纪20年代中、西欧许多国家的骚乱、起义和革命中崩溃,是因为工人阶级没有发展出充分的阶级意识,没有意识到自己作为一种革命的政治力量所可能具有的使命,而这是由第二国际和共产国际主张经济决定论所造成的。为此,它要求把阶级意识的主观方面恢复到马克思主义中去,认为这就是恢复马克思主义的哲学基础,其具体办法则是重新占有黑格尔关于人的自我意识的创造性观念,指出马克思主义的黑格尔根源,特别是马克思社会主义观的黑格尔基础。

这种黑格尔主义的马克思主义,首先和实证主义相对立而强调历史主义,并据此把马克思主义设想成不是建立在自然主义模式基础上的一种分析科学,而是表现无产阶级世界观的一种意识形态;其次则是反对客观主义而强调人道主义,反对经济决定论而高扬人在建构和改造世界中的创造性作用。这种历史主义和人道主义,在卢卡奇那里最终归结为浪漫的反资本主义和反科学主义,而在葛兰西的实践哲学中则表现为唯实践主义。

有一种说法把"西方马克思主义"中的这种黑格尔主义马克思主义,同列宁的黑格尔研究混为一谈。这是没有根据的。因为一般地讲黑格尔主义的马克思主义,特殊地讲卢卡奇的《历史和阶级意识》,依据黑格尔《精神现象学》一书的基本精神,强调革命过程的唯意志论方面,并据此批评历史决定论、自然辩证法和反映论,而列宁则通过对黑格尔《逻辑科学》的研究,维护历史决定论、自然辩证法和反映论。正因为这两种黑格尔研究标志着两种不同的思想路线,因此,西方学者雅可比指出:"马克思主义的不同学派都求助于黑格尔",而"没有辨认出两种黑格尔传统则模糊了马克思主义的历史"①。

"西方马克思主义"在人本主义方面的又一条思想路线,是以奥地利学者赖希和法兰克福学派代表马尔库塞、弗洛姆等人为代表的弗洛伊德主义的马克思主义。

这条思想路线出现的原因,是因为它的代表认为,在马克思观察从资本主义过渡到社会主义的问题的时候,他预测了两个并行并进的过程:一个是资本主义制度经济崩溃的过程,马克思以某种明确性预言了这个过程;另一个是工人阶级政治意识的成长和发展的过程,马克思对这个过程讲得较少。由于在马克思思想中有这个空白,由于马克思没有提出这么一种社会心理学,第二国际的庸俗唯物主义者就假定工人阶级意识的发展,是导致资本主义崩溃的那同一个经济过程的自动反映。然而,当资本主义矛盾尖锐化,马克思主义期待欧洲工人阶级作为历史变革的动因而出现时,工人阶级却保持着沉默。据此,弗洛伊德主义马克思主义的有的代表认为,这些情况表明,在资本主义制度下,人们不但被外部的压迫者所统治和剥削,而且也被那些阻止他们把自己解放出来的意识形式所统治和支配;另一些代表则认为,意识形态被人们内在化或被溶化在个人的性格结构中了,被埋置在个性结构中了,它远远落在经济现实后面,因而,他们就用弗洛伊德的精神分析学去补充马克思主义,并把社会主义革命纳入到性本能的压抑和解放的渠道中去。

弗洛伊德主义马克思主义的一个重要特点,是把马克思主义研究的焦点从政治经济学转向上层建筑现象,特别是在资本主义社会中支撑着、合法化着压迫性社会关系的文化形式和意识形态。

"西方马克思主义"在人本主义方面的再一个流派,是以梅劳-

---

① 雅可比:《失败的辩证法——西方马克思主义概貌》,剑桥大学1981年版,第37页。

庞蒂和后期萨特为代表的存在主义的马克思主义。

存在主义的马克思主义出现的原因,是因为它的代表、特别是萨特认为,虽然马克思主义是我们时代不可超越的哲学,辩证理性是上升阶级的意识形态,但它在现代马克思主义者手里却停滞了,理论脱离实践而成为教条主义,实践脱离理论而成为实用主义。为使马克思主义不变质成一种非人的人学,就必须把人本身作为马克思主义的基础重新纳入自身之中;就是说,必须借助于存在主义,把马克思主义重建成一种以"人创造历史"为第一真理的、人的自我解放理论。因为存在主义在凡是人所在的地方,在他的劳动中,在他的家里,在马路上,到处去寻找人。

存在主义的马克思主义认为,人的主要本质在于人的自我创造实践。为此,个人实践应当成为辩证方法的基本出发点,个人自主和自由意志应当成为马克思主义所向往的未来的阶级斗争的源泉。在这方面,马克思主义和存在主义是关于自由和行动的两种可以和谐共存的哲学。存在主义的马克思主义主张为解释人类经验的相互补充的方面确立一个共同的路子,在马克思主义从人类活动的结果的角度出发去理解历史的客观方面的框架内,用存在主义去理解个人主观的生活经验。

在20世纪40年代以后,在"西方马克思主义"思潮中又出现了属于科学主义传统的一些流派。

科学主义方面的第一个流派,是以意大利的德拉－沃尔佩为代表的新实证主义马克思主义流派。

新实证主义的马克思主义认为,无产阶级革命在西方国家之所以失败,是由于对现代资本主义作了不正确的理解,用含糊的人道主义和黑格尔修辞学去取代了科学政策的缘故。为此,它断然否认在马克思主义和黑格尔之间有任何连续性,而主张把科学的辩证法规定为以"具体—抽象—具体"循环为标志的现代实验科学的唯物主义逻辑,把历史唯物主义铸造成一种"道德上的伽利略主义",一种建立在青年马克思批判黑格尔的谵妄逻辑和从本质上升到假设以及从先验断言上升到实验预报的基础上的科学唯物主义的社会学,以便使它再次变成能够进行阶级分析和预言的决定性认识工具。这个流派对马克思思想的发展持一种从早期著作直线前进到《资本论》的无差别的见解,而它对社会科学的假设—推理形态的说明,则是极端自然主义的。

"西方马克思主义"在科学主义方面另一个更有影响的流派,是以法国的阿尔都塞为代表的结构主义的马克思主义。

当20世纪50—60年代人道主义在法国思想界和国际共产主义运动中泛滥的时候,阿尔都塞用结构主义去干预形势,说"西方马克思主义"思潮人本主义各派都否定科学所专有的东西:客观知识的生产。它们把自然科学当作是资产阶级的,结果都陷入了相对主义,并把历史唯物主义相对化,减弱了它的科学性。为此,阿尔都塞倡导按照结构主义精神去读解马克思的思想。

结构主义的一个重要特点,是把主体归结为一种非人结构的从属的代理人。根据这种"主体移心论",结构主义否认个人在认识和实践中的作用,否认思维主体能够在认识论中居于哲学思考的中心地位。它把人融化到客观化的、无个性的和无意识的结构中去,认为正是这些结构在决定着人的全部行为,它们是人的全部生存的结构,而主体则是消极被动的。但在另一方面,结构主义又认为,世界的结构并不是客观世界固有的,而是人类心智的产物,是人的心灵的无意识的能力投射于文化现象的,是人脑的结构化潜能对混沌外界的一种整理和安排。在哲学上,结构主义属于那种认为理论对于经验具有首要性的理性主义传统。

以阿尔都塞为代表的结构主义马克思主义,按照结构主义精神读解马克思思想的结果,是把马克思的思想划分为早期非科学的意识形态时期和晚年的科学时期,把马克思主义解释成一种理论上的反人道主义、反历史主义、反经验主义和反经济主义。

(四)"西方马克思主义"的基本特征

在"西方马克思主义"各流派之间存在着一系列共同特征,这些特征一方面作为规定性把这些流派规定为同属"西方马克思主义"思潮的流派;另一方面又作为区别性,把"西方马克思主义"和其他思潮区别开来。

首先,从组织上来说,"西方马克思主义"的一个基本特征,便是理论与有组织的工人运动相脱离。由于当代发达资本主义国家的工人运动基本上处在社会民主党和共产党的领导之下,而"西方马克思主义"思潮在理论上则是同社会民主主义、列宁主义相对立的,因而就不能不长期处在同有组织的工人运动相脱离的状态。在"西方马克思主义者"中间,除卢卡奇、柯尔施、葛兰西曾在所参加的共产党内担任过领导职务外,有些人(如德拉-沃尔佩、阿尔都塞)虽然在组织上是共产党员,但其著作却是与同党的路线不相干、脱离工人运动的学术作品,有些人(如法兰克福学派和存在主义马克思主义的代表)更是在党外,在学术框框里展开其理论研究的。"西方马克思主义"的这个特点决定了它的位置在讲坛、书斋里,讲的和写的都是一些为普通工人所不懂的语言,从而也就把其听众主要限于知识分子。

但这并不意味着"西方马克思主义"具有像安德森所说的"与政治实践相脱离"、"非政治化"的特征[①],因为这个思潮的理论家用艰深的理论进行考察和用晦涩的语言来表述的,往往是一些和现实政治有着密切联系的问题,在有成千上万的青年学生和工人群众参加的1968年的"五月风暴"中,它之所以会成为新左派的思想武器,原因就在这里。不仅如此,随着第二次世界大战以后,西方社会阶级结构方面的发展变化,"西方马克思主义"还由脱离有组织的工人运动

---

① 安德森:《西方马克思主义探讨》,人民出版社1981年版,第46—47页。

逐渐发展成以激进的青年学生和"新工人阶级"作为自己的阶级基础,这在法国的存在主义马克思主义者和德国的法兰克福学派左翼那里尤其明显。但是,无论在国内还是在国际上,"西方马克思主义"都没有形成自己的组织,它主要是通过自己的理论去影响西方的新左派运动的。

其次,从研究领域来说,"西方马克思主义"注意的焦点由经济基础转移到哲学和文化等上层建筑。安德森在《西方马克思主义探讨》和《历史唯物主义的轨迹》两书中,曾一再把这个特征概括为"倒转了马克思本身的轨道,理论中心由经济、政治转向哲学"①。由于这种说法不符实际,因而遭到许多西方学者的批评。第一,"西方马克思主义"为什么主要关心文化、意识形态问题?卡林尼柯斯认为,这种偏爱是有其"政治根源"的:"推翻资本主义一旦不再被认为被经济的运转所保证,支撑和毁坏资本主义制度的机制就变成了理论分析的对象。"②马丁·杰指出,"西方马克思主义"在大力研究"发达资本主义据以阻止获致理论和实践相统一的手段。在这个过程中,文化的批判作用被肯定了"③。还有一些学者则指出,"西方马克思主义"之所以强调意识形态和文化因素,是因为它们在西方的历史变革中具有核心的重要性。第二,正因为这样,就不能把"西方马克思主义"以上层建筑为主要研究领域,说成是一种倒退、退却。雅可比认为,在"西方马克思主义"那里,"哲学著作占优先地位,不是标志着退却,而是标志着前进到去重新考察马克思主义";在这里,"哲学命题渗透着政治上的选择和策略,西方马克思主义和苏联马克思主义之间在政治上的对抗,最终是由哲学上的对抗来支撑和有规则

---

① 安德森:《西方马克思主义探讨》,人民出版社1981年版,第65—69页;《当代西方马克思主义》(即《历史唯物主义的轨迹》),东方出版社1989年版,第12页。
② 卡林尼柯斯:《马克思主义和哲学》,牛津1983年版,第127页。
③ 马丁·杰:《马克思主义和总体性》,剑桥大学1984年版,第8页。

地重新点燃的"①。博格斯则认为,"西方马克思主义承担起了重建整个哲学基础的任务",以便"重新强调主观性、意识、意识形态,重新发现哲学和辩证法"。甚至"西方马克思主义"的研究领域从经济基础中转移出来,也是一种"在理论层次上逃避资本逻辑的自觉努力,这是人们理解其理论主旋律的唯一方法"②。

再次,从和其他思潮的关系来说,"西方马克思主义"公开强调要利用资产阶级思想的伟大成就。在这方面,不仅有从"水平轴"来说的,把马克思列宁主义理论和现代西方资产阶级理论"结合"起来,如借用韦伯、齐美尔、狄尔泰、克罗齐、弗洛伊德、胡塞尔、海德格尔、白喜拉、坎吉尔汉、拉康等人的概念、术语、范畴和思想去发挥、"补充"和"革新"马克思主义,而且有从"垂直轴"来说的,上溯到西方哲学史上的某个哲学家那里,去寻找一个有利地位来解释马克思的著作。这些西方历史上的哲学家有:康德、黑格尔、克尔凯郭尔、伽利略、休谟、卢梭、斯宾诺莎、孟德斯鸠、巴斯噶、谢林、席勒、尼采、马基雅弗利,乃至亚里斯多德等等。

这种被称作"异花受精"的现象,是"西方马克思主义"一个极其重要的特色。在某种意义上说,"西方马克思主义"的各流派,上述一系列带形容词的"马克思主义"都是由此产生和据此而区分的。事情正如马丁·杰所说,就连"最不屈不挠地保卫正统性的阿尔都塞,也是最混杂地容许非马克思主义思潮影响其思想的人"③。

怎样理解"西方马克思主义"的这个特征?在西方学者中间也是众说纷纭。批评它的人认为,这是一种污损马克思主义教导的,效力虚弱的折中主义;辩护它的人则认为,这有助于使马克思主义适应

---

① 雅可比:《失败的辩证法——西方马克思主义概貌》,剑桥大学1981年版,第7页。
② 博格斯:《两种革命——葛兰西和西方马克思主义的困境》,波士顿1984年版,第6、20—21、278页。
③ 马丁·杰:《马克思主义和总体性》,牛津1983年版,第391页。

现代世界的改变了的环境,因而是一种综合性的丰富。应当指出,就马克思主义必须大胆吸收和借鉴人类社会创造的一切文明成果而言,"西方马克思主义"思潮广泛吸收和利用西方资产阶级思想的成就,无疑具有一定的积极意义。但是,就马克思主义的哲学世界观无法和与之截然相反的资产阶级哲学世界观相折中混合来说,"西方马克思主义"各流派把这两者不加分析地混合到其带形容词的"马克思主义"体系中去,却正是一种不折不扣的折中主义,它只能导致背离马克思主义而转向资产阶级唯心主义的结果。

复次,"西方马克思主义"的又一个特征,是它在屡经失败的过程中滋长和发展起来的悲观主义。"西方马克思主义"不仅是第一次世界大战以后西方革命失败的产物,而且还在尔后的几十年中连续不断地经历了一系列的挫败:德国法西斯主义的崛起,西班牙反法西斯斗争的失败,法国人民阵线的瓦解。在第二次世界大战以后,又有抵抗运动原先占有的优势在战后的丧失,西欧资本主义经济在60年代前后的空前繁荣,以及60年代末"五月风暴"以后希望的破灭等等。特别是在这长达几十年的过程中,即使在资本主义经济大萧条、资产阶级政治大动荡的关键时刻,欧洲工人阶级也没有能够作为资本主义制度的掘墓人奋起发挥作用,更使"西方马克思主义"对于未来、对于革命主体丧失了信心。法兰克福学派代表马尔库塞在《单面的人》一书结尾中说:"社会批判理论并不拥有能够在现在和它的未来之间架桥沟通的概念;不包容任何谎言,也不显示任何成功,它只是否定。它要仍然忠于那些没有任何指望地已经献身和正在献身于大拒绝的人们。"[1]在某种意义上可以说,这正是"西方马克思主义"悲观情绪的真实写照。

然而,在"西方马克思主义"那里,这种连续不断的挫败和悲观失望,除了使少数人(如晚年的霍克海默、后期科莱蒂和格鲁克斯曼

---

[1] 马尔库塞:《单面的人》,伦敦1964年版,第257页。

那样的法国"新哲学家"等)迷失方向、变节背叛外,就整个来说,并没有使"西方马克思主义"转向右翼,投降资本主义。相反地,这种挫败反而使许多"西方马克思主义者"把大量精力用于探讨在资本主义总危机的条件下,发达资本主义社会据以阻挠无产阶级革命取得胜利的文化机制上。

最后,"西方马克思主义"的又一个特征,是对恩格斯的拒斥和对马克思主义的"重新发现"。由于恩格斯被视为既是第二国际版本、又是共产国际版本的马克思主义的哲学源泉,因此,与此相对立的"西方马克思主义",从一开始就通过卢卡奇在《历史和阶级意识》中对恩格斯的点名批评而拒斥恩格斯的遗产和致力于重新发现马克思主义。大体说来,"西方马克思主义"思潮中人本主义各派批评恩格斯把马克思主义转到科学、实证的方向上去,而要求恢复和发展马克思主义的革命的批判的方面。为此,它们着重批评恩格斯所系统阐述的自然辩证法,认为这种对辩证法一般法则的探讨,遮蔽了马克思主义的核心,因为革命过程植根在获得意识的主体之中,所以,把马克思主义溺死在囊括自然、社会和思维的普遍体系中,就是在扼杀马克思主义的本质。而"西方马克思主义"思潮中科学主义各派,则着重批评恩格斯把黑格尔的体系分解为应予拒绝的唯心主义和可以拯救的辩证法的主张。在它们看来,黑格尔的辩证法同其唯心主义的连接是分解不开的,在本质和结构上是截然不同于马克思的辩证法的。马克思的著作凡是同黑格尔沾边的都是不科学或者前科学的,只有同黑格尔彻底划清了界限的才是科学的。

(五)"西方马克思主义"的发展动向

以1968年法国"五月风暴"为顶峰的西方新左派运动,对于"西方马克思主义"的兴衰有着特殊的重要意义。一方面,正是这场同资本主义社会发展的新阶段相连接的新型抗议运动,把"西方马克思主义"推到历史的前台,使它由长期蛰居的"地下"状态转到"地上",并在西方世界广泛传播开来,被奉为"新左派"的指导思想。但在另一方面,又正是"五月风暴"的最终失败,使一些用"西方马克思主义"思想哺育起来的"1968年一代""新左派"幻灭和转向,并使"西方马克思主义"在昙花一现地大放异彩之后,又和新左派运动一起重新走向低潮。

正因为这样,在西方学者中,有一种意见认为,随着"西方马克思主义"年长一代的许多理论家相继谢世,"1968年一代"中不少在"五月风暴"以后转向,"西方马克思主义"已经逐渐衰竭,70年代以后的一些西方激进理论家已经根据后马克思主义假定来进行工作[①]。反之,另一种意见则认为,虽然原来认为"西方马克思主义"为一切理论问题提供答案的那些人已经对它丧失信心,但"西方马克思主义"并未走到尽头,它仍然是一个还在前进而不是衰败的研究纲领[②]。

那么,1968年"五月风暴"以来"西方马克思主义"的发展动向究竟是怎样的呢？为什么面对同样的发展动向,人们会得出截然不同的看法呢？

根本的原因在于,在"五月风暴"以后,出现了一系列和"西方马克思主义"既相连续又有创新和歧异的发展动向。

首先是法兰克福学派第二代主要代表哈贝马斯所开创的"法兰克福学派的语言学转折"。哈贝马斯认为,从19世纪以来,在发达资本主义社会,科学技术成为主要生产力,侵蚀了劳动价值适用的条件；同时,为了防止和控制经济危机而引入了政府干预的机制,使政治和经济之间的关系不再是上层建筑和经济基础的关系。在这两种趋向下,资本主义社会中的阶级矛盾隐而不见了,但由于资本主义的

[①] 安德森:《当代西方马克思主义》,东方出版社1989年版,第15—24页;慕凯渥:《西方马克思主义》,第186—192页。

[②] 马丁·杰:《马克思主义和总体性》,剑桥大学1984年版,第15页;雅可比:《失败的辩证法——西方马克思主义概貌》,剑桥大学1981年版,第6—7页。

文化体系压抑了人的本能欲望,禁锢了人的思想,造成了人与人之间的不信任,致使在生活质量问题、平等问题、干预问题和人权问题上的冲突反而加剧了。为此,就需要通过以语言为协调的交往的媒介,通过不受限制的交往去改革社会文化使之合理化。哈贝马斯提出的交往合理化体系用解释学、特别是用语言分析概念去消除批判理论的不足,即把语言学的合理性植根在以社会学为基础的交往活动的理论中,同时又用他所说的普遍语用学去支撑他的关于批判理论的建议。这样,哈贝马斯就在法兰克福学派的发展史上,开创了一个用语言问题取代传统的意识问题,用对语言的先验批判代替对意识的批判的新阶段。

其次是由"存在主义的马克思主义"到"后工业社会主义"。萨特的学生、当代法国存在主义马克思主义的代表高兹认为,在发达资本主义社会,生产力的发展和阶级对立之间的联系已被打破,生产力只是按照资本的逻辑和需要发展着,它反而成了实现社会主义的障碍。而另一方面,在后工业社会中,人们又把大部分劳动时间花费在生产和出售人们并不绝对需要的商品,如化妆品、梳妆品、电子玩意儿、私人小汽车上,用异化劳动去迎合这种社会生产的独特需要。为解决这些问题而发动的后工业社会主义革命,应当以扩大个人自主领域,限制政治经济必然领域为主要目标,它的中心命题应该是时间的解放和劳动的废除,并在未来建立一个把社会空间分为自主领域和受外界支配领域的双元社会。而这场后工业社会主义革命的主体和动力,则是"非工人的非阶级",即那些把劳动当作由外部强加的义务来体验,因而以废除劳动、废除工人,而不是以占有劳动为目标的阶层。这个阶层不是由资本主义产生的,而是由资本主义危机和资本主义生产关系分解的产物,但却由此获得了直接否定资本主义的意识形态。

再次是由结构主义马克思主义的解体到福科的后结构主义的挑战。结构主义马克思主义学派,由于其代表阿尔都塞在 20 世纪 70

年代末期不再以结构主义去解释马克思主义,而是公开宣告由于马克思主义本身"包含着困难、矛盾和空白",正在爆发一场危机而宣告解体。在此基础上,阿尔都塞的一些学生或者指责马克思主义中缺乏有关人统治人的理论,主张用权力关系,而不是生产关系去理解社会;或者借助于苏联持不同政见者索尔仁尼琴描绘的"古拉格群岛",攻击社会主义是一条通向野蛮状态的笔直道路,从而为福科在权力问题上向马克思主义提出后结构主义挑战扫清道路。

阿尔都塞的前学生、后结构主义者福科提出的挑战,其主要内容是:把权力看作是和社会机体共存的关系多样性,否认权力有任何独特的位置,从而否认围绕着国家机器中的权力去展开阶级斗争的必要性;认为抵抗也像权力一样无往而不在,否认社会变革有任何像工人阶级那样独特而统一的代理人,并拒斥任何在两个或多或少地融贯的社会力量之间进行的决定性斗争;认为任何活动要是超越了对权力的单纯抵抗范围,而企求去推翻现存社会的统治权力,那么即使获得成功,也只能造成比旧的权力图式更坏的权力图式。福科通过这些,去鼓吹用波普式的点点滴滴的改良去取代社会主义革命的改良主义理论。

复次,是"分析的马克思主义"流派在英国和美国的崛起。和主要流行于欧洲大陆的"西方马克思主义"各流派形成对照,20世纪70年代末在英、美等国家形成了以柯亨、罗默和艾尔斯特等人为代表的"分析的马克思主义"。这个流派认为,在马克思主义中有些原理、概念、范畴模糊不清,在马克思主义发展史上引起了极大的争论,为此,它试图以当代逻辑、数学和模式研究为工具,用分析哲学去重新阐述和解释马克思主义,以澄清种种曲解和混乱,回到"真的马克思主义的本意"上去。例如,柯亨通过用"功能联系"代替"因果联系"去解释和维护生产力对于生产关系、经济基础对于上层建筑的首要性;罗默则用"阶级—财富对应原理",把每个经济个体在社会中的阶级归属,解释成在最初财富占有不均等条件下的最优选择;用生产资料占有的不平等,而不是劳动价值论去说明剥削现象,论证它并不以劳动力买卖为必要条件,同时主张对剥削进行具体分析,把那种其消灭将损害整个社会经济和各阶级收入和福利状况的剥削,称作社会发展过程必须为进步付出代价的"社会必要剥削"。在西方学术界,有的人把分析的马克思主义看作和结构主义马克思主义一样,同属"西方马克思主义"思潮中的科学主义传统;有的人则认为,虽然分析的马克思主义也是20世纪60年代西方新左派运动及其继续的产物,但毕竟代表了一个不同于"西方马克思主义"的全新的开端。

最后,则是马克思主义同诸如生态运动、女权运动这些发达资本主义社会中新的社会运动的结合。由"西方马克思主义"年轻一代(如马尔库塞的学生里斯等人)提出的生态学马克思主义认为,由于发达资本主义社会操纵和协调着消费,使马克思主义关于经济危机导致资本主义崩溃的设想未能如期实现。但另一方面,二次大战以后新的科技革命在大大增强人类影响自然的能力的同时,也引起了一系列影响人和人的未来的极其复杂的社会问题。特别是资本家为了缓和异化劳动所引起的工人的愤懑,用高生产、高消费去制造和满足人们对商品的需要,触发了发达资本主义社会浪费资源、污染环境、破坏生态平衡的生态危机。这意味着,发达资本主义社会实际上用生态危机代替了经济危机,使资本主义的危机趋向由生产领域转移到消费领域。为此,生态学的马克思主义主张从这种新的危机趋向中去寻找社会变革的动力。

而建立在"西方马克思主义"思潮基础上的社会主义女权主义则认为,男女两性的问题,并不是经济制度的简单产物,资本主义的工资剥削制度的结束也不会自动终结其他类型的压迫。为此,它指出,马克思主义在描写经济剥削和阶级结构之间关系的同时,还应当描写性歧视和性分工之间的相互作用,把传统马克思主义对经济权利的关心,同诸如对妇女施暴、儿童照看以及妇女的特殊的经济不平等问题的注意结合起来,把妇女的需要和经验当作社会主义议事日程的组成部分;革命家不仅应当注意工人阶级的意识和主观性,而且也应注意革命家自身受骗于参与现代社会的压迫和异化。社会主义女权主义者还领导了在革命组织中重新确立社会统治以及反对男性精英主义的斗争。

(六) 应该怎样看待"西方马克思主义"?

自从"西方马克思主义"思潮在 70 年代末被介绍到我国以后,引起了我国社会科学界许多同志的强烈兴趣。但在应当怎样看待这一思潮的问题上,一直没有能够在广泛的范围内形成共识。有一种意见因为"西方马克思主义"倡导重新认识马克思主义,并被西方的"新左派"奉为当代发达社会的马克思主义,就把它等同于马克思主义,否认用马克思主义基本理论为指导去评析这种思潮的必要性,进而还要把这种思潮所开辟的道路奉为我们理论工作的改革之路。另一种意见则因为"西方马克思主义"的理论观点在许多问题上同马列主义相背而完全否认这一思潮的积极意义,进而否认深入研究这一思潮的必要性。

十分明显,这两种意见都是片面的、不可取的。为了正确地对待"西方马克思主义"思潮,我们必须牢牢地立足于建设有中国特色的社会主义的需要,以马克思主义基本理论为指针,像对待一切外来思潮一样,对"西方马克思主义"进行实事求是的具体分析,吸取其中包含的一切有价值的因素和思想资料,清除其错误的思想倾向和幻想、虚构成分。

坚持马克思列宁主义、毛泽东思想的指导地位,是我们立党立国的根本,它也决定着我们社会科学研究其中包括对国外思潮研究的性质和方向。因此,对于西方世界出现的以马克思主义自诩的形形色色的思潮流派,我们必须坚持用马克思主义去进行评析,而不能不加分析地把它们等同于马克思主义,搞指导思想的多元化。邓小平曾经指出:"属于文化领域的东西,一定要用马克思主义对它们的思想内容和表现方法进行分析、鉴别和批判",而不能"不分析、不鉴别、不批判"地"一窝蜂地盲目推崇"①。而当我们以马克思主义基本理论来评析"西方马克思主义"思潮的时候,就不难发现,这是一种和马克思主义有着原则区别的思潮,是不能把它等同于马克思主义的。

有一种意见认为,既然我们认为毛泽东思想是马克思主义普遍真理和中国革命实践的结合,那为什么"西方马克思主义"理论家搞了这种结合,我们要另眼相看呢?这显然是一种把两种不同类型的"结合"混为一谈的糊涂看法。因为毛泽东思想的科学体系所体现的,是马克思主义普遍真理和中国革命实践的结合,是一种既解决了实践中的问题又丰富了理论宝库的马克思主义理论同革命实践的结合。反之,"西方马克思主义"理论家所主张和实践的,却是用现代西方哲学某个流派的思想去解释、"补充"和"革新"马克思主义,这显然是在搞两种截然不同的哲学世界观的折中混合,而且它还导致"公说公有理,婆说婆有理"的真理多元化。例如,青年卢卡奇把马克思主义和黑格尔主义相"结合",得出了马克思主义是一种人道主义的结论;而阿尔都塞把马克思主义和结构主义相"结合",则得出了马克思主义是一种理论上的反人道主义的结论。我们怎么能够把这一切统统等同于马克思主义?怎么能够把他们对马克思主义的这种"重新认识",奉为我们理论工作的改革之路呢?

"西方马克思主义"的这个指导思想,直接影响着他们提出的理论。例如,卢卡奇和葛兰西有鉴于20世纪初哲学舞台上重现着马克思在《关于费尔巴哈的提纲》第一条中所指出的,唯物主义和唯心主义彼此片面的立场的"前马克思景象",决心用高扬实践的办法去进

---

① 邓小平:《建设有中国特色的社会主义》(增订本),人民出版社1987年版,第32页。

行干预,恢复马克思强调实践作用的哲学世界观,这本来是一件好事。但由于他们的指导思想是要把马克思主义同黑格尔主义结合起来,这就使卢卡奇提出了"自然是一个社会范畴";意识即实践,"意识的行为就推翻着它的对象的客观形式";以及把实验和工业排除在外的抽象的唯心主义实践观,沿着反自然主义的道路去重新解释历史唯物主义。在葛兰西那里,高扬实践的动机表现为主张把自然包摄在人类历史之下、归结为被人所支配和利用的对象;把客观事物溶解在人的实践中,强调要从人同自然的关系上去认识客观实在和物质,以及把马克思主义解释成一种认为外部自然界依存于人,依存于人的实践,是实践内部对立的同一性中的一方的唯实践主义。十分明显,卢卡奇、葛兰西的这些解释,只是对马克思主义作了一个被他们称作机械唯物主义的苏联模式的方向相反的歪曲,和马克思的实践唯物主义是有原则区别的。

但是,划清马克思主义与"西方马克思主义"之间的原则界限,并不意味着要全盘否定"西方马克思主义"思潮,否认深入研究这种思潮的必要性。

马克思主义是在广泛吸收和借鉴人类社会创造的一切文明成果中诞生的,也是在这种广泛吸收和借鉴中发展的。邓小平强调指出:"真正的马克思列宁主义者必须根据现在的情况,认识、继承和发展马列主义","不以新的思想、观点去继承、发展马列主义,不是真正的马列主义者"[①]。这里所说的"现在的情况",首先是指当代中国的实际情况,但也包括当代世界的实际情况;这里所说的"新的思想、观点",首先是指在解决当代中国的改革和建设实际中出现的新的政治经济社会文化问题中形成的新的思想、观点,但也包括从研究当代世界风云变幻的客观实际中,从研究当代世界各种思潮和各门学

---

① 《邓小平关于建设有中国特色社会主义的论述专题摘编》,中央文献出版社1992年版,第24页。

科发展的最新成果中引出的新的思想、观点。正因为这样,我们在研究和探索建设中国特色社会主义的规律的同时,又必须研究当代世界的新变化和当代世界的各种思潮,批判地吸取和概括各门科学发展的最新成果。

而在当代世界各种思潮的研究中,对于"西方马克思主义"思潮的研究,又应当占据一个极其重要的地位。这是因为,这个思潮毕竟提出或者重申了在马克思主义发展过程中曾经遭到忽略或者偏离的问题,考察了发达资本主义社会中出现的许多新情况和新问题,试图引进现象学存在主义、语言学、精神分析等20世纪的理论发展作为研究日常生活微观领域的思想工具,并按照他们的理想揭露和批评了苏联模式的社会主义的一些弊端。尽管由于这种思潮把不同哲学世界观的折中混合奉为指导思想,而使他们建构的种种思想体系纷纷崩塌,他们探索的西方革命的道路在实践中一再碰壁受挫,他们纠正苏联模式的替代方案也带有对马克思主义和社会主义作"反向歪曲"的性质,但是,他们在长达半个多世纪的研究和探索中相继推出的大量理论著作,又毕竟为我们从历史的比较和国际的观察中,科学地阐述中国特色社会主义理论,为我们依据马克思主义的基本理论和基本方法,结合不断变化着的实际,探索解决我们面临的种种新问题,从而丰富和发展马克思列宁主义和毛泽东思想,提供了重要的思想资料。

应该说,"西方马克思主义"在这方面提供的思想资料是大量的。例如,"西方马克思主义"人本主义各派中,有许多代表都曾针对苏联模式对革命的设计太狭隘,以为在政治上夺取政权,在经济上把私有制改变为公有制,革命就算完成了的观点,提出过"日常生活批判"应当成为社会变革的中心的理论。

他们认为,苏联的社会主义革命虽然取得了成功,但个人远没有得到相应的全面解放。只有从根本上改变了日常生活,社会主义革命的意义才能实现。只有通过"日常生活批判",才能沟通阶级解放和个人解放之间的断裂,把具体个人的问题恢复到它在集体性问题旁边所应得的地位,而重建社会主义同个人解放的同一性。

尽管"西方马克思主义"关于"日常生活批判"的有些提法,如认为日常生活批判以永恒异化为前提,应把日常生活批判放在社会变革的中心等等,是不恰当的,但就总体来说,日常生活问题的提出,是有极其重要的积极意义的。特别联系东欧剧变、苏联解体,我国的改革结出丰硕的成果的情况来看,对于我们来说,是否把社会主义革命贯穿到日常生活中去,实际上是关系到在社会主义革命胜利以后,如何充分发挥社会主义制度的优越性,从一切方面去调动人们建设社会主义的积极性的问题。

智利共产党前总书记路易斯·科尔巴兰曾经说过:"苏联崩溃的原因之一,是苏共所犯经济错误","俄国社会主义者没有更多地关心人们的日常生活和工作"。

实现生产资料公有化而不跟广大劳动人民的日常生活最紧密地连接起来,事情就正如苏共中央第二书记利加乔夫在十月革命74周年时在美国哥伦比亚大学讲演中所说的,"公有制最终会变成国家所有制,生产者反而不掌握生产资料,他们从收入、提高劳动生产率、改善自己的工作和企业的工作中得到的好处不大"。相反地,由于在高度集中的经济管理体制下,个人没有选择职业的自由;生产组织管理不善,又使工人难以在工作中得到满足;商品短缺还使工人不能以其收入买到所需商品……在这种情况下,怎么能调动人们建设社会主义的积极性,充分发挥社会主义的优越性呢?

与此相对照,我国的经济体制改革,首先是农村的改革,为什么会取得举世瞩目的成就呢? 一个极其重要的原因是,我们通过家庭联产承包责任制,使广大农民获得了对土地这一基本生产资料的经营自主权,获得了对于自己劳动所创造的一部分价值的自由支配权,以及获得了在一定范围内选择职业的权利,这就使劳动者这一生产力最基本要素获得了第二次解放。可以说,这就使社会主义革命深入、具体地落实到农民的日常生活中去,实现了社会主义同个人解放的同一性。

十分明显,在我们从理论上总结概括国际范围内社会主义兴衰成败的历史经验,研究如何充分发挥社会主义对于资本主义的优越性,巩固和发展社会主义的时候,"西方马克思主义"所说"日常生活批判"问题,无疑是一份值得借鉴的重要的思想资料。

邓小平说过:"资本主义国家中一切要求社会进步的政治力量也在努力研究和宣传社会主义,努力为消灭资本主义社会的不公道、不合理现象直至实现社会主义革命而斗争。"[1]尽管"西方马克思主义"的社会主义观和马克思主义的社会主义观有很多区别,它们提出的消灭资本主义社会不公道、不合理现象和实现社会主义革命的种种设想和方案,带有不少空想的、不切实际的性质,但无可否认的是,"西方马克思主义"思潮中许多代表终究属于"要求社会进步的政治力量"之列,他们的许多理论著作则表明他们"也在努力研究和宣传社会主义,努力为消灭资本主义社会的不公道、不合理现象直至实现社会主义革命而斗争"。因此,深入研究"西方马克思主义"思潮,对它作出实事求是、恰如其分的评析,还是我们马克思列宁主义的理论工作者面临的一项不容推辞的国际主义义务和责任。

二、"西方马克思主义"研究在我国的开展

"西方马克思主义"研究,现在属于我国的国外马克思主义研究的一个组成部分。然而,由于种种原因,这个方面的研究却直到20世纪70年代以后在我国实行改革开放政策时才有所开展。在此之前,我国对国外马克思主义的研究,主要地限于苏联模式的马克思主义,而且把它误认为就是马克思主义。那么,"西方马克思主义"研

---

[1] 《邓小平文选》第2卷,人民出版社1983年版,第154页。

究在我国为什么会开展起来,这个开展的进程又是怎样的呢?这里,仅就我所参与的部分,作一些回顾性的阐述。

(一) 从临时性的政治任务到较长时期的研究专业

在1977—1978年,胡乔木来中国社会科学院主持工作不久,就找学术情报和哲学两个研究所的领导前去领受任务说,中央某领导在出访欧洲期间,接触到一种叫"西方马克思主义"的思潮,要他让中国社会科学院提供一份这方面的材料供参考。但这两位所领导都说没有听说过这种思潮,任务没法下达。这时,正在现场的哲学所现代外国哲学研究室杜任之主任,就向乔木反映了他在笔者的文稿中看到过这方面信息的情况,乔木当即要笔者整理出一份系统地反映"西方马克思主义"情况的材料,几个月后这样的一份材料在经乔木的首肯后上报中央。哲学所科研处的同志为让更多的同志了解这方面的情况,就让笔者在哲学所的一个小范围内作一些介绍,谁知这个信息很快传到了院外,中央联络部西欧局邀笔者去讲葛兰西,高教部邀笔者去它在上海、哈尔滨等地举办的高校暑期政治教师讲习班讲"西方马克思主义",接着是全国许多高校、党校、部队院校和一些讲习班、研讨班纷纷邀笔者去讲"西方马克思主义",这种强烈的社会需要促使笔者把对"西方马克思主义"的研究由临时性的政治任务转变成为笔者在尔后十多年内的研究专业。

从表面上看来,"西方马克思主义"研究在我国的开展具有偶然性,但在实际上,这里有必然性在强烈地发挥着作用。这个必然性就是把我们党的对外开放政策也贯穿到精神文明建设中去,贯穿到对马克思主义的研究中去。马克思主义是一个开放的体系。在过去,马克思主义之所以赢得世界历史性意义,就是因为它在吸取和改造两千多年来人类思想和文化发展中一切有价值的东西中形成起来的;在今天,世界发生着巨大变化,人类对自然、社会历史和人的思维本身的认识日益深化,并且在新的探索中,提出种种新的学说、新的思想、新的理论、新的观念的时候,研究当代各种思潮,吸取和改造其中一切有价值的东西,显然为我们坚持和发展马克思主义所必需。而在对当代各种思潮的研究中,对于那些研究马克思主义和社会主义的思潮的考察,对于我们发展马克思主义、发展中国特色社会主义的宏伟事业来说,尤其具有特殊的意义,因为这直接有助于我们在与当代各种思潮的比较、交流和撞击中,全面准确地把握马克思主义的基本精神,破除对马克思主义的教条式理解和附加到马克思主义名义下的错误观点,并结合我国亿万人民在党的领导下建设社会主义现代化的伟大实践,把马克思主义、把中国特色社会主义的伟大事业推向前进。

(二)《"西方马克思主义"》一书的出版及其社会影响

笔者对"西方马克思主义"的研究,在一段时期里是和讲课交叉进行的。在经过研究—讲课—再研究—再讲课的多次循环以后,笔者应邀于1982年在天津人民出版社出版了题为《"西方马克思主义"》的著作(468千字)。

笔者对"西方马克思主义"性质的认识,也经历了一个发展过程:开始时,曾习惯性地按照苏联模式马克思主义的观点去看这种思潮;但随着研究的逐步深入,渐渐感到苏联模式关于它的观点,有一些是无限上纲、站不住脚的;而它批评苏联模式的观点,有一些却是事出有因、并有一定道理的。这使笔者认识到必须重新确立观察和评价"西方马克思主义"思潮的理论坐标:不能以苏联模式的观点为标准,而必须以马克思的新唯物主义世界观为评价指针。

在马克思的新唯物主义世界观的指引下,笔者觉得"西方马克思主义"是西方社会的一种左翼激进主义思潮,一方面,它的许多代表在主观上希望发展马克思主义,并确实提出了一些在马克思主义发展中有见地的见解。但由于从一开始它就用西方形形色色的唯心主义流派的精神去解释、发挥、补充和"结合"马克思主义,把不同哲学世界观的折中混合奉为指导思想,同马列主义相抗衡,这就使它同马克思主义区别了开来,不能把它和马克思主义画等号,不能认为它就是马克思主义;而在另一方面,它又提出了在马克思主义的发展过程中遭到忽视乃至偏离的问题,又冲破了苏联模式教条主义的束缚,考察了当代资本主义的一些新情况和新问题,揭露和批评了苏联模式社会主义的一些缺陷和弊端。这就决定了要把它看成是在我们重新认识资本主义和社会主义、坚持和发展马克思主义时所必须认真研究和参考的思想资料。根据这样的认识,笔者在1982年出版了《"西方马克思主义"》这一专著。

笔者对"西方马克思主义"的这种看法,既区别于苏联东欧一些学者把它说成是"打着红旗反红旗"的反马克思主义的看法,又区别于西方一些新左派学者把它说成就是"马克思主义的现代化"、"当代发达资本主义社会的马克思主义"的看法。

《"西方马克思主义"》一书出版以后,产生了较大的社会反响:

继一些报刊发表书评积极评价本书之后,1983年第1期《新华文摘》长篇摘载了该书第1章;

1985年10月,国家教委高校文科教材办公室把它确定为高校文科教材;

1987年第51期《瞭望》杂志发表中共中央党校校长高阳的《读〈西方马克思主义〉前后》一文,希望对马克思主义经典较为熟悉和鄙薄的人都来读这本书,以便进行比较和鉴别;

香港《广角镜》杂志第126期发表鲁凡之的文章,说本书"可以说是我所见过的最系统而完整的一本讨论西方马克思主义问题的中文著作";

1988年第9期《求是》杂志发表该刊记者的采访文章《发展马克思主义的一个重要方面——徐崇温谈我国对西方马克思主义的研究》,报道了本书对"西方马克思主义"的看法;

1988年12月5日,英文版《中国日报》以四分之一版的篇幅,发

表题为《对西方马克思主义的中国看法》的文章,把《求是》杂志的上述文章摘译成英文对外报道;

在我国台湾,本书被谷风出版社排成繁体字版本出版以后,又被其他一些书商多版翻印。台湾《中国论坛》杂志第359期发表的潘光哲的文章就此指出:"在台湾,大陆的优秀作品颇能引起共鸣。当然也就造成一书数版的现象。如徐崇温的《西方马克思主义》一书曾在台北知识界带来一阵风潮,各种地下版群雄并起";

1992年10月,上海辞书出版社出版冯契主编的《哲学大辞典》,书中除设"西方马克思主义"辞条介绍这一思潮的内容外,还专设辞条介绍本书的内容,并评价本书"着重于原著的引证与重要概念的分析,既有综合性的论证,也有分析性的阐明,并以马克思主义原理为指导,该书是中共十一届三中全会以后开始研究西方马克思主义的第一批著作之一";

1993年1月26日,《中国青年报》发表该报记者的采访文章,说本书作者"堪称中国研究西马第一人";

1993年12月,本书获中国社会科学院1977—1991年首届优秀科研成果奖。

(三)围绕着应该怎样认识"西方马克思主义"的性质所展开的讨论和论战

随着改革开放的深入发展,究竟应该怎样认识"西方马克思主义"的性质的问题,被日益频繁和迫切地提上了议事日程。

"西方马克思主义"是在第一次世界大战以后,在无产阶级革命在俄国取胜而在西方却相继失败的情况下,在一些西方国家出现的一股在理论上同列宁主义相对立而又自称是马克思主义的思潮。它从理论和实践两个方面批评共产国际和苏联共产党的内外政策。在政治方面,在对现代资本主义的分析和对社会主义的展望上、在无产阶级革命的战略上,它提出了不同于列宁主义的见解;在哲学方面,它提出了不同于苏联模式对马克思主义的解释,而主张借助于现代西方的一些唯心主义流派的思想去重新发现马克思原来的设计。

我国学术界开始研究"西方马克思主义"以来的历史说明,在我们党强调反对精神污染和资产阶级自由化的时候,我国学术界有一些同志就倾向于接受苏联、东欧一些学者把"西方马克思主义"说成是"打着新马克思主义旗号的反马克思主义"的看法,从性质到作用把它说得一无是处,予以全盘否定;而当我们党强调改革开放的时候,我国学术界有一些同志就倾向于接受西方新左派学者把它说成就是"马克思主义的现代化"的看法,把它等同于马克思主义,或者鼓吹指导思想多元论,而这样那样地反对用马克思主义去评析它的思想内容。

倾向于全盘否定"西方马克思主义"的意见认为,它"在马克思主义外衣的掩盖下,贩卖资产阶级私货","在本质上和马克思主义相对立",而且"从它诞生之时起,就在无产阶级革命实践中起着消极作用","极大地损害着进步的革命运动"。这种说法显然是不符事实的。因为尽管"西方马克思主义"有许多错误和失误,它毕竟提出了或者重申了在马克思主义发展过程中曾经遭到忽略或者偏离的问题,考察了发达资本主义社会中出现的许多新情况、新问题,试图引进20世纪西方的理论发展作为研究日常生活微观领域的思想工具,并揭露和批评了苏联模式社会主义的一些弊端和缺陷。他们在长期的探索和研究中推出的大量理论著作,为我们从历史的比较和国际的观察中,深入研究社会主义运动中一些重大问题,并依据马克思主义的基本理论和基本方法探索解决我们面临的种种新问题,提供了极其重要的思想资料。所以,无论在性质还是作用上,对于"西方马克思主义"都是不能全盘否定的。

然而,全盘否定"西方马克思主义"的意见,在我国学术界毕竟只占极少数,更加大量得多的意见,则是对"西方马克思主义"用西方唯心主义去"结合"马克思主义这一本质属性视而不见或者估计不足,因而竭力主张把它等同于马克思主义,或者鼓吹指导思想多元论的观点。正是这种意见和观点从1988年开始,在我国引发了一场历时多年、扩展到海峡对岸的有关"西方马克思主义"的讨论和论战。

在这场讨论和论战中,有一种意见把"西方马克思主义"实行的现代西方哲学同马克思主义的"结合",等同于马克思主义基本理论同本国实际的结合。这种意见显然是把两种不同类型的"结合"混淆了起来:马克思主义基本理论同各国具体实际的结合,导致的是世界观的统一和切合各国不同具体情况的多样化发展,而现代西方哲学同马克思主义的"结合",则并不是理论和实际的结合,而是两种不同的哲学世界观的折中混合,它导致"公说公有理,婆说婆有理"的真理多元化,在我国则导致指导思想的多元化。

在这场讨论和论战中,有一种意见把"西方马克思主义"实行的这种折中混合,说成是"不把马克思主义从人类文化发展的整个氛围中孤立出来"。这显然是把马克思主义主张广泛吸取人类文化发展的一切有价值的成果,同马克思主义坚持哲学的党性原则而反对折中主义这样两个相辅相成的命题割裂了开来,用前者去否定后者了。"西方马克思主义"发展的历史说明,实行现代西方哲学同马克思主义的"结合",并不能真正有效地克服教条主义,恢复和发展马克思主义,而只能导致对马克思主义作出和教条主义方向相反的歪曲,导致指导思想的多元化。

在这场讨论和论战中,有一种意见借口在"西方马克思主义"思潮中各派观点迥异,其代表人物在不同历史时期的理论倾向也不尽相同,因而反对给"西方马克思主义"笼统定性。然而,在事实上,"西方马克思主义"各派之间的差异性,同一个代表人物前后不同的倾向性等具体情节,并没有改变"西方马克思主义"各派、各种不同倾向都用西方的唯心主义流派的精神去解释、发挥、补充和"结合"马克思主义的这个共性,而正是这个共性在决定着我们不能在"西方马克思主义"和马克思主义之间画上等号。

在这场讨论和论战中,有一种意见把葛兰西和卢卡奇的实践哲学同马克思的实践唯物主义等同起来,以此作为在"西方马克思主义"和马克思主义之间画上等号的根据。这种说法是不符合事实的。事实是:由于葛兰西、卢卡奇都用黑格尔—新黑格尔主义去解释、发挥、补充、"结合"马克思的实践观,这就使他们的实践哲学不能不成为一种不同于马克思的实践唯物主义的东西。

在《狱中札记(选)》中,葛兰西认为,在马克思逝世以后,以普列汉诺夫为代表的正统派企图把马克思主义和传统唯物主义结合起来,第二国际的修正主义者则回到了康德主义。这样,马克思在关于费尔巴哈的第一条提纲中批判的唯物主义和唯心主义彼此片面的立场就又重现了,因而在马克思主义发展的更高水平上进行综合仍然是必要的。葛兰西提出了高扬实践、恢复马克思强调实践作用的哲学世界观的方案,这无疑是值得肯定的一件很有意义的重大事情。然而,在实际上,葛兰西高扬实践的动机却表现为主张把自然包括在人类历史之下,把它归结为被人所支配和利用的对象,把客观事物融解于人的实践中,强调要从人同自然的关系上去认识客观实在和物质,并把马克思主义解释成一种认为外部自然界依存于人,而依存于人的实践,是实践内部的对立的同一性中的一方的唯实践主义。据此他说"实践哲学是绝对的历史主义,绝对的世俗化和思想的世俗性,一种历史的绝对的人道主义。人们必须沿着这条路线追踪新世界观的线索"。

卢卡奇则在《历史和阶级意识》一书中,提出"自然是一个社会范畴",意识即实践,"意识的行为就推翻着它的对象的客观形式",以及把实验和工业排除在外的观点。卢卡奇提出和重申自然是一个社会范畴,无疑有一定的积极意义,但由于卢卡奇的这个命题在集中注意力于考察作为物化劳动的"第二自然"的时候,忘记了去考察"第一自然"在人类生活中的作用,在力求解决自然和历史的两分法的时候,干脆忘却了自然,在要求废除主观和客观的两分法时,完全否认了客观性的要求,这就使卢卡奇陷入到和实证主义唯心主义方向相反的、浪漫主义反自然主义的泥潭中去了。而把意识本身说成就是能改变对象的实践,那就更加唯心了。

正因为这样,葛兰西和卢卡奇就没有能够像他们在主观上所希望的那样,纠正机械唯物主义和新康德主义对于马克思哲学世界观所作的歪曲,恢复和发展马克思的实践观,而是对马克思的实践观作了一个和机械唯物主义、新康德主义方向相反的歪曲。事情正如卢卡奇在1971年会见英国《新左派评论》记者时所说的那样:"在(20世纪)20年代,柯尔施、葛兰西和我曾经企图以不同的方式解决第二国际遗留下来的社会必然性和对它的机械解释的问题。我们继承了这个问题,但是我们谁也没有解决掉它,葛兰西也许是我们三个人中最好的一个,但是他也未能解决它。我们都错了,今天如果搬出那个时期的著作,说它们在今天正确,那会是完全错误的"。对于我国的那些竭力把"西方马克思主义"等同于马克思主义,特别对于那些鼓吹"要想研究20世纪的马克思主义,要想发展今天的马克思主义,就不能不去深入研究卢卡奇的思想",认为卢卡奇所"开辟的道路就是我们理论工作者今天正在进行的改革之路"的同志来说,重温卢卡奇的这些经验之谈,重温"西方马克思主义"发展历史上的这一段经验教训,无疑能帮助我们清醒头脑、辨明方向,因而是有重要意义的。

在这场讨论和论战中,为了把"西方马克思主义"等同于马克思主义,有一种意见认为,在其创始阶段,"西方马克思主义"只是在回答西欧革命道路的战略、策略,乃至理论的侧重点上不同于列宁,而这是由东、西方具体条件不同,文化背景不同所造成的,所以,不应把它同马列主义对立起来,而应把它看作是对列宁主义的必要补充。这种说法是不符合客观事实的。以柯尔施的《马克思主义和哲学》一书为例,他在其中把列宁主义同考茨基的新老正统派当作一方,同以卢卡奇和柯尔施自己为代表的"今天的无产阶级运动中一切批判的和进步的理论趋向"作为另一方，在"一切主要的和决定性的问题上"明确划分开来和对立起来；他宣称列宁还是一个黑格尔派，而否认唯物主义和唯心主义是两条根本不同的哲学路线；他指责列宁坚持马克思主义的唯物主义路线，就是回到关于思维和存在、精神和物质的绝对两极性，使唯物和唯心的整个辩论倒退到康德黑格尔的德国唯心主义哲学所已经超越的历史舞台上去；他指责列宁坚持反映论就是摧毁了存在和意识、理论和实践的辩证的相互关系，用倒退的方式修正马克思恩格斯，而赞赏康德主义的二元论；他还指责列宁把其唯物主义哲学变成评价各学科发现的"最高司法权威"，造成了"特种的意识形态专政"。这就说明，"西方马克思主义"和马克思列宁主义这两者的不同，是在哲学的基本原理和路线上的根本对立，因而是两种理论思潮的不同。

  在这场讨论和论战中，为了把"西方马克思主义"等同于马克思主义，有一种意见根本否认其创始人用西方的唯心主义哲学去折中融合马克思主义的问题。这显然是在抹杀无可否认的客观事实。先以卢卡奇为例，他在《历史和阶级意识》一书中提出的意识即实践的命题，就是一个用黑格尔唯心主义去解释、发挥、补充、"结合"马克思主义的典型实例。在那里，他在论证无产阶级是历史同一的主体和客体的观点时，说"既然意识在这里并不是对于对立的对象的认识，而是对象的自我认识，那么意识的行为就推翻着它的对象的客观形式"，当然，"只有无产阶级的实际的阶级意识，才具有改变事物的这种能力"；"那就是说，当无产阶级的阶级意识开始表述其要求的时刻，当它是潜在的和理论的时候，必须也是它创造着一个将能动地干预整个过程的相应现实的时刻"，卢卡奇据此把无产阶级革命归结为意识的一种活动，并认为意识形态斗争在推翻资本主义的斗争中具有首要的地位。十分明显，卢卡奇的这种意识即实践的实践观，来源于青年黑格尔派的黑格尔唯心主义思想，来源于用这种黑格尔主义去解释和"结合"马克思主义，而且在实际生活中只能带来有害的后果，因为它根本忽略了无产阶级为了夺取政权，还必须进行激烈的政治斗争，而不仅是意识形态的斗争。所以，卢卡奇在《历史和阶级意识》1971年的再版序言中，明确指出该书中提出的实践观是一种"抽象的唯心主义的实践观"，"滑到唯心主义的思辨之中"，如果它能"变成革命的实践的话，那才真是一个奇迹了"。再以葛兰西为例，他用"实践哲学"作为马克思主义的代名词，但他赋予实践哲学的含义，却并不是马克思主义的，而是企图超越唯心主义和唯物主义的实践一元论。这种实践一元论一是把自然包摄在人类历史之下，把它归结为被人所支配和利用的对象；二是把客观事物溶解在人的实践之中；三是认为物质本身不是我们的主题，成为主题的，是如何为了生产而把它们组织起来。因此，这种实践哲学是一种只讲实践而不讲唯物主义的哲学。葛兰西本来企图把马克思主义从克鲁齐的黑格尔唯心主义对它所作的工具性使用中赎救出来，但结果却把突出性给了马克思主义中那些被克鲁齐唯心主义挑选出来和孤立起来的特征，而当葛兰西一旦接受了唯心主义者认为唯物主义和宗教一样是"先验的"和"形而上学的"诡辩，他在某种程度上成为他原打算反对的、在唯心主义内吸收马克思主义的一方，就成为不可避免的事情了。

在这场讨论和论战中，为了把"西方马克思主义"说成也是马克思主义，有一种意见提出了"原本意义的马克思主义"和"引申意义的马克思主义"的关系说，认为只要引申意义的马克思主义，同原本意义的马克思主义"有某种继承关系"，又"提出了与原本意义的马克思主义不同的新理论"，那就都是马克思主义，不存在辨析它是否是马克思主义的问题，"西方马克思主义"就是这样。这种说法显然是不符合马克思主义的发展历史，也同马克思本人对待马克思主义这个概念所持严肃态度是相悖的。因为在马克思主义的发展历史上，只有那些坚持和发展了马克思主义的基本理论和由此构成的科学体系的理论，在思潮的性质上才是马克思主义的；反之，要是只搬用了马克思主义的个别论断、词句和术语,那是不能保证这种思潮的马克思主义性质的;同样地,提出了与"原本意义的马克思主义"不同的新理论,其是不是具有马克思主义的性质,还得依它是否以马克思主义基本理论和基本方法为指导线索、是否符合时代特征和客观实际为转移。历史的事实是:自从马克思主义形成、在工人运动中发生影响以来,就出现了对马克思主义的多种多样的、有时甚至是跟马克思的本意截然相反的解释和阐述,以马克思主义自诩的思潮有如过江之鲫,多如牛毛,对于这众多思潮,是否都要不加辨析地说成都是"引申意义上的马克思主义"? 马克思本人的答复是否定的:1890年8月27日,恩格斯在致保·拉法格的信中,针对当时许多年轻的资产者纷纷拥入党内"都在搞马克思主义"的情况指出:"关于这种马克思主义者,马克思曾经说过'我只知道我自己不是马克思主义者'"。所以,用西方的唯心主义思潮去解释、发挥、补充、"结合"马克思主义的"西方马克思主义"思潮这种引申意义上的马克思主义,是和马克思主义有着原则的区别的,不能说它就是马克思主义。

(四)系统地翻译出版"西方马克思主义"原著

为了使我国学术界的同志,能够不是凭想象、凭主观上的好恶,而是根据客观事实,根据原著,对"西方马克思主义"的性质和作用作出正确的判断,从1988年起,笔者在重庆出版社的大力支持下,主编出版了《国外马克思主义和社会主义研究丛书》,1989年出版11本,1990年出版9本,1993年出版13本,1997年出版9本,累计共出版了42本。

在这套丛书中,属于"西方马克思主义"各派代表人物的基本著作之列的,有:

卢卡奇的《历史和阶级意识》、《关于社会存在的本体论》上、下卷;

柯尔施的《马克思主义和哲学》、《卡尔·马克思》;

葛兰西的《实践哲学》；

赖希的《法西斯主义的群众心理学》；

霍克海默的《批判理论》；

霍克海默和阿多尔诺的《启蒙的辩证法》；

阿多尔诺的《否定的辩证法》；

马尔库塞的《理性和革命》、《单向度的人》；

哈贝马斯的《交往与社会进化》、《交往行动理论》第一、二卷；

施密特的《历史和结构》；

列斐伏尔的《论国家》；

德拉－沃尔佩的《卢梭和马克思》；

莱斯的《自然的控制》；

科亨的《卡尔·马克思的历史理论》；

威廉·肖的《马克思的历史理论》；

罗默的《社会主义的未来》；

还有一本为帮助大家了解"西方马克思主义"各派代表基本情况而选译的罗伯特·戈尔曼编《"新马克思主义"传记辞典》。

属于我国学者阐述和评析"西方马克思主义"原著和思想之列的,有:《"西方马克思主义"论丛》；《用马克思主义去评析西方思潮》；《"西方马克思主义"的当代资本主义理论》；《法兰克福学派研究》；《哈贝马斯的"晚期资本主义"论述评》；《哈贝马斯的"批判理论"》；《"西方马克思主义"的美学研究》；《"西方马克思主义"的文化哲学思想研究》；《分析学派的马克思主义》等等。

（五）从重点分析"西方马克思主义"的哲学基础到全面揭示它的基本理论

由于"西方马克思主义"是以现代西方唯心主义流派的精神去解释、发挥、补充、"结合"马克思主义的一种思潮,因此,彻底弄清楚它的性质,就必须分析它的哲学基础,厘清它同现代西方某个唯心主义哲学流派的联系。在这方面,我在"西方马克思主义"的两种思想倾向中,各选一种作为重点来分析其哲学基础:在人本主义思潮倾向中,选择萨特的"存在主义的马克思主义",我在《存在主义哲学》等著作中,分析了它的哲学基础;在科学主义思想倾向中,则选择阿尔都塞的"结构主义的马克思主义",我在《结构主义与后结构主义》、《阿图色》(阿尔都塞)等著作中分析了它的哲学基础。

现代西方的存在主义哲学,是资产阶级文明遭到严重冲击的一种哲学表现,它反映和表达了人们被捆绑在资本主义制度的机器上,认为自己处在一个异己的世界里,完全没有安全的感觉和心理状态,它企图从资本主义社会中人被抛入到非理性的、无法控制的事件洪流中以及他所经历的种种苦难历程和严峻考验上去研究人。这种哲学在一战以后的德国肇始,而在二战以后的法国特别流行,它的著名代表之一便是法国哲学家萨特,其代表作则是《存在与虚无》。萨特对马克思主义在20世纪30年代时持盲目抨击的态度,在40年代中参加反法西斯抵抗运动和在40年代末和50年代初参加反对帝国主义和殖民主义的斗争以后,态度有所改变,在1956年发生匈牙利事件以后,萨特一方面同苏联、法共断绝来往,另一方面又在其存在主义伙伴梅劳－庞蒂又是建议又是批评的帮助下,致力于把马克思主义同存在主义结合起来,用存在主义去补充马克思主义,在1960年发表的《辩证理性批判》第一卷(以及在其生前未曾发表的第二卷)便是这种"存在主义马克思主义"的代表作。由于在1968年的法国"五月风暴"中,萨特积极参加、支持学生和工人的造反运动,《辩证理性批判》一书又被认为惊人地预示了"五月风暴"中发生的许多事情,因而,萨特就被推崇为造反青年的精神导师,他的"存在主义的马克思主义"则被奉为指导青年造反活动的思想理论基础。

萨特之所以要用存在主义去补充马克思主义,是因为它一方面"把马克思主义看作我们时代的不可超越的哲学";另一方面,又把苏联的所作所为混同于马克思主义,从而认为马克思主义排斥人、把人吞没在概念里，"如果不把人本身作为它的基础而重新纳入自身之中，那么，它将变质为一种非人的人学"，解决的办法就是把"在凡是有人所在的地方到处去寻找人"的存在主义，补充到马克思主义中去，搞"存在主义的马克思主义"。但由于存在主义的主观的、个人主义的方向，同马克思主义的客观的、社会的方向，是相互冲突而不可调和的，所以，所谓用存在主义去补充马克思主义的"存在主义的马克思主义"实际上只是用存在主义去攻击和取代马克思主义。如，用"〔个人的〕存在先于〔个人的〕本质"的纯粹内在主观性，去抨击和取代唯物主义；用〔意识"自己规定自己"的〕内省体验论去抨击和取代能动的反映论；用〔作为人学普遍适用的方法和普遍适用的规律的〕人学辩证法去抨击自然辩证法、取代唯物辩证法；用〔异化—造反—再异化—再造反以及个人实践—群集—集团的〕历史人学去取代历史唯物主义。

对于笔者对"存在主义马克思主义"的上述评析，我国台湾《东海哲学研究集刊》第一辑发表蒋年丰的《沙特（即萨特），在大陆》一文评论说，它"对沙特从《存在与虚无》到《辩证理性批判》的思想转变以及这个转变与梅劳-庞蒂之间的纠结有着极其宝贵的梳理，尤其可贵的是徐先生还介绍了尚未出版的《辩证理性批判》第二卷的内容，其步伐已赶上欧美，这些学术成就绝非我国台湾学界所能望其项背的"。

在20世纪50—60年代，法国思想界就发生了结构主义取代存在主义的情况，特别在1962年列维-斯特劳斯在《野蛮人的心灵》中猛烈抨击萨特的《辩证理性批判》时，结构主义就轰动地登上了法国的思想舞台，但却只是随着"五月风暴"的失败，法国政治哲学气氛的转变，结构主义才确立了它在法国思想界的统治地位。在哲学原理上，如果说存在主义顽强地把人的主观性作为哲学思维的出发点，认为世界上的一切存在物都因人而取得意义，只有主体才是能动的，从而引出其人本主义的话，那么，结构主义则与此相反，认为人只是构成结构的复杂的关系网络中的一个关系项,它本身没有独立性,只是由结构所决定的,所以,不是人赋予世界以意义,而是结构赋予人以意义。1965年,当法国共产党党员阿尔都塞对国际共产主义运动中人道主义广泛泛滥的政治形势进行理论干预,发表《保卫马克思》、《读解"资本论"》的时候,他所依据的就是这种结构主义,所以,被人们称作创立了"结构主义的马克思主义"。尽管由于种种原因,阿尔都塞矢口否认人们给他贴的这个标签,但他的理论建构却充分说明这是一种"结构主义的马克思主义":他一是主张在阅读马克思著作时,要用〔他经过法国的结构主义精神分析学家拉康而从弗洛伊德那里借用来的〕"对症解读"法,从深处拖出其理论框架;二是认为在马克思的思想发展史上存在着一个从〔以主体为唯一构成要素的〕意识形态时期到〔主体只发挥由过程的机械装置指派给它的作用的〕科学时期"的认识论上的断裂";三是认为马克思主张〔与黑格尔的表现因果观以及笛卡尔的线状因果观相反的〕结构因果观和多元决定论;四是认为马克思主张反经验主义认识论,进而提出"理论也是一种实践"的、"理论实践就是它自己的标准"的"理论实践论",以及存在着"实在客体"和"认识客体"的"两个客体论";五是和结构主义否认思维主体能够在认识论上居于哲学思考的中心的"主体移心论"相呼应,认为马克思主义是一种〔从历史是一个无主体过程的观点出发,否认人在历史发展中的作用的〕"理论上的反人道主义";六是认为马克思主义是一种反历史主义;七是主张在强制性国家机器之外,意识形态也是一种国家机器。

考虑到自从20世纪70—80年代"西方马克思主义"思潮被介绍到我国以后,我们对它的评介,大都以流派和代表人物为主,虽然在当时这是必要的和有益的,但也有一些负面影响,这就是使我们的一些同志在不了解"西方马克思主义"理论全局的情况下,不是从这种思潮的基本理论的高度,而只是从它的一些代表人物的思想渊源、党派归属、思想动机上去判断这种思潮的性质,由此不仅引发出对于

"西方马克思主义"思潮本身的种种不符合客观实际的理解，而且影响到对于马克思主义同"西方马克思主义"的关系的辨识，乃至把一些同马克思主义基本理论明显不符、甚至相悖的思想观点也奉为马克思主义，从而形成指导思想上的多元论，影响马克思主义在意识形态领域的指导地位。为此，笔者在重点分析"西方马克思主义"一些流派的哲学基础之后，又主持了国家社会科学院基金"九五"重点项目《西方马克思主义理论研究》，以系统地展示和用马克思主义去评析"西方马克思主义"基本理论的方方面面。

在《西方马克思主义理论研究》一书的第一章《西方马克思主义的基本状况》中，首先从国际共产主义运动的六个关键时机上去考察"西方马克思主义"的形成和发展；接着阐述"西方马克思主义"的人本主义和科学主义两种思想倾向所包含的各个流派及其基本特征；随后详细论证了为什么必须以是否根据和运用马克思主义的基本理论和基本方法，研究新情况、解决新问题为衡量标准，去判断"西方马克思主义"的性质，并指出根据"西方马克思主义"既提出了在马克思主义发展过程中遭到忽略、在社会主义实践过程中遭到偏离的一些问题，又搞不同哲学世界观的折中混合，以致把正确的观点和错误的观点、积极的作用和消极的作用交织在一起的复杂情况，我们必须对其理论观点进行细致的分析研究，作出实事求是、恰如其分的评价，既吸取其在探索中获得的一切有价值的积极成果，又摒弃其错误的倾向和观点，并从中吸取经验教训。

该书第二章《西方马克思主义的资本主义理论》，从异化、合理性批判、科学技术与意识形态、阶级、国家、危机等六个问题上展示了"西方马克思主义"对于当代资本主义的既不同于资产阶级自由主义和社会民主主义，又不同于马列主义的独特的新左派观点。

该书第三章《西方马克思主义的社会主义理论》，从对苏联模式的批评、社会主义在当代要由科学到乌托邦论、强调社会主义的生物学基础、日常生活批判应该成为社会变革的中心、争取社会主义的新战略、社会主义革命的新主体、未来社会主义的设想等七个方面加以展开,并重点评析了"西方马克思主义"的乌托邦社会主义观和日常生活批判理论。

该书第四章《西方马克思主义的本体论和认识论理论》,从八个方面具体展开,而又重点评析其中易于使人模糊认识、混淆视听的两种理论:在本体论方面,以作为实践本体论的典型的葛兰西的实践哲学为代表;而在认识论方面,则以作过较系统论证的阿尔都塞的反经验主义认识论为代表。

该书第五章《西方马克思主义的辩证法理论》,展示了"西方马克思主义"人本主义和科学主义各派提出的形形色色的辩证法观:有的把焦点放在辩证法是主体和客体的相互作用而否定自然辩证法的客观存在上,有的把焦点放在马克思辩证法同黑格尔辩证法的关系,到底是批判继承还是彻底决裂上,有的认为马克思主义辩证法主张多元决定论,有的认为马克思主义辩证法的本质是绝对的否定等等,而把重点放在剖析多元决定论上。

该书第六章《西方马克思主义的社会历史理论》,展示和评析了"西方马克思主义"以马克思主义是人道主义还是理论上的反人道主义,是人的无限自由还是历史决定论,各个自由的个人如何创造出人类历史等问题为轴心的种种社会历史理论,而重点评析了认为理论反人道主义的底蕴就是历史决定论的观点。

笔者所主编的《西方马克思主义理论研究》一书2000年由海南出版社出版(600千字),2001年获中央宣传部颁发的精神文明建设"五个一工程"奖。

三、"西方马克思主义"理论研究的当前意义

世界社会主义在20世纪错综复杂、变化深刻的历史进程,要求我们找出这种发展变化的原因,从中吸取教训;而刚刚开始的21世

纪层出不穷的新情况、新问题,则要求我们紧跟时代发展的潮流,研究新情况,解决新问题,形成新认识,开辟新境界。这两个方面的要求,都把认真学习和研究马克思主义基本理论作为一项紧迫任务提到我们面前。

对于马克思主义基本理论的认真学习和研究,当然不是通过脱离实际的书斋式研究,而是通过紧密联系不断发展变化着的客观实际来实现的。这里所说的客观实际,从宏观层面来说,主要有三个方面:一是社会主义,其中包括建设中国特色社会主义实践的发展进程;二是资本主义的发展进程;三是马克思主义本身的发展进程。

联系这些客观实际,不仅指联系在这些方面的发展进程中发生的重大事件和实践,而且包括世界上各种思潮对于这些重大事件和实践的看法、原因分析和规律研究。通过这种紧密联系实际的学习和研究,使我们的马克思主义基本理论在继承的基础上不断吸取新的实践经验、新的思想而向前发展,不断根据实践的要求进行理论创新,为实践提出新的理论指导。

对于我们来说,"西方马克思主义"理论研究的当前意义,就寓于其对这种紧密联系实际的马克思主义基本理论的学习和研究的意义和作用中。自从十月革命取得胜利而西方国家的革命却相继遭到失败的20世纪20年代以来,"西方马克思主义"思潮就一直围绕着社会主义、资本主义和马克思主义发展进程中的重大实践、重大事件、重大问题,系统地提出和阐述他们的既不同于社会民主党人、也不同于共产党人的看法和意见。半个多世纪的实践检验了这些看法和意见,证明其中有一些是正确的,对于我们加深认识资本主义、社会主义和马克思主义的历史进程是有帮助的;有一些是片面的乃至错误的;有一些则提出了在马克思主义发展过程中长期被忽略的问题,或者揭示了在社会主义实践过程中遭到扭曲或偏离了的问题。吸取和借鉴"西方马克思主义"思潮的一切正确的意见和有价值的思想成分,摒弃其错误的观点并同它们划清原则界限,深入研究它所揭示的在理论中遭到忽略、在实践中被扭曲和偏离的问题，从中吸取教训，避免重蹈覆辙，对于我们加深对马克思主义基本理论和世界历史进程的理解和把握，加强马克思主义基本理论的说服力、战斗力和实现马克思主义的理论创新来说，无疑具有很大的促进作用和现实意义。

我们是从认真学习和研究马克思主义基本理论的视角着眼，来认识"西方马克思主义"理论研究的当前意义的。正因为如此，在这里就必须强调：要加强和巩固马克思主义在意识形态领域中的指导地位，而不能搞指导思想的多元化。"西方马克思主义"反对苏联模式的社会主义观和马克思主义观，又以重新发现马克思主义原来的设计相标榜，这就存在以什么标准判断孰是孰非的问题。以苏联模式的观点作为判断是非的标准，或者以"西方马克思主义"的观点作为判断是非的标准，显然都不可取。用所谓"一源多流"说把两者当做马克思主义的不同表现形式并列起来，同样不可取。因为它们经常是在马克思主义和社会主义的相同问题上发表不同的，而且往往是相反的和对立的意见，把它们都当作马克思主义的不同表现形式，只能导致掩盖矛盾、混淆是非，乃至搞指导思想多元化的结果。所以，判断的标准，只能是看哪种观点在坚持马克思主义基本理论的基础上，适应了当代社会的新情况、新问题，向前推进了马克思主义。在这里，坚持以马克思主义为指导和坚持从实际出发是两个不可或缺的必备条件。没有前者就谈不上马克思主义，而没有后者，也同样算不上马克思主义。事情正如邓小平所指出的那样，马克思主义"要求人们根据它的基本原则和基本方法，不断结合变化着的实际，探索解决新问题的答案，从而也发展马克思主义理论本身"；与此同时，"真正的马克思列宁主义者必须根据现在的情况，认识、继承和发展马克思列宁主义"，"不以新的思想观点去继承、发展马克思主义,不是真正的马克思主义者"①。只有这样,才能始终代表先进文化的前进方向。

"西方马克思主义"之所以会经常在一些问题上提出和苏联模式相反的看法和意见,一个重要的原因,是因为它在揭示和反对苏联模式在某个方面歪曲和偏离马克思主义的基本精神的时候,往往偏离到另一个极端上去,对马克思的基本精神搞了一个与苏联模式方向相反的歪曲。以怎样认识马克思的哲学世界观为例,如果说,苏联模式按照直观唯物主义的精神,错误地认为马克思主义把世界看成是一个只按自己的规律运转,而同人的实践没有干系的物质体系的话,那么,"西方马克思主义"的一些人本主义流派则按照西方唯心主义的精神,在揭示苏联模式的庸俗唯物主义的时候,又错误地认为马克思主义超越了唯心主义和唯物主义的两元对立,认为世界是通过主体而得到中介的,因而,马克思哲学世界观的真正对象和基础,不是物质的抽象,而是社会实践的具体性,并据此提出了实践本体论、实践一元论等说法。

把苏联模式和"西方马克思主义"这两种相互对立的意见当做参考系,去认真学习和研究马克思《关于费尔巴哈的提纲》和《德意志意识形态》,无疑可以帮助我们更加全面、准确和深刻地把握马克思主义的基本理论。马克思的哲学世界观,要求人们既从客体的或者直观的形式去理解对象、现实、感性,又从主体方面,把对象、现实、感性当作感性的人的活动,当作实践去理解;既确认外部自然界的优先地位,又把人类的劳动实践看作现存世界的基础。如果说苏联模式强调了马克思哲学世界观的前一个方面而忽略了后一个方面,因而很难同旧唯物主义划清界限的话,那么,"西方马克思主义"人本主义各派则突出了马克思哲学世界观的后一个方面而忽略乃至否定了前一个方面,同样不可避免地陷入唯心主义。马克思的哲学世界

---

① 《邓小平文选》第 3 卷,人民出版社 1993 年版,第 146、291—292 页。

观既同旧唯物主义、又同唯心主义划清界限,但又并没有超越唯物主义和唯心主义的两元对立,因为马克思是以唯物主义为立足点去吸取黑格尔唯心主义世界观的合理因素的,因而在这里就只有克服旧唯物主义的缺陷、创立新唯物主义的问题,而不存在什么超越唯物主义和唯心主义的问题。苏联模式片面强调历史决定论而这样那样地忽略、贬低乃至抹杀人的自由;而"西方马克思主义"人本主义各派则反其道而行之,从另一个极端夸大人的自由。

所以,在我们以马克思主义基本理论为指导研究"西方马克思主义"的理论观点的时候,必须牢牢把握两个基本环节。

其一,旗帜鲜明地同错误的东西划清界限,决不能是非不辨,听之任之;否则,就不能坚持和加强马克思主义在意识形态领域的指导地位。有些"西方马克思主义"者在提出其错误观点的时候,其动机可能是出于使马克思主义适应于新形势、新情况而向前发展,只是由于各种原因误入歧途而导致错误;有些"西方马克思主义"的错误观点则是同正确的见解、有价值的新的探索交织在一起的,如此等等。这就要求我们在划界限的时候,进行认真细致的分析研究,努力做到实事求是、恰如其分,并在发现界限划错了的时候迅速纠正。但无论情况多么复杂,工作多么艰巨,都不能成为取消划清界限任务的理由和借口。

其二,大胆地吸取和借鉴一切有价值的思想成分。对于"西方马克思主义",主要有三种情况:首先是经过实践检验证明是正确的思想观点,是对于新情况、新问题的有益探索,因而是有助于加深加宽我们对当代资本主义、社会主义和马克思主义的认识的思想观点;其次是它就马克思主义发展过程中遭到忽略、社会主义实践过程中遭到偏离的问题所提出的质疑和意见;最后是使它在理论和实践中的探索导致错误与失败的经验教训。

在马克思主义基本理论的指导下,牢牢把握好这两个基本环节,必将有助于我们对马克思主义基本理论的理解、把握、丰富和创新,有助于我们对社会主义、资本主义和马克思主义本身的发展进程的正确认识和把握。

中国共产党和中国人民正致力于建设中国特色社会主义事业,在这个时候,我们以相当大的精力去研究产生在西方的"西方马克思主义",对于我们的伟大事业到底能起什么作用呢?我认为,其最大的作用还不仅在关于"西方马克思主义"以及与此相关的各种问题的知识的积累、辨析和传播上,更重要的是在世界眼光的形成上,特别是在理论思维的培养、锤炼和发展上面。

恩格斯曾经高度评价过理论思维的作用。他说:"一个民族要想登上科学的高峰,究竟是不能离开理论思维的","轻视理论显然是自然主义地进行思维,因而是错误地进行思维的最可靠的道路",而"错误的思维贯彻到底,必然走向原出发点的反面"。解决这个问题的办法,就是培养、锤炼和发展理论思维这种才能方面的素质,而为此,"除了学习以往的哲学,直到现在还没有别的办法"[①]。而研究西方马克思主义,则是我们学习以往哲学的一个重要方面,它非常广泛而深刻地涉及到在当代最激动人心的马克思主义、社会主义、资本主义的发展历程,又从本体论、认识论、辩证法、社会历史理论等各个方面提出和分析问题。和其他思潮相比,可以说是一部锤炼人们理论思维的难得的全面系统的材料。而对于我们正致力于建设有中国特色社会主义事业的人们来说,还是一部有着培养、锤炼和发展理论思维能力的重要作用的材料。

我们要在新世纪把建设中国特色社会主义的伟大事业全面推向前进,首先就要加强党的思想理论建设,坚持和巩固马克思列宁主义、毛泽东思想、邓小平理论在意识形态领域中的指导地位。当前,我国正处在经济转轨时期,各种思潮相互激荡着,我们在前进过程中遇到的各种复杂矛盾和困难,则在一部分群众中产生这样那样的困

---

① 《马克思恩格斯选集》第4卷,人民出版社1995年版,第285、300—301、284页。

惑、担心和忧虑,乃至出现信仰危机。在这样的时刻,我们要坚持和巩固马克思主义的指导地位,就特别需要发展马克思主义的理论思维能力,去排除各种错误思潮的干扰,帮助群众澄清模糊认识,消除错误观点的影响,分清原则是非,从而坚定理想信念,增强前进信心。而通过对"西方马克思主义"理论的研究,特别是通过对其本体论、认识论、辩证法、社会历史理论的研究,分辨清楚其中哪些是有助于我们推进马克思主义的发展的、哪些又是背离马克思主义的,学会从其基本错误的见解中分解出有价值的思想成分,又从基本正确的见解中剔除其错误的思想杂质。所有这些,对于培养、锤炼和发展我们的理论思维,加深我们对马克思主义理论的系统掌握,无疑有着极大的作用。

我们要把建设中国特色社会主义的伟大事业全面推向前进,还要在总结历史经验,观察和把握当代世界经济、政治、科学、文化的发展,观察和把握当今中国的伟大变革的基础上,承担起时代向我们提出的理论创新的崇高使命。只有通过对马克思主义理论的系统掌握,对历史经验的正确总结,对现实问题的深刻分析,对时代特征的准确把握,并把所有这一切有机地统一起来,我们才有可能实现马克思主义的理论创新。而通过对"西方马克思主义"理论的研究、特别是通过对其关于资本主义和社会主义理论的研究,辨析其中哪些是如实地反映了当代资本主义发展的新变化和新情况,哪些是正确地反映了社会主义建设中的经验教训,而哪些因素则相反,对于培养、锤炼和发展我们的理论思维能力,帮助我们正确认识这两个事关世界历史发展进程的最重大问题的发展进程,无疑有着极大的作用。

四、应该怎样看待"西方马克思主义"

"西方马克思主义"是在第一次世界大战以后,无产阶级革命在俄国取得胜利而在西方失败的情况下,出现于西方国家的一股在理论上和列宁主义相对立而又自称是马克思主义的思潮。它从理论和实践两个方面批评共产国际和苏联共产党的内外政策。在政治方面,在对现代资本主义的分析和对社会主义的展望上,在无产阶级革命的战略和策略上,它提出了不同于列宁主义的见解;在哲学方面,它提出了不同于苏联对马克思主义的解释,而主张借助于现代西方的一些唯心主义哲学去"重新发现"马克思原来的设计。

一方面,用西方唯心主义去解释、发挥、补充、结合马克思主义,把不同哲学世界观的这种折中混合奉为指导思想,以此去同马克思列宁主义相抗衡;另一方面,冲破苏联模式教条主义的束缚,考察发达资本主义社会中出现的种种新情况和新问题,揭露和批评苏联模式的弊端和缺陷。"西方马克思主义"的这种两重性质反映在人们的认识中,往往由于立足点的不同、价值取向的不同,而被片面地突出成为不同的认识和评价。例如,苏联、东欧国家的学者,往往抓住和夸大前一个方面,而把"西方马克思主义"说成是"打着新马克思主义旗号"的"反马克思主义、反共产主义";反之,西方国家的一些"新左派"学者,则抓住后一个方面,把"西方马克思主义"奉为"马克思主义的现代化"、"发达资本主义社会的马克思主义"。这两种不同的认识和评价,还在不同的时候分别影响我国学术界,形成对"西方马克思主义"不同评价的争论,妨碍着在对"西方马克思主义"的认识和评价上达致共识。

到底应该怎样看待"西方马克思主义"?本节打算就此提出一些看法。

(一)澄清"西方马克思主义"研究中的三个错误

对于"西方马克思主义"用西方唯心主义去解释、发挥、补充、结合马克思主义这一根本特征,有些同志由于估计不足,乃至不能正视现实而弄到是非混淆。下面有三个错误观点我们必须澄清。

第一,有一种意见认为,既然我们认为毛泽东思想是马克思主义的普遍真理和中国革命实践的结合,那为什么"西方马克思主义"的理论家搞了这种结合,我们不是表示欢迎,而是另眼相看呢?

这种意见显然是把两种不同类型的"结合"给混淆起来了,显然是把马克思主义所倡导的把马克思的基本理论同当时当地具体实际的结合,同"西方马克思主义"所实行的把马克思主义同西方资产阶级唯心主义世界观的折中混合混为一谈了。然而,这却是两种不容混同的"结合"。前者所导致的是马克思主义世界观的统一和切合当时当地不同具体情况的多样化发展;而后者所导致的,却是与此相反的,"公说公有理,婆说婆有理"的真理多元化。例如,"西方马克思主义"创始人卢卡奇把马克思主义和黑格尔主义相结合,得出马克思主义是一种人道主义的结论;而阿尔都塞把马克思主义和结构主义相结合,则得出了马克思主义是一种理论上的反人道主义的结论。怎么能把这样折中混合两种不同哲学世界观的真理多元化,和马克思主义倡导的理论和实践的结合混为一谈呢?!

第二,另一种意见认为,"西方马克思主义"把马克思主义与当代西方哲学的各种思潮结合起来,正表明他们没有把马克思主义从人类文化发展的整个氛围中孤立出来。

这种意见显然把马克思主义主张广泛吸收人类文化发展的一切有价值的成果,同马克思主义坚持反对折中主义这样两个基本命题割裂了开来,用前者去否定后者了。

马克思主义思想体系之所以赢得世界历史性的意义,无疑是因为它不仅没有抛弃资产阶级最宝贵的成就,相反地却吸收和改造了两千多年来人类思想和文化发展中一切有价值的东西。但是,与此同时,不断发展的马克思主义之所以始终是马克思主义而不是各种不同思想的杂凑,又无疑是因为它反对折中主义而坚持哲学的党性原则。列宁在《唯物主义和经验批判主义》中曾经说过:"只有那些根本不懂得什么是一般哲学唯物主义以及什么是马克思和恩格斯的辩证方法的人,才会奢谈经验批判主义和马克思主义的结合"[1]。因为把马克思主义和西方唯心主义思潮相结合,就是把唯物主义和唯心主义这样两种相互对立的哲学派别混合在一个体系之中,用唯心主义去冒充马克思主义;而不把马克思主义从人类文化发展的整个氛围中孤立出来,从准确的意义上理解,却只能意味着批判地吸取和改造人类思想和文化发展的一切有价值的东西中,坚持和发展马克思主义。

第三,还有一种意见借口在"西方马克思主义"思潮中,各派观点迥异,有的代表人物在不同历史时期的理论倾向也不尽相同,而认为不能给"西方马克思主义"笼统定性为非马克思主义。

然而,无可争辩的客观事实却是,"西方马克思主义"各派之间的差异性,同一个代表前后不同的理论倾向性,这些具体情节并没有改变"西方马克思主义"各个流派、各种倾向全都用西方唯心主义的某个流派去解释、发挥、补充、"结合"马克思主义这种共同性。正是这种共同性使人们不能在"西方马克思主义"——不论它是其中的哪个流派、属于哪种理论倾向——和马克思主义之间画等号。

且以"西方马克思主义"的创始人、特别是葛兰西来说吧,从其毕生表现、特别是其政治实践来观察,葛兰西无疑是一位无产阶级革命家。但是,葛兰西的实践哲学,还有卢卡奇的实践理论,却远不像有些同志所说的那样,似乎就是马克思的实践唯物主义。不,由于他们都用黑格尔——新黑格尔主义去解释、发挥马克思主义的实践观,这就使他们的实践理论不能不成为一种非马克思主义的实践理论。

在《狱中札记(选)》中,葛兰西说,在马克思逝世以后,以普列汉诺夫为代表的正统派企图把马克思主义和传统的唯物主义结合起来,第二国际的修正主义则回到了康德主义。针对这种情况,葛兰西认为,在实际上,马克思在关于费尔巴哈的第一条提纲中批判的唯物

---

[1] 《列宁选集》第2卷,人民出版社1995年版,第364页。

主义和唯心主义的那种彼此片面的立场正在重复着。现在还和那时一样,虽然处在历史的一个较为发达的时刻,但在马克思主义发展的更高水平上进行结合还是必要的。怎样"结合"?葛兰西认为,还是要高扬实践,恢复马克思强调实践的哲学世界观。

葛兰西的这个想法无疑是值得肯定的。但由于葛兰西的指导思想上是要用黑格尔——新黑格尔主义去解释和发挥马克思的实践观,这就使其高扬实践的动机,表现为主张把自然包摄在人类历史之下,归结为被人所支配和利用的对象,把客观事物溶解在人的实践中,强调要从人同自然的关系上去认识客观现实和物质,以及把马克思主义解释成一种认为外部自然界依存于人,依存于人的实践,是实践内部的对立的同一性中的一方的唯实践主义。葛兰西由此引出结论说:"实践哲学(指马克思主义)是绝对的历史主义,绝对的世俗化和思想的世俗性,一种历史的绝对的人道主义,人们正是必须沿着这条路线追踪新世界观的线索。"[①]

而卢卡奇则在《历史和阶级意识》一书中,提出"自然是一个社会范畴",意识即实践,意识的行为就推翻着它的对象的客观形式,以及把实验和工业排除在实践之外的实践理论。

针对第二国际把历史同化于自然的实证主义观点,卢卡奇提出和重申自然是一个社会范畴,是有一定的积极意义的。但由于卢卡奇在用黑格尔主义去解释和发挥马克思主义的时候,集中注意力于考察作为物化历史的"第二自然",而忘记了还要考察"第一自然"在人类生活中的作用;力求解决自然和历史的两分法,却忘记了自然;要求废除主体和客体的两分法,却完全否认了客观性的要求。这就使卢卡奇陷入到和实证主义唯心主义相反方向的、浪漫主义反自然主义去了。

正因为这样,葛兰西和卢卡奇就都没有能够像他们主观上所希

---

① 葛兰西:《狱中札记(选)》,伦敦1971年版,第465页。

望的那样,纠正机械唯物主义和新康德主义对马克思主义哲学的歪曲,恢复和发扬马克思的实践观,而是陷入到唯实践主义和反自然主义的泥潭中去,对马克思的实践观作了一个和机械唯物主义、新康德主义方向相反的歪曲。这是因为,马克思的实践观不仅强调也要从主体方面去理解事物,即把事物当作人的感性活动,是现存感性世界的深刻基础,而且始终坚持外部自然界的优先地位,始终坚持劳动实践在多种层次上所受的自然制约性。如果说普列汉诺夫等人片面地强调了马克思实践观的后一个方面,而忽视其前一个方面的话,那么,葛兰西、卢卡奇等人则显然片面地强调了马克思实践观的前一个方面,而忽视其后一个方面。之所以说葛兰西、卢卡奇等人对马克思主义实践观作了一个和机械唯物主义方向相反的歪曲,其原因就在这里。

应当指出,对于这种情况,卢卡奇本人在后来是有所认识的:"在20年代,柯尔施、葛兰西和我曾经企图以不同的方式解决第二国际留传下来的社会必然性和对它的机械解释的问题,我们继承了这个问题,但是我们谁也没有解决它。葛兰西也许是我们三人中最好的一个,但是他也未能解决。我们都错了,今天如果搬出那个时期的著作,说它们在今天正确,那会是完全错误的。"①

当今天我国学术界有些同志抹杀、否认"西方马克思主义"用西方唯心主义去解释、发挥、补充、"结合"马克思主义这个客观事实,片面夸张"西方马克思主义",特别是它的创始人卢卡奇及其《历史和阶级意识》的革新方面,说什么"要想研究20世纪的马克思主义,要想发展今天的马克思主义,就不能不去深入研究卢卡奇的思潮",说什么卢卡奇"开辟的道路就是我们理论工作者今天正在进行的改革之路"的时候,重温"西方马克思主义"发展史上的这一段经验教

---

① 《卢卡奇谈自己的生活和工作》,载英国《新左派评论》杂志1971年7—8月第68期。

训,无疑是十分有教益的。

(二) 批判地吸取"西方马克思主义"思潮的合理内核

揭示"西方马克思主义"把不同哲学世界观的折中混合奉为指导思想,丝毫也不意味着全盘否定"西方马克思主义",把它说得一无是处,或者说它只能起消极作用,从而否认深入研究这种思潮的必要性。在实际上,这种想法和做法,和否认"西方马克思主义"用折中主义去抗衡马克思主义列宁主义一样,也是一种片面性,不过是另一种片面性。

马克思主义是在广泛吸收和借鉴人类社会创造的一切文明成果中诞生的,也是在这种广泛吸收和借鉴中发展的。邓小平强调指出:"真正的马克思列宁主义者必须根据现在的情况,认识、继承和发展马列主义","不以新的思想、观点去继承、发展马列主义,不是真正的马列主义者"[①]。

对于我们来说,邓小平在这里所说"现在的情况",首先是指当代中国的实际情况,但也包括当代世界的实际情况;邓小平在这里所说"新的思想、观点",首先是指在解决当代中国的改革和建设实践中出现的新的政治经济社会文化问题中形成的新的思想、观点,但也包括从研究当代世界风云变幻的客观实际中,从研究当代世界思潮和各门学科发展的最新成果中引出的新的思想、观点。正因为这样,为了坚持和发展马克思主义,我们必须在研究和探索建设中国特色社会主义的规律的同时,研究当代世界的新变化和当代世界的各种思潮,批判地吸取和概括各门学科发展的最新成果。

而在对当代世界各种思潮的研究中,对于"西方马克思主义"的研究,又应占据一个重要的位置。这是因为,"西方马克思主义"提

[①] 《邓小平关于建设有中国特色社会主义的论述专题摘编》,中央文献出版社1992年版,第24页。

出或重申了在马克思主义发展过程中曾经遭到忽视或偏离的问题，考察了发达资本主义社会中出现的许多新情况和新问题，试图引进20世纪西方的理论发展作为研究日常生活微观领域的思想工具，并揭露和批评了苏联模式的一些弊端和缺陷。

尽管由于"西方马克思主义"把不同哲学世界观的折中混合奉为指导思想，而使他们建构的种种思想体系陷于崩塌，他们探索的西方革命道路在实践中一再碰壁受挫，他们纠正苏联模式的替代方案，也带有对马克思主义和社会主义作反向歪曲的性质，但是，他们在长达半个多世纪的研究和探索中所推出的大量理论著作，又毕竟为我们从历史的比较和国际的观察中，科学地阐述中国特色社会主义理论，为我们依据马克思主义的基本理论和基本方法，结合不断变化着的实际，探索解决我们面临的种种新问题，从而丰富和发展马克思列宁主义和毛泽东思想，提供了重要思想资料。

"西方马克思主义"提供的这种思想资料是大量的。这里且以它的有些流派的代表提出的"日常生活批判"为例，作些分析和论证。

"西方马克思主义"的人本主义各派中，曾经有许多人认为，苏联模式对社会主义革命的设计太狭隘，以为在政治上夺取政权，在经济上把私有制改变为公有制，革命就算完成了。针对这种情况，"西方马克思主义"思潮的这些代表提出，"日常生活批判"应当成为社会变革的中心。他们说，苏联的社会主义革命虽然取得了成功，但个人并没有得到相应的全面解放，只有从根本上改变了日常生活，社会主义革命的意义才能实现。他们反复强调说，只有通过"日常生活批判"，才能沟通阶级解放和个人解放之间的断裂，把具体个人的问题恢复到在集体性问题旁边所应得的地位，而重建社会主义同个人解放是同一性。

应当指出，由于指导思想上的问题，"西方马克思主义"关于日常生活批判问题的有些提法是不正确的，例如，他们所主张的通过创造一种日常生活中异化形式的现象学来进行日常生活批判的观点,显然是以把异化现象本体论化的永恒异化论为理论基础的;再如,他们所主张的应当把日常生活批判放在社会变革的中心的观点,则显然反映了他们对政权和所有制问题的极端重要性的忽视,看不到在社会主义革命中,日常生活批判对于改变国家政权、改变生产资料所有制的依存性,事实是:要是政权还在资产阶级手里,生产资料的资本主义所有制还原封不动地保存着,那么,无论对微观的日常生活进行怎样的批判,都是无法实现社会主义性质的社会变革的。

但是,在另一方面,又必须看到,"西方马克思主义"提出日常生活问题,则又确实提出和重申了在马克思主义发展过程的一定阶段上遭到忽略的问题,确实触及了苏联模式的一个严重缺陷。

在十月社会主义革命初期,特别在实行新经济政策时期,关于要把社会主义革命贯穿到人们的日常生活中,从一切方面调动人们建设社会主义的积极性的问题,是列宁所探索的社会主义建设道路中一个极其重要的方面。

在《十月革命四周年》一文中,列宁曾经说过:"准备向共产主义过渡(要经过多年的准备工作),需要经过国家资本主义和社会主义一系列过渡阶段。不是直接依靠热情,而是借助于伟大革命所产生的热情,依靠个人兴趣,依靠从个人利益上的关心,依靠经济核算,在这个小农国家里先建立起牢固的桥梁,通过国家资本主义走向社会主义;否则你们就不能到达共产主义,否则,你们就不能把千百万人引向共产主义。"[①]

《在莫斯科苏维埃全会上的演说》中,列宁又极其兴奋地指出,通过新经济政策,"我们已抓住日常问题的中心环节了,这就是一个巨大的收获。社会主义现在已经不是一个遥远的将来,或是什么抽象幻景,或是什么神象问题","我们把社会主义拖进日常生活中

---

① 《列宁选集》第4卷,人民出版社1995年版,第572页。

了","这就是我们当前的任务,这就是我们时代的任务"①。

遗憾的是,在1928年以后,在苏联的社会主义建设中,列宁的新经济政策连同其中所包含的把社会主义贯穿到日常生活中、实现社会主义同个人解放的同一性的设想被搁置一边,替代它的,是体现斯大林建设社会主义思想的苏联模式的逐步形成。苏联模式的一个基本特征是高度集权,它在历史上曾经发挥过不可磨灭的作用,但又同样确实地忽视了把社会主义贯穿到人民群众的日常生活中去这样一个重大问题,这就严重压抑了广大群众建设社会主义的积极性、主动性和创造性,使本来应该生机盎然的社会主义建设在很大程度上失去了活力,正因为这样,在90年代初,它还成为苏联的社会主义制度陷于解体的重要原因之一。

智利共产党前总书记路易斯·科尔巴兰曾经说过:"苏联崩溃的原因之一,是苏联共产党所犯经济错误","俄国社会主义者没有更多地关心人们的日常生活和工作"。

实现了生产资料社会主义公有化而不跟广大劳动人民的日常生活最紧密地联系起来,那么,事情就会像曾任苏共中央第二书记的利加乔夫于十月革命74周年时在美国哥伦比亚大学讲演中所说的:"公有制最终会变成国有制,生产者反而不掌握生产资料,他们从收入、提高劳动生产率、改善自己的工作和企业的工作中得的好处不大"。相反地,由于在高度集中的经济管理体制下,个人没有选择职业的自由;生产组织管理不善,又使工人难以在工作中得到满足;商品短缺还使工人不能以其收入买到所需商品。在这种情况下,怎么能调动人们建设社会主义的积极性,充分发挥社会主义制度的优越性呢?

与此形成对照的是,我国的经济体制改革,首先是农村的改革,为什么会取得举世瞩目的成就呢?一个极其重要的原因是,我们通

---

① 《列宁全集》第33卷,人民出版社1985年版,第400页。

过家庭联产承包责任制,使广大农民获得了对土地这一基本生产资料的经营自主权,对于自己劳动所创造的一部分价值的自由支配权,以及在一定范围内自由选择职业的权利,这就使劳动者这一生产力的最基本要素获得了第二次解放,即从不适应生产力发展需要的高度集中的经济体制下的解放。可以说,这是使社会主义革命深入、具体地落实到农民的日常生活中,实现了社会主义制度同个人解放的同一性的结果。

从这个事例中可以明显地看出,当我们从理论上总结概括国际范围内社会主义兴衰成败的历史经验,研究如何发挥社会主义制度对于资本主义制度的优越性,巩固和发展社会主义制度的时候,"西方马克思主义"所提出的"日常生活批判"问题,无疑是一份值得借鉴的重要的思想资料。

马克思主义的认识论要求人们在认识客观事物的时候,既要坚持从物质到精神的认识论路线,又要力求全面把握事物本身的多方面属性。既然"西方马克思主义"在客观上存在着两重属性,人们要正确认识和评价"西方马克思主义",就必须如实地全面地把握它们,而不能把"西方马克思主义"的一个属性当作全部,也不能用它的一个属性去掩盖、抹杀它的另一个属性。

五、坚持列宁的哲学党性原则,剖析"西方马克思主义"研究

列宁继承和发展马克思恩格斯的学说,系统地论证了哲学党性原则,并把它卓越地运用于剖析形形色色的背离马克思主义或者把马克思主义和资产阶级流派"结合"起来的思潮。今天,当西方世界掀起了马克思主义研究的热潮,出现了各色各样的思潮流派的时候,坚持学习和运用列宁的哲学党性原则,剖析"西方马克思主义"研究,显然具有重要的意义。

（一）坚持列宁的哲学党性原则，反对把马克思主义和资产阶级思潮"结合"起来的折中主义

马克思和恩格斯以前的每个哲学家都把哲学的发展看成是思想上的简单继承，看作是离开阶级斗争的理论思维的自由发展；而列宁则继马克思恩格斯之后，强调指出，在阶级社会里不可能有超阶级、无党性的哲学，哲学上的党派斗争，归根到底表现着现代社会中敌对阶级的倾向和思想体系，"哲学上的无党性，不过是卑鄙地掩盖起来的对唯心主义和信仰主义的阿谀奉迎而已"①。为此，列宁特别致力于抨击把马克思主义同形形色色的资产阶级思潮"结合"起来的折中主义。例如，在谈到经验批判主义和辩证唯物主义的"结合"时，列宁提出：只要"把这种哲学的理论基础和辩证唯物主义的理论基础加以比较"，就会认识到"只有那些根本不懂得什么是一般哲学唯物主义以及什么是马克思和恩格斯的辩证方法的人，才会奢谈经验批判主义和马克思主义的'结合'"②；而那些"企图'调和'马赫主义和马克思主义的俄国马赫主义者的不幸就在于：他们相信反动的哲学教授，结果就沿着陡坡滚下去了。他们企图发展和补充马克思学说的那些手法是很不高明的。他们读了奥斯特瓦尔德的著作，就相信奥斯特瓦尔德，转述奥斯特瓦尔德的话，说这就是马克思主义。他们读了马赫的著作，就相信马赫，转述马赫的话，说这就是马克思主义。他们读了彭加勒的著作，就相信彭加勒，转述彭加勒的话，说这就是马克思主义"③！

在现代的"西方马克思主义"研究中，同样流行着马克思主义和形形色色的资产阶级思潮的"结合"。在第二次世界大战结束以后的近40年中，主要是马克思主义同存在主义、马克思主义同弗洛伊

---

① 《列宁选集》第2卷，人民出版社1995年版，第362—363页。
② 《列宁选集》第2卷，人民出版社1995年版，第364页。
③ 《列宁选集》第2卷，人民出版社1995年版，第349页。

德主义、马克思主义同新实证主义以及马克思主义同结构主义的"结合",由此形成了各色各样的马克思主义思潮流派。显然,对于这一切,我们也应当以列宁为榜样,坚持用哲学党性原则去加以剖析。

先以"存在主义的马克思主义"为例。

在20世纪50年代和60年代,法国存在主义哲学的代表萨特,一方面说马克思主义是我们时代不可超越的哲学,存在主义只是生活在知识边缘的寄生体系;另一方面却又说马克思主义把人排斥在自己的知识之外,它已经停滞了,出路在于"马克思主义的研究把人的高度(即存在的计划)作为人学的基础而加以掌握",也就是说,把马克思主义和存在主义"结合"起来,用存在主义去"补充"马克思主义。

那么,存在主义的理论基础究竟是怎样的呢? 它和马克思主义的理论基础又是什么关系呢?

存在主义把物质世界的客观存在,叫作"自在的存在",而把人的意识叫作"自为的存在"。它认为,自在的存在是虚无的、荒诞的和偶然的,那里是混沌一片,没有任何合乎人的预料、想象和意向的东西,它的唯一功能就是被动地等待着人的创造力量,正是由于作为自为的存在的人的意识的作用,自在的存在才被赋予了本质和意义;而在另一方面,自为的存在却是不受自在的存在制约的,因为人的意识是"自己规定自己"的,就是说,是主观自生的内心体验和直觉,"没有任何事物是意识的原因"。十分明显,在这里,存在主义者把人的非理性的情绪体验放到了规定世界上万事万物的世界本原的位置上,是一种色彩十分鲜明的唯心主义。因此,把马克思主义和存在主义"结合"起来,用存在主义去补充马克思主义,显然是不可能的。

和"存在主义的马克思主义"相平行的,是法兰克福学派的一些代表,特别是弗洛姆和马尔库塞等人所主张的,把弗洛伊德主义和马克思主义"结合"起来,搞"弗洛伊德主义的马克思主义"。

所谓弗洛伊德主义,是指以奥地利精神病学家和心理学家弗洛伊德命名的一种精神分析学说。这种学说起初把人的心理结构分为无意识、下意识和意识三个系统,认为无意识系统中储藏着人的生物本能和欲望,它力图根据喜悦原则渗透到意识中去,作为动机去决定人们的行为;而面向外部世界、同直接感知有关的意识系统,则根据现实原则,从心理结构中排除掉那些来自无意识系统的先天的、兽性的本能,由此形成意识与无意识之间的冲突和对抗的紧张状态;而处在意识和无意识的边缘的下意识系统则在它们之间从事警戒。后来,弗洛伊德的精神分析学说又提出了划分为"本我"、"自我"和"超我"的个性理论:认为在与生俱来的"本我"中,充满着本能、欲望和冲动,力图通过"自我"而得到满足;"自我"则再现着由外部世界积累起来的经验,控制、压抑和排除着"本我"的非理性冲动;而根据社会行为的标准和要求在人的内部世界形成的"超我",则鼓励着"自我"和"本我"之间的斗争。弗洛伊德认为,人类历史的发展,就是在人类的生物学上的本能、欲望的冲动,力求根据喜悦原则得到满足,而社会则根据"现实原则",通过"意识系统"、"超我"对它们进行检查、压抑,使之得到升华而实现的。从弗洛伊德主义的这些论述中,可以看出,它割裂了人同外部世界的联系,认为人的活动的动机是由生物学上的本能、欲望来决定的,并且用精神分析的理论来说明社会历史现象。十分明显,这是一种"把心理的东西作为最初的出发点",并把作为人脑机能的东西"同按一定的方式组成的物质分开,把这种机能变为普遍的抽象概念"的唯心主义[1]。因而,弗洛伊德主义也是同马克思主义的辩证唯物主义和历史唯物主义格格不入而不能相互"结合"的。

作为对人本主义思潮的反动,在西方的马克思主义研究中,出现了按照唯科学主义思潮来理解和解释马克思主义的趋向,首先是把

---

[1] 《列宁选集》第2卷,人民出版社1995年版,第231、234页。

新实证主义和马克思主义"结合"起来的趋向,这就是以意大利的德拉-沃尔佩和科来蒂为代表的"新实证主义马克思主义"。然而,在理论基础上,新实证主义和马克思主义的辩证唯物主义和历史唯物主义也是迥然相异、格格不入的。

实证主义以超越哲学党派性的中立哲学自我标榜。它认为,关于世界的本原是物质还是精神的争论,是无法用直接的感性经验证实的,是脱离经验并与经验对立的哲学思辨,因而无论是唯物主义还是唯心主义,都应被当作"形而上学"来加以拒斥。然而,尽管实证主义自称超越党派之上而拒斥"形而上学",实际上却正是一种不可知论和主观唯心主义的"形而上学",因为它一方面否定作为我们感觉源泉的客观实在,另一方面又把"感觉材料"、"感性知觉"之类的东西当作世界的最终实在。所以,把新实证主义同马克思主义"结合"起来,用新实证主义去"解释"马克思主义,同样是行不通的。

继"新实证主义的马克思主义"之后,法国的哲学家阿尔都塞,又在声称要用纯科学去排除马克思主义中主观的意识形态要素,提出了"结构主义的马克思主义"。

结构主义认为,人们所认识的社会现象是杂乱而没有秩序的,要达到有秩序的认识就要掌握现象的结构,而结构又有表层和深层之分,前者是现象的外部联系,人们可以通过感觉而加以认识,后者则是现象的内部联系,对此,不能通过经验概括而只能通过理论模式才能认识。由于结构主义认为世界的结构不是客观世界所固有,而是人类心智的产物,是人脑的结构化潜能对混沌的外界的一种整理和安排,是人的心灵的无意识能力所投射于文化现象的,所以主张用理智构造出来的模式去认识结构。结构主义还认为,被存在主义推到极端的主观主义方法,把认识主体的作用绝对化了,否定了任何客观知识,因此,它在探索一种新的社会认识方法论时,就以最大限度地消除主观因素为己任,它否认存在有独立的思维主体,认为主体只是一个复杂的关系网络中的一个被决定者,提出用无意识结构去取代主体的"主体移心论",甚至认为生产关系不是人和人之间的关系,历史也不是人类自己创造的。结构主义的这些基本观点说明,虽然它具有反对主观主义的外观,但是就它的理论基础来说,却是一种理性主义的唯心主义。因此,用结构主义去解释马克思主义,也必定走到背离马克思主义的辩证唯物主义和历史唯物主义的道路上去。

正因为形形色色的资产阶级思潮,无论是存在主义、弗洛伊德主义、新实证主义,还是结构主义,在理论基础上都是唯心主义,都是和辩证唯物主义、历史唯物主义截然对立、无法调和的。因此,把马克思主义和这形形色色的资产阶级思潮"结合"起来,或者用这五光十色的资产阶级思潮去"解释"或"补充"马克思主义,搞什么"存在主义的马克思主义"、"弗洛伊德主义的马克思主义"、"新实证主义的马克思主义"、"结构主义的马克思主义",就只能重蹈经验批判主义的覆辙,成为一些"把唯心主义的基本前提与唯物主义的个别结论混在一起"的"淡而无味的折中主义残羹剩汁"①。

对于这种把唯心主义的基本前提和唯物主义的个别结论混在一起的形形色色的折中主义杂碎汤,马克思主义经典作家历来采取坚决反对的态度。

列宁强调指出:"坚持唯物主义,轻蔑地嘲笑一切模糊问题的伎俩、一切糊涂观念和一切向唯心主义的退却。马克思的全部哲学言论,都是以说明这两条路线的根本对立为中心的";"马克思和恩格斯在哲学上自始至终都是有党性的,他们善于发现一切'最新'流派背弃唯物主义以及纵容唯心主义和信仰主义的倾向","鄙弃这些调和唯物主义和唯心主义的无聊的伎俩,正是沿着十分明确的哲学道路前进的马克思的最伟大的功绩",因为"在哲学上企图超出这两个基本派别,这不过是玩弄'调和派的骗人把戏'而已"②。

---

① 《列宁选集》第 2 卷,人民出版社 1995 年版,第 59 页。
② 《列宁选集》第 2 卷,人民出版社 1995 年版,第 344—347 页。

显然，面对现代西方的马克思主义研究中所出现的把马克思主义和资产阶级思潮"结合"起来的形形色色思潮流派，我们必须以列宁为榜样，坚持哲学党性原则，坚决反对折中主义。

(二) 坚持列宁的哲学党性原则，批判"西方马克思主义"研究中的错误倾向

在《唯物主义和经验批判主义》一书中，列宁谈到在解决哲学问题上有唯物主义和唯心主义两条基本路线、两个基本派别时，曾经说过："这方面的成千上万的错误和糊涂观念的根源在于：人们在各种术语、定义、烦琐辞令、诡辩字眼等等的外表下，没有看出这两个基本倾向"①；而马克思主义者用党性原则对待资产阶级哲学时所面临的一项重要任务，就在于"要善于消除它们的反动倾向，贯彻自己的路线，同敌视我们的各种力量和阶级的整个路线作斗争"②。

现代西方的马克思主义研究，由于抹杀了马克思主义同形形色色资产阶级思潮的根本对立，把唯心主义的基本前提和唯物主义的个别结论混在一起，这就不能不带上资产阶级唯心主义哲学的错误倾向。这里且以他们提出的异化理论为例来进行剖析。

在西方的马克思主义研究中，有些人认为，当一种新型的垄断资本主义取代了自由资本主义以后，它也发展了自己的新的剥削和压迫形式，这就是不可抗拒的异化的普遍化趋向，它把"社会生活和存在的总体性"，变成了自己的"统治对象"，把一切主观性和活动都变成"物化的客观性"，把一切人类主体都变成他们自己的异化存在的消极旁观者。为此，他们打着"使马克思异化理论现代化"的旗号，提出了自己的异化理论。然而，正因为他们是用形形色色的资产阶级思潮去使马克思的异化观"现代化"的，这就不能不使他们的异化理论表现出一种错误倾向，即把异化现象永恒化的倾向，在"使马克

---

① 《列宁选集》第 2 卷，人民出版社 1995 年版，第 342 页。
② 《列宁选集》第 2 卷，人民出版社 1995 年版，第 350 页。

思异化理论现代化"的旗号下,倒退到马克思以前的异化理论去,滑到现代资产阶级的异化理论去。

"西方马克思主义"使异化现象永恒化的途径之一,是把对象化和异化混同起来,把异化说成是一种本体论现象。大家知道,黑格尔是把任何对象化、把对象化的任何形式都说成是异化,从而使异化具有普遍性和绝对性,成为一个永恒的本体论范畴的。马克思纠正了黑格尔的错误,把异化和对象化严格区别开来,因为对象化是一般劳动的一般特征,而异化则是指劳动产品作为一种异己的对象同劳动者相对立。只有在生产资料资本主义私有制的条件下,对象化才可能成为异化:"在被国民经济学作为前提的那种状态下,劳动的这种实现表现为工人的失去现实性,对象化表现为对象的丧失和被对象奴役,占有表现为异化、外化。"[①]但是,卢卡奇在1923年出版的《历史和阶级意识》一书中,从《资本论》第一卷关于商品拜物教的理论中推断物化——异化理论时,又把异化和对象化重新混同了起来。他写道:由于商品形式使人与人之间的关系具有物的关系的虚幻形式,"一个人的自我活动,他自己的劳动,变成某种客观的和独立于他的东西,某种靠了外在于人的自主性而控制着人的东西"。后来,在《历史和阶级意识》一书1967年版序言中,卢卡奇检讨了自己的这个错误:"在资产阶级哲学、文化批判中,是把对社会的批判升华为一个纯哲学问题,把在本质上是社会的异化的问题变为永恒的'人的状况的问题'的,《历史和阶级意识》由于把异化和对象化等同起来,论述了异化在阶级社会中不可削减的存在、首先是它在哲学中的基础,这就同样把它带到了'人的状况'的附近。"

卢卡奇之所以会把异化和对象化混淆起来,是由于受了黑格尔和存在主义哲学的先驱克尔凯郭尔的影响。克尔凯郭尔就是从本体论上把异化普遍化、永恒化,把它看成是人的存在中难以避免的普遍

[①] 《马克思恩格斯全集》第42卷,人民出版社1979年版,第91页。

命运的。而另一方面，卢卡奇的这个观点，又影响了存在主义哲学的诞生和发展，特别是海德格尔和萨特。例如，萨特就同样是通过把对象化和异化混淆起来，而把异化永恒化成一个本体论范畴的。在1960年出版的《辩证理性批判》一书中，他举中国农民砍树引起水患为例，说一个农民为开垦土地而砍树伐林时，许多农民为同样目的也去砍树伐林，结果是大批树木森林被砍而造成水患。他说，这就是在人同自然作斗争中招致的自然的"反—结局"，说明经过人的劳动改造过的物质变成异己的否定人和统治人的力量。他把这种现象称作以人为中介的，人同物的关系中的异化。显然，萨特在这里是把人们由于没有充分认识和运用自然规律，没有估计到生产行动的比较远的自然影响而犯了错误的对象化，说成是异化了，这就使异化成为一种不可避免的永恒现象。因而，这是一种把自然和人绝对对立起来的荒谬观点。因为随着科学技术的发展，人们越来越学会和支配自己最普遍的生产行为所引起的比较远的自然影响，从而使人们越来越感觉和认识到自己和自然界是一致而不是对立的。

把异化现象永恒化的第二条途径，是把异化归结为人的本质的异化，并把它植根到人的本质中去，把异化说成是一种人本主义现象。在《1844年经济学—哲学手稿》中，马克思由于还没有完全摆脱费尔巴哈人本主义的影响，曾经把人的类本质变成人的异己的本质，把人的本质同人相异化，列为异化劳动的结果之一，把异化描述为"人的本质以非人的方式同自身对立"[1]。但是，在不久之后写作的《关于费尔巴哈的提纲》中，马克思就批判和清除了费尔巴哈人本主义的错误和影响，而在《共产党宣言》中，更明确地提出所谓"人的本质的外化"是一种"哲学胡说"[2]。但是，后来成为法兰克福学派著名代表的马尔库塞，在1932年发表《论证历史唯物主义的新源泉》一

---

[1] 《马克思恩格斯全集》第42卷，人民出版社1979年版，第161页。
[2] 《马克思恩格斯选集》第1卷，人民出版社1995年版，第277页。

文,阐释《1844年经济学—哲学手稿》时,却偏要逆着马克思的思想发展历程,把马克思所说的劳动异化,解释成人的本质的异化,并把它植根到人的本质之中。他说,如果我们仔细地注视马克思对异化劳动的描述,就会发现"在这里描写的,不仅是一件经济的事情,还是人的异化、生活的贬值、人的现实的歪曲和丧失",因为"在关于人的本质的定义中,对象化总是带来一种物化的趋向,劳动总是带来一种异化的趋向","这样,人的表现首先趋向于异化,他的对象化趋向于物化",这就把异化说成是一种永恒的人本主义现象。马尔库塞曾经当过海德格尔的学生和助手,他在这里对《1844年经济学—哲学手稿》的解释,正是海德格尔式的。因为海德格尔就是把异化看作是人的存在中必要的构成契机,认为人作为人是必然被异化,在真正的存在以外还过一种非真正存在的生活,并且认为人以日常存在的方式从他自身异化、沉沦于世界的。在《论人道主义的信》中,海德格尔还把他的这种异化观强加于马克思:"无家可归状态变成了世界命运,因此有必要从历史的意义去思考这种命运。马克思在基本而重要的意义上,从黑格尔那里作为人的异化所认识到的东西,其根源乃是新时代人的无家可归状态。"马尔库塞正是遵循着海德格尔的存在主义思想路线,把异化说成是一种永恒的人本主义现象的。

把异化现象永恒化的第三条途径,是撇开了物的异化谈论自我异化,把异化说成是一种纯心理学现象。大家知道,马克思是从两个方面考察劳动异化的,一个是从工人同他的劳动产品相异化的方面,另一个是从工人在生产行为中使自身异化的方面。十分明显,"自我异化"这种现象之所以会发生,是因为在资本主义的异化劳动中,工人不是自由地发挥自己的体力和智力,而是肉体受折磨,精神受摧残,致使工人只有在劳动之外才感到自在,才觉得舒畅,而在劳动中却感到不自在,觉得不舒畅。所以,在这里,工人的"自我异化"同"物的异化"是同一个问题的两个方面,它们是不可分割的。然而,一些把马克思主义同弗洛伊德主义结合起来的"西方马克思主义"

者,例如弗洛姆,却撇开了"物的异化"去谈论"自我异化",抽掉了异化劳动对工人在肉体上的折磨和精神上的摧残的物质内容,使"自我异化"变成一种抽象的人的自我感觉和主观体验的事情,甚至进而把异化归结为弗洛伊德精神分析学中所说的"移情"和偶像崇拜。在1962年出版的《在幻想锁链的彼岸》一书中,弗洛姆说:"在讨论马克思的异化观时,指出异化现象同弗洛伊德体系中的最基本概念之一的移情现象之间的密切联系可能有某种趣味"。弗洛伊德所谓"移情"是指的精神病患者把他在孩提时体验到的对父母的爱、怕、恨的感情,转移到给他治病的精神分析学家身上去。弗洛姆把异化解释成这就是弗洛伊德所说的"移情"。他说,"患神经病的成年病人是一个异化的人,他并不感到强大,他受惊吓或被抑制,因为他没有体验到他自己是他自己的行为和经验的主体和组织者。他是神经病患者,因为他是异化的,为了克服他的内在的空虚和无力的感觉,他就选择一个对象,他在它上面投射了他自己的所有的人类品质,他的爱、智慧、勇敢,等等,通过服从这个对象,他感到触及他自己的品质,他感到强大、聪明、勇敢和安全。失去这个对象意味着有失去他自己的危险。这个建立在个人异化的事实的基础上的、对一个对象的偶像崇拜的机械装置,是移情的核心动力,它给予移情以力量和强度"。弗洛姆特别强调"移情现象并不限于精神分析情境,在对权威人物的包括政治、宗教和社会生活的一切形式的偶像崇拜中,都可以找到它",这就把异化说成是一种永恒的心理学现象了。然而,异化同移情、同偶像崇拜却是完全不同的两回事。所谓政治和社会生活领域中的偶像崇拜,或者说个人崇拜,是指的对于领袖人物的功德作了不符事实的夸大和不合原则的歌颂。这是一种把集体的功劳记到个人的账上,把党和人民的决定性作用归结到领袖个人身上,从而把领袖说成是无所不能和永远绝对正确的错误现象,但它和马克思所说的劳动异化,在性质上毕竟完全不同。

把异化现象永恒化的第四条途径,便是撇开了人同人的关系去谈论人同物的关系,撇开了不生产的人对生产和产品进行支配的客观事实,去抽象地议论人被物奴役,主体被客体支配,把异化说成是一种单纯表示人同物的关系的现象。众所周知,马克思一直是紧密地结合着人同人的关系来考察人同物的关系的:"人同自身和自然界的任何自我异化,都表现在他使自身和自然界跟另一个与他不同的人发生的关系上","自我异化只有通过同其他人的实践的、现实的关系才能表现出来"①。异化劳动之所以同生产资料的资本主义私有制不可分割地联系着,马克思之所以把异化看作必定随着资本主义的消灭、随着对生产实行共产主义调节而消灭的历史现象,其根本原因就在于这是同一个问题的两个方面。但是,有一些"西方马克思主义"者却撇开了问题的一个方面而极度夸大问题的另一个方面,由于在资本主义的条件下,科学技术可以被用来危害人类,他们就把科学技术看成是对人类内心基本价值的扼杀,认为机械化生产的庞杂体系、无个性的消费把人变成了机器的消费品,这样,基本的关系就不再是人和人的关系,而是人越来越失去控制技术的能力了,于是,"技术异化"论甚嚣尘上。马尔库塞在分析20世纪劳动异化的新特征时说:在现代工业社会中,科学和技术的扩展同时又是社会的控制和统治的扩展,在这种条件下,更大的控制自然的能力变成对人的更深的控制,因为个人的劳动被融合到一个代替个人实践的技术韵律中去,工人变成"物的旋律",他们用模拟性适应技术过程去代替反思性劳动实践。"技术变成了物化的巨大工具……世界倾向于变成总体管理的材料,它甚至吞没了管理者。统治的蜘蛛网变成了理性的蜘蛛网"。有一些"西方马克思主义"者还据此引出结论说,"技术异化"是资本主义社会和社会主义社会共同的现象。有的则说异化在社会主义社会还要延续下去,甚至在摆脱异化的同时,异化又以种种新的形式重新产生着。十分明显,撇开了人同人的关系,

---

① 《马克思恩格斯全集》第42卷,人民出版社1979年版,第99页。

撇开了所有制关系,把异化抽象地归结为人被物奴役、主体被客体支配,是在撇开了原因谈结果。这是因为,人被物奴役、主体被客体支配,完全是生产资料资本主义私有制的结果和表现,撇开了这个根本前提去谈异化,就必定要导致重蹈青年黑格尔派滥用异化概念的覆辙中去,这就是把任何一个客体或者关系都说成是我所创造的并属于我的,又把它说成是与我相异的东西,是我的异化,从而"把一切现实的关系和现实的个人都预先宣布为异化的,把这些关系和个人都变成关于异化的完全抽象的词句","用异化、异物、圣物的空洞思想去代替一切经验关系的发展"[①]。

所有这一切,说明了把马克思主义和形形色色的资产阶级思潮"结合"起来,就必定要在沿袭资产阶级唯心主义哲学的基本前提的情况下,沾染上它的错误倾向。在这种情况下,即使在主观上想发展马克思主义,在实际上也只能从马克思主义倒退到马克思以前的资产阶级哲学去,由辩证唯物主义和历史唯物主义滑到唯心主义去。西方的马克思主义研究在异化问题上表现出来的、把社会历史现象的异化说成是一种永恒现象的倾向,就是一个典型。所以,我们在剖析现代西方的马克思主义研究时,必须坚持列宁的哲学党性原则,揭示和批判这种错误倾向。

(三)坚持列宁的哲学党性原则,吸取"西方马克思主义"研究中的一切有价值的东西

反对把马克思主义和形形色色的资产阶级思潮"结合"起来的折中主义,批判"西方马克思主义"研究中的错误倾向,这丝毫也不意味着要对西方的马克思主义研究全盘否定,一概抹杀;恰恰相反,坚持列宁的哲学党性原则,倒是要求我们坚定不移地贯彻马克思主义的实事求是路线,对"西方马克思主义"研究中一切有价值的东西

[①] 《马克思恩格斯全集》第3卷,人民出版社1960年版,第316—317页。

作出恰如其分的评价,予以改造和吸取。

在《唯物主义和经验批判主义》一书中,列宁曾经指出,对于资产阶级哲学,马克思主义者的任务在于,不仅要善于消除它们的反动倾向,还要善于吸取和改造它们所获得的成就。在《论无产阶级文化》一文中,列宁又进一步阐明说:"马克思主义这一革命的无产阶级思想体系赢得了世界历史性的意义,是因为它并没有抛弃资产阶级时代最宝贵的成就,相反地却吸收和改造了两千多年来人类思想和文化发展中一切有价值的东西。只有在这个基础上,按照这个方向,在无产阶级专政(这是无产阶级反对一切剥削的最后一次斗争)的实际经验的鼓舞下继续进行工作,才能认为是发展真正无产阶级的文化"。列宁还强调"非常坚决地反对一切在理论上是错误的、在实践上是危险的企图:捏造自己的特殊的文化,把自己关在与世隔绝的组织中"[①]。

在今天的西方世界,科学技术的迅猛发展以及对于科学技术的垄断资产阶级式利用,把资本主义社会的矛盾推到更加广泛和深刻的新的发展阶段。正是在这种情况下,越来越多的人转向马克思主义,企图从中找到解决或摆脱这些矛盾的出路。虽然这些人中间的大多数并没有摆脱资产阶级的世界观,他们是从不同于无产阶级的立场出发来研究马克思主义的(正是因为这个缘故,在西方的马克思主义研究中,才出现了马克思主义同形形色色的资产阶级思潮的"结合"物,出现了对马克思主义基本原理这样那样的歪曲、修改和背离的错误倾向);但是,在另一方面,在西方的马克思主义研究中,又有一些人在主观上是要求社会进步、要求摆脱资本主义社会的罪恶和痼疾的,他们对资本主义社会及其矛盾是进行了一定的揭露和批判的,有的还怀着在西方实现社会主义的憧憬进行了一些探索。尽管他们的许多观点是错误的,他们所进行的探索有些也已被实践

---

① 《列宁全集》第31卷,人民出版社1985年版,第283页。

证明是行不通的,他们并没有能够为资本主义国家的广大人民指出一条摆脱剥削、压迫和奴役的道路,然而,他们又毕竟为我们提供了剖析发达资本主义社会出现的新现象的思想资料。这些思想资料给我们提供情况,启发我们思考;它向我们提出问题和他们在思维中导致错误的教训,促使我们认真研究,作出正确的回答;这些思想资料还给我们提供了他们在探索中的收获,可以供我们借鉴和参考。

例如,在 1968 年"五月风暴"中被奉为"国际新左派运动发起人"的法兰克福学派马尔库塞,虽然他的理论具有把马克思主义和弗洛伊德精神分析学说"结合"起来的错误倾向,把异化和革命等等问题加以人本主义化的错误倾向,以及借口发达资本主义社会发生了变化而宣称"无产阶级被溶合"和"马克思主义过时"等错误倾向,但是在另一方面,他对发达资本主义社会的分析,却又提供了一些不能抹杀其认识价值的重要的思想资料。

马尔库塞在分析现代西方发达资本主义社会的情况时指出,尽管这种社会比以往任何时候都更加丰裕,更有竞争能力,但却又保持着压抑性,而没有改善人的命运。他认为,这是一种用非恐怖手段去达到经济、技术划一化,把人改造成为丧失批判思维能力的畸形生物的极权主义社会。

第一,这种社会要求人的本能、精神、社会生活都服从它。在这里,科学技术成了资产阶级压抑个性的手段,人被剥夺了积极性、创造性和劳动目的性,更甚于前地成为物质条件的奴隶。所以,它是打着理性旗号的现代奴隶制。

第二,在这种社会里,随着生产资料、生产工具和劳动生产率的急剧增长,个体越来越萎缩,成了过时的概念。

第三,这种社会虽然减少了必要劳动,却加快了劳动节奏,使工人更加疲劳,因而从尊重人和发挥人的潜力的角度来看,反而是一个更不合理的社会。

第四,在这种社会里,随着生产力的发展而相应增加的,并不是马克思所憧憬的和自由社会相联系的自由时间,而是和压抑社会相联系的娱乐时间,它是为维护现存的压抑性社会制度服务的。

第五,虽然在这种社会中,个人在物质上的需求和满足大大增多,但是这种需求却并不是人的真正需求,而是由占统治地位的意识形态的消费模式从外面强加于人的"虚假的需求"。资本主义的统治制度通过制造和满足这种虚假的需求,一方面延缓其生产过剩的危机,另一方面又使个人产生自由、民主和平等的幻觉,从而把人收拾得服服帖帖,麻痹了阶级斗争的意志。

马尔库塞还从对发达资本主义社会的这些分析中,引申出了要求超越单纯的经济条件,把异化解释成为劳动产品在决定着人的活动的本质和格局的"总体异化"论,要求革命不局限于改变生产关系而还要考虑人的各个方面和各种潜在性,同资本主义的现存需要的天地彻底决裂,并彻底改变人的意识和情感、工作过程和闲暇的"总体革命"论,以及要求不仅增加生产、消除贫困,而且也改变人的需要及其满足,改变人的包括道德方面和美学方面在内的各个方面的生存条件和性质的"总体性社会主义"的设想。

当然,吸取"西方马克思主义"研究中所提供的思想资料,丝毫也不意味着要简单地、原封不动地把它们照搬到马克思主义中来,而是要对这些思想资料进行深入的剖析,用马克思主义回答它们所提出的问题,吸取和改造它们在试图解决问题时所进行的探索和提出的有价值观点,同时又去掉附着在它们上面的一切不切实际的幻想的、虚构的、错误的成分。

六、就我国对"西方马克思主义"的研究答《求是》杂志社记者问

记者:多年来,我国的马克思主义研究基本是在一个比较封闭的环境中进行的。近十年来,即党的十一届三中全会以来,随着对外开

放政策的实行和深入发展，我国的马克思主义研究开始注意全方位，其中一个重要方面，就是对"西方马克思主义"的研究也开始重视起来。您能谈谈这方面的情况吗？

徐：马克思主义必须有新的大发展，这是现时代的大趋势，但问题的关键是怎样大发展。过去我们有个观点，认为所谓发展只是总结我们自己的实践经验，这是有片面性的。《中共中央关于社会主义精神文明建设指导方针的决议》明确指出，新时期我国马克思主义理论工作的任务，就是要"研究社会主义现代化建设和全面改革的新情况、新经验、新问题，探索建设具有中国特色的社会主义的规律；同时要研究当代世界的新变化，研究当代各种思潮，批判地吸取和概括各门科学发展的最新成果"。这段话为我们发展马克思主义指出了两条途径，一个是总结实践经验，另一个是研究当代世界、当代思潮，二者是不可偏废的。

研究当代西方思潮，最值得我们重视的是"西方马克思主义"思潮。它与其他形形色色思潮不同的地方在于，与我们马克思主义研究的对象是一样的，而且它声称自己的主观愿望也是为了发展马克思主义，虽然它对发展的理解，和我们并不完全一样。所以，研究"西方马克思主义"思潮同我们发展马克思主义关系密切。

当前，对"西方马克思主义"的研究出现了两个新的情况，一个是我国台湾许多知识分子和学生都受"西方马克思主义"的强烈影响，我们这方面的专著被台湾几个出版社争相翻印，一再抬价的现象；另一个就是苏联、东欧一些社会主义国家也越来越重视对"西方马克思主义"的研究，在苏联《共产党人》杂志上发表的文章中，在《和平和社会主义问题》杂志编辑部的文章中，频繁地提到他们对"西方马克思主义"的看法。我们国内是1978年党的十一届三中全会以后开始介绍"西方马克思主义"的，虽然进展并不是很大，但一些观点介绍到我国以后，很快就对我国的哲学、政治经济学、科学社会主义、共运史等学科产生了较大的影响。随着我国改革的深化，对

"西方马克思主义"的研究将会出现一个新的发展,就是由过去注重介绍"西方马克思主义"的基本情况,转到结合我国当前改革的实际,结合当代资本主义社会发展的新特点,深入地分析"西方马克思主义"的各种观点,以丰富我国的马克思主义研究。

记者: 由于历史上的一些原因,我国对"西方马克思主义"的研究起步较晚,许多读者对"西方马克思主义"思潮并不熟悉。请您介绍一下"西方马克思主义"产生、发展的一些情况。

徐: "西方马克思主义"是西方革命失败的产物。无产阶级革命在俄国取得胜利后,从1918年到1923年间,在德国、匈牙利、奥地利等西方国家的无产阶级革命却相继失败了。在这种历史背景下,在共产国际所属的一些西方国家党内,出现了一股新的思潮,从实践和理论两个方面批评共产国际和苏联共产党的内外政策。在政治方面,它在对现代资本主义分析和社会主义的展望上,在革命的战略和策略等问题上,提出了不同于列宁主义的见解。在哲学方面,它提出了不同于恩格斯、列宁的辩证唯物主义和历史唯物主义的见解,而主张按现代西方哲学中某些唯心主义流派,首先是黑格尔主义的精神,以后还有弗洛伊德主义、存在主义、新实证主义、结构主义以及分析哲学的精神,去解释和发挥马克思主义,以"重新发现"马克思原来的设计。

这股思潮的第一个代表人物是匈牙利共产党人卢卡奇,他在1923年发表的《历史和阶级意识》一书中,第一次系统地阐发了表现这一思潮的观点;同年,德国的柯尔施写了《马克思主义与哲学》,也阐发了"西方马克思主义"思潮的主要观点,他们是这一思潮的创始人。

由于这股思潮是同共产国际的指导思想相对立的,所以不久就被共产国际粗暴地斥责为"理论上的修正主义"。因此,在后来被称为"西方马克思主义"的这股思潮,就只能主要在党外以及党的一些同路人中得到发展,其中影响最大的是德国的法兰克福学派和法国萨特的"存在主义马克思主义"。1968年,法国爆发了"五月风暴","西方马克思主义"的理论被发达资本主义国家的"新左派"运动奉为自己的思想武器,第一次被推上了历史的前台,得到比较广泛的传播。但是,随着"五月风暴"的失败,它又重新转入低潮。目前,它作为西方现代文化的一个组成部分,紧密结合着发达资本主义社会中出现的新情况、新问题和新的社会运动而继续发展着。

记者:"西方马克思主义"代表人物众多,体系林立,并且他们都极力标榜自己是为了发展马克思主义。因此,对于"西方马克思主义"的性质有许多不同的争论,有的人认为是"打着马克思主义的旗号反马克思主义",有的认为是属于发达资本主义国家的马克思主义或马克思主义的现代化。您认为应该如何看?

徐:对于这个问题,我认为应该坚持从"西方马克思主义"思潮的来源、内容来分析。苏联有些学者认为它是一种"新的修正主义"、"打着新马克思主义的旗号的反马克思主义",这个看法我认为是不对的,不是实事求是的。另外,西方的一些"新左派",则认为"西方马克思主义"是马克思主义的现代化,是当代发达资本主义国家的马克思主义,这种看法也是不对的。实事求是地分析,我认为应该把它看成是一种和马克思主义有区别的、西方社会中的左翼激进主义的思潮。因为"西方马克思主义"代表人物虽然在主观上希望发展马克思主义,对于这一点我们不能随便怀疑;但从这股思潮的内容来看,却不能把它同马克思主义画等号,因为他们从一开始就借助西方唯心主义的一些哲学流派来重新发现马克思主义的革命内核,把这些流派的精神与马克思主义相"结合",这样去发展马克思主义。所以我们必须分清这个思想界限。在这样的前提下,研究"西方马克思主义"究竟提出什么问题,对发展马克思主义有何借鉴意义,我认为就好解决了。

记者:从"西方马克思主义"的哲学观来看,他们都求助于唯心主义。像卢卡奇、柯尔施等人当时都是共产党员。那么,他们为什么不到唯物主义那里去找武器,而是到唯心主义那里去找武器,并且要把唯心主义同马克思主义"结合"起来?这个问题很难理解,请您谈谈原因。

徐:对于这个问题,要是离开了当时当地的历史环境和具体条件去作抽象的考察,的确是很难理解的。有人因此而怀疑究竟是否存在"西方马克思主义"这样一种思潮,他们对于像卢卡奇等这样一些共产党人,竟同萨特、法兰克福学派等一些和马克思主义关系较远的思想家一起,被扯在用西方唯心主义哲学去抨击和取代辩证与历史唯物主义的"西方马克思主义"思潮里,甚至被说成创立了这一思潮感到无法理解。我认为,对于这个问题要从"西方马克思主义"产生的过程来看,马克思的实践唯物主义在历史发展过程中,被理解和解释成为一种在世界观中排斥人的实践的唯物主义以后,历史唯物主义常常被理解或曲解为经济决定论。唯物主义往往同消极无为、不要发挥人的主观能动性、服从和听从客观规律的摆布联系在一起。所以,当时西欧,特别是德、意等国的有些革命左派便把唯物主义看成是对于马克思思想的实证主义的和社会民主主义的歪曲,转而企求从唯心主义那里寻找出路。由此可见,卢卡奇、柯尔施等人宣扬唯心主义并不是偶然的。他们认为只有借助唯心主义,才能把马克思主义的革命内核发掘出来,恢复马克思主义的革命精神,重新发展马克思主义。

另一方面原因,是20世纪初期以后,在西方资产阶级唯心主义的哲学体系里,例如,在意大利的新黑格尔主义者克鲁齐那里,适应形势的变化对自己的思想体系动了一番巧妙的手术,吸取了马克思主义的一些内容,表面看起来与马克思主义并不那么敌对,同时,在主张发挥人的能动性方面又具有对于经院派的庸俗的"马克思主义者"的明显的优越性。因此,"西方马克思主义"所走的道路是由当时特定的历史和文化背景决定的。

记者:过去我们的马克思主义研究确实忽视了对人的研究,而在

"西方马克思主义"的许多著作里,极力强调人的主体性,反对经济决定论。当前,我国哲学发展的一个主要趋势,就是主体化倾向,在哲学中注重对人的问题的研究。您认为这二者之间是否有着某种联系?

徐:主体性问题实际上是工业革命的产物。工业革命的结果是生产力的巨大发展,人的主体地位,人的能动性被突出到很高的地位。而现在,单讲主体性的观点在西方正在逐渐过时。因为西方资本主义进入到所谓"后工业社会"后,全球问题、生态问题被凸显出来。人的作用确实很大,可以改变世界的面貌,创造财富,带来幸福,但是,如果发挥得不当,或者方向不对头,人的作用也可给人类带来灾难,威胁人类当前的生存和未来的发展。所以,现在的西方哲学研究中,强调人受客观外界制约的唯物主义思想正在不断扩大影响。近几年来,主体性问题在我国的哲学、文艺、美学等领域中的研究在不断加热,这主要同我们过去忽视人的地位作用和当前破除对马克思主义的教条式理解有关。从整个世界的范围来看,这种对主体性的强调,在某种意义上说,是一种延迟的反应。我认为,根据当代世界所面临的迫切问题和思维发展的新动向来看,我们一方面应该强调人的主体性,另一方面又应强调人的实践所受到的自然的制约性。从哲学上说,就是既要强调人的实践创造财富、改造世界的能动作用,又要强调外部自然界的优先地位;也就是说,要强调马克思的实践唯物主义世界观,否则,我们就可能从一个极端走向另一个极端,不利于我们改革和建设的顺利发展。

记者:研究"西方马克思主义",对我们发展马克思主义有何借鉴意义?

徐:我认为主要有三个方面的借鉴意义。

第一,"西方马克思主义"对当代发达资本主义社会现状的分析,对西方革命途径的探索,对我们今天重新认识资本主义有重大借鉴意义。资本主义社会比马克思主义时代有了很大的变化,特别是第二次世界大战以后,在科技革命的影响下,资本主义的社会结构、阶级关系都发生了很大的变化,同马克思在19世纪所研究的情况已经不同,因此发展马克思主义的一个重要任务就是要重新认识资本主义社会。我们过去忽视了对这个问题的研究,这是马克思主义研究的一个空白。而"西方马克思主义"由于生活和战斗在发达资本主义国家中,随时随地研究着当代资本主义社会发展的新问题、新情况,积累了大量材料,形成了一系列观点。

同时,对当代发达资本主义的研究,"西方马克思主义"还不同于一些资产阶级的哲学社会科学流派。在资产阶级那里,对当代资本主义是从肯定方面,从维护资本主义社会出发来进行研究的,它们把现代资本主义社会解释成没有矛盾、没有斗争的福利社会、人民资本主义。而"西方马克思主义"则不同,它是从否定方面,来研究资本主义社会的,它分析科学技术革命条件下资本主义的高生产、高消费,对资本主义的社会结构、阶级关系乃至人们的生活方式、意识形态所带来的新变化,分析当今资本主义社会的矛盾所在,提出了他们所认为的西方革命的道路,这是他们的主要努力方向。当然他们的观点不一定正确,但他们所提供的材料对我们今天重新认识资本主义社会具有重要意义。

第二,"西方马克思主义"批评苏联模式,对我们进行社会主义再认识有积极的意义。"西方马克思主义"产生时主要是共产国际内部的一股思潮,它对苏联党的内外政策及其苏联模式提出了尖锐的批评。这些批评后被共产国际斥责为"理论上的修正主义",遭到不公正的待遇。从后来各个社会主义国家的改革实践来看,他们当时对苏联模式所提出的批评,有许多问题是击中要害的。比如,他们批评苏联模式过分强调集中,在现在看来是正确的。遗憾的是,他们在反对过分集中时却陷入了过分强调分散,乃至无政府主义的另一极端,"五月风暴"的失败就证明了这一点。

对苏联模式的另一个批评,是苏联模式对革命的设计太狭隘,以为在政治上夺取政权,经济上改变所有制,这样革命就算完成了。"西方马克思主义"认为革命仅仅停留在宏观上是不行的,而要深入到各个微观领域的一切方面。他们有一个口号就是要确立"社会主义革命与个人解放的同一性"。认为苏联社会主义革命虽然取得了成功,但个人远没有得到相应的全面解放。这实际上提出了一个问题,社会主义革命胜利后,将如何发挥社会主义制度所提供的可能性,从一切方面去调动人的积极性。可见,"西方马克思主义"对社会主义革命提出了一系列观点,尽管这些观点有错误的地方,但它所研究的问题,却能使我们对社会主义的理解更加正确、更加全面些。

第三,哲学世界观方面,"西方马克思主义"批评苏联辩证唯物主义和历史唯物主义的哲学模式,提出重新发现马克思主义的口号。这对于我们破除对马克思主义的教条式理解,破除附加到马克思主义名义下的错误观点方面具有借鉴意义。"西方马克思主义"认为,在苏联的哲学模式里,马克思本人的哲学传统被歪曲了,马克思主义应该重视人的能动作用和人的实践。"西方马克思主义"提出的这些问题是有正确成分的,因为苏联模式的教科书体系同马克思本人的哲学世界观确实不是完全一致的。马克思在《关于费尔巴哈提纲》中认为,对于现实、事物、感性,旧唯物主义仅仅从客体方面去理解,这是不够的,还要从主体方面,把它理解成人的感性活动、人的实践,而后者在国际共运史中长期被人忽视了。特别是到了斯大林的时候,走到了极端。什么是唯物主义?斯大林把列宁在《哲学笔记》中的一个批注,即列宁对赫拉克利特一段话的批注,当作马克思主义哲学世界观的理论基石。赫拉克利特认为,世界既不是神创造的,也不是人创造的,而是按自己规律燃烧和熄灭的永恒活火。列宁批注:"这是对辩证唯物主义原则的绝妙的说明"[1]。应当说,赫拉克利特的那段话,同马克思在《关于费尔巴哈提纲》中所说的也要从主体方

---

[1] 列宁:《哲学笔记》,人民出版社1956年版,第395页。

面,把事物理解为人的实践的思想,在基本精神上是不一致的。然而,斯大林却不考虑马克思的思想,而把赫拉克利特的这段话和列宁的批注,当作理论基石,扩展成为马克思主义的哲学世界观——辩证唯物主义和历史唯物主义的哲学体系。这个体系的世界观是一种排斥人的实践的唯物主义,人在世界面前是无能为力的。所以,要是我们不根据马克思的实践唯物主义世界观的基本精神,去破除对马克思主义教条式理解和附加到马克思主义名义下的错误观点,那么,在哲学方面就不能适应经济改革、政治改革的形势发展,就不能对发挥人的积极性、创造性的种种政策措施进行哲学世界观的论证。从这个意义上说,"西方马克思主义"批评苏联哲学模式没有强调实践,没有强调人的能动作用是有积极意义的。当然,"西方马克思主义"为了强调人的主观能动性而求助于唯心主义哲学,否定马克思主义哲学的唯物主义基础,也是错误的,可以说是对马克思的哲学世界观作了一个和苏联模式相反的"反向歪曲"。

记者:通过对"西方马克思主义"的研究,您认为应该怎样吸取当代西方思潮中最新成果,发展马克思主义?

徐:我认为,我们应当把这个问题纳入到我们把马克思主义的基本理论与当代新情况、新问题结合起来,根据新的实践使马克思主义理论得到新的发展的总的过程中来考虑。在这个过程中,我们既要破除对马克思主义的教条式理解和附加到马克思主义名义下的错误观点,又要批判地吸取和概括各门科学发展的最新成果,其中包括对资本主义和对社会主义进行再认识的成果,也包括新的社会运动、社会思潮提供的科学成果,如关于全球问题、生态问题方面的研究成果,还要研究我们建设和改革的新经验和新问题……,最后落实到根据我们时代的实践,把马克思的哲学世界观——实践唯物主义推向前进。据此,西方思潮中凡是有助于我们推进这个过程、有助于我们发展马克思主义的成果,我们都要借鉴、参考,批判地概括和吸取。

七、就国外马克思主义研究问题答《中国社会科学报》记者问

中国社会科学报记者（以下简称记者）：徐老师，您好！您是国内学术界开辟国外马克思主义研究的拓荒者和奠基者。由您主编、重庆出版社出版的《国外马克思主义和社会主义研究丛书》，已出版译著和著述几十本，在国外马克思主义研究中发挥了重要作用。2009年是这套书翻译、出版20周年。20年再回首，您是怎样引入国外马克思主义研究的？

徐崇温：1977—1978年，胡乔木同志到中国社会科学院来主持工作后不久，中央领导同志要胡乔木让中国社会科学院提供一份有关"西方马克思主义"的材料。但是当时国内却没有多少人了解这一思潮，在这一领域的研究更是一片空白。当时我在哲学所的现代外国哲学研究室工作，曾经粗略地接触过"西方马克思主义"思潮。胡乔木知道后，要我系统地整理出一份东西出来供中央领导同志参考。我花了几个月的时间写了一份6000字的材料交给了胡乔木上报中央领导同志。此后，因为有关部委和一些高校都要我去讲"西方马克思主义"，这就促使我把对"西方马克思主义"的研究系统、深入地开展起来，临时性的政治任务成了我在一段时间内的研究重点。1982年，我出版了《"西方马克思主义"》一书，1989年开始陆续出版我主编的《国外马克思主义和社会主义研究丛书》。

从深层次的原因来说，在当时开展国外马克思主义研究，是适应于"文化大革命"以后，重新认识马克思主义、社会主义的客观需要，适应于对外开放、认识世界发展变化的客观需要。这种客观需要在当时高校政治教师的诉求中就强烈地表现了出来。适应于这样的要求，教育部当时在北京、上海和哈尔滨举办了高校暑期政治教师讲习班，重点介绍新的思潮、知识、学科和高校政治课面临的新形势和新

挑战。我也被邀请去讲讲有关"西方马克思主义"的一些情况。

至于组织出版《国外马克思主义和社会主义研究丛书》这套丛书的原因，这得从当时学术界提出的应该如何看待"西方马克思主义"的问题说起。随着对"西方马克思主义"的介绍和讨论的逐步深入，一些受苏联模式影响较多的人，也倾向于把它看作"打着新马克思主义旗号的反马克思主义"；而一些受"西方马克思主义"影响较多的人，则倾向于把"西方马克思主义"看作就是马克思主义、是马克思主义的现代化，甚至说"西方马克思主义"开辟的道路就是我们理论工作者的改革之路。怎样解决这个在认识上的分歧？我觉得有必要把"西方马克思主义"的代表作原原本本地介绍到国内，让大家更加真切地了解事情的真相。

刚好，重庆出版社愿意出版这样一套书，于是，从1989年开始，就陆续推出这套丛书，到1997年，一共出了42种，其中绝大部分是"西方马克思主义"各派代表人物的代表作。

记者：这套丛书为中国学者研究"西方马克思主义"打开了一扇窗户，让我们更多地了解了外面的世界，您自己怎样具体看待您主编的这套丛书的学术意义呢？

徐崇温：我认为主要有三方面的意义。

第一，把对外开放这项基本国策贯彻到精神文明建设中去。在当时的条件之下，社会科学领域其他学科都还没有像我们这样搞，只有在马克思主义和社会主义研究领域有这么一大批图书推出来。我认为，我们的工作是符合中央关于对外开放决策的基本精神的。1986年十二届六中全会通过的《中共中央关于社会主义精神文明建设指导方针的决议》中明确指出，新时期我国马克思主义理论工作的任务，就是要从经济、政治、文化、社会各方面，研究社会主义现代化建设和全面改革的新情况、新经验、新问题，探索建设具有中国特色的社会主义的规律；同时要研究当代世界的新变化，研究当代各种思潮，批判地吸取和概括各门科学发展的最新成果。中央文件明确提出要把对外开放作为基本国策贯彻到精神文明建设中来,这对推动我国的国外马克思主义研究有重要意义。

第二,把"西方马克思主义"的经典代表作原原本本地介绍到了中国。原汁原味引进对开阔我国马克思主义研究者的视野起了很大的推动作用。

第三,国内学者可以通过比较研究更加清晰、全面地认识"西方马克思主义"。人们通过比较后会发现:"西方马克思主义"和马克思主义究竟有什么联系和区别;"西方马克思主义"中间有哪些不同流派,各个流派之间的联系和区别是什么。只有通过比较才能鉴别,才会明白事情的真相和本质。同时,也可通过研究原著,了解真实情况,消除想象、误解和由此产生的分歧。

记者:当前,国外马克思主义研究是马克思主义哲学界关注和研究的热点,请问您如何评价当前学界在这一领域中的研究状况?

徐崇温:最近几十年我国对国外马克思主义的研究有了很大的进展。这主要表现在两方面:

第一,研究队伍不断壮大。我们刚开始做这个方面的研究的时候,研究人员很少,资料也不足,研究力量非常薄弱,对国外学术界的动态和社会思潮情况基本上知之甚少。经过几十年的发展,不但专门研究"西方马克思主义"的队伍在不断扩大,而且社会科学的其他各个学科和专业也都在谈论"西方马克思主义",说明"西方马克思主义"的影响也在扩大。现在研究"西方马克思主义"的机构包括许多高校和社会科学研究机构,它们都在大力开展国外马克思主义研究,并且取得了丰硕的成果。

第二,研究范围不断扩展,深度不断加深。我们刚开始翻译和研究的时候,主要以"五月风暴"发生之前出现的五个基本流派创始人的基本观点和代表作为研究重点。经过几十年的研究,对"五月风暴"之后出现的一些新流派的研究正在加强。研究的国别范围也扩大了。以前研究"西方马克思主义"主要包括西欧大陆国家,很少涉及英美等国。对"五月风暴"之后的研究不但包括英美的分析学派马克思主义等,而且还包括日本、加拿大和拉美等许多国家。值得强调的是,现在的研究还努力与中国特色社会主义联系在一起,最典型的例子是对生态马克思主义、生态社会主义流派的研究,我国在这方面的研究,努力把它与我国提出的建设生态文明,科学发展观结合起来。对国外市场社会主义的研究,也努力与对我国社会主义市场经济的研究联系起来。新的翻译和研究著作推出了不少。

记者:在今后的国外马克思主义研究中,您认为有哪些方面值得中国学者特别关注呢?

徐崇温:正确认识马克思主义和"西方马克思主义"的关系非常重要。现在有一些同志不明确我们研究"西方马克思主义"的目的到底是什么,有的只是从兴趣出发、为了研究而研究。我认为研究"西方马克思主义"的目的,归根结底还应是为了坚持和发展马克思主义,为建设中国特色社会主义事业服务。目前在研究"西方马克思主义"的过程中需要特别注意的几个问题是:

第一,要不要用马克思主义评析"西方马克思主义"思潮?有些同志认为马克思主义发展史是一源多流的。这个"源"是马克思主义,"流"是中国马克思主义、"西方马克思主义"、日本马克思主义等各种马克思主义。因为所有的人都说自己的观点是从马克思那里来的,因此不论真的假的,是的非的都有权叫马克思主义,不存在用马克思主义来评析"西方马克思主义"的问题。我认为,这种观点是不对的。从学说的层面来说,即使某种观点开始时是从马克思那里来的,也并不等于说它在尔后的发展中始终都是符合马克思主义的基本精神的,因此,在这个问题上持多元论的观点,实际上就是否定判断标准,因为谁都是标准就没有标准,谁都是真理就没有真理了。正是针对当年各色人等都说自己是马克思主义者的情况,马克思才会说他只知道自己不是马克思主义者。更重要的是,由于我国是一个以马克思主义作为指导思想的理论基础的社会主义国家,用多元论的观点去解释马克思主义,就必定会使指导思想多元化、损害马克思主义在意识形态领域的指导地位。例如,卢卡奇把马克思主义同黑格尔主义结合的结果,说马克思主义是人道主义;阿尔都塞把马克思主义同结构主义结合的结果,说马克思主义是理论上的反人道主义。要是把"西方马克思主义"等同于马克思主义,岂不是就要把马克思主义说成既是人道主义又是理论上的反人道主义?显然,这种把指导思想多元化的情况是绝对不能容许的。所以,邓小平强调说,属于文化领域的东西,一定要用马克思主义对它们的思想内容和表现方法进行分析、鉴别和批判,而不能不分析、不鉴别、不批判,一窝蜂地盲目推崇。

第二,要坚持用一分为二的观点观察"西方马克思主义"在马克思主义的发展中所起的作用。从积极的方面来说,它的确重申了在马克思主义发展过程中遭到忽略或偏离的问题。例如,在20世纪30年代中期,葛兰西在他的《狱中札记(选)》中,曾经以马克思《关于费尔巴哈的提纲》为准绳,来评论当时马克思主义哲学界的状况,并对以普列汉诺夫为代表的"正统趋向"进行了猛烈的抨击。葛兰西写道:"在实际上,在(马克思)关于费尔巴哈的第一条提纲中批判的唯物主义和唯心主义的彼此片面的立场正在重复着,现在还和那时一样,虽然处在历史的一个较为发达的时刻,在实践哲学发展的更高的水平上进行综合还是必要的。"葛兰西在这里实际上是在批评"正统"的马克思主义哲学没有吸取唯心主义的能动方面,也从主体方面把对象当作感性的人的活动、当作实践去理解的见解和做法。再如,列斐伏尔在《日常生活批判》中提出了宏观的革命和微观的革命的问题,批评矛头指向苏联模式的社会主义。在《日常生活批判》中,他认为,苏联模式的社会主义只重视宏观世界的革命,即只重视政权问题和所有制问题,重视社会解放,而忽视了微观世界的革命,即忽视对日常生活的批判和个人的解放。结果,在宏观的革命和人民大众的微观的日常生活之间出现了断裂,没有解决社会主义和个人解放的同一性问题。当然,他的理论也存在缺陷:只见微观不见宏观,而离开宏观讲微观也是不行的,但是他的看法又有合理性,苏联的确没有解决好宏观和微观的关系,宏观地说,政权变了,所有制变了,但个人没有得到全面解放,所以苏联存在了74年就垮台了,这中间是有关系的。

但是,"西方马克思主义"最主要的毛病是它的指导思想有问题。"西方马克思主义"试图用现代西方的某个唯心主义思想流派的精神去解释、发挥、结合和补充马克思主义。比如,卢卡奇就把黑格尔主义和马克思主义结合在一起,还有人把弗洛伊德主义和马克思主义结合,存在主义和马克思主义结合等等。有的同志问,我们讲马克思主义中国化,为什么国外不能讲马克思主义本国化?应该说,这是两个完全不同的问题:马克思主义理论和中国实践相结合产生了马克思主义中国化,这是理论和实践的结合。理论如果不和实践相结合,理论没有任何实际意义。但"西方马克思主义"搞的不是马克思主义法国化或者美国化,而是把两种不同的哲学世界观结合在一起,把唯物主义和唯心主义结合在一起,这是完全不一样的两回事,因为理论与实践的结合与世界观的折中混合不可同日而语:把马克思主义基本理论和当时当地的具体实际结合起来,产生的是社会主义的统一性和社会主义发展道路切合各国实际的多样性,而把马克思主义和现代西方哲学不同流派的思想精神结合起来,产生的却是"公说公有理,婆说婆有理"的真理多元化。

第三,要用马克思的思想来判断后人建构的解释路向是否符合马克思本意,而不能倒过来,把后人建构的解释路向说成就是马克思的真精神。"西方马克思主义"认为,在马克思主义发展史上,大体上有三种理解马克思主义的路向:第二国际用实证主义、科学主义把马克思主义解释为和自然科学一样的科学;受普列汉诺夫很大影响的第三国际,以探讨精神物质孰先孰后为宗旨,以主客两分为特征去看马克思主义,把马克思主义理解成直观唯物主义;"西方马克思主义"则认为马克思超越了近代西方的形而上学,即心物对立、主客两分。

如何来判断这三条解释路向的对错？我认为,我们应该根据马克思本人的基本观点来判断:马克思在《资本论》第一卷中讲他的方法的基础是唯物主义。在1868年3月6日致库格曼的信中,马克思强调指出,"我的阐述方法和黑格尔的不同,因为我是唯物主义者,黑格尔是唯心主义者"。在1868年12月12日马克思致恩格斯的信中提到"当我们真正观察和思考的时候,我们永远也不能离开唯物主义立场"。关于马克思的这种唯物主义世界观的基本特征,他从1845年的《关于费尔巴哈的提纲》开始,就作过一系列的阐述:在《关于费尔巴哈的提纲》的第一、三、五条中,马克思批评费尔巴哈的直观唯物主义只是从客体的或者直观的形式去理解对象、现实、感性,而不是同时也从主体方面,把对象、现实、感性当作感性的人的活动、当作实践去理解;与此同时,马克思在《关于费尔巴哈的提纲》的第一条中,又批评了"唯心主义是不知道现实的、感性活动本身的"。

所以,马克思的原著清楚地说明了他不仅反对直观唯物主义,而且他还是一个坚定不移的唯物主义者,一个始终如一地反对唯心主义的唯物主义者,而并没有超越什么"心物对立、主客两分"。马克思还把他的这种唯物主义立场贯穿到他对一系列问题的观察和处理之中。

例如,在1846年写作《德意志意识形态》时,马克思就说:即使确认人类感性劳动是整个现存感性世界的基础,"外部自然界的优先地位仍然会保持着"。马克思在《1844年经济学—哲学手稿》中明确指出:"没有自然界,没有感性的外部世界,工人就什么也不能创造"。马克思在《神圣家族》中强调:"人并没有创造物质本身。甚至人创造物质的这种或那种生产能力,也只是在物质本身预先存在的条件下才能进行"。在《资本论》第一卷中,马克思说,"人在生产中只能像自然界本身那样发挥作用,就是说,只能改变物质的形态,不仅如此,他在改变这种形态的劳动中,还是经常依靠自然力的帮助","种种商品体,是自然物质和劳动这两种要素的结合。如果把上衣、麻布等等包含的各种不同的有用劳动的总和除外,总还剩有一种不借人力而天然存在的物质基质","因此劳动并不是它所生产的使用价值即物质财富的唯一源泉。正像威廉·配第所说,劳动是财富之父,土地是财富之母"。因为劳动只是使物质适应于某种目的的活动,它要有物质作为前提,使用价值总要有一个自然的基础。1875年,在《哥达纲领批判》中,马克思又强调"劳动所受的自然制约性",而反对"给劳动加上一种超自然的创造力"。

所以,我坚持认为马克思的哲学世界观包括两个基本点:首先,强调人的连续不断的感性劳动和创造是整个现实感性世界的基础,把实践提升到世界观的高度,因此要求也从主体方面把对象、现实、感性当作感性的人的活动、当作实践去理解。其次,强调劳动受自然的制约,强调自然界保持着优先地位。有人认为马克思是一个实践本体论者,可是从马克思在长达几十年的这些有关世界观的明确表述中,可以清楚地看出,他并不是一个实践本体论者,而是一位主张既从客体的或者直观的形式方面、也从主体方面去理解事物的唯物主义者。

由上可见,第二国际、第三国际和"西方马克思主义"三个不同的对马克思主义的解释路向的对错,应该用马克思本人的哲学世界观来加以评判。评判的结果是:苏联模式马克思主义只看到马克思哲学世界观的第二个基本点,而没有看到其第一个基本点。"西方马克思主义"的解释路向只看到其第一个基本点,而丢掉了其第二个基本点。"西方马克思主义"是对苏联模式马克思主义的"反向歪曲"。对此,"西方马克思主义"的创始人卢卡奇在晚年已经清楚地认识到了。他在其生前最后一次会见报刊记者时,针对"您今天如何判断您在20年代的著作"的问题,卢卡奇怀着痛苦的心情坦率地回答说:"在20年代,柯尔施、葛兰西和我曾经以不同的方式解决第二国际留下来的社会必然性和它的机械解释的问题。我们继承了这个问题,但是我们谁也没有解决掉它,葛兰西也许是我们三人中最好的一个,但是他也未能解决。我们都错了,今天如果试图搬出那个时期的著作,说它在今天正确,那会是完全错误的。"

八、"西方马克思主义"的指导思想评析

近几年来,学术界就"西方马克思主义"思潮及其一些主要代表的思想进行了热烈的讨论和争论,这场讨论和争论不仅对哲学社会科学领域内的许多学科产生了重要的影响,而且在海峡对岸也引起了反响,那里,不仅出版了《西方马克思主义论战集》[①],而且在台湾的《中国论坛》上直接发表了有关"西方马克思主义"的讨论和争论文章。

然而,尽管这场讨论和争论在相当广的范围内和相当长的时间内进行着和持续着,至今却还有一系列重大原则问题、理论是非问题需要加以澄清。其中最主要的问题,是怎样看待"西方马克思主义"的性质——到底是马克思主义还是非马克思主义?又根据什么来评价和判断"西方马克思主义"——到底是用马克思主义评析"西方马克思主义",还是倒过来,用"西方马克思主义"的是非为是非去评价马克思主义?

由于有一些同志在讨论和争论中,忽而把"西方马克思主义"的一些同马克思主义基本理论迥然相异乃至截然对立的命题说成就是马克思主义,抹杀马克思主义和"西方马克思主义"之间的原则界限;忽而又把这些命题说成是"西方马克思主义"对于马克思主义的"发展"与贡献,竭力把马克思主义的发展引导到"西方马克思主义"的轨道上去,这就不仅对"西方马克思主义"的研究起到错误的导向

---

① 《西方马克思主义论战集》,台湾森大图书有限公司1990年版。

作用,而且为马克思主义研究带来巨大的思想混乱。

为了澄清这一系列的理论是非,有必要来个正本清源,首先从"西方马克思主义"思潮的指导思想上去分辨它的性质,在这样的高度划清马克思主义同"西方马克思主义"的原则界限,才能坚持马克思主义的指导思想地位,反对指导思想上的多元主义。

(一)"西方马克思主义"有别于马克思主义

所谓"西方马克思主义",是第一次世界大战以后,无产阶级革命在俄国取得胜利而在西方却遭到失败以后,在西方国家的共产党内开始出现的一股"左"的思潮,这股思潮同列宁主义相对立而又自称是马克思主义,它从实践和理论两个方面批评共产国际和苏联共产党的内外政策。在政治方面,它在对现代资本主义的分析和社会主义的展望上、在革命的战略和策略等问题上,提出了不同于列宁主义的见解;在哲学方面,它提出了不同于辩证唯物主义和历史唯物主义的见解,而主张按现代西方哲学中的黑格尔主义、弗洛伊德主义、存在主义、新实证主义和结构主义等流派的精神,去结合、发挥和补充马克思主义,以"重新发现"马克思原来的设计。

尽管"西方马克思主义"的各个流派分属于人本主义和唯科学主义,但所有各派却一致强调要利用资产阶级思想的伟大成就。不仅"西方马克思主义"创始人卢卡奇的《历史和阶级意识》是在资产阶级哲学家和社会学家卓伯、席美尔、狄尔泰等人的强烈影响下写成的,葛兰西的《狱中札记(选)》借用了意大利新黑格尔主义者克罗齐的许多术语和概念,阿尔都塞的理论框架是从法国结构主义者那里借用的;更重要的是,他们全都按现代西方哲学某个流派的精神去结合、发挥和补充马克思主义。可以毫不夸张地说,"西方马克思主义"正是因此而彼此区分成不同的流派的,也正是因此而区别于马克思主义的。

所以,把马克思主义和现代西方哲学的某个流派"结合"起来,这就是"西方马克思主义"的一个基本特征,也是"西方马克思主义"的一个指导思想。弄清楚这种"结合"的内容和实质,对于分辨"西方马克思主义"的性质,具有十分重要的意义。

(二)我国学术界在看待"西方马克思主义"问题上的主要分歧

到底怎样看待"西方马克思主义"的这个指导思想?如何看待把马克思主义同现代西方哲学某个流派的结合?

对此,我国学术界是存在着许多分歧意见的。

有一种意见认为,既然我们认为毛泽东思想是马克思主义普遍真理和中国革命实践的结合,那为什么"西方马克思主义"理论家搞了这种"结合",我们不是表示欢迎,而要另眼相看呢?

这种意见显然把两种不同类型的"结合"给混淆起来了。

一种"结合"是理论与实践的结合:马克思主义者所倡导的,是马克思主义理论和当时当地革命实践的结合,它所导致的是马克思主义世界观的统一和切合各国各地区不同的具体情况的多样化发展。我们之所以颂扬毛泽东思想,就是因为它是马克思主义普遍真理和中国革命实践的结合,是因为这是一种既解决了实践中的问题又丰富了理论宝库的理论与实践的结合。

另一种"结合"则是两种截然不同的哲学世界观的折中混合。"西方马克思主义"所主张和实践的,正是这样一种折中混合,它所导致的,并不是马克思主义世界观的统一和切合各国各地区不同的具体情况的多样化发展,而是"公说公有理,婆说婆有理"的真理多元化。诚然,"西方马克思主义"的一个重要内容,是考察了发达资本主义社会中出现的许多新情况和新问题,但作为其指导思想的,却正是两种不同世界观的折中混合。例如,青年卢卡奇把马克思主义和黑格尔主义相结合,得出了马克思主义是一种人道主义的结论,而阿尔都塞把马克思主义和结构主义相结合,则得出了马克思主义是一种理论上的反人道主义的结论。怎么能够把这种解释同理论和实践的结合混为一谈呢？

还有一种意见认为，"人们常常批评西方马克思主义者用各种资产阶级思潮去补充马克思主义，这种批评恰恰暴露出批评者的无知。把马克思主义与当代西方哲学的各种思潮结合起来，正表明研究者没有把马克思主义从人类文化发展的整个氛围中孤立起来。"

其实，恰恰正是这种意见把马克思主义主张广泛吸收人类文化发展的一切有价值的成果，同马克思主义坚持反对折中主义这样两个基本命题割裂开来，用前者去否定后者，从而暴露出对马克思主义的无知。

马克思主义认为，共产主义是从全部人类知识中产生出来的典范。马克思主义这一思想体系之所以赢得世界历史性的意义，也正是因为它没有抛弃资产阶级时代最宝贵的成就，相反地却吸收和改造了两千多年来人类思想和文化发展中一切有价值的东西。马克思主义反复强调，无产阶级文化并不是从天上掉下来的，也不是那些自命为无产阶级文化专家的人杜撰出来的，而是人类在资本主义社会、地主社会和官僚社会压迫下创造出来的全部知识的合乎规律的发展。因此，只有确切地了解人类全部发展过程所创造的文化，只有对这种文化加以改造，才能建设无产阶级的文化。

与此同时，马克思主义又始终坚持反对折中主义，坚持哲学的党性原则。

什么是折中主义？折中主义就是把哲学上两个不可调和的派别混淆起来，把彼此相反的哲学观点杂乱地混合起来。具体地说，就是往返于唯物主义和唯心主义之间，认为一切都是可以相容的，从而使两个相互对立的哲学派别结合在一个体系之中；或者更确切地说，把唯心主义的基本前提和唯物主义的个别结论混在一起。

在马克思主义发展的历史上，列宁曾特别致力于揭露和批驳俄国马赫主义者的折中主义。

在《唯物主义与经验批判主义》一书中，列宁在谈到经验批判主义与辩证唯物主义的"结合"时,强调指出:只要"把这种哲学的理论基础和辩证唯物主义的理论基础加以比较",就会认识到"只有那些根本不懂得什么是一般哲学唯物主义以及什么是马克思和恩格斯的辩证方法的人,才会奢谈经验批判主义和马克思主义的结合",而那些"企图'调和'马赫主义和马克思主义的俄国马赫主义者的不幸就在于:他们相信反动的哲学教授,结果就沿着陡坡滚下去了,他们企图发展和补充马克思主义的那些手法是很不高明的。他们读了奥斯特瓦尔德的著作,就相信奥斯特瓦尔德,转述奥斯特瓦尔德的话,说这就是马克思主义。他们读了马赫的著作,就相信马赫,转述马赫的话,说这就是马克思主义,他们读了彭加勒的著作,就相信彭加勒,转述彭加勒的话,说这就是马克思主义"[①]。

所以,"把马克思主义与当代西方哲学的各种思潮结合起来",同不"把马克思主义从人类文化发展的整个氛围中孤立起来",这是截然不同的两回事情,因为前者是把唯物主义和唯心主义这样两种相互对立的哲学派别混合在一个体系之中,是用资产阶级唯心主义去冒充马克思主义,后者则是在批判地吸取和改造人类思想和文化发展中一切有价值的东西中,坚持丰富和发展马克思主义,怎么可以把这样两件截然不同的事情混为一谈呢?

(三)"黑格尔主义的马克思主义"探析

那么,"西方马克思主义"到底是怎样把现代西方哲学同马克思主义"结合"起来的呢?

让我们先来考察一下以卢卡奇、柯尔施和葛兰西为代表的,把黑格尔主义同马克思主义结合起来的"黑格尔主义的马克思主义"。

卢卡奇等人认为,资本主义之所以没有在20世纪20年代西欧许多国家的革命和骚乱中陷于崩溃,是因为第二国际、第三国际都信

[①] 《列宁选集》第2卷,人民出版社1995年版,第362—364、349页。

奉经济决定论，并在自己所贯彻的政策中损害了无产阶级意识的革命作用，以致工人阶级没有发展出充分的阶级意识，没有认识到自己作为一种革命的政治力量所可能具有的使命。为此，他们要求重新占有黑格尔关于人的自我意识的创造性概念，把阶级意识的主观方面恢复到马克思主义中去，强调革命过程的唯意志论方面，使马克思主义离开对自然和社会的实证主义研究，把人提到历史的主体的地位。结果是无限夸大了意识的作用，同时又认为实践创造一切，而否定外部自然界的优先地位，否定世界的客观规律性。

歌颂卢卡奇、葛兰西的人，经常把他们的实践观说成就是马克思的实践唯物主义。实际上，这是完全不符合实际情况的。

就卢卡奇来说，他在《历史和阶级意识》一书中提出的实践观具有三个基本点：一是提出"自然是一个社会的范畴"的命题。这个命题虽然正确地反对了当时流行的把历史同化于自然的实证主义唯心主义的倾向，但却陷入到把自然完全归结为历史的浪漫主义唯心主义的相反倾向中去了。二是主张意识即实践，说无产阶级一旦具备了由其阶级地位所赋予的阶级意识，自我意识，便成为历史的同一的主体和客体。这个命题虽然强调了无产阶级意识的作用，但却抹杀了思想和行动、思维和存在之间的原则界限，把意识本身说成是能够变革对象的实践。三是这种实践观不以劳动为基础，还把实验和工业排除在外。这样三个基本点，清楚地说明了《历史和阶级意识》虽然有志于在反对第二国际的自然主义的斗争中恢复实践在马克思主义中的推动力作用，但这种实践观却毕竟是一种抽象的和唯心主义的实践观，而并不是马克思的实践唯物主义。事情正如卢卡奇在《历史和阶级意识》再版序言中所说的，他的这种实践观，是一种"抽象的和唯心主义的实践观"，因为"实践概念的过分扩张会导致到它的反面，滑入到唯心主义的直观之中"，"与其说它符合真正的马克思主义学说，不如说它更接近于流行的共产主义左派的救世主的乌托邦主义"①。

就葛兰西来说,他在《狱中札记(选)》中提出的"实践哲学",并不像有些人所说的那样仅仅是马克思主义的代名词,而更重要地标志着他所奉行的一条哲学路线;由于这条哲学路线的特征并不是继承和发展马克思的唯物主义世界观,而是企图超越于唯物主义和唯心主义,其实质则是把意志、实践当作哲学的基础的实践一元论,即把外部自然界看成依存于人、依存于人的实践、实践内部的对立的同一性中一方,所以,尽管这种"实践哲学"主要是在反对机械唯物主义倾向的斗争中,为恢复马克思的实践观的巨大推动力量而发展起来的,但它却并没有全面而正确地把握住马克思的实践唯物主义世界观,而是朝着无限夸大实践的作用,随意否定唯物主义基本原则的方向偏离了出去。事情正如卢卡奇 1970 年同英国《新左派评论》杂志的记者会见时所说的那样:"在 20 年代,柯尔施、葛兰西和我曾企图以不同的方式解决第二国际流传下来的社会必然性和对它的机械解释的问题。我们继承了这个问题,但是我们谁也没有解决它,葛兰西也许是我们三人中最好的一个,但是他也未能解决。我们都错了,今天如果试图搬出那个时期的著作,说它们在今天正确,那会是完全错误的"②。

有一种说法竭力把卢卡奇开创的"黑格尔主义马克思主义"路线同列宁的黑格尔研究等同起来,这同样是一种混淆是非之谈。

这是因为"黑格尔主义的马克思主义"明确地把它的批判锋芒指向历史决定论及其哲学基础,指责它把物质和精神机械地分割开来,把精神变成物质的机械反映,把工人规定为其思想只是非人称地反映经济过程的侏儒,于是,唯物主义变成了关于自然、社会和思维的一种形而上学,人性和非人的自然现象往往要由物质宇宙的辩证

---

① 卢卡奇:《历史和阶级意识》,剑桥 1971 年版,第 XVII—XIX 页。
② 载《新左派评论》杂志 1971 年第 68 期。

法来制约。所以，它猛烈抨击自然辩证法和反映论。与此相反，列宁的黑格尔研究，却不是用黑格尔辩证法去否定唯物主义，而是着眼于维护唯物主义决定论、自然辩证法和反映论。怎么能够把这两种相反的东西等同起来、混为一谈呢？

实际上，"黑格尔主义的马克思主义"同马克思列宁主义对黑格尔研究之间的原则区别是十分清楚、不容抹杀的，这是连西方一些学者也认为昭然若揭的。

例如，西方学者雅可比在《失败的辩证法——西方马克思主义概貌》一书中，就指出：在马克思主义发展史中，不同学派都求助于黑格尔这个事实，说明了黑格尔也被划分为两种类型的黑格尔，而"没有辨认出两种黑格尔的传统，则模糊了马克思主义的历史"。

雅可比说，这两种类型的黑格尔就是"历史的黑格尔"派和"科学的黑格尔"派："历史的黑格尔派被历史、主体性和意识的黑格尔所吸引，他们宠爱的原文是《精神现象学》，黑格尔是通过历史而获致意识的主体的哲学家。科学的黑格尔派则珍视黑格尔是广泛而科学的哲学家，他们抬高总体体系发展法则和辩证法的常例，他们喜欢《逻辑学》。"由于恩格斯坚定地站在科学的黑格尔传统一边，所以，历史的黑格尔派卢卡奇就在《历史和阶级意识》中对他提出挑战，"责备他错误地设想了辩证法和自然的关系，对普遍的自然法则的探求吞没了马克思主义的特定的主体要素"，"卢卡奇的《历史和阶级意识》的一个异端就在于此"[①]。

（四）"西方马克思主义"其他流派推行的西方唯心主义流派对马克思主义的"结合"

不仅"黑格尔主义的马克思主义"偏离了马克思主义而转向唯心主义，"西方马克思主义"的其他流派和思想路线同样如此。

---

① 雅可比：《失败的辩证法——西方马克思主义概貌》，剑桥大学1981年版，第37、38、52、53页。

例如,以赖希、马尔库塞、弗洛姆乃至晚近的洛伦采夫为代表的"弗洛伊德主义的马克思主义"主张把弗洛伊德的精神分析学说同马克思主义"结合"起来,确立两者之间的"互补"关系。

出现这条思想路线的原因是,它的代表人物认为,当马克思观察从资本主义过渡到社会主义的时候,预测了两个并行并进的过程:一个是资本主义制度的经济崩溃过程,马克思以某种明确性预言了这个过程;另一个是工人阶级政治意识的成长和发展过程,马克思对此说得较少。由于马克思没有提供这样一种社会心理学,第二国际的庸俗唯物主义就假定工人阶级意识的发展,是导致资本主义崩溃的同一经济过程的自动反映。然而,当资本主义矛盾尖锐、马克思主义期待欧洲工人阶级作为历史变革的动因而出现时,工人阶级却转向了沉默。据此,"弗洛伊德主义的马克思主义"的代表就认为,这表明在资本主义制度下,人们不仅被其外部的压迫者所统治和剥削,而且也被那些阻止他们把自己解放出来的意识形式所统治和支配,或者说,意识形态被人们内在化或溶化在个人的性格结构中去了,它远远落在经济现实的后面。因此,他们便转向弗洛伊德的精神分析学,用它去解释、补充和结合马克思主义,并把社会主义革命纳入到性本能的压抑和解放的渠道中去。

马克思主义对于弗洛伊德的精神分析学说的正确态度,应当是在肯定其某些方面的科学价值和成效的同时,又同其唯心主义的哲学基础划清界限。因为精神分析学说割裂了人同外部世界的联系,认为人的活动动机是由生物学上的本能、欲望来决定的,同时它又用精神分析理论来说明社会历史现象,因而这是一种把心理的东西当作是初始出发点,并把人脑机能的东西同按一定的方式组成的物质分开,把这种机能变为普遍的抽象概念的唯心主义。所以,弗洛伊德主义在基本哲学倾向上是同马克思主义格格不入的,把这两者"结合"起来的企图,只能导致背离马克思主义而转向唯心主义的结果。

再如,以萨特和梅劳－庞蒂为主要代表的"存在主义的马克思主义"认为,虽然马克思主义是我们时代不可超越的哲学,但它在现代马克思主义者手里却停滞不前了,因为他们把人排斥在马克思主义知识之外。他们认为,马克思主义要是不把人本身作为它的基础而重新纳入自身之中,它就将变成一种非人的人学。为此,就需要在知识的总汇之外再生出一种称作存在主义的思想体系来,因为存在主义在凡是人所在的地方,在他的劳动中,在他的家里,在马路上,到处去寻找人。

"存在主义的马克思主义"所设计的理论框架是:人的主要本质在于人的自我创造实践,因此,个人实践应当成为辩证法的基本出发点,个人自主和自由意志应当成为马克思主义所向往的未来的阶级斗争的源泉。在这方面,马克思主义和存在主义是关于自由和行动的两种可以和谐共存的哲学。"存在主义的马克思主义"主张为解释人类经验的相互补充方面确立一个共同的格子:在马克思主义从人类活动的结果的角度出发去理解历史的客观方面的框架内,用存在主义去理解个人主观的生活经验。

然而,事实却是:马克思主义和存在主义同样是两种在基本哲学倾向上截然相反的哲学,这不仅因为存在主义把人的非理性的情绪体验放到了规定万事万物的世界本原的位置上,是一种色彩十分鲜明的唯心主义,而且也认为存在主义把个人看成是独立于社会的孤立的封闭体系,把社会看成是束缚人的个性的桎梏,从而把个人的东西同社会的东西绝对对立起来,把对个人的人本主义说明绝对化为个人的最本质的东西,把个人同社会的关系不分青红皂白地统统说成是抽象的敌对关系,把个人在社会中的存在说成是人的沉沦、使人失去本真性,这就不可避免地要导致敌视一切社会和以邻为壑的无政府主义和绝对个人主义。因此,马克思主义和存在主义是无法相互"结合"和"补充"的。"存在主义的马克思主义"的实质同样是背离马克思主义而转向存在主义唯心主义。

又如,以德拉-沃尔佩和科来蒂为代表的"新实证主义的马克思主义"认为，无产阶级革命在西方国家的失败，是由于对现代资本主义作了不正确的理解，用含糊的人道主义和黑格尔修辞学去取代了科学政策的缘故。为此，他们主张用新实证主义去解释、补充和"结合"马克思主义，以便使之再次变成能够进行真正的阶级分析和预言的决定性工具。

新实证主义是一种以超越哲学的党派性的中立哲学自我标榜的哲学。它认为关于世界的本原是物质还是精神的争论，是无法用直接的感性经验证实的，是脱离经验并与之对立的哲学思辨，应当被当作"形而上学"来加以拒斥。然而，在实际上，新实证主义本身却正是一种不可知论和主观唯心主义的"形而上学"，因为它一面否定作为我们感觉源泉的客观实在，另一方面又把"感觉材料"、"感性知觉"之类的东西当作世界的最终实在。所以，在哲学倾向上新实证主义同马克思主义也是两种格格不入的哲学，把两者"结合"起来，不仅不能像它的代表所声称的那样发展出一种对于历史唯物主义的科学解释，而且必然偏离马克思主义而转向新实证主义唯心主义。

最后，以阿尔都塞为代表的"结构主义的马克思主义"，在人道主义、存在主义泛滥的时候，主张用结构主义去干预形势，按照结构主义的精神去读解马克思主义。

结构主义认为，人们所认识的社会现象是杂乱而没有秩序的，要达到有秩序的认识就要掌握现象的结构，而结构又有表层、深层之分，前者是现象的外部联系，人们可以通过感觉加以认识，后者是现象的内部联系，对此，不能通过经验概括，而只能通过理性模式才能加以认识。但是，结构主义又认为世界上的结构不是客观世界所固有，而是人类心智的产物，是人类的结构化潜能对于混沌世界的一种整理和安排，是人的心灵的无意识能力所投射于文化现象的，它主张用理智构造出来的模式去认识结构。所以，在哲学上，结构主义虽然有反对主观主义的外观，在实际上却是一种理性主义的唯心主义。

结构主义还认为，存在主义把主观主义方法推到了极端，把认识主体的作用绝对化了,否定了任何客观知识。因此,它在探索一种新的社会认识方法论时,就以最大限度地消除主观因素为己任,它否认有独立的思维主体的存在,认为主体只是复杂的关系网络中的一个被决定者,一种非人结构的从属性代理人,并提出用无意识结构去代替主体的"主体移心论"。这种主体移心论否认个人在认识和实践中的作用,否认思维主体能够在认识论中居于哲学思考的中心地位,把人溶化到客观化的、无个性的、无意识的结构中去,认为正是这些结构在决定着人的全部行为,它们是人的全部生存的结构,它甚至认为生产关系不是人和人之间的关系,历史也不是人类自己创造的。

十分明显,就基本哲学倾向来说,结构主义同马克思主义同样是根本对立而不能调和与"结合"的,硬要把两者折中调和成"结构主义的马克思主义",必然导致背离马克思主义而转向结构主义唯心主义的结果。阿尔都塞按照结构主义去读解马克思主义的结果,把马克思主义说成是一种理论上的反人道主义、反历史主义和反经验主义,就是一个证明。

(五)积极推进对"西方马克思主义"的马克思主义评析

有一种看法认为,要是不在"西方马克思主义"和马克思主义之间画等号,而把它说成是一种非马克思主义思潮,那就是在全盘否定"西方马克思主义"。

这种说法是十分荒诞的:在马克思主义诞生之前,世界上所有的思潮都不是马克思主义,但这丝毫不意味着马克思主义全盘否定了所有这一切思潮。恰恰相反,马克思主义正是在吸取和改造其中一切有价值的东西中形成起来的。不在"西方马克思主义"和马克思主义之间画等号,而指出其把马克思主义同现代西方哲学的某个流派"结合"起来的指导思想是一种折中主义、非马克思主义,这同样不意味着全盘否定"西方马克思主义",而是要求坚持用马克思主义去评析这一思潮,既摒弃其错误因素,又吸取和改造其中的有价值的成分,供我们坚持和发展马克思主义借鉴和参考。

列宁在谈到怎样对待资产阶级的哲学和经济学的方法论原则的时候,曾经说过:"无论在哲学上或经济学上,马克思主义的任务就是要善于汲取和改造这些'帮办'所获得的成就(例如,在研究新的经济现象时,如果不利用这些'帮办'的著作,就不能前进一步),并且要善于消除它们的反动倾向,贯彻自己的路线,同敌视我们的各种力量和阶级的整个路线作斗争"[①]。

"西方马克思主义"不是资产阶级哲学,所以,在这一点上说,它并不是资产阶级的帮办,相反,在它的一些代表的主观愿望上,还希望发展马克思主义。但是,他们"发展"马克思主义的指导思想和具体办法,却是把马克思主义同现代西方哲学的某个流派折中主义地"结合"起来,由此产生种种错误的乃至否定马克思主义和敌视社会主义国家的反动倾向,就这一点来说,我们必须同它划清原则界限,同这条折中主义路线进行斗争,而不论它的代表是否为共产党员,是否参加过无产阶级的革命事业。

而在另一方面,有鉴于"西方马克思主义"在分析西方发达资本主义社会的现状和探索西方革命的途径中,在批评苏联模式和展开他们自己对社会主义的设想中,以及在批评苏联模式的马克思主义哲学世界观和提出他们对马克思主义的"重新发展"和"重新创造"中,都积累了大量的思想资料,因此,我们同样必须认真剖析它们,批判地吸取和改造它们在试图解决当代重大问题时进行的探索和提出的有价值的观点,同时又去掉附着在它们上面的一切不切实际的、幻想的、虚构和错误的成分,总结他们在思维中导向错误和失败的教训,用马克思主义回答它所提出而未能加以正确解决的种种问题。在这个过程中,把我们的马克思主义研究推向前进。

总之,在评析"西方马克思主义"的指导思想和具体观点时,马

[①] 《列宁选集》第2卷,人民出版社1995年版,第350页。

克思主义都要求我们坚持实事求是、具体分析的方针,肯定一切必须肯定的东西,又否定那些应该否定的东西。而决不能陷于盲目性,决不能搞指导思想上的多元主义。

九、评高尔曼对新马克思主义的界定

由美国田纳西大学高尔曼编纂的这部《"新马克思主义"传记辞典》,是由遍及六个大陆的 70 来位外国学者花了近三年时间撰写出来的,就内容来说,它涵盖了 27 个国家的 200 多位人物。它对于我国读者了解国外马克思主义研究状况所具有的参考价值,是十分明显的。但是,在另一方面,这部辞典的马克思主义观又是和我们截然不同的。这种歧异主要表现在以下几个问题上面:

(一)关于马克思主义的多元与一元问题

这部辞典的编者高尔曼在《导论:马克思主义概览》的头尾,一再重申了他的马克思主义观,即他编这部辞典的指导思想:

"当代马克思主义就像是一块五彩板";

"马克思主义思潮中涌现出的每一个新的代表人物,从不同程度上说,都是一个马克思主义者,因而都是倡导进行批判性探索和人类解放的世界性运动的自愿参加者。"

高尔曼的这些论述,清楚地说明他对马克思主义持多元论的观点。这一点还在其先前提出的关于马克思主义的定义中得到证明:"马克思主义对不同的人意味着不同的东西,从而是一个支撑着异质的追随者的不连续的运动。"①

所谓一元、多元,原是指把世界归结为一种还是多种本原的哲学学说:凡是把世界归结为一种(无论是物质的还是精神的)本原的,

---

① 高尔曼:《"新马克思主义"——现代激进主义的意义》,伦敦 1982 年版,第 9 页。

便是一元论;反之,凡是把世界归结为多种各自独立而又性质不同的本原的,则是多元论。后来,人们把关于世界本原问题上的一元论与多元论的提法,移用到其他学科的研究中去。例如,对于马克思主义持多元论的观点,就是"肯定马克思主义的各种不同变体,都有存在的合理性,都有权以马克思主义自命,因此不存在'真'、'假'马克思主义的问题,不能以马克思主义经典著作作为判断谁是'真正的'马克思主义者的准绳"①。

在西方资本主义社会里,出现这样的"多元论"观点是不足为怪的,一是因为它并不以马克思主义为指导思想;二是因为那里的统治阶级是在市场机制的基础上,用经济、法律、政治等等杠杆来调节各种意识形态在思想市场上的竞争的,它需要有这种"多元论"的装饰。

反之,在以马克思主义为指导思想的理论基础的社会主义国家里,对马克思主义持多元论观点,却是不可取的,也是不容许的,因为要是以此为指导思想,是必然会造成众说纷纭、莫衷一是的思想混乱局面的。

实际上,这个问题在每个社会主义国家实行对外开放政策的时候,都会遇到,都需要加以妥善处理。例如,在1975年以前,有一位南斯拉夫学者在一本题为《现代哲学》的书中,在谈到"现代马克思主义哲学的状况和发展前景"时,就曾尖锐地提出过这样的问题:

"鉴于对马克思主义存在极其多种多样的、有时是截然相反的解释,这就出现两个极其重大的问题:第一,是否可以把所有现有的解释看成是马克思主义的? 第二,评判的标准是什么?"

对于第一个问题,他强调指出:

"不能把现有的马克思主义的解释都看成是马克思主义的,因为一些理论家打着马克思主义的幌子提出与马克思主义截然相反的

---

① 《当代国外社会科学手册》,江苏人民出版社1985年版,第302页。

立场;而另一些人则在'创造性地发展马克思主义'的口号下,以折中主义的手法把马克思主义和资产阶级哲学概念结合起来,或者干脆伪造马克思主义。"[①]

十分明显,不加分析和区别,不分正误与真伪,把形形色色的马克思主义解释,"多元论"地看成都是马克思主义,那是极其不可取的。

有一种说法认为,既然我们党认为毛泽东思想是马克思主义普遍真理同中国革命具体实践的结合,那么,为什么我们对于国外的学者、理论家、活动家搞的这种结合,却不表示欢迎,而要反对持多元论观点,反对把它们说成都是马克思主义呢?

这种说法显然把两种不同性质的"结合"给混淆起来了:一种是理论与实践的结合,它所导致的是马克思主义世界观的统一与切合各国不同的具体情况的多样化发展;另一种是马克思主义理论与某个资产阶级哲学流派的"结合",这是一种哲学世界观与另一种哲学世界观的折中混合,它所导致的是"公说公有理,婆说婆有理"的真理多元化。例如,卢卡奇在《历史和阶级意识》中,把马克思主义和黑格尔主义相结合的结果,就把马克思主义说成是一种人道主义,而阿尔都塞把马克思主义和结构主义相结合的结果,则把马克思主义说成是一种理论上的反人道主义。所以,显然不能把国外对马克思主义的种种各不相同的甚至是相互冲突的解释,统统看成是马克思普遍真理和各国不同具体情况的结合,而必须对此进行分析,看它到底是搞的哪一种结合。

那么,又到底根据什么标准来评判国外的种种马克思主义解释的性质呢?

有一种说法认为,在这个问题上,单凭马克思主义的基本原理是

---

① B. 彼特洛维奇:《现代哲学》,南斯拉夫劳动出版社1975年版,译文载《哲学译丛》1987年第3期。

不够的，最终还要取决于实践的裁决。

要使马克思主义在一个国家、一项事业中取得胜利，就一定要把它的普遍真理同那里的具体情况相结合，这是毫无疑义的，但却不能倒过来，把在实践中取得一定成效的，统统说成是马克思主义，否则就是在搞"有用就是真理"的实用主义了。所以，判断一种理论在性质上是不是马克思主义的，还得看它是不是用马克思主义的基本原理和基本方法，去观察和解决它所面对的新情况、新问题。

我们对国外种种马克思主义解释作出这样的分析判断，是不是在搞"唯我独革"、"唯我独马"的"妄加评断"？

否。这是以马克思主义为指导、实事求是地分析判断国外种种马克思主义解释时所必定要遵循的标准和程序。

其实，不仅在以马克思主义为指导思想的理论基础的社会主义国家里是这么做的，就是在对马克思主义持多元论的西方社会里，每一个思想一贯的学者在分析判断种种马克思主义解释时也都是这么做的，不过被他们奉为判断标准的，是他们所理解和解释的"马克思主义"罢了。例如，被列入这部辞典的许多"新马克思主义者"，在他们自己的著作中，就都是把和自己不同的种种马克思主义解释同样列入这部辞典中的、同样是被称作"新马克思主义者"的解释，当作非马克思主义性质的东西来加以批驳的，从来没有听到过有任何人把这种做法指责为"唯我独革"、"唯我独马"的"妄加评断"，为什么我们要那样妄自菲薄地抛弃自己以马克思主义为指针，对国外种种马克思主义解释作出实事求是的分析判断的责任呢？

当然，坚持以马克思主义为指导思想，同提倡不同流派、不同观点的百花齐放、百家争鸣的方针是统一的而不是对立的，因为"双百"方针是采取讨论的方法、批评的方法、说理的方法，发表正确的意见和克服错误的意见的方针，它不仅不会削弱马克思主义在思想领域的领导地位，相反地正是加强它的这种地位。

（二）关于马克思主义和"新马克思主义"的关系问题

与马克思主义的多元与一元问题紧密联系在一起的,是马克思主义与"新马克思主义"的关系问题。

这部辞典的编者高尔曼在 1982 年发表的题为《"新马克思主义"——现代激进主义的意义》的专著,在 1985—1986 年又发表《马克思主义传记辞典》和这部《"新马克思主义"传记辞典》。从这个历程中,人们可以清楚地看出高尔曼对于所谓"新马克思主义"以及它同马克思主义的关系,是有其深思熟虑的想法的。

那么,到底什么是"新马克思主义"？它同马克思主义的关系又是怎样的呢？

高尔曼在这部辞典的《序言》中说,他在《马克思主义传记辞典》中考察的是马克思主义队伍中被称为唯物主义者的思想家,而在《"新马克思主义"传记辞典》中考察的是非唯物主义的马克思主义者。在这部辞典的《导论》结尾,他又说"'新马克思主义'是在马克思模棱两可的遗产中诞生的,而且是由实践的迫切需要养育而成的。当现时代的环境和条件证明旧的理论已不再是完美无缺的时候,实践的迫切需要就产生了'新的马克思主义'理论。现在它包括从机会主义到唯心主义、经验主义、实验主义和纯粹的批判等一系列的理论"。

从高尔曼的这些论述中,可以明显地看出,他是从唯物主义和非唯物主义的分界线来区分马克思主义和"新马克思主义"的,是把"新马克思主义"定义为非唯物主义的马克思主义的。

应当指出,高尔曼的这个"新马克思主义"定义,在理论上就是错误的。这是因为,要是我们从哲学世界观的高度来考察马克思主义的话,那么,可以明确地指出,马克思从创立马克思主义之时起,是始终不渝地把自己的观点称作是唯物主义的：

早在 1845 年发表的《关于费尔巴哈的提纲》这个"包含着新世

界观天才萌芽的第一个文件"中，马克思就提出以"新唯物主义"①去同旧唯物主义、唯心主义相对立。

在《德意志意识形态》中，马克思又从唯心主义和唯物主义、旧唯物主义和新唯物主义之间对立的角度去评论黑格尔、费尔巴哈的观点，并阐明了他自己观点的独特特征，论证了对于"实践的唯物主义者即共产主义者来说，全部问题都在于使现存世界革命化，实际地反对并改变现存的事物"②。

在《资本论》中，马克思明确地揭示了他的方法的基础是唯物主义。他说，在《政治经济学批判》序言中，他已说明了他的"方法的唯物主义基础"③。

在1868年3月6日致库格曼的信中，马克思在谈到自己的辩证方法和黑格尔方法的原则区别时，公开申明自己是唯物主义者："我的阐述方法和黑格尔的不同，因为我是唯物主义者，黑格尔是唯心主义者。"④

在1868年12月12日致恩格斯的信中，马克思又强调说："当我们真正观察和思考的时候，我们永远也不能脱离唯物主义。"⑤

十分明显，马克思哲学世界观的基础是唯物主义，而不是非唯物主义、唯心主义。

马克思主义无疑地需要发展，需要随着时代、实践的发展而发展，但是，这种发展，只能是在用马克思主义的基本原理和基本方法，考察新情况，解决新问题，总结新经验中实现的，而不是也不可能是抛弃了马克思主义的基本原理和基本方法去实现的。要是在发展过程中，连马克思哲学世界观的基础都抛掉了，由唯物主义变成非唯物

---

① 马克思、恩格斯：《费尔巴哈》，人民出版社1988年版，第86页。
② 马克思、恩格斯：《费尔巴哈》，人民出版社1988年版，第19页。
③ 《马克思恩格斯全集》第23卷，人民出版社1972年版，第20页。
④ 《马克思恩格斯全集》第32卷，人民出版社1975年版，第526页。
⑤ 《马克思恩格斯全集》第32卷，人民出版社1975年版，第213页。

主义、唯心主义了，那就显然是离开了马克思主义，怎么还能叫作什么"新马克思主义"呢？所以，高尔曼的"新马克思主义"定义，从理论上讲就是错误的。而在实际的处置上，则包含有更多的问题。

高尔曼在这部辞典的《导论》的结论部分，曾列举了作为"任何自称为马克思主义者的人们所必须具备的最起码的条件"的四条"马克思主义不可替代的核心"，一曰"坚持辩证法观点"；二曰"把资本主义评价为一种异化的剥削制度"；三曰认为"只有社会主义才能保证工人在工作场所受到公正的待遇，与此同时获得发达工业文化的全部利益"；四曰"是从马克思发源的"。

姑且不说高尔曼把唯物主义基础排除在马克思主义不可替代的核心之外的做法，使他所列举的这些条件成为极其残缺不全和不充分的；即使单从这几项条件来衡量，这部辞典所为之立传的200多人中，也有许多是不能被称作"新马克思主义者"的，因为他们不仅这样那样地不具备这些条件，而且压根儿就没有"自称为马克思主义者"。这里仅举数例以资说明：

列维-斯特劳斯、克里丝特娃等人，虽然在其成长过程中都受过马克思主义的一定影响，但他们是法国结构主义哲学的代表；

德立达、福科等人，虽然在自己的著作中也谈论过马克思主义，但他们是法国消解哲学、后结构主义哲学的代表，而并不自称为马克思主义者，不仅如此，福科还提出以自己的后结构主义权力观来向马克思主义挑战；

伊林·费切尔长期致力于马克思主义研究，却并未自称是马克思主义者，应属于西方马克思学的范畴；

费耶阿本德是科学哲学领域历史主义流派的一个代表人物，并不是马克思主义者；

柯热夫、伊波里特，是法国的黑格尔研究者，虽然他们对尔后法国的"西方马克思主义"的崛起和发展具有影响，但他们却并不是马克思主义者；

而像格鲁克斯曼那样的"新哲学家",则不仅不是什么马克思主义者,反而在"五月风暴"失败以后,成为反社会主义、反马克思主义的"新哲学"的狂热鼓吹者;

除此之外,这部辞典所列入的有些新左派行动主义者,在思想理论上也同马克思主义很少有什么关联。

所有这些,清楚地说明了高尔曼所定义的"新马克思主义",不仅在理论上是错误的,在实际处置上更是矛盾百出、不合逻辑、不符合事实的。而这正是由他对马克思主义持多元论观点所必然导致的:既然根据这种观点,什么理论都有权以马克思主义自命,没有真假之分,也没有什么判断准绳,那么,高尔曼把一些只是谈论过马克思主义,而在思想上并没有跟马克思主义相联系的人也一起拉来罗列成"新马克思主义"的五光十色的队伍,也就不值得惊讶了。

(三)出现对马克思主义的多种解释的原因

这里姑且撇开和马克思主义无关的人和事不论,为什么对同一种马克思主义理论会出现多种各不相同,甚至相互冲突的解释呢?它的原因到底在哪里?

高尔曼在这部辞典的《序言》和《导论》中再三地把出现这种现象的原因归罪于马克思,归罪于马克思的理论:

"马克思理论上的模棱两可导致他的追随者(从恩格斯开始)构想他们各自的哲学答案去补充马克思的批判";

马克思采纳了"潜在地相互矛盾的种种理论前提","因而,读者可以比较容易地把'新马克思主义'学派和特定的'新马克思主义者'与它们(他们)在马克思那里的来源连接起来";

"任何思维敏锐的激进的学者和活动家都可以轻而易举地在马克思本人的著作中为先验论、经验论、实验论、反思的批判以及革命的积极行动主义找到有关根据。"

前引马克思关于自己哲学世界观的唯物主义基础的一贯论述,

已经清楚地说明了高尔曼把对马克思主义种种非唯物主义解释归罪于马克思的"模棱两可"、"相互矛盾的种种理论前提"的说法和做法,是毫无根据的。

即使把这一点暂且不论,高尔曼这种到学说本身中去寻找对学说不同解释的原因的做法,也是极其肤浅的。

马克思毫不含糊地把自己的哲学世界观说成是唯物主义的,那为什么在马克思主义发展史上,在国际工人运动、共产主义运动中,却一直有人要把他们对马克思主义的非唯物主义、唯心主义的解释归结到马克思身上,要到马克思那里去找"根据"呢?

这完全不是因为马克思本人的理论模棱两可、相互矛盾,而首先是因为马克思主义在理论上的胜利,逼得它的敌人装扮成马克思主义者,例如,资产阶级的自由主义就企图在社会主义的机会主义形态下复活起来。这就是说,在马克思主义把一切比较完整的、同马克思主义相敌对的学说排挤出去以后,这些学说所表现的趋向便开始给自己另找出路,它们不再站在自己独立的基地上,而是"也"站在马克思主义的基地上,作为机会主义、修正主义,作为"马克思主义内部的反马克思主义派别"来进行斗争。例如,这部辞典所列入的伯恩施坦等机会主义、修正主义者对马克思主义的解释,就是由于这个缘故而出现的。

当然,现实生活是复杂的,并不是对马克思主义所作的非唯物主义解释,都具有伯恩施坦修正主义的性质。

例如,这部辞典所列入的卢卡奇、葛兰西等国际共产主义运动中的革命左派,他们之所以会对马克思主义作出非唯物主义的解释,就出于和伯恩施坦相反的另一种原因。

事实是,在第一次世界大战以后的时期里,卢卡奇、葛兰西这些革命左派认为,在第二国际机会主义严重污染了的气氛下,马克思主义哲学领域中的主要敌人,并不是唯心主义,而是唯物主义,他们认为唯物主义(他们把经济决定论的机械唯物主义和哲学唯物主义完全等同起来)是对马克思思想的实证主义的和社会民主主义的歪曲;于是,他们就企图用唯心主义去使马克思主义现代化。在他们看来,"唯心主义的文艺复兴"能够作为反对第二国际的渐进主义和社会主义的补药而发挥作用。

应当强调指出的是,尽管这些革命左派的主观愿望是可以理解的,但他们对马克思主义作出非唯物主义的唯心主义解释,却同样是不符合马克思本人的思想,不符合马克思主义的哲学世界观的。所以,把它们归因于马克思的"模棱两可"、"相互矛盾",同样是毫无根据的。

对于马克思主义作出不同的解释,还有其他许多实际原因。列宁在《欧洲工人运动中的分歧》一文中,曾经详细地分析过这些原因:

"工人运动的增长这个事实本身,是经常引起策略分歧的最深刻的原因之一",因为在一批一批新兵被吸收进来,一群一群新的劳动群众被卷入运动的同时,也必然会发生理论和策略方面的动摇,重复旧错误,暂时回复到陈旧观念和陈旧方法上去等等;

"资本主义发展的速度,在各个国家和各个国民经济部门中间是不一样的"之说,也是引起理论分歧的原因之一,因为落后的或发展速度落后的经济关系,往往使一些拥护工人运动的人只能领会马克思主义的某几个方面,只能领会新世界观的个别部门和个别口号和要求,而不能坚决抛弃一般资产阶级世界观,特别是资产阶级民主主义世界观的一切传统思想;

"在矛盾中实现和通过矛盾而实现的社会发展的辩证性质,也是经常引起分歧的一种根源",由于群众是从生活中学习的,因此,某些个人或集团就常常把资本主义的发展的某种特点或某一"教训"加以夸大,发展成片面的理论和片面的策略体系。特别是在社会生活条件发生异常剧烈变化的时刻,本来就只是极其片面、畸形地领会马克思主义,死背它的一些口号和某些策略问题的答案,而并不

了解其中的马克思主义准则的人,就更容易去修正马克思主义的最抽象、最一般的哲学原理;

"最后,引起工人运动参加者彼此分歧的一个非常重要的原因,就是一般统治阶级,特别是资产阶级的策略的改变",即在管理方式上的暴力和自由主义的相互转换和交替使用,在工人运动中,往往引起从无政府工团主义到机会主义的片面反映[①]。

那么,在引起对马克思主义作出不同解释的原因中间,有没有属于和马克思主义著作本身相联系的原因呢?也有的,但这不是高尔曼说的什么"模棱两可"、"相互矛盾",而是贯串着两条路线的论述。

例如,针对英美这样一些没有社会民主工党、没有社会民主党参加议会、在选举中和报刊上根本看不到一贯的社会民主主义政策的国家,马克思和恩格斯总是号召和教导那里的社会党人同工人运动打成一片,无论如何要打破、铲除自己组织中的狭隘、顽固的宗派主义精神和圈子而参加工人运动,以便使无产阶级在政治上振作起来,改变资产阶级独占政治舞台的局面;而针对德国这样资产阶级民主革命还没有完成,但却被以议会形式粉饰门面的军事专制度统治的国家,马克思和恩格斯则总是教导那里的社会民主党人不要陷入庸俗观点、议会迷和市侩知识分子机会主义的泥坑。显然,要是离开了马克思主义这些教导以及其产生和针对的条件,把它们简单地搬用到另一个地方去,或者把它们从文字上加以机械类比,那是可以产生对马克思主义的不同解释的,但这不是由于马克思著作本身的"模棱两可"和"相互矛盾",而是由于解释者和运用者忽略了贯串在马克思著作中的两条路线的缘故。

(四)"新马克思主义"解释的一个重要特征

收入这部辞典的形形色色的"新马克思主义"解释,是属于哪种

[①] 《列宁选集》第 2 卷,人民出版社 1995 年版,第 393—395 页。

情况呢？

高尔曼在这部辞典的《导论》中说过："许多'新马克思主义者'在哲学上更接近传统的西方价值。"应当说，这个概括是切合实际情况的，但它只是指出了现象，而没有从其根源上去把握这个特征。

为什么会出现"新马克思主义"的解释在哲学上更接近于传统的西方价值这种现象？一个根本的原因就在于它们竭力把西方哲学的一些流派同马克思主义"结合"起来，按照这些西方哲学流派的精神去"解释"马克思主义。实际上，高尔曼所分类的几种"新马克思主义"派别几乎全都具有这个特征。

高尔曼所谓"黑格尔唯心主义派马克思主义"，实际上就是按照黑格尔唯心主义去解释马克思主义的。这个流派认为，资本主义之所以没有在20世纪20年代西欧许多国家的骚乱中崩溃，是因为工人阶级没有发展出充分的阶级意识，没有认识到自己作为一种革命的政治力量所可能具有的使命，而这是由第二国际和共产国际主张经济决定论所造成的。为此，它要求把阶级意识的主观方面恢复到马克思主义中去，认为这就是恢复马克思主义的哲学基础。其具体办法则是重新占有黑格尔关于人的自我意识的创造性概念，恢复马克思主义的黑格尔根源，特别是马克思的社会主义观的黑格尔基础。

高尔曼所谓"非黑格尔唯心主义派马克思主义"，包括四个流派，其中，前两个流派"人道主义的马克思主义"、"神秘的马克思主义"，在观点上接近于黑格尔唯心主义派马克思主义。第三个流派"弗洛伊德的马克思主义"则认为，当马克思观察从资本主义过渡到社会主义的时候，看来他预测了两个并行并进的过程：一个是资本主义制度的经济崩溃的过程，马克思以某种明确性预言了这个过程；另一个是工人阶级政治意识的成长和发展的过程，马克思对这个过程说得较少。由于马克思思想中有这个空白，由于马克思主义没有提供这么一种社会心理学，第二国际的庸俗唯物主义就假定工人阶级意识的发展，是导致资本主义崩溃的那同一个经济过程的自动反映。

然而,当资本主义矛盾尖锐,马克思主义期待欧洲工人阶级作为历史变革的动因而出现时,工人阶级却转向了沉默。据此,这个流派的代表认为,在资本主义制度下,人们还被阻止他们把自己解放出来的意识形式所统治和支配,意识形态被人们内在化或被溶化在个人的性格结构中了,远远落在经济现实的后面,所以,他们就转向弗洛伊德的精神分析学,用它去"解释"和"补充"马克思主义,并把社会主义革命纳入到性本能的压抑和解放的渠道中去。

第四个流派"结构主义的马克思主义"针对20世纪50—60年代人道主义在国际共产主义运动中泛滥的情况,主张按照结构主义主体移心论的精神去阅读和"解释"马克思主义:它把主体归结为一种非人结构的从属代理人,而否认主体能够在认识论中居于哲学思考的优先地位,它把人溶化到客观化的、无个性的和无意识的结构中去,认为正是这些结构在决定的人的部分行为,认为他们是人的全部生存的结构,而主体则是消极被动的。据此,这个流派把马克思主义解释成是一种理论上的反人道主义、反历史主义和反经验主义。

高尔曼所谓的"经验主义"派马克思主义,指的是按照康德主义、新实证主义和分析哲学的精神去"解释"马克思主义。

按照康德主义的精神去"解释"马克思主义,在伯恩斯坦那里,表现为仰慕康德的知识正统性,用它去批判唯物主义的"倾向",即它的不可接受的伦理学和对"社会主义乌托邦"的神秘的渴望,由此引出"伦理社会主义"理论和"运动就是一切,而最终目的则是微不足道的"口号;在"奥地利马克思主义"那里,用康德主义去"解释"马克思主义,表现为力图把康德在伦理学和认识论方面的教诲同马克思主义的革命动力联结起来,在布尔什维克主义和社会民主主义之间寻找一条中间道路;而在"新实证主义的马克思主义"者科来蒂那里,用康德主义去"解释"马克思主义,则表现为用康德的"真正的对立"的观点去附会马克思的思想,否定马克思主义的矛盾辩证法理论。

"新实证主义的马克思主义"认为,无产阶级革命在西方国家的失败,是由于对现代资本主义作了不正确的理解,用含糊的人道主义和黑格尔修辞学去取代了科学政策的缘故。为此,它断然否定在马克思主义和黑格尔之间有任何连续性,而主张把科学的辩证法规定为以"具体—抽象—具体"循环为标志的现代实验科学的唯物主义逻辑;并声称打算提出一种对历史唯物主义的解释,以便使它再次变成能够进行真正的阶级分析和预言的决定性认识工具。

按照分析哲学去"解释"马克思主义的"分析的马克思主义"认为,在马克思主义中有些原理、概念、范畴模糊不清,在马克思主义发展史上引起极大争论。为此,它试图以当代逻辑、数学和模式研究为工具,用分析哲学去重新"阐释"马克思主义,以澄清种种曲解和混乱。这个流派的有些代表用"功能联系"取代"因果联系"去解释和论证生产力决定生产关系、经济基础决定上层建筑,它的有些代表则致力于用分析哲学去研究阶级和剥削等问题,提出了阶级产生于财富占有的不平等,要用财产关系论,而不是劳动价值论去说明剥削现象,以及从实证的、技术的角度肯定经济发展中的"社会必要剥削"等观点。

高尔曼所谓的"实验主义"派马克思主义,主要是指"存在主义的马克思主义",这个流派指责现代马克思主义把人排斥在马克思主义知识之外,有变质成一种非人的人学的危险,因此主张马克思主义把存在主义有关人的问题的学说当作"人学的基础"吸收过去。在这个流派看来,人的主要本质在于人的自我创造实践。为此,个人实践应当成为辩证方法的基本出发点,个人自主和自由意志应当成为马克思主义所向往的未来的阶级斗争的源泉。它主张为解释人类经验的相互补充的方面确立一个共同的格子,在马克思主义从人类活动的结果的角度出发去理解历史的客观方面的框架内,用存在主义去理解个人主观的生活经验。

高尔曼的所谓批判理论,主要指的是法兰克福学派的批判理论,这种批判理论在其开始阶段,继承和发挥了"黑格尔主义的马克思主义"的理论观点,在流亡美国期间则大力展开"弗洛伊德的马克思主义"理论,而到了由它的第二代主要代表哈贝马斯所开创的"法兰克福学派的语言学转折阶段",则又致力于用现代西方语言学去"补充"马克思主义,把他们对晚期资本主义的趋向分析,同其对语言学的反思聚合在一起,一方面把语言学的合理性植根在以社会学为基础的交往活动理论中,另一方面,又用"普遍语用学"去支撑其关于批判理论的基础。

不论在《"新马克思主义"——现代激进主义的意义》的专著中,还是在这部辞典的《序言》和《导论》中,高尔曼都论证"新马克思主义"的特征,一是来源于马克思的"模棱两可"、"相互矛盾"的遗产,二是"从解释学的角度纠正了马克思本人的不一贯性"、"自相矛盾"①。但从我们对高尔曼所列"新马克思主义"各流派的上述简短考察中,却清楚地看到事实的真相和他所说的刚好相反,这些流派并非产生于和纠正了什么马克思遗产的"模棱两可"和"相互矛盾",它们的共同特征在于力图用现代西方哲学某个流派的精神去"解释"和发挥马克思主义。但由于马克思主义和这些西方哲学流派在哲学世界观上是全然不同的,因而,这些"新马克思主义""解释"就不能不成为马克思主义同西方资产阶级哲学的折中混合物,从而这样那样地离开了马克思主义。

这些,就是我们和高尔曼的马克思主义观的分歧所在,也是我们要在这部辞典的中译本中给他所说的"新马克思主义"加上引号的原因所在,因为这样才可以在马克思主义观这样的原则问题上同他划清界限,以免混淆视听。

但是,我们跟高尔曼所编这部辞典的错误的"新马克思主义"观

---

① 高尔曼:《"新马克思主义"——现代激进主义的意义》,伦敦1982年版,第15页以及这部辞典的《导论》。

划清界限,却丝毫不意味着全然否认这部辞典的价值,以及将它翻译出来介绍给我国读者阅读的必要性。

这里涉及到我们在建设中国特色社会主义新文化的时候,既要植根于中华民族文化的深厚土壤,弘扬我们民族文化的优秀传统,又要积极借鉴一切对我有用的外来文化,学习和吸取世界各国人民包括在资本主义制度下创造的优秀文明成果。

我们中国的发展和进步,是离不开世界各国的文明成果的。排斥外来文化,在文化上把自己封闭起来,只会延缓我们民族文化的发展进程。积极地借鉴、吸收一切对我有用的外来文化,正是促进民族文化发展的一个重要条件。而且,在社会主义条件下,在改革开放的今天,我们吸收外来文化的气魄还应该更大一点。不管是资本主义国家的还是社会主义国家的,不管是第三世界的还是发达国家的,不管是古代的还是近代现代的,凡是人类创造的积极的精神财富,凡属人类文明发展的新成果,凡属世界各民族创造的优秀文化表现形式,我们都要积极地了解、介绍、学习、借鉴,用马克思主义的立场、观点和方法加以分析、鉴别、选择和改造,做到"洋为中用"。

根据这样的方针来看这部辞典,应当说,尽管它的马克思主义观是我们不能苟同的,但其中毕竟包含了许多有益的思想资料,辞典中所列许多"新马克思主义"者不论是在对现代世界(主要是西方发达资本主义社会)的分析和革命途径的探索方面,还是在对苏联模式的批评和他们自己对社会主义的展望、设想以及对马克思主义的"重新发展"和"重新创造"方面,都既包含有错误,又提供了大量而丰富的思想资料。

大家知道,列宁在《唯物主义和经验批判主义》中,曾经极其尖锐地把资产阶级的经济学教授称作"资产阶级手下有学问的帮办",而把它的哲学教授称作"神学家手下的有学问的帮办"。然而,又正是列宁接着就强调指出:"无论在哲学上或经济学上,马克思主义者的任务就是要善于汲取和改造这些'帮办'所获得的成就(例如,在研究新的经济现象时,如果不利用这些帮办的著作就不能前进一步),并且要善于消除它们的反动倾向,贯彻自己的路线,同敌视我们的各种力量和阶级的整个路线作斗争。"[①]

我们在这部辞典中遇到的"新马克思主义"者,不可否认,其中不乏一些马克思主义的研究者,一些把马克思主义和西方哲学某些流派结合起来,用以探索和解决他们在当代世界中遇到的新情况、新问题的人,有的还是投身于无产阶级革命事业的革命左派。因此,了解他们所提供的思想资料,用马克思主义的方针去汲取和改造他们所获得的成就,又消除他们的错误思想倾向,不是更加有助于我们坚持和发展马克思主义,建设中国特色社会主义吗?

正是本着这样的认识,我们在指出这部辞典的错误的马克思主义观的同时,又组织力量把它翻译出来,供大家阅读研究。

[①] 《列宁选集》第2卷,人民出版社1995年版,第350页。

第二篇 讨论与争鸣

一、关于"西方马克思主义"研究中的若干问题

随着对外开放作为一项不可动摇的基本国策,不仅被适用于物质文明建设,而且被适用于精神文明建设,对于西方各种社会思潮,特别是对"西方马克思主义"思潮的研究,正在大大活跃起来:许多学校和教学单位,开设了"西方马克思主义"的课程和讲座;许多研究者在不同的学科中,从不同的方面把"西方马克思主义"思潮拿来同其他种种思潮进行比较研究,并在这个过程中,就"西方马克思主义"思潮的研究提出了种种问题。

十分明显,通过讨论正确地解决这些问题,进一步推动和发展"西方马克思主义"研究中出现的这种活跃局面,将有助于我们批判地吸取和概括它所提供的认识成果,坚持和发展马克思主义。

(一)"西方马克思主义"思潮的存在,是一个不以人们的赞成与否为转移的客观事实

有的研究者认为,就马克思主义的研究来说,只有是马克思主义还是非马克思主义的问题,不存在什么"西方马克思主义"思潮,所谓"西方马克思主义"这个名词,是西方一些学者杜撰的。

这种说法是没有根据的。

这是因为,尽管"西方马克思主义"这个名词在20世纪50年代以后才流行,但它所指的思潮却早在20年代初期就已经出现了。

这就是在十月革命胜利、西方各国革命相继失败、资本主义体系相对稳定、共产国际在所属各党内推行"布尔什维克化"的政策和措施的情况下,共产国际所属一些西方国家的共产党内出现的那股思潮。它最初表现在卢卡奇在1923年发表的《历史和阶级意识》、柯尔施在同年发表的《马克思主义和哲学》等著作和文章中。

在1930年发表的《〈马克思主义和哲学〉问题的现状——一个反批判》中,柯尔施还曾经把这股思潮的渊源追溯到对"德国共产党人卢森堡和李卜克内西在十月革命后对布尔什维克政治和策略的强烈批评,以及在1920年—1921年达到高潮的荷兰共产党人潘涅库克和高尔特领导的激进左派趋向同列宁领导的俄国布尔什维克派之间的不一致";而把1923年"西方马克思主义"思潮的出现,说成是"在战前社会民主党国际内发展起来的〔上述〕两股革命趋向的第一次直接的哲学讨论"①。

至于"西方马克思主义"这个名词,虽然早在1930年时柯尔施就已提出,但没有在当时引起人们充分的注意。所以,在西方,人们通常认为,是由法国的现象学—存在主义者梅劳-庞蒂在1955年出版的《辩证法的历险》一书中首先提出来的。

梅劳-庞蒂在《辩证法的历险》第二章《"西方的马克思主义"》中,论述了一种从卢卡奇1923年的《历史和阶级意识》开始的、对于马克思主义的理解:他先是说"被这样理解的马克思主义,正因为它拒绝成为一种教条的历史哲学,它应当是一种革命哲学",接着又从自然辩证法、反映论等方面,论证了"'西方马克思主义'与列宁主义的冲突",并且说什么这种冲突"在马克思那里已经作为辩证思想与

---

① 柯尔施:《马克思主义和哲学》,纽约1970年版,第119页。

自然主义的冲突出现了"[1]。从此以后,"西方马克思主义"这个概念就被人们广泛地使用开来了。

尽管在此以后,还有个别的西方学者用"西方马克思主义"这个概念去指别的思潮现象,如法国社会哲学家雷蒙·阿隆在1969年出版的《马克思主义和存在主义者》一书中,宣称在事实上"西方马克思主义是第二国际的马克思主义"[2];汤姆·朗在《马克思和70年代的西方马克思主义》一文中,则用"西方马克思主义"去指某些自称的马克思主义者和某些自称的非马克思主义者,如后结构主义者福科和德立达等人[3],但绝大多数人都因袭梅劳－庞蒂对"西方马克思主义"一词的用法。

所以,尽管梅劳－庞蒂的许多观点是我们所不能同意的,但他所使用的"西方马克思主义"概念,却并不是主观杜撰,而是反映了客观实际的,因为在实际生活中确实存在着这么一股思潮。

那么,为什么要用"西方马克思主义"这么一个名词来专门称呼这股思潮呢?原因在于这般思潮具有着自己独特的特征。这些特征就是:打着反对第二国际的新康德主义和共产国际"机械唯物主义"的旗号,在政治方面,在对现代资本主义的分析和对社会主义的展望上,在革命的战略和策略等问题上,提出了不同于列宁主义的见解;在哲学方面,提出了不同于恩格斯、列宁等马克思主义者所详细展开的辩证和历史唯物主义的见解,而主张按现代西方哲学中的某些流派,如黑格尔主义、弗洛伊德主义、存在主义、新实证主义和结构主义等流派的精神,去结合、发挥和补充马克思主义,以"重新发现"马克思原来的设计。

所以,笔者认为,"西方马克思主义"思潮的存在,是一个不以人

---

[1] 梅劳－庞蒂:《辩证法的历险》,伦敦1974年版,第35、64页。
[2] 雷蒙·阿隆:《马克思主义和存在主义者》,纽约1969年版,第64页。
[3] 汤姆·朗:《马克思和70年代的西方马克思主义》,载《柏克利社会学杂志》1980年第24期。

们赞成与否为转移的客观事实,梅劳－庞蒂只是赋予这种客观存在着的思潮以一个名称罢了,人们可以不同意梅劳－庞蒂的这个或那个观点,却无法否认在实际生活中存在着这么一股思潮,因为这是一个事实判断的问题。至于人们是否赞成"西方马克思主义"这股思潮,认为它在性质上是属于马克思主义的还是非马克思主义的,却是另一个问题,属于价值判断的问题。显然,对于这两者是不能相互顶替或相互混淆的。

(二)卢卡奇的《历史和阶级意识》开创了"西方马克思主义"思潮

有些同志之所以会否认"西方马克思主义"思潮的客观存在,其原因并不一定是看不到这股思潮的存在,而是因为他们在情感上不同意把某些人说成是"西方马克思主义者",在这方面,首先是不同意把卢卡奇说成是"西方马克思主义"的创始人。

这些同志说,既然在卢卡奇诞生 100 周年的时候,苏联东欧国家的学者都纷纷发表文章肯定卢卡奇,特别是匈牙利社会主义工人党中央委员会文化政策工作部根据政治局的决定,在 1983 年 8 月发表的《匈牙利纪念乔治·卢卡奇诞辰 100 周年提纲》中,已经肯定卢卡奇是"20 世纪的一位伟人,马列主义思想的卓越代表",那就说明他的主导思想并不是什么"西方马克思主义",由此推开去,说由他开创的"西方马克思主义"思潮也是根本不存在的。

这种说法显然把两个不同的问题混淆到一起去了。这是因为,对某人某时某本著作及其客观影响的评定,同对某人毕生活动的评价,虽然是相互联系着的,但又毕竟是相互区别开来的两件事情。

匈牙利党在卢卡奇诞辰 100 周年前夕发表《匈牙利纪念乔治·卢卡奇诞辰 100 周年提纲》所肯定的,是卢卡奇的一生,就是说,它是从对卢卡奇毕生的活动作出全面评价的角度来观察问题的。反之,被认为开创了"西方马克思主义"思潮的,却只是卢卡奇在 1923 年发表的《历史和阶级意识》一书,就是说,它是从卢卡奇在 20 年代初期发表的《历史和阶级意识》这一本书及其客观影响来作出评定的。能不能因为匈牙利党对卢卡奇的一生已经作了肯定的评价,就否认《历史和阶级意识》这本书开创了"西方马克思主义"思潮?不能,因为这同样是一个不以人的意志为转移的客观事实。

那么,到底为什么说卢卡奇的《历史和阶级意识》开创了"西方马克思主义"思潮呢?一个极其重要的原因,是因为他在这本书里,按照黑格尔主义的精神去解释马克思主义,提出了一系列同辩证唯物主义和历史唯物主义相异的原理。对于这些,尽管苏联东欧国家的学者所作出的评价,和西方学者就此作出的评价截然不同,却同样承认这些问题是客观存在的。

例如,就在上面提到的《匈牙利纪念乔治·卢卡奇诞辰100周年提纲》中,就并没有把卢卡奇的《历史和阶级意识》一书也一股脑儿说成是"马列主义思想的卓越代表",相反地,倒是明确指出:

"在20年代中期的著作中,卢卡奇仍然错误地认为,无产阶级的阶级意识具有创造历史和现实的'救世'力量。他的革命主观主义、救世主式的左的倾向和对客观的自然辩证法的否认,一方面导致了对他思想的合理批评(在这一借口下,也有不少教条主义的指责);另一方面,后来成了修正主义、假激进派和新左派思潮的发源地。后来,卢卡奇曾多次明确地修正过自己当时的观点,坚决反对试图将《历史和阶级意识》解释成同'苏联的马克思主义'相对立的'西方马克思主义'的里程碑,反对将他的错误说成功绩。"[1]

有人说:"现在匈牙利社会科学界把卢卡奇留下的丰富思想遗产作为他们进一步发展理论的基础,《历史和阶级意识》一书中的一些论点,肯定也会起到自己的作用。"只要和匈牙利党的这个提纲对照一下,就不难发现,这种说法完全是一种主观臆想,或者说是某些

---

[1] 《匈牙利纪念乔治·卢卡奇诞辰100周年提纲》,载《外国文学动态》1984年第4期。

人的主观愿望,它和客观事实是完全不符合的。

十分明显,匈牙利党在肯定卢卡奇一生的同时,又明确指出卢卡奇的《历史和阶级意识》一书"后来成了修正主义、假激进派和新左派思潮的发源地",实际上,也就是明确指出《历史和阶级意识》一书开创了"西方马克思主义"思潮。

应当指出,在这本书发表以后,由于种种原因,卢卡奇本人的思想发生了变化。早在30年代初期以后,卢卡奇本人就一再检讨自己在《历史和阶级意识》一书中"背离马克思主义的路线","用唯心主义来解决辩证法的最重要问题",并认为"由于它的唯心主义,由于它对反映论的错误解释,由于它否认自然辩证法,所以它是反动的";而在1955年,当梅劳-庞蒂在《辩证法的历险》一书中反复援引卢卡奇和他的《历史和阶级意识》,把它同列宁主义对置起来的时候,卢卡奇当即提出了强烈抗议,说梅劳-庞蒂使一本"最好予以忘却"的书复活的企图是"阴谋和伪造"。

然而,所有这一切,都没有、也无法改变《历史和阶级意识》一书开创了"西方马克思主义"思潮的客观事实,因为这是属于《历史和阶级意识》在当时和以后所产生的客观影响的问题,是任何人,包括该书的作者在尔后所作的任何声明和检讨所无法否定、无法抹杀的。事情正如卢卡奇在《历史和阶级意识》1967年再版序言中所说的:"不幸的是,我所知道的情况是:由于社会发展的方式以及由这种发展所产生的政治理论,正是书中的那些我认为在理论上的错误的部分,是最有影响的。"[①]

至于苏联东欧其他国家的学者,在卢卡奇诞辰100周年时所发表的纪念文章,也大都遵循着类似的格调来对待卢卡奇的一生和他的《历史和阶级意识》。

例如,苏共中央社会科学院教授别索诺夫和纳尔斯基在《作为

---

① 卢卡奇:《历史和阶级意识》,伦敦1971年版,第XXVII页。

哲学家和社会思想家的卢卡奇》一文中,就一方面肯定卢卡奇说"在苏联,人们都不会忘记并以崇敬的心情来纪念他,苏联学者高度评价他的哲学成就";另一方面又指出"只强调卢卡奇哲学和美学观点的正面成就,而对他的理论和政治错误表示缄默""是不正确的"。为此,他们在文章中详细展开了《历史和阶级意识》一书用黑格尔主义精神去解释和发挥马克思主义的问题:

"《历史和阶级意识》是一部不成熟的著作,带有当时卢卡奇尚未克服的黑格尔学说的深刻痕迹。作者实际上是把黑格尔的'历史理论'概念与历史唯物主义等同,因而他提出用黑格尔的传统'重新恢复'马克思主义的任务是不正确的。那时他把马克思对黑格尔的批判理解为黑格尔本人对康德和费希特那种批判的直接继承和发展。同样,他把马克思的辩证方法仅仅说成是对黑格尔想建立作为科学的辩证法所做努力的'一贯延续'。"

这两位苏联学者对《历史和阶级意识》一书中关于总体性、中介、实践、自然辩证法、党的领导作用、异化等问题的论述逐个进行分析,指出其"由于这些基本的哲学观点而带有明显的唯心主义色彩"之后,得出结论说:"从哲学方面整体上评价《历史和阶级意识》一书时不能不承认,作者在社会哲学的基本问题上所持的唯心主义的黑格尔立场。"

在《历史和阶级意识》的社会影响方面,这两位苏联学者说,"50年代中期以及60年代—70年代在资产阶级和修正主义书籍中出现的一股吹捧卢卡奇的'浪潮',很大程度上是与积极传播他的这本早期著作的错误观点有关。在法兰克福哲学社会学学派中,卢卡奇这部著作对马尔库塞和弗洛姆的影响最为明显,同时它也影响了'实践派'的活动家。早在20年代,青年卢卡奇的思想在德国社会民主党知识阶层中就已遐迩闻名,后来的图宾根福音教派对马克思主义的批判(梯尔、费切尔等)也经常援引卢卡奇。"①显然,这是在用苏联学者的语言指出《历史和阶级意识》一书开创了"西方马克思主义"思潮和成为类似思潮的渊源。

德国统一社会党中央社会科学院马列主义哲学史研究所教授赫布纳尔、符洛那在《卢卡奇和他的哲学思想》一文中,也一方面肯定卢卡奇"在半个多世纪的时间里,他是国际阶级斗争的积极参加者,从1918年直到他逝世,他都是匈牙利革命政党的一员,他的生活道路——尽管有过许多次争论和冲突——是同共产党的工人运动和创立社会主义社会的斗争紧紧联系在一起的";另一方面又指出卢卡奇在一系列哲学基本问题上的错误观点,特别是《历史和阶级意识》一书中的问题。

他们认为,卢卡奇的《历史和阶级意识》"这部著作带有黑格尔主义观点和无政府工团主义的深刻痕迹",因而,在卢卡奇那里,"马克思主义的主要观点不再是唯物主义地创立社会理论,而是总体性这一范畴,主体和客体、存在和意识、理论和实践都按新黑格尔主义的方式结合在这一范畴里。"

这两位德国学者强调说,"卢卡奇在《历史和阶级意识》以及20年代的一些著作受到了正当的批判。他的革命主观主义、他的救世主的左倾方针以及他对客观自然辩证法的否定以哲学的方式表现出来。这种观点直到今天还是修正主义、假激进派和新左派思潮的起始基础。后来,卢卡奇一再努力与他20年代的基本观点划清界限,但是这些观点直到今天仍是所谓西方马克思主义的一个重要理论基础。"②这显然是在明确指出《历史和阶级意识》开创了"西方马克思主义"思潮。

---

① 别索诺夫、纳尔斯基:《作为哲学家和社会思想家的卢卡奇》,载苏联《哲学问题》杂志1985年第3期。
② 赫布纳尔、符洛那:《卢卡奇和他的哲学思想》,载民主德国《哲学杂志》1985年第4期。

所以，问题十分清楚，卢卡奇在《历史和阶级意识》中，用黑格尔主义去解释和发挥马克思主义，由此开创了"西方马克思主义"思潮，这是一个有目共睹的客观事实，人们可以根据自己的立场、观点、方法对这个客观事实作出各自的评价，但却不能否认或抹杀这个客观事实，借口苏联东欧国家的学者，特别是匈牙利党在卢卡奇诞辰100周年时肯定卢卡奇，而否认卢卡奇的《历史和阶级意识》开创了"西方马克思主义"思潮，那是没有根据的。

有人认为，我们不能不顾匈牙利党的舆论，把卢卡奇说成是"西方马克思主义"的创始者。看了匈牙利党的《匈牙利纪念乔治·卢卡奇诞辰100周年提纲》和苏、德两国学者的上述评论，我们可以清楚地看出，此观点中的所谓"舆论"，原来只是这些人自己的主观愿望和臆想，同匈牙利党是毫不相干的。

（三）关于葛兰西的"实践哲学"

有的研究者反对把葛兰西同"西方马克思主义"思潮联系起来，其主要理由是说，虽然葛兰西确实写过实践哲学既不是唯心主义，也不是唯物主义，但是他所说的唯物主义，是指那种抹杀人的能动性的机械唯物主义；葛兰西正是从捍卫马克思主义的完整性，反对任何一种片面倾向上谈论唯心主义、唯物主义两者的结合的，所以葛兰西恰恰坚持了彻底的唯物主义，即辩证唯物主义。

这种说法是不符合葛兰西本人的思想实际的。

根本的问题在于，葛兰西不仅不赞成唯物主义这个名词，而且也不赞成其实质；不仅不赞成机械形式的唯物主义，而且也不赞成一切形式唯物主义的共同的基本前提，即：明确肯定物质世界、客观实在是先于、不依赖于人类及其经验而存在的第一性东西。与机械唯物主义不同，马克思的实践唯物主义肯定人类实践的能动作用，明确指出人类连续不断的感性劳动，是现存世界的基础；但是，马克思的实践唯物主义又坚持唯物主义的基本命题，强调即使在这种情况下，外部自然界的优先地位仍然存在着,这种优先地位、这种第一性,不仅表现在先于人类而存在的外部自然界,是人类感性活动的物质前提,而且还表现在前一代人遗留下来的周围感性世界,虽然并不是开天辟地以来就存在的那个自然界,而是经过他们的劳动实践所改造过了的,但无论是对于这一代人还是对于下一代人今后的劳动实践来说,又还是作为预先存在的以外部自然界的面貌出现的,作为他们今后的感性劳动的物质前提而出现的。

反之,在《狱中札记(选)》中,葛兰西却持一种同唯物主义的这个实质迥然异趣的看法。他写道:

"很明显,在实践哲学看来,对于'物质'既不应按照自然科学给予它的意义(物理、化学、力学等等——在其历史发展上被注意和研究的意义)来理解,也不应按照它在各种唯物主义形而上学中具有的任何意义上来理解。虽然应该考察那一起构成物质本身的物质的各种物理(化学、力学等)属性(除非我们陷入到康德的本体观中去),但是,那只能在那些属性成为生产的'经济要素'的限度之内。所以,不可以把物质作为它本身来考察,而必须作为社会地历史地来生产所组织起来的东西来考察。对自然科学也应相应地看作是一个历史范畴,一种人类关系。"①

在这里,葛兰西把某物从什么角度看对人有意义,同某物是否存在于人类实践之外,把这样两个截然不同的问题混为一谈,从而在实际上把第一性的存在即自然、物质,归结为在实践中同人的活动合为一体的,因此归根到底要依赖于人的实践的一个从属性因素了。

在这里,葛兰西显然不是在反对"抹杀人的能动性的机械唯物主义",而是在反对把物质世界看作是不依赖于人类及其经验而存在的第一性东西的唯物主义;从而,葛兰西的哲学观点也就不是什么"彻底的唯物主义"或"辩证唯物主义",而只能是对唯物主义的偏

---

① 葛兰西:《狱中札记(选)》,伦敦1971年版,第465—466页。

离。因为在唯物主义者看来,"物理世界是不依赖于人类和人类经验而存在的;在不可能有人类经验的任何'社会性'和任何'组织'的时候,物理世界就已经存在了。"①

那么,葛兰西的这段话,是不是一种偶然失言,而不代表他的基本思想倾向呢?不。同样性质、同样含义的论述充斥在《狱中札记(选)》之中。这里再举数例以资证明:

"广大公众甚至不相信能够有诸如是否客观地存在外部世界的问题:人们只要提出这个问题,就会引起一阵压制不住的大笑的爆发。公众'相信'外部世界是客观实在的,但是问题产生了:那个'相信'的根源是什么,'客观地'此词的关键性价值是什么?在事实上,这是一个根源于宗教的信仰,即使那个人并没有宗教感情。因为一切宗教总是教诲人说,世界、自然、宇宙都是上帝在创造人之前所创造的,所以人来到已被一劳永逸地编好目和规定好的现成的世界上,这个信仰变成了'常识'不可变动的教义;即使宗教感情已变得缓和、减轻或取消了,它还像以前一样顽固地存在着。"②

"所谓'客观的',总是指'人类地客观的',它意味着正好同'历史地主观的'相符合,这就是说,客观的意味着'普遍地主观的'。人持有客观知识,是在对于被历史地统一在一个单一的文化体系中的整个人类来说知识是实在的范围之内。"③

"形而上学唯物主义的'客观的'观念,显然打算指一种离开了人而存在的客观性;但是当人们肯定说,即使人不存在,一种实在也会存在时,人们或者是在用隐喻,或者落入了一种神秘主义,我们只能在同人类的关系中去认识实在。而既然人是历史的生成,那么,它也适用于知识和实在、客观性等等。"④

---

① 《列宁全集》第14卷,人民出版社1988年版,第122页。
② 葛兰西:《狱中札记(选)》,伦敦1971年版,第441页。
③ 葛兰西:《狱中札记(选)》,伦敦1971年版,第445、446页。
④ 葛兰西:《狱中札记(选)》,伦敦1971年版,第445、446页。

所以,从哲学的基本倾向上看,葛兰西的"实践哲学"、"实践一元论",同马克思在《德意志意识形态》中所说的"实践的唯物主义",是截然不同的两回事。

葛兰西的"实践哲学"、"实践一元论",主张"具体的历史行为中的对立物的同一性;换句话说,就是与某种有组织的(历史化的)'物质'、人所变革的自然不可分割地结合在一起的具体的意义上的人的行动(历史—精神)"①。这就是说,葛兰西是把实践理解为物质和精神、人和自然的"对立的同一性",即把以物质、自然为一方,同以精神、意识为另一方这两种要素都统一在人的实践之中的。

反之,在马克思的"实践的唯物主义"看来,虽然"这种〔感性〕活动、这种连续不断的感性劳动和创造、这种生产,是整个现存感性世界非常深刻的基础",但是,即使"在这种情况下外部自然界的优先地位仍然保存着"②。

葛兰西把自己的"实践哲学"说成是唯心主义和唯物主义的综合和统一;反之,马克思的"实践的唯物主义",却是一种高度强调人类实践的能动作用的唯物主义。

在政治实践上,葛兰西无疑地是一个伟大的无产阶级革命家。在政治理论方面,葛兰西在探索西方社会,特别是意大利走向社会主义的道路方面,也作出了创造性的贡献。但是,为什么在哲学世界观方面,他会持有这样一种"实践一元论"的观点呢?从某种意义上可以说这是一个"矛盾",但这是一个确确实实地客观存在着的矛盾。因此,在研究葛兰西的思想和活动的时候,我们就应当从实际出发,如实地反映和分析这个矛盾,而不应当抓住事情的一个方面去否认其另一个方面,这才是实事求是的态度。

---

① 葛兰西:《狱中札记(选)》,伦敦1971年版,第372页。
② 《马克思恩格斯全集》第3卷,人民出版社1960年版,第48、50页。

(四)关于阿尔都塞的"结构主义的马克思主义"

有的研究者否认阿尔都塞的观点属于"结构主义的马克思主义"。一是因为最先给阿尔都塞扣上结构主义帽子的是资产阶级书刊,而阿尔都塞本人并未承认,他只承认自己使用了一些结构主义的术语,"和结构主义术语的调情超过了所允许的限度"。二是因为阿尔都塞是一个党员理论家,而且他的理论从一开始就对法共的路线有很大影响。三是因为虽然阿尔都塞的理论同结构主义观念之间有交错点,但是它们是从不同的根据出发的:结构主义是从无意识的符号结构,首先是语言学结构出发的;而阿尔都塞的理论是从客观的社会关系,首先是从生产关系出发的。因此,如果把结构主义的定义推广应用到阿尔都塞的理论,那就意味着改变结构主义这个概念本身,赋予它以极广泛的意义。

的确,尽管在西方学术界,阿尔都塞一直是以首创"结构主义的马克思主义"的理论框架而闻名于世的,他本人却始终矢口否认自己是一个结构主义者。例如,在《阅读〈资本论〉》一书的意大利文版前言中,他就说,"虽然有术语上的模棱两可性,我们文章的深刻倾向并不隶属于'结构主义'的意识形态"[①];而在1974年出版的《自我批评论文集》中,阿尔都塞又连篇累牍地论证自己只是犯有理论主义错误,而绝不是一个结构主义者,为此,他还特地制定了三条把结构主义同马克思主义明确地区分开来的原则界限,承认自己犯了理论主义的错误,而断然否认自己是结构主义者。

然而,事情正像列宁所说的那样:"判断一个人,不是根据他自己的表白或对自己的看法,而是根据他的行动。判断哲学家,不应当根据他们本人所挂的招牌,而应当根据他们实际上怎样解决基本的理论问题、他们同什么人携手并进、他们过去和现在用什么教导自己

---

① 阿尔都塞:《阅读〈资本论〉》,伦敦1979年版,第7页。

的学生和追随者。"[①]

那么,在西方学术界,人们到底根据什么东西把阿尔都塞说成是"结构主义的马克思主义"者的呢?

事实是,在1966年,法国结构主义者拉康发表了《手稿》一书。在此之前的1965年,阿尔都塞发表了《保卫马克思》和《阅读〈资本论〉》。而在此之后的1967年,法国结构主义者德立达出版了他的《言语和现象》、《书写语言学》、《写作与差异》。这些著作虽然主题不同、内容各异,却又全都有着否认主体和人在认识论上的首要性,全都有着这个意义上的反人道主义的共同倾向,全都在某种程度上受索绪尔的影响。正是在这些意义上,人们说这一批著作代表了一个新的结构主义学派。

由索绪尔发动的"语言革命",它的一个本质特征,就在于把主体归结为一种非人结构的从属性代理人的状态,正是在这个意义上,而不是在别的意义上,拉康、列维—斯特劳斯、福科、巴尔特、克里丝特娃、阿尔都塞等人的不同著作,才违反他们中间许多人的意愿,接受了结构主义的称号。因为尽管他们的著作有着许多差异,他们却全都同意"主体移心"论这种认为主体的降级可以适用于集体、个人的根本观点。

阿尔都塞和他的上述著作之所以也被列入这个范围,根本的原因在于,他的理论体系通过把索绪尔发轫的"语言革命"的许多主题融合进马克思主义,对这种"语言革命"提出的挑战作出反应,而在这些反应中,首先就是"主体移心"论。

那么,阿尔都塞怎么会和法国结构主义者一起去鼓吹这种"主体移心"论的呢?原因在于他和这些法国结构主义者一样信奉索绪尔的结构主义语言观。

卡林尼柯斯分析说:"为列维—斯特劳斯、拉康、德立达、德娄

[①] 《列宁全集》第14卷,人民出版社1988年版,第226—227页。

泽、阿尔都塞、巴尔特和克里丝特娃这些不同的人所共有的语言观，是一种和现实分割开来的自主过程的语言观（能指的'飘浮'，所指在能指下面的'流逝'，不存在任何先于话语的'先验所指'）以及组织主体而又炸裂主体，把主体归结为这个过程的一个从属的代理人而不是意义的自主源泉。"①

人们之所以把阿尔都塞说成是"结构主义的马克思主义"者，另一个重要原因是，阿尔都塞惟妙惟肖，亦步亦趋地套用结构主义的理论框架。

美国学者库尔楚埃尔指出："尽管阿尔都塞后来多次否认他是结构主义者，但他肯定像福科和列维—斯特劳斯那样，是重视无意识结构的。他把拉康的'镜子阶段'的概念提出作为可以用来改变人的意识的革命手段，他的重新阅读马克思至少在表达方面可以同拉康的重新阅读弗洛伊德相媲美，而他的文学批评，如像《皮科洛剧院：贝尔托拉兹和布莱希特》，虽然是探求马克思主义的主题的，却使用了巴尔特的手法。"②

卡林尼柯斯也说，"拉康对于阿尔都塞的影响是深刻的，不仅阿尔都塞借用拉康的许多概念（想象的、转喻的因果性，以及偶然的、引喻的和修辞的文体），还有'回到马克思'的整个设计，显然是以拉康的'回到弗洛伊德'的设计为模型的，正如拉康企求把弗洛伊德从其门徒的错误解释中拯救出来那样，阿尔都塞旨在把马克思主义的基本原理从对它的庸俗化和曲解中解救出来。阿尔都塞在《阅读〈资本论〉》一书的头一篇《从〈资本论〉到马克思的哲学》中，承认自己受惠于拉康。"③

甚至连埃里克森这样对阿尔都塞推崇备至的人也说：阿尔都塞

---

① 卡林尼柯斯：《马克思主义有未来吗？》，香港1982年版，第169页。
② 库尔楚埃尔：《路易·阿尔都塞：介乎哲学与政治之间》，载《马克思主义展望》季刊1979年夏季号。
③ 卡林尼柯斯：《马克思主义有未来吗？》，香港1982年版，第62页。

"力图把巴尔特、列维—斯特劳斯、克里丝特娃、伊里加雷、梅茨在语言、符号、结构主义精神分析等领域的最重要进展吸收过来,用马克思主义改造并移植到马克思主义论题中去,在马克思主义和它们之间建立桥梁,也给马克思主义提供自己用以理解把意识形态的潜能解放出来的成分"①。

综上所述,可以看出,在西方学术界,人们之所以把阿尔都塞说成是"结构主义的马克思主义"者,是因为他的理论标榜反人道主义、主张"主体移心"、信奉索绪尔的结构主义语言观、极度重视无意识结构……而这一切,显然不是什么仅仅同结构主义的术语"调情"的问题,而是一种深刻的思想倾向和理论框架的问题。对此,就连阿尔都塞的学生普兰查斯也是坦率承认的:

"在阿尔都塞身上,在我们其他人身上,以及在我们在其中工作的理论界,都有结构主义的某些残余。用结构主义反对历史循环论,用列维—斯特劳斯反对萨特,对于我们来说,同这两个理论框架彻底决裂是极端困难的。"②

普兰查斯坦率承认自己在"主体移心"论、反人道主义等意义上"是一个马克思主义的结构主义者,因为我并不把足够的重要性给予具体的个人和创造人物的作用,给予人的自由和活动,给予自由意志和人的选择能力,给予和'必然性'相对立的计划"③。

所以,认为阿尔都塞只是使用了一些结构主义的术语,认为阿尔都塞的理论同结构主义是"从不同根据出发"的"交错",因而要把结构主义的定义应用于阿尔都塞的理论,就得改变结构主义概念本身等等说法,统统是没有什么根据的。

---

① 埃里克森:《阿尔都塞与革命马克思主义的复兴》,载《理论评论》杂志1982年第30期。

② 斯图亚特·霍尔、阿兰·霍尔:《同普兰查斯的会见》,载《今日马克思主义》杂志1979年7月号。

③ 普兰查新:《资本主义国家》,载《新左派评论》杂志1976年1—2月号合刊第95期。

至于借口阿尔都塞是对法共路线有很大影响的党员理论家而否认其理论是"结构主义的马克思主义"，不仅在逻辑上没有根据，而且还与事实真相刚好相反。

事实的真相是，阿尔都塞在参加法共以后，特别在60年代以后，一直同法共领导处在不断的思想冲突的关系之中。

冲突所涉及的问题之一，是科学同意识形态的关系问题。

阿尔都塞认为，科学是真实的、不变规律的领域，它不取决于经验事实的检验，他以数学作为模型说："世界上没有一个数学家认为自己的理论在应用之前先要经过事实的检验。数学定理的真理性完全是由数学实践的内部标准提供的。我们认为这适用于一切科学。"① 他认为，只有"意识形态"才依赖于对社会世界的事实的经验分析。

反之，法共领导却认为阿尔都塞的说法，割裂了马克思主义理论同工人运动实践的联系。因而，法共当时的总书记罗歇就公开抨击说："阿尔都塞同志解释说，一个理论要成为科学的，必须受到像数学演算中所用的那种纯粹内部标准的检验，以致要超出一切意识形态。按照这种观点，似乎马克思主义理论必须由那些受过很好的抽象理论训练的，但与社会实践没有任何实际联系的哲学专家来制订和发展。"②

起初，阿尔都塞企图通过把政治实践同"理论实践"划分开来，声称政治实践在政治方面不受理论实践的批评，来保存理论实践的自主性，但是，法共领导不予接受，只是在阿尔都塞承认自己陷入了"理论主义倾向"，承认未能讨论"理论和实践的统一"时，这场思想冲突才告一段落。

冲突所涉及的另一个问题，是关于阿尔都塞在60年代帮助建立

---

① 阿尔都塞：《阅读〈资本论〉》，伦敦1979年版，第34页。
② 罗歇：《马克思主义和未来的道路》，巴黎1966年版，第20页。

的学习小组的问题。这个小组先是在阿尔都塞的影响下,全面研究《资本论》和其他马列著作;随后,在1965年秋,他们又创办了《马列主义手册》,吹捧中国的"文化大革命",与此同时,这个小组一面抨击法共中央的意识形态,另一方面,又企图接管法国共产党的大学生组织"法国共产主义大学生联盟"。这场冲突以法共领导在1966年初把阿尔都塞的600名追随者开除出党作为了结,以后这些被开除者组织了一个名为"共产主义青年同盟(马列)"的"毛派"组织,而阿尔都塞则对此保持沉默。

总之,阿尔都塞同法共领导的关系是一种貌合神离的关系,但由于这种关系还没有达到完全、彻底破裂的地步,所以还留在党内。然而,他没有,也不能对法共的路线有什么"很大的影响。"

(五)怎样评价"西方马克思主义"思潮

"西方马克思主义"思潮从出现的时候开始,就被共产国际第五次代表大会的领导斥为"理论上的修正主义"。苏联东欧国家的一些学者承袭了这种观点,把"西方马克思主义"思潮说成是一种假马克思主义、新修正主义,一种在"新马克思主义"旗帜下的反马克思主义之类的东西。

实践证明,这种观点是不符合客观实际的,因为它根本抹杀了"西方马克思主义"这股思潮对于西方发达资本主义社会现状的分析和对西方革命途径的探索,全盘否定了"西方马克思主义"思潮对于苏联模式的批评、对社会主义的憧憬和希望以及对马克思主义的"重新发现"。尽管"西方马克思主义"思潮的这些分析、探索、批评、展望和"重新发现"包含有种种错误,但它毕竟提供了西方一代左翼激进主义者思考解决有关当代人类面临的种种迫切问题的极其有价值的思想资料,而且包含有许多值得我们认真思考、借鉴和参考的东西。而根本抹杀、全盘否定这一切,不仅不能有说服力地克服"西方马克思主义"思潮所包含的种种错误,而且对于坚持和发展马克思主义也是极其不利的,因为用给对立面打棍子、扣帽子的办法去"坚持马克思主义",就势必造成把生动活泼的马克思主义原理,变成裁判生活的僵化观念,在自我封闭、自我循环中徘徊不前的局面,而不能在批判地吸取和概括人类创造的先进文明的最新成果,研究解决人类面临的种种新情况、新问题的过程中,把马克思主义推向前进。

再者,有些同志又倾向于全部肯定"西方马克思主义"思潮,把它和当代马克思主义、马克思主义的新发展画等号。

实践证明,这种观点同样是不符合客观实际的。这是因为,对于一种思潮所提出的观点的正确性,只有从实际出发,以实践作为检验真理的唯一标准来进行判断。而半个多世纪以来西方社会的演变发展的实际,特别是在实际上自觉不自觉地以"西方马克思主义"为指导方针的法国"五月风暴"和美国、德国等发达国家"新左派"运动的实践,则证明了尽管"西方马克思主义"提出的许多观点,击中了苏联模式的弊端,或者反映了当代发达资本主义社会的新情况和新问题,但在解决问题的办法上,却失之于跳到与苏联模式相反的另一极端,因而并不能真正解决问题,正是这种情况导致了"五月风暴"的失败和"新左派"运动在60年代末70年代初以后走向低潮的结果。

至于把"西方马克思主义"和当代马克思主义、马克思主义的新发展等同起来,更是不恰当的。因为判断一种学说是不是当代马克思主义,是不是马克思主义的新发展,得看这种学说是不是在坚持马克思主义基本原则的基础上,适应于当代社会的新情况、新问题,向前推进了马克思主义。而"西方马克思主义"者虽努力思考解决当代人类面临的种种迫切问题,探索西方社会走向社会主义的道路,但在他们的指导思想上,却总是按现代西方哲学的这个那个流派的精神去解释、发挥、"结合"和补充马克思主义,从而这样那样地偏离了马克思主义的理论基础。所以,尽管我们在坚持和发展马克思主义的过程中,应当高度重视"西方马克思主义"所提供的认识成果,但这里面却还有一个要求我们用马克思主义的基本原则和基本方法,去批判地吸取和概括这些成果的问题,而绝不能把它们当作就是当代马克思主义,就是马克思主义的新发展,而加以原封不动地照抄照搬。

有人认为,不能因为"西方马克思主义"的某些代表人物提出过不同于恩格斯或列宁的观点,而把他们说成是非马克思主义者。这是一种无中生有的指责。因为在这里,判断一种思潮在性质上是不是马克思主义的时候,其标准在于是把马克思主义的基本原则同当代新情况、新问题相结合,还是用现代西方哲学某个流派的精神去解释和补充马克思主义,而不是恩格斯、列宁所提出的某个个别论点。

二、要实事求是地对待"西方马克思主义"

在20世纪20年代初期,无产阶级革命在俄国取得胜利而在西方国家却相继失败的历史背景下,在共产国际所属的一些西方国家的党内,出现了一股新的思潮,从实践和理论两个方面批评共产国际和苏联共产党的内外政策。在政治方面,它在对现代资本主义的分析和社会主义的展望上,在革命的战略和策略等问题上,提出了不同于列宁主义的见解;在哲学方面,它提出了不同于恩格斯、列宁所展开的辩证和历史的唯物主义的见解,而主张按照现代西方哲学中的某些唯心主义流派,首先是黑格尔主义的精神,去解释和发挥马克思主义,以"重新发现"马克思原来的设计。

那时系统地表现了这一思潮的一些著作,如卢卡奇的《历史和阶级意识》、柯尔施的《马克思主义和哲学》,发表不久就被共产国际粗暴地斥责为"理论上的修正主义"。因此,在后来被称作"西方马克思主义"的思潮,就只能主要在党外、在党的一些同路人中得到发展,直到1968年"五月风暴"中被发达资本主义国家的"新左派"运动奉为自己的思想武器时,才被推到历史前台,得到比较广泛的流传。但是,随着"五月风暴"的失败,它又重新转入低潮。目前,它仅作为现代西方文化的一个组成部分,紧密结合着发达资本主义社会中出现的新情况、新问题和新的社会运动而继续发展着。

由于"西方马克思主义"思潮包含有对西方社会现状的分析和对西方革命途径的探索,对苏联模式的批评和在西方实现社会主义的展望和憧憬,以及对辩证和历史的唯物主义的批评;由于对所有这一切的研究,都有助于我们对社会主义也对资本主义进行再认识,都可以供我们在建设中国特色社会主义和发展马克思主义的时候作参考和借鉴。因此,在这股思潮被介绍到我国以后,引起了学术界的广泛兴趣和热烈讨论。

有些研究者对于像卢卡奇等这样一些共产党人,竟同萨特、法兰克福学派等一些和马克思主义关系较远的思想家一起,被扯在用西方的唯心主义哲学去抨击和取代辩证与历史的唯物主义的"西方马克思主义"思潮里,甚至被说成创立了这一思潮,感到无法理解;而在1983年匈牙利党中央肯定了卢卡奇的一生以后,就更对卢卡奇开创的"西方马克思主义"是否确实存在感到怀疑:"西方马克思主义"这个概念是否被人为地炮制出来去把水搅浑的?

笔者觉得,只要坚持实事求是,这些问题都是可以迎刃而解的,也只有坚持实事求是,这些问题才能得到正确的解决。

首先,卢卡奇的《历史和阶级意识》究竟是否开创了"西方马克思主义"思潮?这是一个事实问题,是完全可以根据《历史和阶级意识》同列宁主义思想路线的对比作出判断的事实问题。

《历史和阶级意识》之所以被说成开创了"西方马克思主义"思潮,是因为它按照黑格尔主义去解释马克思主义。它认为西方资本主义没有在20年代西欧国家的革命中崩溃,是因为工人阶级没有发挥出充分的阶级意识的缘故,而这是由第二国际、共产国际都信奉的经济决定论所造成的。因此,它要求重新占有黑格尔关于人的自我意识的创造性概念,把阶级意识的主观方面恢复到马克思主义中去,使马克思主义离开对自然和社会的"实证主义"研究,把人提到历史主体的地位而拒斥唯物主义决定论,并为此而点名批判了恩格斯展开的自然辩证法,不点名地批判了列宁展开的辩证唯物主义反映论。

笔者觉得,在研究《历史和阶级意识》的时候,人们可以作出不同的评价,但必须正视这一条思想路线的客观存在。

有些人却无视这一客观事实,用卢卡奇是一个忠诚的共产党人为依据去否定它的存在。这显然是违背实事求是精神的,因为具有共产党员的身份并不能成为一个人不会奉行和列宁主义相反的思想路线的保证。如其不然,俄国的卢那察尔斯基、波格丹诺夫、巴扎罗夫、别尔曼等等岂不都可以因为具有党员身份,而把他们鼓吹马赫主义、"普遍代换说"和"造神说"等等勾销了吗?反之,批评他们卷入到马赫主义或经验批判主义思潮里去,岂不反倒成了把这些布尔什维克同资产阶级哲学家混淆起来了吗?在20世纪初,列宁曾经面对过"政治上的孟什维克"普列汉诺夫反对马赫主义,而"政治上的布尔什维克"卢那察尔斯基等人却鼓吹马赫主义的事实,到底和谁站在一起去反对谁?按照上述用有没有共产党员身份去辨别其言论是否符合马克思主义的组织上的宗派主义态度,列宁岂不是应当和这些鼓吹马赫主义的布尔什维克一起去反对普列汉诺夫对马赫主义的揭露和批判了吗?然而,列宁并没有采取这种用党员身份掩盖哲学思想路线问题的错误做法,而是认为"应当把哲学和党的(派别的)事情分开",并且再三强调"绝不容许把著作家们关于哲学的争论和党的(派别的)事情混淆起来"①。

有些人把《历史和阶级意识》的这种"黑格尔主义的马克思主义"同列宁的黑格尔研究混为一谈,说两者在强调马克思主义只是方法、强调辩证法和无产阶级的阶级意识的作用等方面,不能说毫无一致的地方。这种抹杀思想路线分歧的方法,也是不实事求是的。因为《历史和阶级意识》是根据黑格尔《精神现象学》的精神,强调革

---

① 《列宁全集》第34卷,人民出版社1988年版,第400、402页。

命过程的唯意志论方面,而把批判锋芒明确指向历史决定论及其哲学基础,抨击它损害了阶级意识的革命作用,抨击它把物质、精神机械地分割开来,把精神变成物质的机械反映,又把工人规定为其思想只是非人称地反映经济过程的侏儒。反之,列宁则通过对黑格尔《逻辑学》的研究,去维护历史决定论、自然辩证法和反映论。

十分明显,为了对"西方马克思主义"采取实事求是的态度,首先需要尊重客观事实,从客观事实中引出自己的判断,而不是相反,把自己的主观臆想强加给客观事实,或者用自己的主观臆想去扭曲客观事实。

有些人之所以不能对"西方马克思主义"采取实事求是的态度,一个重要的原因,是因为他们不是把事情放到当时当地的环境中去考察和分析其发生原委,弄清楚它的来龙去脉,而是把它放到此时此地的环境里去推断其在当时是否可能发生,如果推断出的结论是否定的,他们就把客观事实"解释"得符合于自己的推断。

在这方面,最典型的是对葛兰西实践哲学的解释。本来,葛兰西哲学世界观的性质,在他把十月革命当作"反对《资本论》的革命"来欢呼时,在他把物质、自然和精神、意识都统一到人的实践中的论述里,在他对唯物主义和历史决定论的抨击中,在他的有关真理和辩证法的定义中……都是展现得非常之清楚的,在他所提出的政治战略和策略中也是得到明晰的反映的,因而,在国际上,对于这个问题的看法,除少数出于政治考虑的之外,也是比较一致的。

例如,属于"西方马克思主义"思潮的理论家博格斯认为,"葛兰西同柯尔施、卢卡奇、赖希、马尔库塞以及法兰克福学派一起提出一种可以替代第二国际和第三国际的具有局限性的理论和战略模式的新的革命路线"[①];属于"欧洲共产主义"思潮的许多理论家频频指出葛兰西在国家理论、革命战略、意识形态领导权、政党学说等许多方

---

① 博格斯:《葛兰西的马克思主义》,伦敦1976年版。

面提出了不同于列宁主义的见解；而且，属于列宁主义传统的一些理论家也在日益正视这个方面的问题。

在这方面，最突出的是日本共产党的领导、理论家不破哲三。早在60年代，他就发表文章指出："葛兰西的哲学虽然是要在哲学上论证人的革命实践的意义，并且抵抗使马克思主义庸俗化的潮流、复活作为'全面的独特的哲学'的马克思主义这种正当的要求出发的，但是在实际上却走了与马克思主义毫无关系的道路；唯物主义和唯心主义的'辩证统一'这种设想归根到底也只是造成了放弃唯物主义和对唯心主义让步的结果。"①而英国学者约翰·霍夫曼则认为，"葛兰西是……企求在实践中解决西方马克思主义痼疾的一个共产党领导人。"②

可是，我国学术界有些人却硬是要用葛兰西是一个无产阶级革命家、列宁创建的共产国际所属一个党的领袖这样一个客观事实，去否定葛兰西的以实践哲学反对唯物主义这另一个同样客观存在的事实。

这种做法，显然是违背实事求是的基本精神的。

因为无可争辩的客观事实，正如意大利一位左翼社会党理论家丁伯纳罗所描绘的，在于："在事实上，在西方革命思想中，这种反唯物主义并不是一种新现象。在第一次世界大战以后的时期里，德国和意大利的列宁主义者宣称在哲学上信奉非常不同于列宁的思想：对于他们来说，哲学领域中的主要敌人，并不是唯心主义，而是唯物主义，他们认为唯物主义是对马克思思想的实证主义的和社会民主主义的歪曲。虽然列宁在1908年就已进行战斗反对新生唯心主义的得意扬扬的新的资产阶级意识形态，但是，20年代和30年代的〔德、意两国的有些〕列宁主义者却企求通过接受一种和现代资产阶

---

① 不破哲三：《现代修正主义和葛兰西的理论》，载日本《文化评论》杂志1964年5月号。

② 霍夫曼：《葛兰西的挑战》，牛津1984年版。

级意识形态相一致的,认识论问题和经济基础、上层建筑之间关系的公式,用唯心主义去使马克思主义现代化。"①在他们看来,"唯心主义的文艺复兴"能够作为反对第二国际的渐进主义和议会主义的补药而发挥作用。

那么,到底怎么会发生共产党人、革命左派竟用反唯物主义的意识形态,去重新发现马克思主义的革命内核这种现象呢?

丁伯纳罗介绍当时的情况说,"根据葛兰西的意见,20世纪唯心主义和马克思主义某些特征之间的类似性产生于下列事实:新唯心主义者(对于葛兰西来说,主要是意大利的新黑格尔主义者克鲁齐和较小程度上的金蒂雷)实施了一种机灵手术,包括吸收马克思主义并使之重新形而上学化,这就使他们能够'注射'资产阶级文化的'预防接种针',使它作好战斗准备而比较不易于被直接驳斥。在这方面,知识资产阶级的领袖获得了对于经院马克思主义者的暂时优势,因为后者只是通过不顾马克思主义的独创性和用现在在资产阶级本身心目中都已陈旧和信誉扫地的资产阶级实证主义哲学去污染它,而成功地使马克思主义庸俗化。例如,克鲁齐聪明地使用马克思主义的某些经验,使之适用于资产阶级的利益;而布哈林(但正如在葛兰西的某些评论中所显而易见的,他肯定也想到恩格斯,虽然他并不执著于极端的反恩格斯主义那种特殊形式)却使马克思主义庸俗化,从而使它在和资产阶级哲学的较现代形式相竞争中比较地没有战斗力。"

丁伯纳罗接着说,"然而,事实仍然是在葛兰西那里,缺乏唯物主义",而且,对于这个事实还要"在葛兰西的执著于唯心主义的西方马克思主义,或至少执著于它的某些为意大利唯心主义(它本身远没有地方特征)和20世纪的几乎所有欧美哲学文化所共有的特征的基础上来加以解释。所以,事实原来是,葛兰西企图把马克思主义

---

① 丁伯纳罗:《论唯物主义》,比萨1970年版。

从克鲁齐对它所作工具地使用中赎救出来,结果却把突出性给了马克思主义中那些正是被新唯心主义挑选出来和孤立起来(从而以一种有倾向的方式加以解释)的特征(实践的首要性,反对庸俗唯物主义和生物学主义的斗争等等)",结果,"葛兰西变成他在某种程度上打算反对的在唯心主义内吸收马克思主义的一方,就成为不可避免的了"[1]。

显然,这些叙述和分析是比较符合实际的。

剩下的问题就是如何来评价这些客观事实了。

这首先涉及到,如何评价卢卡奇等人所开创的"西方马克思主义"思潮的性质。

关于"西方马克思主义"思潮的性质问题,不同的人们的回答也是不同的。苏联有些学者把它看成是"打着新马克思主义旗帜的反马克思主义",而西方的一些新左派理论家则把它看成是发达资本主义社会的马克思主义、马克思主义的现代化。

笔者认为,在我们这样一个以马克思主义为指导思想的理论基础的国家里,在判断一种思潮是不是属于马克思主义性质的时候,应该持实事求是的慎重态度,就是说要看它是不是运用马克思主义的基本理论去观察与解决新情况和新问题的。应当说,把"西方马克思主义"思潮无论是说成反马克思主义还是说成马克思主义的现代化,都是失之偏颇的,把它看成是一种和马克思主义有区别的、西方社会中的左翼激进主义思潮,才是符合实际、恰如其分的。

有人认为,既然我们可以把毛泽东思想说成是马克思主义普遍真理和中国革命具体实践的结合,那为什么要把别的理论家实行的这种结合,说成不是马克思主义呢,这岂不是一种"唯我独革"、"唯我独马"的妄加评断吗?

这种说法显然把两种不同类型的"结合"混淆起来了:一种是马

---

[1] 丁伯纳罗:《论唯物主义》,比萨1970年版。

克思主义理论与具体革命实践的结合,它所导致的是马克思主义世界观的统一与适合各国各地不同情况的多样化发展;另一种则是马克思主义哲学与西方哲学中某个唯心主义流派的"结合",这是一种世界观与另一种世界观的折中混合,它所导致的是"公说公有理,婆说婆有理"的真理多元化。

应当说,"西方马克思主义"虽然考察了发达资本主义社会中的许多新情况和新问题,但作为其指导思想的理论基础的,却不是前一种类型的"结合"。例如,卢卡奇在《历史与阶级意识》中把马克思主义和黑格尔主义相结合的结果,认为马克思主义是一种人道主义;而阿尔都塞在《保卫马克思》、《阅读〈资本论〉》中把马克思主义和结构主义相结合的结果,则认为马克思主义是一种理论上的反人道主义。十分明显,不加分析地把所有这一切都说成是马克思主义和具体革命实践的结合,那是不符合事实的,而且这种在理论上的自由主义态度在实际生活中还必然导致思想混乱。

笔者觉得,这样来观察和分析问题,同"唯我独革"、"唯我独马"毫不相干,因为在这里被奉为判断标准的,并不是那个妄自尊大的"我",而是马克思主义基本理论与当代新情况、新问题的结合。毫无疑问,在这个结合的过程中,必然要抛弃前人囿于历史条件仍然带有空想因素的个别论断,必然要破除对马克思主义的教条式理解和附加到马克思主义名义下的错误观点,必然要根据新的实践使马克思主义理论得到新的发展。但是,同样没有疑问的是,马克思主义的发展是不能离开这种结合的,离开了这种结合也是谈不上马克思主义的发展的。

不错,我们过去确实吃过"唯我独革"、"唯我独马"的苦头,但是,从这里,我们应该正确地吸取经验教训,而不应该以此为借口,从妄自尊大的极端,跳到妄自菲薄的极端,抛弃根据实际情况作出实事求是的分析判断的责任,不加分析地给国外的马克思主义研究一股脑儿统统戴上"当代国外马克思主义"的桂冠。

实事求是地评价"西方马克思主义"思潮所涉及的另一个问题,是对开创了这一思潮的卢卡奇等人的评价问题。

由于卢卡奇等20年代的西欧革命左派,开创"西方马克思主义"思潮,毕竟只是他们毕生言行中一个时期的一个方面或部分。此外,他们还有其他的言行,有的人如卢卡奇的思想在后来还有明显的变化,而且这些革命左派为了"重新发现"马克思原来的设计而求助于西方唯心主义哲学,在性质上也毕竟不同于资产阶级哲学家故意用唯心主义去反对马克思主义。因此,在对这些人作评价的时候,就必须全面地考虑到这一切,既不以偏概全,又不因为他们对无产阶级革命作出过贡献而无视他们开创了"西方马克思主义"思潮这一客观事实。

笔者认为,在这个问题上,匈牙利党中央在1983年8月发表的《匈牙利纪念乔治·卢卡奇诞辰100周年提纲》所采取的就是这种态度。《匈牙利纪念乔治·卢卡奇诞辰100周年提纲》肯定卢卡奇是"20世纪的一位伟人,马列主义思想的卓越代表"。有人说,《匈牙利纪念乔治·卢卡奇诞辰100周年提纲》对《历史和阶级意识》的理论贡献也作出了相当高的评价,匈牙利社会科学家还把它当作他们进一步发展理论的基础,因而也就根本否定了据说是这本书所开创的"西方马克思主义"思潮的客观存在。

应当说,这种把想象当作现实、用想象去代替现实的做法是完全不符合事实的。无可争辩的事实是:《匈牙利纪念乔治·卢卡奇诞辰100周年提纲》恰恰对开创了"西方马克思主义"思潮的《历史和阶级意识》继续持批评态度:"在20年代中期的著作中,卢卡奇仍然错误地认为,无产阶级的阶级意识具有创造历史和现实的'救世'力量。他的革命主观主义、救世主式的左的倾向和对客观的自然辩证法的否认,一方面导致了对他思想的合理批评(在这一借口下,也有不少教条主义的指责);另一方面,后来成了修正主义、假激进派和新左派思想的发源地。后来,卢卡奇曾多次明确地修正过自己当时的观点,坚决反对试图将《历史和阶级意识》解释成同'苏联的马克思主义'相对立的'西方马克思主义'的里程碑,反对将他的错误说成是功绩。"①

这里所说的卢卡奇20年代中期的著作"后来成了修正主义、假激进派和新左派思想的发源地",就是指他在1923年发表的《历史和阶级意识》开创了"西方马克思主义"思潮。当然,这并不是说卢卡奇在当时就有意识地用它去形成一个把后来的法兰克福学派、萨特都包括在内的"西方马克思主义"组织,而是就它的客观影响来说的;但也正因为这是指一种客观影响,所以,即使卢卡奇本人在后来再三就其中的错误进行检讨,并反对把它同列宁主义对立起来,却已经无法改变它开创了"西方马克思主义"思潮的客观事实了。事情正如卢卡奇在《历史和阶级意识》1967年再版序言中所说的那样,"不幸的是,我所知道的情况是:由于社会发展的方式以及由这种发展所产生的政治理论,正是书中的那些我认为在理论上的错误的部分,是最有影响的。"只要看看法兰克福学派代表人物的基本著作,看看萨特晚年的代表作《辩证理性批判》,就可以知道卢卡奇的这种说法是符合事实的。

归结起来,只有实事求是地对待"西方马克思主义",才能分清是非,摒弃其唯心杂质,汲取其一切有价值的成分作为借鉴和参考,把马克思主义的研究推向前进。

三、就"西方马克思主义"问题答杜章智同志

杜章智在1988年第1期的《马克思主义研究》和《现代哲学》杂志上,分别发表题为《"西方马克思主义"是一个含糊的、可疑的概

---

① 《匈牙利纪念乔治·卢卡奇诞辰100周年提纲》,载《外国文学动态》1984年第4期。

念》(以下简称《含糊》)和《谈谈所谓"西方马克思主义"的问题》(以下简称《谈谈》)两篇文章,不仅就"西方马克思主义"概念的存废,而且还就如何对待国外社会科学和马克思主义流派等重大问题提出了自己的看法,并点名和笔者商榷。为了得出实事求是的结论,特就有关问题进一步谈谈自己的看法。

(一)关于安德森的五条论据

在《含糊》一文的头尾,杜章智为了要求"废弃""西方马克思主义"这个用语,首先将安德森的"西方马克思主义"概念说成是"具有托洛茨基主义的具体规定"。安德森的"西方马克思主义"概念,本来是从柯尔施、梅劳-庞蒂那里承袭过去以后加以扩大使用的。可是,杜章智为了强调安德森的"西方马克思主义"概念是一个"具有托洛茨基主义的具体规定"的概念,却断然否定它们之间的联系。

然而,就连杜章智本人也不得不承认,早在安德森之前,柯尔施、梅劳-庞蒂就已使用了"西方马克思主义"这个概念,用它去指"卢卡奇在《历史和阶级意识》一书中阐述的那种强调辩证法、强调无产阶级主观革命性的理论"[①];而安德森的"西方马克思主义"概念,则除了继续包括这个内容之外,还把德拉-沃尔佩的"新实证主义的马克思主义"和阿尔都塞的"结构主义的马克思主义"包括在其中。因此,尽管这两个概念在范围上有所不同,安德森又把观察问题的着眼点从思想路线转向主题和关切的问题,但两者之间的联系毕竟是不可抹杀的。

关于安德森的"西方马克思主义"概念表现出托洛茨基主义的"具体规定"问题,杜章智提出了五条论据:

第一条论据是说,安德森"高度评价"了"托洛茨基及其后继

---

① 杜章智:《谈谈所谓"西方马克思主义"的问题》,载《现代哲学》1988年第1期。

者"①。应当说,这并不涉及安德森所使用的"西方马克思主义"概念本身的具体规定,因为他既没有把托洛茨基主义包括在"西方马克思主义"之中,也没有把"西方马克思主义"包括到托洛茨基主义之中。

第二条论据是说,安德森"根据正统托洛茨基主义历史编纂学的观点来确定他的'西方马克思主义'在马克思主义发展中的坐标"②,认为"只有托洛茨基主义才是真正的马克思主义,而'西方马克思主义'是次于托洛茨基主义的有缺点的马克思主义"③。应当说,这也只是安德森对"西方马克思主义"作出的价值判断,而并不涉及这个概念本身的具体规定。

第三条论据是说,安德森的"'西方马克思主义'理论家名单是从托洛茨基观点出发确定的"④。应当说,杜章智并没有就这条论据本身进行过什么论证,他指责安德森的"西方马克思主义"理论家名单极不完备,说它只包括法、德、意三国,而不包括英、美;只包括研究哲学的,而排除研究政治、经济、历史的等等。但是,这一切同托洛茨基主义并没有什么关系,是不是说安德森的名单一旦包括了英美的,研究政治、经济和历史的,就不再是从托洛茨基观点出发确定的了呢?

第四条论据是说,安德森规定的"西方马克思主义"的共同特征,是就它"与托洛茨基传统相比较而言的"⑤。应当说,这也只涉及安德森对"西方马克思主义"作出其价值判断的根据与理由,而并不

---

① 杜章智:《"西方马克思主义"是一个含糊的、可疑的概念》,载《马克思主义研究》1988年第1期。
② 杜章智:《"西方马克思主义"是一个含糊的、可疑的概念》,载《马克思主义研究》1988年第1期。
③ 杜章智:《谈谈所谓"西方马克思主义"的问题》,载《现代哲学》1988年第1期。
④ 杜章智:《"西方马克思主义"是一个含糊的、可疑的概念》,载《马克思主义研究》1988年第1期。
⑤ 杜章智:《"西方马克思主义"是一个含糊的、可疑的概念》,载《马克思主义研究》1988年第1期。

能证明他的"西方马克思主义"概念本身有什么托洛茨基主义的具体规定。

第五条,也是最重要的论据是说,"安德森正是由于有这种托洛茨基主义观点,才改变梅劳－庞蒂原来关于'西方马克思主义'的定义,另立标准,把不同思想倾向的理论家拉扯到一起"①,就是说,把德拉－沃尔佩、阿尔都塞也包括到"西方马克思主义"概念中去了。

关于安德森为什么要扩大使用"西方马克思主义"这个概念,把阿尔都塞等人也包括进去的问题,美国加利福尼亚柏克利大学教授马丁·杰曾经谈过他的看法:

"虽然人们可以正当地对安德森选择谁属于这个扩大了的阵营提出疑问","但他所持总的观点看来是得当的,自从 1955 年〔梅劳－庞蒂提出'西方马克思主义'概念〕以来,在理论和实践中发生了太多的事情,不允许我们满足于梅劳－庞蒂最初的定义",在"〔卢卡奇、柯尔施等〕新黑格尔派和〔阿尔都塞等〕反黑格尔派之间共有着某些横跨他们在马克思受惠于德国唯心主义问题上的对立的、其他特征的范围内,可以把他们理解为一个扩大了的家庭中的堂兄弟,如果说不是亲兄弟的话,和诸如社会民主主义、奥地利马克思主义、斯大林主义、托洛茨基主义或毛主义等其他马克思主义传统相比,这些共同性就变得更为显著"②。

所以,关键在于在阿尔都塞的"结构主义的马克思主义"和卢卡奇的"黑格尔主义的马克思主义"之间,到底是不是具有可以把它们概括到同一个"西方马克思主义"概念中去的共同特征,避开了这样一个实质性问题,而说将阿尔都塞包括到"西方马克思主义"概念中去的做法,就是"托洛茨基主义观点"的表现,这绝不是实事求是的作风。

---

① 杜章智:《"西方马克思主义"是一个含糊的、可疑的概念》,载《马克思主义研究》1988 年第 1 期。
② 马丁·杰:《马克思主义和总体性》,洛杉矶 1984 年版,第 4 页。

在《谈谈》一文中,杜章智在重申他的论据后,又说"安德森对他的'西方马克思主义'概念的整个论证,与托派这种'唯我独马'的观点是完全一致的"。

　　应该说,这个说法,是不合逻辑的。这是因为,安德森是把"西方马克思主义"看成是"〔虽〕有缺点的〔却毕竟还是〕马克思主义"的,而不是把它看成非马克思主义、反马克思主义的;而和柯尔施、梅劳－庞蒂相比较,安德森的"西方马克思主义"概念却又扩大了,而不是缩小了这个"〔虽〕有缺点的〔却毕竟还是〕马克思主义"的队伍。在这种情况下,怎么能说,安德森的"西方马克思主义"概念是和"唯我独马"的托派观点完全一致的呢? 反之,要是安德森想把"唯我独马"的托派观点贯彻到"西方马克思主义"概念中去,难道不是应当竭力缩小乃至消灭这支"〔虽〕有缺点的〔却毕竟还是〕马克思主义"的"西方马克思主义"队伍,以便只剩下托洛茨基主义这一孤家寡人吗?!

　　所以,所谓安德森的"西方马克思主义"概念具有托洛茨基主义的具体规定的说法,是不实事求是的。而所谓由于安德森的概念具有这个规定,因而"西方近年来出版的好些专著""都根本没有采用这个概念"①的说法,更是严重失实的。

　　为了检验这个说法是否正确,我曾从书架上信手拿过20世纪80年代西方出版的几本书来一翻,惊讶地发现事实正好相反:安德森的"西方马克思主义"概念目前正在西方学术界广泛地流传着(当然,"广泛流传"并不等于被"普遍接受")。例如:(1)卡林尼柯斯的1983年在伦敦出版的《马克思主义和哲学》一书;(2)斯麦特的1983年在伦敦出版的《福科、马克思主义和批判》一书;(3)斯密特的1984年在伦敦出版的《阅读阿尔都塞》一书;(4)博斯特的1984年在纽约

---

① 杜章智:《"西方马克思主义"是一个含糊的、可疑的概念》,载《马克思主义研究》1988年第1期。

出版的《福科、马克思主义和历史》一书;(5)耶速普的1985年在伦敦出版的《尼可斯·普兰查斯》一书。

这些作者在这些专著中,都不仅使用着安德森的"西方马克思主义"概念,而且还多次引用安德森关于"西方马克思主义"概念的规定和论证。

不仅如此,就连被杜章智同志说成"根本没有采用〔'西方马克思主义'〕这个概念"的一些专著,其中有的在实际上也在使用着"西方马克思主义"概念,而且还正是安德森的"西方马克思主义"概念。例如:高尔曼1982年在伦敦出版的《新马克思主义:现代激进主义的意义》一书中,就在第5页上不仅引证了安德森关于"西方马克思主义"的论述,而且还把安德森的"西方马克思主义"概念同他的"新马克思主义"概念同义地交互替换着;高尔曼1986年在伦敦出版的《新马克思主义传记辞典》的导论中,再次使用了"西方马克思主义"概念。

也许杜章智会说,这些人都是"新左派",他们使用安德森的"西方马克思主义"概念,不足以说明其"广泛流传"。

那就让我们找出一个不是"新左派",而是曾被杜章智奉为"试图从马克思主义立场对'实践派'理论进行分析批判",又被杜章智参加翻译的苏联的《当代国外马克思列宁主义哲学》一书明确肯定为"马克思主义者"的英国作家约翰·霍夫曼来。

霍夫曼在1984年纽约出版的《葛兰西的挑战》一书中,多次引证安德森关于"西方马克思主义"的论述。例如:在该书第6页上,霍夫曼写道:"'西方马克思主义'的倾向和传统","正如安德森所说的,这是一种产生于悲观主义和失败……的马克思主义";"这种马克思主义传统,它的名人包括柯尔施、早期卢卡奇、阿尔都塞和科来蒂、萨特以及法兰克福学派理论家"。在该书第13页上,霍夫曼又引证安德森《西方马克思主义探讨》第67页的论述,说"如果葛兰西被看作是西方马克思主义的最伟大的代表的话,那么也是最不典型的"……

在这里,不仅"马克思主义者"霍夫曼所说的"西方马克思主义"的名单和共同特征,都和安德森所说的是一样的,而且他还多次直接引证"正统托洛茨基分子",安德森的"托洛茨基主义货色"[1],他对"西方马克思主义"概念的论证。而在此之前,霍夫曼在1980年出版的《马克思主义、科学和历史运动》一书中,还根据安德森的概念规定,对"西方马克思主义"作出批判性评价说:"'西方马克思主义'攻击的主要目标之一是马克思主义哲学的唯物主义基础。为了取代唯物主义,这一思潮的理论家们企图把辩证法同黑格尔主义(早期卢卡奇)、康德主义(科来蒂)、结构主义(阿尔都塞)和存在主义(萨特)结合起来。必须指出,葛兰西理论的重大弱点之一是,相对来说他对克鲁齐的唯心主义缺乏批判态度。"笔者无法想象杜章智将如何摆脱这个困境:是不是也给"马克思主义者"霍夫曼戴上一顶托派帽子?

然而,更重要的却是:早在安德森之前,就已经有人把从卢卡奇到阿尔都塞这样两种思想倾向都包括到"西方马克思主义"概念中去了,而且还指出这两者的共同特征是抛弃唯物主义。意大利左派社会党人塞巴斯蒂诺·丁伯纳罗在1970年出版的《论唯物主义》就是一例。

丁伯纳罗在该书中写道:"或许在实际上为当代一切种类的西方马克思主义所共有的唯一特征,是关心于保卫他们自己免遭属于唯物主义的谴责。葛兰西—陶里亚蒂的马克思主义者,黑格尔主义—存在主义的马克思主义者,新实证主义化的马克思主义者,弗洛伊德或结构主义的马克思主义者,尽管有把他们分开来的其他的深刻的方面,但在拒斥一切被怀疑为同'庸俗的'或'机械的'唯物主义相勾结方面却是一致的;他们以非常大的热情去做这件事情,以致连

---

[1] 杜章智:《谈谈所谓"西方马克思主义"的问题》,载《现代哲学》1988年第1期。

唯物主义也简单地同机械主义或庸俗性一起被逐出了。各种马克思主义集团之间的论战性辩论,有许多其关键正是在于选择最有效的防卫以免陷入庸俗唯物主义,而不论这种防卫是辩证法还是历史主义,是求助于一种马克思主义的人道主义,还是把马克思主义同一种经验批判主义的或实用主义的或柏拉图主义的认识论联结在一起。"①

不仅如此,丁伯纳罗还指责"西方马克思主义"的这两种倾向都是从马克思主义倒退:"最近几年来,对马克思的两种主要解释在影响着西方的革命左派——一种解释是由法兰克福学派及其各种后裔所提供的,另一种是由阿尔都塞提供的——它们都很少容许马克思主义存活下去。而且,更加严重的是,他们在许多方面代表着倒退的一步:前者是因为遵循着在20年代和30年代的西方马克思主义中就已经非常广泛的趋向的道路,忘记了建立一种'科学社会主义'的需要,在科学中又只看到资产阶级的虚伪的客观性;后者则因为虽然它最断然地赞扬马克思主义的科学特性,却从20世纪的认识论中拿来一种不是马克思、恩格斯的,而且使之不可能正确地提出理论和实践之间关系的柏拉图主义的科学观。"②

笔者不知道杜章智看了丁伯纳罗的这些论述之后,又将如何确定丁伯纳罗的方位?是不是准备给丁伯纳罗扣上一顶比安德森更大的托派帽子?因为丁伯纳罗这本书的英译本,正是由安德森当主编的"新左派评论出版社",在安德森《西方马克思主义探讨》发表之前一年的1975年出版的,安德森借鉴和参考了丁伯纳罗的"西方马克思主义"概念,是一个十分合理的推断。

看来,为了明辨是非,必须采取实事求是的科学态度。

---

① 丁伯纳罗:《论唯物主义》,伦敦1975年版,第29页。
② 丁伯纳罗:《论唯物主义》,伦敦1975年版,第7页。

（二）安德森与笔者在"西方马克思主义"概念上的区别

然而，杜章智的兴趣主要的还在国内，在于把笔者的"西方马克思主义"概念说成"只是稍为修改的佩里·安德森的概念"，"基本上是佩里·安德森的概念"①。

关于笔者所使用的"西方马克思主义"概念，与柯尔施、梅劳－庞蒂、安德森所使用的这一概念的关系，笔者曾经作过明确的说明：

一方面，它"虽然吸取了安德森'西方马克思主义'概念在范围上有所扩大的特点，却又摒弃了安德森用法的不谈思想路线、只谈主题和关切问题的缺陷"；另一方面，它"虽然恢复了柯尔施和梅劳－庞蒂从思想路线的角度着眼来规定'西方马克思主义'特征的做法，但又摒弃了他们反对列宁主义的立场，并且从为我们坚持和发展马克思主义提供参考的需要出发，全面展开了'西方马克思主义'同马克思主义在政治和哲学方面的对立"②。

所以，笔者所使用的"西方马克思主义"概念同安德森之间的区别是十分清楚的：

第一，安德森的概念，是一个"地域性的概念"，即认为"西方马克思主义"的理论家无不比经典传统的代表人物来自更远的西部，而笔者却明确指出，这"并不是一个单纯的地域性概念，而是一个意识形态概念"③。

第二，安德森的概念是一个"世代性的概念"，他把马克思主义理论发展的整个历史概括为几代人的更迭，把"西方马克思主义"说成是一种"与经典传统截然不同，形成了完全崭新的学术结构"的"传统"；反之，笔者却把"西方马克思主义"看成是一种要从思想路

---

① 杜章智：《谈谈所谓"西方马克思主义"的问题》，载《现代哲学》1988 年第 1 期。
② 徐崇温：《"西方马克思主义"问题种种》，载《现代哲学》1988 年第 1 期。
③ 徐崇温：《"西方马克思主义"》，天津人民出版社 1982 年版，第 22 页。

线的角度来识别的"思潮"①。

这两者是有明显的差异的:如果把"西方马克思主义"说成是"世代性"的"传统",那就把一整代人的毕生都说成是"西方马克思主义者",既不论这一代人彼此之间在思潮上有什么不同,也不论一个人有没有从一种思潮到另一种思潮的前后变化。反之,把"西方马克思主义"看成是思潮,就要求对这一切进行具体分析,而反对对一代人、对一个人的毕生作不分思潮的区别和变化的一刀切。

第三,据杜章智说,安德森是把"西方马克思主义"说成是"次于托洛茨基主义的有缺点的马克思主义",而笔者却认为,"西方马克思主义"是"一股'左'的激进主义思潮,它所反映的,并不是无产阶级的马克思主义世界观,而是小资产阶级的激进派的世界观,而且其中还包含有相当的无政府主义成分。"②

杜章智在《含糊》一文中说"徐崇温同志在借鉴安德森的概念来构造他自己的概念时,的确对安德森的概括进行了改造(完全删去了有关托洛茨基的论述,彻底改变了对'西方马克思主义'的评价)",然而,奇怪的是,在《谈谈》一文中,他却又说什么"徐崇温同志坚持使用的概念基本上是佩里·安德森的概念","只是稍加修改的佩里·安德森的概念"。应当说这两个说法本身就是自相矛盾的:既然笔者的概念已对安德森的概念进行了诸如"完全删去"、"彻底改变"之类的"改造",怎么能说这还"只是稍加修改的"、"基本上是安德森的概念"呢?这两种自相矛盾的说法的出现,岂不说明杜章智的度量衡出了问题,必须加以校正,以便在讨论问题时,起码得有一个在外表上看来是统一的砝码。

第四,杜章智说笔者在"最后提出的'西方马克思主义'概念中还是保留了安德森概念的基本内涵,如创始人和理论家的名单、共同

---

① 徐崇温:《"西方马克思主义"》,天津人民出版社1982年版,第1页。
② 徐崇温:《"西方马克思主义"》,天津人民出版社1982年版,第52页。

特征等"①。

应当指出,这里把形式逻辑里所讲的概念的内涵和外延都给搅混了:一个概念的内涵,是指概念所反映的事物的特有属性,而概念的外延则是指具有概念所反映的特有属性的那些事物。概念的内涵与外延是相互制约的,但概念的内涵又是判定其外延的标准。十分明显,"西方马克思主义"创始人和理论家的名单之类的东西,显然属于概念的外延,而不是其内涵,更谈不上是什么"基本内涵"。

至于说到对"西方马克思主义"这个概念的基本内涵、它的特有属性的规定,笔者是从思想路线着眼来加以概括的:在政治上,它在对现代资本主义的分析和对社会主义的展望上,在革命的战略和策略等问题上,提出了不同于列宁主义的见解;在哲学上,它主张按现代西方哲学中的黑格尔主义、弗洛伊德主义、存在主义、新实证主义和结构主义等流派的精神去结合、发挥和补充马克思主义,以重新发现马克思原来的设计。正是这两个方面的共同性使人们可以把从卢卡奇的"黑格尔主义的马克思主义"到阿尔都塞的"结构主义的马克思主义"概括到同一个"西方马克思主义"的概念中去,因为它们表现出了杜章智在《谈谈》一文中要求的"能说明他们的理论存在着内在本质的一致性"的本质属性。

十分明显,笔者的这种概括和安德森的概括,是完全不同的。即使在"西方马克思主义"共同特征的具体规定上,笔者说的五条和杜章智所说安德森的六条,也是不同的,现在让我们来逐条加以考察和比较。

甲、安德森为"西方马克思主义"规定的第一个具体特征,是"理论与实践脱离"。而在这方面,笔者却认为"西方马克思主义"的具体特征是"由脱离有组织的工人运动发展到逐渐以激进学生运动、

---

① 杜章智:《"西方马克思主义"是一个含糊的、可疑的概念》,载《马克思主义研究》1988年第1期。

'新工人阶级'作为自己的阶级基础"①。

乙、安德森为"西方马克思主义"规定的第二个具体特征,是"受欧洲革命失败和俄国十月革命后消极发展的影响"。而笔者则把这个方面的情况看作是"西方马克思主义"产生的背景,而并不是"西方马克思主义"本身的具体特征。

丙、安德森为"西方马克思主义"规定的第三个具体特征,是"理论重点由政治经济的具体分析转向对哲学的研究"。而笔者则认为,这是一代人与另一代人在研究课题和关切的问题方面的差异,它不能说明作为一种思潮的"西方马克思主义"的具体特征,因此,在笔者的概念中,根本就没有它的位置。

丁、安德森为"西方马克思主义"规定的第四个具体特征,是"语言越来越专业化和难以理解"。笔者认为,这是整个现代西方哲学的特征,而不是"西方马克思主义"的特有属性,所以,在笔者的概念中也压根儿没有它的位置。

戊、安德森为"西方马克思主义"规定的第五个具体特征,是"受种种类型的欧洲唯心主义哲学的影响,并且到马克思以前的资产阶级哲学中去探寻马克思主义的渊源"。而笔者则认为,作为"西方马克思主义"思潮的本质属性之一的突出特征,是"强调利用资产阶级思想的伟大成就",有的"还不仅借用资产阶级哲学家的一些概念、范畴和术语,而且进而用某一个资产阶级哲学流派的思想去'补充'和革新马克思主义,按照这一流派的思想观点去解释马克思主义,由此产生出马克思主义同形形色色的资产阶级哲学社会科学流派的混合物"②。

己、安德森为"西方马克思主义"规定的第六个特征,是"缺乏国际主义,彼此间没有理论关系"。而笔者的着眼点则是"西方马克思

---

① 徐崇温:《"西方马克思主义"》,天津人民出版社1982年版,第26页。
② 徐崇温:《"西方马克思主义"》,天津人民出版社1982年版,第16页。

主义""不仅没有形成自己的组织,而且没有形成彼此观点一致的思想体系","就是在属于同一思想倾向的理论家之间,也不时发生不同意见的激烈争论"①。

总之,在杜章智所说安德森为"西方马克思主义"规定的六条特征中,在笔者看来,有一半并不是特征,因而在笔者的规定中是没有位置的;另一半虽有彼此对应或类似的规定,但其内容却是这样那样地明显区别和十分不同的。

除此之外,笔者还为"西方马克思主义"规定了两条安德森所没有提到过的特征:

庚、笔者认为,反映"西方马克思主义"的本质属性之一的一个具体特征,是"断然反对教条主义"。杜章智说,"把反教条主义作为'西方马克思主义'的特征是不合适的,因为教条与反教条的斗争是理论发展中合乎规律的现象"②。然而,事实却是笔者在《"西方马克思主义"》一书中,曾经对它之所以强调反对教条主义的特殊根据做过四个方面的明确说明,并着重指出其反教条主义的目标和结论是"必须由每一代不断地来'重新发现'、'重新创造'马克思主义"③,应当说,这正是把"西方马克思主义"同别的思潮明确区分开来的本质属性之一。

辛、笔者指出反映"西方马克思主义"的本质属性的另一个特征,是其中的两种倾向的各自强调马克思主义的革命批判方面和科学方面,而指责、否定其另一个方面,与此相适应还"各取所需"地批评恩格斯和列宁。杜章智认为这个概括"很不协调"而且"自相矛盾",因为"思潮指某一时期内反映一定阶级或阶层的利益和要求的

---

① 徐崇温:《"西方马克思主义"》,天津人民出版社1982年版,第27页。
② 杜章智:《"西方马克思主义"是一个含糊的、可疑的概念》,载《马克思主义研究》1988年第1期。
③ 徐崇温:《"西方马克思主义"》,天津人民出版社1982年版,第25页。

一种思想倾向"[1]。应当说,杜章智的这个思潮定义并不能囊括现实生活中的复杂情况,因为无论在历史上还是在现实生活中,同一个阶级,甚至同一个阶层,对待同一个问题的态度尚且有革新与保守、温和与强硬……之分,同一种思潮中为什么不能有不同思想倾向之分呢?例如,面对20世纪60年代末期的学生运动,在同一个法兰克福学派的理论家中,就有以霍克海默、阿道尔诺为代表的不准"新左派"造反的右的倾向,和以马尔库塞为代表的鼓励"新左派"造反的"左"的倾向之分。

杜章智提出来的最后一条论据是说,"概念与关于它的整个论证一般是分不开的,接受一个概念,不言而喻就要接受它的全部论证。"[2]

这条论据是没有根据的。因为事实恰恰相反:依据形式逻辑的基本原理,一个概念与另一个概念的异同,并不取决于它们在字面上是否相同,而取决于使用概念的人赋予它以什么样的内涵,内涵不同的概念即使在字面上相同也是各不相同的。因此,当一个人接过了另一个人使用过的概念,赋予它以不同的内涵时,概念的意思也就起了变化。无论在理论上还是在实际生活中,都不存在杜章智所说的"接受一个概念,不言而喻就要接受它的全部论证"这种事情,如其不然,人类岂不成了一群搞概念拜物教的动物了吗?当然,人们赋予概念的内涵,是有反映与不反映事物的客观属性之分的,正因为这样,概念也有真实与虚假之分。

所以,杜章智以笔者的"西方马克思主义"概念"基本上是佩里·安德森的概念"为由,所提出的"废弃"这个概念的要求,是既没有根据也没有道理的。

---

[1] 杜章智:《"西方马克思主义"是一个含糊的、可疑的概念》,载《马克思主义研究》1988年第1期。

[2] 杜章智:《谈谈所谓"西方马克思主义"的问题》,载《现代哲学》1988年第1期。

(三)杜章智与笔者的主要分歧

在对"西方马克思主义"概念作了这样一些澄清之后,现在让我们转向实质性问题。

杜章智在《谈谈》一文中,认为笔者"坚持认为'西方马克思主义'是非马克思主义,从而把葛兰西、卢卡奇、阿尔都塞这样一些马克思主义者说成是非马克思主义者"。应该说这个说法是不合事实的,因为笔者是从思潮的角度,而不是从安德森的"传统"、"世代"的角度来考察"西方马克思主义"的,因而这里压根儿就不存在把谁说成是非马克思主义者的问题,而只有指出某人在某个时期的某部作品是否属于非马克思主义的"西方马克思主义"思潮的问题。对此,笔者已重申多次,但杜章智却坚持要拿安德森从"传统"、"世代"观察问题的视野,来衡量笔者从思潮着眼观察问题的论述。为什么会发生这样的现象呢?原来在这里隐藏着笔者和他的两个实质性分歧:究竟根据什么来判断不同思潮的存在? 又到底依据什么来判断一种思潮是马克思主义的还是非马克思主义的?

关于第一个问题,笔者认为不同的思想路线的出现标志着不同的思潮的存在,应该从思想路线的角度来看待思潮问题;杜章智却根本否认有思想路线这回事,因此,在有不同思潮存在的地方他就视而不见或者断然否认它们之间的差异。

这方面的一个典型实例,就是杜章智对于卢卡奇的"黑格尔主义的马克思主义"和列宁的黑格尔研究所作的比附。

针对着说卢卡奇的《历史和阶级意识》开创了"西方马克思主义",首先是其中的"黑格尔主义的马克思主义"的说法,杜章智在《含糊》一文中反驳道:其实卢卡奇在那本书里只是"强调辩证法,强调无产阶级主观革命性","其实,从列宁开始,东方的许多马克思主义者有时是非常强调辩证法和革命意识的,如毛泽东等。柯尔施把他自己的理论同列宁的对立起来,把列宁主义说成是自然主义,也是一种误解。其实,只要稍微翻阅一下列宁的《哲学笔记》就会知道,列宁在1914年,即比卢卡奇、柯尔施早10年就在马克思主义中重新发现了黑格尔的辩证法。"在《谈谈》一文中,杜章智又说,"卢卡奇在《历史和阶级意识》中的许多论点如强调马克思主义只是方法、强调无产阶级的阶级意识的作用以及关于党的学说等等,不能说和列宁主义毫无一致的地方。"

应当说,杜章智的这番论述,实际上是他目无思想路线,因而随意抹杀不同思潮存在的典型表现。所以,尽管他一连用了三个"其实",实际上却恰恰是一而再、再而三的失"实"。

以卢卡奇《历史和阶级意识》为代表的"黑格尔主义的马克思主义",究竟包含一些什么内容呢?它认为,资本主义之所以没有在20世纪20年代中西欧许多国家的骚乱中崩溃,是因为工人阶级没有发挥出充分的阶级意识,没有认识到自己作为一种革命的政治力量所可能具有的使命。为此,它就去重新占有黑格尔关于人的自我意识的创造性概念,并要求把意识的主观方面恢复到马克思主义中去,强调革命过程的唯意志论方面,因为它觉得那些认为社会主义革命会单纯地从预先决定的结构趋向的成熟中产生出来的思想家们,用决定论损害了阶级意识的革命作用。

"黑格尔主义的马克思主义"明确地把它的批判锋芒指向所谓"正统派马克思主义"所主张的决定论及其哲学基础,指责后者把物质和精神机械地分割开来,把精神变成物质的机械反映,把工人规定为其思想只是非人称地反映着经济过程的侏儒,于是,唯物主义变成了关于自然和社会的一种形而上学,人性和非人的自然现象统统要由物质宇宙的辩证法则来制约。卢卡奇在《历史和阶级意识》中猛烈抨击自然辩证法和反映论,正是这条"黑格尔主义的马克思主义"思想路线在哲学上的必然表现。

诚然,早在卢卡奇的《历史和阶级意识》之前,列宁就详细展开了他对黑格尔的研究,但是,从思想路线上来说,这是一种和卢卡奇的"黑格尔主义的马克思主义"有着原则不同的黑格尔研究：列宁不是用黑格尔辩证法的研究去否定唯物主义，而是用它作工具去维护和捍卫唯物主义；在《哲学笔记》等著作中，列宁的确也强调意识的能动作用，但他并没有用这种强调去否定唯物主义决定论，而是用它去维护唯物主义决定论，列宁也没有用这种强调去否定自然辩证法和反映论，而是用它去维护和捍卫自然辩证法和反映论。事实上，即使从研究对象的侧重点上，也可以看出列宁的黑格尔研究同卢卡奇的"黑格尔主义的马克思主义"的区别：居于列宁的解释和批评的中心的，是黑格尔的《逻辑学》，而不是黑格尔的《精神现象学》。

到底赞成卢卡奇的"黑格尔主义的马克思主义"，还是赞成列宁的黑格尔研究，这是一个价值判断的问题。但是，任何正视现实的人，都无法抹杀这两者的原则区别，无法否认这是两条不同的思想路线，无法否认它们标志着两种不同思潮的存在。

正是因为这个缘故，西方有些人认为在这里存在着"两个黑格尔"的问题。例如，杜章智在自己的文章中提到过其人名和书名的雅可比的《失败的辩证法——西方马克思主义概貌》一书，就认为在马克思主义发展史中，不同学派都求助于黑格尔这个事实，说明了黑格尔也被划分为两种类型的黑格尔，而"没有辨认出两种黑格尔传统则模糊了马克思主义的历史"。他说，这两种类型的黑格尔分别是"历史的黑格尔"派和"科学的黑格尔"派："历史的黑格尔派被历史、主观性和意识的黑格尔所吸引，他们宠爱的原文是《精神现象学》，黑格尔是通过历史而获致意识的主体的哲学家。科学的黑格尔派则珍视黑格尔是广泛而科学的哲学家，他们抬高总体体系发展法则和辩证法的常例，他们喜欢《逻辑学》。"由于"恩格斯坚定地站在科学的黑格尔传统一边"，所以，"历史的黑格尔"派卢卡奇就在《历史和阶级意识》中对他提出挑战，"责备他错误地设想了辩证法和自然的关系，对普遍的自然法则的探求吞没了马克思主义的特定的主观要素","卢卡奇的《历史和阶级意识》的一个异端就在于此"[①]。

关于第二个问题,笔者历来主张,对于一种思潮是不是马克思主义性质的问题,必须根据它是不是用马克思的哲学世界观观察问题来作出判断。杜章智在《含糊》一文中说"要判明各种理论是否真是马克思主义的","单凭对马克思主义的基本原理的知识是不够的,更多的要靠对这些基本原理被应用的对象,也就是西方资本主义社会的具体情况(国情)的掌握,最终还要取决于实践本身的裁决"。这个说法中包含有许多糊涂观念。诚然,要使马克思主义在一个国家取得胜利,就必须把它的普遍真理同那里的具体情况最密切地结合起来,这是毫无异议的,但是,事实说明,在现实生活中,也还有从别的哲学世界观出发去掌握那里的具体情况,并在实际生活中取得一定成效的。对此,显然应该实事求是地把它称作别的什么主义,而没有必要,也不许可把它称为马克思主义。例如,难道我们可以因为撒切尔主义掌握了英国资本主义社会的具体情况,并在恢复大英帝国的实力和地位方面具有一定的实效,而把它说成是"马克思主义"吗?

那么,马克思的哲学世界观究竟是什么呢?从《关于费尔巴哈的提纲》和《德意志意识形态》等著作中的表述和论证中,我们可以清楚地看到,马克思的哲学世界观就是"实践的唯物主义"。这种实践唯物主义,一方面高度强调实践的作用,主张对于事物、现实、感性,不只要从客体或者直观的形式去理解,而且要把它当作人的感性活动、当作实践去理解,从主体方面去理解;另一方面,又始终坚持唯物主义,坚持外部自然界的优先地位。

以卢卡奇的《历史和阶级意识》为代表的"黑格尔主义的马克思

---

① 雅可比:《失败的辩证法——西方马克思主义概貌》,剑桥大学1981年版,第37、38、52、53页。

主义",一方面针对所谓的正统派马克思主义没有充分体现马克思所强调的也要把事物当作实践,从主体方面去理解的思想等缺陷,企图重新确认实践概念的意义,从主体方面去理解事物,进而发展马克思主义的主观方面,这是有积极意义的(附带说一句,杜章智在《谈谈》一文中,认为笔者在过去"全盘否定'西方马克思主义'",应当说,这也是不符合事实的,笔者在拙作《"西方马克思主义"》第53—55页上的论述,就是证明)。但是,在另一方面,由于"黑格尔主义的马克思主义"把马克思的哲学世界观解释成一种实践本体论,把世界的本原归结为人的实践,而把物质和精神看成是统一在人的实践中的对立统一物,而否定了马克思所始终坚持的外部自然界的优先地位,这样,它就偏离了唯物主义,对于马克思的实践唯物主义作了一个和它所指责的"正统派马克思主义"方向相反的歪曲,这样那样地陷入了唯心主义。

笔者之所以始终坚持就思潮来说"西方马克思主义"、以卢卡奇《历史和阶级意识》为代表的"黑格尔主义的马克思主义",是一种和马克思主义有区别的、西方社会中的左翼激进主义思潮,一个根本的原因就在这里。

(四)杜章智看法中的逻辑矛盾及其原因

中国共产党第十一届三中全会以来,我国实行了对外开放政策,中央在《关于社会主义精神文明建设指导方针的决议》中,又提出"对外开放作为一项不可动摇的基本国策,不仅适用于物质文明建设,而且适用于精神文明建设"。

在这种形势下,如何对待国外社会科学和马克思主义流派问题,被尖锐地提上了议事日程,杜章智就此提出了自己的看法来供大家讨论,这是应当欢迎的。对此,他提出了两项主张。

杜章智提出的第一项主张,是有关如何对待国外社会科学概念的态度问题的。

在这个问题上,杜章智在《含糊》一文中说,"各国学者相互利用彼此的学术成果",只能"发生在一些与意识形态斗争关系较远的学科中,至于一些存在着严重的意识形态斗争的领域",由于"不少概念带有浓厚的意识形态色彩,往往成为意识形态的战场,借鉴或借用就必须十分谨慎"。而在《谈谈》一文中,他又进一步发挥说,由于"概念与关于它的整个论证一般是分不开的,接受一个概念,不言而喻就要接受它的全部论证",因此,他干脆要求用"废弃"来取代"借鉴",例如对"西方马克思主义"概念就是如此。

杜章智的这个主张不可避免地会使人联想起当年苏联的无产阶级文化派所提出的"无产阶级只能把资产阶级文化当作无用的废物完全抛弃"的主张,应当说,这个主张不仅在当年就是错误的,在今天更与我国的改革开放政策背道而驰,而且在实际上,杜章智在文章中对一些具体问题的处置,也是同他的这个主张相矛盾的。

在《含糊》一文中,杜章智说,"新左派是与共产党老左派相对而言的,他们以马克思主义相标榜,但是他们的马克思主义是一种意识形态的大杂烩,从无政府主义到托洛茨基主义无所不包"。根据这样的标准,"新左派"提出的概念显然是属于"带有浓厚的意识形态色彩"之列,应予"废弃"而不应"借鉴",更不应照抄照搬的了。然而,恰恰正是在杜章智这同一篇文章里,却把新左派的判断作为自己文章的标题。

我们说的这位新左派就是斯坦利·阿罗诺维茨。杜章智文章的标题《"西方马克思主义"是一个含糊的、可疑的概念》,就是从阿罗诺维茨所说"西方马克思主义……的理论地位不仅是含糊的,而且是可疑的"[①]那里照抄照搬过来的。杜章智把阿罗诺维茨当作一位"美国学者"介绍给读者,却只字没提这位美国学者恰恰属于他认为其意识形态是从无政府主义到托洛茨基主义的大杂烩的新左派之

---

① 阿罗诺维茨:《历史唯物主义的危机》,纽约1981年版,第XIII页。

列。然而,这位美国学者不仅是美国主要的新左派杂志《左派研究》的主编之一,而且其思想路线基本上是一种依靠法兰克福学派的批判理论,主张用种族划分、两性划分去取代阶级划分,用弗洛伊德—马克思主义的"综合"去抨击历史唯物主义的路线。不仅如此,这位阿罗诺维茨还在其这本书的卷头题词中,刊载上波普的话:"理论家以不同方式解释了马克思主义;然而,问题在于改变它。"显然,用杜章智的话来说,这里是"存在着严重的意识形态斗争的",连一个概念的借用都必须"十分谨慎"的,自然更不能照抄照搬其判断、推理了。然而,却正是同一个杜章智把新左派阿罗诺维茨的判断奉为自己文章的标题,这件事到底说明了什么?是按照他自己所说"接受一个概念,不言而喻就要接受它的全部论证",从而使他的文章也跻身于新左派文章的行列呢,还是全盘推翻他就新左派所作的事实判断和价值判断,否认它是"从无政府主义到托洛茨基主义无所不包"的"意识形态大杂烩"?看来,如何在这两难处境中作出抉择,还得由杜章智自己来作出回答。

杜章智提出的第二项主张,是有关如何对待西方各种马克思主义流派的态度问题的。

杜章智在《含糊》一文中说,由于在发达资本主义国家中"从事马克思主义理论研究甚至自称马克思主义者的人们","是在不同的历史和文化氛围中成长起来的,有不同的实践经历,对本国本民族的情况有自己独特的认识,他们对马克思主义的理解就会各不相同,提出的理论也会各有千秋。这样就出现了形形色色的马克思主义",对此,他认为,"除了对一些明显反对马克思主义的理论以外,我们不要轻易给它们扣上非马克思主义或反马克思主义的帽子,或贴上其他各种各样的标签,不妨把它们统统作为对马克思主义的探索看待。似乎可以说,它们就是国外当代的马克思主义。"而在《谈谈》一文中,杜章智又进一步指出,对于"当代马克思主义向多样化发展的趋势","我们只有表示欢迎,没有笼统加以否定的理由。这些各种各样的马克思主义(即对马克思主义的解释)自然有高低正误之分,但是在我们没有好好研究它们之前,不应当妄加评断。我们过去吃过'唯我独革'、'唯我独马'的亏,现在不应该再这样做了"。

杜章智提出的第二项主张同他的第一项主张是有尖锐矛盾的。因为根据第一项主张,在存在着严重的意识形态斗争的领域里,是连个概念都不能借鉴,而只能废弃的,而根据他提出的第二项主张,却连西方的形形色色的马克思主义的整套理论,都只能被统统当作当代的马克思主义,不准说它们是非马克思主义、反马克思主义,否则就是"唯我独革"、"唯我独马"地"妄加评断"。这就不免产生出一系列无法回答的问题:

第一,西方对马克思主义的研究,到底是不是一个"存在着严重的意识形态斗争的领域"?如果说是,那么为什么不按第一项主张办事,连他们的概念都加以"废弃",而要按第二项主张办事,不加分析地把它们统统奉为"国外当代的马克思主义"?如果说不是,又如何说明和解释这里无时无刻不在进行的严重的意识形态斗争?

第二,杜章智提出的对于西方"自称马克思主义者的人们"的"形形色色的马克思主义",都要看作"就是国外当代的马克思主义"这项主张,是不是也适用于"新左派"、适用于安德森?如果说适用,那为什么要把它说成"从无政府主义到托洛茨基主义"的"意识形态大杂烩",要废弃它的"西方马克思主义"概念?如果说不适用,那又是以什么为根据把这些"自称马克思主义者的人们"排除出"国外当代的马克思主义"的范围之外的?

第三,杜章智在《含糊》一文中评价"西方马克思主义"的一些代表人物时,对他们进行了各种评论,贴上各种标签,例如,说法兰克福学派在后期"对马克思主义进行小资产阶级式的批判",说梅劳-庞蒂是"资产阶级哲学家",虽"有时俨然以马克思主义的捍卫者自居",可却"歪曲"解释马克思主义,说萨特是"资产阶级存在主义哲学家",先是"客串马克思主义",后又"谴责共产主义和正式抛弃马克思主义"……在这里,姑且不问这些评论是否符合客观事实,只问杜章智这样评论,是不是违反自己提出的要把西方的形形色色的马克思主义理论统统当作国外当代马克思主义的原则?这种乱扣帽子、乱贴标签的做法,不正是杜章智深恶痛绝地谴责和讨伐的"唯我独革"、"唯我独马"的"妄加评断",又能是什么呢?

为什么杜章智会陷入到上述逻辑矛盾之中?其原因就在于他坚持不从思想路线上去判断思潮,从而把两种不同性质的"结合"混淆了起来。

在《谈谈》一文中,杜章智说:"马克思主义的真理肯定只有一个,但对这一真理的解释(理解、应用等)却可能各种各样,我们党认为毛泽东思想是马列主义的普遍真理同中国革命的具体实践相结合,我们也应该认识到,别的国家、别的党、别的理论家也有自己的这种'结合'。"在这里,杜章智所说的"结合",是说的理论和实践的结合。但接着他又说:"由于各国的文化传统……各不相同,由于实际实行这种'结合'的理论家的主观素质千差万别,这种'结合'就会出现各种形式。这决定了当代马克思主义向多样化发展的趋势。"在这里,杜章智所说由各国文化传统、理论家主观素质决定的"结合",却显然是另一种"结合"了,它指的是马克思主义理论同另一种理论的"结合";要知道,"西方马克思主义"思潮所包括的"黑格尔主义的马克思主义"、"弗洛伊德主义的马克思主义"、"现象学的马克思主义"、"存在主义的马克思主义"、"新实证主义的马克思主义"、"结构主义的马克思主义"……各个流派就是这么"结合"起来的。

虽然这两种结合在字面上都叫作结合,但在内容上和导致的结果上却是完全不同的:第一种结合是马克思主义理论与各国革命实践的结合,它意味着马克思主义普遍真理在各国的具体化和发展,它所导致的是马克思主义哲学世界观的统一和它的切合于各国不同的具体情况的多样化运用和表现,这是统一性和多样化的结合;反之,第二种结合却是马克思主义理论和现代西方哲学某个流派的哲学世界观的"结合",它意味着一种哲学世界观同另一种哲学世界观的折中混合,它所导致的不是马克思主义的多样化发展,而是"公说公有理、婆说婆有理"的真理多元化。例如,卢卡奇在《历史和阶级意识》中把马克思主义和黑格尔主义相结合的结果,就把马克思主义解释成是一种人道主义;反之,阿尔都塞在《保卫马克思》和《阅读〈资本论〉》等著作中把马克思主义和结构主义相结合的结果,则把马克思主义解释成一种理论上的反人道主义。杜章智要把这样两种相反的理论都奉为指导我们思想的理论基础的"马克思主义",怎么能不导致无法解决的逻辑矛盾而陷入极大的思想混乱呢?

四、关于"西方马克思主义"研究中若干问题的辨析

王雨辰在《当代西方马克思主义研究之我见》[①]一文中,在指责笔者的西方马克思主义概念的时候,又对西方马克思主义的性质和如何在我国开展西方马克思主义研究等问题,提出了他的看法。由于这问题对于西方马克思主义研究来说至关重要,特作如下的辨析和澄清。

(一) 关于"西方马克思主义"同列宁主义的关系

王雨辰在文章中指责笔者在1982年天津人民出版社出版的《"西方马克思主义"》一书中提出的西方马克思主义概念,把西方马克思主义同列宁主义对立起来,是"缺乏根据"的。其原因在于,笔者没有采用科尔施(柯尔施)的概念,而借用或沿用了西方资产阶级马克思学家梅劳－庞蒂和佩里·安德森的概念。据王雨辰说,"科尔施的西方马克思主义概念实际上反映了当时马克思主义阵营内对西方革命的具体道路的不同意见而形成的争论";而梅劳－庞蒂的

---

① 王雨辰:《当代西方马克思主义研究之我见》,载《江汉论坛》1997年第9期。

概念,"已和科尔施的概念有很大的不同",它"是从反列宁主义的思想路线出发","达到反列宁主义的目的,为资产阶级意识形态服务"的。王雨辰认为,实际情况是:虽然西方马克思主义在回答西欧革命道路的战略、策略,乃至理论的侧重点不同于列宁,但不应由此得出"西方马克思主义同列宁主义相对立的结论","这是因为,东、西方具体条件不同,文化背景不同,对以上问题的回答势必会有所不同"。

那么,事实真相到底怎样呢?我想,在这个问题上,只能根据客观实际,根据柯尔施提出西方马克思主义概念的《马克思主义和哲学》的原文来作出判断。

柯尔施写《马克思主义和哲学》的起因确实是因为在西方革命道路上有不同意见。例如,在1918年11月德国革命失败以后,他曾分析其原因说,这并不像一般所说的是由于缺乏一个领导夺权的革命政党组织,而是由于缺乏夺取政权的理论上和文化上的前提,缺乏意识形态的准备和政治领导。所以他认为,无产阶级革命当时的一个主要任务,就是要在意识形态战线上进行斗争。而在《马克思主义和哲学》中进行这种斗争时,他就把斗争的锋芒直指第二国际的修正主义和共产国际的列宁主义。

柯尔施在1923年所写的《马克思主义和哲学》,是一篇强调马克思同黑格尔的历史关系,强调无产阶级革命的主观前提的作品,由于它在把马克思主义的发展史按柯尔施的理论实践统一观划分为三个阶段时,不仅批判了第二国际,也不点名地指责了列宁在《唯物主义和经验批判主义》中阐述的反映论,因而遭到了第二国际和共产国际双方的批评。于是,柯尔施就在1930年所写的《关于〈马克思主义和哲学〉问题的现状》中,把列宁主义和考茨基主义捆在一起加以抨击。柯尔施强调说:"有许多征兆说明,在一切主要的和决定性问题上的真正的划分存在于:以考茨基的老的马克思主义正统派联合苏俄或列宁主义的正统派为一方——尽管它们之间有次要的、暂时的或琐碎的冲突——同以今天的无产阶级运动中一切批判的和进步的理论趋向为另一方之间。"①柯尔施在该文正文和注释中两次提到的"西方马克思主义"(他同时还使用了"西方共产主义"、"西方激进的左派马克思主义"、"西欧马克思主义"等名称),此词就是被他用来指称这种同考茨基主义和列宁主义相对立的"批判的和进步的理论趋向"的名称。

在柯尔施看来,"列宁主义理论在理论上不能回答现时期国际阶级斗争的实际需要。因此,形成为这种理论的意识形态基础的列宁的唯物主义哲学,不能构成为满足今天需要的革命的无产阶级哲学。"②柯尔施之所以还要把列宁主义和考茨基主义捆在一起,是因为在他看来,列宁从未抛弃第二国际的精神遗产,从未彻底克服第二国际的教条主义。

那么,在柯尔施心目中,"西方马克思主义"同列宁主义的对立,究竟表现在哪里呢?

第一,柯尔施说,列宁非常认真地要成为一个马克思主义者,却还是一个黑格尔派。列宁嘲弄了马克思恩格斯建立的辩证唯物主义世界观,因为他认为从黑格尔的唯心辩证法到马克思恩格斯的辩证唯物主义,无非是以唯物主义世界观去代替唯心主义世界观,而没有注意到在对黑格尔的唯心主义哲学的"唯物主义颠倒"中,"至多只是包含着用被叫作物质的绝对去取代被叫作精神的绝对这样一种单纯术语上的变化罢了"③。

第二,柯尔施指责列宁把唯物主义和唯心主义之间的整个辩论,拖回到从康德到黑格尔的德国唯心主义所已经超越的历史舞台上去,因为列宁回到了"关于思维和存在,精神和物质的绝对两极性去了",他认为列宁的"这种唯物主义是从一种绝对的和形而上学的存

---

① 柯尔施:《马克思主义和哲学》,纽约1970年版,第101页。
② 柯尔施:《马克思主义和哲学》,纽约1970年版,第130页。
③ 柯尔施:《马克思主义和哲学》,纽约1970年版,第130—131页。

在观中得来的"①。

第三,柯尔施指责列宁及其信徒在把认识表述为客观存在在主观意识中的反射和反映时,"摧毁了存在和意识的辩证的相互关系,并作为一个必然结果,摧毁了理论和实践的辩证的相互关系。据此,他们就不知不觉地赞赏起他们攻击了那么多的康德主义来了",柯尔施认为,这是"用一种倒退的方式修正"马克思恩格斯的辩证唯物主义。柯尔施还指责列宁及其信徒"把认识表述为在基本上是一种和谐一致的进化的发展和朝着绝对真理走去的无限进步",是把"马克思的革命实践的崇高的辩证唯物主义的统一瓦解到一种可以与最典型的资产阶级唯心主义相比的二元论中去了"②。

第四,柯尔施指责列宁把他的唯物主义哲学变成一种评价过去、现在和未来的各个学科的发现的最高司法权威,"结果造成了一种在革命的进步和最黑暗的反动之间摆动的特种的意识形态专政"③。

在1931年所写的《关于黑格尔和革命的提纲》中,柯尔施又进一步指出,他不再认为回到真正的马克思主义就是恢复无产阶级的革命意识,而强调一种既是马克思主义的继续,又是对马克思主义的修正的新发现。

王雨辰指责笔者没有采用柯尔施"符合西方马克思主义发展实际"的"西方马克思主义"概念,而借用或沿用了梅劳-庞蒂"从反列宁主义的思想路线出发"、"达到反列宁主义的目的"的西方马克思主义概念。可是,对柯尔施原文的上述详细摘引,却清楚地说明:王雨辰所谓的这种"反列宁主义"的思想路线和目的,恰恰就是从柯尔施开始的。

笔者不知道王雨辰是否看过柯尔施《马克思主义和哲学》的原文。如果看过,笔者不知道他为什么要把柯尔施这样明白无误地在

---

① 柯尔施:《马克思主义和哲学》,纽约1970年版,第131—132页。
② 柯尔施:《马克思主义和哲学》,纽约1970年版,第132—133页。
③ 柯尔施:《马克思主义和哲学》,纽约1970年版,第137—138页。

马克思主义哲学基本原理上对列宁提出的这种严厉指责,说成只是"不同意见",而不是"同列宁主义的对立"?如果王雨辰没有看过柯尔施的《马克思主义和哲学》原文,那么,他所谓柯尔施的"西方马克思主义"概念"符合西方马克思主义发展实际"论断的根据又是什么?请问王雨辰:你这不正是在"先构造"柯尔施的"西方马克思主义"概念,然后让柯尔施的思想去适应你编织的这种先验概念吗?

王雨辰口口声声说,要把"西方马克思主义"的理论观点同他们具体的历史条件和文化背景联系起来研究,可在实际上他连柯尔施写了什么都没有弄清楚,就奢言要按照他的定义去界定"西方马克思主义"。请问王雨辰:你所说的"西方马克思主义"的理论观点到底在哪里?用这种子虚乌有的理论观点,又怎么去联系他们的历史条件和文化背景呢?

至于卢卡奇和葛兰西同列宁主义的关系,确是和柯尔施有所不同:柯尔施只是在1920年—1926年的短暂时期中是共产党员,而卢卡奇和葛兰西则始终都是在政治上以马列主义为指导思想的共产党的成员;但他们三人又有相同之处:他们都在哲学上信奉和宣传同列宁主义相对立的理论学说。他们都以为马克思主义在哲学领域中的主要敌人并不是唯心主义,而是对马克思思想作实证主义歪曲的唯物主义。正因为这样,卢卡奇在《历史和阶级意识》中,不仅抨击自然辩证法,而且抨击唯物主义反映论;而葛兰西则在《前进报》上发表文章,把俄国的十月革命当作"反对《资本论》的革命"来欢呼,在《狱中札记(选)》中又鼓吹实践一元论而猛烈抨击唯物主义。

王雨辰指责笔者从"西方马克思主义"与列宁主义的对立上来界定"西方马克思主义",不是从西方马克思主义发展的实际去总结、概括西方马克思主义概念。请问王雨辰:"西方马克思主义"创始人卢卡奇、柯尔施、葛兰西等人一致地反对和抨击唯物主义,这算不算"西方马克思主义"发展的实际?算不算可以把"西方马克思主义"概括为和列宁主义相对立的"根据"?如果这还叫"缺乏根据"的话,那么请问王雨辰:你需要的又是什么样的"根据"?

(二)关于西方马克思主义同现代西方唯心主义哲学的关系

为什么"西方马克思主义"的代表人物从探索西方革命道路的愿望出发,却得出了在哲学上同列宁主义相对立的结论? 其原因就在于,"西方马克思主义"的指导思想,是要用现代西方的某个唯心主义哲学流派的精神去解释、发挥、补充和"结合"马克思主义。

这里且以柯尔施所属黑格尔主义的马克思主义为例来加以说明。

黑格尔主义的马克思主义认为,资本主义之所以没有在20世纪20年代中西欧许多国家的革命骚乱中崩溃,是因为工人阶级没有发挥出充分的阶级意识,没有认识到自己作为一种革命的政治力量所可能具有的使命,而这是由第二国际和共产国际主张的经济决定论所造成的。为此,它就要求把阶级意识的主观方面恢复到马克思主义中去,强调革命过程的唯意志论方面,使马克思主义离开对自然和社会的实证主义研究,把人提到历史主体的地位。结果就无限夸大了意识的作用,同时又认为人的实践创造一切,而否定外部自然界的优先地位,否定世界的客观规律性。黑格尔主义的马克思主义认为,为恢复马克思主义的哲学基础,就必须重新占有黑格尔关于人的自我意识的创造性概念,恢复马克思主义的黑格尔根源,特别是马克思社会主义观的黑格尔基础。黑格尔主义的马克思主义明确地把它批判的锋芒指向历史决定论及其哲学基础,指责它把物质和精神机械地分割开来,把精神变成物质的机械反映,把工人规定为其思想只是非人称地反映经济过程的侏儒。于是,唯物主义变成关于自然和社会的一种形而上学,人性和非人的自然现象统统要由物质宇宙的辩证法来制约。所以,它猛烈抨击自然辩证法和反映论。反之,列宁主义、列宁的黑格尔研究,却不是用黑格尔的辩证法去否定唯物主义,而是用它作工具去维护唯物主义决定论、自然辩证法和反映论。在同一个问题上,这样截然不同和相反的两极,怎么能不构成对立呢?

这是两种世界观的对立，而不是因具体条件和文化背景不同而产生的不同意见。

在"西方马克思主义"把马克思主义和现代西方唯心主义哲学结合起来的问题上，存在一些需要加以澄清的看法：

有一种说法认为，"西方马克思主义"搞的这种结合，有助于使马克思主义适应现代世界的改变了的环境，因而是一种综合性的丰富。应当指出，就马克思主义必须大胆吸收和借鉴人类社会创造的一切文明成果而言，"西方马克思主义"广泛吸收和利用西方资产阶级思想的成就，无疑是具有一定的积极意义的，因为马克思主义这一思想体系之所以赢得世界历史性的意义，正是因为它没有抛弃资产阶级时代最宝贵的成就，相反地却吸收和改造了两千多年来人类思想和文化发展中一切有价值的东西。但与此同时，马克思主义又始终坚持反对折中主义，坚持哲学的党性原则，而就马克思主义的世界观无法和与之截然相反的资产阶级唯心世界观相折中混合这个方面来说，"西方马克思主义"把马克思主义和西方资产阶级的唯心主义这两者不加分析地混合到其某种带形容词的"马克思主义"体系中去，却正是一种不折不扣的折中主义，它只能导致背离马克思主义而转向资产阶级唯心主义的结果。所以，不能把主张在批判地吸取和改造人类思想和文化发展中一切有价值的东西中，坚持、丰富和发展马克思主义，同主张把马克思主义和西方唯心主义哲学这样两种对立的哲学派别混合在一个哲学体系中，用资产阶级唯心主义去冒充马克思主义，不能把这样两种截然不同的主张和态度混为一谈。

有一种说法认为，既然我们主张把马列主义的普遍真理和中国革命实践相结合，那为什么"西方马克思主义"搞了这种结合，我们却要加以否定呢？这种说法显然把两种风马牛不相及的结合给混淆起来了。马克思主义所倡导的，是马克思主义理论和当时当地革命、建设实践的结合，它所导致的是马克思主义世界观的统一和切合各国各地不同具体情况的多样化发展，这是一种既解决了实践中的问题又丰富了理论宝库的结合。反之,"西方马克思主义"所倡导和实践的,却是两种截然不同和相反的哲学世界观的折中混合,它所导致的,也不是马克思主义世界观的统一和切合各国各地不同具体情况的多样化发展,而是"公说公有理,婆说婆有理"的真理多元化。诚然,"西方马克思主义"的一个重要内容,是考察发达资本主义社会中出现的许多新情况和新问题,但作为其指导思想的,却是两种不同世界观的折中混合,这不能不在它的结论中反映出来。例如,卢卡奇在《历史和阶级意识》中把马克思主义和黑格尔主义结合起来的结果,得出了马克思主义是一种人道主义的结论,而阿尔都塞在《保卫马克思》和《阅读〈资本论〉》中把马克思主义和结构主义相结合的结果,则得出了马克思主义是一种理论上的反人道主义的结论。怎么能够把这种种五光十色的对马克思主义的解释,同马克思主义理论和实践相结合混为一谈呢?而且正是这种把两种截然相反的世界观折中混合的"结合",还使得西方马克思主义在对西方革命道路的探索中不断地碰壁、遭到挫折和失败。

对于西方马克思主义把马克思主义和现代西方唯心主义哲学的结合奉为指导思想这一重大问题,王雨辰的文章几乎没有提到。在似乎有关的一段话中,他只是说,由于"他们长期受西方个人主义思想的影响,这就决定了他们在探索中势必会出现若干弱点乃至失误。但不应由于这些弱点和失误就否认其探索的价值以及对马克思主义哲学的贡献"。

应该说,这是一段不知所云的话。因为第一,现在的问题并不在于"西方马克思主义"在探索中有什么"弱点和失误"的问题,而在于这是一股在理论上同列宁主义相对立而又自称是马克思主义的思潮;第二,"西方马克思主义"之所以会在理论上同列宁主义相对立,这全然不是因为"他们长期受西方个人主义思想的影响",而是因为他们的指导思想,就是要用现代西方唯心主义哲学去解释、发挥、补充和结合马克思主义;第三,尽管如此,指出这一点,也并不意味着

"否认其探索的价值以及对马克思主义哲学的贡献",而只是主张如实地把它当作一股反映小资产阶级激进派世界观的左的激进主义思潮,而不是一种反映无产阶级世界观的马克思主义思潮。

王雨辰口口声声说要从"西方马克思主义发展的实际去总结、概括西方马克思主义概念"。奇怪的是,他对于"西方马克思主义"把马克思主义同现代西方唯心主义哲学的结合奉为指导思想这样的"实际"却装聋作哑,拒不把这样的实际"总结、概括"到他的"西方马克思主义"概念中去,却用什么"西方个人主义思想的影响"呀,"弱点和失误"呀之类不知所云的话来进行敷衍搪塞,对他这种不敢面对现实的懦怯心态,实在令人感到他的"理论与实践"也太不"统一"了。

(三)要不要用马克思主义去评析"西方马克思主义"思潮

在如何开展我国的"西方马克思主义"研究的问题上,王雨辰提出了他的三条相互连接的看法:

一曰"反对脱离马克思主义实践的抽象主义研究方法"。王雨辰说,不能"把我们自己信奉的总结出的马克思主义奉为唯一正统和真正的马克思主义,把其他形态的马克思主义视为异端,并用我们信奉的马克思主义的具体结论同当代西方马克思主义的理论观点作简单的对比"。

说得很好,可惜用在这里纯属无中生有、无稽之谈。请问王雨辰:在我国的"西方马克思主义"研究中,首先在笔者发表的有关"西方马克思主义"的著作和论文中,到底在什么地方把我们自己信奉的总结出的马克思主义视为唯一正确和真正的马克思主义,拿去同当代西方马克思主义的理论观点作简单的对比,而把它视为异端?是用毛泽东思想同"西方马克思主义"作简单类比了,还是用邓小平理论去同"西方马克思主义"作简单类比了?笔者觉得,王雨辰应该懂得,当他用这种口气去指责别人的时候,应该采取严肃负责的态度,要有充分的事实根据。

笔者在1982年出版的《"西方马克思主义"》一书的前言中,曾经说过,在对"西方马克思主义"从各个角度展开深入研究之前,先得客观地、准确地弄清楚它的基本内容。"但是,这又不意味着要作客观主义的介绍,因此,在本书中,我力求从供我们坚持和发展马克思主义作参考的需要出发,去阐述西方马克思主义的主要思想,并在一些重大原则问题上作简短的评论。"①笔者不知道这是否就是王雨辰上述指责的对象?如果是的话,那么应该明确地告诉他:这是一种在写作时注意自己作品的影响和后果的严肃负责的态度,就是说它力求使自己对"西方马克思主义"的介绍有利于而不是有害于我们正在从事的社会主义现代化事业。但是,这同王雨辰所说的"把我们自己信奉的、总结出的马克思主义视为唯一正确的和真正的马克思主义"拿去"同当代西方马克思主义的理论观点作简单的类比"而把它视为"异端",是截然不同的两回事。

那么,到底用什么标准去评价"西方马克思主义"呢?这涉及王雨辰提出的第二个论据。

二曰"特别不应该把马克思主义归结为几条原理,并将这几条原理凝固化、模式化、教条化,以此作为评价、衡量西方马克思主义的标准,而应该立足于理论和实践相统一的基本原理来研究、评价西方马克思主义"。"特别不应该把马克思主义的原理凝固化、模式化、教条化",在不要把马克思主义教条化的意义上说,这样说是可以的,但是说"特别不应该把马克思主义归结为几条原理"却是错误的。

马克思主义作为一种思想、主义,包含有基本原理和由此组成的科学体系,以及一些个别论断。我们要坚持的和作为行动指南的是马克思主义的基本原理和由此组成的科学体系,而不是其个别论断,

---

① 徐崇温:《"西方马克思主义"》,天津人民出版社1982年版,第2页。

因为这些个别论断因时因地而异,而且难免有这样那样的失误。既然要坚持马克思主义的基本原理和由此组成的科学体系,那就当然有哪几条是马克思主义的基本原理的问题,因为正是这几条基本原理构成为马克思主义的质的规定性,并使之在质的区别性上不同于其他形形色色的主义。反之,要是不把"马克思主义归结为几条原理",又怎么能辨别这是马克思主义而不是别的什么主义呢?

既然"理论和实践相统一"是一条"基本原理"(应该说是马克思主义的精髓),那么就显然应当用马克思主义的基本原理去研究现实生活中的种种情况和问题,去研究评价物质领域和思想领域中的一切东西,并作出相应的结论。例如,在社会主义的领域中,马克思主义的基本原理就是要消灭资本主义,消灭剥削,实现社会主义。以此去研究评价民主社会主义思潮,就可以看出,这是一种截然不同于马克思的科学社会主义的思潮,因为正如民主社会主义思潮的一些代表所指出的,它的功能是要充当"资本主义病床边的医生","与资本主义共同生存",而不是要取代资本主义[①]。

根据理论和实践相统一的基本原理,对于"西方马克思主义"显然也应该运用马克思主义的基本原理去进行研究评价。然而,王雨辰却把用马克思主义基本原理研究评价"西方马克思主义",同"立足于理论和实践相统一的基本原理来评价西方马克思主义"对立起来。说什么不应该将马克思主义的几条基本原理作为评价、衡量"西方马克思主义"的标准,而应该立足于理论和实践相统一的基本原理来研究评价"西方马克思主义"。请问王雨辰:你所说的"理论和实践相统一"到底是什么意思?如果你说的"理论"是指的马克思主义,那么,对于"西方马克思主义"思潮,不用马克思主义的基本原理去研究评价,又用什么原理去研究评价?如果你说的"理论"指的

[①] 勃兰特、克赖斯基、帕尔梅:《社会民主与未来》,重庆出版社1990年版,第113—115页。

是"西方马克思主义"理论,你说的"实践"指的是当代西方社会的具体历史条件,你要用理论和实践相统一的基本原理去研究评价"西方马克思主义"思潮是否反映了它所由以产生的具体历史条件,以及是否解决了它所面对的问题,那么,应当指出这种研究评价并不等同于,更不能取代用马克思主义的基本原理去研究评价"西方马克思主义"思潮的必要性。因为你所说的那种研究评价并不能说明"西方马克思主义"到底是用什么样的立场、观点、方法去反映它所由以产生的历史条件和解决它所面对的问题的,从而也就不能确定"西方马克思主义"的性质。如果这就是王雨辰所谓"立足于理论和实践相统一的基本原理来研究和评价西方马克思主义",那么应当指出,这无异于要取消对"西方马克思主义"的性质的研究评价。从王雨辰下一个意见中,可以看出他正是持这种看法。

三曰应当把"西方马克思主义"看作就是马克思主义。理由是"20世纪马克思主义发展的突出特点在于:出现了各种导源于马克思恩格斯的唯物史观的多种形态的马克思主义理论,马克思主义的发展出现了自我分化和多样化格局","只有从这种一源多流的发展观出发","才能避免那种'唯我独马'、'唯我独革'的独断做法,具体、科学、客观地考察西方马克思主义,从而从根本上推进我国的西方马克思主义研究"。

王雨辰的这个论据有一个巨大的疏漏会使他的结论陷于错误。这就是:为了判定一种思潮的性质,单单看它渊源何处,那是完全不够的,更主要的还得看它的基本内容、基本观点。例如,第二国际所属政党,在1896年第四次代表大会之前,绝大多数在纲领上都以马克思的思想体系为依据。但是在那以后,其中的许多政党,却从实践到纲领逐渐地由革命党变成在资本主义范围内搞社会改良的党。难道我们能够仅仅因为它曾经"导源于马克思",而不顾其实践和纲领在以后发生的变化和当前具有的基本内容,而把马克思主义的桂冠强加于它吗?

为了判定"西方马克思主义"思潮的性质,同样得看它是不是在坚持马克思主义基本原理的基础上,适应于当代社会的新情况、新问题,向前推进马克思主义。现在的问题是,西方马克思主义虽然也自诩是马克思主义,声称要回到"马克思原来的设计",并努力思考解决当代人类面临的种种迫切问题,探索西方社会走向社会主义的道路,但由于他们在指导思想上,总是要按照现代西方唯心主义哲学的这个或那个流派的精神去解释、发挥、补充和结合马克思主义,而这样那样地偏离了马克思主义的理论基础。

王雨辰说:"我们不能因为西方马克思主义在理论模式和革命策略上不同于列宁,就全盘否定西方马克思主义。"这又是一种无中生有的指责,因为在判断"西方马克思主义"思潮在性质上是不是马克思主义的时候,我们遵循的标准历来是把马克思主义基本原理同当代新情况、新问题相结合,而不是用现代西方唯心主义哲学某个流派的精神去解释和补充马克思主义,也不是列宁所提出的某个个别论断。就以本文第一节所列举的柯尔施对列宁主义的指责来说吧,请问王雨辰:柯尔施在这里指责的,有哪一条只是列宁个人反映俄国特殊情况的论断,而不是列宁所表述的马克思主义哲学的基本原理?

王雨辰指责笔者坚持用马克思主义评价"西方马克思主义"思潮,"给我国的西方马克思主义研究带来了思想混乱"。应该说这完全是在颠倒是非。要是像王雨辰所倡导的那样,只问一种思潮的导源,而不问其现实内容和基本观点,把自诩为马克思主义的一切思潮都称作是马克思主义,那才真正会导致把一些非马克思主义、反马克思主义思潮也称作是什么马克思主义,从而导致指导思想多元化的极端思想混乱。反之,坚持用马克思主义评价"西方马克思主义"思潮,却只会导致划清马克思主义与非马克思主义、反马克思主义的原则界限,澄清由于拒不用马克思主义评价"西方马克思主义"思潮而产生的种种思想混乱。

五、评"西方马克思主义"就是马克思主义论

自从笔者在《关于西方马克思主义研究中若干问题的辨析》一文①(以下简称《辨析》)中,就王雨辰在《当代西方马克思主义研究之我见》一文②(以下简称《我见》)中提出的"西方马克思主义"就是马克思主义论所涉及的几个方面逐一辨析以后,他又发表《当代西方马克思主义研究中若干问题的辨析》一文③(以下简称《当代》),在原有论据之外,又提出一些新的论据来继续坚持其"西方马克思主义"就是马克思主义论。鉴于这种理论混淆了马克思主义同"西方马克思主义"之间的原则界限,搞指导思想多元化,为此,笔者特发表此文予以澄清。

(一)"西方马克思主义"同列宁主义:相互对立,还是"必要补充"?

在"西方马克思主义"同马克思主义的关系问题上,涉及的核心问题之一,便是"西方马克思主义"同列宁主义的关系。王雨辰认为,把"西方马克思主义"同列宁主义对立起来"缺乏根据",因为首先提出"西方马克思主义"概念的柯尔施,其"西方马克思主义"观"实际上反映了当时马克思主义阵营内对西方革命的具体道路的不同意见而形成的争论"④。为此,笔者根据柯尔施《马克思主义和哲学》一书⑤的原文,详细批驳了他的这种把主观臆想当作事实的学风。因为正是在那里:

---

① 徐崇温:《关于西方马克思主义研究中若干问题的辨析》,载《江汉论坛》1999年第1期。
② 王雨辰:《当代西方马克思主义研究之我见》,载《江汉论坛》1997年第9期。
③ 王雨辰:《当代西方马克思主义研究中若干问题的辨析》,载《马克思主义研究》2000年第1期。
④ 王雨辰:《当代西方马克思主义研究之我见》,载《江汉论坛》1997年第9期。
⑤ 柯尔施:《马克思主义和哲学》,纽约1970年版,第101、130—138页。

第一，柯尔施把列宁主义同考茨基新老正统派作为一方，同以卢卡奇和柯尔施自己为代表的"今天的无产阶级运动中一切批判的和进步的理论趋向"作为另一方，在"一切主要的和决定性的问题上"明确划分开来和相互对立起来。这就清楚地说明，"西方马克思主义"同列宁主义的对立，以及它在马克思主义发展中的"异端"地位，并不是别人给它指派的，而是其创始人之一的柯尔施自己安置的。

第二，柯尔施宣称列宁"还是一个黑格尔派"，并否认唯物主义同唯心主义是两条根本不同的哲学路线。因而认为在马克思主义对黑格尔的唯心主义哲学所做的唯物主义的颠倒中，至多只包含着用物质的绝对去取代精神的绝对这种"单纯术语上的变化"。这就表明，"西方马克思主义"同列宁主义的分歧，从一开始就并不限于"对西方革命的具体道路的不同意见"，而是关系到底是坚持唯物主义还是转向唯心主义的哲学世界观的问题。

第三，柯尔施指责列宁坚持马克思主义的唯物主义路线，就是回到关于思维和存在、精神和物质的绝对两极性，从而使唯物和唯心的整个辩论倒退到康德、黑格尔的德国唯心主义哲学所已经超越的历史舞台上去。

第四，柯尔施指责列宁坚持辩证唯物主义的反映论，就是摧毁了存在和意识、理论和实践的辩证相互关系，就是用倒退的方式修正马克思恩格斯的辩证的唯物主义，而赞赏康德主义的二元论。

第五，柯尔施还指责列宁把其唯物主义哲学变成评价各学科发现的"最高司法权威"，造成了"特种的意识形态专政"。

柯尔施《马克思主义和哲学》所包含的这些内容，清楚地说明了"西方马克思主义"和列宁主义的不同，并不像王雨辰所说的那样，似乎仅仅是什么由于东西方"历史条件"不同，而探索的"革命道路"、"革命策略、战略"的不同，是什么"由于实践对象、历史文化传统的不同"而导致的"理论侧重点、理论主题、哲学理论建构的不同"①。不,从柯尔施自己的上述明确表述中,可以清楚地看出,"西方马克思主义"同列宁主义的不同,早已发展成为在哲学的基本原理和路线上的根本对立,因而,这是两种理论思潮的不同。

笔者在《辨析》中还说:"我不知道王雨辰是否看过柯尔施《马克思主义和哲学》的原文,如果看过,我不知道他为什么要把柯尔施明白无误地在马克思主义哲学基本原理上对列宁提出的这种严厉指责,说成只是不同意见,而不是同列宁主义的对立?"遗憾的是,在《当代》中,王雨辰完全避开了笔者提出的这个尖锐问题,而一味地去重复他所谓的历史条件不同导致革命道路、策略和战略不同,实践对象、历史文化传统不同导致理论侧重点、理论主题、哲学理论建构的不同等等。在这里,笔者觉得有必要告诉王雨辰:在理论争论中,为了确立自己的观点,所需要的是有根有据的论证和针锋相对的反驳,而不是避开了争论的焦点去一味地复述和重申自己的观点。

在《当代》中,王雨辰在西方马克思主义同列宁主义的关系问题上所提出的唯一一个新的论点是:"列宁的哲学是20世纪马克思主义哲学发展的主流,西方马克思主义则是其必要补充。"对于王雨辰提出的这种"必要补充"论,笔者实在百思而不得其解:"西方马克思主义"创始人之一的柯尔施明明把列宁所坚持的哲学上的唯心唯物两条路线的斗争说成只是"单纯术语上的变化"和争论,抨击列宁坚持唯物主义路线、坚持辩证唯物主义反映论,就是倒退到康德、黑格尔已经超越的历史舞台上去,就是赞赏康德主义二元论,就是充当什么"最高司法权威"、搞"特种的意识形态专政"。请问王雨辰:你把"西方马克思主义"同列宁主义在一切"主要的决定性的问题上"这样泾渭分明的划分和相互对立,到底是怎样"补充"到一起去的,而且凭什么说这种"补充"还是"必要"的呢?在这里,王雨辰所谓"西

---

① 王雨辰:《当代西方马克思主义研究之我见》,载《江汉论坛》1997年第9期。

方马克思主义"是对列宁主义的"必要补充"论,不明明是在搞乱点鸳鸯谱的把戏吗?

至于"西方马克思主义"的另外两位创始人卢卡奇和葛兰西,应该说他们除了和柯尔施有不同之处外,又有和柯尔施相同之处,即他们虽然在政治领域中是以马克思列宁主义为指导思想的共产党成员,但在哲学上又都信奉和宣传同列宁主义相对立的理论学说,都认为马克思主义在哲学领域中的主要敌人并不是唯心主义,而是对马克思思想作实证主义歪曲的唯物主义。正因为这样,卢卡奇在《历史和阶级意识》中,不仅抨击自然辩证法,而且抨击唯物主义反映论;而葛兰西则在《前进报》上发表文章把十月革命当作"反对《资本论》的革命"来欢呼,在《狱中札记(选)》中又鼓吹实践一元论而抨击唯物主义。请问王雨辰:你到底是根据什么逻辑把"西方马克思主义"反对自然辩证法和唯物主义反映论,说成是对马克思列宁主义关于自然辩证法和唯物主义反映论理论的"必要补充"的?又是根据什么逻辑把"西方马克思主义"反对《资本论》、反对唯物主义,说成是对列宁主义坚持《资本论》、坚持唯物主义的"必要补充"的?你的这种"必要补充"论不是在搞指鹿为马的把戏,又是什么?

(二)"西方马克思主义"同现代西方唯心主义哲学:是结合,还是批判?

在"西方马克思主义"同马克思主义的关系问题上涉及的另一个核心问题,便是"西方马克思主义"同现代西方唯心主义哲学的关系。笔者在《辨析》一文中,曾经指出:"西方马克思主义"之所以从探索西方革命道路的愿望出发,却得出了在哲学上同马克思列宁主义相对立的结论,其原因就在于,"西方马克思主义"的指导思想是要用现代西方的某个唯心主义流派的精神去解释、发挥、结合和补充马克思主义。对此,王雨辰断然否认,他在《当代》中反复强调"西方马克思主义和西方哲学存在的相互影响的关系不能被简单地说成是用唯心主义融合马克思主义","如果简单地以唯物、唯心来看待西方马克思主义和西方哲学的关系,那就不可能真正地理解他们的理论论题",他还以"西方马克思主义"创始人卢卡奇、柯尔施和葛兰西作为例证。

那么,事实真相到底怎样呢?让我们用事实而不是用主观臆想来作出回答。

王雨辰说"根本不存在卢卡奇用西方哲学折中融合马克思主义的问题"。这是一种闭眼不看事实地张嘴乱说的态度。别的姑且不论,卢卡奇在《历史和阶级意识》中提出的意识即实践,特别是无产阶级的阶级意识即实践的命题,就是一个用黑格尔唯心主义去解释、发挥、结合和补充马克思主义的典型实例。在那里,卢卡奇在论证无产阶级是历史同一的主体和客体的观点时,说"既然意识在这里并不是对于一个对立的对象的认识,而是对象的自我认识,那么意识的行为就推翻着它的对象的客观形式",当然,"只有无产阶级的实际的阶级意识,才具有改变事物的这种能力","那就是说,当无产阶级的阶级意识开始表述其要求的时刻,当它是潜在的和理论的时候,必须也是它创造着一个将能动地干预整个过程的相应现实的时刻"①。正是根据这些,卢卡奇把无产阶级革命归结为意识的一种活动,并认为意识形态斗争在推翻资本主义的斗争中具有首要地位。

尽管在反对第二国际把马克思主义曲解成经济决定论,否定无产阶级的革命首创精神的情况下,卢卡奇的这个命题具有不可抹杀的积极意义;尽管卢卡奇在强调无产阶级的阶级意识的实践性质时,再三援引马克思《关于费尔巴哈的提纲》中的有关论述,然而,卢卡奇的这个命题抹杀思想和行动、思维和存在的原则区别,把意识本身说成是能够改变客体和实践这种基本精神,却是和马克思的思想格格不入的。因为马克思始终认为"思想从来也不能超出旧世界秩序

---

① 卢卡奇:《历史和阶级意识》,剑桥1971年版,第178、205、41页。

的范围","思想根本不能实现什么东西。为了实现思想,就要有使用实践力量的人"①;"批判的武器当然不能代替武器的批判,物质的力量只能用物质的力量来摧毁"②;马克思恩格斯批判青年黑格尔派"无论如何也想不到,竟有意识和存在互相区别的存在;想不到,当我只是扬弃了这个世界的想象存在,即它作为范畴或观点的存在的时候,也就是当我改变了我自己的主观意识而没有用真正实物的形式改变实物的现实,即并没有改变我自己的实物现实和别人的实物现实的时候,这个世界居然还像往昔一样继续存在"③。事情十分清楚,卢卡奇的意识即实践的实践观,并不是来源于马克思主义,而是来源于青年黑格尔派的黑格尔唯心主义思想,来源于用这种黑格尔主义去解释和结合马克思主义。

卢卡奇的黑格尔主义的马克思主义的这种意识即实践观,在实际生活中只能带来有害后果,因为事情正如琼斯在批评卢卡奇《历史和阶级意识》一书中这种把权力精神化的做法时所尖锐地指出的那样:如果意识本身就是一种改变其对象的实践的话,那么,对象的一种主观的"内在化",就不仅改变了,而且全然废弃了作为对象的它了。对于无产阶级来说,变得有阶级意识和承担起对社会的领导权的可能性是同义的,就是说,一旦无产阶级由于获得对资产阶级社会的恰当意识,履行其作为历史的同一的主体—客体的使命,它就在它最后的内在化中废除了这个说法。琼斯指出,卢卡奇"这种说法酷似黑格尔的精神运动,那是必须强调的。它所忽略的一切,是为夺取政权而进行的野蛮的物质的斗争——罢工、示威、封闭工厂、暴乱、起义或内战——那是地球上的革命的原料"④。卢卡奇本人在为《历史和阶级意识》一书1971年再版时所写的序言中,也已认识到

---

① 《马克思恩格斯全集》第2卷,人民出版社1957年版,第152页。
② 《马克思恩格斯全集》第1卷,人民出版社1956年版,第460页。
③ 《马克思恩格斯全集》第2卷,人民出版社1957年版,第245页。
④ C. S. 琼斯:《早期卢卡奇的马克思主义》,载《新左派评论》杂志1971年第70期。

他的这种实践观是一种"抽象的、唯心主义实践观"。他写道:"当时我首先绝对地确信一件事情,必须彻底克服资产阶级思想的纯粹思辨的性质。结果,在本书中,革命的实践概念表现为一种夸张的高调",而"过度夸张实践可以导致它的反面:滑到唯心主义的思辨之中。当时,我打算勾画出无产阶级的正确而真正的阶级意识,把它与民意调查(这个名词在当时还未流行)区分开来,并赋予它以一种无可争辩的客观性;然而,我却不能越出被赋予的阶级意识观念","如果这种被赋予的意识能够在我的表述中变成革命的实践的话,那才真是一个奇迹了"①。

不知道面对这样一些事实时,王雨辰有何感想? 是否还要硬着头皮说"根本不存在卢卡奇用西方哲学折中融合马克思主义的问题"? 如果还要坚持的话,那就请你针锋相对地拿出证据来逐条否定以上的事实吧! 但千万别再来一个回避事实。

再来看葛兰西。据王雨辰说,"在葛兰西那里,就更找不到用资产阶级哲学去融合马克思主义的证据了",因为在《狱中札记(选)》,葛兰西专设《反克罗齐论》一章,清算克罗齐的唯心主义。那么,事情的真相究竟怎样呢? 让我们还是用事实,而不是凭推测来作回答。

大家知道,葛兰西在《狱中札记(选)》中是用"实践哲学"作为马克思主义的代名词的,但他赋予实践哲学的含义却并不是马克思主义,而是企图超越唯心主义和唯物主义的实践一元论。在那里,他写道:"在(实践哲学)这个场合下,一元论此词的意思是什么? 肯定不是唯心主义的一元论,也不是唯物主义的一元论,而倒是具体历史行为中对立面的同一性,那就是某种组织起来(历史化)的物质,以及被改造过的人的本性具体地、不可分解地联结起来的人的活动(历史—精神)中对立的同一性行动(实践,发展)的哲学";"实践哲学是绝对的历史主义的思想,绝对的世俗化和此岸性,一种历史的绝对的

---

① 卢卡奇:《历史和阶级意识》,剑桥1971年版,第XVII—XIX页。

人道主义。人们正是必须沿着这条路线追踪新世界观的这条线索"①。这种实践一元论,一是把自然包摄在人类历史之下,把自然归结为被人所支配和利用的对象;二是把客观事物溶解在人的实践之中,强调要从人同自然的关系上去认识客观实在和物质,认为要是没有人的活动,客观性就只能是一片混沌,也就是虚无;三是认为物质本身并不是我们的主题,成为主题的,是如何为了生产而把它们组织起来,而自然科学则应当相应地被看作是一个历史范畴,一种人类关系。据此,可以看出:葛兰西的实践哲学所确立的,是一种使外部自然界依存于人,依存于人的实践,使之成为实践内部对立的同一性中的一方的实践一元论,这种理论虽然高扬了人的实践,但由于其不仅不坚持,而且极力抨击唯物主义,还否认外部自然界独立地存在于人的实践之外,这就使它成为一种只讲实践而不讲唯物主义的哲学。这种实践一元论同马克思在《关于费尔巴哈的提纲》所提出的"新唯物主义"之间的原则界限是十分明显的。因为马克思在高扬实践,指出对于对象、现实、感性"要从主体方面""当作感性的人的活动、当作实践去理解"的同时,还强调要"从客体的或者直观的形式去理解",强调即使"在人们的感性活动是整个现存地客观世界的基础"的情况下,"外部自然界的优先地位仍然会保持着"②。

正因为这样,国外的一些葛兰西学说的认真的研究者都揭示了葛兰西实践哲学的唯心主义性质以及他用克罗齐的新黑格尔主义去解释马克思主义的根源。

例如,担任日本共产党领袖的不破哲三,早在20世纪60年代中期就发表文章指出:葛兰西之所以把马克思主义称作"实践哲学",是由于他把以物质、自然为一方,以精神、意识为另一方,理解成统一在人的实践之中的两种因素的缘故。这种实践哲学事实上把自然、

---

① 葛兰西:《狱中札记(选)》,伦敦1971年版,第372、465页。
② 《马克思恩格斯选集》第1卷,人民出版社1995年版,第54、77页。

物质还原为实践中同人的活动合为一体的,从而归根到底要依赖于人的实践的一个从属因素了。所以,尽管葛兰西试图按马克思的《关于费尔巴哈的提纲》来阐发实践,结果却只是按照完全不同的方向改写了《关于费尔巴哈的提纲》,葛兰西实践哲学中所说的物质、自然,是人类社会中被组织起来的自然,作为"物质生产力的一个要素"的物质,而先于、外于人类社会的自然的存在,却从一开始就被葛兰西当作实践哲学对象之外的东西加以舍弃了。不破哲三认为,马克思《关于费尔巴哈的提纲》对实践的理解,是以彻底的唯物主义为基础的,而葛兰西却把哲学唯物主义的基础除去,又把历史唯物主义对人类社会的认识推广到自然的认识中去,这样,实践哲学在其最初的出发点之中,就抛弃了独立于人的活动的、先于人的活动的自然的存在,成为放弃唯物主义而接近唯心主义的独特形式;而葛兰西把客观的说成是普遍的主观的观点,则接近于马赫主义者波格丹诺夫的立场。据此,不破哲三引出结论说,虽然葛兰西的哲学是要从哲学上论证人的革命实践的意义,并抵制使马克思主义庸俗化的潮流,以此来复兴作为"全面独特的哲学"的马克思主义这种正当要求出发的,但"在实际上,它却走上了与马克思主义毫无关系的道路,唯物主义与唯心主义的辩证统一这种设想,归根到底也只是造成了放弃唯物主义和对唯心主义让步的结果"[①]。

而意大利学者丁伯纳罗则在《论唯物主义》一书中,揭示了葛兰西的实践哲学之所以会向唯心主义倾斜的原因。他说,在一战以后的时期里,德国和意大利的列宁主义者在哲学上宣布了不同于列宁主义的思想:对于他们来说,哲学领域中的主要敌人不是唯心主义,而是唯物主义。因为他们认为,唯物主义是对马克思思想的实证主义和社会民主主义的歪曲,同时又误认为"唯心主义的文艺复兴"可

[①] 不破哲三:《现代修正主义和葛兰西的理论》,载日本《文化评论》杂志 1964 年 5 月号。

以作为医治第二国际的渐进主义和议会主义的补药而发挥作用,为什么在20世纪,葛兰西等著名的共产党人会用反唯物主义的意识形态去重新发现马克思主义的革命内核?丁伯纳罗认为,要是仅仅用克服第二国际的无为主义和庸俗进化论去解释其原因,那显然是不充分的;问题的关键在于,在葛兰西那里,缺乏唯物主义。葛兰西本来企图把马克思主义从克罗齐对它所作的工具性的使用中赎救出来,结果却把突出性给了马克思主义中那些被新唯心主义挑选出来和孤立起来的特征,而当葛兰西一旦接受了唯心主义者认为唯物主义和宗教一样是"先验的"和"形而上学的"诡辩,他在某种程度上成为他所打算反对的,在唯心主义内吸收马克思主义的一方,就成为不可避免的事情了①。

不知道王雨辰是否把这些事实看作是葛兰西"用资产阶级哲学融合马克思主义的证据",如果还不算是证据的话,那么请你逐条批驳吧!不过,避开这些证据而一味地去重申自己没有根据的臆想和推测,则是解决不了任何问题的。

至于柯尔施,王雨辰说"他恰恰反对用资产阶级哲学融合马克思主义"。然而,问题的实质不在宣言而在实际行动。限于篇幅,这里只需指出柯尔施强调作为阶级意识的马克思主义的否定方向;强调理论和实践的统一,却反对实践是认识的基础和检验真理的唯一标准;强调马克思主义的革命性和批判性,却否认马克思主义是科学;他对马克思主义的发展作了三个阶段的描述,却不揭示这是一个充满斗争的发展进程;他关于工人委员会的思想包含有工联主义和无政府主义的因素,如此等等就足以说明他和卢卡奇一样,是试图通过"暴露马克思主义黑格尔根源"来"重建"和"恢复"马克思主义的"西方马克思主义"的创始人,因而正是用资产阶级唯心哲学去解释和结合马克思主义的。也正是因为这个缘故,他在《"新马克思主

---

① 参见丁伯纳罗:《论唯物主义》,伦敦1975年版,第29—30、56、124、235—248页。

义"传记辞典》的有关词条中,是被记叙为"由于他的黑格尔主义的观点(在《马克思主义和哲学》一书中得到最充分的表达)和他对德共彻底布尔什维克化的反对而受到严厉批判"[①]。

在实际上,"西方马克思主义"理论家在哲学基本原理上抛弃马克思主义的唯物主义传统,而信奉现代西方唯心主义哲学,并用其个或那个流派的精神去解释、发挥、结合和补充马克思主义的特点,在国际学术界早已是有目共睹的一个不争的事实,正因为这样,高尔曼这位美国田纳西大学教授,在20世纪80年代中期编纂《马克思主义传记辞典》和《"新马克思主义"传记辞典》时,就把坚持唯物主义传统的马克思主义经典作家编入前书,而把用现代西方唯心主义的某个流派的精神去解释、发挥、结合和补充马克思主义的"西方马克思主义"者编入后书。尽管高尔曼所编辞典存在有若干缺陷和错误,但在把"西方马克思主义"作家不是列入唯物主义的马克思主义的范畴,而是列入"非唯物主义"的、所谓"新马克思主义"的范畴,却是反映了客观事实的。而现在,王雨辰却要闭眼不看事实,硬说什么"西方马克思主义和西方哲学存在的相互影响的关系不能被简单地说成是用唯心主义融合马克思主义","如果简单化地以唯物、唯心来看待西方马克思主义和西方哲学的关系,那就不可能真正理解他们的理论论题",这岂不是还要从高尔曼的只是简单地反映一个不争事实的立场上,大踏步地向后倒退到连唯心主义还是唯物主义这样的是非都不加以分辨的泥潭中去吗?

(三)把共产党的思想体系塞进"西方马克思主义",是为搞指导思想多元化作准备

早在20世纪70年代—80年代,笔者把"西方马克思主义"思潮介绍给我国广大读者的时候,就指出"西方马克思主义"并不是一个

---

① 高尔曼:《"新马克思主义"传记辞典》,重庆出版社1990年版,第477页。

单纯的地域性概念，而是一个意识形态概念。它是指在一战以后，无产阶级革命在俄国取得胜利而在西方却遭到失败的情况下，在西方国家内出现的一股在理论上同列宁主义相对立而又自称是马克思主义的思潮。对于这种思潮，具有不同价值观的人显然会作出不同的价值判断，但任何人都无法否认它同其他西方思潮诸如西方共产党人、西方社会民主党人的思想体系之间的原则区别。

然而，王雨辰为了要把"西方马克思主义"说成就是马克思主义，却采取了随意改变"西方马克思主义"思潮的内涵和外延的做法。一方面，他把"西方马克思主义"同列宁主义的对立，说成是"西方马克思主义"对列宁主义的必要补充；另一方面，他又把西方共产党人的思想体系也塞进了"西方马克思主义"的框框里，而且还说西方共产党人的思想体系是"西方马克思主义"的主要内容。

王雨辰在《当代》一文的开头就界定说："西方马克思主义产生于20世纪20年代，是指西方共产党和西方进步的知识分子考察西方资本主义发展史，总结俄国革命成功的经验，运用马克思主义理论分析社会，寻找一条适合西方革命和人的解放的道路的哲学和社会政治理论思潮"，随后，他就把西方共产党、工人党及其党内理论家的理论说成是"当代西方马克思主义研究主要内容"。

应当说，这是一个同客观事实大相径庭、错误百出的"西方马克思主义"定义。

首先，关于"西方马克思主义"主要是西方共产党的思潮的说法，是完全错误的。因为西方共产党之所以是共产党，而不是别的什么政党，是以其接受共产国际的指导原则、章程和20条中明确规定的基本原则为必要条件的，所以，西方共产党的思想体系，只能是马克思列宁主义，而不可能是"西方马克思主义"。王雨辰大概认为，既然作为"西方马克思主义"创始人的卢卡奇、柯尔施、葛兰西，当时都是著名的共产党人，有的还担任过他们所参加的各该国家共产党的领导人，那么，以他们为创始人的"西方马克思主义"，也就当然是西方共产党人的意识形态了。然而,这种逆推法却是错误的。事实说明,某个共产党员——即使是处在某个领导岗位上的党员——的观点,并不一定符合他所参加的那个共产党的思想体系,当在重大的政治原则问题上,他所持观点同党的思想体系相冲突而又坚持不改时,他就会遭到党内的批评乃至处分,"西方马克思主义"创始人的情况正是如此:卢卡奇曾经是匈牙利共产党中相当于总书记的兰特劳一派的重要代表,但因他的观点极"左"而在1920年遭到列宁的批评,列宁在《共产主义》一文中批评"卢·乔(卢卡奇的笔名)的文章左得很,糟得很,文章中的马克思主义纯粹是口头上的"[1];在1924年的共产国际第五次世界代表大会上,卢卡奇开创"西方马克思主义"思潮的《历史和阶级意识》一书被批评为"回复到古老的黑格尔主义",是"理论上的修正主义";1928年,卢卡奇又因为以匈牙利党内兰特劳派的实际代表身份起草的"勃鲁姆提纲"同共产国际推行的路线相抵触而遭到批判,只是在卢卡奇作了自我批评以后才得以保留党籍。柯尔施则因其在1923年发表作为开创"西方马克思主义"思潮的另一代表作《马克思主义和哲学》同卢卡奇一起遭到批判,以后又因其坚持自己的立场观点而被开除出党。葛兰西之所以没有在党内受到批评和处分,一是因为他参与开创"西方马克思主义"思潮的主要著作《狱中札记(选)》是在法西斯的监狱中写成,在他死后才出版的;二是因为被意共派到狱中去了解葛兰西态度的葛兰西的兄弟,在回来汇报时为保护葛兰西而故意隐瞒了葛兰西同共产国际、意共的路线分歧[2]。这里不是讨论共产国际西方国家共产党批评和处分卢卡奇、柯尔施等人是否得当的地方,但是无论如何,由"西方马克思主义"创始人卢卡奇、葛兰西、柯尔施曾经在西方共产党内担任一定的领导职务,而逆推他们开创的"西方马克思主义"思

---

[1] 《列宁全集》第39卷,人民出版社1986年版,第128页。
[2] 参见费奥里:《葛兰西传》,人民出版社1983年版,第272—273页。

潮就是西方共产党人的思潮,也就是共产党人所信奉的列宁主义思想体系,不仅毫无根据,而且恰恰颠倒了是非。

把西方进步的知识分子的思潮说成是"西方马克思主义",也是极不确切的。因为西方进步知识分子所信奉和隶属的思潮是多种多样的,并不一定就是"西方马克思主义"。

说"西方马克思主义""考察西方资本主义发展史,总结俄国革命成功的经验",不对。因为"西方马克思主义"并没有广泛考察西方资本主义发展史,而只是专注于揭露和批评当代西方资本主义的缺陷和弊端;至于说它总结俄国革命成功的经验,则更和事实相悖,因为他们所总结的,并不是俄国革命成功的经验,而恰恰是在因为在1918年—1923年间西方国家的共产党照抄照搬俄国模式而使无产阶级革命遭到失败的惨痛教训。

说"西方马克思主义""运用马克思主义理论分析社会……",也不对,因为被"西方马克思主义"奉为分析西方社会的工具的"马克思主义",是它用现代西方唯心主义哲学的某个流派的精神来解释、发挥、结合和补充的马克思主义,而不是马克思主义本身。

王雨辰动辄指责别人"对西方马克思主义的界定不是从西方马克思主义发展的实际中总结出来",可是在实际上,他却把自己的臆想当成了"西方马克思主义"发展的实际,这不仅表现在他上述的"西方马克思主义"定义中,而且更表现在他为"西方马克思主义"的发展所划分的各个阶段上。限于篇幅,这里且以其中的第一、二两个阶段为例来加以说明:

关于第一阶段(20世纪20年代—40年代),王雨辰一方面说这个阶段"西方马克思主义"的主要代表人物是卢卡奇、葛兰西、柯尔施;另一方面又说:"由于马克思主义阵营中教条主义和政治实用主义指导思想的束缚,他们的革命理论、革命策略、哲学理论基本上照抄照搬苏联,还没有形成自己的特色。"应该说,这是一个因为随意界定"西方马克思主义"而把事情搅得乱七八糟的典型。这是因为

"西方马克思主义"的一个基本特征,便是断然反对教条主义。还以其创始人卢卡奇、葛兰西和柯尔施为例,他们提出的"革命理论、革命策略、哲学理论",诸如卢卡奇的物化论,总体性论,同一的主体—客体论,阶级意识论,自然界无辩证论法,科学试验是最纯粹的直观而不是实践论,反映论是以非辩证的方式把思维和存在分割开来论等等;柯尔施的理论和实践是同一个过程的两个组成部分,反对把实践看作是认识的基础和真理的标准论,马克思主义发展的三阶段论,以及他对列宁主义的非难和指责等等;葛兰西的政党、阶级、领袖、群众关系论,主观革命论,意识形态和文化上的领导权论,阵地战和运动战论,有机知识分子论,实践哲学论等等。请问王雨辰:他们提出这些理论,究竟在什么地方、在哪一点上表现出"基本上照抄照搬苏联,还没有形成自己的特色"呢?可以明确地告诉王雨辰:如果事情真像你所说的那样,只有苏联模式的西方翻版,那么,哪里还有什么"西方马克思主义"呢?

关于"西方马克思主义"发展的第二阶段(20世纪40年代—60年代),据王雨辰说,"西方马克思主义"在这时关注的焦点是"工人阶级革命意识的培养、革命力量的分化组合",而且说"这在法兰克福学派那里体现得最为明显"。然而,事情的真相和王雨辰的信口乱说刚好相反。从法兰克福学派创始人霍克海默和阿道尔诺写于1941年—1944年、出版于1947年的《启蒙的辩证法》一书开始,法兰克福学派的社会批判理论就沾染上了严重的悲观主义色彩,并把其悲观主义思想一直反映到他们对人和自然之间关系的看法上、对社会发展前途的展望上。他们不是致力于培养工人阶级的革命意识,而恰恰是致力于渲染工人阶级没有革命意识,并把矛头越来越指向马克思主义的理论。法兰克福学派的重要代表马尔库塞在1955年发表的《爱欲与文明》中指责马克思在观察从资本主义到社会主义的过渡时期时,只是以某种明确性预言了资本主义制度经济崩溃的过程,而较少谈到工人阶级的政治意识的成长和发展过程,以致

1929年—1933年间资本主义经济危机爆发,马克思主义要求工人阶级作为历史变革的动因而出现时,工人阶级却转向了沉默。所以,他就离开了马克思主义所规划的经济、政治和思想方面的社会主义革命的道路,而转入到弗洛伊德精神分析学的性本能的压抑和解放的渠道中去了。在1955年发表的《苏联的马克思主义》一书中,马尔库塞进而借口条件发生了变化,说马克思的理论已经过时,列宁的理论是错误的,因为马克思认为工业无产阶级是能够完成文明向更高阶段过渡的唯一的社会力量,无产阶级革命在废除一切阶级的同时,废弃作为一个阶级的无产阶级,并从而创造出进步的一个新动因——自由人的协会。但资本主义的实际发展却表明,通过资产阶级和无产阶级相互冲突的阶级之间关系中的根本变化,无产阶级没有作为革命阶级而行动起来;列宁则低估了资本主义的经济、政治潜力以及无产阶级地位所发生的变化,"这样,马克思主义面对着重新规定过渡到社会主义去的概念以及在这个时期的战略的任务"。在1964年发表的《单面的人》中,马尔库塞又根据他对发达工业社会的劳动过程中对于无产阶级的影响,以及发达工业社会的消费方式具有的两重性效果的分析,抛弃了马克思主义关于资本主义社会,关于无产阶级同资产阶级之间阶级斗争的基本理论而得出了无产阶级已经"融合"进了资本主义制度的结论。他说:"资本主义的发展用这样一种方式改变了(资产阶级和无产阶级)这两个阶级的结构和功能,致使它们显得不再是历史变化的动因了。在保存和改善制度的现状方面的凌驾一切的利益,把现代社会的最发达地区以前的敌对者联合起来"……请问王雨辰:你在"西方马克思主义",特别是法兰克福学派40年代—60年代的著作和言行中,在什么地方看到过他们的关注焦点是"工人阶级革命意识的培养"的?不,正好相反,他们所关注的焦点倒是要说明为什么西方工人阶级没有起来推翻资本主义?他们的答案则是说西方资本主义已经把工人阶级融合到资本主义制度中去,使他们不再想推翻资本主义了!

王雨辰认为在苏共二十大以后,"在西方马克思主义发展过程中占有重要地位"的,是他们"结合西方的文化传统和现实,提出了走向社会主义的民主道路"。这显然是在搞张冠李戴的把戏,把当时拉丁欧洲意大利、法国、西班牙共产党人提出的"欧洲共产主义"也说成是"西方马克思主义"了。但事实却是:欧洲共产主义除了也对葛兰西的遗产作出自己的解释之外,和"西方马克思主义"思潮并没有什么共同之处。

……

然而,不顾客观事实,不顾不同思潮之间的差异和对立,毫无根据把西方共产党的思想体系塞进"西方马克思主义"的框框,在王雨辰那里只是一种手段,其目的则在于要把"西方马克思主义"说成就是马克思主义,说成西方马克思主义各流派"从不同的方面丰富和发展了马克思主义"。应当说,这就是王雨辰发表几篇有关"西方马克思主义"的文章的根本宗旨。另一方面,把同列宁主义相对立,用现代西方唯心主义哲学某个流派的精神去解释、发挥、结合和补充马克思主义的"西方马克思主义"说成就是马克思主义,在我国则意味着要搞指导思想的多元化。事情正如江泽民所指出的:"我们在处理对外关系时,不能以意识形态画线,我们也不会对别的国家输出我们的意识形态。但在我们国内,必须坚持加强马克思主义的意识形态领域的指导地位。在指导思想上绝不能搞多元化","如果我们不切实抓紧这项关系党和国家前途命运的重大工作,那就会犯不可饶恕的历史错误。"应该说这正是笔者要对王雨辰这样信口开河、错误百出的文章不厌其烦地进行辨析再辨析的根本原因。

(四)表现"西方马克思主义"的性质的,是历史条件、文化传统,还是其基本理论?

为了把"西方马克思主义"说成就是马克思主义,王雨辰一再就评价"西方马克思主义"的标准问题纠缠不休,在《我见》中,他提出了所谓从"一源多流的发展观出发"去看待"马克思主义的发展出现的多元化格局",而"不应该把马克思主义归结为几条原理,并将这几条原理凝固化、模式化、教条化,以此作为评价、衡量西方马克思主义的标准"论。对此,笔者在《辨析》一文中作了系统的批驳,强调指出:为了判定一种思潮的性质,单单看它渊源何处,那是完全不够的,更主要的还得看它的基本内容、基本观点;指出正是基本原理构成为一种思潮的质的规定性,并使之在质的区别性上不同于其他形形色色的思潮,因而,要是不把一种思潮的内容归结为几条原理,那又怎么能辨别就是这种思潮而不是别的思潮呢?

在《当代》中,王雨辰指责用思潮的基本内容、基本观点来判定一种思潮的性质,就是"生吞活剥地对待西方马克思主义"的"非历史主义的研究方法",指责它"常常撇开西方具体历史条件、文化传统,撇开西方马克思主义的政治实践,把他们的具体理论观点同我们的教科书原理简单的对比"。同时,他又把"西方马克思主义"同马克思主义的区别归结为因历史条件和文化传统不同而必然产生的"理论形态和理论主题"的不同。

应当说,和《我见》中所谓"一源多流"论,不能把一种思潮归结为几条原理论一样,这也是王雨辰极力回避用"西方马克思主义"的基本理论来判定其思潮性质的又一遁词。毫无疑问,研究"西方马克思主义"思潮,必须把这些思潮同它由以产生的历史条件、文化传统乃至政治实践联系起来才能有血有肉,但由于产生任何思潮的历史条件、文化传统所说明的,只是这种思潮由以产生的背景和土壤,而并不提供判断思潮性质的依据,而且在相同的历史条件、文化传统中还可能孕育出在性质上完全不同的思潮来,例如,在我国古代战国时期的历史条件和文化背景下,就产生出了诸子百家思想;在当代西方世界的历史条件和文化背景下,则既孕育出新自由主义、保守主义,又孕育出凯恩斯主义、国家干预主义等等,怎么能够从相同的历史条件、文化背景中推断出不同思潮的性质来呢?而同一性质的思潮在历史条件和文化传统不同的地方，也往往表现为不同的理论形态、理论主题、革命战略和道路。例如在二战以前，同一种主张经过无产阶级革命建立无产阶级专政的马克思列宁主义，在俄国就表现为以城市为中心的革命道路，即无产阶级政党把工作重心放在城市，集中力量发动工人运动，在和平时期，在城市进行合法斗争以争取工人群众准备起义和战争，而到革命危机来临的时候，就在城市中举行总罢工和工人武装起义，首先占领城市，然后进攻农村；反之，在半封建半殖民地、农民占人口多数的近代中国，则表现为农村包围城市，武装夺取政权的有中国特色的革命道路，即建立农村根据地，发动农民组织革命武装，以农村包围城市，最后夺取全国胜利的道路。这种不同的理论形态、理论主题、革命战略和道路，是把马克思列宁主义基本原理和当时当地的革命实际、历史条件、文化传统相结合的产物，又是在不同的条件下表现同一种马克思列宁主义思潮的。

所以，说来说去，王雨辰所谓历史条件、文化传统也罢，理论形态、理论主题也罢，同思潮的产生和表现有密切关系，但都不是判断一种思潮的性质的标准。为了判断一种思潮的性质，还得用马克思主义来评析这种思潮的基本原理、基本观点。那么，这是不是就是王雨辰所指责的那种"把他们的具体理论观点同我们的教科书原理作简单的对比"的"非历史主义的研究方法"？否，这里问题的关键在于，看你所说的"教科书原理"是不是真正的马克思主义？当你用马克思主义去评析一种思潮的时候，是不是运用了马克思主义的立场、观点和方法，而不是"简单的对比"？如果"教科书原理"体现了马克思主义的基本精神，为什么不能用它来评析"西方马克思主义"思潮的性质？如果"教科书原理"不体现马克思主义的精神，为什么不提出修改教科书的要求，而要全盘反对运用"教科书原理"，难道要根本取消教科书不成？而用马克思主义来评析别的思潮，"对比"不仅是不可避免的，而且是必要的，不对比，怎么能找出其基本的规定性和基本的区别性而判定其异同呢？而且只有在找出其异同之后，才能从历史条件、文化传统上去找出其原因,判断它们之间的"异",究竟是因为历史条件、文化传统不同而产生的理论形态、理论主题上的不同,还是思潮性质的根本不同。这哪里有什么"简单"的影子呢? 那为什么王雨辰要一个劲地指责这是"简单的对比"呢? 王雨辰在《当代》的结尾一语道破了他的奥秘,原来在他看来,"如果简单化地以唯物、唯心来看待西方马克思主义和西方哲学的关系,那就不可能真正理解他们的理论论题"。"西方马克思主义"同现代西方的唯心哲学到底是什么关系? 要是"西方马克思主义"确实以现代西方唯心主义哲学去解释、发挥、结合和补充马克思主义,那么,揭示其唯心主义性质,揭示其同马克思主义唯物主义的对立,又究竟有什么"简单化"之处? 为什么这样就"不可能真正理解他们的理论论题"? 难道指出了它的历史条件、文化传统,就能改变其理论的唯心主义本质吗? 就会把其基本理论的唯心主义性质变成只是一个理论形态、理论主题的问题吗? 显然不能。在实际上,这段话只是泄露了王雨辰不分基本观点是唯心主义还是唯物主义,硬把"西方马克思主义"说成是马克思主义的心计,而这,正是在我们国家里所绝不能允许的搞指导思想的多元化!

(五)全面地认识和评价"西方马克思主义"

揭示"西方马克思主义"思潮同列宁主义的对立,揭示"西方马克思主义"思潮按现代西方唯心主义哲学某个流派的精神去解释、发挥、结合和补充马克思主义,强调要划清马克思主义同"西方马克思主义"的原则界限,这丝毫也不意味着要全盘否定"西方马克思主义",因为这只是事情的一个方面,事情的另一方面是,尽管"西方马克思主义"思潮由于上述这种种特征而有许多错误和失误,但它毕竟提出或者重申了在马克思主义的发展过程中曾经遭到忽略或者偏离的问题,考察了当代发达资本主义社会中出现的许多新情况、新问题,试图引进20世纪西方的理论发展作为研究日常生活微观领域的思想工具,并揭露和批评了苏联模式的社会主义确实存在的一些弊端和缺点;"西方马克思主义"者在长达半个多世纪的研究和探索中相继推出的大量理论著作,为我们从历史的比较和国际的观察中,深入研究社会主义运动中一系列的重大问题,也为我们依据马克思列宁主义的基本理论和基本方法,结合不断变化着的客观实际,探索解决我们面临的种种新问题,从而丰富和发展马克思列宁主义,提供了极其丰富而重要的思想资料。邓小平曾经指出:"资本主义国家中一切要求社会进步的政治力量也在努力研究和宣传社会主义,努力为消灭资本主义社会的各种不公道、不合理现象直至实现社会主义革命而斗争。"[①]就总体而言,"西方马克思主义"也属于这种政治力量之列。

应当指出,"西方马克思主义"的以上两个方面的性质和作用,都是不以人们的意志为转移地客观存在着的、无法抹杀和否认的。问题在于,当我们在观察"西方马克思主义"的性质和作用的时候,必须根据这种实际情况,全面地把握它们。毛泽东在《矛盾论》中曾经说过:"研究问题忌带主观性、片面性和表面性","所谓片面性,就是不知道全面地看问题",并强调说"这样,是不能找出解决矛盾的方法的,是不能完成革命任务的,是不能做好所任工作的,是不能正确地开展党内的思想斗争的"[②]。在研究"西方马克思主义"的性质的场合,要是看到它同列宁主义相对立,按现代西方唯心主义哲学某个流派的精神去解释、发挥、结合和补充马克思主义的方面,就全盘否定它,那就会妨碍我们全面认识"西方马克思主义"的特征,进而妨碍我们积极吸取人类社会创造的一切有益的文化成果;而要是看到"西方马克思主义"的反资本主义的进步方面和某些积极作用,而把它等同于马克思主义,混淆马克思主义同"西方马克思主义"之间

---

① 《邓小平文选》第2卷,人民出版社1994年版,第168页。
② 《毛泽东选集》第1卷,人民出版社1991年版,第300—301页。

的原则界限,那就会从另一个方面妨碍我们全面认识"西方马克思主义"的特征,进而导致到搞指导思想多元化,危害马克思主义在意识形态领域中指导地位的确立和加强。

六、再评"西方马克思主义"就是马克思主义论

笔者在《马克思主义研究》2000年第5期上发表《评"西方马克思主义"就是马克思主义论》(以下简称《评论》)一文,针对王雨辰的相关观点进行评论以后,他又发表《我们到底应当怎样认识和评价当代西方马克思主义》[①](以下简称《怎样》)。虽然此文远没有像王雨辰自称的那样,对《评论》所"涉及的几个主要问题作系统的回答",但却在一些方面吐露出他以前一直极力掩盖和模糊的真正看法,这就为把关于"到底应当怎样认识和评论当代西方马克思主义"的讨论推进一步提供了条件,所以,笔者特在这里再就他的真正看法作一些评论。

(一)"必要补充"论是跪着造反的幌子

事情的起因是笔者在1982年天津人民出版社出版的《"西方马克思主义"》一书中对这一思潮的界定。笔者在那里界定"西方马克思主义"时,指出"它是指第一次世界大战以后,在十月革命胜利而西方革命相继失败的背景下,在西方资本主义国家中产生出来,既反对第二国际的新康德主义,又反对共产国际的'机械唯物主义',在对现代资本主义的分析和对社会主义的展望,在革命的战略和策略等问题上,提出了不同于列宁主义的见解;在哲学上,则提出了不同于恩格斯和列宁等马克思主义者所阐述的辩证唯物主义和历史唯物

---

① 王雨辰:《我们到底应当怎样认识和评价当代西方马克思主义》,载《马克思主义研究》2002年第2期。

主义的见解,要求重新发现马克思的原来设计,主要表现为'左'的意识形态"①。尽管笔者在这个界定中,作出的只是一个事实判断,如实地指出"西方马克思主义"在政治上和哲学上"不同于列宁主义的见解"、"不同于恩格斯和列宁等马克思主义者所阐述的辩证唯物主义和历史唯物主义的见解"这一客观事实,而并没有作出价值判断去指责和批评"西方马克思主义"的这个缺点或那个弊端,可还是引起了王雨辰的强烈不满。他在《江汉论坛》1997年第9期上发表的《当代西方马克思主义研究之我见》(以下简称《我见》)一文中指责笔者在这个界定中把"西方马克思主义"同列宁主义对立起来"缺乏根据";在《马克思主义研究》2000年第1期上发表的《当代西方马克思主义研究中若干问题的辨析》(以下简称《当代》)一文中,他又以首先提出西方马克思主义概念的柯尔施的观点为例,强调"列宁的哲学是20世纪马克思主义哲学发展的主流,西方马克思主义则是其必要补充",以此来否证笔者认为"西方马克思主义"在政治上和哲学上提出了"不同于"列宁主义的见解的界定。

笔者因为对王雨辰把同列宁主义泾渭分明地划分开来和对立起来的柯尔施的观点说成是对列宁主义"必要补充"的做法感到莫名其妙,实在无法理解,因此,在《评论》一文中特地详细揭示了清楚地体现在柯尔施《马克思主义和哲学》一书中的"西方马克思主义"同列宁主义的对立以及这种对立的性质:

第一,柯尔施把列宁主义同考茨基新老正统派作为一方,同以卢卡奇和柯尔施本人为代表的"今天的无产阶级运动中一切批判的和进步的理论趋向"作为另一方,在"一切主要的和决定性的问题上"明确地划分开来和对立起来。这就说明"西方马克思主义"同列宁主义的对立以及它在马克思主义发展中的"异端"地位,并不是别人强加给它的,而是其创始人之一的柯尔施自己安置的。

---

① 徐崇温:《"西方马克思主义"》,天津人民出版社1982年版,第22—23页。

第二，柯尔施宣称"列宁非常认真地要成为一个马克思主义者，却还是一个黑格尔派。据此他就嘲弄马克思和恩格斯在他们的革命发展开始时就建立的辩证唯物主义世界观"，其表现就是"列宁认为从黑格尔的唯心辩证法，过渡到马克思和恩格斯的辩证唯物主义，无非是一种替换：作为黑格尔的辩证方法的基础的唯心主义世界观，被一种不再是'唯心主义的'而是'唯物主义的'新的哲学世界观所代替。看来他没有注意到对黑格尔的唯心主义哲学的这样一个'唯物主义的颠倒'，至多只是包含着用被叫作'物质'的绝对去取代被叫作'精神'的绝对这样一种单纯术语上的变化罢了"。由于把唯物辩证法同唯心辩证法之间的本质区别首先归结为唯物同唯心的不同，归结为以物质还是以精神为世界本原的不同，这并不是列宁的发明，而是马克思本人在《资本论》第一卷第二版的《跋》中、在1868年3月6日致库格曼信中的多次阐述，因而柯尔施的上述言论就说明，"西方马克思主义"同列宁主义的分歧，并不限于对西方革命的具体道路的不同意见，而是关系到到底是坚持马克思的唯物主义还是转向唯心主义的哲学世界观的问题。

第三，柯尔施指责列宁坚持马克思的唯物主义路线，就是"把唯物主义和唯心主义之间的整个辩论拖回到从康德到黑格尔的德国唯心主义所已经超越的历史舞台上去了"，是回到了"关于'思维和存在'，'精神'和'物质'的绝对两极性去了"。由于把在思维和存在、精神和物质的两极中以哪一个为世界本原，看作是划分唯心主义和唯物主义的分界线，这也不是列宁的发明，而是恩格斯在《费尔巴哈与德国古典哲学的终结》中提出的著名论断，因此，柯尔施对列宁的上述责怪说明了，问题的实质在于柯尔施压根儿就反对把物质还是精神看作世界的本原来划分唯物主义和唯心主义的分界线，反对用唯物主义和唯心主义之间的不同来区分唯物辩证法和唯心辩证法。

第四，柯尔施认为，把思维和存在对立起来，并把思维看作是存在的反映，是一种形而上学的二元论，只有正统的资产阶级常识的天真的形而上学观点才认为思维独立于存在,并把真理定义为思维同外在于它并对它"镜子式的反映"的对象相符合,因此,他指责列宁坚持辩证唯物主义的反映论,就是摧毁了存在和意识、理论和实践的辩证相互关系,就是用倒退的方式修正马克思恩格斯的辩证唯物主义,而赞赏康德主义的二元论。

第五,柯尔施还指责列宁把其唯物主义哲学变成评价各门学科发现的"最高司法权威",造成了"特种的意识形态专政"。

根据上述事实,笔者指出:"西方马克思主义"同列宁主义的不同,早已发展成为在哲学的基本原理和路线上的根本对立,因而这是两种理论思潮的不同;并质问王雨辰把"西方马克思主义"同列宁主义这样泾渭分明地划分和相互对立,到底怎样"补充"到一起去的,而且凭什么说这种"补充"还是"必要"的呢?批评王雨辰提出的"西方马克思主义是列宁主义的必要补充"论,是在搞乱点鸳鸯谱的把戏。

奇怪的是,王雨辰在声称要对《评论》一文所涉及的主要问题"作出系统回答"的《怎样》一文中,却完全撇开了这样一个主要问题,只字不提他所说的"必要补充"究竟是什么意思、有什么根据,并以柯尔施对列宁的批评和指责为例,逐条论证"西方马克思主义"到底是怎样成为列宁主义的"必要补充"的。相反地,王雨辰硬把笔者在对"西方马克思主义"的界定中所作事实判断篡改成价值判断,乃至乱扣帽子,无中生有地责问笔者"能否因为柯尔施对列宁的哲学提出了批评,就把他刻画成'反列宁主义者'呢"? 笔者觉得王雨辰这是在转移视线,用一顶他自己捏造的什么"反列宁主义者"的帽子,去转移人们对他硬把柯尔施对列宁主义的指责和批判颠倒黑白地说成是对列宁主义的"必要补充"的视线。

然而,沿着《怎样》一文继续看下去,笔者又惊奇地发现:原来王雨辰并非不知道柯尔施的"西方马克思主义"同列宁主义的对立。不仅如此,王雨辰还说,出现这种对立的原因在于"柯尔施等西方马克思主义者的哲学理念同列宁存在着差别":列宁"这种模式的马克思主义哲学主要是一种知识论模式的哲学,它注重的是如何认识整个世界的一般规律和本质",而"柯尔施以及早期西方马克思主义者从'实践'的角度来理解和解释马克思主义哲学","在这种解释传统中","自然条件的地理和宇宙的发展……并不构成它的出发点","柯尔施由此批判马克思、恩格斯的后继者不理解马克思主义哲学这一理论特质,相反,把马克思的唯物主义哲学看作是一种脱离人类实践和历史、一般的社会哲学或者社会学理论,并用这种哲学去论证马克思的历史和经济的科学。而柯尔施认为这不过是多余地把他们自己哲学的落后性重新带入到马克思主义理论中。正是这种哲学理念的差异,导致了柯尔施对列宁唯物主义哲学的批评"。虽然在口头上王雨辰讲"这本来就是马克思主义哲学发展进程中的一个正常现象",但在实际上王雨辰却站在柯尔施一边对列宁等马克思恩格斯的后继者"把马克思的唯物主义哲学看作是一种脱离人类实践和历史、一般的社会哲学或者社会学理论","多余地把他们自己哲学的落后性重新带入到马克思主义理论中"进行讨伐了,因而自然就不再要羞羞答答把"西方马克思主义"装扮成是列宁主义的"必要补充"这一伪装了。

现在的问题是王雨辰明明知道柯尔施因为列宁把"他自己的落后性重新带入到马克思主义理论中"而对列宁的唯物主义哲学进行批判,他怎么还要把列宁主义同柯尔施等人创始的"西方马克思主义"说成是"主流"和"必要补充"的关系呢?笔者原来猜想这是由于王雨辰不了解柯尔施的观点而搞的乱点鸳鸯谱,现在看来不是这样,王雨辰的《怎样》一文清楚地说明:他是知道这两者之间的对立及其性质的,他在以前之所以要硬把"西方马克思主义"说成是对列宁主义的"必要补充",完全是为了要掩盖和模糊这两者之间对立,以便在"必要补充"的幌子下,把"西方马克思主义"说成是和列宁主义一样的马克思列宁主义。可是,这是在玩一种叫作"跪着造反"的极不体面的把戏。所谓"跪着造反",指的是站在"西方马克思主义"一边反对列宁主义的基本观点,可又不敢或者没有能力公开、直率、坚决、明确地清算被他所反对和抛弃的列宁主义,还硬要混淆是非、颠倒黑白地把"西方马克思主义"说成是列宁主义的"必要补充",在这里,"必要补充"论实际上只是充当了王雨辰对列宁主义跪着造反的幌子而已。而现在,他之所以干脆抛掉"必要补充"论这个伪装,则是因为他感到露出自己的本来面目,把"西方马克思主义"说成是贯彻马克思主义实践唯物主义的真精神,而把列宁主义说成是脱离人类实践和历史,把自己哲学的落后性重新带到马克思主义理论中去,王雨辰感到这样的时机已经成熟。这就是说,在过去,王雨辰举起"必要补充"论的幌子,说"西方马克思主义"和列宁主义一样都是20世纪的马克思主义,但列宁主义是主流,而马克思主义则是列宁主义的必要补充;在现在,王雨辰抛掉了"必要补充"论的幌子,说只有"西方马克思主义"才是真正的马克思主义,而列宁主义则把自己哲学的落后性重新带入马克思主义理论,使之脱离人类实践和历史。

(二)是实践唯物主义,还是行动唯心主义?

由于在《怎样》一文中王雨辰一再声称"'西方马克思主义'深刻地理解了马克思唯物主义哲学的真精神,高扬了马克思实践唯物主义的大旗,真正做到了马克思主义哲学的理论与实践的科学统一",并把马克思的哲学说成是"一种以人的'实践'为基础的实践本体论"。这样,问题就远远越出了单纯地弄清楚什么是"西方马克思主义"的哲学观点、弄清楚"西方马克思主义"到底是不是列宁主义的"必要补充"的范围,而直接涉及到马克思主义的唯物主义到底是不是一种以人的实践为基础的实践本体论? 什么是马克思唯物主义哲学的真精神,"西方马克思主义"到底是不是理解和贯彻了这种真精神?

到底什么是马克思的唯物主义哲学,什么是这种哲学的真精神?

马克思1845年《关于费尔巴哈的提纲》①(以下简称《提纲》)说明,马克思在哲学领域中实现的革命变革就在于,他在世界观领域中用新唯物主义去代替了旧唯物主义。在这个《提纲》的第一、五、九条中,马克思批评旧唯物主义只是从客体的或者直观的形式去理解对象、现实、感性,而不是同时也从主体方面,把对象、现实、感性当作感性的人的活动,当作实践去理解;在《提纲》第一条中,马克思还批评了唯心主义是不知道现实的、感性活动本身的,因此,它只是抽象地发展了能动的方面。在紧接着这个《提纲》之后写成的《德意志意识形态》中,马克思继续发挥了他的这种新唯物主义或实践唯物主义的世界观:马克思一方面强调"人类的感性活动,这种连续不断的感性劳动和创造、这种生产,正是整个现存感性世界的基础";另一方面,又坚持说"当然,在这种情况下,外部自然界的优先地位仍然保持着"②。所以,马克思的新唯物主义世界观具有两个基本点:既强调劳动实践具有创造财富、改造世界的巨大历史作用,把劳动实践引进世界观;又始终坚持外部自然界的优先地位,坚持劳动实践所受自然的制约性。这两个基本点都是不可或缺的,因为抛弃了第一个基本点,就不能同旧唯物主义划清界限;而抛弃了第二个基本点,就不能同唯心主义划清界限。显然,这两种情况都是不符合马克思的新唯物主义哲学世界观的基本精神的。但是,这丝毫也不意味着马克思的哲学世界观是一种二元本体论。这是因为,所谓二元本体论,是指把世界归结为两种互相独立而又性质不同的本原,而在马克思的新唯物主义世界观那里,虽然劳动实践被提升到世界本原的行列,但它并没有因此而把物质从世界本原中排除出去,也没有使劳动实践成为独立于物质之外的另一个独立本原,因为那样的劳动实践,将只是一个幽灵、一个抽象,就它本身来说,是根本不存在的。劳动实

---

① 《马克思恩格斯选集》第1卷,人民出版社1995年版,第54—57页。
② 《马克思恩格斯选集》第1卷,人民出版社1995年版,第77页。

践之成为世界本原,是以它物化在物质上面、改变物质的存在形态为前提的,它不仅不能创造物质,而且还必须与物质紧密地结合在一起。所以,在这里,只有新唯物主义的物质—实践一元论。

王雨辰在《怎样》一文中,说笔者认为实践唯物主义"实质上不过是把原有的哲学体系的逻辑起点从'物质'范畴变成了'实践'范畴,以为这就是马克思的'实践唯物主义'"。在这里,王雨辰又在歪曲笔者的观点了。关于马克思的新唯物主义世界观具有以上两个不可或缺的基本点,这是十多年来笔者发表的有关文章中的一贯看法,这里哪有什么王雨辰说的把马克思原有的哲学体系的逻辑起点从"物质"范畴变成"实践"范畴的半点影子呢?

在《德意志意识形态》中,马克思在指出人类的感性劳动是整个现存感性世界的基础之后,所说"在这种情况下外部自然界的优先地位仍然会保持着",到底是什么意思?仍然保持着优先地位的外部自然界,又是指的什么?

所谓外部自然界的优先地位,不仅是指先于人类而存在的外部自然界是人类感性活动的物质前提,而且也指在人类出现以后,虽然人类的感性活动是现存感性世界非常深刻的基础,但是,当人类的劳动一旦对象化、物化在外部自然界上面以后,它就成了外部自然界的一个组成部分,对于人类尔后的感性活动,对于下一代人来说,又作为预先存在的外部自然界而出现,又作为他们的感性活动的物质前提而出现,从而对于人类的感性活动具有着"优先地位"。所以,马克思恩格斯在《德意志意识形态》中强调说,尽管"一代传给后一代的"大量"生产力、资金和环境为新的一代所改变,但另一方面,它们也预先规定新的一代本身的生活条件,使它得到一定的发展和具有特殊的性质"[①]。

那么,马克思所说的这种外部自然界仍然保持着优先地位的状

---

① 《马克思恩格斯选集》第1卷,人民出版社1995年版,第91—92页。

况,对于马克思的唯物主义体系来说,是不是像王雨辰援引柯尔施的话所说的"虽然构成了不言而喻的科学前提,但是,它们并不构成它的出发点"?

他们的这种说法是没有根据的,因为确认外部自然界的优先地位的思想,始终是马克思哲学世界观的基石之一。

例如,早在《1844年经济学—哲学手稿》中,马克思就说:"没有自然界,没有感性的外部世界,工人就什么也不能创造"①;在《神圣家族》中,马克思恩格斯说:"人并没有创造物质本身,甚至人创造物质的这种或那种生产能力,也只是在物质本身预先存在的条件下才能进行"②;在《资本论》第一卷中,马克思指出:"人在生产中只能像自然界本身那样发挥作用,就是说,只能改变物质的形态,不仅如此,他在这种改变形态的劳动中,还是经常依靠自然力的帮助"③;在《哥达纲领批判》中,马克思又强调"劳动所受的自然制约性",而反对"给劳动加上一种超自然的创造力"④。

所以,王雨辰把马克思的唯物主义哲学说成是"一种以人的'实践'为基础的实践本体论",这种认为实践包容一切、统摄一切,是事物的唯一源泉、不存在游离于实践统摄之外的自然的观点,完全是一种无稽之谈。

事实是,马克思虽曾把活劳动说成是一种特殊的质,把工具和材料变成自己灵魂的躯体,使之起死回生,并追加新的劳动量;马克思虽曾把劳动说成是一种赋予对象以新的对象形式的创造形式的活动,是塑造形象之火,是酵母等等,但与此同时,马克思又着重指出:劳动活动并不能无中生有,而必须找到材料和工具作为其客观条件,在同它们的接触和联系中发挥作用。所以,马克思特别强调同物的

---

① 《马克思恩格斯全集》第42卷,人民出版社1979年版,第92页。
② 《马克思恩格斯全集》第2卷,人民出版社1957年版,第58页。
③ 《马克思恩格斯全集》第23卷,人民出版社1972年版,第56—57页。
④ 《马克思恩格斯全集》第19卷,人民出版社1963年版,第15页。

要素分离的活劳动,无论"从否定的方面来看",还是"从肯定的方面来看",都只是一种"主体的存在"、"纯粹主体的存在"①。据此,实践没有,也不可能成为包容一切和统摄一切的世界本原,因为"既然它是使物质适应于某种目的的活动,它就要有物质作为前提","使用价值总是有一个自然的基础"②;在《资本论》中,马克思又强调说:"种种商品体,是自然物质和劳动这两种要素的结合,如果把上衣、麻布等等包含的各种不同的有用劳动的总和除外,总还剩有一种不借人力而天然存在的物质基质","因此,劳动不是它所生产的使用价值即物质财富的唯一源泉。正如威廉·配第所说,劳动是财富之父,土地是财富之母"③。

所以,在马克思的新唯物主义哲学体系里,外部自然界的优先地位,并不像柯尔施、王雨辰所想象的那样,似乎只是一种"不构成出发点"的"科学前提",而是必须时时处处由此出发去观察问题和处理问题的基本出发点,抛掉了这个出发点,实践就会成为一种无中生有的东西,这种哲学体系就谈不上是什么实践唯物主义,而只能是一种行动唯心主义。在西方哲学史上,这种只讲人的行动的能动性,而不讲行动所受物质制约性的哲学的典型,便是实用主义哲学家杜威所说的"行动的唯心主义"。杜威在《确定性的寻求》一书中写道:"行动处于观念的核心,观念指导操作,而在操作产生的结果中,观念不再是抽象的、单纯的观念,而成为规定感觉对象的东西了",所以,"真正的知识对象便是在指导之下的行动所产生的结果"④。实用主义断然否认外部自然界的优先地位,却又奢谈什么"观念……规定感觉对象","知识对象是行动产生的结果",杜威直言不讳地称之为"行动的唯心主义",而王雨辰却指鹿为马地硬要把它说成是马

---

① 《马克思恩格斯全集》第46卷上,人民出版社1979年版,第252、253页。
② 《马克思恩格斯全集》第13卷,人民出版社1962年版,第25页。
③ 《马克思恩格斯全集》第23卷,人民出版社1972年版,第56—57页。
④ 杜威:《确定性的寻求》,英文1929年版,第167—168、169页。

克思的实践唯物主义。请问王雨辰：在马克思反复强调其新唯物主义哲学既强调劳动实践创造财富、改造世界的巨大历史作用，又始终坚持外部自然界的优先地位这样两个基本点的一贯论述面前，你有什么根据把实用主义的行动唯心主义之类的货色强加于马克思，把马克思的哲学世界观叫作什么"以人的实践为基础的实践本体论"？不，你鼓吹的这种实践本体论，绝不是马克思主义，而只能是一种唯心主义，一种标榜行动、实践创造一切的唯心主义。

如果说马克思始终坚持外部自然界的优先地位，那么，怎么能够把马克思的新唯物主义同费尔巴哈等人的旧唯物主义区别开来呢？的确，从表面上看，马克思的新唯物主义和费尔巴哈的旧唯物主义都确认外部自然界的优先地位，但其具体内容却是各不相同的：因为旧唯物主义把外部自然界看作是与人的实践不相干的、是排斥人的实践的；而马克思的新唯物主义则认为，具有优先地位的外部自然界，在人类社会诞生以后，在越来越大的范围内凝结着人类的物化劳动、对象化劳动，因而尽管它始终保持着优先地位，其具体面貌却又是在人类历史过程中不断地变化着的。所以，事情完全不像王雨辰所说的那样，似乎"高谈外部自然界的优先地位"，就必定"依然脱离实践、脱离辩证法、脱离人类实践的历史，站在旧唯物主义的立场上"。不，高扬劳动实践创造财富、改造世界的巨大历史作用，又始终坚持外部自然界的优先地位，这样才能站在新唯物主义的立场上，真正脚踏实地地观察和改造客观世界；否则的话，就只能生活在梦幻一般的世界里，从事着像编织"皇帝的新衣"那样的活动！

在"西方马克思主义"理论的研究中，笔者正是根据这样的理念来评价葛兰西针对马克思主义哲学界长期以来存在的严重状况，重提马克思在《提纲》中表述的新世界观，以及他所阐述的实践哲学的。这里所说的马克思主义哲学界长期以来存在的严重状况，是指的1845年马克思的《提纲》这个被恩格斯称作"包含着新世界观的天才萌芽的第一个文件"，在尔后几十年的长时期中却在马克思主义哲学界遭到了忽略或者偏离。所谓忽略,是说长期以来,人们往往把事情说成似乎马克思只是把实践引进了认识论、历史观,而同世界观无关;所谓偏离,是说长期以来,人们往往对马克思在《提纲》中明白无误的阐述作出偏离马克思主义原意的解释,其典型代表就是在一段时期里曾被称作是马克思主义哲学正统代表的普列汉诺夫。正是针对这种严重状况,葛兰西在《狱中札记(选)》中,以马克思的《提纲》为准绳展开评论说:"在实际上,在(马克思)关于费尔巴哈的第一条提纲中批判的唯物主义和唯心主义的彼此片面的立场正在重复着,现在还和那时一样,虽然处在历史的一个较为发达的时刻,在实践哲学发展的更高的水平上进行综合还是必要的";葛兰西还批评普列汉诺夫"滑到庸俗唯物主义里去了",他"提出问题的方式是实证主义方法的典型,并证明了他的思辨和编史的能力的贫瘠"[1]。在马克思主义的发展史上,葛兰西的这段论述是极其重要的,因为他以有力的方式重申了在马克思主义几十年的发展进程中长期遭到忽略和偏离的,马克思在《提纲》中表述的新唯物主义世界观的问题。

但是,与此同时,又必须看到,葛兰西并没有正确解决他所尖锐地提出的这个极其重要的问题。这是因为,由于受黑格尔主义的马克思主义指导思想的影响,葛兰西在力图按照《提纲》精神展开的"实践哲学"的构想中包含有一系列的错误:一是葛兰西把唯物主义混同于旧唯物主义。马克思在《提纲》中批判的,是旧唯物主义和唯心主义彼此片面的立场,而不是葛兰西所说的唯物论和唯心主义彼此片面的立场。二是马克思在《提纲》中提出的新世界观,并不像葛兰西所说的似乎是把唯物主义和唯心主义两种彼此片面的立场"综合"而成的,而是在批判地改造旧唯物主义和唯心主义,并吸取其中有价值的思想成分的基础上,创造性地提出新唯物主义而成的。三是葛兰西把马克思在《提纲》中提出的新世界观说成是"实践哲学的

---

[1] 葛兰西:《狱中札记(选)》,伦敦1971年版,第402、387页。

更高水平",也是不符合马克思的基本思想的,因为马克思再三强调自己是唯物主义者,而葛兰西所说的实践哲学却要"超越作为过去社会的表现的传统的唯心主义和传统的唯物主义"①。四是马克思的新世界观不仅高扬实践,而且强调即使"在这种情况下,外部自然界的优先地位仍然保持着",而葛兰西的实践哲学所确立的,却是"实践一元论",即"某种组织起来(历史化)的'物质'以及与被改造过的人的本性具体地、不可分解地连接起来的人的活动(历史—精神)中对立的同一性",也就是使外部自然界依存于人,依存于人的实践,使之成为实践内部对立的同一性中一方的实践一元论。以上数端,清楚地说明了葛兰西的上述论述并没有正确解决它所提出的问题。相反地,他所提出的实践哲学,同样地偏离了马克思的新唯物主义世界观,实际上对马克思的哲学作了一个和普列汉诺夫、苏联模式方向相反的歪曲,而陷入到唯心主义中去了。

所以,王雨辰所谓"葛兰西实际上深刻地理解了马克思唯物主义哲学的真精神,高扬了马克思实践唯物主义的大旗,真正做到了马克思主义哲学的理论与实践的科学统一"云云,只是表明王雨辰完全不是从马克思的新唯物主义的高度来观察和评析葛兰西的实践哲学,而是用葛兰西的实践哲学去曲解马克思的新唯物主义。在《怎样》一文中,王雨辰质问笔者:既然笔者所理解的马克思主义哲学是"实践唯物主义",而当"西方马克思主义"把马克思主义解释为实践唯物主义时,为何笔者自称是马克思主义者,而柯尔施以及"西方马克思主义"者却成了"反马克思主义者"呢?对于这种逻辑,他实在难以理解。首先需要重申的是笔者并没有像王雨辰所说的那样对葛兰西等人扣上什么"反马克思主义者"的帽子,而只是说"西方马克思主义"歪曲了马克思的新唯物主义的哲学世界观。笔者之所以要反复重申这一点,一是因为"西方马克思主义"者自己从来没有像王

---

① 葛兰西:《狱中札记(选)》,伦敦1971年版,第435页。

雨辰乱说的那样把马克思主义解释成"实践唯物主义",而只是把马克思主义说成是"实践哲学";二是因为"西方马克思主义"所讲的"实践哲学"对马克思的新唯物主义哲学世界观作了一个和苏联模式的哲学方向相反的歪曲,从另一端偏离了马克思主义。说"西方马克思主义"者歪曲了马克思的新唯物主义世界观,其逻辑就在这里。这有什么"难以理解"的呢?

(三)"明修栈道,暗度陈仓",只是为了搞指导思想的多元化

笔者在《评论》中批评王雨辰毫无根据地把"西方马克思主义"说成就是马克思主义,是在搞指导思想的多元化。王雨辰在《怎样》一文中指责笔者是在"随意地说这些不负责任的话"。那么,事实真相到底是怎样的呢,是"随意"的吗?是"不负责任"的吗?让我们用事实来说话。

事情还得从"西方马克思主义"的界定说起:笔者从70年代—80年代开始,把"西方马克思主义"思潮引入我国时起,就按照西方学术界的习惯用法,用"西方马克思主义"这个概念去特指卢卡奇、柯尔施等人发轫的不同意列宁主义的那股西方理论思潮,而不是泛指西方研究马克思主义的各种理论思潮,更不包括以马克思列宁主义为指导思想的西方国家共产党人的意识形态。为此,笔者在1982年出版的那本《"西方马克思主义"》中特地强调指出:"虽然'西方马克思主义'出现在西方,但却并不是一个单纯的地域性概念,而是一个意识形态概念。"

王雨辰在《怎样》一文中质问笔者"凭什么把自己的西方马克思主义概念体系自封为唯一正确的,而责备别人随意改变了'西方马克思主义'思潮的内涵与外延"。事实的真相并非如此:笔者只是按照西方学术界的习惯用法来界定和评价自己所引进的这一思潮,如果有人不同意西方学术界的这个习惯用法,认为"西方马克思主义"应该指西方所有研究马克思主义的各种思潮,那是他的自由,笔者无权也无意让他把思想统一到笔者的认识上来。但那样,就必定要按照实际内容来重新界定这个所谓的"西方马克思主义",因为在西方研究马克思主义的各种思潮中,既有以马克思列宁主义为指导思想的西方共产党的思想体系,又有不同意列宁主义的"西方马克思主义",还有反对马克思列宁主义的"西方马克思学"……反之,要是不分青红皂白地把它们搞在一起来个一勺烩,把它们统统说成就是马克思主义,那么在西方学术界来说,这是没有根据地乱说一通,而在我们这样的社会主义国家学术界来说,这还是在搞指导思想的多元化,因为我们是以马克思列宁主义作为指导思想的理论基础,要巩固和发展马克思主义在意识形态领域中的指导地位的。因此,如果说把上面所说的形形色色的思潮都说成就是马克思主义,那岂不意味着要我们把不同意列宁主义,乃至反马克思主义的东西也奉为指导思想?显然这是不能容许搞的指导思想多元化。

笔者之所以要在《评论》一文中,批评王雨辰的"西方马克思主义"概念是在搞指导思想多元化,其原因不仅在于他把显然不同于我们党的指导思想马克思列宁主义的"西方马克思主义"毫无根据地说成就是马克思主义,而且还采用了一种掩人耳目的迂回手法去达到他的目的:他把以马克思列宁主义作为指导思想的西方共产党的思想体系说成是他所说"西方马克思主义"的主要内容,这样,人们就无法对他把"西方马克思主义"说成就是马克思主义的做法提出异议,西方共产党不是跟我们一样也把马克思列宁主义奉为自己的指导思想吗?这就叫"明修栈道"。可是,在把他所说的"西方马克思主义"说成就是马克思主义时,王雨辰却又以卢卡奇、柯尔施等发轫,与列宁主义相对立的"西方马克思主义"作为他所说"西方马克思主义"的实际上的主要内容。这样,他就偷梁换柱地把卢卡奇、柯尔施等发轫,与列宁主义相对立的"西方马克思主义"轻而易举地说成就是马克思主义,这叫"暗度陈仓"。在这两者中间,前者是口头上的,是手段,所以叫作"明修栈道",而后者则是他实际上做的,是目的,因为做得偷偷摸摸,所以叫"暗度陈仓"。为什么要采用这种"明修栈道,暗度陈仓"的做法?显然,只能是为了搞指导思想的多元化。然而,正因为明修的是栈道,而暗度的却是陈仓,把两者不分青红皂白地搅到一起,就势必搞出种种矛盾、冲突来,弄得连王雨辰自己都无法自圆其说。如若不信,请看王雨辰自己编写的"西方马克思主义"的历史:王雨辰说在"西方马克思主义"的第一个阶段(20世纪20年代—40年代),主要代表是卢卡奇、葛兰西和柯尔施,其主要特征是"由于马克思主义阵营中教条主义和政治实用主义指导思想的束缚,他们的革命理论、革命策略、哲学理论基本上照抄照搬苏联,还没有形成自己的特色"。王雨辰既然以西方共产党的思想体系作为他所说的"西方马克思主义"的主要内容,那么请问:为什么不找一些体现这种思想体系的人物来作它的主要代表,而要找和这种思想体系站在对立地位的卢卡奇等人作为主要代表?既然把卢卡奇等人当作了它的主要代表,又为什么不把卢卡奇等人的思想特征当作这个阶段"西方马克思主义"思潮的主要特征,而要把"照抄照搬苏联,还没有形成自己的特色"这样的话语强加于卢卡奇等人呢?要知道卢卡奇、葛兰西、柯尔施发轫的"西方马克思主义",正是由于其坚决反对教条主义地在革命策略和哲学理论上照抄照搬苏联,提出具有自己的与列宁主义相对立特色的理论,才遭到共产国际的谴责和处分的,王雨辰怎么能够把这样一些相互矛盾、相互冲突的东西分派给"西方马克思主义"第一阶段的主要代表和作为其主要特征呢?很明显,王雨辰的这一段相互矛盾和相互冲突的描述,是因为他把明修的栈道和暗度的陈仓乱七八糟地搅到一起而必然产生的驴唇不对马嘴。

王雨辰说"西方马克思主义"第二阶段(20世纪40年代—60年代)里,关注的焦点是"工人阶级革命意识的培养、革命力量的分化组合","这在法兰克福学派那里体现得最为明显"。这又是一段因为把明修的栈道和暗度的陈仓乱七八糟地搅到一起而产生的指鹿为马的奇文。因为大家知道,在法兰克福学派那里,从40年代霍克海默、阿道尔诺的《启蒙的辩证法》,到50年代马尔库塞的《爱欲与文明》《苏联的马克思主义》,到60年代马尔库塞的《单面的人》、哈贝马斯的《理论和实践》、《技术和科学即意识形态》等著名代表作中"体现得最为明显的",并不是王雨辰所说"工人阶级革命意识的培养、革命力量的分化组合",而是刚好相反,极力渲染工人阶级没有革命意识,渲染无产阶级已经"融合"进资本主义制度,从而在保存和改善资本主义制度的现状方面的凌驾一切的利益,把现代社会最发达地区无产阶级和资产阶级这两个以前的敌对者联合了起来。王雨辰怎么能把和法兰克福学派理论旨趣截然相反的"工人阶级革命意识的培养"等等说成是法兰克福学派体现得最为明显的关注焦点呢?应当说这个时期西方共产党人确实关心西方工人阶级革命意识的培养,但是要请问王雨辰的是:为什么不让西方共产党人的代表,而要让在组织上同共产党绝缘,在思想上同共产党异趣乃至唱反调的法兰克福学派去"最为明显地体现"呢?

为了掩盖由于把明修的栈道和暗度的陈仓乱七八糟地搅到一起而产生的种种矛盾冲突以继续推进其搞指导思想多元化的目标,王雨辰又制造了种种借口和说法:

一曰不应把马克思主义归结为几条凝固化的原理,以此作为评价和衡量"西方马克思主义"的标准。因为这是一种撇开了西方具体的历史条件、文化传统、政治实践,而把他们的具体理论观点同我们的教科书原理作简单对比的非历史主义的研究方法。它会生吞活剥地把"西方马克思主义"同马克思主义在理论侧重点、理论主题、哲学理论建构上的不同,看成是理论思潮上的不同和对立。

王雨辰的这个说法是不对的。马克思主义作为一种思想、主义,包含有基本原理和由此构成的科学体系,以及一些个别论断。我们要坚持并作为行动指南的,是马克思主义的基本原理和由此构成的科学体系,既然要坚持,那就当然要弄清哪些是马克思主义的基本原理的问题,因为正是它们构成为马克思主义的质的规定性和与其他思潮相比的质的区别性。否则的话,又怎么能够辨别它是马克思主义而不是别的什么主义呢?当然,马克思主义是与时俱进的科学理论,把它凝固化是不对的,但是,马克思主义的立场观点方法、基本原理却必须加以坚持。在用马克思主义评定"西方马克思主义"的性质的时候,当然要把"西方马克思主义"同它所由以产生的历史条件、文化传统联系起来,但它们所说明的又终究只是产生这种思潮的背景和土壤,而并不提供判定思潮性质的依据,更何况在相同的历史条件下和文化传统中,还可以孕育出在性质上完全不同的思潮来。所以,从思潮由以产生的历史条件和文化传统中是推断不出思潮的性质的,只有从基本原理、基本观点的评定上,才可以判断一种思潮的性质。而当我们用马克思主义去分析和评定"西方马克思主义"思潮时,我们就会发现它同马克思主义的不同,既不是历史条件、文化传统的不同,也不是理论侧重点、理论主题、哲学原理建构上的不同,而是无产阶级马克思主义同左翼激进主义思潮的不同。

二曰"一源多流说"。王雨辰认为,"20世纪马克思主义发展的突出特点在于:出现了各种导源于马克思恩格斯的唯物史观的多种形态的马克思主义理论,马克思主义的发展出现了自我分化和多样化格局","只有从这种一源多流的发展观出发","才能避免那种'唯我独马'、'唯我独革'的独断做法,具体、科学、客观地考察西方马克思主义,从而从根本上推进我国的西方马克思主义研究"。

王雨辰的这个说法也是没有根据的。这是因为,为了判定一种思潮的性质,仅仅看它渊源何处,那是完全不够的,更主要的还得看它的基本内容、基本观点。例如,西方国家的社会党、社会民主党,在第二国际第四次代表大会以前,在纲领上绝大多数都以马克思主义的思想体系为依据,但在那以后,其中的许多政党,却从实践到纲领逐渐地由革命党变成在资本主义范围内搞改良的党,充当起"资本主义病床边的医生"来了。难道能够因为其思想体系在历史上也曾

"导源于马克思",而不顾其实践和纲领在尔后发生的变化和当前具有的基本内容,而把马克思主义的桂冠强加给西方社会民主党吗?

三曰不能简单地以唯物、唯心来判断"西方马克思主义",否则就不能真正理解他们的理论论题。王雨辰的这个说法同样是不正确的。"西方马克思主义"确实揭露和批评了第二国际的新康德主义和苏联模式的机械唯物主义等弊端,但它们却并没有因此而站到马克思的新唯物主义立场上来,葛兰西就是一个典型。葛兰西正确地批评了普列汉诺夫的实证主义,但由于他所提出的"实践哲学",并没有像马克思的新唯物主义那样,在从主体方面,把对象、现实、感性当作感性的人的活动,当作实践去理解的同时,又坚持外部自然界的优先地位,而是鼓吹一种使外部自然界依存于人和人的实践,使之成为实践内部对立同一性中的一方的实践一元论,这就使他在某种程度上成为他原来打算反对的、在唯心主义内部吸收马克思主义的一方。在这种情况下,从唯心、唯物的角度去评断"西方马克思主义"思潮,在指出和肯定其批判旧唯物主义和实证主义的同时,又揭示其唯心主义性质,以及它同马克思的新唯物主义的区别和对立,又究竟有什么简单化之处,而不能真正理解其理论主题呢?难道强调其历史条件、文化传统与别人不同,就能够把其基本理论的唯心主义性质变成只是一个理论形态、理论主题的问题吗?显然不能。

归结起来,王雨辰提出的这三种"必要补充"论调,都是不能掩盖其明修栈道、暗度陈仓,以便搞指导思想多元化的实质的。请问王雨辰:这样来评论你的理论建构,到底有什么"随意"之处,又究竟在哪里"不负责任"?王雨辰在他文章的标题中,不是提出"我们到底应当怎样认识和评价当代西方马克思主义"的问题吗?笔者认为,对于任何一个矢志于当马克思主义者的同志来说,答案只能是从当代西方马克思主义的实际出发,以马克思主义为指针,进行实事求是、恰如其分的评析,一切不顾客观实际,只凭主观臆想地信口乱说的做法,不论是什么"必要补充"论也罢,还是用明修栈道、暗度陈仓的办法去搞指导思想的多元化,都是错误的,行不通的。

七、三评"西方马克思主义"就是马克思主义论

段忠桥在《马克思主义研究》2002年第6期上发表的《西方马克思主义是马克思主义吗?》一文(以下简称段文),就如何看待西方马克思主义研究中的一些问题同笔者进行商榷,由于其中有些问题笔者已作过明确的论述,但段文却对此视而不见,或作了不符实际的描述,因而有再次重申并加以展开以澄清事实的必要,有些问题所涉及的事情则已远远越出了"西方马克思主义"的范围,直接关系到马克思主义的基本理论和我们党的指导思想,更有通过讨论弄清楚的必要。为此,特写此文作为对段文的答复,也就教于大家。

(一)关于列宁主义同马克思主义的关系

段文同笔者商榷的首要问题是关于列宁主义同马克思主义的关系问题。在"列宁主义等同于马克思主义吗?"的标题下,段文以笔者说过"在'西方马克思主义'同马克思主义的关系问题上,涉及的核心问题之一,便是'西方马克思主义'同列宁主义的关系"[1]为根据,指责说,"在徐崇温同志那里,列宁主义被完全等同于马克思主义","他所说的马克思主义实际上指的是列宁主义",他"以列宁主义划线",认为"凡是与列宁主义一致的理论就是正确的,凡是与列宁主义不一致的理论,就是错误的","把西方马克思主义同列宁主义的对立作为拒绝承认西方马克思主义是马克思主义的最主要的理由"。

段文的这些指责,是既不符事实也不合逻辑的。

---

[1] 徐崇温:《评"西方马克思主义"就是马克思主义论》,载《马克思主义研究》2000年第5期。

先说不符事实之处:事实是笔者在评述"西方马克思主义"思潮时,从一开始就把焦点集中在指出"西方马克思主义"对列宁主义的批评,在实际上都是针对列宁所表述的马克思主义基本原理上面,而并不像段文对笔者的观点所作漫画化的歪曲那样,似乎笔者在搞对列宁主义的"两个凡是"。

例如,在1982年出版的《"西方马克思主义"》一书中,在谈到卢卡奇时笔者就指出:"在《历史和阶级意识》中,卢卡奇还就自然辩证法、反映论、实践观等问题,提出了一些和恩格斯、列宁的观点截然相反的看法,虽然卢卡奇在提到恩格斯和他的有关论述时,总是把他和马克思区分开来,卢卡奇在驳斥反映论时,并没有提到列宁的名字,但是,由于恩格斯和列宁关于自然辩证法、反映论、实践观的论述,是马克思列宁主义哲学原理重要组成部分,因此,卢卡奇的这些相反看法,也就自然而然地构成了对马克思列宁主义哲学基础的挑战。"[①]

《"西方马克思主义"》一书在谈到柯尔施《〈马克思主义和哲学〉问题的现状》对列宁哲学观点的非难时,都就柯尔施对列宁的非难实际上是对列宁所表述的马克思主义观点的非难作了明确的辨析。例如,在谈到柯尔施指责列宁嘲弄马克思和恩格斯的辩证唯物主义世界观,认为从黑格尔的唯心主义辩证法过渡到马克思和恩格斯的辩证唯物主义,无非是一种唯心主义世界观被唯物主义世界观所代替这样一种交换,看来列宁"没有注意到对黑格尔唯心主义哲学的这样一个'唯物主义颠倒',至多只是包含着用被叫作'物质'的绝对去取代被叫作'精神'的绝对这样一种单纯术语上的变化罢了"。针对柯尔施的这种指责,《"西方马克思主义"》一书强调说:"应当指出,把唯物辩证法同唯心辩证法之间的本质区别首先归结为唯物主义同唯心主义的不同、归结为以物质还是以精神为世界的本原的不同(不是柯尔施所说的'被叫作物质的绝对'与'被叫作精

---

① 徐崇温:《"西方马克思主义"》,天津人民出版社1982年版,第94—95页。

神的绝对'的不同),这并不是列宁的发明,而是马克思本人的阐述"①;又如,在谈到柯尔施指责列宁的反映论把认识看作消极反映与和谐一致的发展时,《"西方马克思主义"》一书指出:"在马克思主义的发展史上,把认识看作是思维对存在的反映的,并不是始于列宁,而是马克思和恩格斯一贯坚持的观点","所以,在这里,只有列宁继承和发展马克思和恩格斯所坚持的反映论的问题"②,如此等等。

所以,事实是笔者只是如实地指出了"西方马克思主义"对列宁的责难都是在责难列宁所表述的马克思主义的基本观点,而丝毫没有把列宁主义"完全等同"于马克思主义,更丝毫没有要以列宁主义划线,搞列宁主义的"两个凡是"。之所以说"在'西方马克思主义'同马克思主义的关系问题上,涉及的核心问题之一,便是'西方马克思主义'同列宁主义的关系",其原因就在于它是通过责难列宁,来对马克思主义的一些基本原理提出挑战的。所以,这里只是如实地描绘了"西方马克思主义"这一思潮的一个特征,而丝毫没有把列宁主义等同于马克思主义的意思,更没有以列宁主义划线,把"西方马克思主义"同列宁主义的对立,视为拒绝承认"西方马克思主义"是马克思主义的最主要理由的痕迹。

再说段文对笔者指责的不合逻辑之处:既然"西方马克思主义"对马克思主义基本原理的许多挑战都是以指责列宁主义的方式提出来的,而在实际上,被指责的列宁的这些观点,并不是列宁的新发明,而恰恰是马克思本人的观点、马克思主义哲学的一些基本原理,那么试问段文,从这样的论述中得出徐崇温把"列宁主义完全等同于马克思主义","所说的马克思主义实际上指的是列宁主义","以列宁主义划线"的结论云云,到底根据的是什么逻辑?从人们对逻辑的正常理解来说,这是完全不合逻辑的。合乎逻辑的推理至多只能说:

---

① 徐崇温:《"西方马克思主义"》,天津人民出版社 1982 年版,第 142—143 页。
② 徐崇温:《"西方马克思主义"》,天津人民出版社 1982 年版,第 146—147 页。

徐崇温认为"西方马克思主义"对列宁主义的指责,是一种"项庄舞剑,意在沛公"的把戏;"西方马克思主义"指责的,实际上是它所不喜欢、不同意而又被列宁所表述和重申的马克思主义哲学的基本原理。

笔者没有把列宁主义完全等同于马克思主义,没有以列宁主义划线,但这又丝毫不意味着笔者同意段文把列宁主义同"西方马克思主义"不分是非曲直地并列为什么"引申意义上的马克思主义"的说法和做法。段文把马克思主义分为马克思和恩格斯的"原本意义的马克思主义"和"引申意义的"马克思主义,即"马克思恩格斯逝世以后,人们从原本意义的马克思主义出发,在不同历史时期和不同国家提出的新理论";认为"列宁主义是原本意义的马克思主义与俄国革命实践相结合的产物,是具有俄国特色的引申意义的马克思主义",它与其他形态的引申意义上的马克思主义如"西方马克思主义",分别适用于俄国和西方,他先是自己提问说"列宁主义能作为当代西方各国人民的指导思想吗?"然后自己回答说"不能要求他们必须坚持以列宁主义为指导"。

段文的这些说法是有悖于历史事实的。

诚然,从一种意义上说,列宁主义确实是马克思主义与俄国革命实践相结合的产物,但又远远不限于此。因为列宁主义在把马克思主义和俄国革命实践相结合的同时,首先是把马克思主义和帝国主义与无产阶级革命时代的实际相结合,提出了在帝国主义时代资本主义发展不平衡,以及社会主义革命可以在帝国主义最薄弱的环节上突破的新理论,改变了马克思和恩格斯在自由竞争资本主义时代认为社会主义革命要在主要的发达资本主义国家同时发动和陆续取胜的理论观点,而又在无产阶级革命的根本问题上推进了马克思主义的理论。正因为列宁主义把马克思主义和时代特征、俄国实际相结合,这才有十月革命的伟大胜利,才有社会主义从理想到现实的飞跃,才有人类从资本主义向社会主义过渡这一历史新纪元的开辟。所以,段文以列宁主义是马克思主义和俄国革命实践相结合为借口,否定其对于西方各国人民的指导意义,是没有根据的。当然,这丝毫不意味着其他国家都要照抄照搬俄国革命的具体模式,但这不仅在西方国家是如此,在东方国家也还是如此。例如,在我们中国,要不是毛泽东用新民主主义理论指导我国人民用适用于中国而不同于俄国的方法,走十月革命的道路,那么中国革命也是不会取胜的。但是,这又丝毫不是说,列宁主义只适用于俄国,而不适用于其他国家了。在人类由资本主义过渡到社会主义的时代,在时代主题还是战争和革命的时候,列宁主义是具有国际意义的。正因为这样,根据在共产国际1920年第二次代表大会上通过的加入共产国际的条件,所有参加共产国际的党,也即包括西方国家共产党在内的世界各国的共产党,都是以主张实行无产阶级专政的必要性、斥责资产阶级和各式各样的改良主义者为条件的,也就是把列宁主义当作自己的指导思想的。

　　段文引证党的十五大通过的《中国共产党章程》中关于"中国共产党以马克思列宁主义、毛泽东思想、邓小平理论作为自己的行动指南"的一段论述,加以解释道:"马克思列宁主义是马克思主义和列宁主义的简称,其中的马克思主义指的是马克思的理论,列宁主义指的是列宁的理论,前者即是原本意义的马克思主义。"段文在这里回避了一个重要问题:既然根据他的说法,列宁主义只是原本意义的马克思主义与俄国革命实践相结合的产物,是具有俄国特色的"引申意义的马克思主义",那么,《中国共产党章程》为什么要把据段文说具有俄国特色、只适用于俄国的列宁主义和马克思主义结合起来称作马克思列宁主义,并以此作为"自己的行动指南"?按照段文的逻辑显然是说不通的。而且,实际情况也正是如此,这就说明段文对列宁主义的界定至少是片面的、不完全符合客观事实的。事实是,1924年的共产国际第五次代表大会之所以把"马克思主义"与"列宁主义"合称为"马克思列宁主义",并认为"共产国际及其各支部的首要任务之一,就是把这种先进的理论——马克思列宁主义变为自己党员的共同财富",就是因为它力图表明"跟第二国际的伪马克思主义相反,列宁主义是革命的马克思主义的复活,它所包含的每一个论点对于无产阶级的日常斗争是具有实际意义的"[1]。

段文还说:"自20世纪20年代以来,在西方各国真正坚持列宁主义的流派不能说没有,但毕竟为数不多,影响较少",因此"如果以列宁主义划线","又有多少流派可以称之为马克思主义的"? 应该说,这都是段文凭自己的想象虚构出来的问题。如前所述,根据加入共产国际的条件,世界各国的共产党都是以马克思列宁主义作为自己的指导思想的,尽管由于种种主客观原因,他们至今还没有能够领导本国人民实现从资本主义到社会主义的过渡,在苏东剧变、世界社会主义运动处在低潮谷底时期还陷于空前困难的境地,但他们正在总结经验、重新分析世界和国内形势的基础上,努力把马克思主义和本国实际结合起来,从低谷中努力奋起,段文凭什么无视他们的客观存在而说什么"有多少流派可以称之为马克思主义的"呢? 当然,这丝毫不是说除了世界各国的共产党人之外,就没有赞成马克思主义的人了。事情正如邓小平在1992年南方谈话中所指出的:"我坚信,世界上赞成马克思主义的人会多起来的,因为马克思主义是科学","因此,不要惊慌失措,不要认为马克思主义就消失了,没用了,失败了。哪有这回事!"[2]

(二)关于评价"西方马克思主义"思潮性质的标准

段文同笔者商榷的另一个更为核心的问题,是到底用什么作为评价"西方马克思主义"思潮性质的标准。

笔者认为,判断包括"西方马克思主义"在内的各种思潮在性质上是否属于马克思主义的标准,是要看这种思潮是否根据和运用马

---

[1] 《共产国际文件汇编》第2册,三联书店1965年版,第54、56页。
[2] 《邓小平文选》第3卷,人民出版社1993年版,第382—383页。

克思主义的基本原理和基本方法研究新情况、解决新问题。这就是说,第一,它要以马克思主义基本理论和基本方法作为观察形势和解决问题的指导线索;第二,它要不断结合变化着的实际,探索解决新的政治经济社会文化基本问题的答案[1]。

与此形成对照的是,段文在同笔者商榷时提出:包括"西方马克思主义"在内的"引申意义的马克思主义具有两个基本特征:第一,它们都同原本意义的马克思主义有某种继承关系;第二,它们都提出了与原本意义的马克思主义不同的新理论"[2]。

这两种评价标准有什么区别?笔者认为,这两者之间存在很大的区别:

第一,笔者认为一种思潮要以马克思主义的基本理论和基本方法作为观察形势和解决问题的指导线索,才是马克思主义性质的;段文则认为只要同原本意义的马克思主义"有某种继承关系"就行了。大家知道,马克思主义是由基本理论和由基本理论构成的科学体系,同一系列个别论断所组成的。笔者认为,只有坚持、继承了马克思主义的基本理论和由此构成的科学体系,在思潮的性质上才是马克思主义的;反之,要是只搬用了马克思主义的个别论断,甚至只搬用了马克思用过的个别词句、术语,这样的"继承"关系是不能保证这种思潮的马克思主义性质的。

第二,据此,笔者认为,一种思潮只有在研究新情况、探索解决新问题的答案时,说出了马克思所没说过但却符合时代特征和客观实际的新话、新观点、新理论时,才是马克思主义性质的;正因为这样,马克思主义才能历经100多年连续不断的理论创新,仍然是一个一脉相承的科学真理的统一体。反之,如果像段文那样,认为一种思潮

---

[1] 参见徐崇温:《西方马克思主义理论研究》,海南出版社2000年版,第102、104页。

[2] 段忠桥:《西方马克思主义是马克思主义吗?》,参见《马克思主义研究》2002年第6期。

只要"提出了与原本意义的马克思主义不同的新理论",而不问这种新理论是否以马克思主义基本理论和基本方法为指导线索,又不问这种新理论是否符合时代特征和客观实际,就一概称之为是马克思主义性质的,那岂不是要把马克思主义变成一个泥沙俱下、鱼龙混杂的大杂烩?

正因为用以评价"西方马克思主义"思潮性质的标准不同,因此笔者与段文对"西方马克思主义"性质的评定也有所不同:段文认为"西方马克思主义各流派的理论一方面继承原本意义的马克思主义,另一方面又在此基础上提出了自己的新理论,它们就应当被视为引申意义的马克思主义"[①]。反之,笔者怎么会认为"西方马克思主义"思潮在性质上不是马克思主义的呢?对此,笔者在《西方马克思主义理论研究》中明确指出:"西方马克思主义以马克思主义自诩,声称要回到'马克思原来的设计',并努力思考解决当代人类面临的种种迫切问题,探索西方社会走向社会主义的道路,但为什么到头来成了连美国田纳西大学教授高尔曼都把它说成是'非唯物主义的'呢?问题出在指导思想上。西方马克思主义者观察形势、解决问题的指导线索,并不是马克思主义的基本理论,而是按照现代西方唯心主义哲学的这个或那个流派的精神去解释、发挥、补充和结合马克思主义而成的折中主义混合物,从而这样那样地偏离了马克思主义的轨道。"[②]这段话也从另一个角度清楚地说明了段文指责笔者根据"西方马克思主义"同列宁主义的对立而把"西方马克思主义"说成是非马克思主义的,完全是没有根据的。它说明:笔者之所以认为"西方马克思主义"不是马克思主义,并不是因为它同列宁主义的对立,而是因为它以西方唯心主义哲学同马克思主义的折中混合物为指导思想,从而这样或那样地偏离了马克思主义的轨道;说到底,它

---

① 段忠桥:《西方马克思主义是马克思主义吗?》,参见《马克思主义研究》2002年第6期。

② 徐崇温:《西方马克思主义理论研究》,海南出版社2000年版,第104页。

之所以在哲学上同列宁主义相对立,在指责列宁主义的名义下向由列宁所表述和重申的马克思列宁主义的哲学基础提出严峻挑战,其深层次的原因也在这里。

段文指责笔者"研究西方马克思主义的首要目的是为了'旗帜鲜明地同错误的东西划清界限'",应该说这个指责是不确切的。因为笔者说的是"在我们以马克思主义基本理论为指导研究西方马克思主义的理论观点的时候,必须牢牢把握两个基本环节:其一,旗帜鲜明地同错误的东西划清界限……其二,大胆地吸取和借鉴一切有价值的思想成分"①。第一,这里说的是以马克思主义理论为指导研究"西方马克思主义"理论观点时必须牢牢把握的两个基本环节,而不是段文所说的什么"研究西方马克思主义的首要目的";第二,为什么在这里要把同错误的东西划清界限列为第一个环节?其原因就在于"西方马克思主义"以马克思主义和西方唯心主义哲学的折中混合物作为自己的指导思想,这样那样地偏离了马克思主义的轨道,而又自诩为马克思主义,声称要回到马克思原来的设计,这样,这里就存在一个辨析的问题。

这种辨析有没有必要?笔者认为,这种辨析不仅有迫切的必要性,而且还正是马克思主义的一贯要求。自从马克思主义形成、在工人运动中发挥影响以后,就出现了对马克思主义的多种多样的、有时甚至是跟马克思的本意截然相反的解释和阐述,以马克思主义自诩的思潮有如过江之鲫,多如牛毛,对于这众多思潮,是否都要不加辨析地定位为马克思主义?马克思的答复是否定的。1890年8月27日,恩格斯在致保·拉法格的信中,针对当时许多年轻的资产者纷纷涌入党内"都在搞马克思主义"的情况指出,"关于这种马克思主义者,马克思曾经说过'我只知道我自己不是马克思主义者'"②。为什

---

① 徐崇温:《西方马克思主义理论研究》,海南出版社2000年版,第4—5页。
② 《马克思恩格斯选集》第4卷,人民出版社1995年版,第695页。

么马克思没有像段文所说的那样,把这些后人所搞的"马克思主义"统统说成是什么"引申意义上的"马克思主义,而要郑重声明自己不是这种"马克思主义"意义上的马克思主义者呢?原因就在于这种所谓的"马克思主义"虽以马克思主义自诩,但在性质上却和马克思的学说旨趣迥异,所以,在经过辨析以后,马克思要强调指出他不是这种"马克思主义"意义上的马克思主义者。难道马克思的这个典型示范的举措,不是清楚地说明了经过辨析同错误东西划清原则界限的必要性吗?邓小平也指出:"我们要向资本主义发达国家学习先进的科学、技术、经营管理方法以及其他一切对我们有益的知识和文化,闭关自守、固步自封是愚蠢的。但是,属于文化领域的东西,一定要用马克思主义对它们的思想内容和表现方法进行分析、鉴别和批判。"[1]这不是在强调辨析的必要性,又是什么呢?所以,通过辨析分清是非、决定取舍,这是马克思主义的一贯要求。

段文认为,之所以说"西方马克思主义"也是一种"引申意义上的马克思主义",是因为它和马克思以后的其他形式的引申意义上的马克思主义一样都在一定程度上继承了马克思的理论,都试图从马克思的某些理论出发去说明发展变化了的社会历史,都力图提出适合各国情况的反对资本主义和实现社会主义的理论。段文在这里忽略了存在着两种截然不同的"结合"的情况:马克思主义所倡导的,是马克思主义基本理论和各国各地革命建设实践的结合,它所导致的,是马克思主义世界观的统一和切合各国各地不同具体情况的多样化发展,这是一种既解决了实践中的问题,又丰富了马克思主义理论宝库的结合。"西方马克思主义"所倡导和实践的,却是把马克思主义和现代西方唯心主义哲学这样两种截然不同的世界观的折中混合,因而它所导致的就不是马克思主义世界观的统一和切合各国各地不同具体情况的多样化发展,而是"公说公有理,婆说婆有理"

---

[1] 《邓小平文选》第3卷,人民出版社1993年版,第44页。

的真理多元化。应该说,"西方马克思主义"半个多世纪以来的历史表明,正是这种在指导思想上把两种截然相反的世界观"结合"起来,使得"西方马克思主义"在对西方革命道路的探索中不断碰壁,遭到挫折和失败。

段文担心把"西方马克思主义"说成在性质上不是马克思主义,"那只能得出马克思恩格斯之后西方几乎再无马克思主义可言的结论","它只能使我们处于一种非常尴尬的境地","认为在当代西方国家几乎不存在马克思主义的流派","自马克思恩格斯逝世以后,信奉他们理论的人已越来越少,反对他们的理论的人倒越来越多"。段文还充满激情地质问道:"难道我们研究西方马克思主义的目的就是为了告诉人们这些吗?"

这完全是一种从主观想象出发的危言耸听!

由于种种主客观的原因,在20世纪的发展进程中,马克思主义的社会主义理想没有按照马克思和恩格斯的设想在西方发达国家得到实现,这是一个不容回避的客观事实,但面对着这同一个客观事实,站在不同立场上的人,却可以得出截然不同的结论,帝国主义资产阶级辩护士曾经一而再再而三地据此去驳斥马克思主义,宣告马克思主义失灵,在1989年—1991年苏东剧变解体、世界社会主义运动进入低潮以后,他们更公然宣扬什么"历史的终结"和马克思主义消失论;然而,和这些资产阶级预言家的痴心梦想相反,从20世纪90年代中叶开始,在西方发达资本主义国家却出现了一波又一波的"马克思热":从巴黎到纽约到伦敦以及其他地方,接连召开了有数百乃至数千学者参加的,以纪念马克思恩格斯和《共产党宣言》、讨论全球化和人类解放等等为主题的国际学术会议。1999年秋天,英国广播公司还经过国际互联网上几周时间的反复评选,最后选定马克思为千年最伟大、最有影响的思想家,位居爱因斯坦、牛顿、达尔文、康德、尼采等人之前,这同样是一些不容抹杀的客观事实。那么,为什么在世界社会主义运动处在低潮的时候,在西方世界反而会出现这种"马克思热"？最根本的原因在于资本主义弊端丛生，而批判资本主义的马克思主义颠扑不破。有一位美国学者说，只要我们仍然生活在资本主义社会，马克思主义就仍将是合乎时宜的；只要巨大的阶级不平等、人类痛苦和压迫还存在，就有必要存在马克思主义这样的批判理论和它的社会变革思想，因为马克思主义仍然在为解释资本主义社会的当代发展提供理论来源，并且包含着仍然能够帮助我们争取改造当代资本主义的政治来源。事情正如法国学者德里达在《马克思的幽灵》一书中所说的，在资本主义具有10个无法愈合的伤口的情况下，"不能没有马克思，没有马克思，没有对马克思的记忆，也就没有将来"。这种现象的出现，清楚地说明了马克思主义的强大吸引力，也雄辩地证实了邓小平所说的"世界上赞成马克思主义的人会多起来的，因为马克思主义是科学"。

我们对于当代西方世界出现"马克思热"这种现象当然感到欢欣鼓舞，但又不宜对它作出不切实际的错误估计，似乎卷入到这种"马克思热"中去的人都成了马克思主义者了。事实是：有些非马克思主义者的西方左翼学者在谈论马克思主义、为马克思主义辩护时，并没有抛弃他们原先的不同于马克思主义的理论立场。例如，前引法国学者德里达在《马克思的幽灵》一书中，就是站在解构主义的立场上来为马克思主义辩护的，他所说的马克思主义是一种被解构性的阅读所重写过的马克思主义；同样地，英国学者吉登斯在声称要致力于在社会主义经济规划已经失信的地方再现其意义的时候，在他的心目中，"社会主义不再是对资本主义的一种另类选择"，"现在似乎再没有人认为除了资本主义之外我们还有别的什么选择"。

所以，在西方发达资本主义国家中，究竟哪些人、哪些流派是属于马克思主义性质的、是马克思主义者，那完全得看他们的理论是否以马克思主义的基本理论为指导，研究新情况解决新问题而定，而不是可以由任何人来封赏的。在这里，需要的是实事求是，我们通过研究要告诉人们的，也应该是客观存在的实际情况，而既不是在面对世界社会主义运动陷入低潮谷底时感到消极颓丧、悲观失望,也不是见到有人出来为马克思主义辩护、宣讲马克思主义某个方面的当代意义时,就头脑发热,把大家都说成马克思主义者了。这样做的结果,是否会使人觉得信奉马克思主义理论的人已经越来越少?上述"马克思热"现象的持续出现,清楚地说明了"杞国无事忧天倾"是完全没有必要的,也是于事无益的。而且随着资本主义弊端的愈益深刻的暴露,随着这种"马克思热"由学术层次逐渐向政治、政党层次发展,随着西方国家共产党人和人民群众把马克思主义基本理论同本国实际日益紧密地结合起来,随着中国等社会主义国家的现代化建设取得越来越大的成就,向人类表明社会主义优于资本主义、社会主义是必由之路,西方国家的马克思主义流派、马克思主义者是必定会日益茁壮地发展起来的。

(三)关于指导思想的多元化问题

段文同笔者商榷的又一个问题,是说以会导致指导思想的多元化作为反对承认"西方马克思主义"是马克思主义的理由"毫无道理"、"最不能让人接受",因为"各种引申意义上的马克思主义都是人们从原本意义的马克思主义出发在不同时期和不同国家提出的新理论,因而都具有鲜明的时代性和地域性","即使承认西方马克思主义是一种正确的引申意义的马克思主义,那至多也只能认为它对当代西方各国人民反对资本主义追求社会主义运动具有指导意义,从中根本得不出它也是我国的指导思想的结论","实际上,承认西方马克思主义是一种引申意义的马克思主义,不但不会导致我国指导思想的多元化,反而会防止出现指导思想的多元化",因为承认邓小平理论是当代中国的马克思主义,"这就内在地规定了只有以邓小平理论为主要内容的综合意义的马克思主义才能是当代中国的指导思想"。

段文的这些论述,是以忽略两个极其重要的问题为前提的。

一个重要问题是和致力于把马克思主义基本理论和西方国家的实际情况相结合的西方国家的共产党人和马克思主义者不同,"西方马克思主义"首先致力于把马克思主义同现代西方唯心主义哲学的这个或那个流派的精神加以折中混合,以此作为他们观察和解决问题的指导思想。对于前者,正如邓小平所强调的"我们历来主张世界各国共产党根据自己的特点去继承和发展马克思主义,离开自己国家的实际谈马克思主义,没有意义"[1]。反之,对于后者则显然应当作实事求是、恰如其分的辨析,同其中的错误划清界限,又吸取它所包含的文明成果,这两者都是必不可少的。

　　另一个问题是,在马克思主义的发展进程中,不同国家的共产党人和马克思主义者所信奉和实践的马克思主义,不仅有地域性、特殊性的一面,又有普遍性、共同性的一面,这个普遍性、共同性的一面,就是马克思列宁主义的基本理论。虽然共性包含在一切个性之中,但在各个特殊的个性之中又毕竟存在着共性和普遍性。正因为如此,早在1956年我们党的八大的开幕词中,毛泽东就强调"把马克思列宁主义的理论和中国革命的实践密切地联系起来,这是我们党的一贯的思想原则"[2];邓小平则指出:"马克思列宁主义的普遍真理与中国革命的具体实践相结合""这句话本身就是普遍真理。它包含两个方面,一方面叫普遍真理,另一方面叫结合本国实际,我们历来认为丢开任何一面都不行"[3]。所以,段文用把各国党的指导思想地域化的做法当作防止指导思想多元化的措施提出来,是完全不可取的,因为这意味着丢开了这个"结合"中普遍真理的一面,从而也就使之不能实现。正是因为这个缘故,邓小平历来都是一方面强调马克思主义普遍真理必须同各国革命实际相结合,否则的话,"就算你

----

[1] 《邓小平文选》第3卷,人民出版社1993年版,第191页。
[2] 《毛泽东文集》第7卷,人民出版社1999年版,第116页。
[3] 《邓小平文选》第1卷,人民出版社1994年版,第258—259页。

用的公式是马克思主义的,不同各国的实际相结合,也难免犯错误"[1];另一方面,又反复告诫说马克思主义基本理论必须坚持,"老祖宗"丢不得。例如,他说:"我们搞改革开放,把工作重心放在经济建设上,没有丢马克思,没有丢列宁,也没有丢毛泽东。老祖宗不能丢啊!"[2]

就连段文中引用《中国共产党章程》所说"中国共产党以马克思列宁主义、毛泽东思想、邓小平理论作为自己的行动指南",也清楚说明了马克思主义普遍真理和中国革命实际相结合的道理。按照段文的说法,各国党的指导思想只有鲜明的地域性。既然邓小平理论是当代中国的马克思主义、当代中国的指导思想,那为什么我们党还要把马克思列宁主义和毛泽东思想、邓小平理论、"三个代表"重要思想、科学发展观一道作为自己的行动指南呢?其原因就在于它们是一脉相承的,就在于在马克思列宁主义中包含有各国共产党人和马克思主义者在从本国实际出发、同本国实际结合中,必须始终坚持的马克思主义普遍真理。

那么,把"西方马克思主义"说成也是马克思主义,是否就像段文所说的那样,"只能认为它对当代西方各国人民反对资本主义、追求社会主义的运动具有指导意义,从中根本得不出它也是我国的指导思想的结论"呢?完全不是这样的。

第一,既然"西方马克思主义"按照现代西方唯心主义哲学的这个或那个流派的精神去解释、发挥、补充、结合马克思主义,那么,它在思潮的性质上就不同于马克思主义,虽然它也反对资本主义、追求社会主义,但它所理解的资本主义和社会主义以及对它们的态度都不同于马克思主义,因而就不可能成为信奉马克思列宁主义的西方共产党人和马克思主义者的指导思想。

第二,既然"西方马克思主义"是这样一种在性质上不同于马克

---

[1] 《邓小平文选》第2卷,人民出版社1994年版,第318页。
[2] 《邓小平文选》第3卷,人民出版社1993年版,第369页。

思主义的思潮,因此,在我们这样一个以马克思列宁主义为指导思想的共产党领导的社会主义国家里,硬把"西方马克思主义"说成也是马克思主义,就必然会在人们对马克思主义的理解上、在指导思想上混淆是非,引起混乱,这丝毫也没有因为"西方马克思主义"讲的主要是西方国家的情况而有所变化。例如,"西方马克思主义"的创始人卢卡奇把马克思主义说成是一种人道主义;"西方马克思主义"的重要代表阿尔都塞把马克思主义说成是一种理论上的反人道主义。要是我们采纳了段文的论点和论据,把"西方马克思主义"说成也是马克思主义,那么试问:我们应该怎样理解指导我们思想的理论基础马克思主义同人道主义的关系呢?是把它理解为人道主义,还是理解为理论上的反人道主义,还是既是人道主义,又是理论上的反人道主义呢?这不是在搞指导思想的多元化又是什么呢?再如,当代"西方马克思主义"的主要代表哈贝马斯就公然宣称有"四个事实"是"反对马克思"的:一是国家干预经济意味着经济不再是自主的;二是广大人民生活水平的提高,意味着不再能把社会解放的兴趣连接在直接的经济形式中;三是作为批判理论意义上的无产阶级已经瓦解;四是马克思主义落到了作为苏联独裁政权的国家意识形态而发挥作用的地步。他还认为马克思主义的劳动价值论已经失效,因为科技进步已经成了独立的剩余价值源泉;在发达工业社会,技术统治已经取代了阶级统治,马克思主义的阶级斗争理论已经不能到处搬用;在经他重建的"历史唯物主义"中,社会发展动力不再是社会基本矛盾而是社会交往,资本主义社会的基本矛盾已经不再是生产社会化和私人占有性之间的矛盾,而是表现为生活世界的殖民化的系统和生活世界的矛盾,而科学技术则成了意识形态……要是按照段文的说法,把这种"西方马克思主义"说成也是马克思主义,试问:它们同马克思列宁主义的基本原理怎能不构成矛盾冲突?把相互矛盾冲突的这两者都说成是马克思主义,怎么能不造成指导思想的多元化?

第三篇　具体分析

一、透视"青年卢卡奇热"

最近几年来,在我国学术界一个不大不小的范围内,出现了一股"青年卢卡奇热"。

著名的匈牙利哲学家、文学家卢卡奇,不仅在匈牙利的历史上,而且在马克思主义哲学发展的历史上,都是一个重要人物。在青年时代,卢卡奇曾经在《历史和阶级意识》这部著作中,对马克思主义的哲学世界观,作过一种反对机械唯物主义和经济决定论的重要探索,因为在这种探索中他偏离到了另一个与此相反的极端中去,所以,既遭到了合理的批评,也受到了过度的指责。在晚年,卢卡奇在回顾和剖析自己青年时代的这种探索和失误的基础上,力求在《社会存在本体论》这部遗著中,全面准确地把握马克思主义的哲学世界观。在卢卡奇活动频繁、多方涉猎的一生中,仅此一个方面,就值得我们加以认真地分析研究,从中引出应有的经验教训,供我们借鉴和参考。

怎样评价卢卡奇?匈牙利社会主义工人党中央在1983年发表的《匈牙利纪念乔治·卢卡奇诞辰100周年提纲》中,采取了把对卢卡奇毕生的评价与对青年卢卡奇的探索和失误的分析区分开来的办法,它认为:卢卡奇是"20世纪的一位伟人,马列主义思想的卓越代表"。同时,又指出:"在20年代中期的著作中,卢卡奇仍然错误地认为,无产阶级的阶级意识具有创造历史和现实的'救世'力量。他的革命主观主义、救世主式的左的倾向和对客观的自然辩证法的否认,一方面导致了对他思想的合理批评(在这一借口下,也有不少教条主义的指责);另一方面,后来成了修正主义、假激进派和新左派思潮的发源地。"

而我国学术界有些从业多年的研究者却把卢卡奇一生中的正确与错误捆在一起加以颂扬,特别是既不顾客观事实、也不顾卢卡奇后来的自我剖析,使劲地去吹嘘青年卢卡奇抽象的、唯心主义的实践观;把它和马克思的实践唯物主义等同起来,进而把它同我们的改革、同马克思主义的发展联系起来,这就形成了一阵很不正常的"青年卢卡奇热"。

例如,有的研究者把青年卢卡奇在《历史和阶级意识》中提出的抽象的、唯心主义的实践观说成就是"马克思主义的实践唯物主义",说卢卡奇所"开辟的道路的确就是我们理论工作者在今天正在进行的改革之路";有的研究者则认为卢卡奇的"实践是百折不挠地把马克思主义理论付诸现实的革命实践,他的理论则是热切关心现实、受革命实践密切影响的马克思主义理论",说卢卡奇是"在同各种流派的机会主义、假马克思主义的斗争中成为一名著名的马克思主义理论家的",说卢卡奇"不仅对西方的马克思主义理论发生过重大影响,而且也对东方社会主义各国的马克思主义理论发生了越来越深刻的影响"。这些研究者甚至把当前我国理论界对许多问题的讨论说成是"卢卡奇在二三十年代已提出的观点的进一步展开",进而把研究卢卡奇奉为研究和发展当代马克思主义的必由之路:"越来越多的人逐渐认识到,要想研究20世纪的马克思主义,要想发展当今的马克思主义,就不能不去深入研究卢卡奇的思想。"

有鉴于这些研究者对青年卢卡奇,特别是其实践观倾注了那么多的关心,本节打算专就这种实践观所据以提出的背景、渊源、根据和具体内容进行一点具体分析,指出它同马克思主义哲学世界观的原则区别所在,以此去透视这股把错误当作正确的"青年卢卡奇热",从中引出必要的经验教训,划清马克思主义和非马克思主义、反马克思主义的原则界限。

(一) 青年卢卡奇在《历史和阶级意识》中提出实践问题的原因

为什么青年卢卡奇在《历史和阶级意识》一书中,要以其特有的方式突出地提出实践的问题?这得从当时哲学舞台上的景象说起,从葛兰西所说的当时的哲学舞台上正在重现着马克思在《关于费尔巴哈的提纲》中所描述的那种景象说起。

在马克思之前,在哲学舞台上存在着双峰对峙:一是实证主义与浪漫主义的对立,另一是直观唯物主义与强调能动性的唯心主义的对立。

在法国革命和资本主义工业化以前,在资产阶级启蒙思想家那里,自然是启蒙思想的中心范畴,人类进步的道路是和自然和谐一致的,资产阶级的要求就是人的自然权利。一旦清除了国王和牧师的有害影响,自然的仁慈统治就会保证社会和谐、物质繁荣、正义与和平。人类不应去打扰自然,而应当让自然去走自己的路,因为自然是同理性相符合的。

但是,在那以后,在资产阶级思想家那里,自然同理性的联盟破裂了,代之而起的,是以鼓吹科学主义和工业进步为一方,同以宣传科学技术使人贫困和具有非人的后果为另一方,这两股思潮之间的对立,即实证主义思潮与浪漫主义思潮的对立。

鼓吹科学主义和工业进步的实证主义思潮,强调人借助于人本身所形成的理智武器去遭遇和克服未知的东西的能力,认为这种能力导致人日益发展其对自然环境(包括他自己的较为原始的本能)的支配。所以,它认为,科学技术进步就整个来说,是一个用计算和控制的世界来扫除习俗和无知的世界的有益过程,这个过程还由于把在自然科学中行之有效的方法用来研究人本身,而无可限量地加速着。它断言,工具合理性支配人类事务而社会福利则将被对效用的精确标定所预先决定和规划好。

反之,宣传科学技术进步使人贫困和具有非人后果的浪漫主义思潮则认为,技术进步远不是给人带来快乐和满足,而是把人从自然那里引开,从而使人同他自己的本质存在相分离开来。因为人同自然的关系是一种有机关系,自然不仅是人的生活的源泉,也是人的想象、人的关于美与和谐的观念,而工业技术却以侵犯人本身为代价去征服自然。然而,一旦切断了把人和自然统一起来的纽带,人就变成一种没有根基、迷失方向的存在,只是以内部的精神上的丧失为代价去获得外部的物质上的成就。这是因为机器、技能的精致化和复杂化,逐渐把人的成就转过来反对人本身,使人们不再能在他们自己创造的世界里认识他们自己,社会变得同它本身相异化。所以,浪漫主义思潮主张用"有机"概念代替"机械"概念,用直觉代替理性,用信任代替批评,用神话、民间传说代替资产阶级的价值。

马克思强调了在资本主义社会的条件下,科学技术发展所具有的两重性。他明确指出,科学技术是一种推动生产发展的革命力量,它的发展为取代和消灭雇佣劳动制创造必要的物质条件;另一方面,科学技术又被资产阶级拿来当作对无产阶级和劳动人民实行专政和进行勒索的有力工具,使之由发展生产的手段变成统治和剥削生产者的手段,它使工人畸形发展,把工人贬低为机器的附属品,并使工人受劳动的折磨:"在我们这个时代,每一种事物好像都包含有自己的反面,我们看到,机器具有减少人类劳动和使劳动更有成效的神奇力量,然而却引起了饥饿和过度的疲劳。新发现的财富的源泉,由于某种奇怪的、不可思议的魔力而变成贫困的根源。技术的胜利,似乎是以道德的败坏为代价换来的,随着人类愈益控制自然,个人却似乎愈益成为别人的奴隶或自身卑劣行为的奴隶,甚至科学的纯洁光辉仿佛也只能在愚昧无知的黑暗背景上闪耀。我们的一切发现和进步,似乎结果是使物质力量具有理智生命,而人的生命则化为愚钝的物质力量。现代工业、科学与现代贫困、衰颓之间的这种对抗,我们时代生产力和社会关系之间的这种对抗,是显而易见的、不可避免的和毋庸争辩的事实。"①马克思不仅深刻地揭示了实证主义与浪漫主义的这种双峰对峙,而且还把包含在这种对峙中的积极见识结合起来,又用无产阶级革命将产生出一种超越资本及其不可克服的矛盾的新制度的理论,去打破浪漫主义与实证主义对峙的这种永恒的资产阶级循环。马克思指出:"因此,古代的观点和现代世界相比,就显得崇高得多。根据古代的观点,人,不管是处在怎样狭隘的民族的、宗教的、政治的规定上,毕竟始终表现为生产的目的,在现代世界,生产表现为人的目的,而财富则表现为生产的目的。事实上,如果抛弃狭隘的资产阶级形式,那么,财富岂不正是在普遍交换中造成的个人的需要、才能、享用、生产力等等的普遍性吗?财富不是人对自然力——既是通常所谓的'自然'力,又是人本身的自然力——统治的充分发展吗?财富岂不正是人的创造天赋的绝对发挥吗?这种发挥,除了先前的历史发展之外没有任何其他前提,而先前的历史发展使这种全面的发展,即不以旧有的尺度来衡量的人类全部力量的全面发展成为目的本身。"②然而,在马克思主义尔后的发展过程中,马克思所开创的这种吸取实证主义与浪漫主义的对峙双峰所包含的积极见识,而打破其永恒循环的传统,在第二国际以及第三国际中像考茨基、布哈林这样一些"正统派"马克思主义者那里却中断了,取而代之的是:信仰科学技术的启蒙精神、实证主义繁荣昌盛与生根开花,而浪漫主义则逐渐枯萎下去。于是,哲学舞台上又重新出现了实证主义与浪漫主义双峰对峙的景象,而考茨基、布哈林这样一些"正统派"马克思主义者则不是打破这个循环,而是简单地站在实证主

---

① 《马克思恩格斯全集》第12卷,人民出版社1962年版,第4页。
② 《马克思恩格斯全集》第46卷上,人民出版社1979年版,第486页。

义一边反对浪漫主义,瓦解对工业化消极后果的批判,日益增长地、非反思地崇尚工业进步,信仰工业化的赎救力量。

和实证主义与浪漫主义的双峰对峙并列的,是旧唯物主义与唯心主义的双峰对峙。

马克思在1845年的《关于费尔巴哈的提纲》中,既批评了旧唯物主义对"对象、现实、感性,只是从客体的或者直观的形式去理解,而不是把它们当作感性的人的活动,当作实践去理解,不是从主体方面去理解",又批评了唯心主义"不知道现实的、感性的活动本身",而提出用立足于"人类社会或社会的人类",致力于"改变世界"的"新唯物主义",也即《德意志意识形态》中所说的"实践的唯物主义"去包摄旧唯物主义和唯心主义所包含的积极见识,而打破旧唯物主义与唯心主义的双峰对峙的永恒循环。

然而,在马克思主义尔后的发展过程中,马克思《关于费尔巴哈的提纲》中对旧唯物主义的这种批判,在普列汉诺夫、布哈林这样一些"正统派"马克思主义者那里却沉寂下去了。到了19世纪末20世纪初,在这些"正统派"马克思主义者的理论中,哲学唯物主义的思想被继承下来了,而对于世界观领域中主体能动性的强调却被抛弃了,在他们那里,马克思主义的哲学世界观逐渐接近于带有"不是从主体方面"去"理解对象、现实、感性"这个"主要缺点"的旧唯物主义。

这种现象不仅存在于第二国际中,而且也存在于共产国际的某些"正统派"马克思主义者中。例如,在当时曾经广泛流行的布哈林的《历史唯物主义理论——马克思主义社会学通俗教材》一书,就强烈地表现出了片面夸张自然界对人类社会的影响而贬低人类社会对自然界影响的倾向:"我们已经知道,人和自然界之间的'物质变换',就是物质力量从外部自然界输入社会,人的能量的消耗(生产),是从自然界汲取能量,而这一能量应当给予社会(社会成员之间分配产品),并由社会吸收(消费);这一汲取则又是进一步耗费的基础,如此循环往复,再生产的轮子就是这样旋转不已。"①

但是,布哈林的这个被奉为"马克思主义的"观点,在实际上并不是马克思主义的观点,因为它忘却了劳动这个人和自然之间的物质变换过程,恰恰是由"人以自身的活动来引起、调整和控制"的,在这个过程中,"人自身作为一种自然力与自然物质相对立",而且首先是人"使他自身上的自然力——臂和腿、头和手运动起来","通过这种运动作用于他自身的自然并改变自然"②。布哈林在这里所表述的,实际上是一种自然主义的历史观,事情正如恩格斯所指出的那样:"自然主义的历史观(例如,德莱柏和其他一些自然科学家都或多或少有这种见解)是片面的,它认为只是自然界作用于人,只是自然条件到处在决定人的历史发展,它忘记了人也反作用于自然界,改变自然界,为自己创造新的生存条件。日耳曼民族移入时期的德意志'自然界',现在只剩下很少很少。地球的表面、气候、植物界、动物界以及人类本身都不断地变化,而且这一切都是由于人的活动,可是德意志自然界在这个时期中没有人的干预而发生的变化,实在是微乎其微的。"③

于是,在20世纪的哲学舞台上,就再次重演着马克思在半个世纪以前所描绘的情景:"和唯物主义相反,能动的方面却被唯心主义抽象地发展了。"④

在卢卡奇和葛兰西等人的心目中,发展着这个"能动的方面"的,有:马克思主义队伍中非正统的左翼少数派,如卢森堡,以潘涅枯克为代表的"马克思主义的荷兰学派"等等,他们认为1905年俄国革命所例证的群众罢工思想,为第二国际时代德国社会民主党的进化主义立场提供了一种激进的、唯意志论的矫正。

---

① 布哈林:《历史唯物主义理论》,人民出版社1987年版,第131页。
② 《马克思恩格斯全集》第23卷,人民出版社1972年版,第202页。
③ 《马克思恩格斯全集》第20卷,人民出版社1971年版,第574页。
④ 马克思、恩格斯:《费尔巴哈》,人民出版社1988年版。

非马克思主义的社会主义者,如意大利的蒙德尔福,德国的兰德劳,以麦·阿德勒为代表的"奥地利马克思主义者",以及法国的索列尔、饶勒斯等。

马克思主义和工人运动之外的资产阶级唯心主义哲学家和社会理论家,如生命哲学家狄尔泰、柏格森、席美尔、胡塞尔,新康德主义哲学家文德尔班、拉斯克、韦伯等人。他们重申着意识、精神、意志、想象、直觉构成世界的唯心主义信念,并且从19世纪的最后10年开始,还针对在资产阶级和马克思主义队伍中都十分流行的唯物主义和实证主义思潮,发动了一场"对于主观性的新的唯心主义的保卫"。一方面,他们敌视社会主义;另一方面,他们对于资本主义社会工业化和异化的浪漫主义批判,他们对于主观性的唯心主义强调,却又保持着重要的社会批判冲力。

然而,这些新唯心主义者也像他们的先驱一样,当然"是不知道现实的、感性的活动本身的",因此,他们在展开对资本主义的浪漫主义批判中,就不可避免地把马克思主义对资本主义社会的批判颠倒了过来。例如,麦·韦伯关于社会的官僚主义合理化的分析,席美尔关于文化的悲剧的理论,就把马克思对资本主义社会过程的批判,转变成对于"现代世界"、对于永恒的"人的状况"的过程的批判。

这样,在时光过去了半个多世纪以后,在20世纪初的哲学舞台上就又重现着马克思在《关于费尔巴哈的提纲》中所指出的那种可被称作是"前马克思景象"。用葛兰西的话来说,就是"在现实中依然重复着在〔马克思的〕《关于费尔巴哈的提纲》中遭到批判的唯物主义和唯心主义的彼此片面的立场"[①]。

(二) 卢卡奇写作《历史和阶级意识》的思想背景

当卢卡奇跻身哲学舞台的时候,他所面对的正是这种在重现着

---

① 葛兰西:《狱中札记(选)》,伦敦1971年版,第402页。

的"前马克思景象"。那么,卢卡奇对此是怎样进行干预的呢? 这得从考察卢卡奇写作《历史和阶级意识》一书的思想背景入手来进行分析。

卢卡奇在德国受教育时,大学生活正由新康德主义、现象学,以及对于实证主义的各种非理性主义和浪漫主义的反动所支配着。卢卡奇在1934年6月21日发表的《〈唯物主义和经验批判主义〉对共产党布尔什维克化的意义》,以及1967年为《历史和阶级意识》再版所写序言中,曾多次谈到他写作《历史和阶级意识》之时的思想背景。他写道:"我当初是席美尔和麦·韦伯的学生(我曾受到德国各种哲学流派——'精神科学'的影响),在哲学上是从主观唯心主义向客观唯心主义,从康德向黑格尔发展的。同时,工团主义哲学(索列尔)对我的发展产生了很大的影响。加强了我的浪漫的反资本主义的倾向","我在1922年完成的《历史和阶级意识》(写于1919年—1922年)成了这些思潮的哲学总汇"①。卢卡奇还说,他当时"正在一个世界性危机中从一个阶级转向另一个阶级",所以"内心泛起各种彼此冲突的思想潮流","就我能够追忆的那些岁月来说,我的思想一直在这样两端徘徊:一方面是吸收马克思主义和政治行动主义,另一方面则是纯粹唯心主义的伦理成见不断增强","尽管我从黑格尔那里得来的伦理唯心主义回响着浪漫的反资本主义的高调,这种唯心主义对我在这场危机后关于世界的看法仍然起了很大作用"②。在卢卡奇所说"在哲学上是从主观唯心主义向客观唯心主义,从康德向黑格尔发展"的这个思想历程中,特别值得一提的是,他受新康德主义海德尔堡学派的影响。

新康德主义是在19世纪下半叶产生于德国的一个以"回到康德那里去"为口号的哲学思潮,这一思潮的马堡学派致力于把具有客

---

① 卢卡奇:《〈唯物主义和经验批判主义〉对共产党布尔什维克化的意义》,载《在马克思主义旗帜下》1934年第4期。
② 卢卡奇:《历史和阶级意识》,剑桥1971年版,第7页。

观性的科学概念和哲学范畴，当作逻辑的结构来解释，它主要关心于给科学提供一种合理的认识论和抨击形而上学，并坚持把哲学的范围限于逻辑和认识论，强调科学和伦理学、事实和价值之间的严格区分。这一思潮的另一个学派是海德尔堡学派，和马堡学派相比，它要反实证主义得多，它主要致力于在康德的实践理性和理论理性学说的基础上论证自然科学和社会科学的对立。这一流派的主要代表是文德尔班和李凯尔特，然而，在思想上具有巨大影响的，却是非正统的新康德主义者，晚年越来越走向一种正统的新黑格尔主义的狄尔泰。狄尔泰认为，真正的历史认识是对于历史的内在经验，而科学认识则是一种理解外部现象的尝试，历史之所以是可以理解的，主要因为它是由内在精神的"客体化"所组成的。和理性主义的分析的认识方式相反，狄尔泰强调直觉，他致命地打击了早期新康德主义把哲学限于逻辑和认识领域的企图，而把本体论重新导回到哲学中。海德尔堡学派不仅支持传统的康德主义关于自然科学和社会科学之间的划分，而且还进而肯定历史知识在某些方面要比科学知识更实在，肯定释义学的直觉要比原因分析更加可靠。

对青年卢卡奇发生强烈影响的，正是新康德主义的海德尔堡学派。当时，卢卡奇在海德尔堡学习，是席美尔的学生，拉斯克、韦伯的亲密伙伴，受到狄尔泰的强烈影响。所以，他不是采纳较为正统的新康德主义的认识论上的不可知论，而是认为可以通过对于本质的现象学直觉来获得真理；强调传统的康德主义对于自然和文化所作区分，敌视对于同样可以适用于自然和历史的一般发展法则的自然主义探讨，认为历史是永远不能服从因果法则的独特而不可重复的事件的领域，因而把科学知识和历史知识、把因果分析和解释学直觉尖锐地区别开来，认为后者才是知识的高级形式。

虽然卢卡奇不久就从康德前进到黑格尔，从主观唯心主义前进到客观唯心主义，但他在写《历史和阶级意识》时，还倾向于通过戴着新康德主义派和新黑格尔主义派的眼镜去阅读马克思。卢卡奇在该书中把自然说成是一个社会范畴而拒斥自然辩证法等种种做法，充分反映了他把新康德主义海德尔堡学派将历史和自然割裂开来的做法带进了马克思主义研究，他的这些观点，其思想背景和理论基础就在这里。

另一个需要强调指出的思想背景，就是卢卡奇本人多次提到的浪漫的反资本主义。

所谓浪漫主义，是从19世纪初期开始，取代古典主义而在欧洲流行的一种文艺思潮，它一方面反映了由1789年法国大革命所唤醒的人民群众的解放运动，人民群众反对封建主义和民族压迫的斗争，在政治上反抗封建主义和基督教会的联合统治，文艺上反抗法国的新古典主义；另一方面，又反映了广大社会阶层对于18世纪革命后果的普遍失望，因为法国大革命胜利后所确立的资产阶级专政和资本主义社会秩序，宣告了启蒙运动理想的破灭。在当时席卷欧洲的浪漫主义运动，正是对资本主义制度胜利的一种反动。

浪漫主义的一个本质特征是主观性，即偏重于表现主观理想，抒发强烈的个人感情，把精神生活看作是同卑俗的物质实践活动相对抗的唯一崇高价值，并看重描写个人的主观世界和内心感受。浪漫主义的另一特征是对大自然的歌颂和对城市文明的诅咒，接受"回到自然"的口号，甚至提出"回到中世纪"的口号。

所以，浪漫的反资本主义对于资本主义的批判通常都带有片面的性质，即只是指出它的阴暗面，而看不到随着新的资本主义制度的胜利而到来的进步的东西，并认为摆脱社会历史矛盾的出路在于创造实际上是为中世纪的过去作辩护的幻想的理想。

在《历史和阶级意识》中，卢卡奇正是根据这种浪漫的反历史主义，对资本主义作了非历史、非辩证的描绘，即把资本主义描绘成从一开始就是一个社会衰退和精神分裂的过程，它不是把资本主义的发展看成是一种既解放又摧毁的冷酷无情的推动力，而是看作一个形而上学消极性的包住的网。同时，卢卡奇在《历史和阶级意识》中也没有强调工业和科学发现的解放性后果,没有强调从必然领域进到自由领域需要有大规模工业基础上高度发达的生产力、高度有效的劳动生产率的物质内容,而是对科学技术进行片面的抨击。

由于同第二国际等片面强调实证主义、启蒙精神的一面相比,卢卡奇在《历史和阶级意识》一书中反其道而行之,突出强调了反浪漫的资本主义,因而无论是赞成还是反对《历史和阶级意识》的人,都把卢卡奇将浪漫的反资本主义引入马克思主义研究,看成是该书的一个突出特征。例如,阿拉托和勃里安斯在《青年卢卡奇和西方马克思主义的根源》一书中,认为青年卢卡奇《历史和阶级意识》一书的"显著贡献",就在于"他把〔新浪漫的反资本主义〕这种社会和文化理论思潮带进了马克思主义"[1]。而琼斯则指出,"《历史和阶级意识》在马克思主义思想史中所占据的特殊地位",就在于"它代表着资产阶级的浪漫派反科学传统对于马克思主义理论的第一次主要的闯入。它并不像人们不时说的那样,是简单地回到黑格尔和青年马克思的湮没了的传统,而是恢复由狄尔泰、席美尔和德国浪漫传统的思想中介的、在他们那里看到的某些命题。正因为这个浪漫派的反科学传统是由一个在其中欧的同时代人中唯一地非常深刻地阅读和研究过《资本论》的哲学家翻译进马克思主义的,因而它所产生的著作《历史和阶级意识》就是一本极端机智和有说服力的著作"[2]。

(三)青年卢卡奇实践观的历史源流

由于卢卡奇是带着这样的思想背景,对哲学舞台上的"前马克思景象"进行干预的,因此,他的哲学世界观就很自然地打有这种烙印,带有这种特色。

如果说,作为第二国际的正统的考茨基主义,其哲学上的本质特

---

[1] 阿拉托、勃里安斯:《青年卢卡奇和西方马克思主义的根源》,纽约1979年版,第211页。

[2] C.S.琼斯:《早期卢卡奇的马克思主义》,载《新左派评论》1971年第70期。

征之一在于把自然主义引入马克思主义，把历史当作由普遍的因果法则所支配的一个过程，从而把宿命地拒斥革命活动加以合法化的话，那么，由卢卡奇的《历史和阶级意识》所开创的"黑格尔主义的马克思主义"则企图沿着反自然主义的道路去重新解释历史唯物主义。

所谓反自然主义，是浪漫的反资本主义思潮的一个极其重要的哲学侧面。这个发轫于19世纪与20世纪之交的反自然主义造反，其总趋向是唯心主义的，它重申主体对于物质世界的首要性，但却拒斥把自然科学的方法扩展到用来研究人的意义。它认为社会和文化现象是独特的、历史上特殊的经验，不能把它们包括在由自然科学家构造的抽象的演绎体系的。

卢卡奇在《历史和阶级意识》中沿着反自然主义的道路去重新解释历史唯物主义，但又和资产阶级反自然主义者赋予抽象的精神官能以首要性的做法不同，卢卡奇赋予被看作是主体和客体相互作用的社会实践以首要地位，把社会实践这个概念当作是观察和解决思想和现实之间，经济基础和政治——意识形态上层建筑之间，以及理论和实践之间关系的透镜。这样，卢卡奇的《历史和阶级意识》就重新恢复了实践在马克思主义中的推动力，但是，在另一方面，正因为卢卡奇是从其新康德主义——新黑格尔主义和浪漫的反资本主义的思想背景出发，来恢复这种实践冲力的，这就不能不赋予其实践观以独特的特色。

卢卡奇在《历史和阶级意识》中，是从德国古典哲学传统提出实践问题的。

德国古典哲学中的批判哲学，作为其基础的思想，是认为思维只能把握它本身所创造的东西，并力求通过把整个世界看作是被自我所创造的来控制世界。但这样一来，物自体就成了不可逾越的障碍，于是，直观的理性主义发现自己陷入了不可解决的二律背反之中：必然的现象世界和自由的实体世界之间的深渊。为了超越这个二律背反，思维就不得不从单纯的直观进入实践，因为只有在这个脉络关系中才有可能设想被理想化为生产着的存在的思维主体。可以在康德的《实践理性批判》中,在费希特、席勒、谢林等人通过艺术克服主体客体的二元论的努力中,看到发现"同一的主体—客体"的预示。在这些克服二元论的努力中,直观理性被看作是实践的直觉理解所代替。艺术被认为是通过创造一个具体的总体而对二律背反的解决,但为了使这种解决发生作用,就必须把创造神话化,把世界美学化。

然而,解决这个问题的真正位置,并不是在艺术中,而是由黑格尔在历史中发现的:"只有当'真实的不仅〔被理解〕为实体,而且被理解为主体',只有当主体(意识、思想)既是辩证过程的生产者又是其产物,只有当结果是主体在一个它是其自觉形式的自我创造的世界中活动,以及只有当世界以充分的客观性加诸于它时,只有在那时,辩证法的问题,以及连同主体和客体、思维和存在、自由和必然的对立的废除,才得到解决。"①

卢卡奇认为,黑格尔提出的同一的主体—客体,接近于解决唯理论的二律背反,但却不能在历史内部找到它。在实际上,黑格尔也是不能发现历史的真正的主体—客体的,因为同一的主体—客体是无产阶级,于是,黑格尔就不得不借助于概念的神话学去得出一个结论,这是由资产阶级观点的客观限制所决定的。只有随着无产阶级的出现,"社会现实才能变成充分的自觉的",人才自觉到自己是一个社会存在,是历史过程的主体—客体。而另一方面,无产阶级必须自觉地创造历史,既然它是资本主义社会中在总的方面来说最被异化的阶级,它就必须废除它本身以便获得它自己的解放,而为了解放自己,它就必须解放整个人类,为了理解它本身,它就必须理解整体,为了废除它自己,它就必须从思辨走到实践。"这样,理论和实践的统一只是无产阶级的社会和历史地位的相反方面,同时是它自己的

---

① 卢卡奇:《历史和阶级意识》,剑桥1971年版,第142页。

认识的主体和客体。"①

(四)青年卢卡奇实践观的三个基本点

那么,青年卢卡奇在《历史和阶级意识》中提出的实践观,它的具体内容又究竟是怎样的? 卢卡奇的自我剖析又是怎样的呢? 青年卢卡奇提出的实践观,具有三个基本点:

第一,认为"自然是一个社会的范畴"。

卢卡奇说,"自然是一个社会的范畴,那就是说,不论在社会发展的任何特定阶段上,被认为自然的是什么东西,这种自然总是同人有关的,不论人的卷入采取什么形式,就是说,自然的形式,它的内容,它的范围和它的客观性全都是受社会制约的"②,卢卡奇在否认自然辩证法的客观存在时,所依据的正是这个观点。

尔后,在 1925 年发表评论法兰克福学派早期成员魏特法格尔《资产阶级社会的科学》一书的文章中,卢卡奇又重申了这个观点:"对于作为一个历史的辩证法家的马克思主义者来说,自然和在理论与实践中支配自然的一切形式都是社会的范畴;在这方面,认为人们能够看到超历史和超社会的任何东西,都是使自己不能成为一个马克思主义者。"③

应当指出,在当时的历史条件下,卢卡奇提出和重申自然是一个社会范畴的命题,是有一定的积极意义的,因为它反对了当时流行的那种把历史同化于自然,又把自然看成是一个元主体的对象化的实证主义倾向,同时又强调了在人类诞生以后自然史和人类史的紧密关联。但是,卢卡奇的这个命题,却陷入到和实证主义唯心主义相反的另一极端,把自然完全归结为历史的浪漫主义唯心主义中去了:它在集中注意力于考察作为物化历史的"第二自然"的时候,忘记了去

---

① 卢卡奇:《历史和阶级意识》,剑桥 1971 年版,第 20 页。
② 卢卡奇:《历史和阶级意识》,剑桥 1971 年版,第 234 页。
③ 卢卡奇:《政治著作 1919—1929》,伦敦 1972 年版,第 144 页。

考察"第一自然"在人类生活中的作用,在力求解决自然和历史的两分法时,干脆忘却了自然;在要求废除主体和客体的两分法时,完全否认了客观性的要求。青年卢卡奇把自然说成是一个社会范畴这种绝对历史主义的做法,还意味着把自然说成是人类活动,甚至人类意识的产物,把自然先于人类诞生的历史颠倒过来;意味着把一切存在统统而且仅仅归结为人类活动的产物,抛弃人类历史同外部世界的内在联结,撇开人类社会的物质自然基础,并把马克思主义变成一种纯粹的人类学和社会哲学。正因为这样,"自然是一个社会的范畴"这一命题的提出,连同对自然辩证法的客观存在的否定,使卢卡奇不仅遭到来自第二国际和共产国际的正统理论家的抨击,而且就连和他一起致力于用黑格尔主义去解释马克思主义的柯尔施,也特地表述了自己同卢卡奇这个命题划清界限的立场观点,葛兰西更在《狱中札记(选)》中批评卢卡奇这个命题"陷入到一种形式的唯心主义"去了[1]。就连卢卡奇本人,在《历史和阶级意识》1967年再版序言中重新考察该书时,所指出的其中第一个错误,也是"主张自然是一个社会范畴",从而"将马克思主义只看作是一种社会理论、一种社会哲学,从而忽略或者抛弃作为一种自然理论的马克思主义",而同那种"反对马克思主义本体论的根基的"倾向相一致。然而,却"正是唯物主义的自然观点构成资产阶级世界观和社会主义世界观之间的真正彻底分离,没有把握住这一点,……就会妨碍对于马克思主义的实践概念作出清晰的阐述"[2]。

在1983年出版的卢卡奇《自传对话录》中,他继续认为《历史和阶级意识》"这本书的本体论的错误,是我只承认社会中的存在才是真正的存在,由于自然辩证法被否认,马克思主义从非有机自然界推出有机自然界、从有机自然界通过劳动范畴推出社会的那种普遍性

---

[1] 葛兰西:《狱中札记(选)》,伦敦1971年版,第448页。
[2] 卢卡奇:《历史和阶级意识》,剑桥1971年版,第XVI—XVII页。

就完全失去了"①。在《社会存在本体论》这部遗著中，卢卡奇进一步从正面阐述说："首先，社会存在预先假定了无机的自然和有机的自然在一般过程和一切特殊的过程中的存在。不能设想社会存在是独立于自然存在的，是自然存在的排它的对立面，像许多资产阶级哲学家就'精神领域'所作的那样。"②《历史和阶级意识》之所以会陷入浪漫主义唯心主义的极端，不是偶然的，而是青年卢卡奇受费希特影响的结果和表现。费希特为解决康德批判哲学中的二律背反，曾提出"自我设定自身"、"自我设定非我"和"自我设定自身和非我"的自我哲学，去论证主观唯心主义的思维和存在的同一性。青年卢卡奇在《走向一种戏剧社会学》中，曾把马克思的哲学世界观错误地理解成费希特的主观唯心主义，认为"马克思的整个哲学……在其基本点上发源于一个根源——费希特"。在《历史和阶级意识》中考察费希特对康德二律背反的驳斥时，卢卡奇仍然把费希特所说主体是客体的创造者，而不是其消极的观察者的信念，奉为"一个出发点和向导"③。十分明显，"自然是一个社会的范畴"的命题，正是由此"向导"出来的。

第二，主张意识即实践。

《历史和阶级意识》一书的核心命题之一，是说无产阶级一旦具备了由其阶级地位所赋予的阶级意识、自我意识，便成为历史的同一的主体和客体。为了论证这个命题，青年卢卡奇就从几个方面展开了意识即实践的论述。

他先是强调认识本身就在认识对象中造成变革："既然意识在这里并不是对于一个对立的对象的认识，而是对象的自我认识，那么，意识的行为就推翻着它的对象的客观形式"；无产阶级的"这种意识的突出的实践性质，就是一个恰当的正确的意识，意味着它在其

---

① 《卢卡奇自传》，社会科学文献出版社1986年版，第118页。
② 卢卡奇：《社会存在本体论》，伦敦1978年版，第7页。
③ 卢卡奇：《历史和阶级意识》，剑桥1971年版，第122、123页。

自己的对象,首先是在它自身中的一个变化"。接着,青年卢卡奇又把各种力量统统归结为精神力量:"社会在各个个别场合所采取的强制性措施往往是猛烈的和残酷地唯物的。但是,每个社会的力量最终是一种精神的力量。由这一点出发,我们只能被知识所解放。"[1]据此,青年卢卡奇很自然地把无产阶级革命归结为意识的一种活动,并认为意识形态斗争在推翻资本主义中具有首要地位。

应当指出,尽管在第二国际把马克思主义曲解成经济决定论,否定无产阶级的革命首创精神的情况下,卢卡奇突出地强调无产阶级的阶级意识的作用,具有不可抹杀的积极意义;尽管卢卡奇再三援引马克思《关于费尔巴哈的提纲》的论述来论证自己的观点,但是,《历史和阶级意识》中那样抹杀思想和行动、思维和存在之间的原则区别,把意识本身说成就是能够变革对象的实践,却是和马克思的实践唯物主义格格不入的。和卢卡奇相反,马克思一再重申:"思想从来也不能超出旧世界秩序的范围。……思想根本不能实现什么东西。为了实现思想,就要有使用实践力量的人"[2];"批判的武器当然不能代替武器的批判,物质的力量只能用物质力量来摧毁"[3]。实际上,青年卢卡奇的这种意识即实践、主体客体的神秘同一论,并不是来源于马克思,而是来源于青年黑格尔派的唯心主义思想。他本人在《历史和阶级意识》再版序言中,也认识到他提出的这种意识即实践论,是一种"抽象的和唯心主义的实践观",认识到这种"实践概念的过分扩张会导致到它的反面:滑入到唯心主义的直观之中","与其说它符合真正的马克思主义学说,不如说它更接近于流行的共产主义左派的救世主的乌托邦主义"[4]。

第三,不以劳动为原型和基础,还把实验和工业排除在实践

---

[1] 卢卡奇:《历史和阶级意识》,剑桥 1971 年版,第 178、199、262 页。
[2] 《马克思恩格斯全集》第 2 卷,人民出版社 1974 年版,第 152 页。
[3] 《马克思恩格斯全集》第 1 卷,人民出版社 1974 年版,第 460 页。
[4] 卢卡奇:《历史和阶级意识》,剑桥 1971 年版,第 XVIII—XIX 页。

之外。

《历史和阶级意识》在否定恩格斯提出的实验和工业是对不可知论等哲学怪论的最令人信服的驳斥的论点时,说"恩格斯的最深的误解在于他的关于工业和科学实验的行为构成辩证哲学意识上的实践的信念"。在青年卢卡奇看来,由于"实验者创造一个人为的、抽象的环境,以便能不受干扰地考察所考察的规律不受束缚的运转,消除主体和客体的一切不合理的因素","在事实上,科学实验是最纯粹的直观";至于工业,由于它"所树立的目标——就此词的决定性的,即历史的、辩证的意义上来说,就只是支配社会的自然法则的客体,而不是其主体",所以,也不是实践。[1]

《历史和阶级意识》的这些论述,是没有根据的。卢卡奇在该书再版序言中就此分析道:"说'实验是纯粹的直观',那是完全错误的,我自己的说明就驳斥了这一点。因为创造一个所研究的自然力量能在其中'纯粹地'发挥作用,就是说,没有外部的干涉或主观的错误的情境,这是完全可以和也包含有创造一个明显地属于特别种类的目的论体系的劳动场合相比的。所以,在本质上,它也是纯粹的实践"。否认工业是实践,也属于同样的错误,因为"工业生产中每一单个的行为,不仅代表劳动的目的论的行为的综合,而且其本身也是这个综合中的目的论的即实践的行为"[2]。

认为自然是一个社会的范畴;主张意识即实践;讲实践不以劳动为基础,还把实验和工业排除在外。青年卢卡奇实践观的这三个基本点,清楚地说明了《历史和阶级意识》虽然有志于在反对第二国际的自然主义中恢复实践在马克思主义中的推动力,但它所提出来的实践观却毕竟是一种抽象的和唯心主义的实践观,而并不是马克思的实践唯物主义。马克思主义从来就是把效果和动机联系起来加以

---

[1] 卢卡奇:《历史和阶级意识》,剑桥1971年版,第132、133页。
[2] 卢卡奇:《历史和阶级意识》,剑桥1971年版,第XIX—XX页。

考察的,我们怎么能够因为卢卡奇具有恢复实践在马克思主义中的推动力这种良好动机,而无视他所提出的实践观所具有的抽象的、唯心主义的理论实质,"指鹿为马"地把这种唯心主义实践论说成就是马克思的实践唯物主义呢?

对此,卢卡奇本人在后来也是有了清醒的认识的,所以,在《历史和阶级意识》再版序言中,他曾在好几个地方就此作过自我批评,其中有两个地方还反复重申"实践概念的过分扩张会导致到它的反面:滑入到唯心主义的直观之中",而"这种抽象的唯心主义实践观则会使本来是正确的意向变成它的反面"[①]。在 1970 年一次同《新左派评论》记者的谈话中,卢卡奇又从另一个角度总结了这个经验教训,把它留给后人:"在 20 年代,柯尔施、葛兰西和我曾企图以不同的方式解决第二国际留传下来的社会必然性和对它的机械解释的问题,我们继承了这个问题,但是我们谁也没有解决它","我们都错了,今天如果试图搬出那个时期的著作,说它们在今天正确,那会是完全错误的"[②]。奇怪的是,在青年卢卡奇实践观的抽象的唯心主义性质暴露无遗以后,在卢卡奇极其沉痛地总结了自己青年时代所犯的这个错误之后,我国学术界有些人却硬要把错误说成正确并把青年卢卡奇的实践观说成就是马克思的实践唯物主义,还把青年卢卡奇的这一覆辙当作理论工作的改革之路,当作发展当代马克思主义的必由之路推荐给大家。这种"卢卡奇热",怎么能够同非理性主义的盲目性划清界限呢?

(五)"青年卢卡奇热"现象透析

为什么一些从业多年的理论工作者,竟会掀起这样的"青年卢卡奇热"?他们到底是怎样失足的?从这样的"青年卢卡奇热"中,

---

① 卢卡奇:《历史和阶级意识》,剑桥 1971 年版,第 XVIII—XIX 页。
② 载《新左派评论》杂志,1971 年 7—8 月第 68 期。

我们又应当引出什么样的经验教训？

我觉得，至少可以从五个方面去透视这种种现象：

第一，关于解放思想的问题。解放思想，实事求是，团结一致向前看，这本来是邓小平在十一届三中全会上所作报告的题目，自那时以来，我国在改革开放中取得的许多伟大成就也是同这种精神紧密关联而不可分的。而我国学术界有些研究者盲目颂扬卢卡奇居然也是在解放思想的旗号下进行的，但他们对解放思想的理解却是错误的。什么叫解放思想？邓小平指出，"我们讲解放思想，是指在马克思主义指导下打破习惯势力和主观偏见的束缚，研究新情况，解决新问题。解放思想决不能够偏离四项基本原则的轨道"；所以，"解放思想，也是既要反'左'，又要反右"①。我国学术界有些研究者全然不顾青年卢卡奇实践观的抽象的唯心主义性质，全然不顾卢卡奇对自己错误的检查和改正，硬把其青年时代的抽象的唯心主义的实践观，说成就是马克思的实践唯物主义，这哪里是"在马克思主义指导下打破习惯势力和主观偏见的束缚"的"解放思想"？不，这完全是在摆脱马克思主义的实事求是路线。

第二，关于旧哲学教科书体系的改革问题。由于种种原因，我们因袭下来的旧哲学教科书体系，的确有些地方不完全符合马克思主义基本精神，不能适应我国社会主义建设和改革事业的需要，正因为这样，在这里的确也有一个改革的问题。但在这里，如同在其他领域中的改革一样，也有一个遵循什么方向进行改革的问题：到底是清除旧体系中不符合马克思主义基本精神的因素，研究新情况、解决新问题，坚持和发展马克思主义，还是由唯物主义倒退、蜕变为唯心主义？十分明显，当我国学术界有些研究者把青年卢卡奇的抽象的唯心主义实践观奉为"我们理论工作者在今天正在进行的改革之路"，奉为"发展当今的马克思主义"的必经之路的时候，他们所说的改革，显

---

① 《邓小平文选》第3卷，人民出版社1993年版，第243、334页。

然不是前一种方向的改革,而是后一种方向的"改革"。

第三,关于正确对待哲学领域中的思想路线斗争的问题。在哲学发展的历史上,充满着不同的思想路线的斗争,其中有正确的思想路线,也有错误的思想路线。然而,反对一种错误的思想路线的,不仅可以是正确的思想路线,也可以是另一种错误的思想路线,对此,必须进行实事求是的具体分析,而不能陷于盲目性。例如,在哲学上,对康德的批判,既有来自左面的,也有来自右面的;对黑格尔进行批判的,既有马克思,也有克尔凯郭尔。同样地,对第二国际的错误路线进行批判的,既可以是马克思主义的正确路线,也可以是另一条错误的路线。当青年卢卡奇在反对第二国际的斗争中,提出其抽象的唯心主义的实践观时,他显然是在用一条错误路线反对另一条错误路线,对马克思主义作了一个和第二国际的错误路线方向相反的歪曲。所以,借口青年卢卡奇同第二国际的机会主义进行了斗争,就不加分析把他的抽象的、唯心主义实践观奉为马克思主义,显然是一种混淆是非的无稽之谈。

第四,关于坚持用马克思主义评析各种思潮,而不是颠倒过来的问题。随着在改革开放的形势下各种社会思潮空前活跃,特别是大量西方思潮其中包括对马克思主义的种种解释纷纷涌来,意识形态领域所面临的一个重要任务,就是要坚持用马克思主义去评析各种思潮,既清除其错误倾向,又吸取其包含的有价值因素,为我们坚持和发展马克思主义提供思想资料。反之,要是把这个方针颠倒过来,屈服于一些错误思潮的压力和影响之下,以它们为楷模去决定对马克思主义的判断和取舍,那就必定要混淆马克思主义和非马克思主义反马克思主义的原则界线,在指导思想上搞多元化,甚至颠倒黑白、指鹿为马地把错误思潮奉为马克思主义。

第五,关于坚持和发展马克思主义的问题。在世界发生着巨大变化,人类对自然、社会历史和人的思维本身的认识也随着科学技术的飞跃发展而日益深化,特别是在我国社会主义建设和改革事业迅速发展的形势下,作为指导我们思想的理论基础的马克思主义,无疑要有一个新的发展。但是,发展马克思主义又从来是同坚持马克思主义的立场、观点和方法分不开的。要是离开了这些基本立足点,例如,离开了唯物主义而转到了唯心主义,那就谈不到什么发展,而只能从根本上背离马克思主义。

二、青年卢卡奇的实践观评析

自从1983年8月发表的《匈牙利纪念乔治·卢卡奇诞辰100周年提纲》(以下简称《提纲》)肯定"乔治·卢卡奇是20世纪的一位伟人,马列主义思想的卓越代表"以来,我国学术界也纷纷发表文章对卢卡奇进行重新评价。本来,对于既是匈牙利和国际工人运动中的一位积极战士,又是20世纪最有影响也最有争议的哲学家之一的卢卡奇,对于他的活动及其理论与实践遗产,进行客观的、马克思主义的分析和评价,推倒在过去的三次"卢卡奇辩论"中强加于他的一切不公正批判,不仅是完全必要的,而且也是为坚持和发展马克思主义这一宏伟事业所要求的。然而,在这种重新评价中,却渐渐出现了把过去对卢卡奇的教条主义指责和合理批评混为一谈统统推倒,把卢卡奇本人的错误和正确合在一起一味颂扬的现象。这种现象尤其突出地表现在对《历史和阶级意识》一书中所反映的青年卢卡奇的实践观的态度上面。

卢卡奇在1923年发表的《历史和阶级意识》一书,不仅在过去是一个具有巨大争论的领域,就是在现在,匈牙利的上述《提纲》在充分肯定卢卡奇的一生的同时,也还是强调指出:"在20年代中期的著作中,卢卡奇仍然错误地认为,无产阶级的阶级意识具有创造历史和现实的'救世'力量。他的革命主观主义、救世主式的左的倾向和对客观的自然辩证法的否认,一方面导致了对他思想的合理批评(在这一借口下,也有不少教条主义的指责);另一方面,后来成了修正主义、假激进派和新左派思潮的发源地。"①至于《历史和阶级意识》一书中的实践观,卢卡奇本人在该书1967年版序言中曾经多次重申其抽象的唯心主义的性质,指出"在这本书中,革命的实践概念表现为一种夸张的高调,与其说它符合于真正的马克思主义学说,莫若讲它更接近当时流行于共产主义左派之中的以救世主自居的乌托邦主义"②。然而,有些人却硬要把它说成就是"马克思的实践唯物主义",说"它所提出的命题和学说,至今影响着处于改革运动中的各国马克思主义者",说它所"开辟的思想道路的确就是我们理论工作者在今天正在进行的改革之路"。

在这里问题已经远远越出了推倒过去对卢卡奇不公正批判的范围,而直接涉及对马克思哲学世界观的理解和把握,涉及改革的道路,涉及把青年卢卡奇尊为马克思哲学世界观的体现者和改革的前驱等一系列重大原则问题,因此,就有必要通过实事求是地评价青年卢卡奇在《历史和阶级意识》一书中提出的实践观,来澄清这个方面的思想理论是非。

青年卢卡奇在《历史和阶级意识》一书中提出的实践观及其开辟的思想道路究竟是怎样的?它的基本内容和精神实质是什么?本节打算对这些问题进行一些考察和评析。

(一)《历史和阶级意识》的实践观之一:自然是一个社会范畴

青年卢卡奇所特有的实践观,首先表现在他在《历史和阶级意识》中提出的"自然是一个社会范畴"的观点当中。在那里,卢卡奇写道:

"自然是一个社会的范畴,那就是说,不论在社会发展的任何特定阶段上被认为自然的是什么东西,这种自然总是同人有关的,不论

---

① 《匈牙利纪念乔治·卢卡奇诞辰100周年提纲》,载《外国文学动态》1984年第4期。
② 卢卡奇:《历史和阶级意识》,剑桥1971年版,第XVIII页。

人的卷入采取什么形式,就是说,自然的形式,它的内容、它的范围和它的客观性全都是受社会制约的。"①

"我们创造了我们自己的历史,而如果我们能够把整个实在看成是历史(即看作是我的历史,因为没有别的历史),我们在事实上就将把我们自己提升到能够据以把实在理解成我们的'活动'的地位上。唯物主义论的两难处境将失去其意义,因为它显示为一种理性主义的偏见,一种形式主义理解的教条,这被承认为只是那些有意识地完成的行为,而我们所创造的历史循环,历史过程的产品,则被认为是靠了对我们陌生的法则而影响我们的实在。"他认为,"为了理解〔主体和客体、思维和存在的〕这种统一,既必须发现据以解决这一切问题的位置,又具体地展示历史的主体、其活动,在事实上历史的'我们'"②。

沿着这条思想路线进行引申发挥,卢卡奇断然否认自然辩证法的客观存在,并为此而批评恩格斯说:"具有头等重要性的是承认〔马克思主义的〕方法是限于历史和社会领域的。产生于恩格斯对辩证法的说明的误解,能归结为下列事实,即恩格斯追随于黑格尔的错误引导,把方法扩展到也用于自然。然而,辩证法的关键性决定因素——主体和客体的相互作用,理论和实践的统一,思想中的历史变化等等,在我们对自然的认识中却是没有的。"③

不仅在1923年发表的《历史和阶级意识》中,而且在尔后,在1925年发表的评论魏特法格尔的《资产阶级社会的科学》一书的文章中,卢卡奇又重申了自然是一个社会范畴的观点:"对于作为一个历史的辩证法家的马克思主义者来说,自然和在理论与实践中支配自然的一切形式都是社会范畴;在这方面,认为人们能够看到超历史

---

① 卢卡奇:《历史和阶级意识》,剑桥1971年版,第234页。
② 卢卡奇:《历史和阶级意识》,剑桥1971年版,第145页。
③ 卢卡奇:《历史和阶级意识》,剑桥1971年版,第24页。

和超社会的任何东西,就是使自己不能认为是一个马克思主义者"①。

应当说,在当时的情况下,卢卡奇提出和重申自然是一个社会范畴的命题,在两个方面是具有积极意义的:

第一,反对了在当时不仅盛行于哲学界,而且也流行于马克思主义队伍中的那种把历史同化于自然,又把自然看成是一个元主体的对象化的实证主义倾向。

第二,揭示了在人类社会诞生以后,自然史和人类史的紧密关联。马克思曾经说过:"我们仅仅知道一门唯一的科学,即历史科学。历史可以从两方面来考察,可以把它划分为自然史和人类史。但是这两方面是紧密相联的,只要有人存在,自然史和人类史就彼此相互制约。"②

然而,在另一方面,又必须指出,卢卡奇所提出的"自然是一个社会范畴"这个命题,在反对把历史同化于自然的实证主义唯心主义极端的时候,却陷入了另一个相反的极端,即把自然完全归结为历史,同时又把自然同历史割裂开来的浪漫主义唯心主义的极端。

卢卡奇的这种失误具体地表现在:他在集中注意力于考察作为物化历史的第二自然的时候,忘记了去探索第一自然在人类生活中的作用;在力求解决自然和历史之间的二分法时,干脆忘却了自然;在企求废除主体和客体之间的二分法时,完全否认了客观性的要求。

正因为这样,早在卢卡奇在1923年提出自然是一个社会范畴的命题并否认自然辩证法的客观存在时,就不仅遭到来自"正统派"马克思主义者方面的抨击,而且连那些和卢卡奇一起致力于暴露马克思主义的黑格尔基础的柯尔施和葛兰西,都感到有必要或者同他划清界限,或者对他明确提出批评。

例如,柯尔施在《马克思主义和哲学》一书中,驳斥第二国际和

---

① 卢卡奇:《政治著作1919—1929》,伦敦1972年版,第144页。
② 《马克思恩格斯全集》第3卷,人民出版社1960年版,第20页。

共产国际的"正统派"批评家指责该书是对马克思主义的"一种唯心主义的偏离"时,指出这"部分地是建立在把作者在此书中从未表述过的见解归之于他的基础上面的:在某些场合,作者还明确地拒斥这些见解,例如在他的所谓否定'自然辩证法'的场合"①。

葛兰西则在《狱中札记(选)》的一个注中,明确指出:

"人们必须研究卢卡奇教授对实践哲学的立场。卢卡奇认为人们只能谈论人们历史的辩证法,而不能谈论自然辩证法。他可能是正确的,也可能是错误的。如果他的断言预先假定了自然和人之间的二元论,那么他就是错误的,因为他陷入到一种为宗教和为希腊—基督教哲学所特有,也为那种除了口头上之外,在实际上并没有把人和自然统一和关联起来的唯心主义所特有的自然观中去了。但是,如果应把人类历史看作是自然史(也借助于科学史),那又如何把辩证法同自然分割开来呢?或许卢卡奇在对〔布哈林的〕《通俗教材》的怪异理论作出反应时,陷入到相反的错误,陷入到一种形式的唯心主义去了。"②

把自然说成是一个社会范畴这种绝对的历史主义做法,意味着把自然先于人类的诞生颠倒过来,抛弃人类历史同外部世界的内在联结,撇开人类社会的物质自然基础,从而也把马克思主义变成一种纯人类学和社会哲学。

为此,卢卡奇在《历史和阶级意识》1967年再版序言中重新考察该书时,重申的他的第一个错误,就是该书"主张自然是一个社会范畴",这就将马克思主义只看作是一种社会理论、一种社会哲学,从而忽略或者抛弃作为一种自然理论的马克思主义,而同那种"反对马克思主义的本体论根基的"倾向相一致,然而,"正是唯物主义的自然观点造成资产阶级世界观和社会主义世界观之间的真正彻底分

---

① 柯尔施:《马克思主义和哲学》,纽约1970年版,第121—122页。
② 葛兰西:《狱中札记(选)》,伦敦1971年版,第448页。

离。没有把握住这一点,……就会妨碍对马克思主义的实践观作出清晰的阐述"①。

在《社会存在本体论》这部遗著中,卢卡奇进一步从正面作出阐述说:"首先,社会存在预先假定了无机的自然和有机的自然在一般过程和一切特殊的过程中的存在。不能设想社会存在是独立于自然存在的,是自然存在的排他的对立面。如许多资产阶级哲学家就所谓'精神领域'所作的那样。"②

所以,卢卡奇在《历史和阶级意识》中提出"自然是一个社会范畴"的命题的时候,并没有从第二国际庸俗马克思主义的自然本体论回到马克思的实践唯物主义,而是对马克思主义作了一个和自然本体论方向相反的歪曲,把它说成是一种实践本体论了。把自然说成是一个社会范畴,还意味着把自然说成是人类活动甚至人类意识的产物,意味着把一切存在统统而且仅仅归结为人类活动的产物,而这显然不是马克思的实践唯物主义,而是一种唯心主义,而且是一种带有明显的费希特色彩的主观唯心主义。

在德国哲学史上,为了解决康德批判哲学中的二律背反,费希特曾经从主观唯心主义方面来继承和批判康德哲学,这就是提出一整套的自我哲学,认为自我是绝对第一性的、绝对能动的活动,它创造自己、产生自己、发展自己,而不受任何事物的限制或规定。费希特不仅主张自我这样地"设定自身",而且还认为"自我假定非我",把自我说成是创造世界的本原,说人周围的客观世界是"自我"创造的,是依赖于自我的。最后,则在"自我设定自身和非我"这样的"合题"中,论证了主观唯心主义的思维与存在的同一性。

青年卢卡奇曾把马克思的实践唯物主义错误地理解成费希特的主观唯心主义。例如,早在《走向一种戏剧社会学》中,卢卡奇就认

---

① 卢卡奇:《历史和阶级意识》,剑桥1971年版,第XVI—XVII页。
② 卢卡奇:《社会存在本体论》,伦敦1978年版,第7页。

为"马克思的整个哲学……在其基本要点上发源于一个源泉——费希特"。虽然后来卢卡奇没有再重申过这种观点,但是,在《历史和阶级意识》中,卢卡奇强调的主体观念,却仍然带有费希特主观唯心主义的痕迹。在那里,卢卡奇在考察了费希特对康德的实体的不可入性的驳斥,以及费希特所谓主体是客体的创造者,而不只是它的消极的观察者的信念以后,强调说"这里同我们有关的是认为认识的主体,自我原则被认为是对其内容来说的,从而能够被当作一个出发点和方法的向导。在这里,我们看到了一种用最一般的名词表述的哲学趋向的根源,这种哲学趋向竭力主张可以把主体看作是内容的总体性的创造者的概念"①。

十分明显,青年卢卡奇的"自然是一个社会的范畴"的命题,正是从费希特的上述观点中"向导"出来的,这说明了卢卡奇在试图重申马克思《关于费尔巴哈的提纲》的精神的时候,并没有从费尔巴哈前进到马克思,而是从费尔巴哈倒退到了费希特。

(二)《历史和阶级意识》的实践观之二:意识即实践

青年卢卡奇所特有的实践观,也表现在他在《历史和阶级意识》一书中提出的意识即实践,特别是无产阶级的阶级意识即实践的命题上面。

如前所述,卢卡奇认为,黑格尔为了解决唯理论的二律背反,排除主体与客体之间的对立,否认它们的截然分离,就提出了同一的主体—客体的命题,但他不能在历史内部找到这个同一的主体—客体,于是只好到历史之外,到无时间性的"绝对精神"中,即到艺术、宗教、哲学中去寻找它。卢卡奇认为,只有马克思主义辩证法才在历史内部找到了同一的主体—客体,这就是无产阶级,只要无产阶级有了自我意识,有了阶级意识,它就成了同一的主体—客体。为什么无产

---

① 卢卡奇:《历史和阶级意识》,剑桥1971年版,第122—123页。

阶级有了阶级意识,就成了同一的主体—客体呢?卢卡奇提出了意识即实践的命题作为论证。

根据《历史和阶级意识》的论述,卢卡奇提出的这个命题具有两个方面的意思:一是认为认识本身就在认识对象中造成变革;二是把各种社会力量统统归结为精神力量。

关于认识本身就在认识对象中造成变革的意思,卢卡奇分析说:为了把正在资产阶级社会的母体内业已成长起来的新社会的要素解放出来,"除了单纯的矛盾(这是资本主义的自动产物)之外,还要有一个新的要素:无产阶级的意识必须变成行为。但是,随着单纯的矛盾被提升到一种自觉的辩证矛盾的地位,随着变成有意识的行为转而成为实践中的一个过渡之点,我们再次以较大的具体性看到我们所时常描写的无产阶级辩证法的特征。这就是既然意识在这里并不是对于一个对立的对象的认识,而是认识的自我认识,那么意识的行为就推翻着它的对象的客观形式。"[1]

卢卡奇强调说,当然,"只有无产阶级的实际的阶级意识,才具有改变事物的这种能力",而且"无产阶级思想首先只是一种关于实践的理论,它只是逐步地(并且的确往往是间歇地、阵发性地)把自身变成一种推翻现实世界的实际理论的"[2]。

"无产阶级是历史过程的同一的主体—客体的一个较为具体的形式,就在于它是历史上第一个在客观上能够具有一种恰当的社会意识的主体","这种意识的突出的实践性质就是一个恰当的正确的意识,意味着它在其自己的对象而首先在它自身中的一个变化"[3]。

为什么工人的阶级意识会在意识的对象中造成变化呢?卢卡奇说:"当工人知道他自己是一个商品时,他的知识就是实践的,那就是说,这种知识在知识的客体中造成了一个客观的结构变化,在这种

---

[1] 卢卡奇:《历史和阶级意识》,剑桥1971年版,第178页。
[2] 卢卡奇:《历史和阶级意识》,剑桥1971年版,第205页。
[3] 卢卡奇:《历史和阶级意识》,剑桥1971年版,第199页。

知识中和通过这种知识,作为一种商品的劳动的特殊的客观性质,它的'使用价值'……在被唤醒而变成社会实在。在缺乏这种意识的情况下,作为商品的劳动的特殊性质像经济过程的一个未被认识的驱动轮那样活动,现在则借助于这种意识而把它自身对象化了。这种商品的特殊性质,在于下列事实,即在事物之底下有人与人的一种关系,在定量化的外壳下面有一质的、活的内核。现在这个内核被揭示了,认识到建立在劳动力的商品特性的基础上面的每一商品的拜物教特征就有了可能,在每个场合,我们发现其内核,人和人之间的关系,进入到新社会的发展中。"①

在卢卡奇看来,"马克思号召我们把'感性世界'、对象、现实理解为人的感性活动,这意味着人必须意识到自己是一种社会存在,同时是社会过程的主体—客体";"理论和实践的统一只是无产阶级社会和历史地位的反面,从它自己的观点来看,自我认识和对整体的认识是一致的,所以,无产阶级同时是它自己的认识的主体和客体";"马克思用理论和实践的统一来理解和描写无产阶级争取自由的斗争……那就是说,当无产阶级的阶级意识开始表述其要求的时刻,当它是潜在的和理论的时候,必须也是它创造着一个将能动地干预整个过程的相应现实的时刻"②。

应当指出,卢卡奇这个所谓认识本身就在认识对象中造成变革的观点,并不是在《历史和阶级意识》中首次提出,而是他以前就具有的观点的引申和继续。例如,早在 1919 年发表的《策略和伦理学》中,卢卡奇在一条注中写道:

"'意识'指认识过程中认识的主体和客体在实质上同质的那个阶段,即认识发生在内部而不是发生在外部。这种类型的认识的主要意义在于:单纯认识这个事实就在被认识的对象中产生一个本质

---

① 卢卡奇:《历史和阶级意识》,剑桥 1971 年版,第 169 页。
② 卢卡奇:《历史和阶级意识》,剑桥 1971 年版,第 19、20、41 页。

上的变更:由于意识、知识的这个行为,迄今它所固有的趋向现在变得比它过去所是和所能是的来得更加确实和有活力了。"①

关于把各种力量统统归结为精神力量,卢卡奇的论证是说:

"社会在各个个别场合所采取的强制性措施往往是猛烈的和残酷地唯物的,但是,每个社会的力量最终是一种精神的力量。由这一点出发,我们只能被知识所解放。这种知识不能是那种还在人们头脑中的抽象知识——许多'社会主义者'具有那种知识。它必须是变成人民血肉的血和肉的知识;用马克思的话说,它必须是'实践的批判的活动'。"②

既然在一方面,认识本身就在认识对象中造成变革,另一方面,又把各种力量统统归结为精神力量。于是,卢卡奇就很自然地把无产阶级革命归结为意识的一种活动并认为意识形态斗争在推翻资本主义的斗争中具有首要地位。

尽管在第二国际把马克思主义曲解成经济决定论,否定无产阶级、劳动大众的革命首创精神的情况下,卢卡奇突出强调无产阶级的阶级意识在无产阶级革命过程中的作用,是具有不可抹杀的积极意义的;尽管卢卡奇在强调无产阶级阶级意识的实践性质时,再三援引马克思《关于费尔巴哈的提纲》的论述,然而,卢卡奇抹杀思想和行动、思维和存在的原则区别,把意识本身说成是能够改变客体的实践,却是和马克思的实践唯物主义格格不入的。

马克思历来认为,"思想从来也不能超出旧世界秩序的范围……思想根本不能实现什么东西。为了实现思想,就要有使用实践力量的人"③,"批判的武器当然不能代替武器的批判,物质的力量只能用物质力量来摧毁"④。

---

① 卢卡奇:《政治著作1919—1929》,伦敦1972年版,第15页。
② 卢卡奇:《历史和阶级意识》,剑桥1971年版,第262页。
③ 《马克思恩格斯全集》第2卷,人民出版社1957年版,第152页。
④ 《马克思恩格斯全集》第1卷,人民出版社1956年版,第460页。

不仅如此，马克思还依据这个基本思想,批判青年黑格尔派从黑格尔《精神现象学》中学习把一切外部的感性斗争变成纯粹观念的斗争的唯心主义技术。

马克思指出:"批判的批判家……无论如何也想不到,竟有意识和存在互相区别的世界存在;想不到,当我只是扬弃了这个世界的想象存在,即它作为范畴或观点的存在的时候,也就是当我改变了我自己的主观意识而没有用真正实物的方式改变实物的现实,即并没有改变我自己的实物现实和别人的实物现实的时候,这个世界居然还像往昔一样继续存在。因此,存在和思维的思辨的神秘同一,在批判那里以实践和理论的同样神秘的同一的形式重复着。"①

反之,无产阶级、工人群众却"并不认为用'纯粹的思维'即单靠一些议论就可以摆脱自己的主人和自己实际上所处的屈辱地位。他们非常痛苦地感到存在和思维、意识和生活之间的差别";"群众绝不会把自己的自我异化的这些后果……看作自我意识的单纯异化,同时也不想通过纯粹内在的唯灵论的活动来消灭物质的异化"②。

十分明显,青年卢卡奇在《历史和阶级意识》中提出的意识即实践的实践观,并不是来源于马克思的实践唯物主义,而是来源于青年黑格尔派的黑格尔唯心主义思想。

正是因为这个缘故,琼斯在批评卢卡奇在《历史和阶级意识》中这种把权力精神化的做法时,尖锐地指出,如果意识本身就是一种改变其对象的实践的话,那么,对象的一种主观的"内在化",就不仅改变了而且全然废弃了作为对象的它。对于无产阶级来说,变得有阶级意识和承担起对社会的领导权的可能性是同义的;就是说,一旦无产阶级由于获得对资产阶级社会的恰当意识,履行其作为历史的同一主体—客体的使命,它就在它的一种最后的内在化中废除了这个

---

① 《马克思恩格斯全集》第 2 卷,人民出版社 1957 年版,第 245 页。
② 《马克思恩格斯全集》第 2 卷,人民出版社 1957 年版,第 66、104 页。

说法。"这种说法酷似黑格尔的精神运动,那是必须强调的。它所忽略的一切,是为夺取政权而进行的野蛮的物质的斗争——罢工、示威、封闭工厂、暴乱、起义或内战——那是地球上的革命的原料。"①

卢卡奇本人在《历史和阶级意识》的再版序言中,也指出他的这种实践观是一种"抽象的、唯心主义的实践观","当时我首先绝对地确信一件事情:必须彻底克服资产阶级思想的纯粹思辨的性质。结果,在这本书中,革命的实践概念表现为一种夸张的高调","我相当正当地进行论战反对过过度夸张和过高估计思辨的作用。……然而,我没有认识到,要是不以劳动作为其原型和模型的真正的实践为基础,过度夸张实践可以导致它的反面:滑到唯心主义的思辨之中。当时,我打算勾画出无产阶级的正确而真正的阶级意识,把它与'民意调查'(这个名词在当时还未流行)区分开来,并赋予它以一种无可争辩的实际客观性。然而,我却不能越出'被赋予的'阶级意识的观念",结果"在我的说明中,它变成了一种纯粹思想的产物,从而变成了某种思辨的东西。所以,如果这种'被赋予的'意识能够在我的表述中变成革命的实践的话,那才真是一个奇迹了"②。

(三)《历史和阶级意识》的实践观之三:把实验和工业排除在外

青年卢卡奇所特有的实践观,最后也表现在他把实验、工业排除在实践之外。

问题是从卢卡奇对恩格斯在《费尔巴哈和德国古典哲学的终结》中关于实践即实验和工业是对不可知论的最令人信服的驳斥这一论断进行反驳时提起的。

恩格斯的论证是说:既然我们自己能够制造出某一自然过程,使它按照它的条件产生出来,并使之为我们的目的服务,从而证明我们

---

① C.S.琼斯:《早期卢卡奇的马克思主义》,载《新左派评论》1971年第70期。
② 卢卡奇:《历史和阶级意识》,剑桥1971年版,第ⅩⅧ—ⅩⅨ页。

对这一过程的理解是正确的,那么,康德的不可捉摸的"自在之物"就完结了。恩格斯还举人们不是从田地里的茜草根中取得,而是从煤焦油里提炼茜素为例,来证明实践即实验和工业是对康德、休谟等人否认认识世界的可能性的这样一些不可知论等哲学怪论的最令人信服的驳斥。

卢卡奇在《历史和阶级意识》中,反驳恩格斯所表述的这个原理时,说道:"恩格斯的最深的误解在于他的关于工业和科学实验的行为构成辩证哲学意义上的实践的信念。"在卢卡奇看来,恩格斯所说的实验和工业之所以不构成为实践,是因为它们并不把人变成现实的自觉创造者,而只是增加其对环境的支配;技术进步本身并不打破资产阶级体系的界限,人利用他所发现的自然法则,并不停止成为历史的一个"客体",只有当他和外部世界同化和同一,废除了世界是单纯材料和知识无非是感觉或直观的事态时,他才变成一个"主体"。

据此,卢卡奇认为,"在事实上,科学实验是最纯粹的直观",因为"实验者创造一个人为的、抽象的环境,以便能不受干扰地考察所考察的规律的不受束缚的运转,消除主体和客体的一切不合理的因素。他争取尽可能地把他的观察的物质基础归结为纯理性的'产物',归结为数学的'可以理解的问题'"。

至于工业,卢卡奇说,由于"工业本身所树立的目标——就此词的决定性的,即历史的、辩证的意义上来说,就只是支配社会的自然法则的客体,而不是其主体","所以,不是'工业'即作为经济和技术进步的体现的资本家在那里行动,而是它(他)被〔资本主义生产方式的规律所〕支配,以及他的'能动性'并不越出正确地观察和计算社会的自然法则所拟定的目标的范围这个事实,是马克思主义的一个自明之理"[1]。

---

[1] 卢卡奇:《历史和阶级意识》,剑桥 1971 年版,第 132—133 页。

卢卡奇为论证实验和工业是直观而不是实践所提出来的这些论据,显然是没有根据的。

先拿实验来说,虽然科学实验的环境是实验者排除了种种因素的干扰而创造出来的"人为的环境",但它却和工农业生产一样,都证明了"我们自己能够制造出某一自然过程,使它按照它的条件产生出来,并使它为我们的目的服务,从而证明我们对这一过程的理解是正确的"。因而,借口科学实验的特殊性而把它说成是一种直观,把它排斥在实践之外,显然是没有道理的。

再来看工业,卢卡奇借口工业的目标是由资本主义生产方式的规律所决定,因而认为就谈不上制造某一自然过程为我们的目的服务的说法,也是没有根据的。这是因为尽管资本主义生产方式的客观规律决定着资本家在工业生产中狂热地追求价值的增值、累进的积累,然而,这并没有改变下列事实,即:在资本主义的工业生产中,同样必须"制造出某一自然过程,使它按照它的条件产生出来,并使它为我们的目的服务,从而证明我们对这一过程的理解是正确的"。否则的话,工业资本家就无法制造和出售产品,从而也无法实现资本主义生产方式的客观规律加诸于它的追求价值增值、累进积累的目标了。

关于否认实验和工业是实践的错误性,卢卡奇在后来有了部分的认识,例如,在《历史和阶级意识》再版序言中,卢卡奇写道:

"主要的错误是我的论证的链索。说'实验是纯粹的直观',那是完全错误的。我自己的说明就驳斥了这一点。因为创造一个所研究的自然力量能在其中'纯粹地'发挥作用,就是说,没有外部的干涉或主观的错误的情境,这是完全可以和它包含有创造一个明显地属于特别种类的目的论体系的劳动场合相比的。所以,在本质上,它也是纯粹的实践。"

"否认工业是实践,在工业中看到'在历史和辩证的意义上,只是社会的自然法则的客体,而不是其主体',同样是一个错误。这句句子包含的片面真理——而且它至多不过是片面真理——只适用于资本主义生产的经济总体性,但它绝不同这样一个事实相冲突:工业生产中每一单个的行为,不仅代表劳动的目的论的行为的综合,而且其本身也是这个综合中的目的论的,即实践的行为。《历史和阶级意识》不是从对劳动的考察,而是只从对发达的商品经济的复杂结构开始它对经济现象的分析,就是和这样一些哲学上的错误相一致的,这意味着发展到诸如理论和实践以及主体和客体关系这样一些决定性问题的一切前景,从一开始就破坏了。"①

而且,当卢卡奇在《历史和阶级意识》的再版序言中,对恩格斯的上述论述提出另一个非难时,又进一步展示了他的实践观中存在的问题。

卢卡奇说:"然而,恩格斯在这里加之于直接实践的关于终结康德的'不可捉摸的自在之物'理论的任务却远未得到解决。因为劳动本身能很容易地仍然是一件纯操纵的事情。自发地或有意识地避开自在之物问题的解决,并全部或部分地忘却了它。历史给我们提供了这样一些实例:在错误理论的基础上采取正确的行动,而在恩格斯的意义上,这些实例包含着没有理解自在之物的意思。"②

应该说,卢卡奇的这个非难显然也是站不住脚的。因为当恩格斯引用以实验和工业为典型实例的实践去驳斥康德的不可捉摸的"自在之物"时,他所说的这种劳动实践,当然不是什么"避开自在之物问题的解决"的"纯操纵的事情",而是把人与动物区别开来,作为人的一个本质特征的,那种用自身的活动去调整和控制人与自然之间的物质变换过程的有目的的活动。在《资本论》中,马克思在描述这种劳动实践时,曾经说过:

"劳动过程结束时得到的结果,在这个过程开始时就已经在劳

---

① 卢卡奇:《历史和阶级意识》,剑桥1971年版,第XIX—XX页。
② 卢卡奇:《历史和阶级意识》,剑桥1971年版,第XIX页。

动者的表象中存在着,即已经观念地存在着。他不仅使自然物发生变化,同时他还在自然物中实现自己的目的,这个目的是他所知道的,是作为规律决定着他的活动的方式和方法的,他必须使他的意志服从这个目的。"①

马克思在这里剖析的这个劳动过程,同样清楚地说明了,人们在劳动实践中调节和控制同自然的物质变换,使之为自己的目的服务,并用它的结果来检验人自己对它的理解是否正确,从而使康德的不可捉摸的"自在之物"宣告终结。

至于卢卡奇所谓在错误理论的基础上采取的正确行动,包含没有理解自在之物的意思,那是一种文不对题的非难。这是因为,恩格斯立论的中心,是通过实践来检验人们对自然过程的理解是否正确:如果实践证明人们对某一自然过程及其产生条件的理解是正确的,那么,不可捉摸的"自在之物"就宣告完结;而如果实践证明人们的某个理解是错误的,那么,不可捉摸的"自在之物"当然就还没有就此而完结,而有待人们去再实践、再检验……所以,恩格斯的意思是说,实践检验具有使不可捉摸的"自在之物"宣告完结的本质特征,而并不是说每一次实践都必定证明人的理解是正确的,都必定包含对"自在之物"的理解和完结。在这里,更扯不上卢卡奇所说的什么在错误理论的基础上采取正确行动的问题。

卢卡奇对恩格斯所提出的上述责难,是没有根据的,然而,这些没有根据的责难却说明了在他的实践观中,实验和工业被排斥在外,劳动没有被奉为原型,甚至没有被提到,而有没有作为实践主体的目的这样一种思想意识方面的要素却被他奉为判断一种活动是不是构成为实践的主要的,甚至是唯一的标准,这显然是和他所谓的意识即实践的实践观相一致的。

一方面,在实践观中不提劳动,又把实验和工业排斥在实践之

---

① 《马克思恩格斯全集》第23卷,人民出版社1972年版,第202页。

外;另一方面,又认为自然是一个社会范畴,认为意识,特别是无产阶级的阶级意识即实践。卢卡奇在《历史和阶级意识》中展示的他的这种实践观,清楚地说明了卢卡奇在反对第二国际的经济决定论中提出的实践论,并不是马克思的实践唯物主义,而是一种充满着费希特—黑格尔色彩的唯心主义的实践本体论。尽管卢卡奇的主观愿望是想用真正的马克思思想去矫正第二国际的经济决定论、自然本体论的歪曲,可是,在实际上却只是对马克思主义作了一个和第二国际方向相反的歪曲罢了。

所以,把卢卡奇的这种实践本体论说成就是马克思的实践唯物主义,那是毫无根据的;把卢卡奇开辟的这条不是由费尔巴哈的旧唯物主义前进到马克思的实践唯物主义,而是倒退到充满费希特—黑格尔色彩的唯心主义的实践本体论的道路,说成就是"我们理论工作者今天正在行进的改革之路"更是十分有害的。而这也正是卢卡奇在认识自己的错误以后所一再告诫、希望避免的。当卢卡奇生前最后一次会见报刊记者,被问及"您今天如何判断您在20年代的著作"时,卢卡奇怀着痛苦的心情坦率地回答说:"在20年代,柯尔施、葛兰西和我曾企图以不同的方式解决第二国际留下来的社会必然性和对它的机械解释的问题。我们继承了这个问题,但是我们谁也没有解决它,葛兰西也许是我们三人中最好的一个,但是他也未能解决。我们都错了,今天如果试图搬出那个时期的著作,说它们在今天正确,那会是完全错误的。"①

三、不要把唯心实践观说成实践唯物主义

在我国关于"西方马克思主义"的讨论中,所涉及的一个重要问题,就是对青年卢卡奇《历史和阶级意识》的评价问题。杜章智、翁

---

① 《卢卡奇谈自己的生活和工作》,载《新左派评论》1971年第68期。

寒松等写文章说《历史和阶级意识》的理论是"马克思主义的实践唯物主义",说他所"开辟的思想道路的确就是我们理论工作者在今天正在进行的改革之路"①。

鉴于杜章智、翁寒松的这些立论,不仅涉及对卢卡奇《历史和阶级意识》的评价,而且涉及对马克思的实践唯物主义的理解,还牵扯到哲学体系改革的方向,因此必须把它们讨论清楚。

(一)《历史和阶级意识》提出的,是抽象的唯心主义的实践观

在青年卢卡奇写作《历史和阶级意识》的时候,在哲学舞台上正在重演着马克思《关于费尔巴哈的提纲》中所描绘的那种景象,即对于对象、现实、感性、旧唯物主义不是从主体方面去理解,而唯心主义则抽象地发展了能动的方面。因此,青年卢卡奇决心通过自己的哲学干预,去重新恢复实践在马克思主义世界观中的推动力,应该指出,这样的愿望是非常值得嘉许的。

但是,由于青年卢卡奇是从其新康德主义—新黑格尔主义和浪漫的反资本主义的思想背景出发来恢复实践的推动力的,因此,事情的发展就走向了他主观愿望的反面:在《历史和阶级意识》中,他没有能够回到在《关于费尔巴哈的提纲》、《德意志意识形态》中阐述的马克思的实践唯物主义,而是像他在经过近半个世纪的反思之后在该书1967年再版序言中所说的那样,提出了一种"抽象的和唯心主义的实践观"②。马克思主义从来就是把效果和动机联系起来加以考虑的,因此,我们显然不能一味宣传卢卡奇的主观愿望及其起过的积极作用,而无视他所提出的理论的实质,同样地,实事求是地揭示和剖析这种实质,也丝毫不意味着"全盘否定"《历史和阶级意识》。

《历史和阶级意识》中实践观的抽象的和唯心主义的性质,它同

---

① 参见杜章智、翁寒松等:《如何看待卢卡奇》,1989年1月27日《人民日报》;翁寒松:《当前"西方马克思主义"问题新争论之我见》,载《马克思主义研究》1989年第1期。

② 卢卡奇:《历史和阶级意识》,剑桥1971年版,第XIX页。

马克思的实践唯物主义的原则区别,主要表现在以下三点上面。

首先,是提出"自然是一个社会的范畴"的命题。

卢卡奇说:"自然是一个社会的范畴,那就是说,不论在社会发展的任何特定阶段上,被认为自然的是什么东西,这种自然总是同人有关的,不论人的卷入采取什么形式,就是说,自然的形式,它的内容,它的范围和它的客观性全都是受社会制约的。"①卢卡奇否定自然辩证法的客观存在,正是依据的这种观点。

尔后,在1925年发表评论魏特法格尔《资产阶级社会的科学》一书的文章中,卢卡奇又重申了这个观点:"对于作为一个历史的辩证法家的马克思主义者来说,自然和在理论和实践中支配自然的一切形式都是社会的范畴;在这方面,认为人们能够看到超历史和超社会的任何东西,都是使自己不能成为一个马克思主义者。"②

应当指出,在当时的历史条件下,卢卡奇提出和重申自然是一个社会范畴的命题,是有一定的积极意义的,因为它反对了当时流行的那种把历史同化于自然,又把自然看成是一个元主体的对象化的实证主义倾向,同时又强调了〔在人类诞生以后〕自然史和人类史的紧密关联。

但是,卢卡奇的这个命题,却陷入到和实证主义唯心主义相反的另一极端,把自然完全归结为历史的浪漫主义唯心主义中去了:它在集中注意力于考察作为物化历史的"第二自然"的时候,忘记了去考察"第一自然"在人类生活中的作用,在力求解决自然和历史的两分法时,干脆忘却了自然;在要求废除主体和客体的两分法时,完全否认了客观性的要求。

青年卢卡奇把自然说成是一个社会范畴这种绝对历史主义的做法,还意味着把自然说成是人类活动,甚至人类意识的产物,把自然

---

① 卢卡奇:《历史和阶级意识》,剑桥1971年版,第234页。
② 卢卡奇:《政治著作1919—1929》,伦敦1972年版,第144页。

先于人类诞生的历史颠倒过来;意味着把一切存在统统而且仅仅归结为人类活动的产物,抛弃人类历史同外部世界的内在联结,撇开人类社会的物质自然基础,并把马克思主义变成一种纯粹的人类学和社会哲学。

正因为这样,这个命题的提出连同对自然辩证法的客观存在的否定,不仅使卢卡奇遭到来自第二国际和共产国际的正统理论家的抨击,而且就连和他一起致力于用黑格尔主义去解释马克思主义的柯尔施,也特地表述了自己同卢卡奇这个命题划清界线的立场观点,葛兰西更在《狱中札记(选)》中批评卢卡奇这个命题"陷入到一种形式的唯心主义去了"[①]。

就连卢卡奇本人,在《历史和阶级意识》1967年再版序言中重新考察该书时,所指出的第一个错误,也是"主张自然是一个社会范畴",从而"将马克思主义只看作是一种社会理论、一种社会哲学,从而忽略或者抛弃作为一种自然理论的马克思主义",而同那种"反对马克思主义本体论的根基的"倾向相一致,然而,却"正是唯物主义的自然观点构成资产阶级世界观和社会主义世界观之间的真正彻底分离,没有把握住这一点,……就会妨碍对于马克思主义的实践概念作出清晰的阐述"[②]。在1984年出版的卢卡奇《自传对话录》中,他继续认为《历史和阶级意识》"这本书的本体论的错误,是我只承认社会中的存在才是真正的存在,由于自然辩证法被否认,马克思主义从非有机自然界推出有机自然界、从有机自然界通过劳动范畴推出社会的那种普遍性就完全失去了"[③]。

在《社会存在本体论》这部遗著中,卢卡奇进一步从正面阐述说:"首先,社会存在预先假定了无机的自然和有机的自然在一般过程和一切特殊的过程中的存在。不能设想社会存在是独立于自然存

---

① 葛兰西:《狱中札记(选)》,伦敦1971年版,第448页。
② 卢卡奇:《历史和阶级意识》,剑桥1971年版,第XVI—XVII页。
③ 《卢卡奇自传》,社会科学文献出版社1986年版,第118页。

在的,是自然存在的排它的对立面,像许多资产阶级哲学家就'精神领域'所作的那样。"①

《历史和阶级意识》之所以会陷入浪漫主义唯心主义的极端,不是偶然的,而是青年卢卡奇受费希特影响的结果和表现。费希特为解决康德批判哲学中的二律背反,曾提出"自我设定自身"、"自我设定非我"和"自我设定自身和非我"的自我哲学,去论证主观唯心主义的思维和存在的同一性。青年卢卡奇在《走向一种戏剧社会学》中,曾把马克思的哲学世界观错误地理解成费希特的主观唯心主义,认为"马克思的整个哲学……在其基本点上发源于一个根源——费希特"。在《历史和阶级意识》中考察费希特对康德二律背反的驳斥时,他仍然把费希特所说主体是客体的创造者,而不是其消极的观察者的信念,奉为"一个出发点和向导"②。十分明显,"自然是一个社会的范畴"的命题,正是由此"向导"出来的。

其次,《历史和阶级意识》主张意识即实践。

《历史和阶级意识》一书的核心命题之一,是说无产阶级一旦具备了由其阶级地位所赋予的阶级意识、自我意识,便成为历史的同一的主体和客体。为了论证这个命题,青年卢卡奇就从几个方面展开了意识即实践的论述。

他先是强调认识本身就在认识对象中造成变革:"既然意识在这里并不是对于一个对立的对象的认识,而是对象的自我认识,那么,意识的行为就推翻着它的对象的客观形式";无产阶级的"这种意识的突出的实践性质,就是一个恰当的正确的意识,意味着它在其自己的对象首先是在它自身中的一个变化"。接着,青年卢卡奇又把各种力量统统归结为精神力量:"社会在各个个别场合所采取的强制性措施往往是猛烈的和残酷地唯物的。但是,每个社会的力量

---

① 卢卡奇:《社会存在本体论》,伦敦1978年版,第7页。
② 卢卡奇:《历史和阶级意识》,剑桥1971年版,第122—123页。

最终是一种精神的力量。由这一点出发,我们只能被知识所解放。"①由此出发,青年卢卡奇很自然地把无产阶级革命归结为意识的一种活动,并认为意识形态斗争在推翻资本主义中具有首要地位。

应当指出,尽管在第二国际把马克思主义曲解成经济决定论,否定无产阶级的革命首创精神的情况下,卢卡奇突出地强调无产阶级的阶级意识的作用,具有不可抹杀的积极意义;尽管卢卡奇再三援引马克思《关于费尔巴哈的提纲》的论述来论证自己的观点,但是,《历史和阶级意识》中那样抹杀思想和行动、思维和存在之间的原则区别,把意识本身说成是能够变革对象的实践,却是和马克思的实践唯物主义格格不入的。和卢卡奇相反,马克思一再重申:"思想从来也不能超出旧世界秩序的范围。……思想根本不能实现什么东西。为了实现思想,就要有使用实践力量的人"②;"批判的武器当然不能代替武器的批判,物质的力量只能用物质力量来摧毁"③。

实际上,青年卢卡奇的这种意识即实践、主体客体的神秘同一论,并不是来源于马克思,而是来源于青年黑格尔派的唯心主义思想。西方有的学者在批评《历史和阶级意识》把权力加以精神化的做法时,曾经指出,如果意识本身就是一种改变其对象的实践的话,那么,对象的一种主观的"内在化",就不仅改变了而且完全废弃了作为对象的它了。对于无产阶级来说,变得有阶级意识和承担起对社会的领导权就是同义的了。就是说,一旦无产阶级由于获得对资本主义社会的恰当意识,履行其作为历史的同一的主体—客体的使命,它就在它的一种最后的内在化中废除了这个社会。"这种说法酷似黑格尔的精神运动,那是必须强调的。它所忽略的一切,是为夺取政权而进行的野蛮的物质斗争——罢工、示威、关闭工厂、暴乱、起

---

① 卢卡奇:《历史和阶级意识》,剑桥 1971 年版,第 178、199、262 页。
② 《马克思恩格斯全集》第 2 卷,人民出版社 1957 年版,第 152 页。
③ 《马克思恩格斯全集》第 1 卷,人民出版社 1956 年版,第 460 页。

义或内战——那是地球上的革命的原料。"①

卢卡奇本人在《历史和阶级意识》再版序言中,也认识到他提出的这种意识即实践论,是一种"抽象的和唯心主义的实践观",认识到这种"实践概念的过分扩张会导致到它的反面:滑入到唯心主义的直观之中","与其说它符合真正的马克思主义学说,不如说它更接近于流行的共产主义左派的救世主的乌托邦主义"②。

最后,《历史和阶级意识》的实践观不以劳动为基础,还把实验和工业排除在外。

《历史和阶级意识》在否定恩格斯提出的实验和工业是对不可知论等哲学怪论的最令人信服的驳斥的论点时,说"恩格斯的最深的误解在于他的关于工业和科学实验的行为构成辩证哲学意义上的实践的信念"。在青年卢卡奇看来,由于"实验者创造一个人为的、抽象的环境,以便能不受干扰地考察所考察的规律的不受束缚的运转,消除主体和客体的一切不合理的因素","在事实上,科学实验是最纯粹的直观";至于工业,由于它"所树立的目标——就此词的决定性的,即历史的、辩证的意义上来说,就只是支配社会的自然法则的客体,而不是其主体",所以,也不是实践③。

《历史和阶级意识》中的这些论述,是没有根据的。卢卡奇在该书再版序言中就此分析道:"说'实验是纯粹的直观',那是完全错误的,我自己的说明就驳斥了这一点。因为创造一个所研究的自然力量能在其中'纯粹地'发挥作用,就是说,没有外部的干涉或主观的错误的情境,这是完全可以和也包含有创造一个明显地属于特别种类的目的论体系的劳动场合相比的。所以,在本质上,它也是纯粹的实践。"否认工业是实践,也属于同样的错误,因为"工业生产中每一单个的行为,不仅代表劳动的目的论的行为的综合,而且其本身也是

---

① C. S. 琼斯:《早期卢卡奇的马克思主义》,载 1971 年 11 月—12 月《新左派评论》。
② 卢卡奇:《历史和阶级意识》,剑桥 1971 年版,第 XVIII—XIX 页。
③ 卢卡奇:《历史和阶级意识》,剑桥 1971 年版,第 132—133 页。

这个综合中的目的论的即实践的行为"①。

认为自然是一个社会的范畴;主张意识即实践;讲实践不以劳动为基础,还把实验和工业排除在外。青年卢卡奇实践观的这几个基本点,清楚地说明了《历史和阶级意识》虽然有志于在反对第二国际的自然主义中恢复实践在马克思主义中的推动力,但这种实践观却毕竟是一种抽象的和唯心主义的实践观,而并不是马克思的实践唯物主义。

杜章智自称他翻译了《历史和阶级意识》,翁寒松也说他几年前就研究了"西方马克思主义",然而,他们在文章中却对《历史和阶级意识》中贯穿始终的上述论述视而不见、听而不闻,硬把青年卢卡奇抽象的唯心主义的实践观,说成就是"马克思主义的实践唯物主义",这是令人不解的。

事实上,就连杜、翁两人也不得不承认"《历史和阶级意识》一书",对实践有"某种主观化的理解"。况且,正如以上论证所证明的,《历史和阶级意识》所提出的,是一种抽象的和唯心主义的实践观,而远远不止是对实践的"某种主观化理解"而已;既然《历史和阶级意识》对实践作了"主观化"到唯心主义地步的理解,那又有什么根据把它和马克思的实践唯物主义等同起来呢?

杜、翁两人为此提出的论据是说,"其'总体性'概念突出了人类社会运动高于自然过程这个特点,从而贴近了马克思的实践概念。"这是没有根据的。因为就连卢卡奇本人在该书1967年再版序言中,说在反对社会民主党的"科学主义"的斗争中,重新恢复总体性范畴在马克思的全部著作中所占的核心地位是"《历史和阶级意识》的伟大成就之一"时,也不得不强调由于他"把总体性放在体系的中心,凌驾于经济的优先性之上",这就导致了"一种——黑格尔式的——

---

① 卢卡奇:《历史和阶级意识》,剑桥1971年版,第XIX—XX页。

歪曲"①,怎么可以把"黑格尔式的歪曲"说成贴近马克思的实践观呢?

翁寒松在其文章中,还把"卢卡奇的'阶级意识'"概念,"无产阶级就是历史进程中主体和客体的统一体"等概念,一股脑儿统统说成"表明了卢卡奇思想与实践唯物主义的内在同一性"。显然,这些没有丝毫根据的说法,不足以证明《历史和阶级意识》中抽象的和唯心主义的实践观真的成了马克思的实践唯物主义,而只足以说明翁寒松把马克思的实践唯物主义错误地理解成了青年卢卡奇的抽象的和唯心主义的实践观。因为事情正如卢卡奇在该书再版序言中所说的那样,"被看作真正人类历史的同一的主体—客体的无产阶级,并不是克服唯心主义构造的唯物主义的实现。倒不如说,它是一种比黑格尔还要更加黑格尔的企图。"②

还应该指出的是,卢卡奇的这种实践观,同马克思的实践唯物主义之间的原则区别,是这样的泾渭分明,以致连实践本体论的著名代表施密特也都觉得是昭然若揭的:"不应把自然消溶到用实践占有自然的历史形态中去,卢卡奇在其《历史和阶级意识》中就陷入这种新黑格尔主义的'现代的'观点",反之,"在马克思看来,自然不仅仅是一个社会的范畴,从自然的形式、内容、范围以及对象性来看,自然决不可能完全被消溶到对它进行占有的历史过程里去。"③

(二)马克思的实践唯物主义,不是实践本体论

杜章智、翁寒松之所以会把《历史和阶级意识》的抽象的和唯心主义的实践观,说成就是马克思的实践唯物主义,还同他们把马克思的实践唯物主义错误地理解成实践本体论有关。在这方面,翁寒松的文章作了最明确的阐述:

---

① 卢卡奇:《历史和阶级意识》,剑桥 1971 年版,第 XX 页。
② 卢卡奇:《历史和阶级意识》,剑桥 1971 年版,第 XXIII 页。
③ 施密特:《马克思的自然概念》,商务印书馆 1988 年版,第 66—67 页。

"以实践作为社会存在本体就是实践唯物主义的最本质含义。"

"马克思主义哲学所说的作为本体的'世界',是自然、社会和思维三位一体的'世界',而这种'三位一体'恰恰是通过实践达成或表现出来的,实践就是这种三位一体的实际状态。"

"已经为人的实践所对象化指向的'第二自然'和尚处于人的活动作用以外的作为潜在的'第二自然'的'第一自然',都逻辑地包容在人的实践框架之中,因此,从哲学意义上来说,不存在游离于实践统摄的自然。"

翁寒松的这种理论,是一种认为实践包容一切、统摄一切的实践本体论。他在阐述这种理论时,虽然附加在马克思的名义下,但他所依据的,却不是马克思本人的论述,而是他自己的想象。

诚然,在《关于费尔巴哈的提纲》中,马克思批评了从前的一切唯物主义对"对象、现实、感性,只是从客体或者直观的形式去理解,而不是把它们当作感性的人的活动、当作实践去理解,不是从主体方面去理解";在《德意志意识形态》一书中,马克思又从正面强调"人们的感性活动"、"这种连续不断的感性劳动和创造、这种生产,正是整个现存的感性世界的基础",从而把实践引进了世界观、存在论、本体论。

但是,马克思却并没有把他的世界观归结为实践包容一切、统摄一切的实践本体论,因为马克思在强调实践的伟大历史作用和世界观意义时,不仅没有把物质自然界从世界观中排除出去;而相反,他还强调指出:"当然,在这种情况下,外部自然界的优先地位仍然会保持着。"[①]

翁寒松在文章中说,"在马克思一生的著作中,根本不存在'外部自然界的优先地位'的思想",对于上引那句话,只要"联系上下文一看就清楚,这是马克思站在实践唯物主义立场上批评费尔巴哈的

---

① 马克思、恩格斯:《费尔巴哈》,人民出版社1988年版,第21页。

唯物主义观念,是说从实践唯物主义的观点看,费尔巴哈所要强调的那种拥有优先地位的自然界,不是现实的人的自然界,对于实践、活动本体来说是没有意义的",甚至认为确认"马克思始终坚持外部自然界的优先地位",是"徐崇温……的常识性错误"。

应当指出,在国际范围内,尽管对如何理解"外部自然界的优先地位仍然会保持着",人们有着不同的意见,但是,对于这个命题是马克思实践唯物主义的一项基本内容,却还没有人提出异议。例如,前面提到的那位施密特,虽然竭力宣传"社会中介",却还是指出"尽管承认了社会要因,'外部自然界的优先地位仍然会保持着'……在这里,马克思坚持外部自然及其规律对社会的中介要因的先在性"[1]。然而,既然翁寒松对此也要独创性提出异议,那就让我们根据马克思本人的论述来把事情弄个水落石出。

先看《德意志意识形态》的上下文,在那里,马克思写道:"这种活动,这种连续不断的感性劳动和创造,这种生产,正是整个现存的感性世界的基础。……当然,在这种情况下,外部自然界的优先地位仍然会保持着,而整个这一点当然不适用于原始的、通过自然发生的途径产生的人们。……此外,先于人类历史而存在的那个自然界,不是费尔巴哈生活其中的自然界,……因而对于费尔巴哈来说也是不存在的自然界。"[2]

既然这里所说"外部自然界的优先地位仍然会保持着",第一,是在强调人的感性劳动和生产是整个现存的感性世界的基础"这种情况下"重申的;第二,还特地指出整个这一点不适用于通过自然发生的途径产生的人们;第三,又专门把先于人类历史而存在的那个自然界,列为"此外"。那么,"联系上下文一看",所能"很清楚地看到的"就是:这里所说的自然界,并不是指的那个对于实践没有意义

---

[1] 施密特:《马克思的自然概念》,商务印书馆1988年版,第23页。
[2] 马克思、恩格斯:《费尔巴哈》,人民出版社1988年版,第21—22页。

的、先于人类历史而存在的自然界,而恰恰正是指的对于人的实践活动具有重大意义的、现实的人的自然界。因而,这里所说的"外部自然界的优先地位仍然会保持着",就不是遭到批评的费尔巴哈的旧唯物主义观念,而是马克思的实践唯物主义的一个极其重要的观点。

既然人类的劳动实践是现存感性世界的基础,那么,怎么又说"在这种情况下,外部自然界的优先地位仍然会保持着"呢?原来,所谓外部自然界的优先地位指的是,外部自然界始终是人类劳动实践的物质前提。以外部自然界为前提并受其制约的人类的劳动实践创造着对象世界,改造着无机界,但是,这种劳动实践一旦物化、对象化到劳动产品上去以后,就成了外部自然界的一个组成部分,对于人们尔后的感性活动,对于下一代人来说,又作为预先存在的外部自然界而出现,又作为他们感性活动的物质前提而出现,从而具有着"优先地位"。

实际上,外部自然界保持着优先地位的思想,不仅表现在《德意志意识形态》的上述论述中,而且作为马克思哲学世界观的一块基石,出现在马克思不同时期的各种不同著作之中。

早在《1844年经济学—哲学手稿》中,马克思就指出,"没有自然界,没有感性的外部世界,工人就什么也不能创造,它是工人用来实现自己的劳动、在其中展开劳动活动、由其中产生出和借以生产出自己的产品的材料。"[1]

在《神圣家族》中,马克思又指出,"人并没有创造物质本身,甚至人创造物质的这种或那种生产能力,也只是在物质本身预先存在的条件下才能进行。"[2]

在1857年—1858年《经济学手稿》中,马克思说,"劳动的主要客观条件并不是劳动的产物,而是自然。一方面,是活的个人,另一

---

[1] 《马克思恩格斯全集》第42卷,人民出版社1979年版,第90页。
[2] 《马克思恩格斯全集》第2卷,人民出版社1957年版,第58页。

方面,是作为个人再生产的客观条件的土地";"生产的原始条件最初本身不可能是生产出来的,不可能是生产的结果","生产的原始条件表现为自然前提,即生产者生存的自然条件,正如他的活的躯体一样,尽管他再生产并发展这种躯体,但最初不是由他本身创造的,而是他本身的前提"①。

在《资本论》第一卷中,马克思不仅指出"劳动首先是人和自然之间的过程,是人以自身的活动来引起、调整和控制人和自然之间的物质变换的过程",而且强调"人在生产中只能像自然本身那样发挥作用,就是说,只能改变物质形态。不仅如此,他在这种改变形态的劳动中,还要经常依靠自然力的帮助,因此,劳动并不是它所生产的使用价值即物质财富的唯一源泉。正像威廉·配第所说,劳动是财富之父,土地是财富之母"②。

在《哥达纲领批判》中,马克思不仅再次重申了"劳动不是一切财富的源泉。自然界和劳动一样也是使用价值(而物质财富本来就是由使用价值构成的)的源泉",而且强调了"劳动所受的自然制约性"③。

在跨度长达30多年的时间中写成的上述论述,清楚地说明了:马克思在强调要从主体方面,把对象、现实、感性当作实践去理解,强调现存感性世界以人类的劳动实践为基础的同时,又是始终一贯地坚持外部自然界的优先地位,坚持这种外部自然界是人类劳动实践的物质前提,坚持外部自然界对于劳动实践的制约性的。马克思丝毫也没有用实践去包容自然、统摄自然的意思。

所以,说"马克思始终坚持外部自然界的优先地位",这完全不是像翁寒松所说,似乎是"徐崇温……的常识性错误",而恰恰是确认马克思实践唯物主义的一个基本内容、一个不可缺少的组成部分。

---

① 《马克思恩格斯全集》第46卷上,人民出版社1979年版,第483、488页。
② 《马克思恩格斯全集》第23卷,人民出版社1972年版,第201—202、56—57页。
③ 《马克思恩格斯全集》第19卷,人民出版社1963年版,第15页。

要是丢弃了这个基本内容,实践唯物主义就不再成为实践唯物主义,而变成只要实践,不要唯物主义的实践本体论了。这种实践本体论把实践夸张到包容自然、统摄自然的地步,而否认劳动实践是一种在外部自然界预先存在的条件下,在以它为前提、受它的制约的情况下进行,而且还只能改变它的物质形态的活动,而并不是随心所欲、无中生有的创造的情况。这样,事情的发展就正如卢卡奇在《历史和阶级意识》1967年再版序言中所说"实践概念的过分扩张会导致到它的反面:滑入到唯心主义的直观之中"。

那么,强调外部自然界的优先地位,同翁寒松所说"马克思在'论纲'中批评的那种旧唯物主义倾向"有什么关系呢?

根据马克思《关于费尔巴哈的提纲》的论述,可以看出,旧唯物主义之所以旧,并不在于它从客体的形式去理解现实,而在于它只是从客体的形式去理解现实。正因为这样,被马克思用来和这种旧唯物主义相对立的,就是"新唯物主义",即实践唯物主义,而不是行动唯心主义。

马克思的"新唯物主义"之所以新,就在于它主张不仅要从客体形式去理解现实,而且还要从主体方面,把对象当作实践去理解,而这就要"改变世界","使现存世界革命化,实际地反对并改变现存的事物"①。

所以,在新唯物主义和旧唯物主义之间,既有是否也从主体方面去把现实当作实践去理解,是否把人的感性活动看成是现存感性世界的基础这样的原则区别,又有都坚持外部自然界的优先地位的基本一致。当然,这种一致,并不是完全等同,而是有差别的一致,其差别就在于:旧唯物主义把具有优先地位的自然界看成同人的实践没有干系的;而新唯物主义却认为,这种具有优先地位的自然界,在人类社会诞生以后,是凝结有人类的物化劳动、对象化劳动的,因而其

---

① 马克思、恩格斯:《费尔巴哈》,人民出版社1988年版,第19页。

具体面貌是在人类历史过程中不断变化着的。

实际上,马克思在明确提出"新唯物主义"、"实践的唯物主义"的世界观之前,在《1844年经济学—哲学手稿》中,一方面指出"在人类历史中即在人类社会的产生过程中形成的自然界是人的自然界";另一方面又强调"人作为自然的、肉体的、感性的、对象性的存在物和动植物一样,是受动的、受制约的和受限制的存在物"①,这些论述所表达的意思,显然是和《德意志意识形态》中论述的实践唯物主义的两个基本点的思想相一致的。

(三)改革不是搞反向歪曲

杜章智、翁寒松在把《历史和阶级意识》的抽象的和唯心主义的实践观说成就是马克思的实践唯物主义的时候,在文章中说,《历史和阶级意识》一书"所提出的命题和学说,至今影响着处于改革运动中的各国马克思主义者";翁寒松在他的文章中更把《历史和阶级意识》"开辟的思想道路",说成"的确就是我们理论工作者今天正在进行的改革之路"。

杜、翁两人显然认为,给他们的上述思想观点和思维方式贴上"改革"的标签,就可以使它们得到广泛流传。然而,事实却是,由于他们要把自己从自然本体论反向歪曲到实践本体论的做法说成就是改革,这就严重地曲解了改革。

现在,学术界正就怎样进行哲学体系的改革进行着热烈的讨论。

党的十三大在谈到科学社会主义从学说到实践,从一国的实践到多国的实践,从建设到改革,都是对社会主义再认识的扩展和深化,都是科学社会主义理论同各国实践和时代发展的结合时,曾经指出:"在这个过程中,必然要抛弃前人囿于历史条件仍然带有空想因素的个别论断,必然要破除对马克思主义的教条式理解和附加到马

---

① 《马克思恩格斯全集》第42卷,人民出版社1979年版,第128、167页。

克思主义名义下的错误观点,必然要根据新的实践使科学社会主义理论得到新的发展"。实际上,这里所说科学社会主义的改革和发展过程中的三个"必然",也正是哲学体系改革的必由之路。

马克思确立了实践唯物主义的哲学世界观,既高度强调实践的伟大历史作用和世界观意义,又始终坚持外部自然界的优先地位。然而,在马克思主义的发展过程中,却出现了偏离马克思思想的现象;到了20世纪初,马克思的哲学世界观被理解和解释成一种把人的实践排斥在世界观之外的唯物主义。从理论内容来说,坚持外部自然界的优先地位,本来是实践唯物主义的一项基本内容,然而,当把它加以片面地夸大,用它去把人的实践从世界观中排斥出去的时候,它便成了附加在马克思主义下的错误观点;而从社会作用来说,这种哲学世界观同资本主义体系的总危机和无产阶级革命在第一次世界大战后的形势是不相适应的,同无产阶级肩负的伟大历史使命更是不相适应的。

正是因为这个缘故,从卢卡奇、柯尔施、葛兰西,一直到法兰克福学派……一个接一个、一批接一批的人都致力于改变这个哲学体系。尽管这些人的思想背景不尽相同,他们却都试图重新确认实践概念的意义,从主体方面去理解事物,进而发展马克思主义的主体方面。

他们认为,对于马克思的唯物主义,不应该从本体论上去理解,因为马克思虽然谈到外部自然界的优先地位,却并不认为对于这个在人之外的现实,要从未被中介的客观主义的意义上去理解,从本体论上去理解;相反地,马克思接受了唯心主义者认为世界是通过主体而得到中介的见解,承认物质从一开始就被社会所中介,所以,对于马克思来说,不是物质的抽象本性,而是社会实践的具体性,才是唯物主义理论的真正主题和基础。他们把马克思的哲学世界观解释成一种把世界的本原归结为人的实践,而把物质和精神看成是统一在人的实践中的对立统一物的理论,他们用实践本体论去同自然本体论相对立。

本来,针对那种把人的实践从世界观中排除出去的理论,应该做的事情是:实事求是地分析其失误所在,恰如其分地破除其附加到马克思主义名义下的错误观点;然而,卢卡奇等人却用一个片面去反对另一个片面,用极端夸大地强调实践去反对极端夸大地强调自然,结果就对马克思的实践唯物主义作了一个和自然本体论方向相反的歪曲,在反对附加在马克思主义名义下的一种错误观点的时候,又把另一种错误观点附加到马克思主义名义下,也即用唯心主义的歪曲去取代机械、直观唯物主义的歪曲。

在《历史和阶级意识》再版序言中,卢卡奇曾在好几个地方就他的抽象的和唯心主义的实践观作过自我批评,其中有两个地方反复重申"实践概念的过分扩张会导致到它的反面:滑入到唯心主义的直观之中",而"这种抽象的唯心主义实践观则会使本来是正确的意向变成它的反面"[①]。我觉得,他在这里要告诉读者的,正是这个不要把反向歪曲当作改革的痛苦教训。

所以,事情十分明显,把《历史和阶级意识》"开辟的思想道路",说成"的确就是我们理论工作者今天正在进行的改革之路",实际上正是要大家在改革中去重蹈卢卡奇本人竭力希望大家避免的覆辙,因此是极其不可取的。而为了诱使大家去重蹈这个覆辙,竟不顾马克思究竟如何说的,卢卡奇又是怎样说的,一味按照自己的想象和需要,硬把卢卡奇的抽象的和唯心主义的实践观说成就是马克思的实践唯物主义,就更是"指鹿为马"了。

改革要破除附加在马克思主义名义下的错误观点,而不是搞反向歪曲,此其一。

其二,尽管我们时代的实践证明马克思的实践唯物主义世界观是正确的,但马克思的这一哲学世界观毕竟是在将近一个半世纪之前提出来的。从那时以来,发生了许多新情况,出现了许多新问题,

---

[①] 卢卡奇:《历史和阶级意识》,剑桥1971年版,第XVIII—XIX页。

都是马克思在生前没有见到的。例如,当代生态学思潮和生态运动所提出的一个十分尖锐的问题就是:随着科学技术革命的加速发展,人类要是没有预见和控制自己活动的后果,对于自己的得到了大大增强的影响自然的力量运用不当和失去控制,那就会引起人与自然相互作用中带有危险性的不平衡,造成一系列威胁人类当前的生存和未来的发展的极其复杂的社会问题。在这样的视野下,人们要求对于支撑财富观、福利观和价值观的现行经济学和哲学范式,有一个如同爱因斯坦宇宙论之于牛顿宇宙论那样的巨大变革,这就是由认为人是价值的源泉,价值是由劳动创造的观点,前进到确认财富和福利是由自然的天赋和遗产同人类的努力相结合而组成的,只有当人的干预以积极的协同配合方式发挥作用,增加总的天赋和遗产的利用价值时,才有利于财富、福利的增长;否则的话,投入了大量的劳动时间,不仅不能生产出真正的附加价值,反而会生产出负的附加价值,即"减去的价值"。诸如此类的新形势、新问题,都要求我们哲学体系的改革,不仅要破除附加到马克思主义名义下的错误观点,回到马克思的实践唯物主义,而且还要向前看,根据我们时代新的实践,批判地吸取和概括各门科学发展的最新成果,去丰富和发展马克思的实践唯物主义,把它推向前进。

而要是把《历史和阶级意识》"开辟的思想道路"看成"的确就是我们理论工作者今天正在进行的改革之路",那就不仅把改革看成搞反向歪曲,而且还把改革仅仅局限在搞反向歪曲,从而使我们的改革不能"开拓新视野,发展新观念,进入新境界"。就这个意义上说,杜章智、翁寒松推荐给大家的这条改革之道更是极其不可取的。

四、葛兰西的实践哲学评析

早在几年前开始的"西方马克思主义"讨论中,就有许多研究者对葛兰西的实践哲学产生了强烈的兴趣:这种实践哲学,在性质上到底是马克思主义,还是属于与马克思主义有区别的"西方马克思主义"? 而当在后来讨论马克思的实践唯物主义的时候,对于葛兰西实践哲学具有浓厚兴趣的范围,更由研究"西方马克思主义"、研究西方思潮的许多研究者,扩大到了研究马克思主义原理和马克思主义哲学史的更多的研究者:葛兰西的实践哲学究竟是否就是马克思的实践唯物主义? 葛兰西所主张的超越唯心主义和唯物主义,是否正是马克思哲学世界观的特征? 显然,要对这些问题作出有根有据的准确回答,仅由少数研究者发表几篇论战性文章是远远不够的。所需要的,首先是把葛兰西论述实践哲学的著作原原本本地翻译出来,让大家有可能根据葛兰西本人的原文,而不是别人的阐述和解释去作出判断。只有在此基础上,才可能产生由于有大家广泛、积极的参与而形成的有深度的真知灼见。

　　葛兰西的哲学思想,虽然早在1917年12月24日发表的《反对〈资本论〉的革命》一文中,就已经有所阐发,但却集中表现在《狱中札记(选)》的有关实践哲学的几十篇札记中。如果根据俄文本《葛兰西选集》第三卷转译的《狱中札记(选)》,不仅难解原意,而且缺少葛兰西评布哈林《历史唯物主义理论——马克思主义社会学通俗教材》的全部以及拉布利奥拉等20多篇重要札记,然而,葛兰西却正是在这些札记中,从正面比较系统地论述了他的实践哲学观的。

　　正是由于这些原因,笔者萌发了翻译葛兰西《实践哲学》的想法。现在奉献给大家的这个译本,是根据1971年伦敦英文版《狱中札记(选)》第三部分《实践哲学》翻译过来的。这个版本除了把被俄译本删去的20多篇札记全都收入之外,还加了两篇分编导言和190多条脚注,帮助读者理解葛兰西实践哲学的原意,并在《狱中札记(选)》的长篇总导言中论述了葛兰西实践哲学的思想背景和渊源。除此之外,为了便于读者追溯葛兰西哲学思想的发展线索,中译本还把葛兰西的《反对〈资本论〉的革命》一文翻译出来作为附录收入本书。希望这些能为大家理解葛兰西的实践哲学提供一些材料依据。

当然,由于葛兰西的原文为躲避狱吏的检查而写得比较艰涩,再加上中译本并不是从意大利文直接翻译过来,而是从英译本转译的,中译者的翻译水平又很有限,种种原因使得这个译本也不可能达到理想的水平,只能说是在直接从意大利文译出的准确版本出现之前,为应读者了解葛兰西实践哲学的急需,而给大家提供的一个略胜于无的材料罢了,错误和不妥之处,谨请大家指正。

同时,希望在有大家广泛、积极的参与下形成对葛兰西实践哲学的真知灼见,并不等于说为这种参与提供材料的译者本人可以置身事外,为此,特不揣冒昧地将笔者对葛兰西实践哲学的看法,放在这篇中译本序言中一并奉献给广大读者,如有偏颇不当之处,希望一并得到教正。

(一)"实践哲学"是葛兰西奉行的哲学路线

葛兰西在《狱中札记(选)》中所说的"实践哲学"是什么?有人认为,这是葛兰西在法西斯监狱的特殊条件下对马克思主义的称谓;在《狱中札记(选)》中,仅在引述索列尔的原话里,抄录了"马克思",而"马克思主义"则从来没有出现过,所以,应当把"实践哲学"只看作是马克思主义的代名词,而不看作是葛兰西奉行的独特的哲学路线。这种说法是不符合事实的。

事实是,在《狱中札记(选)》中,虽然为了逃避狱吏的检查,葛兰西大量使用"实践哲学"此词去代替马克思主义,但也毕竟在好几个地方直接使用"马克思主义"。

例如,在札记《拉布利奥拉》中,葛兰西就曾提到奥托·鲍威尔在其关于宗教的书籍中,认为"马克思主义"可以由任何哲学,甚至由托马斯主义支撑并与之溶合[①]。在札记《经济学与意识形态》中,葛兰西又提到了分析《拿破仑第三政变记》、《德国的革命和反革

---

① 葛兰西:《实践哲学》,重庆出版社1990年版,第104页。

命》、《法兰西内战》等作品,"可以使人们更好地确立马克思主义的历史的方法论"等等①。而在札记《马克思主义的组成因素的统一》中,葛兰西更在札记标题里直接标出了"马克思主义"②。如此等等。

然而,更重要的问题在于,虽然在《狱中札记(选)》中,葛兰西大量(但并不是完全)使用"实践哲学"去代替马克思主义,但这个事实并不足以说明实践哲学只是马克思主义的代名词,而并不标志着葛兰西所奉行的独特的哲学路线。在这里,一切都要依葛兰西赋予"实践哲学"的内容是否完全符合于马克思主义为转移。

首先,"实践哲学"此词是哪里来的?是葛兰西为了逃避狱吏的检查而发明创造出来的吗?不是。早在葛兰西之前,意大利哲学家拉布利奥拉就把这个名词引入了马克思主义,葛兰西是从他那里把此词借用来的,本书的英译本导言已经指出了这一点。

在《狱中札记(选)》中,葛兰西为什么不用别的名词,而恰恰要用拉布利奥拉提出的"实践哲学",当作马克思主义的代名词?应当说,这绝不是一件偶然的事情,而是反映了葛兰西和拉布利奥拉在思想上的共通性,反映了葛兰西对拉布利奥拉赋予"实践哲学"这个名词的含义和强调重点的赞同的。事情正如美国加利福尼亚大学教授马丁·杰所指出的:

"那个时代吸引他〔葛兰西〕的唯一人物是安东尼·拉布利奥拉,他赞美他的实践重点,他从拉布利奥拉那里借用来在《狱中札记(选)》中作为马克思主义的婉委说法的'实践哲学',抓住了他思想中的能动主义的推动力,这意味着热切地注意到政治对于经济的相对自主性","葛兰西总是强调说,历史是自觉活动、实践意志、主观干预以及政治主动性的舞台"③。

而仔细阅读一下葛兰西的这本《实践哲学》,就会更进一步地发

---

① 葛兰西:《实践哲学》,重庆出版社1990年版,第134页。
② 葛兰西:《实践哲学》,重庆出版社1990年版,第125页。
③ 马丁·杰:《马克思主义和总体性》,洛杉矶加州大学1984年版,第154—155页。

现,葛兰西从拉布利奥拉那里借用"实践哲学"这个名词来作为马克思主义的代名词,还有其更深刻的原因,这是和葛兰西对马克思主义的本质、对马克思主义在当时的种种发展趋向的看法紧密地联系在一起的。

在札记《"正统"的概念》中,葛兰西认为从其真正的起源上看,正统性不在别的,而在于这样一个基本概念:实践哲学(指马克思主义)是自足的,它把为构造一种全面而完整的世界观,一种全面的哲学和自然科学理论以及为赋予一种完整而实际的社会组织的生命所必需的一切基本要素都包含在自身之中;它"不需要来自异己源泉的支持",不需要有"某种其他的唯物主义哲学和唯心主义哲学的支撑"[1];它充分地强调和赋予新的真理,足以给自己提供一个较为现代而有效的武器库,这意味着它开始对传统文化发挥它自己的领导权;它还是一种不能被混同于或归结为任何其他哲学的、设想哲学的方式,它的独创性不仅在于其超越以前的哲学,而且还首先在于"开辟了一条新路,从头到脚地更新了整个设想哲学本身的方式"[2]。另一方面,葛兰西又认为,马克思主义具有同化、吸收一切其他思想体系中有价值的东西,把一切这样的要素编织进一个新的综合中的独特能力,然而,这是一种要和折中地借用其他异己思潮严格地区别开来的有机吸取。马克思主义总是在通过同其他哲学不断的相互作用,而发展到更高的水平上的。

在葛兰西的心目中,这就是马克思主义的本质,那么,马克思主义的现状又如何呢?

在札记《安东尼·拉布利奥拉》、《实践哲学与现代文化》中,葛兰西分析了马克思主义在当时的发展趋向:

一种是由普列汉诺夫代表的所谓正统趋向。它基本上把马克思

---

[1] 葛兰西:《实践哲学》,重庆出版社1990年版,第223页。
[2] 葛兰西:《实践哲学》,重庆出版社1990年版,第225页。

主义与传统的唯物主义等同起来,"他们认为他们自己在把这种哲学基本上和传统唯物主义等同起来方面是正统的"①,而在事实上却"滑到庸俗唯物主义去了",葛兰西认为,"普列汉诺夫提出问题的方法是实证主义方法的典型,并证明其思辨和编史能力的贫瘠。"②

另一种是把马克思主义同康德主义以及其他的非实证主义的和非唯物主义的哲学趋向联结起来。如伯恩施坦、麦·阿德勒等回到康德主义去,把马克思主义和康德主义结合起来,奥托·鲍威尔把马克思经济学和托马斯主义认识论结合起来,德·曼则用弗洛伊德主义……;而克鲁齐、金蒂雷、索列尔、柏格森、实用主义等等把马克思的某些因素吸收过去,成为唯心主义思潮的组成部分。

葛兰西认为,在马克思主义遭到这种"双重的哲学结合"或"双重的修正"③的情况下,只有拉布利奥拉一个人坚持贯彻和发挥符合于马克思主义本质的路线:"在实际上,拉布利奥拉肯定实践哲学是独立于任何其他哲学思潮之外的、是自足的,而且是唯一的企图科学地建立实践哲学的人"④;"拉布利奥拉和这两种思潮(指上述双重哲学结合或双重的修正)不同的地方,在于他断言,实践哲学是一种独立的和独创的哲学,它本身包含着进一步发展的因素,所以就由对历史的一种继续,变成一种一般的哲学,这正是人们必须在其中进行工作的方式,发展拉布利奥拉的观点"⑤。

十分明显,在《狱中札记(选)》中,葛兰西之所以会从拉布利奥拉那里借用"实践哲学"去作马克思主义的代名词,显然是和他认为拉布利奥拉是当时唯一贯彻符合于马克思主义本质的路线的人有关的,显然是因为他要沿着拉布利奥拉的方向去发展拉布利奥拉的这

---

① 葛兰西:《实践哲学》,重庆出版社1990年版,第106—107页。
② 葛兰西:《实践哲学》,重庆出版社1990年版,第104页。
③ 葛兰西:《实践哲学》,重庆出版社1990年版,第106页。
④ 葛兰西:《实践哲学》,重庆出版社1990年版,第103页。
⑤ 葛兰西:《实践哲学》,重庆出版社1990年版,第108页。

个立场和路线。

那么,拉布利奥拉的方向和路线到底是怎样的呢?

拉布利奥拉是意大利19世纪著名的哲学家,罗马大学教授,他的思想先后受黑格尔、赫伯尔特以及马克思的影响,在19世纪70年代末,拉布利奥拉开始接触马克思主义,批判尼采、哈特曼、新康德主义等等的资产阶级哲学,80年代末,他开始站到社会主义的立场上来,在90年代中期以后,先后发表《纪念共产党宣言》(1895年)、《论历史唯物主义》(1896年)、《关于社会主义和哲学的探讨》(1897年)等著作。

拉布利奥拉用黑格尔的观点来考察实践。在他看来,人类历史是由自觉地反映历史的、合理发展的自由活动所构成的,所以,实践是反思的、合理的活动,同时又表现主观的偶然性和历史的必然性,它是一个包含主体和客体的统一整体。拉布利奥拉否定历史决定论的观点,他说,现实历史是"人的作品",而不是非人称的、决定的过程,不存在有效的、普遍的历史法则,历史的标志是进步和倒退,这取决于人的活动的合理性,虽然社会主义必然随着资本主义而到来,但只要人民是能够实践的,那么,未来在基本上就是未定的和不可预知的,人类事件的整个进程所代表的,既不是实现某个预定结果的趋向,又不是背离来自至善和幸福的第一原理。拉布利奥拉还拒绝把社会现实分为经济基础和上层建筑的正统两分法,他认为"经济"不可能是历史进步的主要"原因",因为它在实际上并不自主地存在着。他认为,实践是由物质生产所决定的,但是,在这个辩证的宇宙中,物质法则又是由实践所中介并表现在实践之中的。

在1897年发表的《关于社会主义和哲学的探讨》一书中,拉布利奥拉提出他的实践哲学观说,"作为历史唯物主义的精髓的实践哲学"是这样建立起来的:

"它是内含于哲学化事物中的哲学,从生活到思想,而不是从思想到生活,这是现实的过程,从作为行动知识的劳动到作为抽象理论的知识,而不是从后者到前者。……马克思把黑格尔的辩证法颠倒了过来。……事物的运动取代了作为它自身存在着的思维的有规律运动,而且,思维终究是这种事物的产物";"历史唯物主义,也就是实践哲学,把整个人看成历史的、社会的人,在这一意义上,它给予一切唯心主义的形式以致命的打击,而且……也宣告了自然主义的唯物主义的终结。知性的革命已经发展到把人类的历史过程作为绝对客观的事物来认识的阶段,同时知性革命也发展到把物理学的自然加以历史化的阶段,这两种知性革命相互结合、相互一致。自然,对于思维的人来说,已经不是其效果达不到的事实,不是决不能生成的事实,不是没有发展的永恒状态,而且,也决不是不能继续进行创造的那样一次完成的被创造物"[①]。

拉布利奥拉的哲学思想,在当时意大利的文化背景下发生了极其巨大的影响,在它的熏陶下,意大利出现了一大批强调行动、实践的哲学家,其中最著名的有:克鲁齐、蒙德尔福、金蒂雷等,而其中最有影响的,则是葛兰西的实践哲学。

在马克思主义当时的种种发展趋向中,葛兰西由于赞成拉布利奥拉的方向和路线,因而,在《狱中札记(选)》中借用了他提出的"实践哲学"这个名词,作为马克思主义的代名词,这个事实本身就说明了"实践哲学",在葛兰西那里,不仅仅是马克思主义的代名词,而且也是他所奉行的一条独特的哲学路线——一条既不同于普列汉诺夫的把马克思主义和唯物主义等同起来,又不同于伯恩施坦、阿德勒、鲍威尔、德·曼等人把马克思主义和新康德主义、托马斯主义、弗洛伊德主义等等结合起来,而要根据拉布利奥拉开辟的方向,去发展拉布利奥拉的立场观点的路线。

---

① 拉布利奥拉:《关于社会主义和哲学的探讨》,意大利文1897年版,第216—217页。

(二) 实践哲学企图超越于唯心主义和唯物主义

尽管"实践哲学"这个名词,是葛兰西怀着继续发展拉布利奥拉的方向和路线的意向而从拉布利奥拉那里借用来的,但是,在展开的过程中,葛兰西毕竟又赋予它以自己的含义,从而使它具有了为葛兰西所特有的特征。这种独特的特征之一,便是葛兰西明确提出实践哲学要超越唯物主义和唯心主义。例如,在札记《辩证法》中,葛兰西突出地强调这种超越论说:"只有当着把实践哲学看作是一种开辟了历史的新阶段和世界思想发展中的新阶段的、完整而独创的哲学的时候,才能领会辩证法的基本功能和意义,而实践哲学则在其超越作为过去社会的表现的传统的唯心主义和传统唯物主义,而又保持其重要要素的范围内做到这点。如果只把实践哲学看作臣服于另一种哲学,那就不可能领会新的辩证法,然而,〔实践哲学〕却正是通过它(指辩证法)来实现和表现对旧哲学的超越的"[1]。

为什么实践哲学是对传统的唯心主义和唯物主义的超越呢?葛兰西在论述实践哲学的历史发展的时候,提出了他的看法。

葛兰西认为,实践哲学在得到充分发展之前,是经历了漫长的历史发展过程的。他说:

"实践哲学是以这一切过去的文化为前提的:文艺复兴和宗教改革,德国哲学和法国革命,喀尔文主义和英国古典经济学,世俗的自由主义和作为整个现代生活观的根子的这种历史观。实践哲学是这整个的精神的和道德的改革运动的顶峰。"[2]

在这个过程中,当社会经历变革,新兴阶级从全民中崛起的时候,人们可以看到人民文化的繁荣,就会出现唯物主义的昌盛,而衰老的阶级则抓住唯灵论不放。

---

[1] 葛兰西:《实践哲学》,重庆出版社1990年版,第180页。
[2] 葛兰西:《实践哲学》,重庆出版社1990年版,第115页。

"处在法国革命和复辟的中途上的黑格尔,给予思想生活的两个要素唯物主义和唯灵论以辩证的形式,但是,他的综合是'一个以头站地的人'。"①

黑格尔死后,他的门徒破坏了这个统一,有一些人回到了唯物主义的体系:他们接受了过程和历史性观点,却排除任何主体活动的思想,原因和过程被确定为外在的;另一些人则回到唯灵论的体系:他们意识到了人的活动的基本本质,却按意识或精神来定义活动,他们强调变化和主体性,却把主体理解为精神。

马克思和恩格斯,作为实践哲学的创始人,"复活了黑格尔主义、费尔巴哈主义和法国唯物主义的这一切经验,以便重建辩证统一的综合,'用脚站地的人'"②。

但是,在马克思以后,实践哲学又遭到了黑格尔的学说所经历过的遭遇,人们同样企图把它扯碎为几个部分:正统派企图把实践哲学和传统的唯物主义结合起来;第二国际的修正主义回到了康德主义;一些资产阶级唯心主义者则吸取了马克思主义的某些要素。

所以,葛兰西认为,实践哲学正面临着文化—哲学的综合的任务:"在实际上,在〔马克思〕关于费尔巴哈的第一条提纲中批判的唯物主义和唯心主义的彼此片面的立场,正在重复着,现在还和那时一样,虽然处在历史的一个较为发达的时刻,在实践哲学发展的更高的水平上进行综合还是必要的。"③

那么,葛兰西对唯物主义、唯心主义,到底是怎么看的?实践哲学又是怎样超越和综合唯心主义、唯物主义的?

对于什么是唯物主义的问题,葛兰西在《狱中札记(选)》中并没有提出一个全面的定义和界说,但从一些有关的论述中,可以看出他对唯物主义的基本看法。这些论述大致分为下列四个方面。

---

① 葛兰西:《实践哲学》,重庆出版社1990年版,第115—116页。
② 葛兰西:《实践哲学》,重庆出版社1990年版,第116页。
③ 葛兰西:《实践哲学》,重庆出版社1990年版,第124页。

第一,关于唯物主义与宗教的关系:

在批评布哈林的《历史唯物主义的理论》一书时,葛兰西谈到"在常识中居支配地位的,是'实在论的'、唯物主义的要素,原始感觉的直接产物,这决不同宗教的要素相冲突,远不是这样的,但是在这里,这些要素是'迷信的'和非批判的"①;"民间宗教是非常地唯物主义的"②。

但是,在札记《术语和内容的问题》中,当葛兰西回顾"唯物主义"这个概念的历史时却说:"在 19 世纪头 50 年中,对于'唯物主义'此词,不应仅在其有限的专门的哲学意义上去理解,而且具有在随着现代文化的崛起和胜利发展而在欧洲发展起来的辩论中,论战地获得的较为扩展的意义。唯物主义这个名词被赋予了任何一种从思想领域中把先验排除出去的哲学学说,所以,它不仅被赋予了泛神论和内在论,而且被赋予了政治现实主义所鼓舞的任何实际态度"③;"唯物主义是严格意义上的唯灵论即宗教唯灵论的对立面","在常识的术语中,唯物主义包括一切倾向于把生活的目的放在这个地球上而不是放在天国里的一切东西"④。

忽而说唯物主义的要素决不同宗教的要素相冲突,甚至认为民间宗教是非常地唯物主义的,忽而又说唯物主义是宗教唯灵论的对立面,指把生活的目的放在这个地球上而不是天国里的一切东西。葛兰西关于唯物主义的这两种论述显然是自相矛盾的。

第二,关于黑格尔、费尔巴哈和唯物主义的关系:

正因为葛兰西关于唯物主义的概念是自相矛盾的,因而在实际应用中,就出现了忽而把唯心主义者黑格尔列入唯物主义的范围之内,忽而又把唯物主义者费尔巴哈划出唯物主义的范围之外的现象。

---

① 葛兰西:《实践哲学》,重庆出版社 1990 年版,第 156 页。
② 葛兰西:《实践哲学》,重庆出版社 1990 年版,第 116 页。
③ 葛兰西:《实践哲学》,重庆出版社 1990 年版,第 210 页。
④ 葛兰西:《实践哲学》,重庆出版社 1990 年版,第 211 页。

根据唯物主义是宗教唯灵论的对立面的定义,葛兰西据此认为,"人们能够把整个黑格尔主义、一般地说德国古典哲学以及感觉主义和法国启蒙哲学统统包括在唯物主义的标题之下"①;而在另一方面,葛兰西又赞扬新康德主义者朗格把费尔巴哈排除在外的唯物主义定义,说"他(指朗格)对唯物主义有一个十分精确、明晰和有限的概念"②。

第三,关于机械唯物主义与哲学唯物主义的关系:

葛兰西在《狱中札记(选)》中致力于批判机械唯物主义、庸俗唯物主义,这无疑是十分可贵的,可是,他又不时地把机械、庸俗唯物主义和哲学唯物主义等同起来,特别是当他正确地批评布哈林把马克思主义割裂成为一种被认为可以按照自然科学方法构造的,称作社会学的历史和政治理论,和另一种本来意义上的哲学时,竟脱口而出地说"哲学的〔唯物主义〕别名是形而上学的或机械的(庸俗的)唯物主义"③。这里姑且不论布哈林的哲学世界观如何,但是,哲学唯物主义却绝不等同于形而上学的、机械的、庸俗的唯物主义,它是哲学上一切形式唯物主义的总称,其中也包括了反对形而上学的、机械的、庸俗的唯物主义,实践的唯物主义。

第四,关于马克思同唯物主义的关系:

正因为葛兰西把哲学唯物主义等同于机械、庸俗的唯物主义。因而他就千方百计地否认马克思同唯物主义有任何关系。

葛兰西说,作为实践哲学创始人的马克思,"从来不曾把他自己的概念称作是唯物主义的,当他写到法国唯物主义时,他总是批判它,并断言这个批判要更加彻底和穷尽无遗。所以,他从未使用'唯物辩证法'的公式,而是称之为同'神秘的'相对立的'合理的',这给

---

① 葛兰西:《实践哲学》,重庆出版社1990年版,第211页。
② 葛兰西:《实践哲学》,重庆出版社1990年版,第213—214页。
③ 葛兰西:《实践哲学》,重庆出版社1990年版,第179页。

了'合理的'此词以十分精确的意义"①。

应当强调指出,葛兰西关于马克思同唯物主义的关系的这一段论述,其所有的基本点统统都是不符合事实的。

关于马克思是否把自己的观点称作唯物主义的问题,事实是,虽然在《1844年经济学—哲学手稿》中,有过"彻底的自然主义或人道主义,既不同于唯心主义,也不同于唯物主义,同时又是把这两者结合的真理"②的论述,但马克思在这里表述的,究竟是费尔巴哈的思想,还是他本人的思想,还有待进一步研究确定。但是,无论如何,从1845年的《关于费尔巴哈的提纲》、《德意志意识形态》开始,马克思就在反对唯心主义和旧唯物主义的两条战线的斗争中,明确指出自己的哲学世界观是"新唯物主义","实践的唯物主义"③,而且在以后始终坚持称自己的观点为唯物主义的。

例如,在《资本论》中,马克思明确揭示了他的方法的基础是唯物主义,他说,在《政治经济学批判》序言那里,已说明了他的"方法的唯物主义基础"④。

在1868年12月12日致恩格斯的信中,马克思又强调说,"当我们真正观察和思考的时候,我们永远也不能脱离唯物主义。"⑤

面对马克思这样一而再再而三地把自己的观点和方法称作唯物主义的明确论述和重申,怎么能够说马克思"从来不曾把自己的概念称作是唯物主义的"呢? 十分明显,葛兰西的说法是没有什么事实根据的。

说马克思在写到法国唯物主义时总是批判它,并断言这个批判要更加彻底和穷尽无遗,这也是和事实不符合的。

---

① 葛兰西:《实践哲学》,重庆出版社1990年版,第214页。
② 《马克思恩格斯全集》第42卷,人民出版社1979年版,第16页。
③ 马克思、恩格斯:《费尔巴哈》,人民出版社1988年版,第86、19页。
④ 《马克思恩格斯全集》第23卷,人民出版社1974年版,第20页。
⑤ 《马克思恩格斯全集》第32卷,人民出版社1974年版,第213页。

事实是马克思在《神圣家族》一书中谈到法国唯物主义的时候，是既有否定，又有肯定的。例如，在那里，马克思明确指出，"17世纪的形而上学的衰败可以说是由18世纪唯物主义理论的影响造成的"，"和它那反神学、反形而上学的唯物主义实践相适应的，必然是反神学、反形而上学的唯物主义理论"①。怎么能够把马克思对法国唯物主义的这些肯定评价，纳入葛兰西所谓"马克思总是要更加彻底和穷尽无遗地批判法国唯物主义"的框框呢？

葛兰西把"合理辩证法"同"唯物辩证法"对立起来，认为马克思用的是前者而不是后者的说法，同样不符于事实。

事实是，在1868年3月6日致库格曼的信中，马克思曾经强调指出："我的阐述方法和黑格尔的不同，因为我是唯物主义者，黑格尔是唯心主义者"；紧接着，马克思又说："黑格尔的辩证法是一切辩证法的基本形式，但是，只有在剥去它的神秘的形式之后才是这样，而这恰好就是我的方法的特点。"②马克思的这些论述，不是明确地说明了他是从唯物主义还是唯心主义的角度来标出他的辩证法和黑格尔的辩证法的根本区别的吗？怎么能够说马克思从未使用过"唯物辩证法"这个公式呢？

至于把马克思辩证法和黑格尔辩证法之间的对立，表述为"神秘辩证法"和"合理辩证法"之间的对立，原是渊源于马克思关于把黑格尔辩证法颠倒过来"以便发现神秘外壳中的合理内核"③的论述，恩格斯据此而谈到"黑格尔的辩证法同合理的辩证法的关系，正如热素说同热之唯动说的关系，燃素说同拉瓦锡理论的关系一样"④。但是，在这里，所称"神秘辩证法"和"合理辩证法"的对立，也是在从属于"唯心辩证法"和"唯物辩证法"的对立的意义上说的，而

---

① 《马克思恩格斯全集》第2卷，人民出版社1974年版，第161页。
② 《马克思恩格斯全集》第32卷，人民出版社1974年版，第526页。
③ 《马克思恩格斯全集》第23卷，人民出版社1972年版，第24页。
④ 《马克思恩格斯全集》第20卷，人民出版社1971年版，第388页。

不是在其他的意义上,更不是在相反的意义上说的。为什么说黑格尔的辩证法是"神秘的辩证法"?原因就在于黑格尔的唯心辩证法是头足倒置的,"他〔指黑格尔〕不是从对象中发展自己的思想,而是按照做完了自己的事情并且是在抽象的逻辑领域中做完了自己的事情的思维的样式来制造自己的对象。"①为什么说,马克思的辩证法是"合理的辩证法"?原因就在于马克思把黑格尔的辩证法颠倒过来,加以唯物主义的改造之后,也就一举而剥除了它的神秘形式、神秘外壳,恢复了它在现实世界中的现实关系。所以,把唯物辩证法和合理辩证法对立起来,也是没有什么事实根据的。

葛兰西在马克思同唯物主义的关系上发表了一系列同事实明显不符的言论,这个事实本身就清楚地说明了葛兰西对唯物主义是怀有偏见的。

葛兰西对唯物主义这样看,那么,他对唯心主义又是怎样看的呢?

葛兰西对唯心主义也没有规定过全面系统的明确定义,但从他一些有关的论述中,同样可以看出他对唯心主义的基本态度。

早在1917年底,葛兰西在其欢呼十月革命的伟大胜利的文章《反对〈资本论〉的革命》中,就宣称:布尔什维克在这一革命中"实践马克思主义的思想——那种永恒的,代表了德国和意大利唯心主义的继续的,而在马克思那里却被实证主义和自然主义的外壳所玷污了的思想"②。

把十月革命的胜利看成是由于继续了德国和意大利的唯心主义思想,毋庸分析,这是对唯心主义的歪曲的赞誉。

在《狱中札记(选)》中,葛兰西虽然没有再重复这种说法,但却系统地展开了实践哲学的产生,是由唯心主义思辨哲学本身的工作

---

① 《马克思恩格斯全集》第1卷,人民出版社1956年版,第259页。
② 葛兰西:《实践哲学》,重庆出版社1990年版,第240页。

所完成的论述。

例如,在札记《思辨哲学》中,葛兰西写道:"《神圣家族》关于18世纪法国唯物主义那一段十分好和十分清楚地描写了实践哲学的产生,它是由于思辨哲学本身的工作而完成的并和人道主义相溶合的'唯物主义'。同样真实的是,随着旧唯物主义的这种完善,只有哲学实在论还留下来。"①

这里所说的思辨哲学,首先是指的黑格尔主义。正因为葛兰西把实践哲学的发生看成是由于思辨哲学本身的工作所完成的,所以,他就十分自然地把实践哲学同黑格尔主义直接联系起来:"我认为,在某种意义上,人们可以说,实践哲学等于黑格尔加大卫·李嘉图"②;"在某种意义上,实践哲学是黑格尔主义的一种改革和一种发展"③;"无疑地,(相对地讲)黑格尔主义是我们作者〔指马克思〕最重要的哲学动机"④。

有人说,葛兰西是在反对任何一种片面化倾向的意义上谈论实践哲学对唯心主义和唯物主义的超越的,然而,上引论述却清楚地说明了葛兰西对唯心主义和唯物主义的看法本身就是非常之有倾向性的,因而他对唯心主义和唯物主义的"综合"和"超越",就不能不说是极其倾斜的。

这种倾斜首先表现在葛兰西把唯心主义的黑格尔主义说成是对唯心主义和唯物主义的超越,又把实践哲学对唯心主义和唯物主义的超越,说成是继承黑格尔的这种超越而来的。例如,在札记《"正统"的概念》中,葛兰西论证黑格尔主义是马克思最重要的哲学动机时,就说过这"特别因为它企图在一种新的综合中超越唯心主义和唯物主义的传统概念,这种新的综合无疑地具有十分异常的重要性,

---

① 葛兰西:《实践哲学》,重庆出版社1990年版,第82页。
② 葛兰西:《实践哲学》,重庆出版社1990年版,第121—122页。
③ 葛兰西:《实践哲学》,重庆出版社1990年版,第129页。
④ 葛兰西:《实践哲学》,重庆出版社1990年版,第226页。

而且它代表了哲学探究中的一个世界—历史要素"①。

十分明显,要是事情真像葛兰西所说的那样,在这个问题上,马克思对黑格尔亦步亦趋的话,那就只能陷入唯心主义,而根本谈不上是对唯心主义和唯物主义的超越。

然而,更重要的,还在于葛兰西把这种超越说成就表现在:不是用唯心主义和唯物主义的对立,而是用内在性和超验性的对立去看待问题。

内在性,原是传统思辨哲学和现代唯心主义哲学流派的中心概念之一。"内在"这一术语,按其思想意义来说,源于亚里士多德;其字面意义最初开始应用于中世纪经院哲学。"内在"的现代含义是康德提出来的,内在与超验不同,表示某物存在于它自身之中,在唯心主义看来,哲学的内在历史就是把哲学看作是一种主要由自身规律决定的过程,而排斥经济、阶级斗争和社会意识形态对哲学思想演变的影响。

在《狱中札记(选)》中,葛兰西把内在性接过来当作超越唯心主义和唯物主义的实践哲学的一个本质特征:"看来似乎只有实践哲学才是唯一首尾一贯的'内在论'概念。"②

葛兰西一再谈到"实践哲学设想内在性的特殊方式"③,这就是借助于法国的政治和英国的古典经济学,把德国古典哲学提出的思辨形式的内在性概念转变为"历史主义形式的内在性概念"④,这样,实践哲学就"从这三种活生生的思潮的综合,而达到清除了先验性和神学的一切痕迹的新的内在性概念"⑤;"实践哲学继续了内在性的哲学,但清除它的一切形而上学装置,并把它带到具体的历史领域

---

① 葛兰西:《实践哲学》,重庆出版社1990年版,第226页。
② 葛兰西:《实践哲学》,重庆出版社1990年版,第83页。
③ 葛兰西:《实践哲学》,重庆出版社1990年版,第141页。
④ 葛兰西:《实践哲学》,重庆出版社1990年版,第121页。
⑤ 葛兰西:《实践哲学》,重庆出版社1990年版,第123页。

之中去"①。

说来说去,实践哲学设想内在性的特殊方式、它的新的内在性概念,都表现在把内在性"带入具体的历史领域",使之成为"历史主义形式"的内在性概念。所以,葛兰西的内在性概念最终就是把自然界作为外在的超验因素排除在外的绝对历史主义:

"实践哲学是以前一切历史的结果和顶峰。从对黑格尔主义的批判中产生出现代唯心主义和实践哲学。黑格尔的内在论变成历史主义,但只有在实践哲学那里,它才是绝对的历史主义——绝对历史主义和绝对人道主义。"②

显然,用这样的内在性与超验性的对立代替唯物主义与唯心主义的对立去观察问题,是既没有综合唯心主义与唯物主义两者,更不能超越唯心主义与唯物主义的对立的,这一点在我们观察葛兰西实践哲学的另一个独特特征时,将看得更加清楚。

(三)实践哲学的实质是实践一元论

葛兰西实践哲学的又一个独特特征,在于它宣称自己是人的活动的一元论,实际上也就是实践一元论。

有人说,葛兰西从未使用过"实践一元论"此词,这确属事实。但是,他断言实践哲学的一元论,是人的活动中的对立同一性,断言应当把意志、实践当作哲学的基础;并在此基础上再三重申实践哲学是绝对历史主义,却同样是无可争辩的事实。而根据这些事实,说实践哲学所主张的一元论是实践一元论,就是一种合乎事实的概括。

在札记《认识的"客观性"》中,葛兰西在谈到"唯心主义的'精神'的一元论"、"实证主义的'物质'的一元论"之后,紧接着就指出研究实践哲学的一元论的问题。他写道:"在〔实践哲学〕这个场合

---

① 葛兰西:《实践哲学》,重庆出版社1990年版,第204页。
② 葛兰西:《实践哲学》,重庆出版社1990年版,第150页。

下,'一元论'此词的意思是什么?肯定不是唯心主义的一元论,也不是唯物主义的一元论,而倒是具体历史行为中对立面的同一性,那就是某种组织起来(历史化)的'物质',以及与被改造过的人的本性具体地、不可分解地联结起来的人的活动(历史—精神)中的对立的同一性,行动(实践,发展)的哲学"①。

在这里,葛兰西明确地指出,在实践哲学的场合,一元论此词意指具体历史行为中的对立的同一性,人的活动中以某种组织起来的物质为一方,以被改造过的人的本性为另一方,这两者之间的对立的同一性,这不是在主张人的活动的一元论、实践一元论,又是什么?

在札记《"创造性的"哲学》中,葛兰西写道:"为了避免唯我论,同时又避免包含在认为思维是一种感受的和整理的活动的机械论概念,就必须用一种'历史主义的'方式提出问题,同时又把'意志'(归根到底它等于实践活动或政治活动)当作哲学的基础。"②

以"历史主义"的方式提出问题,主张把意志即实践当作哲学的基础,这不是实践一元论,又是什么?

在札记《"正统"的概念》中,葛兰西总括实践哲学在这个方面的本质特征说:"实践哲学是绝对的'历史主义'思想,绝对的世俗化和此岸性,一种历史的绝对的人道主义。人们正是必须沿着这条路线追踪新世界观的这条线索。"③

然而,实践哲学的这种实践一元论,更重要的,还是表现在其内容中,表现在葛兰西沿着这条路线对"新世界观的这条线索"的"追踪"上面。

大体说来,这种追踪主要集中在对人和自然之间关系的看法上。

首先,是对于外部自然界的看法和态度。葛兰西把自然本身看成是一个历史范畴。在札记《"物质"》中,他提出了这样的问题:在

---

① 葛兰西:《实践哲学》,重庆出版社1990年版,第84—85页。
② 葛兰西:《实践哲学》,重庆出版社1990年版,第38页。
③ 葛兰西:《实践哲学》,重庆出版社1990年版,第227页。

某种意义上,是不是可以说"自然所提供的机会,并不是对于预先存在的力量——对物质的预先存在的性质——的发现和发明,而是同社会兴趣、同生产力的发展和进一步发展的必然性紧密相联的'创造'"?① 他承认,它作为一种抽象的自然力,甚至存在于它之被归结为一种生产力之前,但他却认为在那时它处在"历史的'虚无'状态"②。这就说明,葛兰西是把自然包摄在人类历史之下的,他也是据此而把自然归结为被人所支配和利用的对象的,例如,在札记《进步与生成》中,葛兰西一再谈到"要加以统治的自然"、"人支配自然"③,认为社会主义就意味着对自然的合理统治。实际上,葛兰西也正是据此而批评卢卡奇那种否认自然界有辩证法存在的观点,是预先假定了"自然和人之间的二元论","落入到为宗教和古希腊—基督教哲学所特有的,也为在实际上(除了在口头上之外)并没有把人和自然成功地统一起来和关联起来的唯心主义所特有的自然观中去"④的。也正因为这样,葛兰西的这种人类中心论,被马丁·杰称作"类的帝国主义"⑤。

其次,表现在葛兰西把客观事物溶解在人的实践中,因而一再地强调要从人同自然的关系上去认识客观实在和物质。

在葛兰西看来,哲学之所以是"创造性的",就在于它指出了"并不存在独立的、自在和自为的现实,而只存在处于同那些改变它的人们的历史关系之中的现实"⑥,因而,"我们对事物的认识,无非是我们自己、我们的需要和我们的利益"⑦。他认为,常识是在现实世界由上帝在人之前和独立于人之外创造出来的范围内肯定现实的东西

---

① 葛兰西:《实践哲学》,重庆出版社 1990 年版,第 229 页。
② 葛兰西:《实践哲学》,重庆出版社 1990 年版,第 230 页。
③ 葛兰西:《实践哲学》,重庆出版社 1990 年版,第 60、63 页。
④ 葛兰西:《实践哲学》,重庆出版社 1990 年版,第 201 页。
⑤ 马丁·杰:《马克思主义和总体性》,剑桥大学 1984 年版,第 170 页。
⑥ 葛兰西:《实践哲学》,重庆出版社 1990 年版,第 39 页。
⑦ 葛兰西:《实践哲学》,重庆出版社 1990 年版,第 77—78 页。

的客观性的。这样,它就代表了一种神话学世界观的表现。葛兰西觉得,既然是人创造了一切价值,其中也包括科学的价值,那么,没有了人的活动,客观性会是什么呢？只能说是一片混沌,也就是虚无。

接着,葛兰西就从正面、反面,从各个侧面来展开他的这个论点。

在札记《康德的本体》中,他说,看来,"现实的外部客观性"问题是就它同"自在之物"以及康德的"本体"概念相联系而言的。看来难以排除这样的假定:"'自在之物'是从'现实的外部客观性'和从所谓希腊—基督教实在论(亚里士多德、托马斯·阿奎那)中导衍出来的,从整个庸俗唯物主义和实证主义倾向产生了新康德主义和新批判学派这个事实中也可以看到这种导衍。"[1]

在札记《所谓外部世界的现实》中,他说,"广大公众甚至不认为能够提出诸如外部世界是否客观地存在的问题。人们只要提出这个问题就会引起一阵压制不住的大笑的爆发。公众'相信'外部世界是客观地实在的,但是问题就产生了:那个'相信'的根源是什么？'客观地'此词的决定性价值是什么？ 在事实上,这个信仰具有宗教的根源,即使那个分享这个信仰的人对宗教并没有兴趣。"[2]那是因为一切宗教总是教诲人说,世界、自然、宇宙都是上帝在创造人之前所创造的,所以"人来到已被一劳永逸地编好目和规定好的现成的世界上,这个信仰就变成了'常识'的不可变动的教义,即使宗教感情已变得缓和和减轻或取消了,它还像以前一样顽固地存在着,结果是,求助于常识经验以便对主观主义一笑置之",这是一种暗中回到宗教情绪去的"反革命"的计谋。葛兰西说,"看起来似乎可能存在着一个在历史之外和人类之外的客观性,但是,谁是判断这种客观性的法官呢？谁能使自己采取这种'宇宙本身'的观点,而且这样一种观点又意味着什么呢？ 的确可以说,在这里,我们所涉及的是上帝这

---

[1] 葛兰西:《实践哲学》,重庆出版社1990年版,第77页。
[2] 葛兰西:《实践哲学》,重庆出版社1990年版,第191页。

个观念的残余,正是一个神秘形式的未知的上帝的概念的残余。"①

葛兰西认为,既然恩格斯在论证世界的统一性在于其物质性时,是求助于历史、求助于人以证明客观实在的,那么,由此可以引出结论说:"客观的总是指'人类地客观的',它意味着正好同'历史地主观的'相符合,这就是说,'客观的'意味着'普遍地主观的',人客观地认知,这是在对于被历史地统一在一个单个的文化体系中的整个人类来说,知识是实在的范围内来说的。"②

葛兰西批评说,"在形而上学唯物主义中,'客观的'观念显然打算指一种甚至存在于人之外的客观性。但当人们说即使人并不存在,某种实在也会存在时,人们或者是在用隐喻说话,或者落入到一种神秘主义去了。我们只能在同人的关系中去认识实在,而既然人是历史地生成,认识和实在也是一种生成,那么,客观性也是如此等等。"③

葛兰西特地把东西南北这样的方向问题挑出来作为实例去论证他的观点。他说,"为了准确地理解外部世界的现实问题所可能意味的东西,值得把'东'和'西'的观念当作例子提出来,即使分析说明它们无非是一种约定的,即'历史的—文化的'构造,它们也没有不再是'客观地现实的'。"他援引英国哲学家罗素的话说,要是地球上没有人的存在,我们就不能想象伦敦或爱丁堡的存在,但我们能够想象空间中两点的存在,一个北,一个南,现在的伦敦和爱丁堡就在那里。葛兰西据此引申发挥说,人们全然不能想象只是在人存在时才存在的任何事实或关系,"要是没有人,北—南或东—西意味着什么? 它们是现实的关系,然而要是没有人,没有文明的发展,它们就不会存在。显然,东和西是任意的和约定的,即历史的构造,因为在

---

① 葛兰西:《实践哲学》,重庆出版社1990年版,第197页。
② 葛兰西:《实践哲学》,重庆出版社1990年版,第197页。
③ 葛兰西:《实践哲学》,重庆出版社1990年版,第198页。

现实历史之外,地球上的每一点都是东方的同时又是西方的。"①

葛兰西认为,在东西南北这些地理名词上面,是附加有历史内容的,因此,"东和西这些说法就指出了不同的文化复合体之间的特殊关系。这样,当意大利人谈到摩洛哥时,往往称之为一个'东方'国家,指它的穆斯林和阿拉伯文明。这些参考系是真实的,它们符合于现实事实,它们允许人们陆上和海上旅行,达到人们决定达到的地方,'预见'未来";反之,"要是不理解这种关系,人们就不能理解实践哲学,它的在同唯心主义和同机械唯物主义相比较中的位置。"②

那么,对于物质又该怎样看呢?

在札记《"物质"》中,葛兰西说:"显然,对于实践哲学来说,对于'物质',既不应当从它在自然科学中获得的意义上来理解(物理、化学、力学等——要从其历史发展中来注意和研究的意义),也不应该从人们在各种唯物主义形而上学中发现的任何意义上来理解,应当考虑到一起构成物质本身的各种物理(化学、机械的等等)特性(除非人们求助于康德的本体概念),但只是在它们变成一种生产的'经济要素'的范围内。所以,物质本身并不是我们的主题,成为主题的是如何为了生产而把它社会地组织起来,而自然科学则应当相应地被看作是一个历史范畴,一种人类关系。"③

从上引葛兰西的这一系列论述中,可以清楚地看出,尽管葛兰西没有在口头上把他的实践哲学称作实践一元论,但从其内容和实质来看,却无疑地是一种实践一元论。在这种实践一元论中,外部自然界依存于人,依存于人的实践,是实践内部对立的同一性中的一方。

有人把葛兰西的实践哲学说成就是马克思的实践唯物主义,说它表现出葛兰西对马克思的深刻理解,这些说法是没有根据的。葛兰西无疑地高扬了人的实践,但他却不仅没有像马克思那样坚持唯

---

① 葛兰西:《实践哲学》,重庆出版社1990年版,第200页。
② 葛兰西:《实践哲学》,重庆出版社1990年版,第200—201页。
③ 葛兰西:《实践哲学》,重庆出版社1990年版,第228页。

物主义的基本立场,强调外部自然界的优先地位,而且竭力抨击唯物主义,否认马克思的哲学世界观是一种唯物主义,与此同时,他还否认外部自然界独立存在于人的实践之外。这样,葛兰西的实践哲学,就不能不成为一种只讲实践而不讲唯物主义的哲学,怎么能够把它同马克思的实践唯物主义等同起来呢?

在过分夸大实践而否弃唯物主义这一点上,葛兰西的实践观和青年卢卡奇的实践观有其类似之处。他们两人的课题在许多方面是一致的、共同的。例如,关于理论和实践的统一,总体性观念,对于马克思主义的黑格尔根源的重新感兴趣,强烈地强调革命意识、观念和意志在人类历史中的作用,极其强调批判实证主义以及在马克思主义内部的实证主义渣滓等等。但是,葛兰西又有不同于卢卡奇、柯尔施的一些独特特征:

第一,葛兰西关于革命意识的作用的见解要比卢卡奇等人的更为通俗,他还致力于超越盲动主义和自发主义的极端。

第二,和卢卡奇不同,葛兰西并不敌视自然科学,他反对把自然科学的方法还原主义地应用于社会科学,却又肯定它们之间有一种根本的连续性;葛兰西也不同意新康德主义关于自然和历史之间有裂口的观点,而认为自然史包摄在人类史之下。

第三,葛兰西高度强调马克思主义的整体性、充分性和具体性。

第四,在葛兰西那里,没有像卢卡奇那样的费希特式的冲动,没有像卢卡奇那样把费希特说成是马克思整个哲学的根源,没有把费希特所说主体是客体的创造者当作出发点和向导,而只是要求把活动理想化。

(四)国际上对实践哲学的分析评价

葛兰西是意大利共产党的创始人和领袖,他同法西斯主义进行了英勇斗争,还坚决反对国际共产主义运动中的"左"、右倾机会主义,在被捕入狱后,又强忍着囚禁生活对其精神上和肉体上的摧残,强忍着病痛,完成了近3000页的《狱中札记(选)》,为现代政治思想史留下了一笔极其宝贵的财富……所有这一切,使葛兰西享有极高的声誉,受到后人的广泛尊敬,不仅在意大利,而且在国际范围内都是如此。

但是,在另一方面,葛兰西的哲学思想,特别是他的实践哲学,又确实受唯心主义的影响,确实有别于马克思的哲学世界观,确实有别于马克思的实践唯物主义,只要我们从实际出发,按照实事求是的原则来进行考察,这就是一个不容回避、不能抹杀的客观事实。为了推进马克思主义的发展,显然必须正视这样一个客观事实,并予以恰如其分的剖析和说明;而不能搞"为尊者讳"的那一套,更不能混淆是非,把错误硬说成正确。

有人认为,对于一个政治家真正的哲学立场,不应到他的哲学论述中,而应到他的政治思想和政治活动中去寻找。这是一种糊涂观念。在一个政治家身上,政治思想和活动是一回事,哲学世界观是另一回事,有时这两者是一致的,有时则是不一致的。当这两者不一致的时候,显然应当对这两者都作出实事求是的分析。正因为如此,葛兰西的实践哲学正在国际范围内引起越来越广泛的注意和重视。

已故意大利共产党领袖陶里亚蒂,是葛兰西的同乡、同学、同志和战友,陶里亚蒂推崇葛兰西是其"同龄老师",他在1927年—1964年间发表了许多文章和讲话,致力于弘扬葛兰西对社会主义的理论和实践所作出的贡献,但他并没有因此而把葛兰西哲学思想上的错误也说成正确、说成就是马克思主义。例如,陶里亚蒂分析了《反对〈资本论〉的革命》一文,明确指出它一方面包含了"要求解放的呐喊",另一方面又"包含着错误和我们无法接受或不能接受的提法,这是毫无疑问的"。他写道,在这篇文章中,"'《资本论》'指的便是卡尔·马克思的巨著,'革命'指的是1917年10月的俄国布尔什维克革命。十分明显,标题本身便是错误的,文中的某些判断也不对":

第一,葛兰西的文章说事件爆破了规定俄国的历史要按历史唯物主义的规则展开的决定图式,陶里亚蒂认为"葛兰西在这儿出了错,但不是实质性错误"。

第二,葛兰西的文章说布尔什维克拒绝了马克思,他们的明确的活动证明了历史唯物主义的规则并不像可能被想象的和已经被想象的那样僵硬;他的文章还说马克思主义的思想代表了德国和意大利唯心主义的继续,在马克思那里却被实证主义自然主义的外壳所玷污。陶里亚蒂认为,"这个论点也是我们今天所不能接受的。马克思主义并不是在马克思身上受到污染,而是在那些进行苦苦宣传的论文和小册子中受到了污染,变成了与马克思主义本身毫无共同之处的东西。"①

苏联学术界也对葛兰西有极高的评价,但他们也并没有因此而把其错误说成正确。例如,在苏联科学院集体编著的《当代国外马克思列宁主义哲学》一书中,在对葛兰西所说绝对历史主义进行分析时,一方面指出它"对马克思主义哲学在意大利的发展无疑是一个相当大的贡献",另一方面又指出:"在这一概念中暴露出了历史主义的实质本身所产生的片面性的因素:(1)对人和自然、社会和自然的关系注意得不够,因而对自然科学问题和认识问题注意得不够;(2)在某些场合,对社会经济结构注意得不够。"该书还肯定了意大利马克思主义者批判地对待历史主义概念的做法,指出这是"因为哲学和历史的某种等同,也就是现实和意识的某种等同(葛兰西称为'绝对历史主义')会导致陷入唯心主义的危险。"②

其他国家的一些共产党理论家,对葛兰西的实践哲学作了更加尖锐、直率得多的分析和批评。在这方面,比较突出的,前有日本共产党领导和理论家不破哲三,后有英国共产党理论家霍夫曼。

不破哲三在20世纪60年代中期就发表长篇文章致力于剖析葛

---

① 《陶里亚蒂论葛兰西》,人民出版社1983年版,第191—193页。
② 梅斯里夫钦科主编:《当代国外马克思列宁主义哲学》(下),社会科学文献出版社1986年版,第490、492页。

兰西的实践哲学。他说,葛兰西由强调不能理解人的革命活动、实践活动的意义的形而上学唯物主义同马克思主义哲学的区别,而陷入到相反的、更加根本的错误,即否认马克思主义是哲学唯物主义的最高形式,把马克思的哲学立场说成是唯物主义和唯心主义的统一这种错误观点中去。

不破哲三说,葛兰西还由思维不仅反映现实而且变革现实这一点出发,引申出现实与人、外界与思维不可分割的实践一元论,这种一元论把实践理解为物质和精神、人和自然的"对立的同一性"。葛兰西之所以把马克思主义称作"实践哲学",就是由于他把以物质、自然为一方,同以精神、意识为另一方,理解成统一在人的实践之中的两种因素的缘故。这种"实践哲学"事实上把自然、物质还原为实践中同人的活动合为一体的,从而归根到底要依赖于人的实践的一个从属性因素了。所以,尽管葛兰西试图按照马克思《关于费尔巴哈的提纲》来阐发实践,结果却只是按照完全不同的方向改写了《关于费尔巴哈的提纲》。

葛兰西实践哲学中所说的物质、自然,是人类社会中被组织起来的自然,作为"物质生产力的一个因素"的物质,而先于、外于人类社会的自然的存在,却一开始就被葛兰西当作实践哲学对象之外的东西加以舍弃了。

不破哲三认为,马克思《关于费尔巴哈的提纲》对实践的理解,是以彻底的唯物主义为基础的,而葛兰西却把哲学唯物主义的基础除去,又把历史唯物主义对人类社会的认识推广到对自然的认识中去,这样,实践哲学在最初的出发点中,就抛弃了独立于人的活动的、先于人的活动的自然的存在,而成为放弃唯物主义而接近唯心主义的独特形式。而葛兰西把客观的说成是普遍地主观的观点,则接近于马赫主义者波格丹诺夫的立场。

不破哲三由这些分析中得出结论说,虽然葛兰西的哲学是从要在哲学上论证人的革命实践的意义,并抵制使马克思主义庸俗化的潮流,以此来复兴作为"全面独特的哲学"的马克思主义这种正当要求出发的,但"在实际上,它却走上了与马克思主义毫无关系的道路,唯物主义与唯心主义的'辩证统一'这种设想,归根到底也只是造成了放弃唯物主义和对唯心主义让步的结果"①。

英国共产党理论家约翰·霍夫曼则在《葛兰西的挑战》一书中,在考察葛兰西提出的领导权理论时,联系着分析和批评了葛兰西实践哲学的一些观点:

一是批评葛兰西把庸俗唯物主义和唯物主义简单地等同起来。针对葛兰西在札记《康德的"本体"》中所谓"在《神圣家族》中说,整个现实处在现象之中,超出现象之外什么也没有,而这种说法肯定是正确的"②,霍夫曼批驳说,在《神圣家族》中马克思恩格斯不仅没有这样说过,而且恰恰相反,从他们关于从现实的苹果、梨、草莓、扁桃中得出"果实"这个作为存在于我身外的一种本质的一般观念的论述中,可以看出,他们并不是葛兰西所说的那种把一切都归结为现象的现象主义者。

二是批评葛兰西的这种现象主义使他去拥护一种绝对历史主义和绝对人道主义,使外部世界依存于人的认识。霍夫曼说,这种绝对历史主义导致存在和思维的一种思辨的神秘的同一性,理论和实践的同样神秘的同一性,导致一种抽象的实践,它显然是和经典马克思主义的哲学支撑完全不符合的。

三是批评葛兰西把意志、实践当作哲学的基础,也和马克思的观点不符,因为马克思认为为了反对那些用有关人物的意志来说明一切的情况,所需要保卫的,就不是"意志",而是环境的重要性。

四是批评葛兰西把精神和意志当作人的本质属性的观点,同马克思把生产当作人的本质属性的观点大相径庭。

---

① 不破哲三:《现代修正主义和葛兰西的理论》,载日本《文化评论》杂志1964年5月号。
② 葛兰西:《实践哲学》,重庆出版社1990年版,第77页。

五是批评葛兰西关于电在被人类发现之前,是一种抽象的历史的"虚无"的说法,把马克思对生产的认识论分析颠倒了过来。

六是指出虽然葛兰西正当地敌视庸俗唯物主义,但却只是用在它的位置上放下一种庸俗唯心主义的办法去超越它。葛兰西在企求避免一切形式的"一元论"时,只是把客观实在溶解在一种精神化的历史的"不纯粹的"行动中①。

都柏林的科学哲学家海伦娜·希曼认为,围绕着葛兰西的哲学观点所展开的不同意见的分歧,是由于《狱中札记(选)》的片断性质,关于唯物主义论述的含糊性,以及在有关自然科学、客观性以及诸如此类的枢轴性概念上的含糊性,再加上评论者本人立场观点的不同所造成的。例如,在"西方马克思主义"和新左派的队伍中,人们对葛兰西哲学观点的态度也是各不相同的:阿尔都塞的"结构主义的马克思主义"学派批评葛兰西的历史主义;德拉-沃尔佩的"新实证主义的马克思主义",因为葛兰西的新黑格尔主义而同他争论;英语国家的新左派用新左派主义的偏见去解释葛兰西并热烈拥护他;反之,意大利的新左派则倾向于用他们对意大利共产党的敌视去解释葛兰西并蔑视地拒斥葛兰西。

在希曼看来,葛兰西在实际上一方面并没有像他在《狱中札记(选)》的一些论述所表明的那样反对唯物主义,这是因为他对"唯物主义"此词有一种明显的敌视;然而,在另一方面,葛兰西又无疑地向唯心主义让出了过多的地盘,这表现在他过分强调了马克思主义的唯心主义根源,过分热衷于批判实证主义,在事实上,他所批判的有许多并不真是实证主义。

希曼认为,葛兰西的哲学方向是决定性地片面的,他突出了马克思主义中那些和哲学史上唯心主义传统相连续的特征,而故意忽视马克思主义中那些和唯物主义传统相连续的特征。如果说,布哈林

---

① 霍夫曼:《葛兰西的挑战》,牛津1984年版,第105—122页。

由于忽略辩证法、历史而偏爱唯物主义和自然科学的话,那就可以从相反方面指责葛兰西忽略了马克思主义传统中的唯物主义重点,而偏爱历史活动的辩证法①。

意大利社会党人丁伯纳罗在《论唯物主义》一书中,致力于探索葛兰西的实践哲学向唯心主义倾斜的原因。

丁伯纳罗把葛兰西的实践哲学看作是"对于唯物主义的稀释",他把这种现象的出现放在广阔的历史背景中进行考察。他说,在第一次世界大战以后的时期里,德国和意大利的列宁主义者在哲学上宣布了非常不同于列宁主义的思想:对于他们来说,哲学领域中的主要敌人并不是唯心主义,而是唯物主义,他们认为唯物主义是对马克思思想的实证主义和社会民主主义的歪曲,同时又误认为"唯心主义的文艺复兴"可以作为医治第二国际的渐进主义和议会主义的补药而发挥作用。

为什么在20世纪,马克思主义者会用这种反唯物主义的意识形态去重新发现马克思主义的革命内核呢?丁伯纳罗认为,要是仅仅用克服第二国际的无为主义和庸俗进化论去解释其原因,那显然是不充分的。

丁伯纳罗指出,根据葛兰西的意见,20世纪的唯心主义和马克思主义某些特征之间的类似性产生于下列事实:克鲁齐、金蒂雷那样的新唯心主义者实施了一种机灵的手术,包括吸收马克思主义并使之重新形而上学化,这就使他们能够"注射"资产阶级文化的"预防接种针",使它作好战斗准备而比较不易于被直接驳斥。例如克鲁齐就聪明地利用马克思主义的某些特征使之适应于资产阶级利益,这样,这些资产阶级领袖就获得了对于经院马克思主义者的暂时优势,因为后者只是通过不顾马克思主义的独创性,并用现在在资产阶级本身心目中都已陈旧和信誉扫地的资产阶级实证主义哲学去污染

---

① 希曼:《马克思主义和科学哲学》,伦敦1985年版,第299—300页。

它,从而使马克思主义庸俗化。

丁伯纳罗认为,葛兰西的这个回答极其聪明,而且局部地讲是精确的,但还是一个不能令人满意的回答。他强调说,问题的关键是,在葛兰西那里,缺乏唯物主义。而且这还不能用他的所谓地方主义来加以解释,而要在他的执著于唯心主义的"西方马克思主义",或至少执著于它的某些为意大利唯心主义和20世纪初的几乎所有欧美哲学文化所共有的特征的基础上来加以解释。

事情的真相原来是:葛兰西企图把马克思主义从克鲁齐对它所作工具性的使用中赎救出来,结果竟把突出性给予了马克思主义中那些被新唯心主义挑选出来和孤立起来的特征。而当葛兰西一旦接受了唯心主义者认为唯物主义和宗教同样是"先验"和"形而上学"的诡辩,他在某种程度上成为他所打算反对的、在唯心主义内吸收马克思主义的一方,就成为不可避免的。①

我们研究葛兰西的实践哲学,其目的首先是为了从马克思的哲学思想的高度,去总结马克思以后马克思主义哲学的发展演变及其规律。而从这样的高度来观察,葛兰西的实践哲学无疑地是这一链索中的重要一环,正是在这个环节上,第二国际的,还有普列汉诺夫、布哈林的机械唯物主义遭到了猛烈的抨击,马克思《关于费尔巴哈的提纲》所突出的实践概念,得到了重申和强调,这一切无疑地都是葛兰西实践哲学的不可磨灭的功绩。但是,在另一方面,又正是在这个环节上,马克思的哲学思想又被偏离到和机械唯物主义相反的方向——唯实践主义去了,这无疑正是葛兰西实践哲学的缺陷所在。为了总结马克思主义哲学发展史中的经验教训,为了全面准确地把握马克思的哲学思想,明确指出葛兰西实践哲学所包含的这样两个方面的内容,无疑地是非常必要的。反之,要是随意抹杀或夸大其中的一个方面,则显然无益于我们坚持和发展马克思主义。

---

① 丁伯纳罗:《论唯物主义》,伦敦1975年版,第29—30、56、124、235—238页。

五、要划清实践唯物主义与实践哲学的原则界限

目前,在关于实践唯物主义的讨论中,实践本体论、实践一元论的观点,正在层层展开。如果说,杜章智、翁寒松是把青年卢卡奇的实践本体论奉为马克思的实践唯物主义的代表的话,那么,李惠斌、王吉胜则是把葛兰西的实践哲学说成就是实践唯物主义的典型。

李惠斌在1989年7月17日《光明日报》上发表的《葛兰西对马克思哲学思想的理解》一文中,说葛兰西的实践哲学"表现出他对马克思哲学思想的深刻理解",说他所坚持的"实践第一原则""也是马克思主义的基本观点","他关于从实践意义上理解物质的思想完全符合马克思主义创始人的思想"。接着,他又和王吉胜一起在《马克思主义研究》1989年第3期上发表的《实践唯物主义还是旧唯物主义?》一文中,重申"葛兰西这里遵循的是实践唯物主义对物、自然的理解原则",并据此而批评笔者用马克思的实践唯物主义去剖析葛兰西的实践哲学反倒"既曲解了实践唯物主义的本质,把旧唯物主义内容塞进了实践唯物主义,又使某些西方马克思主义者对实践唯物主义的正确理解受到旧唯物主义的批判,被当作唯心主义对待"。

在李惠斌、王吉胜看来,这里的问题,是"实践唯物主义还是旧唯物主义"的问题;然而,在笔者看来,恰恰相反,问题的焦点倒在于:究竟是用马克思的实践唯物主义去评析葛兰西的实践哲学,还是倒过来,用葛兰西的实践哲学去曲解马克思的实践唯物主义?

为了在事关马克思的哲学世界观的这个重大原则问题上弄清理论是非,这里特从要划清马克思的实践唯物主义和葛兰西的实践哲学的原则界限的角度,答复李惠斌、王吉胜提出的疑问,并对他们的观点提出反批评。

葛兰西无疑地是一位伟大的无产阶级革命家,他的实践哲学也主要是在反对国际共产主义运动中机械唯物主义倾向的斗争中,为

恢复马克思的实践观的巨大推动力量而发展起来的。然而,只要我们对马克思的实践唯物主义和葛兰西的实践哲学作一点稍为认真的研究和比较,那就不难发现:事情和李惠斌、王吉胜所说的正好相反,葛兰西的实践哲学并没有正确而全面地把握住马克思的实践唯物主义世界观,而是朝着无限夸大实践的作用,随意否定唯物主义基本原则的方向偏离了出去。

被葛兰西当作马克思主义的代名词而展开的实践哲学,在实际上,是和马克思的实践唯物主义有重大的原则区别的。这种原则界限主要表现在以下三个方面:

(一) 确认外部自然界的优先地位,还是把物质溶化在实践之中?

在《德意志意识形态》中,马克思一方面强调指出,人类"连续不断的感性劳动和创造,这种生产,正是整个现存的感性世界的基础",另一方面又坚持说:"当然,在这种情况下,外部自然界的优先地位仍然会保持着。"①

十分明显,确认外部自然界的优先地位,正是马克思的实践唯物主义的一项不可或缺的基本内容。

反之,葛兰西却从把自然看成完全是一个历史范畴的绝对历史主义观点出发,把客观事物、把物质统统溶解在实践之中。

葛兰西在《狱中札记(选)》中写道:

"广大公众甚至不认为能够提出诸如外部世界是否客观地存在的问题",因为"'客观地'此词……在事实上,这是一个根源于宗教的信仰,即使那个人并没有宗教感情"②。

"看起来似乎可能存在着一个在历史之外和人类之外的客观性",然而,在事实上,"在这里,可以说,我们所涉及的是上帝这个观

---

① 马克思:《论费尔巴哈》,人民出版社 1988 年版,第 21 页。
② 葛兰西:《狱中札记(选)》,伦敦 1971 年版,第 441 页。

念,特别是一个未知的上帝的神秘观念的残余。"①

在葛兰西看来,"客观的总是指'人类地客观的',它意味着正好同'历史地主观的'相符合,这就是说,'客观的'意味着'普遍地主观的'。"②

"在形而上学唯物主义中,'客观的'观念显然打算指一种存在于人之外的客观性,但当人们说即使人不存在,某种实在也会存在时,我们或者是在用隐喻说话,或者落入到一种神秘主义去了。"③

正因为这样,葛兰西认为,"对于实践哲学来说,对于'物质',既不应从它在自然科学中获得的意义上来理解,也不应从人们在各种唯物主义形而上学中发现的意义中来理解",而应当只是在构成物质本质的各种物理特性变成一种生产的经济要素的范围内来考虑它们,"物质本身并不是我们的主题,成为主题的是如何为了生产而把它社会地组织起来。"④

葛兰西把他的这种观点称作绝对的历史主义:"实践哲学是绝对的'历史主义',绝对的世俗化和思想的世俗性,一种历史的绝对的人道主义。人们正是必须沿着这条路线追踪新世界观的线索。"⑤

十分明显,马克思的确认外部自然界优先地位的实践唯物主义立场,同葛兰西的把物质溶化在实践中的实践哲学立场,这两者之间的原则区别是十分清楚、有目共睹的。

因而,同样明显的是:要把葛兰西的实践哲学说成就是对马克思的实践唯物主义的正确理解,就得拿出确凿的文献根据来进行认真的论证。然而,李惠斌、王吉胜在文章中却只是一味重复自己的主观想象,说确认外部自然界的优先地位"不是实践唯物主义的一个基

---

① 葛兰西:《狱中札记(选)》,伦敦1971年版,第445页。
② 葛兰西:《狱中札记(选)》,伦敦1971年版,第445页。
③ 葛兰西:《狱中札记(选)》,伦敦1971年版,第446页。
④ 葛兰西:《狱中札记(选)》,伦敦1971年版,第465—466页。
⑤ 葛兰西:《狱中札记(选)》,伦敦1971年版,第465页。

本方面,而是旧唯物主义的内容","从客体去理解自然、对象,把外部自然看成本原,看似坚持了唯物主义,实则恰恰是实践唯物主义所要批判的旧唯物主义观点"。

为什么对于马克思在《德意志意识形态》中表述得明明白白的确认外部自然界优先地位的观点,会想象成是"旧唯物主义的内容"呢? 原来,李惠斌、王吉胜他们认为马克思在《关于费尔巴哈的提纲》中"从主体方面去理解"现实的原则,也就意味着"要从主体、从人的感性活动去理解物质,而不能就物质本身去考察物质"。因为这正是"旧唯物主义的主要缺点"。

然而,只要稍微仔细一点研究一下《关于费尔巴哈的提纲》,就不难发现:马克思在那里所批评的,并不是旧唯物主义从客体或直观的形式去理解对象、现实、感性,而是它"只是"[①]那样理解。与此相反,马克思认为,除此之外,还应从主体方面,把对象、现实、感性理解为人的感性活动、理解为实践。

所以,马克思在批判旧唯物主义和唯心主义的两条战线的斗争中所展开的实践唯物主义,要求既从主体方面,又从客体的形式上去理解现实、对象、感性。

李惠斌、王吉胜凭想象把马克思的实践唯物主义片面地归结为主体性原则,是没有根据的,是不符合于马克思的实践唯物主义思想的。

在实际上,确认外部自然界的优先地位,不仅在《德意志意识形态》中被明确提出,而且是马克思一以贯之的基本思想。

早在《1844年经济学—哲学手稿》中,马克思就说过:"没有感性的外部世界,工人就什么也不能创造,它是工人用来实现自己的劳动、在其中展开劳动活动、由其中产生和借以产生出自己产品的

---

① 马克思:《论费尔巴哈》,人民出版社1988年版,第83页。

材料。"①

在《神圣家族》中,马克思又强调说:"人并没有创造物质世界,甚至人创造物质的这种或那种生产能力,也只是在物质本身预先存在的条件下才能进行。"②

请问李惠斌、王吉胜,对于马克思在这里反复强调的,不是由人所创造出来,而是预先存在的,而且还是劳动生产的物质前提的"感性的外部世界"、"物质世界",为什么"不能就物质本身去考察"?你们又是怎样只是"从人的感性活动去理解"的?

所以,确认外部自然界的优先地位,并不是旧唯物主义的独特内容,而是为包括实践唯物主义在内的一切形式的唯物主义所共有的基本特征。

李惠斌、王吉胜毫无根据地把确认外部自然界的优先地位说成是旧唯物主义的内容,实际上是在打着批评旧唯物主义的幌子,批评包括实践唯物主义在内的一切形式的唯物主义,而这就不能不滑向唯心主义。

与此同时,李惠斌、王吉胜还把葛兰西的绝对历史主义观点,进一步引申发挥成一种把实践之外的一切统统融汇到实践之中,认为实践之外一切都不存在的唯实践主义。

在《狱中札记(选)》中,葛兰西写道:"在某种意义上,直到一定时刻,是否可以把自然所提供的机会,说成不是发现或发明预先存在的力量——物质的预先存在的性质,而是同社会的兴趣,发展生产力的进一步需要紧密地联结起来的'创造'呢?"

他以电为例阐述自己的观点说:"电在历史上是能动的,然而,这不仅因为它是一种自然力量(如引起一场火的放电),而且也因为它是由人所支配的和合并到物质生产力的总和中去的一种生产要

---

① 《马克思恩格斯全集》第42卷,人民出版社1979年版,第90页。
② 《马克思恩格斯全集》第2卷,人民出版社1957年版,第58页。

素。电作为一种抽象的自然力甚至存在于把它归结为一种生产力之前,但这时它在生产上并不是起作用的,而且只是在自然史上假设性话语的一个主题(因为无人对此感兴趣,而且确实对它一无所知,所以它是历史的'虚无')。"①

葛兰西的这些论述说明,在他的绝对历史主义中,作为自然力量的电的存在,还是被承认的,只是被他说成是"历史的'虚无'"罢了。可是,到了李惠斌、王吉胜那里,这种观点却进一步演变为:"'实践之外是否有某物存在',这个命题是永远不能得到证明的","由实践产生的东西的本原只能是实践,没有实践就没有现存世界","'外部自然'当然不能成为世界的本原"等等。

李惠斌、王吉胜根据葛兰西实践哲学所引申发挥出来的这种唯实践主义观点,不仅同马克思的实践唯物主义毫不相干,而且恰恰正是遭到马克思所一再批驳的。

在《政治经济学批判》中,马克思指出:"如果认为,劳动就它创造使用价值来说,是它所创造的东西即物质财富的唯一源泉,那就错了,既然它是使物质适应于某种目的的活动,它就要有物质作为前提","使用价值总得有一个自然的基础"②。

在《资本论》第一卷中,马克思又多次批驳了这种把实践视为事物唯一源泉的无中生有的观点:"卢克莱修说,'无中不能生有',这是不言而喻的。"③

马克思还援引经济学家维里的话说,"宇宙的一切现象,不论是由人手创造的,还是由物理学的一般规律引起的,都不是真正的新创造,而只是物质的形态变化。"④

马克思还认真分析了人类的劳动实践改变物质的形态而创造财

---

① 葛兰西:《狱中札记(选)》,伦敦1971年版,第466—467页。
② 《马克思恩格斯全集》第13卷,人民出版社1962年版,第25页。
③ 《马克思恩格斯全集》第23卷,人民出版社1972年版,第242页。
④ 《马克思恩格斯全集》第23卷,人民出版社1972年版,第56页注。

富的具体过程:"上衣、麻布以及任何一种不是天然存在的物质财富要素,总是必须通过某种专门的、使特殊的自然物质适合于特殊的人类需要的、有目的的生产活动创造出来。""上衣、麻布等等使用价值,简言之,种种商品体,是自然物质和劳动这两种要素的结合。如果把上衣、麻布等等包含的各种不同的有用劳动的总和除外,总还剩有一种不借人力而天然存在的物质基质。"

马克思由此得出结论说:"人在生产中只能像自然本身那样发挥作用,就是说,只能改变物质的形态。不仅如此,他在这种改变形态的劳动中还要经常依靠自然力的帮助。因此,劳动并不是它所生产的使用价值即物质财富的唯一源泉。正像威廉·配第所说,劳动是财富之父,土地是财富之母。"①

在《哥达纲领批判》中,马克思不仅重申"劳动不是一切财富的源泉。自然界和劳动一样也是使用价值的源泉"的观点,而且还揭露和批驳了"给劳动加上一种超自然的创造力"这种"资产者"的做法②。

与此同时,马克思还批判了资产阶级经济学家把在社会制约的范畴下出现的自然事物消融为社会事物的错误做法:"经济学家们把人们的社会生产关系和受这些关系支配的物所获得的规定性看作物的自然属性,这种粗俗的唯物主义,是一种同样粗俗的唯心主义,甚至是一种拜物教,它把社会关系作为物的内在规定性归之于物,从而使物神秘化。"③

(二)主张物质—实践本体论,还是实践一元论?

正因为马克思从来没有像李惠斌、王吉胜所想象的那样,"把人与自然统一于现实的感性活动之中,无论是自然还是人都应该在实

---

① 《马克思恩格斯全集》第23卷,人民出版社1972年版,第56—57页。
② 《马克思恩格斯全集》第19卷,人民出版社1963年版,第15页。
③ 《马克思恩格斯全集》第46卷下,人民出版社1980年版,第202页。

践这种感性活动中去理解"，从而赋予实践以超自然的创造力，而是贯穿始终地把实践看成是一种必须以外部自然界为物质前提、只能按照它本身的规律来改变其物质形态、使之为人类的目的服务的活动，认为现存感性世界中五光十色的物品，绝大多数都是自然物质和劳动这两种因素的结合，而并不以劳动实践为唯一源泉，所以，在世界的本原问题上，马克思的实践唯物主义，就不可能是实践本体论、实践一元论，而只能是物质—实践本体论。

反之，在葛兰西的实践哲学那里，由于物质被消融在实践之中，因而只能持实践一元论的观点。

在《狱中札记（选）》中，葛兰西写道："在（实践哲学）这个场合下，'一元论'此词是什么意思呢？肯定不是唯心主义或唯物主义的一元论，而是具体历史行为中的对立的同一性，即与某种组织起来（历史化）的'物质'，以及与被改造过的人的本性具体地、不可分解地联结起来的人的活动（历史—精神）中的对立的同一性，行动（实践，发展）的哲学。"①

葛兰西的这个论述说明，在他的实践哲学中，一元论此词意指具体历史行为中的对立的同一性，也即人的活动中以某种组织起来的物质为一方，以被改造过的人的本性为另一方这两者之间的对立的同一性。因而，在由此构造起来的这种实践一元论中，外部世界依存于人、依存于人的实践，是实践内部对立的同一性中的一方。

十分明显，在这里，葛兰西的实践哲学也显然是和马克思的实践唯物主义大相径庭的。

然而，李惠斌、王吉胜却竭力抹杀这个原则界限，发挥实践一元论的思路说，"如果我们从'统一者'、'基础'的意义上去理解本体的话，实践唯物主义确实就是实践本体论。"并且认为笔者把实践唯物主义说成物质—实践本体论是"一种自相矛盾"："一方面说马克思

---

① 葛兰西：《狱中札记（选）》，伦敦1971年版，第372页。

主义哲学变革的实质在于把实践引进本体论,把实践提升到世界的本原行列中,另一方面又批判把实践作为世界的本原,而把'外部自然界'作为世界的本原。"

其实,李惠斌、王吉胜所说的这种"自相矛盾"并不存在于笔者对实践唯物主义的阐述中,而只存在于他俩的主观想象中。

就马克思在《关于费尔巴哈的提纲》中提出也要从主体方面把对象、现实、感性当作感性的人的活动,当作实践去理解,在《德意志意识形态》中指出人类连续不断的感性劳动和创造正是整个现存的感性世界的基础来说,马克思无疑地把实践提升到世界本原的行列中去了。

但是,实践又究竟是怎样作为世界的本原而表现出来的呢?

在马克思看来,实践并没有因此而把物质从世界本原的行列中排除出去。这是因为,事情正如马克思在《资本论》第三卷中所说的那样:劳动"只是一个幽灵","这只是一个抽象,就它本身来说,是根本不存在的,……只是指人用来实现人和自然之间物质变换的一般人类生产活动"[1]。

所以,实践是不可能成为世界的唯一本原的。

不仅如此,实践还不能成为物质之外的一个独立的本原,而是必须与物质相结合,物化在自然物质上面,才成为世界的本原的。

马克思曾经多次详尽地分析了劳动物化在物质上面的这个过程的具体情境。

在《1857—1859 的经济学手稿》中,马克思指出:在生产过程中,劳动"从活动形式转变为对象形式,静止形式,在对象形式中被固定,被物化;劳动在转变对象时,改变着自己的形态,从活动变为存在"。总之,在生产过程中,劳动"在对象上消费对象——与形式无

---

[1] 《马克思恩格斯全集》第25卷,人民出版社1974年版,第921页。

关,——而在活动中消费主体,它赋予对象以形式,使自己物质化"①。

在《1861—1863 的经济学手稿》中,马克思又指出:在劳动过程中,"劳动从活动的形式转入存在的形式,转入物的形式。劳动在改变对象的同时,改变它本身的形式,赋予形式的活动对对象和它本身进行消费;它使对象的形式改变,并使自己物化。"②

在《资本论》中,马克思阐述说:"在劳动过程中,人的活动借助劳动资料使劳动对象发生预定的变化。过程消失在产品中,它的产品是使用价值,是经过形式变化而适合人的需要的自然物质,劳动与劳动对象结合在一起,劳动物化而对象被加工了,在劳动者方面曾以动的形式表现出来的东西,现在在产品方面作为静的属性,以存在的形式表现出来。"③

从马克思对于劳动在生产过程中物质化的具体情况的描绘中,我们可以清楚地看出,之所以既要说实践唯物主义把实践引进了本体论,又批判把实践当作世界本原的实践本体论,其根本原因就在于实践之成为大千世界上五光十色事物的本原,只是以它物化在自然物质上面,改变物质的存在形态为前提的。实践不仅不能创造物质,而且还必须依附于物质,通过改变物质的形态而与物质紧密结合。这就是实践唯物主义的物质—实践本体论,也就是实践唯物主义的一元论的原因。也可以说是对于李惠斌、王吉胜在文章中向笔者提出的"如何解决'外部自然'这个本原和'实践'这个本原的统一问题"的答案。

说实践必须依附于自然物质才能成为世界本原,丝毫不是贬低实践作为世界本原的意义。在事实上,有没有这个依附、承认不承认这个依附,是大不一样的。

---

① 《马克思恩格斯全集》第 46 卷上,人民出版社 1979 年版,第 258、259 页。
② 《马克思恩格斯全集》第 47 卷,人民出版社 1979 年版,第 60 页。
③ 《马克思恩格斯全集》第 23 卷,人民出版社 1972 年版,第 205 页。

这是因为,劳动实践虽然不能独立于自然物质之外成为世界本原,却又是使物质发酵的"酵母",是"活的塑造形象的火"①,要是不承认劳动实践的这种伟大历史作用,那就无法解释为什么"先于人类历史而存在的那个自然界,不是费尔巴哈生活其中的自然界……对于费尔巴哈来说也是不存在的自然界"②。

事实上,这也正是实践唯物主义同旧唯物主义的真正的原则区别所在:旧唯物主义把具有优先地位的外部自然界看成是排斥人的实践的,而看不到依附于自然物质之上的人类劳动正在日新月异、天翻地覆地改变着物质自然界的具体面貌;反之,实践唯物主义却认为,始终具有着优先地位的物质自然界,在人类社会诞生以后,是凝结着人类的物化劳动、对象化劳动,因而其具体面貌是在人类历史过程中不断地变化着的。

李惠斌、王吉胜显然不满于说实践唯物主义仍然确认外部自然界的优先地位,他们认为这样理解"从根本上讲没有把握实践唯物主义的本质,跟现行的哲学体系相去不远",这样"发展马克思主义哲学,改造现行的哲学体系无异于一句空话"。

应当说李惠斌、王吉胜有志于"发展马克思主义哲学,改造现行的哲学体系",这本来是一件好事,可是他们用以达到目标的手段却是明显地不对路的。这是因为,要是把实践唯物主义的本质把握成了否认外部自然界优先地位的实践一元论、实践本体论,并沿着这条路子去"发展马克思主义哲学,改造现行的哲学体系",其结果只能是南其辕而北其辙:用唯心主义去取代旧唯物主义,而不再可能有马克思的实践唯物主义。

(三)坚持唯物主义,还是搞唯心主义和唯物主义的综合、超越?

这样,问题就很自然地转到马克思的实践唯物主义同传统的唯

---

① 《马克思恩格斯全集》第46卷上,人民出版社1979年版,第256、331页。
② 马克思:《论费尔巴哈》,人民出版社1988年版,第22—23页。

物主义和唯心主义的关系上去。

李惠斌、王吉胜认为,马克思的"实践唯物主义超越了旧的本体论的各执一端的思维方式,它把对象、现实理解为人的感性活动,把实践作为现实世界的基础,这就打破了旧的本体论的还原方法,而强调的是主客体间的共时性的相互作用关系"。

李惠斌、王吉胜鼓吹的这种实践超越论,是完全不符马克思的实践唯物主义的。

早在《关于费尔巴哈的提纲》中,马克思就在十一条中用了四条去谈论唯心主义和唯物主义、旧唯物主义和新唯物主义之间的对立:第一条既批评了不是也从主体方面去理解对象、现实、感性的旧唯物主义,又批评了不知道现实的感性活动本身的唯心主义;第三条批评旧唯物主义忘记了环境是由人来改变的,而用把环境的改变和人的活动或自我改变的一致理解为革命实践的新唯物主义观点去同它相对立;第九条指出不把感性理解为实践活动的直观唯物主义,至多只能达到对单个人和市民社会的直观;第十条揭示旧唯物主义立脚于市民社会,而新唯物主义则立脚于人类社会或社会的人类上。[1]

在《德意志意识形态》中,马克思又从唯心主义和唯物主义、旧唯物主义和新唯物主义之间对立的角度去评论黑格尔、费尔巴哈的观点,并揭示他自己观点的独特特征。他指出:黑格尔的实证唯心主义"不仅把整个物质世界变成了思想世界,而且把整个历史也变成了思想历史";指出"把人只看作是'感性对象',而不是'感性活动'"的费尔巴哈的唯物主义把历史排斥在视野之外,同历史"完全脱离";同时,论证了对于"实践的唯物主义者即共产主义者来说,全部问题都在于使现存世界革命化,实际地反对和改变现存的事物。"[2]

在《资本论》中,马克思明确揭示了他的方法的基础是唯物主

---

[1] 马克思:《论费尔巴哈》,人民出版社1988年版,第83—86页。
[2] 马克思:《论费尔巴哈》,人民出版社1988年版,第2、22、19页。

义。他指出:"在(《政治经济学批判》序言)那里我说明了我的方法的唯物主义基础。"①

在1868年3月6日致库格曼的信中,在谈到自己的辩证方法和黑格尔的辩证方法的原则区别时,马克思公开申明自己是唯物主义者。他说:"我的阐述方法和黑格尔的不同,因为我是唯物主义者,黑格尔是唯心主义者。"②

在同年12月12日致恩格斯的信中,马克思又重申唯物主义是在进行真正观察和思考时所必须牢牢把握的基本立场。他指出:"当我们真正观察和思考的时候,我们永远也不能脱离唯物主义。"③

所有这些,清楚地说明了,马克思并没有像李惠斌、王吉胜所说的那样去超越唯物主义和唯心主义,而是一个坚定的唯物主义者。

那么,马克思的实践唯物主义,是不是像李惠斌、王吉胜所说的那样,已经不是原来意义上的唯物主义,而是一种把实践当作物质的"唯物主义"呢?

李惠斌、王吉胜说:"马克思也根本不抽象地谈论物质和精神、存在和意识何者为第一性的问题","所以实践唯物主义之'物'决不是旧唯物主义那种抽象、孤立的物质实体或'人外自然',而是当作一种能动、历史的物质活动、物质关系理解的实践"。

这种说法同样是完全不符合马克思的思想的。

如前所述,在马克思那里,实践之所以能够成为事物的本原,只是因为它与人外的物质相结合,物化、对象化在自然物质上面,由活动变为存在,由动的形式转变为静的属性,所以,离开了物质、人外自然的优先地位,是根本谈不上任何形式的唯物主义的。请看马克思在《资本论》第一卷第二版跋中,谈论自己的辩证方法和黑格尔的辩证方法的截然相反时,所作的分析:

---

① 《马克思恩格斯全集》第23卷,人民出版社1972年版,第20页。
② 《马克思恩格斯全集》第32卷,人民出版社1975年版,第526页。
③ 《马克思恩格斯全集》第32卷,人民出版社1975年版,第213页。

"在黑格尔看来,思维过程,即他称为观念而甚至把它变成独立主体的思维过程,是现实事物的创造主,而现实事物只是思维过程的外部表现,我的看法则相反,观念的东西不外是移入人的头脑并在人的头脑中改造过的物质的东西而已。"①

马克思把观念的东西在根源上归结为移入人脑并在人脑中改造过的物质的东西。试问李惠斌、王吉胜,这不是在坚持物质对于精神的第一性,又是什么?马克思在这里所说的"物质的东西",不是物质实体,又是什么?在这里,哪里有你们所说实践唯物主义把实践当作物质,用实践取代物质的一丝半毫痕迹呢?!

当然,就是在认识论问题上,马克思的实践唯物主义也是和旧唯物主义有所区别的。但这种区别并不在于像李惠斌、王吉胜所想象的那样,似乎实践唯物主义把实践当作物质或者用实践取代物质,而是在于:实践唯物主义认为,当着实践与物质相结合,被物化、对象化为物质的组成部分的时候,实践不仅具有促成反映、检验反映的作用,而且具有构成对象的作用。但是,即使在这里,实践也并没有能够取代物质、人外自然。正因为这个缘故,尽管实践唯物主义和旧唯物主义有原则的区别,却毕竟还是一种唯物主义,而并不是什么唯实践主义。

在实际上,李惠斌、王吉胜的实践超越论,并不是来源于马克思的实践唯物主义,而是来源于与此有原则区别的葛兰西的实践哲学。

葛兰西一方面否认马克思曾经把自己的哲学世界观称作唯物主义的,另一方面,又把被他视作马克思"最重要的""哲学动机"的黑格尔主义,说成是"在新的综合中超越了唯心主义和唯物主义"。请看他在《狱中札记(选)》中的下列论述:

(作为实践哲学的组织者的马克思)"从来不曾把他自己的概念称作是唯物主义的,当他写到法国唯物主义时总是批判它,并断言这

---

① 《马克思恩格斯全集》第23卷,人民出版社1972年版,第24页。

个批判要更加彻底和穷尽无遗,所以他从未使用'唯物辩证法'的公式,而是称之为'合理的'辩证法";(马克思在《资本论》第一卷跋中说要把倒立的黑格尔辩证法倒过来,以便发现神秘外壳中的合理内核)"这不等于说,从同'唯心主义'的对立中,它应变成'唯物主义的'。这是一个费尔巴哈的,而不是马克思的概念"①。

"在某种意义上,实践哲学是黑格尔主义的一种改良和发展";"无疑地,黑格尔主义(相对地说)是我们作者〔马克思〕哲学动机中最重要的","特别因为它倾向于在一种新的综合中超越唯心主义和唯物主义的传统概念。这种综合无疑具有一种十分例外的重要性,并代表哲学探究的一个世界—历史要素"②。

只要把葛兰西的这些观点同马克思的上述论述稍加对照,就立刻可以发现,葛兰西的这种实践超越论,同马克思的实践唯物主义是毫不相干的。

李惠斌、王吉胜不是用马克思的实践唯物主义去评析葛兰西的实践超越论,而是把葛兰西的实践超越论强加于马克思,由此要求达到对实践唯物主义的本质的把握,岂不是在缘木求鱼吗?

在事实上,所谓超越唯心主义和唯物主义,充其量只是一种主观愿望罢了,在实际上,它从来就是以"超越"为名,以滑向唯心主义为实,或者以"超越"开始,以滑向唯心主义告终的。

李惠斌、王吉胜说,"承认(实践)这种活动是现实的感性活动而不是黑格尔的精神性活动,这就超越了唯心主义","肯定实践是一种感性的物质活动,是人与自然的一种物质关系,这已经同唯心主义(把现实的感性活动视为精神性活动)区分开了";反之,要是"把外部自然作为本原,看似坚持了唯物主义,实则恰恰是实践唯物主义所批判的旧唯物主义的观点"。

---

① 葛兰西:《狱中札记(选)》,伦敦1971年版,第456—457页。
② 葛兰西:《狱中札记(选)》,伦敦1971年版,第465页。

李惠斌、王吉胜口口声声求助于"现实的感性活动",然而,他们恰恰忘记了:要是排除了作为实践的物质前提的外部自然界的优先地位,就根本谈不上什么"现实的感性活动"。而要是以这种排除了外部自然界优先地位的"实践"作为自己哲学的基点,那就不可能"超越"唯心主义,也不能同唯心主义"区分开"。在这方面,可以说殷鉴不远,就在美国的实用主义。

美国实用主义的著名代表杜威,曾经在其基本代表作之一的《确定性的寻求》一书中说过:"行动处于观念的核心,观念指导着操作,而在操作产生的结果中,观念不再是抽象的、单纯的观念,而成为规定感觉对象的东西了",所以,"真正的知识对象便是在指导之下的行动所产生的结果"[1]。

说由观念指导的操作、行动产生出真正的知识对象,按照李惠斌、王吉胜的标准来看,岂不就是承认实践是现实的感性活动,而不是黑格尔的精神性活动吗?岂不已经肯定实践是一种感性的物质活动了吗?然而,杜威的以此为基点的哲学,却并没有像李惠斌、王吉胜所想象的那样"超越"和"区分"于唯心主义,相反,杜威还直言不讳地称他的这种观点是一种"行动的唯心主义"[2]。

这到底是怎么一回事呢?原来,问题就出在"外部自然界的优先地位"上面:杜威历来就坚持否认作为实践的物质前提的外部自然界的优先地位,而鼓吹什么经验与自然的连续性,把外部自然界"连续"进了主观经验之中(见杜威的另一本基本代表作《经验与自然》)。在这种情况下,鼓吹什么行动产生感觉对象,怎能不滑到"行动唯心主义"的泥潭中去呢?

归结起来,是确认外部自然界的优先地位,还是把物质溶化在实践之中?主张物质—实践本体论,还是实践一元论?坚持唯物主义,

---

[1] 杜威:《确定性的寻求》,1929年英文版,第167—168、196页。

[2] 杜威:《确定性的寻求》,1929年英文版,第304页。

还是搞唯心主义和唯物主义的综合、超越？在这一系列重大原则问题上，马克思的实践唯物主义和葛兰西的实践哲学是有原则区别的。

要正确地把握住马克思的实践唯物主义的精神实质，就必须根据马克思的基本思想在这一系列问题上同葛兰西的实践哲学划清界限，反之，要是抹杀这些原则界限，沿着实践哲学的路子去解释马克思的实践唯物主义，那就只能把实践唯物主义歪曲成一种行动的唯心主义。

应当说，这正是为马克思主义发展史中多次经验所反复证明了的。卢卡奇在生前最后一次答记者问时，曾经痛苦地总结这些经验说："在20年代，柯尔施、葛兰西和我曾经企图以不同的方式解决第二国际留传下来的社会必然性和对它的机械解释的问题。我们继承了这个问题，但是我们谁也没有解决它。葛兰西也许是我们三人中最好的一个，但是他也未能解决。我们都错了。今天如果搬出那个时期的著作，说它们在今天正确，那会是完全错误的。"[①]

我认为，卢卡奇的这一总结，也是我们在结合国际共运史上种种思潮研究马克思的实践唯物主义时，所必须认真思考的，因为只有从他人的经验中进行学习，才能避免自己去重蹈覆辙。

六、把马克思主义和弗洛伊德主义结合起来的赖希

赖希是奥地利的一位精神病学者，是企图把马克思和弗洛伊德综合起来的"弗洛伊德的马克思主义"的第一批代表人物之一。

自从20世纪20年代以来，把马克思和弗洛伊德综合起来，是在西方哲学中经常出现的一种重要趋向。

早在20世纪20年代—30年代，就相继出现过赖希、布雷登、若赛夫、泰格等人的把马克思和弗洛伊德综合起来的尝试，虽然这些尝

[①] 《卢卡奇谈自己的生活和工作》，载《新左派评论》1971年7—8月，第68期。

试都没有获得预期的成功,但是,后继者还是一个接一个、一批接一批地络绎不绝。

例如,在30年代—50年代,虽然马克思主义和弗洛伊德主义正统派,对于把马克思和弗洛伊德综合起来的任何企图和尝试,都持反对和否定的态度,但是,法兰克福学派的霍克海默、马尔库塞、弗洛姆和哈贝马斯等人却还是继续致力于把马克思和弗洛伊德综合起来。

20世纪60年代末期,在西方世界,由于随着新左派运动的崛起,人们感觉到个人解放与社会革命的关系问题,性压抑的政治重要性问题,社会统治内在化到个性中去的方式问题,青年运动和妇女运动的革命潜力问题,等等,这些早在20年代和30年代就提出来的重大问题,在60年代又在重演着,因此,对于把马克思和弗洛伊德综合起来的可能性,又在更大的范围内引起了人们的兴趣。

在60年代—70年代,又出现了范农的为了理解殖民化和民族解放在心理上的影响而把马克思和弗洛伊德综合起来的尝试,以及查列茨基为了理解70年代以两性关系为中心问题的妇女运动而把马克思和弗洛伊德综合起来的尝试。

到了80年代,法兰克福学派第二代的左翼代表涅格特更强调要像对待黑格尔的辩证法那样,去吸取弗洛伊德精神分析学说的"合理内核",以便借助于弗洛伊德所说的"本我—自我—超我"和"无意识—前意识—意识"等基本概念,去建立马克思主义的革命的行动主体的理论。他还认为,从20年代直到70年代国际共产主义运动所发动的,对于精神分析学说以及对于把马克思和弗洛伊德综合起来的尝试所进行的批判,是完全错误的。

而在把马克思和弗洛伊德综合起来的形形色色的尝试中,赖希不仅是最早的,而且也是最有代表性的一位。自从60年代以来,在法国、德国和美国等发达资本主义国家,赖希的著作正在越来越大的范围内引起人们,特别是新左派学生的兴趣,人们再版和翻译他的一些重要著作,开设有关他的思想的课程,宣传他的某些思想观点,法国农泰尔学院的3月22日运动（正是这个运动导致到1968年的"五月风暴"），柏林的实验公社，美国的嬉皮士、妇女和黑人解放运动等等更把赖希的某些行动计划付诸实践。新左派和学生运动把赖希奉为"革命的性政策"和"性解放"理论的先驱。

正因为这样，当法国的一位无政府主义者在一次给比利时学生的讲课中，谈到赖希所描述的情况在现在已经不再存在时，他听得到的反响竟是一片响亮的合唱："不，不对！"

那么，赖希到底是怎么样的一个人？他把马克思和弗洛伊德综合起来的企图又是怎样的呢？

（一）复杂而曲折的生活经历

在第一次世界大战前，赖希生活在他父亲的一个大农场里，因而早在少年时代，就曾自己动手搞过植物种植、昆虫收集和饲养实验室。

第一次世界大战爆发后，赖希到奥地利军队中去服役，后来成为医科学生，1922年赖希在维也纳大学获医学博士学位。

赖希早在大学毕业以前，就已经开始进行精神分析学家的实际活动，并在不久之后即在当时的精神分析运动中获得一个有影响的地位，从1920年起，赖希成为维也纳精神分析学会会员。1922年，赖希帮助建立作为维也纳精神分析学会的分支的、精神分析疗法维也纳研究班，在精神分析运动历史上第一次试图设计一种有效而系统的精神分析技术。

在20年代初期，赖希是弗洛伊德的最有前途的学生之一。弗洛伊德对赖希极为重视，虽然他们两个相差32岁，但弗洛伊德却把赖希列进了每月一次到他家里去参加碰头会的亲密友人的核心圈子之内，另一方面，弗洛伊德根据弗洛伊德小组关于如何把精神分析学说用于社会问题的讨论而写成发表的《幻想的未来》和《文明及其不满》两书，就有相当部分是吸收了赖希的观点的。

赖希从其职业生涯一开始,就企图寻找精神分析和政治革命的某种结合。

赖希曾经提出这样的问题:当着像在柏林这样一个城市里,有几百万人在心灵结构上神经失常时,怎么可能施展精神分析技术呢?他由此得出结论说,所以,真正的任务不是治疗而是预防;但是,在现存的资本主义的社会政治情况下,特别是在性压抑的政权下,预防又是不可能的,只有在社会制度和意识形态中爆发了革命以后,才为预防创造了前提。

赖希在参加工人政党以后,便将他的这种把精神分析和政治革命结合起来的设想,付诸实施。

1927年,赖希加入奥地利社会民主党。接着,他就和另外4个激进的精神分析学家、3个产科医生一起,建立了一个名为"社会主义性卫生和性学研究学会"的组织机构,竭力把社会主义政治和精神分析疗法融合在一起,为此,他自己花费了大量资金在维也纳工人区建立了6个指导性卫生的诊所。

赖希建立的这种性卫生诊所的任务,是向群众提出精神分析的忠告,并唤起群众对于必然伴随着革命而到来的性改革的注意。据赖希本人说,当时有数千名男女听众拥挤着去听他讲课和接受性问题上的忠告。

奥地利社会民主党领导因为怕赖希的性卫生诊所的这种活动,会影响他们所领导的政治和经济活动,因而在1930年就关闭了赖希的性卫生诊所。

随后,赖希就由奥地利迁居德国。

在柏林,赖希加入了德国共产党,并企图在那里进一步把他做的性顾问的工作,融合到更加广泛的改革运动中去。

为此,赖希又在德国建立了更多的指导性卫生的诊所,并在德国共产主义工人运动内开展性—政治运动。据统计,仅1932年一年内,这种性—政治运动的成员就发展到4万人。

1932年，德国共产党责备赖希强调"性"，是非马克思主义的，并禁止发行他在柏林建立的私人印刷厂"性政治出版社"出版的书籍，1933年2月，赖希又被开除出德国共产党。

1933年，赖希关于精神分析的见解，又同弗洛伊德主义正统派关于精神分析的见解发生尖锐的矛盾，以致国际精神分析出版社接受和印刷了赖希的《性格分析》一书的第一版手稿而不予发行，德国精神分析学会则曾秘密开除了赖希的会籍。

1934年，在国际精神分析学会卢萨那会议上，赖希同弗洛伊德主义正统派的矛盾公开化，被国际精神分析学会所开除，接踵而来的则是赖希的观点遭到一系列的指责和批判。德国诗人腊克纳在1937年描绘当时的情景说，对于这些正统派来说，"把赖希从他们的组织中开除出去还是不够的"，在反对赖希及其令人烦恼的思想斗争中，"任何种类的诽谤和歪曲都是一种可以允许的武器"。

在赖希企图在实际工作中把社会主义政治同精神分析疗法融合起来的同时，他又企图在理论工作中把马克思主义和弗洛伊德的精神分析学说综合起来。这主要表现在他在1929年到1936年间出版的6本著作中：《辩证唯物主义和精神分析》（1929年）、《性成熟、节欲、婚姻道德》（1930年）、《青年人的性斗争》（1932年）、《性道德的突破》（1932年）、《法西斯主义的大众心理学》（1933年）、《文化斗争中的性行为》（1936年）。

赖希在同有组织的马克思主义队伍分离以后，对政治逐渐表现出厌恶情绪，说政治活动的效果很大，政治活动家是"社会肌体上的癌"，而"非政治"则成了最高的德行，人类的唯一希望在于结束一切政治而致力于搞生活的实际事务。

与此同时，赖希又认为，用僵硬的、线条明确的阶级斗争去判断社会发展，是一个巨大的思想错误，认为社会冲突在现实生活中是没有基础的，把无产阶级同资产阶级区分开来是无用的，它们是政治意识形态的人为创造，并且说什么一个人要是不被前一个时期的政治口号弄得盲目,那就不能不注意到我们正处在"文化生活的影响深远的革命"之中,他说这是一个"没有阅兵、没有军队、没有鼓掌和加农礼炮"的革命,但它不同于 1917 年的(仅仅是"政治—意识形态的")俄国革命,它是一场"真正的社会主义革命",但这并不是无产阶级反对资产阶级的革命,而是"动物,人的感觉,他的自然生活的功能在数千年的酣睡中苏醒过来"。

赖希说,从本世纪开始以来,已经有许多因素在自由和健康的方向上发生作用了,这些因素包括:创造有男女两性的工人大军的巨大工厂,逐渐损害独裁主义双亲的家庭,"加诸于性欲的反动桎梏在客观上的放松",不考虑教会及其盟友继续散布的旧道德。赖希说,这种伟大的"文化革命"必然是混乱的,并引起种种奇形怪状的发展,旧的道德制度和风俗习惯的分解,首先表现为采取病理学形式的造反,但是,不难看出,健全力量正在力图打破这些表现而把"造反引入合理的渠道"。

在赖希的经历中,1934 年标志着一个重要的转折。那年夏天,他接到挪威心理学家和哲学家施杰特尔普的邀请信,要他去挪威奥斯陆大学讲授性格分析。但他在飞离柏林之后,却先去丹麦逗留了几个月,在那里,他让他的一个追随者以鼓吹性—政治运动为标榜去参加丹麦议会竞选,有一段时间看来似乎可以发起一个新的政治运动了,但丹麦政府却拒绝更新赖希的签证,于是,赖希只得离开丹麦。赖希在离开丹麦之后又去瑞典,但他在瑞典同样遭到猜忌、敌视和攻击,于是,他只得又离开瑞典而去挪威。

赖希在奥斯陆大学讲课时,还做了一系列奇妙的生物学实验,以测定处在兴奋状态中的性器官是否表明在其生物—电负荷方面有所增加,结果证明性兴奋和在有机体表面上,特别在性器官上增加电荷一样,证明性本能就是电,所以,他得出结论说,"我们都是一架复杂的电机"。

1937 年,挪威一些科学家在自由主义报纸上对赖希的生物物理实验发动了攻击,最后还搞到了一个规定一切精神分析学家要经政府所特许批准的皇家判决。而赖希的支持者和同情者则保卫他。例如,在当时,著名的人类学家马林诺夫斯基曾就此发表公开信说,"通过他(指赖希——原文注)发表的著作和同他的公开接触,他给我的印象是一个独创的和稳妥可靠的思想家,一个真正的人,一个有开放性格和勇敢见解的人。"

1939年,赖希宣布他发现了为生命和性所特有的倭格昂(Orgone)能。据赖希说,这是一种可以看见、可以测定和可以应用的能量,呈蓝色,可以在红色球的浅蓝色闪光中,或在受性刺激的蛙的蓝色中看到,可以用倭格昂能测定表、验电器或盖格尔计算器测定它,而如果把它收集在一个特制的倭格昂能的储存器中,则可用它来医治从歇斯底里到癌症等许多精神上和肉体上的疾病。

1939年5月,虽然挪威政府允许赖希继续留在挪威,但是,在挪威一些科学家批评的压力下,赖希决定接受美国精神病学者和心身病医药运动(即认为心身一体,身上的病症在心理上有其根源)代表华尔夫的邀请,把他的倭格昂能实验室跟他一起搬到美国纽约去。

赖希在1939年去美国以后,先是在纽约市新社会研究学校任医药心理学副教授。1941年12月,赖希曾被美国联邦调查局逮捕,在爱里斯岛上囚禁了三周,逮捕的理由一直没有公布。

1942年,赖希在美国缅因森林里买了200多英亩[①]土地,建立了一个称作"倭格昂"的私人研究所,在那里,他在12个同事的协助下,继续进行其生物物理学实验,同时写信给美国国会,要求制订保护儿童和青春期性权利的立法。

1947年,美国新闻记者布兰岱在《新共和》杂志上对赖希及其实验发动攻击。

50年代初期,赖希积极附和美国参议员麦卡锡的指控,认为自

① 1英亩=6.070亩。

由主义者会把美国交给"反革命的俄罗斯帝国惯常的密探",并责备美国的盟国,特别是英国"同红色独裁者作买卖"。

赖希怀着推敲出倭格昂能的发现在宇宙论和宗教方面的含义的希望,从1951年开始,扩大了他对倭格昂能的解释:原来,他把倭格昂能说成是为生命所独有的一种能量,现在,他却把它说成是一切实在都从中发展出来的原始材料。

赖希认为,通过两个倭格昂能量流的重叠或性拥抱而被创造出来的银河系、北极光、飓风、地心吸力,等等,同样都是倭格昂能的各种表现,在赖希的这一统一场理论中,只有核能还保持其自主性,在事实上,赖希正是把宇宙史设想成是倭格昂能和原子能之间的斗争史的。这样,赖希就搞出了一种类似于摩尼教的二元论宇宙论。

赖希认为,他的科学是西方思想史中的顶点,因为在西方存在着两种互相对抗的思想传统:自然科学用僵硬的机械法则去解释世界,从而使宇宙耗尽了它的生命力,而把有生命的东西的一切意识、宇宙的汹涌而来的力量交给了宗教,但宗教却(以一种歪曲的"神秘化"形式去解释这些能量。赖希说,只有他的关于倭格昂能的理论才超越出科学和宗教的两分法,对于宗教)只能含糊地、印象主义地加以把握的力量,给出科学的理解。后来,赖希的思想又一步步地滑向了宗教,甚至用他的倭格昂能理论去重新解释基督教教义。

1954年3月,美国联邦食品和药物管理局指控赖希租给病人治病用的倭格昂能储存器①是一种骗人的治疗装置,为此,法院发出禁令要赖希毁掉一切倭格昂能储存器,并销毁和扣押赖希的著作和杂志。

赖希在为期两周的上诉期内没有上诉,却写信给法院说法庭不是裁决科学问题的恰当地方。在法院的禁令生效以后的几个月内,

---

① 这是一个有电话棚大小的六面盒子,里面是金属,外面是木质,病人坐在盒子里可以吸收集中起来的倭格昂能放射以治病。

赖希曾服从禁令,但是,在1954年10月,他却通知美国政府说,他要恢复研究所的一切活动,包括继续发行图书杂志,这样就招致了1956年法院对他的审判,并以不服从政府禁令为理由判处他有期徒刑两年。

赖希在服刑8个月以后,在1957年11月3日,在一次心脏病袭击中,死在宾夕法尼亚州的刘易士堡联邦监狱里。

赖希在其一生中,基本上是以三种身份进行著述和活动:一是以一个精神分析学家的身份;二是以一个"弗洛伊德的马克思主义者"的身份;三是以一个自然科学家的身份。

本文主要涉及赖希著作和活动的第二个方面,考察他所谓的"弗洛伊德的马克思主义"的基本内容。

(二)赖希的马克思主义观

在《政治经济学批判》中,马克思曾经说过:

"不是人们的意识决定人们的存在,相反,是人们的社会存在决定人们的意识。"[①]

赖希认为,对于马克思主义的这一论述,需要作进一步的研究,因为在这方面存在着许多问题,例如:日常生活是怎样转变成意识形态的?在这个转变过程中,有哪些因素是促进性的,又有哪些因素是阻挠性的?这些阻挠性的影响来自什么地方?它们又是怎样发挥其影响的?

赖希认为,对于一个不公正的社会制度的存在,是不能像庸俗马克思主义者所作的那样,简单地用统治阶级的经济和政治权力去说明的,同样,也不能把革命的失败仅仅说成是由于被压迫阶级在经济上的相对的软弱。

---

① 马克思:《政治经济学批判》,《马克思恩格斯全集》第13卷,人民出版社1962年版,第8页。

赖希说,在事实上,经济上的阶级和集团往往不是按照他们自己真正的经济利益来活动的。例如,法国农民在1789年和1848年的革命中就是那样。而且,也发生过一个社会其全部政治和意识形态远远落在经济现实的后面的现象。这样,问题就出现了:应该怎样去说明意识形态明显的自主性呢?

对于这个问题,赖希提供的回答是,这是因为意识形态被内在化或"被锚在个人的性格结构中了"[①]。而古典的马克思主义分析却忽略了这个问题。

赖希认为,思想、道德命令和宗教教义等等当然是反映经济和技术发展的,但它们在实际上又是埋置在个性结构之中的。作为意识形态影响的结果,人们不仅在不同地思考着,而且他们是各不相同的。

赖希说,意识形态在心理上被锚在性格结构中的观念,使得理解政治——特别在一个经历着急剧变革的社会内——怎么可能不反映经济现实成为可能的了。但是,既然性格结构是在儿童时期形成的,那么,它就体现了前一个时代的意识形态形式,这就是"传统的力量"的意义。

在这里,一个关键性的因素,是赖希根据他的精神分析学说的背景,用"性格分析"的理论去"补充"马克思主义。赖希本人也认为,他正是用性格结构的概念"架桥沟通了"马克思主义理论中关于社会情况和意识形态之间的沟壑。

那么,什么是性格结构呢?

这就是每个人把其有组织的习惯带到其日常生活和工作中去的行为的内在化范型。赖希说,它"代表一个人存在的特殊方式"。并且是"他的一般的过去的一个表现"。

赖希认为,性格结构最初根源于针对外部的压力和威胁,由"规

---

① 赖希:《法西斯主义的大众心理学》,纽约1946年版,第13页。

避态度"所组成的"自我陶醉的保护装置",无论在形式上还是在量上,它都反映出个人在儿童和青春期中所遭遇到的压抑,形成和发展性格结构的动力,则是对惩罚的有意识或无意识的恐惧。

儿童通过像其双亲所要求的那样去行动,或隐瞒自己所做的事情,或者咬牙一拍,或者这些动作的结合,把他的自发性转变到他的性格结构中去。随着儿童的成长,以后,他在对教师、牧师和其他人的类似反应中,加强或改变着这种性格范型。

虽然性格结构在开始时是针对外部世界而建立起来的防护,但在成熟以后,却主要是针对着内部危险,即反对自身的难以控制的冲动的。在这种场合,性格结构堵塞冲动并使冲动的能量改道。这时,性格结构既是压抑的代表,又是对由于受压抑而产生的焦躁的控制者。在资本主义社会,性格结构也使人麻木不仁地去做在当时是大多数人命运的令人厌烦的机械工作。

赖希说:"每个社会制度都创造出为保护自己所需要的那些性格形式。在阶级社会,统治阶级借助于教育和家庭制度,通过使它的意识形态成为社会一切成员的占统治地位的意识形态,而保证它的地位。但是,这不仅仅是一件把意识形态、态度和概念加诸于社会成员的事情。倒不如说,这是一件在每个新的一代中都是影响深远的事情,是一件在人民的一切阶层中形成符合于现存社会制度的心灵结构的事情。"①

赖希认为,把意识形态锚在个人性格结构中的主要工具是家庭。

他说,我们之所以成为现在这个样子,成为更好或者更坏,那全都是家庭生活的冲突和危机的结果。儿童及其父母关系的特殊性,决定了他成年经验的轮廓。不仅个人,而且整个民族、种族的命运,都是在家庭这个狭隘舞台的限制内决定的。

所以,虽然家庭是特定经济状况的产物,但是,它又通过抚养儿

---

① 赖希:《性格分析》,纽约1970年版,第XXII页。

童的过程，创造出为支撑整个社会的政治和经济制度所必需的那种类型的性格结构。因此，必须注意一定历史时代的家庭结构和儿童抚养实践，才能理解经济现实是怎样反映到政治、伦理和宗教中去的，才能理解经济制度本身是怎样得到表现的。

那么，家庭又是怎样把意识形态锚在个人的性格结构中的呢？

赖希说，这是通过性压抑来实现的。

赖希认为，压抑在决定儿童从4岁到6岁间发生的性格中，在双亲应答性的游戏和问题方面，是决定性的。由于家庭在人的早年性格的形成中作用极大，因此赖希称之为"(制造)顺从动物的工厂"。家庭改造儿童性格的这同一个压抑，也严重地限制了他的社会发展的可能性。性的需要由于其本性把人推到同其他人的关系之中，当这种性需要受到压抑之后，它就只能在家庭中寻求表现。家庭不仅在人的儿童时代，而且在人的青春期的性格发展中也有重要作用。

在青春期中，人的性本能增长起来，与此相适应，独立的欲望也有所增长，这就导致他同双亲发生更大的冲突，而家庭则往往通过性节制去解决这个冲突。在这场冲突中，如果双亲在扑灭青春期这种独立的冲动方面获得成功，青年人就会比以前更加沾染上一种在政治上漠不关心的甚至反动的行为范型。

赖希说，青年人赞成或者反对资本主义制度的见解，是和他们对家庭的见解非常一致的：保守的青年尊重家庭而且往往把它理想化，激进的青年则反对家庭，而且在这个过程中逐渐从家庭中完全独立出来。

除了家庭之外，宗教和教育也是把意识形态锚在性格结构中的工具。赖希认为，这两者主要是加强着已经由双亲教诲给儿童的道德态度。但是，他说，宗教除作为性冲动的制动器而起作用外，还为被压抑的性本能提供另一个替代性工具。

赖希说，祈祷、听风琴或赞美诗音乐，坐在朦胧的教堂里，真正的信徒的失神入迷和神秘主义，从心理学上来说，全都意味着解脱不能忍耐的性紧张,所以,人的性欲和性压抑都在增长着的青春期,也是宗教感情最强烈的时期,而教育,则不仅在公开地反对"性"的时候,而且在使儿童忘掉"性"的时候,乃至"客观地"把性归结为生殖,而不提人的欲望时,全都力图有助于性压抑。

根据对性压抑的社会功能所作的一系列分析,赖希认为,马克思主义关于思想意识的历史唯物主义理论中有两个主要缺点:

一是经典马克思主义虽然在解释意识是各种经济发展过程的产物这一点上是正确的,但却没有说明经济发展过程在实际上是怎样被转变为意识的;

二是经典马克思主义虽然没有认为观念是次等现象,但对意识在实际上究竟怎样反作用于各种经济发展过程,却并没有加以概括地解释或说明。

赖希由此引申说,在社会现象如何影响人的问题上,在外部经济情况怎样变成意识形态的问题上,在非理性力量怎样阻挠人们认识自己的利益的问题上,马克思主义有忽略、疏漏之处,正是在这里,弗洛伊德的精神分析理论有可以补充马克思主义之处。

赖希说,这是因为,我们可以借助于精神分析理论所使用的方法,去揭示个人的社会活动的冲突根源,去详细阐明社会对个人的影响,解释意识形态在人的头脑里的形成。总之,他认为精神分析理论能"丰富"历史唯物主义的总体的观念,为历史唯物主义提供一种"可以利用的心理学",以说明经济状况如何通过冲突的内心生活转化为思想和活动,这种心理学使我们可以把意识形态看作人与自然之间的某种"劳动过程"。

赖希认为,精神分析理论可以描述和解释意识形态产生过程的特点以及自然因素和社会因素在意识形态产生过程中相互作用的方式,同时,它还能说明意识形态在社会内部发生作用的方式,揭示促进社会稳定的力量和加剧社会解体的因素。

但是,赖希说,他所主张的精神分析理论同马克思主义的接近,却并不打算纠正辩证唯物主义和历史唯物主义,而是试图通过两者的结合来揭示意识形态在个人范围内的形成。所以,他说,他主张把精神分析理论理解为历史唯物主义内部的一种方法,认为研究者通过精神分析理论,可以获得研究现象的一种精确手段,从而能够更深刻地认识在社会内部发生作用的能动因素,更准确地理解历史过程和预见未来的事件。

正是在这个意义上,赖希主张把精神分析理论看作马克思主义社会学的辅助科学,因为它可以从个人的心理中剖析出一个阶级的"意识形态后果"的"心理过程"。他说,不能把阶级意识归结为对历史和经济规定性的认识,它的某些因素只有通过精神分析才能理解,因为它的根源是非理性的。

所以,为发展科学的心理学,就必须把精神分析的技术和解释引入到社会学领域中去,以确定阶级意识中哪些因素是理性的,哪些因素是非理性的,而精神分析理论之所以能解释非理性行为,则是因为它能揭示无意识的冲动反应。但是,赖希坚持无意识的结构也是社会经济历史过程的产物,认为在任何情况下,都不能把无意识的机制和经济的机制相对立,但可以把无意识机制看作是以社会存在与个人行为之间媒介的身份而发生作用的力,因为个人行为也是深刻的社会化的行为。

(三)赖希的精神分析理论观

那么,赖希对弗洛伊德理论又是怎样看的呢?

这得先从弗洛伊德及其精神分析理论说起。

弗洛伊德是一位奥地利的精神病学家、心理学家。

弗洛伊德的精神分析理论认为,人的行为不是取决于客观的生活和活动,而是取决于人的某些主观的心理因素、无意识的本能和欲望。这种理论主张,生物学上的本能、欲望是人类一切社会行为的基础,认为人的心理是由无意识系统,下意识或前意识系统以及意识系

统三者所组成的:

无意识的东西无时不在追求快乐和满足,意识的东西服从现实的原则,而下意识或前意识系统则介乎这两者之间;

无意识的动机总是力图在行动中表现出来,但当它在意识中唤起了焦虑、羞耻和某种诸如由无意识的乱伦所唤起的罪恶感时,意识就予以阻拦、抵抗和压抑。

在下意识或前意识中形成由道德良心和社会意识组成的个人理想,它阻挡着本能、欲望渗透到意识中去,而意识则从人的心理中把那些先天的、兽性的本能和欲望排除掉。

当人的欲望首先是性欲不能得到直接满足时便产生"升华",即转移到其他方面,在人的其他活动中得到满足。

所以,弗洛伊德的精神分析理论是建立在性本能、无意识的东西和意识的防御装置这三者的基础上的。

弗洛伊德的精神分析理论,在正统的弗洛伊德主义版本中,把资本主义社会视为理所当然,而把马克思主义者彻底改变资本主义社会的渴望视为精神病。

反之,赖希却认为,弗洛伊德精神分析学说原来的设计具有深刻的革命性,所以,尽管有人企图把它用于保守乃至反动的目的,它却保存有为对当代资本主义文明进行革命批判所不可缺少的、一定的批判的人类学核心。

赖希认为,如果说,马克思第一次使人类社会在历史上和社会上意识到它自己的话,那么,弗洛伊德则使与此相平行的、个人的新的自我认识最终达到科学的状态。

在《辩证唯物主义和精神分析》中,赖希写道:"正如马克思主义是人意识到经济规律和少数人剥削多数人在社会学上的表现那样,精神分析是人意识到性的社会压抑的表现。"[①]

[①] 参见苏联《在马克思主义旗帜下》杂志,1929年第3期。

赖希说,正如马克思主义代表了由资本主义本身的矛盾所产生的对资产阶级经济学的批判那样,精神分析理论是由内在性压抑的固有矛盾所唤起的用辩证法对资产阶级道德学的批判。

弗洛伊德认为,如果把个人的有意识的行为同他/她的无意识的心灵生活联系起来加以理解,那么,精神病症状、日常生活和梦的无理性就会具有意义。

弗洛伊德从有意识行为和无意识生活之间的这种关系是一种冲突的关系的发现出发,进行用本能动机同表现在社会条件和道德法典中关于现实的主张之间的冲突,它们的相互作用、相互调节来表达和研究精神生活,这就导致他把心灵生活看作是精神冲突的产物。

据此,赖希在《辩证唯物主义和精神分析》中说,精神分析理论同马克思主义有若干共同的重要前提。

首先,赖希认为,弗洛伊德的精神分析理论基本上是一门唯物主义科学,虽然它不是在"可衡量的"、"可触及的"这些机械论的意义上去理解"物质的",但是,弗洛伊德毕竟和马克思一样,把焦点集中在真正的人类需要和经验上面,他从爱和饥饿这样具体的物质事实出发,并追踪着当这些本能碰到自然和社会的同样具体的敌对行动时的悲剧命运。

赖希就此竭力论证弗洛伊德所描写的过程的唯物主义性质说,精神分析是唯物主义的,因为它反对唯灵论,承认生物基础对于心理的优先性;全部心理活动,不论其性质如何,都是生物因素的产物。他认为,里比多和性压抑理论也具有唯物主义性质,虽然性压抑的动力是保存的本能,但其内容和方式决定于个人的社会存在。

其次,赖希说,精神分析也是一门辩证科学,为此,他罗列了一系列精神分析概念和论证。例如,他说,弗洛伊德证明,儿童的性本能的发展,是怎样以一种辩证方式遵循着本能和外部现实之间的冲突的。儿童从性本能固着(fixation)的一个阶段前进到另一个阶段,不是因为"发展的任何内在原则",而是由于本能和社会、欲望和挫折之间反复的冲突,它迫使本能寻找新的冲突。

赖希认为,存在于弗洛伊德一切著作下面的辩证观念,是关于心灵冲突的观念。他说,弗洛伊德关于本我—自我—超我的概念之间的关系的理论具有辩证的含义。它用一种关于无意识冲动作用的心理学来反对静态地解释人的方法。精神分析学说还揭示了一系列辩证的自然过程:心理特征的变化(里比多—焦虑、爱—恨),自恋的里比多转移为对象的里比多,自我的本能与外部世界之间的矛盾的内向化(以超我的形式出现)。赖希指出,弗洛伊德关于人格假设的三分法也体现了他的学说的辩证性质:本我作为人格发展的最初阶段,是生来就有的本能冲突之源;它是无意识的,完全根据苦乐原则而作用;自我作用于本我和外部世界之间,是本我受外界影响的那一部分,而超我则是"人所特有的对本能的抑制力"。

这样,在弗洛伊德那里,心理生活就被设想为对立的力量的统一,即通过意识因素和无意识因素的相互作用,人的思想和感情变得十分丰富和多样。

据此,赖希认为,正如马克思主义是一种冲突社会学那样,弗洛伊德主义是一种冲突心理学。马克思和弗洛伊德都不是强调整体——不论是自我还是社会——内各个组成部分的和谐一致的作用,而是强调以分解去威胁整体的对抗[①]。

赖希说,弗洛伊德的精神分析理论的积极意义在于,在马克思所开始的对资本主义的社会经济批判上面,精神分析理论补充了对资产阶级社会及其制度的传统价值的不可调和的抨击,宣布了被这个社会视为神圣的每一样东西的死亡,并把它归结为它的并不神圣和并不合理的起源。由于它不仅根除了继承下来的理想、神话和道德范型的整个复合体,而且也为探究决定人的行为的神秘深度而不考虑有意识的意向打开了道路,这就为个人的自我启发和自我创造的

---

① 参见苏联《在马克思主义旗帜下》杂志,1929年第3期。

新实践奠定了基础,提供了无与伦比的解放的工具。

但是,赖希认为,精神分析理论也有其消极方面。这是因为,虽然弗洛伊德并不认为本能是不变的,但却把它们设想得变化很慢,实际上表现出一种非历史的、不变的特性。这样:

第一,正统的精神分析理论就倾向于把本能和个性的整个生物学结构看作在本质上是静止的,把被压抑的冲动的结构和无意识东西的基本内容,看作是人类心理中不可变化的不变因素——所谓人的不能断根的动物本性。

第二,这个非历史背景在弗洛伊德晚期著作中,导致到假定"死亡本能"是支配人的命运的生物学事实,从而倾向于悲观主义地去估计人类从无知、奴役和侵略下解放出来的可能性,越来越把文明的进步同压抑的发展等同起来。

马克思主义认为,侵略性和本能压抑植根于社会剥削和物质匮乏的结构之中,因而随着这种结构的消灭,也将带来侵略性和本能压抑的最终消除。反之,弗洛伊德却认为,文明的发展和保存,要求抛弃快乐和节制本能动机,它必然是痛苦的和压抑的。

第三,正因为弗洛伊德认为压抑是不可避免的,他就把社会主义者和无政府主义者的革命目标看作永远只是乌托邦梦想。弗洛伊德主义不能提供革命实践,而只能为个人适应于压抑性制度安排改良主义实践,甚至拒不鼓励性解放。这样,弗洛伊德主义就走到了原来设计的反面,即:精神分析理论从最初的对现社会———一切社会——的基本批判,转变为使个人适应于压抑性社会的要求的手段。

正因为这样,早在20世纪20年代,在弗洛伊德主义阵营内部,就产生了要求恢复和发展精神分析理论的批判内容的"弗洛伊德修正主义",它要求重新发现弗洛伊德原来的精神分析的使命的概念的激进含意,同时力图把它从非历史的曲解中解放出来。赖希就属于这个"弗洛伊德修正主义"的行列。

赖希还力图超越弗洛伊德学说的局限性。他在一系列问题上和弗洛伊德持不同的观点。

例如,在神经病的根源问题上,弗洛伊德认为,性压抑和从古希腊关于俄狄浦斯杀父娶母神话演化出来的"恋母情结",是神经病源学的基本因素,子女对于父母特别是对于异性父母的强烈性爱是不可避免的,而对性爱的不断干预和挫折使人生本质上成为一场悲剧,不可能期望有什么根本的解脱。

反之,赖希却认为,神经病的根源在于自我和外部世界的冲突,神经病具有社会的根源。他说,弗洛伊德往往忘记了任何心理过程,人的任何表现,不论是本能的还是自觉的,无不是在特定的社会环境中实现的。"恋母情结"的深刻原因,一方面在于社会与个人的冲突,另一方面则是人的本能受到抑制。

又如,在文化的起源和发展的问题上,弗洛伊德认为,艺术和科学能替代性的满足,文化本身是在某些被压抑的迫切需要的推动下创造出来的,是某些无意识冲动的升华,得不到满足而转入其他排遣途径的性能量的创造物。因此,文化的作用基本上是压抑性的。

赖希则相反地认为,保持文明不等于压抑人的迫切需要。他说,提出迫切需要和文化之间的二律背反是可笑的,对于本能的压抑不仅属于病态的个人,而且属于没有能力进行文化创造的个人。

1937年,赖希在《弗洛伊德的八十诞辰》一文中指出:

"精神分析曾一度在生活的源头上进行工作,它没有意识到它的社会本质这个事实,是它大灾变地衰落的主要原因";

"我们对弗洛伊德的心理学批判",开始于"这样一个临床发现:无意识的地狱并不是任何绝对的、永恒的或不可改变的东西,一定的社会情况和发展创造了今天的性格结构,因而是不朽的"[①]。

所以,赖希认为,要更新精神分析理论,就要更新和扩大它的批判功能,它们同现行的社会和文化形态的对立,就要把它融合到由历

---

① 《赖希谈弗洛伊德》,纽约1967年版,第267、260页。

史唯物主义提供的对整个社会的更广泛的分析中去。但是,赖希又说,这并不是要把马克思和弗洛伊德混合起来,而是表明他们两人的发现是相互补充的,每一方都需要由另一方来补充。

归结起来,赖希在把马克思和弗洛伊德"统一"起来以观察社会革命问题的过程中,提出了以下四个基本观点:

首先,压抑性社会加诸于群众的阶级统治形式,是同一个心理学过程相平行的,首先是同在父权制家庭的脉络关系中最初的社会化期间加诸于个人的一切性压抑过程相关联的。

赖希说,阶级社会生产着为保证其生存所需要的独裁主义类型的个性。他认为,性压抑是经济奴役的一个主要工具,当经济条件需要少数人统治多数人时,就要压抑广大人民群众的性本能冲动,使他们的心灵结构适应于这种经济结构,使阶级关系得到稳定和巩固。

其次,心理上的压抑,虽然有助于使统治永久化,却也创造出为马克思主义所忽视的爆炸性冲突源泉。新的文化革命运动可以把它用于解放的利益,以便帮助个人去克服使他们不能采取社会革命行动的独裁主义性格。

这是因为,性压抑虽然可以通过在青年中灌注一种强制服从权威的性格结构去加强每一种独裁主义统治,但是,也可以通过它所产生的性痛苦,特别是青年的性造反,在同时损害独裁主义制度。

性痛苦、性造反根源于性需要的紧张同满足这种性需要的外部可能性和内部能力这两者之间的脱节,要是这种"性危机"同现存社会内的客观矛盾、现存阶级关系的分解相连接,性本能的能量就可被释出而用于新的用途、具有新的社会功能。那时,它就不再为保存现存社会服务,而有助于发展新的社会形态,它们将不再是"接合剂",而变成炸药了。

再次,在一切以前的历史时代所特有的物质匮乏的条件下,广大人民群众的性本能的能量必然被升华到没完没了的生存斗争中去。而在现在,这种劳动、这种自我否定,却使技术发展到足以使未来的压抑成为不必要的了。结果就发生了人的本能同继续否定这种本能的文明之间的爆炸性冲突。

在这种条件下,按照人们创造性的个人发展的需要而去自由追逐先前被压抑的性本能冲动的满足,将不可避免地导致到把满足和快乐扩展到人类生存的其他领域中去。

最后,正如性禁阻是一般禁阻的一个关键性组成部分那样,为性解放而进行的斗争也是为超越资本主义社会的人类的总的解放而进行的斗争的一个主要步骤和主要方面。

(四)"弗洛伊德的马克思主义"的缺陷和失败

尽管在20世纪30年代,赖希千方百计地想把马克思和弗洛伊德"统一"和"综合"起来,但是,到了晚年,赖希却不得不承认他的这个尝试"在逻辑上已经失败了"[①]。这是因为弗洛伊德的注意力集中于把个人从其社会环境中抽象出来,而马克思则把注意力集中在社会情境上面。在弗洛伊德看来,个人之进入社会关系中只是为了满足需要,反之,在马克思看来,在社会情境之外根本就不存在这些需要。赖希在把马克思和弗洛伊德"统一"起来时,把弗洛伊德用于个人,而把马克思用于社会,而当这两者在横跨马克思主义和弗洛伊德主义体系的课题上导致不同的结论时,赖希便自由选择其中之一,这就产生了双重的曲解而导致失败。

其一,关于以赖希为代表的"弗洛伊德的马克思主义"的缺陷,西方学者也一再指出,虽然这些人不乏良好的愿望,但他们却往往把精神分析理论同马克思主义的"结合"和对话,归结为用分析人的主观世界的弗洛伊德理论,去补充单纯分析经济过程世界的马克思思想,这种把马克思理论贬为经济主义的观点显然是错误的。

其二,"弗洛伊德的马克思主义者"公式化地理解社会存在和社

---

① 赖希:《困难中的人》,梅因1953年版,第42页。

会意识之间的关系。例如,赖希在谈到阶级利益时,就常常求助于一种简单化的因果关系:"食品的需要"受到某一特定时期的"经济条件"的限制,于是决定了阶级利益。

其三,"弗洛伊德的马克思主义者"人为地把社会研究加以心理化,用一些在本质上是非历史的因素来解释历史。例如,赖希认为,资本主义社会的不合理性的根源在于性受到压抑而不能得到性的快乐,于是得出结论说,革命的动力不是经济的压力,而是消除性的压抑。

其四,"弗洛伊德的马克思主义者"无视马克思关于人的个性和主体性的一系列论述,错误地认为,马克思主义缺乏主观—客观辩证法,陷入了平庸的折中主义。他们利用精神分析理论与马克思主义在某些观点上的相似性,任意掉换概念。

例如,把弗洛伊德关于梦的理论和马克思主义关于宗教的理论,把精神分析的挫折理论同马克思主义的异化理论,把神经病的康复同消灭剥削,把精神分析治疗同社会政治革命,进行类比和折中地结合起来,从而造成了概念和方法论上的极度混乱。

其五,"弗洛伊德的马克思主义者"关于精神分析理论和马克思主义相互补充的说法,也经不起检验。例如,说弗洛伊德分析了家庭的生物因素,而恩格斯则分析了家庭的社会因素,从而两者相互补充的说法,就经不起仔细分析,因为整个生物基础是在特定的社会形态下发展起来的,从历史的观点来看,它带有着社会中现存关系的深刻烙印。

(五)赖希的性—政治运动

在20世纪30年代初期,赖希在德国共产主义工人运动中进行的性—政治运动,一方面,因为赖希被开除出党而迅速停止,另一方面,甚至在此之前,赖希本人就发现性—政治运动的解放目的,是和德国共产党、德国社会民主党所共有的那种政党政治不相容的,他越来越觉得在无产阶级运动的现存形式内进行工作是没有用处的,他认为必须在一个全新的基础上去构成革命运动,并在这样做时,"预先发现和准备能够防止一个活生生的革命组织〔在后来的任何〕官僚化的手段"①。

那么,赖希所憧憬的这个性—政治运动,究竟是怎样的呢?

赖希所憧憬的这个性—政治运动认为,革命运动具有两个方面的性质:一方面要改造群众意识的"内部结构",另一方面,又要求外部世界在同时的革命化。这意味着为克服压抑性政治和经济结构而进行的斗争,必须同时也创造出为建立非压抑的组织形式所必需的新人,意味着对人和社会的必要改造,只有在群众的自觉的革命意向也指向改变日常生活时,才能够完成。

在这里,包含有所谓宏观的革命观与微观的革命观之间的关系。一方面,赖希声称他接受马克思主义的宏观革命观,认为推翻资本主义国家和资产阶级的财产关系是绝对必要的,另一方面,赖希又认为,不应该也不需要等待伟大的社会和政治革命在摧毁了剥削的基础之后,再去进行一场破坏诸如家庭、学校和教会等旧社会的这样一些设施的反动影响的斗争。赖希认为,这样一场斗争不仅是可能的,而且正如法西斯主义崛起的经验教训所证明的,是绝对必要的。他说,主要问题在于使人民中间消极的大多数活跃起来,否则的话,他们就会把保守的乃至反动的习惯势力带到革命的胜利中去。

那么,怎样才能使消极的大多数人活跃起来呢? 这就涉及日常生活的改造问题。

赖希认为,对于群众来说,他们是在日常生活中,直接遭遇到资本主义的社会关系的现实的,就是说,是在劳动、闲暇、居住、家庭、性生活以及邻里关系等等具体问题上遭遇资本主义社会关系的现实的,虽然马克思主义认为劳资矛盾是存在的一个客观事实,但是,赖

---

① 赖希:《论革命组织》(1934),载《解放》杂志1972年4月号(第17卷第1期)。

希认为,对于群众来说,在现实生活中,却只有当劳资矛盾在阶级意识和阶级斗争中获得其主要表现时,才成为历史变革的一个动力。

这样,虽然在资本主义制度下,阶级斗争到处都有,但是,在现实生活中,阶级斗争却只存在于正在进行斗争的地方。既然日常生活是群众直接经验资本主义社会关系压抑性的真正领域,那么,阶级意识就也正是在这些日常生活领域中发展起来或遭到压抑的。据此,赖希认为,群众只有通过在日常生活领域中为自己的主观利益而进行的斗争,就是说,只有通过在这个"微观社会"平面上进行的反压抑斗争,才能注意到最终决定日常生活特征的更大的"宏观社会"的脉络关系和客观过程。

总之,在赖希看来,虽然阶级矛盾是根本的,但是,在现实的阶级斗争中,它却并不是在劳资两极的对立中直接表现出来的,而是通过日常生活,通过各种特殊的冲突而间接表现出来的。这样,无产阶级为了把自己从阶级统治下解放出来,就不仅需要对资本的权力发动进攻,而且也需要有关于文化革命的心理上的自我解放的理论和实践。

赖希的性—政治运动,旨在把无产阶级反对统治阶级的权力和制度的斗争,同削弱独裁主义性格结构对成年人的影响以及阻止它在青年人中的发展,以便促进人们的自我调节性格的发展的文化革命设计统一起来。在这个统一中,无产阶级在劳动场所的脉络关系内为争取工人权利而进行的斗争,仍然是一项重要和基本的要素,甚至可以说是整个革命过程的最基本要素;但是,赖希认为,一种摆脱了独裁主义性格结构的新人的形成,却既不是进行社会主义意识形态宣传的产物,也不是改造整个社会关系的机械的、自然的结果,而必须依靠于发展出新的心灵结构。

那么,怎样才能发展出这种心灵结构呢?赖希例证指出:

首先,"社会革命的诺言之一,是说它将使大工厂社会化,就是说,把大工厂置于工人的自我管理之下。……工厂中的革命工作只有当它唤起工人对生产的客观兴趣时,才能获得成功和从那里向前推进。但是,在今天,工人对生产本身并没有兴趣,肯定对现在的生产形式不感兴趣。所以,为获得对生产的革命兴趣,他就必须把现在处在资本主义制度下的生产看作是他们自己的财产。……我们的宣传必须明确指出,是工人,而不是资本和生产资料的现在的主人,才是工厂的真正主人……(否则的话,对剥夺大资本家的企图,)普通的非政治的和政治上畸形的产业工人,就会以一种犯罪感和某种禁阻作出反应,好像他正在强占某个别人的财产似的……(相反,一旦当)他意识到他的建立在他的劳动的基础上的合法的所有权,那么,资产阶级关于私有财产'神圣性'的见解就(对他)失去力量。……所以,工厂中的工人必须从现在开始为接管这些工厂作准备。他们必须学会为他们自己而进行思考,他们必须训练他们自己去照料将被需要的每一样东西并考虑如何组织它。……无疑地,这是能够使工人对社会革命感兴趣的唯一方式,……在工厂中对权力的接管,必须有在思想上为这种接管所作的具体准备先行。"①

其次,赖希认为,在发展新的心灵结构中,虽然发展工人的自我组织能力有其根本重要性,但是,在劳动场所为争取无产阶级权利而斗争,却只是出现革命意识的一个必要条件,而不是它的充分条件。这是因为,随着生产力的发展,出现了缩减劳动日的趋向,出现了工人活动中越来越大的一部分要被同生产只有间接关系的日常生活问题所占去的趋向。与此同时,还出现了个人延迟进入生产的趋向,就是说,当青年人开始劳动时,对于抵抗独裁主义的操纵来说,他们的性格结构将越来越是高度发展的。

所有这一切说明,虽然通过经常鼓舞成年人发展自我组织能力,去削弱性格的禁阻性影响,是问题的中心,但是,甚至更加重要的,却

---

① 恩斯特·派里尔(赖希的笔名):《什么是阶级意识?》,哥本哈根1934年版,第48—49页。

是：通过抨击家庭、教会和学校的压抑性设施，为防止在青年人（甚至在他们进入生产以前）那里形成独裁主义性格特征而斗争，所以，需要有一场一劳永逸地保证儿童和青春期的性权利的革命，没有这种反对被家庭所谆谆教诲的基本的独裁主义性格的斗争，无产阶级的夺权斗争将只是一个幻想，因为在某种意义上，阶级敌人将仍然隐藏在它自己的自我之内。压抑性政权正是通过对儿童、青年的自然冲动进行残酷的压抑，把他们变成神经质、自卑的成年人的。压抑社会要求青春期的性节制，必然导致少年懈怠，神经官能症，堕落和政治上的漠不关心。

赖希强调说，剥夺统治阶级的权力，就意味着"同时消除父亲对家庭成员的权力，消灭在强制性家庭中作为阶级社会的形成性结构的细胞的国家的代表"[①]。性革命包括给儿童和青年提供法律保障反对其双亲的性暴政。

正因为这样，在赖希的性—政治运动中，青年的斗争具有关键性的作用。他说，这个运动既给左派提供武器，使它可以对政治上的反对派利用群众的被压抑的性力量的企图作出适当反应，又给了左派手段，使它可以把由人的本能需要同父权制文化的独裁主义制度限制这些需要的满足之间，把这两者之间的矛盾中迸发出来的政治潜力合并到无产阶级斗争中去。

赖希说，这种矛盾在家庭中经常以"青春期的造反"的形式出现。即在男14岁—25岁、女12岁—21岁的青春期中，人们往往发现自己在被驱使着进行一场或多或少是猛烈抵抗权威、抵抗威胁其个性发展的一切其他东西的个人运动。如果这种造反的目标不是分享其长者所持有的权威，而是废除权威的个人解放的话，那么，这种造反就可能具有社会和政治意义。此外，在"青春期造反"中，对权威的任何推翻，也证明了统治者是脆弱的，对权威的服从既不是自然

---

① 赖希：《性的革命》，纽约1969年版，第106页。

的,也不是不可避免的。赖希说,对于青年无产阶级来说,"导致阶级斗争的爆发之路,就是经由反对家庭环境的斗争而来的。"①而为使"青春期造反"走到反资本主义斗争,那就必须鼓励青年人自我调节的趋向,而反对来自上面的操纵和反动的性政治诡计。

赖希指出:"工人阶级的青年将参加具体的工会工作。别的就是使自己关心于组织他们的个人生活,处理同他们的双亲的冲突,解决性对象和居住的问题。在这方面,他们将创造新的社会生活形式(首先只在头脑中);接着,他们将论证并在最终为这些新形式而战斗,最后,任何东西都不能阻挡他们。谈论政治形势或甚至谈论'青年人的性的问题'都是无用的。那是来自上面的控制。青年人必须从现在就开始在每个领域里组织他自己的生活。首先在这么做时,他不能把过多的注意力放在权威或警察身上,我们也不应这样期待他;他应当笔直向前和做他认为是正确的事情以及他认为他能够完成的事情。不久他就将充分认识到在一切方面都是被僵硬地用墙围住了的,认识到这个制度使它甚至不能组织在青年人生活中说来是最简单和最明显的东西;这样,他们自己的实践就将向他们表明什么是革命的政策和革命的必需。"②

再次,赖希认为,像青年人的造反一样,妇女"反对作为一种经济束缚和性限制的婚姻"的造反,也"只有在我们提供了对这些困难问题的客观而真实的说明时,才能变成对革命运动有价值的财产"③。

赖希说,虽然"希望经济独立、独立于男性,以及首先是性的独立,是妇女阶级意识的最重要的组成部分",但是"某些特有的恐惧

---

① 赖希:《青年人的性斗争》,巴黎1966年版,第124页。
② 恩斯特·派里尔(赖希的笔名):《什么是阶级意识?》,哥本哈根1934年版,第49页。
③ 恩斯特·派里尔(赖希的笔名):《什么是阶级意识?》,哥本哈根1934年版,第28页。

却在加强着使妇女朝束缚走去的强烈趋向;恐惧苏联型的婚姻立法含有丧失作为供应者的丈夫的意思;恐惧没有得到合法批准的性对象;以及恐惧一般的自由生活",这些恐惧"至少是否定方面的同样有力的禁阻性因素",最后,还有"恐惧所提出的将使儿童离开他们的母亲的、对儿童的集体抚养,作为清楚的政治思维的有力的制动器而起作用"。

赖希认为,"妇女运动面对的主要问题无疑地是家庭的未来和儿童的抚养问题。在德国的性—政治运动中,我们通过说明社会主义只是为男人、女人和儿童们提议新的共同生活方式而成功地赢得了许多妇女,所谓在布尔什维克主义下废除家庭,无非意味着把性的兴趣和经济利益分开来罢了。"①

在赖希看来,所有这些方面,构成为给社会主义革命运动补充上相平行的性解放运动。这个性解放运动,有助于削弱群众的心灵结构中的独裁主义趋向,但是,它的充分实现,却要"视控制社会的整个教育和意识形态机器而定"。他说,当着这个机器还处在资产阶级手中的条件下的时候,在20世纪30年代的性—政治运动中概括的"结构改革的"居间纲领可以有助于完成这个目的。

赖希所说的这个居间纲领列出了以下八项要求:

(1)对大多数人来说更好的居住条件;

(2)废除禁止堕胎和同性恋爱的法律;

(3)修改婚姻和离婚法;

(4)自由的出生控制劝告和避孕;

(5)保护母亲和儿童的健康;

(6)在工厂和其他大的雇佣中心设托儿所;

(7)废除禁止性教育的法律;

---

① 恩斯特·派利尔(赖希的笔名):《什么是阶级意识?》,哥本哈根1934年版,第28、29页。

(8)给罪犯留下家庭。

赖希认为,为这些居间目标而斗争,虽不足以实现群众全面的性解放,却有助于群众阶级意识的发展,并导致他们对现存的资本主义社会进行批判,同资产阶级的国家权威发生冲突。这就是说,群众可以通过为这些居间目标所进行的斗争,而为在国家政权问题上同资产阶级进行最终的搏斗作好准备,首先是可以使他们注意寻找取代现存社会经济组织的替换物,而一旦他们认识到取代和替换的必要性和可能性,就会发展无产阶级的自我组织能力,而这对于实现社会主义改造来说,却是必不可少的。

赖希认为,他的性—政治运动,和第二国际、共产国际的策略是不同的。

性—政治运动不是把阶级意识看作像在学校中讲课那样把一整套学说传授给群众的事情,而是把它看作要从群众自身的经验中抽引出来,作为一切人类需要的政策的发现的东西。

赖希认为,性—政治运动的"总的目标是把无政府主义的主要箴言同化到马克思主义中去,而它的特殊目标则是:(1)把性政治结合到革命政治中去;(2)创造出革命领导对待群众的新态度(从群众的需要出发,而不是从'由上到下'的指令出发);(3)承认文化过程是一个由社会决定的改变性的能量的过程;(4)承担起适合于社会主义社会中自由人的教育(的本质)的理论和实际工作"[①]。

赖希的性—政治运动认为,革命的政治工作要越出单纯对现存社会进行宣传性批判的范围,而应也具有积极的、建设性的和预先想到一些事情的特性;在革命组织的问题上,要确定建立在基层的自主性的基础上,而不是建立在由上而下的指令的基础上的新观点,在革命政党的领导问题上,既不否认革命运动对于革命政党,对于领导的

---

① 赖希:《给西班牙无政府主义者的一封信》,载《政治心理学和性经济杂志》1936年第3卷。

需要,但又必须拒绝任何形式的"替代主义",反对把党看作是革命过程中这样一种主体:它管理着群众在结构上的不成熟性,而阻碍群众表述他们自己的东西;在领导和群众的关系问题上,认为发展群众的自我组织能力是革命斗争的基本目标,要求领导赋予群众的片断斗争以一贯性,而又不造成一个革命的社会中坚,为此就要求在无产阶级同它的先锋队之间建立一种辩证关系,用群众的心理、文化解放,去瓦解个人心灵结构中的内在化强制,去抵消和抑制寡头政治制度化的趋向。总之,性——政治运动认为,权威只能建立在合理的范围内,而不能建立在群众不能合理地理解自己利益和对领导的非理性的幼稚依附上面。

除此以外,赖希的性——政治运动还就社会主义宣传问题提出了一些建议。赖希要求社会主义者把个人生活当作一面镜子来使用,使人们从中看到自己在资本主义社会所受压迫和进行变革的可能性。为实现这个战略,他要求就个人问题作更多的公开宣讲,建立性卫生中心;激进的戏剧从社会主义的角度出发演出关于日常生活的戏剧;把每张激进报纸的四分之三用于同读者讨论个人问题。

赖希还认为,在社会主义宣传中,经常强调统治阶级的权力,那是错误的。因为这不仅有助于制造恐怖,而且有助于培养独裁主义性格,应当强调资本家的软弱性和愚蠢。他认为,把警察说成是敌人,也是错误的,因为这也有助于独裁主义倾向的活跃。赖希说,社会主义者应当强调警察也是工人,把宣传集中于强调个人问题的阶级本质,就能把许多警察争取到革命一边来,因为警察也像工人一样有个人问题。

赖希也认为,正如社会主义宣传是批判的那样,它也应当是积极的,和为正等待着人民的新生活作准备的。必须帮助工人看到在社会主义条件下,劳动的条件和关系将(和在资本主义条件下)怎样地不同,必须向妇女说明社会主义社会的合作生活将如何处理家务劳动和照看儿童。对青年、专家、农民乃至对警察、军队都作这样的宣传。在每个场合,都要把现在的不能令人满意的状况同社会主义相比较,并注意资本主义制度的特殊责任以及人民在改变资本主义现状时所能做的事情。

应当看到,虽然就总体上来说,赖希在政治上企图把无政府主义,在理论上企图把弗洛伊德主义引进到马克思主义中去,是错误的,是注定要失败的;就具体的来说,他也把性、家庭、心理的问题提到了高得不恰当的位置上去,但是,他的把社会主义革命深入到日常生活中去,强调用社会主义原则去改造人,改造人与人之间的关系,形成新人等等见解,却又是可取的,值得借鉴和参考的。

七、怎样评价萨特和他的思想?

怎样评价萨特和他的思想?这个问题无论在我们国内还是在国际上,都一直是一个众说纷纭的问题。

有人把萨特说成"只是在口头上同情马克思主义"而在"实际上却倾向于垄断资本主义",说他是"现代帝国主义的思想雕刻匠和磨工",是帝国主义反对社会主义社会的"特洛伊战争侠客";与此形成鲜明对照的则是,也有人把萨特奉为"人类20世纪思想发展道路上的一个高耸的里程碑",说他的逝世"在思想界留下了一段在短时间里没有人能填补的空白",说萨特是"20世纪人类的良心","萨特是属于世界无产阶级的,正如托尔斯泰属于俄国革命一样",所以,"萨特应该得到现代无产阶级的接待"。

对同一个萨特作出这样截然相反的评价,这一方面固然是和萨特本人的思想与活动中包含有巨大的矛盾,而评论者则从不同的立场观点出发去评价萨特有关,但是,在另一方面,在很大程度上却又是同采取什么样的方法论原则去评价萨特有关。这样,怎样评价萨特和他的思想,就又成了在具体分析和评价萨特的思想与活动之前,所首先需要解决的一个方法论问题。

(一)坚持实事求是

其实,只要翻开萨特一生的历史来看看,就不难发现,有些人之所以会把萨特说成是"在实际上倾向于垄断资本主义","是现代帝国主义的思想雕刻匠和磨工",等等,其根本原因之一,就在于在评价萨特时违背了实事求是的原则。

萨特所信奉、所代表的存在主义哲学,无疑是一种资产阶级哲学。但是,现实生活的复杂性在于,信奉这同一种资产阶级哲学的人,有的是有神论者,有的却可以是反有神论者;有的为法西斯主义效劳,有的却可以是反法西斯主义的;有的替资本主义辩护,有的却可以是造资本主义社会反的……而萨特的历史则表明了,他是一个反有神论的、反法西斯主义的、造资本主义社会反的存在主义者。

萨特是法国的一个哲学家、文学家。在政治活动方面,在第二次世界大战中,曾参战和被俘,获释后一直积极参加反法西斯的"抵抗运动";战争结束后,虽有时也骂过共产党并写作过像《肮脏的手》那样的反共剧本,但就其主流来说,却是反对美帝国主义的侵朝战争和侵越战争,反对法帝国主义的印度支那战争和阿尔及利亚战争,在国内则反对戴高乐主义,并积极参加和支持1968年学生和工人造反的"五月风暴"的。萨特的著述和创作,也多半是表现他的这种政治倾向的。对于这样一个人,怎么能够说他"实际上倾向于垄断资本主义"、是"现代帝国主义的思想雕刻匠和磨工"呢?

至于指责萨特是帝国主义反对社会主义社会的"特洛伊战争侠客",无非是指的萨特对苏联模式的批评和对苏联政策的抨击,特别是指在1968年时他斥责苏联入侵捷克斯洛伐克是"十足的侵略",是"国际法条款中定为'战争罪行'的那种侵略",在1979年—1980年时他又谴责苏联入侵阿富汗。十分明显,要是人们不把苏联模式和社会主义完全等同,要是不把霸权主义的侵略行径说成就是社会主义,那是不可能提出上面那种指责的。

但是,如果因为萨特反对法西斯主义、反对殖民主义、反对帝国主义和霸权主义,以及在国内反对垄断资本主义,就说萨特"属于世界无产阶级",却同样是不符合实事求是的原则精神的。这是因为参加这些革命事业、正义斗争的,不仅有无产阶级,而且有小资产阶级,而萨特在这些斗争中所表现出来的革命性,却正是小资产阶级的革命性,而并不是无产阶级的革命性。

这里且以萨特的革命观为例来加以剖析。

大家知道,萨特反对垄断资本主义,在"五月风暴"中还支持学生和工人造它的反。但是,萨特的革命观,却是一种把革命本身当作目的,当作可以使人类一切力量极度紧张起来的社会状态的革命观;他号召革命,只是因为革命能使人摆脱日常生活的惯性,摆脱消费主义的"物欲",摆脱经济稳定的有害错觉;所以,他把革命这种高度紧张的阶级斗争和"直接行动"的时刻描写成一种有政治形式的狂欢节,把参加革命的集团看作是"自由的总体化集团",把革命的搏斗舞台看作是个人的存在主义的自我实现的可能场所,而对于革命是否会获得成功,却很少介意。

萨特的这种革命观,突出地表现在他对"五月风暴"所作的描述和解释中。萨特是怎样看待这一场有上千万人参加的造垄断资本主义反的人民斗争的呢?他说:"按照我的看法,五月运动是第一个暂时实现了某种与自由相近的东西的大规模的社会活动,从这一点出发,这个运动曾努力探求什么是行动中的自由","归根到底,在街垒上造成1968年五月事件的那些人要求的是什么呢?他们什么也不要求,至少不要求政府可以让给他们的任何明确的东西。这就是说他们要求一切:要求自由。他们不要求政权,他们没有试图夺取政权,因为今天对于他们,对于我们来说,需要消灭的是使得权力成为可能的那个社会结构本身。"①

显然,萨特的这种革命观,和无产阶级的革命观是迥然不同的。由于它不以夺取政权作为社会改造的杠杆;由于它没有在社会制度方面摧枯拉朽、推陈出新的内容;由于它反而提出了根本消灭使权力成为可能的那个社会结构本身的无政府主义要求,这就使他憧憬的革命成为一种既不反映历史需要,也没有客观的宏伟目标,也不解决什么任务,仅仅是保证人们的起义精力有出路,使他们的决心、勇敢、忘我战斗精神有用武之地的儿戏。

萨特就苏联模式的官僚主义所作的批评和抨击,有一些确实是切中弊端的。但是,又必须指出,萨特在这么做时,又往往把苏联模式中的某些弊端和马克思主义、和社会主义混淆起来,以致把无产阶级革命队伍中必需的组织纪律也笼统地斥责为"压制""民主"的"官僚主义",甚至把无产阶级专政本身说成就是"把能动的和自主的集团同被动的集体混为一谈",把社会主义社会第一阶段说成只能是"官僚主义、恐怖主义和个人迷信的不可分解的结合体"②。

显然,萨特的这种反"官僚主义"斗争,和无产阶级的反官僚主义斗争,在性质上也是截然不同的。

因此,尽管萨特曾经向往过马克思主义,靠拢过无产阶级,但是在政治上,他毕竟不属于无产阶级,而属于小资产阶级,属于小资产阶级民主派,属于小资产阶级左翼激进主义、无政府主义。正因为这样,萨特在晚年,越来越频繁和积极地支持一些极左派的超激进主义乃至冒险主义、恐怖主义的活动和思想,就不是什么偶然的事情。

有的人在评价萨特时,以托尔斯泰属于俄国革命为比拟,说萨特"属于世界无产阶级",也是没有根据的。

准确的说法,应当是"托尔斯泰是俄国革命的镜子",而不是什

---

① 《70自述》,参见《萨特自述》,河北人民出版社1988年版、天津人民出版社2008年版。
② 《辩证理性批判》,伦敦1976年版。

么托尔斯泰属于俄国革命。

托尔斯泰显然不了解俄国革命,而且显然避开俄国革命。列宁为什么会把托尔斯泰说成是"俄国革命的镜子"呢?

原因在于,托尔斯泰的"全部观点,总的说来,恰恰表现了我国革命是农民资产阶级革命的特点。从这个角度来看,托尔斯泰观点中的矛盾,的确是一面反映农民在我国革命中的历史活动所处的各种矛盾状况的镜子","托尔斯泰反映了强烈的仇恨,已经成熟的对美好生活的向往和摆脱过去的愿望;同时也反映了幻想的不成熟、政治修养的缺乏和革命意志的软弱"①。

萨特虽然和无产阶级一起参加过一些斗争,但是,他的观点和无产阶级的观点并不相同,他更没有像托尔斯泰反映1905年革命前俄国农民的思想情绪那样,反映过世界无产阶级的思想情绪,那么,又怎么能够以托尔斯泰为机械类比,把萨特说成是"属于世界无产阶级"的呢?

列宁曾经把托尔斯泰誉为"伟大的艺术家"、"天才的艺术家",但是,即使对于这样一个受到其高度评价的人,列宁也反对作不符事实的胡吹乱捧。当着有人把托尔斯泰奉为"公众的良心"、"伟大的良心"时,列宁立即指出:"这是自由主义者故意散布的谎话,他们想利用托尔斯泰学说中违反革命的那一方面。"②在我们今天评价萨特的时候,不是也应该学习列宁这种坚持实事求是的原则精神吗?

归结起来,我们在评价萨特的时候,应该像评价其他历史人物时一样,坚持从实际出发、实事求是的原则,只有这样,才能避免不分青红皂白地把萨特"推开去",和不惜任何代价地把萨特"拉过来"的错误做法,而对他作出符合于他本人的思想言行实际的公正评价。

---

① 列宁:《列甫·托尔斯泰是俄国革命的镜子》,《列宁全集》第15卷,人民出版社1988年版,第180、182页。

② 列宁:《托尔斯泰和无产阶级斗争》,《列宁全集》第16卷,人民出版社1988年版,第353页。

(二) 坚持具体分析

在现实生活中,人们的思想言行,是包含有许多方面的。因此,坚持实事求是,就必须把握事情的一切方面,对事情有一个比较全面的了解,并在这个基础上坚持具体问题具体分析,以求对事情有一个正确的认识。

有人认为,从立论上、概念上、逻辑上去指责萨特哲学思想的错误和矛盾,似乎是由于日丹诺夫对西方现代资产阶级文学和哲学偏颇论断的影响,反之,作为一个社会主义大国的研究界所应尽的责任,却只是指出萨特哲学思想中可取的部分和合理的内核。

这里涉及到评价历史人物的一个重大的方法论原则:到底是坚持具体分析呢,还是只准说好不准说坏,只准说对不准说错?应当指出,上面那种说法作为方法论是极其偏颇不正的,因为具体问题具体分析从来就是马克思列宁主义的基本要求,只讲可取部分和合理内核而不讲错误和矛盾,是不符合马克思主义的。

且以列宁对托尔斯泰的评价为例。

列宁把托尔斯泰说成是俄国革命的镜子。然而,又正是列宁,坚持对托尔斯泰的作品、观点和学说中的矛盾进行深入的分析,肯定其中一切应该肯定的东西,又否定其中一切必须否定的东西。

列宁指出,托尔斯泰一方面是一个天才的艺术家,另一方面,又是一个发狂地笃信基督的地主;他一方面真诚地反对社会的撒谎和虚伪,另一方面,又是一个颓唐、歇斯底里的可怜虫;他一方面无情地批判了资本主义的剥削,另一方面,又狂信地鼓吹不用暴力抵抗罪恶;他一方面是最清醒的现实主义,另一方面又鼓吹宗教这种世界上最讨厌的东西之一……

列宁高度评价托尔斯泰对帝俄国家、警察和官办教会的强烈抗议,他对土地私有制毅然决然的反对,以及他对资本主义的愤怒揭发。然而,就是对于托尔斯泰的这些方面,列宁也还是坚持具体分析的态度。

列宁指出,托尔斯泰"这位激烈的抗议者、愤怒的揭发者和伟大的批评家,同时也在自己的作品里暴露了他不理解产生俄国所遭遇的危机的原因和摆脱这个危机的方法"①。

对于在其作品、观点和学说中同样充满着矛盾(虽然矛盾的具体内容和托尔斯泰的不同)的萨特,难道我们不是也应当像列宁评价托尔斯泰那样地坚持具体分析吗?

反之,要是极力回避、粉饰乃至不准指出萨特哲学思想的错误和矛盾,而一味地去宣传萨特哲学思想中可取的部分和合理的内核,而且还把这种偏颇不正的做法说成是什么"作为一个社会主义大国的研究界所应尽的责任",这岂不是在把一个社会主义大国的研究界,归结为萨特的一群非理性的盲目崇拜者?

有人不愿谈论萨特哲学思想的错误和矛盾,不愿对萨特和他的思想进行实事求是的具体分析,说什么"在近半个世纪以来当代极为复杂、变化多端的政治环境中,试问能保持一贯正确、绝对正确的究竟有多少? 只不过萨特比较表里如一,不隐蔽自己的观点,不掩盖自己的矛盾,不文过饰非而已,'万能的上帝啊,请你把那无数的众生叫到我跟前来',让他们听听我的忏悔……然后,让他们每一个在您的宝座前面,同样真诚地露露自己的心灵,看看有谁敢于对您说:'我这个人好!'"

应该说这是不同意对萨特进行具体分析的典型表现。就算"错误人人有份"吧,那也不能成为禁止对萨特进行具体分析的理由呀。更何况有没有错误和是不是掩盖错误,那是两个不同的问题,不掩盖错误不等于没有错误,没有错误更不等于文过饰非。所以,用萨特对待自己矛盾、错误的态度为根据,禁止人们对萨特进行具体分析,是

---

① 列宁:《列·尼·托尔斯泰》,《列宁全集》第16卷,人民出版社1988年版,第323页。

不对的。至于为此而要把芸芸众生召唤到上帝面前去,在和萨特相比之下,演出看谁敢说自己好的活报剧,那只是想给不准对萨特进行具体分析的禁令打上一个神学的烙印罢了,这对于反有神论者的萨特来说,只能是讽刺和侮辱。

(三)用马克思主义去明辨是非

强调在评价历史人物时要坚持实事求是、坚持具体分析,这丝毫也不意味着可以采取客观主义的态度。不,在评价萨特这样的历史人物的思想时,即使谈论的是他思想中的"可取的部分和合理的内核",也还有一个用什么作思想武器去分辨是非的问题。

在这方面,研究一下列宁怎样评价、怎样对待托尔斯泰留下的宝贵遗产,同样是大有教益的。

列宁高度评价托尔斯泰对资本主义的揭发批判,说这种揭发批判怀着"最深沉的感情和最强烈的愤怒","以巨大的力量和真诚鞭打了统治阶级"。

然而,列宁在研究和接受这份宝贵遗产时,却首先指出托尔斯泰的这种批判,同现代工人运动的代表们对资本主义批判的不同,揭示出这两种不同的批判的原则界限:托尔斯泰把千百万农民的抗议和绝望融合在自己的批判中,而对于现代工人运动的代表们来说,"他们是有东西要抗议的,可是没有什么要绝望,绝望是行将灭亡的阶级所特有的","绝望是那些不了解祸害的来源,看不见出路和没有能力进行斗争的人所特有的。现代产业无产阶级并不是这样的阶级"[①];指出托尔斯泰的"学说与现代制度的掘墓人无产阶级的生活、工作和斗争是完全矛盾的"[②]。

---

① 列宁:《列·尼·托尔斯泰和现代工人运动》,《列宁全集》第16卷,人民出版社1988年版,第331页。
② 列宁:《托尔斯泰和无产阶级斗争》,《列宁全集》第16卷,人民出版社1988年版,第352页。

正因为这样,无产阶级在向群众阐明托尔斯泰对资本主义的批判时,其着眼点就应当和托尔斯泰本人的有所不同,这就是说,"目的不在于使群众局限于诅咒资本和金钱势力,而在于使他们学会在自己的生活和斗争中处处依靠资本主义的技术成就和社会成就,把自己团结成一支社会主义战士的百万大军,去推翻资本主义,去创造一个人民不再贫困、没有人剥削人的现象的新社会。"①

显然,我们在今天评价萨特,研究和吸取其思想遗产时,也应当像列宁那样把马克思主义当作明辨是非的思想武器,去鉴别萨特思想中有哪些是"可取的部分和合理的内核",并且像列宁那样以推进无产阶级的革命事业为目标,去剖析和吸取这些"可取的部分和合理的内核"。

例如,萨特强调人的主观能动性,可以说具有其"可取"和"合理"的一面,但是,由于他的强调主观能动性的理论,不能正确处理个人和集体、自我和他人之间的关系,不能正确处理主观与客观、自由与必然之间的关系,说到底,是建立在个人主义、主观唯心主义和无政府主义的基础上的,因而,就在原则上不同于马克思主义哲学所强调发扬的主观能动性,具有其"不可取"和"不合理"的另一方面。同样,萨特对资本主义的不满,也确实有其"可取"和"合理"的一面,但是,萨特用以表现这种不满的"苦闷失望、悲观消极",却只是代表了那些看不清资本主义罪恶的根源,没有力量同它斗争到底的小资产阶级的思想情绪,也不能指出一条改变资本主义现实的道路,所以,它和无产阶级对资本主义的不满,也是不同的,同样具有其"不可取"和"不合理"的另一面。

用马克思主义来明辨是非,在评价萨特思想、研究萨特遗产时,显然应当看到它所包含的这样两个方面。反之,要是在分辨是非时,

---

① 列宁:《列·尼·托尔斯泰》,《列宁全集》第16卷,人民出版社1988年版,第325—326页。

抛弃了马克思主义这个思想武器,那就只能混淆是非,造成混乱。

例如,有人认为,萨特哲学思想的可取的部分和合理的内核在于,这种哲学思想强调了个体的自由创造性、主观能动性,显然大大优越于命定论、宿命论,它把人的存在归结为这种自主的选择和创造,这就充实了人类存在的积极内容,大大优越于那种消极被动、怠惰等待的处世哲学,它把自主的选择和创造作为决定人的本质的条件,也有助于人为获得有价值的本质而作出的主观努力,不失为人生道路上一种可取的动力,至于萨特所认为的世界是荒谬的,人是孤独的、痛苦的,人生是悲剧性的,这种观点的确表现了一种苦闷失望、悲观消极的思想情绪,但这不正反映了哲学家对资本主义的不满?

这种评价所依据的方法论原则,显然是错误的。

第一,对于萨特不顾客观、不顾集体地强调个体的自由创造性、主观能动性,不顾社会关系的制约把人的存在归结为个体的选择和创造的观点,如果借口其"大大优越于命定论、宿命论","充实了人类存在的积极内容"而笼统地一概地说成都是"可取的部分和合理的内核",这岂不是要把人们重新引导到萨特鼓吹的个人主义、主观唯心主义和无政府主义的泥潭中去?

第二,在用"大大优越于命定论、宿命论"为借口,把萨特鼓吹的个体的选择和创造列为"可取的部分和合理的内核"的同时,又用"反映了对资本主义的不满"为借口,不顾自相矛盾地把萨特表现出来的"苦闷失望、悲观消极",也列为"可取的部分和合理的内核"。总之,对于萨特的一切,不论是盲目乐观也罢,还是消极悲观也罢,统统找个借口——哪怕两个借口自相矛盾——把它们说成是"可取的部分和合理的内核",这哪里是什么客观的、公正的评价方法?哪里是无产阶级研究和吸取历史遗产的方法?不,它不能帮助人们分清是非,而只能造成思想混乱。

(四)把作用考察和性质分析、当时当地和此时此地结合起来

为了对萨特的思想作出正确的评价,我们还应当把分析他的思

想的性质和考察他的思想在现实生活中所起的作用结合起来,而在考察他的思想所起的作用时,又不仅要看到它在当时当地所起的作用,而且还要看到它在此时此地可能具有的作用,把这样两个方面的考察结合起来。

有人认为,对于萨特哲学思想的评价,从理论上、方法上作出"定性分析"固然重要,但是,更重要的却是要看它在现实生活中的作用,而且所说的这种作用,还只是指在当时历史社会条件下的作用,否则就叫作按"主观愿望"办事。

一种哲学思想的性质,是指的它的本质属性,这种哲学思想在现实生活中的作用,则是指的它在一定条件下所引出的结果。因而,在评价一种哲学思想中,把作用考察看得高于性质分析,显然是不恰当的。在事实上,正因为一种哲学思想在现实生活中所起的作用,只是它在一定条件下引出的结果,所以,在另一种条件下,这同一性质的哲学思想就完全可以引出不同的结果,发挥出完全不同的作用来。因而,在对一种哲学思想进行作用考察时,把当时当地标准和此时此地标准对立起来,也同样是不恰当的。

列宁在评价托尔斯泰的思想时,就是把作用考察和性质分析、把当时当地标准和此时此地标准紧密结合起来的:

"托尔斯泰的学说无疑是空想的,就其内容来说是反动的(这里反动的一词,是就这个词的最正确最深刻的含义用的)。但是决不应该因此得出结论说,这个学说不是社会主义的,这个学说里没有可以为启发先进阶级提供宝贵材料的批判成分。"①

然而,托尔斯泰学说的批判成分,其意义又和一切空想社会主义的批判成分一样,是同历史进程成反比例的,是随着时间的推移而失去其任何实践的意义和任何理论的根据的。

---

① 列宁:《列·尼·托尔斯泰和他的时代》,《列宁全集》第17卷,人民出版社1988年版,第35页。

"25年以前,尽管托尔斯泰主义具有反动的和空想的特点,但是托尔斯泰学说的批判成分有时实际上还能给某些居民阶层带来好处。然而在最近10年中,就不可能有这种事情了,因为从上世纪80年代到世纪末,历史的发展已经前进了不少","在我们今天这样的时候,任何想把托尔斯泰的学说理想化,想袒护或冲淡他的'不抵抗主义'、他的向'精神'的呼吁、他的向'道德的自我修养'的号召、他的关于'良心'和'博爱'的教义、他的禁欲主义和寂静主义的说教等等的企图,都会造成最直接和最严重的危害"①。

在评价萨特的哲学思想时,我们显然应当学习列宁的这个榜样。

以萨特1943年在《存在与虚无》一书中鼓吹的绝对自由论来说,在当时法国被德国法西斯占领的历史条件下,无疑地是起了积极作用的。

在德国法西斯主义占领法国以后,"文明没落"、"民族历史完结"的前景,在一些法国人的心目中,成了眼前的现实。在报纸、电台根据德国法西斯主义思想先驱施本格勒宿命论精神所作的宣传下,纳粹统治似乎成了注定的和永久的,虽然有人相信法西斯德国会失败,但在当时的"情境"下,这种信念却还没有得到理性的证明,而反法西斯的抵抗运动,不论其动机多么高尚,却被一些人认为是无法理解的主观主义。于是投降分子就以"占领者必胜"的宿命论为自己的立场辩护。

正是在这种特定的历史条件下,萨特在《存在与虚无》中宣传的"自在"和"自为"的否定的辩证法,具有"绝对责任感"的"绝对自由",获得了它的积极意义:作为客观"情境"的法西斯主义占领,是必须加以消灭和否定的,只有那些乞求和平、背叛了自己信仰的人才会觉得事态进程是不可避免的;每个人应当根据自己的内在确信,去

---

① 列宁:《列·尼·托尔斯泰和他的时代》,《列宁全集》第17卷,人民出版社1988年版,第36页。

选择对法西斯主义采取妥协投降还是斗争反对的态度,投降分子无论用什么借口都推卸不了其个人的道德责任。

所以,尽管《存在与虚无》一书写得非常晦涩,人们却从萨特的"自在"范畴中看到对投降派劝诱的禁止,从他的"自为"范畴中看到对自发抗议,对"勇敢者的奋不顾身"的嘉许和赞赏,从他的关于人是"绝对自由"的观点中,看到了从纳粹的压迫下解放出来的呼吁,从他的关于"绝对责任感"的思想中,看到在纳粹威胁面前每个人都应负起责任来的号召。顿时间,萨特的《存在与虚无》被法国知识分子奉为反对附敌思想的哲学宣言。

但是,萨特的"绝对自由"论在1943年德国占领的特定历史条件下所起的这种积极作用,却丝毫没有改变这种"绝对自由"论的个人主义、主观唯心主义和无政府主义的性质,也丝毫不意味着这种性质是不重要的,是次于其作用的。不,即使在当时当地的条件下,也正是这种性质在决定着"绝对自由"论发挥积极作用的方式和限度:它鼓励人们自发地起来反抗德国法西斯的占领,号召人们不要投降、不要同它虚与委蛇;但它既不能成为把广大人民群众团结和统一在反法西斯统一战线内的主要思想基础,也没有能够根据社会发展的客观规律给人们指出一条战胜法西斯和消灭法西斯的正确道路。

也正是这种性质,在决定着萨特的"绝对自由"论,在另一种条件下,将不仅不能发挥积极作用,而且还将发挥消极作用。正因为这样,就连萨特本人,后来也不能不对《存在与虚无》作出批判的评价,把"绝对自由"论当作错误的思想来加以反对。而在我国人民建设高度民主和高度文明的现代化的社会主义国家的过程中,谁要是因为萨特的"绝对自由"论在1943年曾经在法国起过积极作用,而不顾其个人主义、主观唯心主义和无政府主义的本质属性,把它照搬过来加以宣传和鼓吹,那更是只能起到瓦解组织、涣散纪律、腐蚀斗志、危害建设的破坏作用。

(五)从整体性上把握萨特的思想言行

为了对萨特这样一个在其思想和言行中都充满矛盾的历史人物作出正确评价,我们还应当强调从整体性上去把握他的思想言行,而避免那种抓住片言只语作出轻率推论的片面做法。

有人在评价萨特的时候,从他的言论中摘引出一些话来,以论证萨特对马克思主义的态度是"严肃认真"的,是"很尊重"的。

的确,在萨特的言论中,真是可以找出一些对待马克思主义非常"严肃认真"、非常"尊重"的话来的。例如,在1960年的《辩证理性批判》中,萨特曾经明确说过,"我把马克思主义看作我们时代的不可超越的哲学","马克思的命题在我看来具有一种不会过时的明证性","一种'反马克思主义'的论调无非是马克思主义以前的思想的表面上的返老还童。一种自命为对马克思主义的'超越',说得最坏,不过是重弹马克思主义以前的老调;说得最好,也只是某种包含在人们认为已经被超越的哲学中的思想的重新表现而已"……在1975年的《70自述》中,萨特又明确地宣称,"我想马克思主义有些主要方面是站得住的:阶级斗争、剩余价值,等等"……

但是,问题在于,在萨特的言论中,不仅有这些对马克思主义非常"严肃认真"、非常"尊重"的话,而且也还有一些对马克思主义及其基本原理加以歪曲、抨击乃至否定的话。

例如,就在萨特宣称"马克思主义是我们时代不可超越的哲学"的同时,他又宣称:马克思主义要是不承认自己患有"排斥人"、"吞没人"的贫血症,因而需要吞服"到处在寻找人"的存在主义这个药方,就会变成一种"非人的人学",结论是说"马克思主义并不是有待于修正","而是有待于制作"[1];就在萨特宣称马克思主义有些主要

---

[1] 《马克思主义和存在的哲学》,参见《萨特自述》,河北人民出版社1988年版、天津人民出版社2008年版。

方面是站得住的同时,他又宣称,今天需要的是一种超越马克思主义的思想,他自己已经为这种超越指出了道路云云①。

而且,即使连萨特自己明确说过的话,由于其言行不一,也是不能按其"票面价值"来加以评价的。

如前所述,萨特说过,阶级斗争、剩余价值等等马克思主义的主要方面是站得住的。然而,在实际上,他却一直在鼓吹一种和马克思主义阶级斗争、剩余价值学说相反的理论:他按照马尔萨斯和社会达尔文主义的理论的精神,鼓吹物质匮乏是人与人之间过去和现在对抗的根源,说生活资料的匮乏使人与人之间相互威胁,不能共存,因而引起异化和阶级斗争。据此,他认为"被偷窃者不是偷窃者的对立面,被剥削者也不是剥削者的对立面(或矛盾):剥削者和被剥削者是一些在一个以匮乏为其主要特点的制度中斗争着的人们"②。

所以,事情十分明显,仅仅抓住萨特尊重马克思主义的一些言论,据此而把他说成"属于世界无产阶级"的做法,是一种导致错误的片面性做法。

反之,要是从萨特言论行动的整体性上来把握它们,对于萨特言论中间、言行之间的矛盾,从而对于萨特的真正意图,就会有比较符合实际的理解。这是因为,这些矛盾根源于萨特本身的矛盾。在《什么是文学?》一书中,萨特谈到这种矛盾说:"我们是在资产阶级中诞生的,我们接受的是资产阶级的种种特征——政治自由和人身保护权——的价值教育;我们永远是我们的文化、我们的生活方式和我们时代的舆论所造就的公民。然而同时,历史又迫使我们去参加无产阶级的行列,去建造一个无阶级的社会……尽管如此,我们却处在……中间人的地位,摇摆于两个阶级之间,因此,不得不像受难的耶稣一样去满足两方面的要求,这既是我们个人的问题,也是我们时

---

① 《70自述》,参见《萨特自述》,河北人民出版社1988年版、天津人民出版社2008年版。
② 《辩证理性批判》,伦敦1976年版。

代的戏剧。"于是,一方面,他拒绝资本主义的现实,拒绝资本主义的理想和价值,想为社会主义而奋斗,在一定程度上还愿意修改自己的观点使之和马克思主义相一致;但在另一方面,他又强烈地期望着从自己所信奉的存在主义哲学中尽可能多保留下一些根本性东西,使之和不能相容的马克思主义相调和(这导致他对马克思主义一些基本原理的否定);苏联模式中某些弊端的暴露,滋长和发展了他用存在主义去"补充"马克思主义之不足的想法。

正是这样一种始终没有得到解决的深刻矛盾,驱使萨特经常怀着"主观上的真诚"发表一些自相矛盾的言论,一些同自己的行动相矛盾的言论;也正是这样一种始终没有得到解决的深刻矛盾,使得萨特在表述其对马克思主义基本原理的承认时,经常只能停留在抽象理论的范围内,有时还流于曲解;而在宣扬其存在主义观点时,又反映出他有时想适当削弱其露骨的主观唯心主义色彩的企图。

显然,只有从全体性上把握萨特的言行,才能对它们作出比较正确的评价。

归结起来,只有坚持实事求是,坚持具体分析,用马克思主义去明辨是非,把作用考察和性质分析、当时当地和此时此地结合起来,并且从整体性上去把握萨特的言行,才能对萨特和他的思想作出比较符合事实的评价。

八、萨特和马克思主义

在现代西方的存在主义哲学思潮中,萨特的存在主义的一个重要特征,便是从20世纪50年代中期以来,他一直声称在致力于把存在主义和马克思主义结合起来,用存在主义去补充马克思主义。

对于萨特搞的这种"结合"和"补充",有人指责说是在搞用火去补充水的欺骗把戏,有人则把它同柏拉图综合巴门尼德和苏格拉底相比,认为萨特这种为辩证理性提供一个基础的努力,是在新时代诞生的新哲学，至少也表现了萨特对马克思主义的赞赏、向往、善意的亲近和尊重。

为了弄清萨特搞的存在主义同马克思主义的结合和补充究竟是什么东西，就需要考察萨特同马克思主义的关系，考察他用存在主义去结合和补充马克思主义的缘由和方案。

（一）萨特同马克思主义的关系的演变

萨特同马克思主义的关系，大体上经历了四个不同的发展阶段：

第一阶段，始于20世纪30年代初期，萨特在勒阿弗尔中学当哲学教员时。这一段时期是萨特的存在主义哲学世界观逐步成形的时期。在这段时期里，萨特曾经读过一些马克思和马克思主义的著作，但对马克思主义却并没有什么了解，而只是采取盲目抨击的态度。他把马克思主义和机械唯物主义等同起来，认为它是一种同牛顿物理学、达尔文进化论、活力论生理学有连带关系的固定哲学，萨特责难说：既然"这种物理学、这种进化论、这种生理学到现今都已被扬弃了，为什么马克思主义还能像一个教条那样故步自封地丝毫不变地生存下去呢？"[1]

第二阶段，萨特在40年代中期参加反对德国法西斯主义的抵抗运动之后，在40年代末期和50年代初期参加反对帝国主义和殖民主义的斗争之后，对马克思主义的态度有所改变。例如，在1956年2月间，萨特撰文说："对我们来说，马克思主义不仅是一门哲学，这是我们思想所处的气候，我们的思想从中取得营养的地方，这是黑格尔叫作客观精神的那个东西的真实运动。"[2]

第三阶段，1956年匈牙利事件之后，萨特一面同苏联、同法国共产党断绝来往，一面又致力于把马克思主义和存在主义结合起来，用

---

[1] 参见《萨特自述》，河北人民出版社1988年版、天津人民出版社2008年版。

[2] 载法国《现代》杂志第122期。

存在主义去补充马克思主义。萨特对马克思主义的这种态度先是表现在他于1957年在波兰发表的《马克思主义与存在主义》一文中，以后他把此文以《方法问题》为题作为单行本发表，1960年又把它收在《辩证理性批判》一书之首。后来，在《布拉格谈话》中萨特回顾说，自己当时"从存在主义走到了马克思主义"，觉得"必须用马克思主义的观点思考一切，所以我写了《辩证理性批判》"；以后又说《辩证理性批判》"是一部马克思主义著作，但却是反对共产党人的"①。

第四阶段，在参加1968年"五月风暴"之后，萨特宣称自己"虽曾深受马克思主义的影响，但我再也不是一个马克思主义者"②，他明确认识到自己在政治上是信仰无政府主义的极左派，在理论上则是存在主义者，要求超越马克思主义，而探索一种以自由、平等、博爱为内容的"有人性的社会主义"③。

在萨特所经历的这四个阶段里，一方面，他对马克思主义的态度、同马克思主义的关系，是有所变化、有所不同的：由抨击到靠拢到结合到超越，曲折反复；但是，在另一方面，从根本上来说，他所始终如一地坚持的，却一直是存在主义的哲学世界观。不仅在第一阶段他抨击马克思主义、第四阶段他要求超越马克思主义时是这样，而且在第二阶段他靠拢马克思主义和第三阶段他要求用存在主义去补充马克思主义时，也还是这样。例如，当萨特在回顾50年代初期、中期自己和法国共产党人从合作到分离的时期中，他思想上政治上的转折时，曾经说过："虽然（在1952年以后）有四年时间与共产党人很接近，但是我的想法与他们不一样"，所以，虽然在"客观上这可以代表一个重要的转折点，但是主观上算不了什么，因为我差不多已经形

---

① 《70自述》，参见《萨特自述》，河北人民出版社1988年版、天津人民出版社2008年版。
② 《让-保罗·萨特访问记》，载美国《新闻周刊》1975年11月10日。
③ 《70自述》，参见《萨特自述》，河北人民出版社1988年版、天津人民出版社2008年版。

成我自己的想法,在与共产党人做邻居的时候,我没有放弃这些想法;我在《辩证理性批判》中重新找到并且发展了这些想法"①。

由于在萨特同马克思主义的关系中,引起人们议论的,主要是萨特在50年代中期以后所标榜的,把马克思主义和存在主义结合起来、以存在主义去补充马克思主义的"存在主义的马克思主义",因此,本文将集中考察这一问题,并以他在《辩证理性批判》一书中的论述作为主要的依据,而又结合他在此之前和以后的观点的演变。

(二)从《存在与虚无》到《辩证理性批判》

萨特的主要哲学著作,除了发表于1943年的《存在与虚无》之外,便是1960年发表的《辩证理性批判》了。如果说,萨特在《存在与虚无》中表述了一种存在主义现象学辩证法,使他成为法国存在主义哲学的著名代表的话,那么,在《辩证理性批判》中,萨特又表述了一种存在主义的社会辩证法,使他成为"存在主义的马克思主义"的主要代表,成为60年代末期法国"五月风暴"中新左派的精神导师。《辩证理性批判》一书的思想观点还严重影响了萨特在1960年以后发表的著作,如萨特的三大卷《福楼拜》巨著,就是对《辩证理性批判》中的概念的应用;萨特在70年代中期发表的《造反有理》等著作,也是由《辩证理性批判》为其政治分析提供理论框架的。所以,《辩证理性批判》标志着萨特思想发展中的一个重要转折。

正因为《辩证理性批判》在萨特思想发展中占据着重要的位置,所以,在1975年发表的《70自述》中,萨特特地把它列为他希望传诸后世的四本主要著作之一②。

同时,由于萨特在《辩证理性批判》一书中,表述了他给马克思主义"补充"上一个说明人类在其中创造历史的主观方面的企图,因

---

① 《70自述》,参见《萨特自述》,河北人民出版社1988年版、天津人民出版社2008年版。
② 其他三本都是非专业哲学著作:《境况种种》、《圣徒谢奈》以及《魔鬼与上帝》。

而在"西方马克思主义"思潮中也具有极其巨大的影响。例如,美国学者马克·博斯特在《萨特和马克思主义》一书中,就认为《辩证理性批判》是"西方马克思主义"传统的一个重要组成部分。他说,"我不打算贬低其他的西方马克思主义者在重建批判理论中的作用,但却认为萨特的贡献具有根本的重要性",因为《辩证理性批判》有助于克服马克思主义在"关于批判社会理论的观点的恰当性"等方面的"理论上的不足"[1]。也正因为这样,自从《辩证理性批判》发表以来,在西方各国学术界相继发表了数以百计的文章和十几本专著,专门致力于研究和评论萨特的这本书。

有人认为,《辩证理性批判》的范畴标志着《存在与虚无》的范畴的社会化:在《存在与虚无》中,萨特用"自在"和"自为"的辩证法去把握人本学的内容,而在《辩证理性批判》中,萨特则用动态—实践的分析方法取代了这种静态—本体的考察方法。在《存在与虚无》中,生活在世界上的人,他的根本特征是存在中的不足,不充分,而在《辩证理性批判》中,人的基本特征却是面临匮乏、具有需要,而实践则是克服和否定需要的总体化努力,是否定匮乏、达到满足的总体化努力。在《存在与虚无》中,人的存在的荒谬,植根在偶然性之中,而在《辩证理性批判》中,这种荒谬却植根在匮乏的任意的弥漫一切上面……由《存在与虚无》到《辩证理性批判》的这种范畴的社会化的变化,突出地表现在萨特对异化现象所作的不同解释上面。在《辩证理性批判》中,萨特写道:"根本的异化,并不是像《存在与虚无》所可能使人错误地假定的那样,是来自某种出生以前的选择,而是来自把作为一种实践有机体的人同他的环境统一起来的内在性的单一的关系。"[2]

又有人认为,在《存在与虚无》中,总的来说,是自由的个人站在

---

[1] 博斯特:《萨特和马克思主义》,剑桥大学1982年版,第15—16页。
[2] 萨特:《辩证理性批判》,伦敦1976年版,第228页。

画面的中心,他自由选择着自己的价值,并经常超越其自身,按照他自由选择的理想走向未来;而在《辩证理性批判》中,却更多地强调既定的、从过去承继下来的条件对于人的活动的制约性。在《辩证理性批判》中,萨特特别强调说:

"把我解释成说人在一切境况中都是自由的,像斯多噶所主张的那样,那是完全错误的。我的意思刚好相反,在所有人的生活都在惰性—实践领域中展开而言,在这个领域总是被匮乏所制约而言,他们都是奴隶。"①

也有人说,《辩证理性批判》的核心范畴"个人实践"同《存在与虚无》的核心范畴"自为"并没有根本的区别。

无论如何,《辩证理性批判》是《存在与虚无》的继续和重大发展,因为在《辩证理性批判》中,萨特一方面继续坚持而不是抛弃《存在与虚无》中关于人的自由的不可削减性的基本立场,另一方面,却又一步一步地接受了制约这种个人自由的社会历史方面,企图在这样的框架内展开他的存在主义理论。

那么,从《存在与虚无》到《辩证理性批判》的这个重大发展,是怎样发生的?在什么情况下发生的?

这个重大发展,首先是同萨特在这十多年中的个人经历分不开的,是同他从历史的旁观者到历史的积极参加者这种在生活态度方面的变化密切联系着的。

发表于1943年的《存在与虚无》,是萨特10年探索、2年写成的一部哲学著作,虽然这本著作是针对德国法西斯统治下一些人随波逐流地附和民族敌人的趋向的,但是,萨特探索这本书的主要思想的10年,却基本上是一个不关心政治的、历史旁观者的10年。

从萨特1929年在巴黎高等师范学校毕业,1931年到勒阿弗尔一所高级中学去教哲学开始,一直到1940年他参战被俘为止,他基

---

① 萨特:《辩证理性批判》,伦敦1976年版,第331页。

本上没有积极参加过政治活动。

诚然,萨特在 1935 年 7 月 14 日参加过人民阵线在巴黎的一次示威,但在实际上,与其说他是那次示威的参加者,还不如说他是一名观察者。那时,萨特从不参加投票,甚至到 1936 年,他也没有去投人民阵线候选人的票。萨特本人后来在回顾这一段经历时曾经说过,虽然他支持人民阵线,但他还是一个个人主义者;虽然他被拖到创造人民阵线的群众中间,但他并没有觉得自己是他们的一员以及必须支持人民阵线。

萨特嫌恶法西斯主义,然而,这并没有阻止他在 1933 年到德国去师事亲希特勒的哲学家海德格尔和研究其存在主义哲学,也没有阻止他为了换取一张降价火车票而去参观罗马的墨索里尼的法西斯主义的展览。

正是这种不关心政治的、历史旁观者的立场,助长了萨特在《存在与虚无》中所表述的存在主义自由观的强烈的主观唯心主义和个人主义色彩,使他把人的自由归结为自由的自然方面,而抹杀其历史性,并无视社会对个人的影响。然而,也正是这种立场使萨特陷入一系列自相矛盾之中:一方面思辨地断言人是无条件地自由的,另一方面又感到人要是企图真正地生活和行动,那是注定要失败的,因而经常由自由逃避到自我欺骗的状态之中,拒绝自主地作出选择,成为"一堆无用的激情";一方面竭力抬高人的精神的尊严和人性,另一方面又认为"他人就是地狱"……

而从萨特在 1940 年应征参战,到他创作《辩证理性批判》的 20 年,则是他由历史的旁观者变成历史的积极参加者的 20 年。

萨特在 1940 年 6 月被德军俘虏以后,就声称他的右眼近乎全瞎,否认他曾在法军中服役,完全由于误会才被俘虏,所以他在 1941 年 3 月就被释放。萨特回到巴黎以后,当即找到梅劳－庞蒂和西蒙娜·德波娃,打算建立一个名为"社会主义和自由"的抵抗法西斯主义的组织。为此,他们经常骑着自行车进出于法国未被德军占领的地区,寻求一些著名的知识分子的支持。这个计划虽然由于从者寥寥而没有成功,但由此却开启了萨特积极参政的先声。

1943年,萨特毫不犹豫地接受法国共产党的邀请,参加了法国的全国作家协会。同年萨特又发表了被人们称作是"反抗(法西斯)暴政和信仰自由的剧本"的《苍蝇》,这使他成为当时最大的"抵抗文学家"。

在第二次世界大战结束以后,萨特先是鼓吹一种在苏联和英美集团之间保持中立的政策,并加入了标榜既"反斯大林主义"又"反殖民主义",主张在两个阵营中间保持中立的"革命民主联盟",与此相适应,在戏剧方面,他也既发表揭露美国的种族歧视的《可尊敬的妓女》,又发表指责苏联、共产党人的《肮脏的手》。

但是,在朝鲜战争爆发以后,特别在1952年,当法国政府因为群众示威抗议美国侵朝将军李奇微的访问,而逮捕了法共领导杜克洛等人,法共组织罢工而响应的工人不多,一些非党的左派知识分子也认为法共不再得到工人阶级的支持时,萨特却挺身而出,发表《共产党人和和平》支持法国共产党,并且把苏联同和平事业,把美国同战争事业等同起来。他公开声明,为了抗议法国政府对美国侵朝这种帝国主义行为的屈从,他同法国共产党的关系密切起来,成为"共产党的同路人",他还在1954年和1955年先后访问苏联和中国,并当选为法苏友协副主席。

然而,在1956年爆发了匈牙利事件以后,萨特又同苏联和法共断绝了来往,并发表《斯大林的幽灵》一文,抨击苏联模式,说它在消灭剥削的过程中又发展了新的异化形式,个人崇拜和官僚主义彼此加强,把社会方向和群众影响分离了开来。他说,这种矛盾的唯一可行的解决办法是民主化,然而,在苏联,更新的机会并不是光明的,虽然还不是完全没有,而在法国,唯一的希望是社会党人和共产党人一起组织"人民阵线",为此,法共就必须改变其对苏联的依赖,使其官僚机构民主化。

在同苏联和法国共产党断绝来往以后,萨特还继续积极参加左派的社会活动。如在50年代,萨特积极参加了反对法国侵略阿尔及利亚战争的斗争,表示要站在阿尔及利亚人民一边,把阿尔及利亚人和法国人从殖民主义的政策下解脱出来;在60年代,萨特又积极参加反对美帝国主义发动的侵略战争的斗争;在1956年匈牙利事件以后,萨特也抨击苏联,而在捷克事件以后,萨特更谴责苏联的侵略行径……

从萨特的这一段时期的经历中,可以看出,虽然萨特的政治观点和政治结盟关系在不断地发生变化,但他由历史旁观者到历史的积极参加者这种生活态度方面的转变,却是一往无前的。而萨特的思想从《存在与虚无》到《辩证理性批判》的发展,首先正是同他的这种个人经历分不开的,同他的从不关心政治的历史的旁观者到干预政治的历史的积极参加者的变化分不开的。

除此之外,萨特思想从《存在与虚无》到《辩证理性批判》的变化发展,又是同《存在与虚无》一书的个人主义和主观主义的理论框架遭到各个方面的批评和抨击分不开的。

首先是来自法共理论家方面的抨击。法国共产党方面的理论家认为,在萨特存在主义宣扬的绝望和苦恼中,有某种有害的东西,这就是资产阶级的虚无主义、颓废和反人道主义的意识形态。为此,他们感到迫切需要发动一场马克思主义对存在主义的强有力的反驳。在这方面,由当时还是法共党员的理论家列斐伏尔[①]来牵头。

列斐伏尔在1945年发表的《存在主义和马克思主义》一文和1946年发表的《存在主义》一书中,宣称存在主义和马克思主义没有任何共同点。他认为,辩证唯物主义和存在主义的区别在于对科学的态度:辩证唯物主义主张拯救理性,把非理性的东西融合到理性中

---

① 列斐伏尔(Henri Lefebvre),法国哲学家,1929年参加法国共产党,1958年因为反对法国共产党的路线被开除出党。

去;反之,存在主义却企图把理性同非理性的东西交织到一起去。他说,存在主义的基本概念是不可思议的,是缺乏逻辑气质的和一贯性的小说家的想象。在这种病态中,存在着精神病的因素加上幼稚的倒退;而萨特则是接近神经官能症和非理性主义的颓废阶级的代言人,因为在他描写的古怪存在中,焦虑、眩晕、迷恋、毁坏的需要等等,变成了真理的源泉。他认为,萨特是一个主观唯心主义者和反马克思主义的军火制造者,而这种存在主义的社会根源则是资本主义社会中上层阶级的道德瓦解。

接着法国共产党方面的其他理论家如伽罗迪等人,乃至匈牙利的哲学家卢卡奇,都展开了对萨特及其存在主义的批评和抨击。

针对上述这些批评和抨击,萨特在1945年发表《存在主义是一种人道主义》的讲演,在1946年发表《唯物主义和革命》的文章作为回答。

在《存在主义是一种人道主义》中,萨特在否认列斐伏尔等人的指责,说存在主义是一种行动哲学,是一种要求把人的价值加以康德式的普遍化的人道主义的同时,又重申了他的个人主义的理论框架。

萨特声称,一个革命集团除非不侵犯他的自由,否则他就不参加进去,而且这种参加还只有在"我能或多或少地控制"这个革命集团的前提下才是可能的。他说,他不能指靠他所不知道的人们。他把他的这种彻底自由观说成是革命理论所必需的组成要素,而认为马克思主义所缺乏的,正是这种关于革命主观性的学说。所以,他说,马克思主义必须重新评价主观性,必须重新思考人。他强调他的目的正是要确立一个人的王国,一种有别于物质世界的价值范型。

但是,也正因为萨特坚持这种个人主义、主观主义的理论框架,他的思想体系同现实之间的矛盾就日益明显地暴露出来。因为他无法用他的这种理论去说明在他的个人自由观同集体活动观之间究竟有什么合理的联系。西方有人挖苦地评论说,在萨特的存在主义哲学理论同他的左派政治实践之间的唯一联系,只能是一种"神秘的信仰跳跃"。

显然,正是由于萨特本人也意识到这里面的矛盾,所以,他在坚持个人主义、主观主义的理论框架的同时,又不得不说一些同《存在与虚无》的个人绝对自由观相背离的、容许他人自由的话。

在《存在与虚无》中,萨特说过:"尊重别人的自由乃是一句空话","每个人仅仅在反对别人的时候,才是绝对地自由的"[1]。而在《存在主义是一种人道主义》中,萨特却说,"在追求个人自由时我们发现它完全离不开别人的自由,而别人的自由也离不开我的自由;只要我承担责任,我就非得同时把别人的自由当作自己的自由追求不可。我不能把自由当作目的,除非我把别人的自由同时当作我自己的目的。"[2]

应当承认,经过萨特这么一修改,确实在一定程度上从字面上掩盖住了他的自由观的极端个人主义性质,然而,这样一来,也就动摇了他的存在主义自由观的基石。

理论同现实的矛盾也罢,理论同理论的矛盾也罢,这些都反映了萨特《存在与虚无》中个人主义主观主义自由观的危机,它们要求萨特采取措施加以克服和解决。

在《唯物主义和革命》一文中,萨特转而猛烈抨击唯物主义是一种消灭主观性、摧毁思维的学说。他说,饥饿和剥削的客观条件并不以热造成水沸的同样方式造成革命,因为革命是由有头脑和自由意志的个人所能动地发动的,而唯物主义却不能解释:为什么革命意识在某些历史情境中发展起来而在其他的相似情境中却没有发展起来,这就说明马克思主义缺乏一种关于具体意识的理论和一种关于人的具体理论。但在另一方面,萨特又不得不在关于"自由的多元性"的理论中,限定《存在与虚无》中所表述的自由观,承认对个人绝

---

[1] 萨特:《存在与虚无》,巴黎1943年版,第480、292页。
[2] 《外国文艺》,1980年第2期。

对自由的限制。

萨特写道:"一种革命的哲学应当说明自由的多元性,并表明每一个人如何能既是其他人的客体而同时又是一个自为的自由。只有自由和客体性的这种双重特性,才能说明压迫、冲突、失败和暴力的复杂观念","要用这些东西去理解革命运动和它的计划——这就是要使社会由一种状态的暴力(在其中,自由是异化了的)前进到建立在他们相互承认基础上的另一种状态"[①]。

这些观点,无论是萨特所坚持的,还是他所修订的,后来都成为《辩证理性批判》所阐述的社会理论的核心问题。

其次,对《存在与虚无》的批评,也来自萨特在法国存在主义哲学流派中的伙伴梅劳-庞蒂。梅劳-庞蒂一方面肯定和称赞《存在与虚无》所表述的存在主义观点,另一方面又叹惜《存在与虚无》缺乏一种社会理论。从这样的观点出发,梅劳-庞蒂展开了他对萨特《存在与虚无》的批评和补充。

在《感觉和非感觉》一书中,梅劳-庞蒂说:

"当历史的主观条件和客观条件变得联在一起时,我们必须分析阶级如何在意识到它自己之前存在的要素","《存在与虚无》并没有提供这种社会理论,但它确实通过拒不承认在境况之外有自由,通过使主体在任何意义上都不成为一个反映……而是一个符合于马克思主义的'反省着的反思',尽可能有力地提出意识和社会世界之间的交互作用问题"[②]。

对于《存在与虚无》中所缺乏的这种社会理论,梅劳-庞蒂在《知觉现象学》一书中提出了他自己的意见。

其一,梅劳-庞蒂强调人的肉体在经验中的能动方面。他认为,不仅个人把意义注入世界,而且世界也把意义注入个人,所以,个人

---

① 萨特:《文学和哲学论文集》,纽约1967年版,第251页。
② 梅劳-庞蒂:《感觉和非感觉》,伊文斯顿1964年版,第81页。

直接地是社会的,是被其他人,也被他自己所定义的。人通过肉体去知觉和被知觉。"'存在'此字有两种意义,而且只有两种意义:作为一物而存在,或作为一意识而存在。而另一方面,我们自己的肉体的经验向我们显示了存在的一种含糊的方式,……人们自己肉体的经验和使主体与客体彼此分离开的反思程序相反。"[①]他认为,我关于我自己的见解并不比别人对我的见解更为真实,而是两者一起,差异的统一,构成我的自我,所以,个人并不是简单的统一,而是构成一个综合的统一,它包括世界以及自我。

其二,梅劳-庞蒂反对《存在与虚无》把自由变成单纯心理学的依附现象,而使个人和别人一起的存在成为自由的中心结构。同时,他还认为,《存在与虚无》的自由观只理解个人决定,而不理解集团的决定,然而,问题却正是在于要理解集团通过各个个人的主观实际的相互作用而结合起来的方式,"社会空间开始在其中获得一个磁场"的方式,也即围绕着一个共同目标而把人们集结在一起的方式:"在社会地平线的每个角落感觉到的每个压力上,重新聚合的过程超越意识形态和各种职业而变得可以被清楚地辨认出来。阶级正在形成,当客观地存在于无产阶级各部分之间的联系,在知觉中被最后检验为每个人的共同障碍时,我们说这种情况是革命的。"[②]

梅劳-庞蒂认为,根据他制订的这种社会理论,个人不再像《存在与虚无》中所说的那样,可以随意地自由改造他的生活,因为"我的自由虽然可能具有使我变成我决定成为的东西的力量,却并不具有在同时又使我成为另一个样子的力量"。"自由只有通过拾起历史在疑难的时刻提供的意义才能改变历史。"[③]梅劳-庞蒂说,通过他给萨特的绝对自由观加上这么一个第二方面,自由就在存在中支撑住了,但又不损害其激进性质,因为这样一来"我不再能装作是一

---

① 梅劳-庞蒂:《知觉现象学》,伦敦1962年版,第198页。
② 梅劳-庞蒂:《知觉现象学》,伦敦1962年版,第445页。
③ 梅劳-庞蒂:《知觉现象学》,伦敦1962年版,第447、450页。

个密码,并继续从全然是无的出发点开始选择我自己"。我们选择我们的世界,世界也选择我们。而且在事件的发生发展中,也不存在个人与世界两者之中哪个具有更大影响的问题。因为"我们在一个不可解脱的三角中同世界和其他人纠缠在一起"①。

在1947年发表的《人道主义和恐怖》中,梅劳-庞蒂进一步展开了他的观点。他把萨特关于自由的空洞计划,变成无产阶级的主观际的自由,同时提出了主观因素和客观因素相汇合的革命观:"无产者一旦在劳动中,在工资制中,切身体会到(每个人在生活中都有赖于世界上的一切的)这种依存性,他就比其他人更能把这种依存性体会成一种'异化'或'外化'。无产者一旦比其他人更能认识这种宿命,他就会比别人更坚决地起来争取自己的生存,创造自己的命运,而不忍受自己的命运。"所以"进行革命的客观前提是全面的依存关系,主观前提是意识到这种依存关系是一种异化"②。

梅劳-庞蒂的批评和补充,推动了萨特按相同方向去修改他在《存在与虚无》中所表述的观点。他说,它使他作出了重大的决定,给了他把自己从惰性中解放出来所必需的推动力,这种修改,首先表现在萨特1952年发表的《共产党人和和平》一文中。

萨特所修改的第一点,是关于个人自由同历史的关系问题。现在,他把他鼓吹的个人自由植根到历史的情境中去:"历史总体性在任何特定时刻都决定我们的力量,它在我们的活动领域和我们的真正未来中都规定它们的限制;它制约着我们对可能的东西和不可能的东西、真正的东西和想象的东西、现在是的东西和可能是的东西、时间和空间所采取的态度。"③他现在不再认为境况是人类计划的消极客体,而认为它也有自己的意向,并能动地形成我们的可能性,从而,个人是在作用和被作用这两者的双重统一中作出选择的,我们的

---

① 梅劳-庞蒂:《知觉现象学》,伦敦1962年版,第452、454页。
② 梅劳-庞蒂:《人道主义和恐怖》,波士顿1969年版,第115页。
③ 萨特:《共产党人和和平》,纽约1968年版,第80页。

自我最终正是在这个框架之内的。

萨特所修改的第二点,是关于集团关系的不同方式。现在,萨特认为,在资本主义制度下,工人是作为"孤立的"、"被抛弃的""群众"而存在的,他们只是机械地同其他工人相联结。资产阶级的意识形态的自由,是同这种"原子化社会"相联结着的;而工人的实质性自由则正是在于要拆除社会原子化的机械装置。在这里,党起到个别工人的"集合"的统一者的作用,它使工人从原子化进入阶级统一。据此,萨特限制他的绝对自由观说,个别工人能自由选择废除其异化,但这个自由选择往往遇到社会障碍,工人为了改变这种情况,就必须改变整个工人阶级的境况。所以,他认为,工人不能单独获致其目标,从个人来说,他的自由是软弱无力的,因为这是一件改变社会的相互作用的方式的事情①。个人终结其异化的"粒状"计划,只有通过党的政策才有一个历史的声音。

梅劳-庞蒂不满意萨特的这种修改,因而在1955年发表的《辩证法的历险》中,又对萨特的观点进一步提出了批评。他把《共产党人和和平》拿来同《存在与虚无》作比较,指出萨特并没有把他的个人绝对自由论和马克思主义的社会历史观统一起来。而萨特失败的主要原因则是他的二元论本体论,认为世界是由纯意识和含糊不透明的事实这两者所组成的,而没有一个十分重要的中介,因而,就没有强调我们称作历史的中间世界。

梅劳-庞蒂认为,萨特还是站在笛卡儿"我思故我在"的立场上,把历史活动看作无非是"人的活动",无非是个人"计划"的集合,从而把历史限于"主体的多元性,但是没有主观际",这就损害了说明历史活动的意图;梅劳-庞蒂也不信任萨特关于集团相互作用的概念,认为它摇摆于要么用《存在与虚无》的思想去取代马克思主义,要么全盘接受共产党人版的马克思主义这样的两极之间,而没有

---

① 萨特:《共产党人和和平》,纽约1968年版,第127页。

展开一种"存在主义的马克思主义"。梅劳-庞蒂认为,"存在主义的马克思主义"的任务是要把主观性加到马克思主义关于社会相互作用的观念中去,而萨特却没有完成这个任务。

十分明显,梅劳-庞蒂的这些批评和补充,在促使萨特的观点由《存在与虚无》走向《辩证理性批判》的发展变化过程中,起了十分重要的作用。这不仅表现在萨特的思想路线上,而且甚至表现在萨特所用的一些概念、术语和范畴上面。

(三)用存在主义结合和补充马克思主义的缘由和方案

萨特在 1960 年发表的《辩证理性批判》一书,原来预告要出版两卷,但到萨特逝世时为止,只发表了它的第一卷,其副标题为《关于实践的集合体的理论》。在法文原版中,在正文的前面,还有一篇题为《方法问题》的独立的序言性论文,这本来是萨特为波兰《创作》杂志 1957 年第 4 期所写的长篇论文《对于一种方法的探求》,以后,经过修订又以《存在主义和马克思主义》为题,发表在法国《现代》杂志上,1960 年,萨特又把它放在《辩证理性批判》一书的卷首。

《辩证理性批判》第一卷原文长达 750 多页,除序言性的《方法问题》(英译本仍用《对于一种方法的探求》为题)由三章和一篇序言一个结论组成之外,第一卷正文又由一个导言和第一篇"从个人实践到实践—惰性"所包括的四章和第二篇"从集团到历史"所包括的八章组成,可以说极其庞杂。但就其内容来看,主要阐述了他用存在主义结合和补充马克思主义的缘由和方案,中介和前进—逆溯方法、辩证法、匮乏—异化的社会本体论以及社会集团的形成和分解等五个问题。

在《方法问题》的第一章"马克思主义和存在主义"中,萨特提出了用存在主义去结合和补充马克思主义的问题。

那么,到底为什么要把马克思主义和存在主义这样两种不同的哲学结合起来呢?

和那些宣扬马克思主义过时论的资产阶级哲学家有所不同,萨特在《辩证理性批判》中从划分"哲学"与"思想体系"入手,来展开其论述。

萨特说,所谓哲学,就是体现时代的"上升"阶级的东西,它是统一那个时代的一切认识,培养各种思想的土壤。它在那个时代里,是具有着推动政治、左右社会的实践意义的。而且,每一种真正的哲学,当它所表现的那些历史因素还没有被克服时,它也是不可被超越和克服的。

萨特认为,在17世纪和20世纪之间,只有笛卡儿和洛克、康德和黑格尔、马克思三个"哲学创造"的时代,"这三种哲学,依次成为某一种特殊思想的沃壤和某一种文化的领域,当它们所反映的那个历史时期还没有被超越时,它们是不可能被超越的。"[1]

萨特特别强调"我把马克思主义看作我们时代的不可超越的哲学","马克思主义的生命力远不是已经枯竭了,它还正年轻,几乎还在童年,它好像刚刚在开始发展,所以,它仍然是我们时代的哲学:它是不可被超越的,因为产生它的那些历史条件还没有被超越";"马克思的命题在我看来具有一种不会过时的明确性:只要社会关系的变革和技术的进步还没有把人类从'匮乏'的压迫下解放出来"[2]。

因此,在这个时代到来之前,一切反马克思主义的论调,一切"超越"马克思主义的论调,就无非只是回到马克思以前的思想中去,重弹马克思主义以前的老调罢了。

至于"存在主义",萨特认为,那只是寄生在"哲学"上面的"思想体系","我是把存在主义看作一种思想体系的:这是一种寄生的体系,它生活在知识的边缘",是"马克思主义自己产生了它,却同时弃绝了它"的"马克思主义中的一块'飞地'"[3]。

---

[1] 萨特:《对于一种方法的探求》,纽约1963年版,第7页。
[2] 萨特:《对于一种方法的探求》,纽约1963年版,第30、34页。
[3] 萨特:《对于一种方法的探求》,纽约1963年版,第7、8页。

既然这样,那为什么还要用存在主义去结合和补充马克思主义呢?

萨特说,那是因为马克思主义停滞了,而存在主义则在继续进行着自己的研究:"马克思主义,在像月亮吸引潮汐一样地吸引了我们之后,在改变了我们的全部思想之后,在清算了我们中间的资产阶级思想的种种范畴之后,它突然把我们丢弃了;它没有满足我们对理解的需要,……它再没有一点新的东西教育我们了,因为它自己已经停滞了。"①

萨特认为,马克思主义的这种"停滞",具体地表现在,在当代马克思主义者那里,理论和实践是分割的,把理论扔在一边,使之不受经验的影响,变成一种纯粹的和僵硬的知识,又把实践扔在一边,使之变成一种无原则的经验主义,由一群不愿意承认错误的官僚主义者强制执行的计划化,变成一种强加于现实的暴力。这样,马克思主义虽有其理论的基础,却再也不知道什么了,它的概念是一些强迫命令。它的目的不再是取得知识,而是把自己先验地构成绝对知识,它从自己的研究中取消了询问者。在这种情况下,"马克思主义如果不把人本身作为它的基础而重新纳入自身之中,那么,它就将变质为一种非人的人学","正是由于这种对人的排斥,即把人排斥在马克思主义知识之外,这才需要在知识的总汇之外再生出存在主义思想来"②。这是因为,虽然"存在主义和马克思主义所注意的是同一个对象,但是后者把人吞没在观念里,而前者则在凡是人所在的地方——在他的劳动中,在他的家里,在马路上,到处去寻找人"③。

从萨特的这些论述中,可以看出,他显然把苏联模式和马克思主义混为一谈,把苏联模式的缺陷和弊端当作他论证马克思主义已经停滞,需要用存在主义去补充的充足论据了。

---

① 萨特:《对于一种方法的探求》,纽约1963年版,第21页。
② 萨特:《对于一种方法的探求》,纽约1963年版,第179页。
③ 萨特:《对于一种方法的探求》,纽约1963年版,第28页。

那么,萨特又是怎样用存在主义去结合和补充马克思主义的呢?

萨特说,出路"不是在第三条道路或唯心主义的人道主义的名义下抛弃马克思主义,而是把人恢复到马克思主义之中";由"存在主义从同样的材料、同样的知识出发来作历史的辩证法的分析"。"一旦马克思主义的研究把人的高度(即存在的计划)作为人学的基础而加以掌握的时候,存在主义就再没有存在的理由了,它被哲学的总体化运动所吸收、超越和保留,而不是作为一切研究的基础的一种特殊的研究了。"①

归结起来,萨特用存在主义去结合和补充马克思主义的具体方案,就是要求马克思主义把存在主义有关人的问题的学说,当作"人学的基础"吸收过去。

然而,众所周知,马克思主义是有自己关于人的问题的学说的,而且就其出发点和基本精神来说,同存在主义的人学是恰好相反的。这是因为,马克思主义把人看作是社会的存在物,认为人的一切无不受社会状况的制约;而存在主义却离开了社会来谈孤立个人的绝对自由。所以,对于萨特用存在主义去结合和补充马克思主义的这个方案,西方的左翼评论家和右翼评论家都持否定的态度,因为他们从不同的立场观点出发,却得出了比较一致的结论,认为萨特存在主义的主观的、个人主义的方向,同马克思主义的客观的、社会的方向,是相互冲突而不可调和的。

但是,萨特却一直认为,马克思主义同存在主义,是关于自由和行动的两种可以和谐共存的哲学。他说,他并不打算调和不可改变的对立,而是力图为解释人类经验的相互补充的方面确立一个共同的格子。在他看来,马克思主义是一种从人的活动的结果的角度出发去理解人类历史的客观容积的方法,而存在主义则是一种在马克思主义所提供的总的框架内,理解个人主观的生活经验的方法。所

---

① 萨特:《对于一种方法的探求》,纽约1963年版,第83、175、181页。

以,他强调说:

"历史唯物主义提供了对历史的唯一合理的解释,而存在主义则仍然是接近现实的唯一的具体道路。"①

那么,萨特又是怎样具体地用存在主义去结合和补充马克思主义的呢?

(四)中介问题和前进—逆溯方法

萨特首先从方法问题开始,来展开他对马克思主义的批评:他认为,在马克思主义的方法中,缺乏由精神分析学说和社会学所提供的诸如家庭那样的中介因素,因此,必须用存在主义的"前进—逆溯"法去结合和补充它。

为什么说马克思主义的方法中缺乏中介呢?

萨特认为,问题首先表现在对待马克思主义一些论断的态度上:到底是把这些论断当作指导原则、指导思想,当作分析问题的起点的总的框架,还是把它当作一成不变的具体真理?

萨特说,被他指责为"庸俗马克思主义者"的"现代的马克思主义者"持后一种态度,因而在他们看来,马克思主义的论断"是明白的、确切的、一义性的;在他们看来,这些论断已经构成一种知识"②。

萨特认为,这种方法是一种先验的分析方法,因为它不是从经验中引出概念,而是预先构成了概念,给它们指出构成公式的任务,它的唯一的目的是把所考察的事变、人物或行动纳入一个预制的模式里;在使用这种方法的"庸俗马克思主义者"那里,事实、历史事件被认为是无关紧要的,至多只有象征性的意义,不是分析必须符合于事实、历史事件,而是倒过来,事件有义务必须证明那些关于现状的先验的分析,无论如何不能违反这些分析。

---

① 萨特:《对于一种方法的探求》,纽约 1963 年版,第 21 页。
② 萨特:《对于一种方法的探求》,纽约 1963 年版,第 35 页。

先验分析方法的又一特征,是用普遍去代替个别,把个别消溶于普遍。"这样一来,马克思主义者就倾向于把一个行动和一个思想的实在内容当作一个假象,而当他把个别消融于普遍的时候,就踌躇满志地认为他已经把假象还原为真理了。"①而在实际上,却只是"把实在的人变成它的神话故事的符号"②。

萨特所说的先验的分析方法,在实际上是一种教条主义,而教条主义则是唯心主义而不是唯物主义,因而历来为马克思主义所反对。恩格斯在《反杜林论》中明确指出:

"原则不是研究的出发点,而是它的最终结果;这些原则不是被应用于自然界和人类历史,而是从它们中抽象出来的;不是自然界和人类在适应原则,而是原则只有在适合于自然界和历史的情况下才是正确的。这是对事物的唯一的唯物主义的观点。"③

恩格斯在这里把马克思主义的方法表述得这样的明确,因此,不论是哪一个以马克思主义者自称的人,要是不遵循这种唯物主义的方法,而用教条主义态度去对待原则、对待马克思主义原理,那只能说他自己背离了马克思主义,而绝不能证明马克思主义方法本身有问题。然而,萨特却正是热衷于用一些以马克思主义者自诩的人违反马克思主义方法的实例,来论证马克思主义方法本身有问题。

萨特先以法国作家盖林在《第一共和国时代的阶级斗争》一书中,对法国革命中吉伦特党人的战争政策的分析为例,来论述这种先验分析方法。

盖林参照一个由商人和船舶主组成的资产阶级来确定吉伦特党人的地位,于是吉伦特党人1793年的战争政策,就是英国人和法国人之间的商业竞争的一个新插曲,因为法国商业资产阶级企图夺取英国商业资产阶级的市场。

---

① 萨特:《对于一种方法的探求》,纽约1963年版,第49页。
② 萨特:《对于一种方法的探求》,纽约1963年版,第53页。
③ 《马克思恩格斯全集》第20卷,人民出版社1974年版,第38页。

萨特反对这种分析,因为这种分析消除了制约事件的一切真正的人的因素。在事件过程中积极活动的人消失了,变成了他们阶级的消极工具,具有明确规定性的政治集团失却了它的现实性,被明确宣布的政治目标不被重视,被认为只是遮盖经济动机的面罩罢了。萨特说,这是一种先验的分析方法:

第一,革命战争,虽然从1793年以来就具有很明确的经济意义,但在1792年却不能直接归结为商业资本主义几百年间的冲突。"应当通过具体的人们的中介,通过基础条件在人们身上造成的性格的中介,通过人们所使用的思想工具的中介,通过革命的实际环境的中介,去解释它。"①萨特说,具体的马克思主义应当深刻研究现实的人,而不应当让他们洗一次硫酸澡而消溶掉。可是,盖林对战争的那种公式主义的解释,却把我们所熟悉的布里索、加德、戎索内、微尼奥等人弄得不见了,分析到最后,"把他们弄成自己那一个阶级的单纯的被动的工具了"②。

第二,在1791年底到1794年间爬上政权的新人物,是一些或多或少地丧失了社会地位,贫穷的小资产阶级分子,他们不可能自发地表现出波尔多船舶主和商业帝国主义的那种集体的反动性;他们对于财富的扩大是赞成的,但是冒着把革命推向战争的危险而给大资产阶级的某些派系保证利润的这种思想,对他们是完全格格不入的。可是,盖林的分析,却"毫无证据地把客观意义转变为动机,把结果转变成实际上预期的目的",从而"丧失了真实性"③。

第三,应当避免用诸如进出口商之类的资产阶级那种不够确定的集体去代替像吉伦特党人这样实在的完全确定的集团,而要是围绕这个实在的、确定的集团来进行分析,那就可以看出,它是存在过的,它追求一定的目的,在一种确定的情况中并在外部条件的基础上

---

① 萨特:《对于一种方法的探求》,纽约1963年版,第42页。
② 萨特:《对于一种方法的探求》,纽约1963年版,第44页。
③ 萨特:《对于一种方法的探求》,纽约1963年版,第45页。

创造历史:"他们相信可以为他们的利益而篡夺革命;事实上,他们把革命彻底化和民主化了,应当从这种政治矛盾的内部来了解他们,解释他们。"①

接着,萨特又以法国哲学家伽罗迪对19世纪末叶小资产阶级作家瓦莱里的分析为例,来论述这种先验的分析方法。

萨特说,这是一种把作家和作品湮没在声称要阐明对他们的分析之中的方法。这种分析方法把瓦莱里安置在一个对他的历史时期、他的阶级以及这个阶级同其他阶级的关系,以及对唯物主义和唯心主义冲突的一般状况的分析之中,也就是用19世纪末法国小资产阶级这个集团的物质条件、它的其他集团中所处的地位以及它的内部矛盾等概念来替换这个集团,这样就回到了经济范畴,发现这个既受资本集中的威胁,同时又受人民运动的威胁的小资产阶级的立场是动摇不定的。在先验分析方法看来,这副普遍性的骨骼从其抽象的程度上来说就是真理本身。

萨特反对这种分析方法。他说,因为所讨论的是瓦莱里。所以,应当"把瓦莱里的思想形态看作一个现存人物的具体而个别的产物。这个现存人物的特点部分地由它同唯心主义的关系所决定。但是,我们应当了解他的特殊性,而且应当首先从他们出身的具体的集团出发",这就是说,"我们将通过观察而经验地了解它们,并且在我们努力尽可能全面掌握的这个问题的知识总和之中来了解它们。瓦莱里是一个小资产阶级的知识分子,这是毫无疑问的。但是,一般的小资产阶级的知识分子却不是瓦莱里。当代马克思主义的探索方法上的缺点就在这两句话上。"②

萨特从他对先验分析方法的这些评述中,引出了还原主义的问题。他说,这种先验分析方法的关键在于把活的总汇的过程归结为

---

① 萨特:《对于一种方法的探求》,纽约1963年版,第45页。
② 萨特:《对于一种方法的探求》,纽约1963年版,第56页。

静止的呆滞的总汇,在于一种直接跳到普遍东西的还原主义,这种还原主义不考虑个人活动和阶级的普遍范畴之间的中介。由此,萨特又进而引出了中介问题:

"必须在不背离马克思主义理论的原则上找到各种中介因素,只有这些因素才能够产生个别的具体、生活、实在的和有时间性的斗争、以生产力和生产关系的一般矛盾为根据的人物。"①

"关于如何掌握那种产生个人以及个人在一个阶级和一定历史时期的一定社会之中的产物的过程,在这个问题上,马克思主义缺乏一个中介的层次。"②

"辩证唯物主义不可能再长时间地缺少一种有特殊意义的中介因素,只有这种因素才能使它从一般的、抽象的规定进到个别的个人的某些特征。"③例如,"家庭",就是"一般阶级和个人之间的中介",因为"家庭,实际上是在'历史'的总运动中并由这个总运动而构成的;另一方面,它又作为一个绝对而存在于童年的深处和不透明性之中"④。

萨特把这种所谓缺乏中介的还原主义归罪于恩格斯。

恩格斯在1894年1月25日致瓦·博尔吉尔斯的信中,曾经说过:"恰巧某个伟大人物在一定时间出现于某一国家,这当然纯粹是一种偶然现象。……但是,假如不曾有拿破仑这个人,那么他的角色是会由另一个人来扮演的。""历史上所有其他的偶然性和表面的偶然性都是如此。我们所研究的领域愈是远离经济领域,愈是接近于纯粹抽象的思想领域,我们在它的发展中看到的偶然性就愈多,它的曲线就愈是曲折。如果您画出曲线的中轴线……这个轴线就愈接近

---

① 萨特:《对于一种方法的探求》,纽约1963年版,第57页。
② 萨特:《对于一种方法的探求》,纽约1963年版,第56页。
③ 萨特:《对于一种方法的探求》,纽约1963年版,第61页。
④ 萨特:《对于一种方法的探求》,纽约1963年版,第62页。

经济发展的轴线,就愈是跟后者平行而进。"①

萨特认为,这个论述说明,"在恩格斯看来,这个人的具体特性是一种'抽象的思想特性',实际存在而可以理解的只有曲线的中轴(一种生活、一种历史、一个政党或一个社会集团的曲线的中轴),而且这个普遍性的环节是同另一个普遍性(即所谓经济)相符合的。"②

萨特对恩格斯的这个批评是不中肯的,因为恩格斯只是指出伟大人物的具体特性是偶然现象,而并没有说必然性可以不必通过偶然性来表现,更没有说这些偶然性是抽象的思想特性因而可以把它们排除在研究范围之外。

然而,萨特却把他被错误理解的恩格斯的话,当作其存在主义的批评对象。他说,存在主义把恩格斯的这种意见看作对辩证运动的任意的限制,看作是思想的停止,看作不愿意进行了解。存在主义反对把实在的生活归诸事物发生的不可思议的偶然性而考虑一种只限于确定地反对其自身的普遍性;存在主义肯定历史事件的特殊性,而不愿意把它看作偶然性的渣滓和先验的意义的荒谬的拼凑。

为了对比这样两种不同的分析方法,萨特又以对《包法利夫人》一书的作者福楼拜的分析为例来进行论证。

萨特认为,庸俗马克思主义者把福楼拜的现实主义看作是"第二帝国"的小资产阶级在社会上、政治上的发展的一个功能,而没有发现《包法利夫人》一书作者的任何东西。作为一个靠利息收入过活的地主,福楼拜属于农村资产阶级,这样,他的作品的资产阶级特性就得到了"解释"。但萨特认为,这并不能说明他成为一个作家的原因,没有说明他为什么要写他所写的那些东西,以及为什么他的读者要读他的书。总之,这种分析方法并不涉及福楼拜存在的真正内容。

---

① 《马克思恩格斯选集》第4卷,人民出版社1995年版,第506—507页。
② 萨特:《对于一种方法的探求》,纽约1963年版,第56—57页。

萨特认为,福楼拜肯定是出身于资产阶级,因为他出生和成长在一个资产阶级家庭。正是在这个特殊的家庭里,他的资产阶级的阶级姿态、本能和感情得以形成起来,他的特殊的资产阶级性格得以形成起来,而且正是作为这个家庭的一个孩子,在与他家庭中的其他成员——他的父亲、他的兄长的关系中,他的写作的计划得以形成起来。因此,萨特就从福楼拜的家庭入手来展开其分析。他说,福楼拜是通过这个家庭的固有矛盾而模模糊糊地接受其阶级教育的。

福楼拜的家庭是一个特殊的家庭,他的母亲同贵族有亲戚关系,他的父亲是一个乡村兽医的儿子。福楼拜生活于其中的特殊矛盾是,一个企图死灰复燃的君主制度的宗教性的虚荣,同作为小资产阶级知识分子和法国大革命的儿子的他的父亲的反宗教态度之间的冲突。他的父亲的分析的精神,不断地打击了他对贵族特别是对信仰的向往,最后,把他的热情变为实事求是的气质。福楼拜认为他的哥哥——一个医学院的优秀学生——夺去了父爱,他嫌厌、怨恨他的哥哥,并为此赌气而不愿模仿他哥哥学好功课,走科学的道路,为了显得比他哥哥卑微,他决心找一个在将来被他嫌恶的职业(成为一个代理诉讼的律师),而去追求一种理想作为另外的补偿。这样一直发展到福楼拜投入文学活动,并用形式艺术的爱来克服无神的宗教……

萨特从他对福楼拜的分析中得出结论说,意识并不只是在同生产的关系中,通过劳动的经验形成的;相反,青年工人的性格首先是在幼年时期在家庭中形成的。他说,存在主义"发现了人在其阶级中的插入点,即作为一般阶级和个人之间的中介的个别的家庭。家庭实际上是在'历史'的总运动中并由这个总运动而构成的,另一方面,它又作为一个绝对而存在于童年的深处和不透明性之中"[①]。

萨特由此引申说,必须在分析人们意识的时候,求助于精神分析

[①] 萨特:《对于一种方法的探求》,纽约1963年版,第62页。

学说,因为只有精神分析才能够彻底研究一个儿童暗中摸索扮演那种他不理解,而由成人们强加于他的社会上大人物模样的举动;只有精神分析才能够说明这个儿童是否会在这种扮演中窒息,是否会避免做这个角色,是否会完全模仿这个角色;也只有精神分析,才能够在成人身上发现整个的人。这就是说,不但发现他现在的种种特征,也发现他身上的历史的重荷。

有人认为精神分析和辩证唯物主义是相互对立的。萨特认为,这种说法是完全错误的,因为精神分析把注意力集中于儿童在一个特定的阶级、社会中体验家庭关系的方法,它并不威胁作为社会决定要素的生产力和生产关系的首要性,相反地,倒是使马克思主义的普遍性的骨骼长出肉来。与此形成鲜明对照的是,"庸俗马克思主义""采纳了精神分析而又加以扼杀;它把精神分析变成一种死的概念而极其自然地给它在一个枯萎的体系中找到位置,说这是戴着假面具卷土重来的唯心主义,是精神世界的拜物教的化身"[①]。

萨特认为,除了经济关系和家庭关系,还有其他许多类型的社会关系。例如,人们除了参加劳动集团、家庭集团之外,还参加居住集团、宗教组织、文化和教育集团、社会俱乐部。这些集团全都影响人们意识的形成,影响人们思想和态度的发展。可是,"庸俗马克思主义"却只关心阶级意识的形成而藐视这些社会关系,不研究它们对阶级意识的影响,把对它们的分析扔给了社会学家。马克思主义者往往把社会学看作摧毁阶级意识和使阶级冲突失却爆炸性的资本主义融合的工具,看作是资产阶级在社会中的领导权的方法。萨特也认为,有许多社会学研究是建立在把社会集团当作与个人分开的实体、否认辩证法、否认研究者主观性的虚假客观性等错误假定的基础上的,但他还是认为社会学提供了马克思主义分析中所缺乏的有意义的中介。因而在今天,分析意识还必须求助于社会学。

[①] 萨特:《对于一种方法的探求》,纽约 1963 年版,第 61 页。

首先,社会学具有相对的独立性,如果说它是"在"资本家手中的话,那么,更有理由从他们手中把它夺取过来,转而对付他们,所以不能借口社会学是资本家手中的一种武器而不容置疑地排斥它。

其次,社会学本身是一种探究性注意,它揭露种种新的关系,并要求人们把这些关系同种种新的条件联系起来,在它关于一定团体的调查工作中,由于它的经验主义而把足以发展辩证法的知识交付出来,而促使辩证方法把总体化发展到把这些知识包括进去。

再次,社会学虽然没有理论基础,但它作为辅助方法——调查、试验、统计等等——却是精确的;因此,它作为历史的总汇的一个暂时的环节,揭示了具体的人和他们的物质生活条件之间的、人与人的关系和生产关系之间的、个人和各阶级(或者别的任何一种团体)之间的新的中介因素①。所以,即使它的理论有可以争辩之处,它的某些调查工作却由于确定了人与人的实在关系而具有无可争辩的价值。

萨特认为,以上关于中介问题的讨论,说明了在辩证唯物主义的核心中缺乏一种关于主观性的理论,一种关于个人的理论。一方面,马克思主义在当代好像是那种既是历史性又是结构性的人学,即从总体性、从人的条件的物质可能性出发去掌握人的学说,以人本身为基础的学说;另一方面却又倾向于在它的研究中取消讯问者,并把被讯问者弄成一种绝对知识的对象,从而把人排斥在马克思主义知识之外,变质为一种非人的人学。他说,这就是他"既宣称根本上同意马克思主义,却又暂时保持存在主义思想的独立性"②的原因。

萨特以马克思主义研究历史发展的必然性为由,指责马克思主义把人排斥在外,是没有根据的。因为,事情正像列宁所说的那样,马克思主义的"决定论思想确定人类行为的必然性,推翻所谓意志

---

① 萨特:《对于一种方法的探求》,纽约1963年版,第76页。
② 萨特:《对于一种方法的探求》,纽约1963年版,第74页。

自由的荒唐的神话,但丝毫不消灭人的理性、人的良心以及对人的行为的评价。恰巧相反,只有根据决定论的观点,才能作出严格正确的评价,而不致把一切都任意推到自由意志的身上。同样,历史必然性的思想也丝毫不损害个人在历史上的作用,因为全部历史正是由那些无疑是由活动家的个人的行动构成的"[1]。

然而,萨特却坚持其这一无根据的说法。而且为了用存在主义去结合和补充马克思主义,他还在方法上提出了前进—逆溯法。

萨特把前进—逆溯方法,看作是理解人类活动的时间容积的后退的前进因素的分析—综合方法。

所谓前进的方法,就是从社会整体到个人的方法。

马克思主义的方法是前进的。但是,在马克思那里,这是长期分析的结果,而在偷懒的马克思主义者那里,却用这种方法去构成先验的实在,用它去证明凡是发生的事情都应当是这样发生的,证明他们事先就知道了他们应当去探究一切,也就是说,用一个直接以原理为依据的整套抽象思维来代替对象和历史过程。这样,他们用了这种单纯的叙述方法就什么也发现不了。所以,单纯前进的方法由于缺乏通过逆溯分析开始的中介,由于缺乏前进—逆溯方法所能提供的相互参照,因而是危险的。

与此相对立,萨特说,存在主义的方法却是探索性的,因为它既是逆溯的,同时又是前进的。而所谓逆溯的方法,就是再从个人(个人的过去、现在和未来的计划)到社会整体,这是一种重新体验个人生活经验的方法,和前进的方法结合起来,它有助于说明社会整体和个人发展的统一性。萨特写道:

"我们把存在主义的研究方法规定为一种逆溯—前进和分析—综合的方法;同时这也是在对象(它包含着作为有许多层的意义的整个时代)和时代(它在其总汇中包含着对象)之间的不断丰富的

---

[1]《列宁选集》第1卷,人民出版社1995年版,第26页。

'一往一来'。"①

"它除了'一往一来'之外没有别的办法：（例如）它在深刻地研究了传记之后逐渐地规定时代的实质，它远远不是想立即把两者合并起来，而是先把两者分离开来，直到它们相互的包含自行发生并给研究作出暂时的结论为止。"②"'一往一来'能够使历史的一切奥秘的对象丰富起来，它在历史的总汇之中，规定了对象的本来还是一片空白的基地。"③

"我们必须以一种总体化的要求来进行差别性的研究。我们不把这些变数看成反常的、意外偶然性的无意义的方法：完全相反，行为或观点的特殊性首先是作为实际的总体化的具体实在性，这不是个人的一个特征，这是在他的客观化过程中被掌握的整个个人。"④

接着，萨特仍以福楼拜为例，来例解前进—逆溯方法。他认为，一个人的生活计划是在幼年时期形成的，所以，对福楼拜也必须从研究其幼年时代及其家庭关系开始。这样，就可以发现：福楼拜的写作计划是青年时代的福楼拜同其双亲、兄弟关系的直接产物。通过这样一种逆溯分析，可以说明福楼拜成为一个作家以及他写他所写的那些书的原因。只有在这时，"我们才应当采用前进的方法：这就是要重新发现根据前一个环节而产生的每一个环节的那种总体化的扩充运动，发现从实际经验的暧昧性达到最后的客观化的那种跃进。"⑤

反之，"如果人们懒惰地把福楼拜当作一个现实主义者，如果人们确定现实主义是适合于第二帝国时代的公众的（这种观点可以使人对于1857年到1957年的现实主义的发展创造出一种漂亮的但是

---

① 萨特：《对于一种方法的探求》，纽约1963年版，第148页。
② 萨特：《对于一种方法的探求》，纽约1963年版，第135页。
③ 萨特：《对于一种方法的探求》，纽约1963年版，第146页。
④ 萨特：《对于一种方法的探求》，纽约1963年版，第138页。
⑤ 萨特：《对于一种方法的探求》，纽约1963年版，第146—147页。

完全错误的理论),那么,他们就既不能理解《包法利夫人》所具有的这些奇特性,也不能理解作者和公众,简单地再说一句,这不过是捕风捉影。"①

然而,萨特认为,他提出的这种前进——逆溯方法,特别是逆溯方法,不仅是研究像福楼拜那样特定的个人的方法,而且也是研究像1793年法国革命那样复杂的社会事件的方法,同时还是研究整个人类的方法。他认为,整个地说,《辩证理性批判》第一卷就是那容许我们加以把握的历史的可理解性的基本结构的逆溯研究。只有在完成这个任务之后,才有可能以充分的可理解性去重建历史的现实运动。《辩证理性批判》的目的,就是通过逆溯地分析个人活动、人类历史的本体论结构以及它们在一个总体化整体中的内在的相关性,去证明辩证理性的效力,它试图以此为已经完成的马克思主义的历史研究提供哲学基础。

(五)辩证法问题

辩证法的问题,在《辩证理性批判》一书中占有极其重要的地位。在《辩证理性批判》中,萨特在辩证法问题上采取的基本立场是肯定辩证法而否定辩证唯物主义,特别是否定自然辩证法。

萨特写道:"辩证法是一种方法和一种在对象中的运动。在辩证法家那里,辩证法是建立在既与现实的结构,又与我们实践的结构有关的基本主张上面,我们断言认识过程是辩证的,同时又断言对象(不论它是什么东西)运动本身也是辩证的。而且这两种辩证法是同一个东西。把这两种命题拉到一起,它们本身就是一种有组织的知识的形式,或者,换句话说,它们规定着世界的合理性。"②

但是,在另一方面,萨特却断然否定辩证唯物主义。他认为把辩

---

① 萨特:《对于一种方法的探求》,纽约1963年版,第149页。
② 萨特:《辩证理性批判》,伦敦1976年版,第20页。

证唯物主义教条化为非常不辩证的、固定的、静态的范畴,显示了辩证唯物主义本身没有一个合理的基础,没有明确地确立其可理解性的标准。

为此,他在《马克思主义和存在的哲学》(致伽罗迪的一封信)中,就把辩证唯物主义排除在他所理解的马克思主义之外。他说:"我所理解的马克思主义乃是以一种历史的内在辩证法为前提的历史唯物主义,而不是辩证唯物主义,如果你们把辩证唯物主义理解为这种自以为发现一种自然辩证法的形而上学的梦想的话。""辩证唯物主义把自己缩小成为关于物理化学和生物学等科学的一种空洞的言论,辞藻虽丰富,思想却懒惰,它掩盖着最墨守成规的分析的机械论。"[1]

在《辩证理性批判》中,萨特说:"如果像某个作者所意谓的,要把辩证唯物主义理解为一种假定从外面控制着人类历史的一元论,那么,我们就不得不说没有像辩证唯物主义这样的东西。"[2]

在1961年12月7日的一次关于辩证法问题的辩论会上,萨特在题为《科学和辩证法》的发言中,又进而把辩证唯物主义归结为把历史辩证法扩展到自然界。他说道:"最初是黑格尔,尔后是其他诸人,如像马克思之后的恩格斯(我说马克思之后是因为马克思本人对此问题还多少有些含糊不定),都曾经企图把历史的辩证法扩展到自然界:这就是所谓'辩证唯物主义'。干脆说,辩证唯物主义就是所谓的自然辩证法,在某些马克思主义者看来,如不将这种方法应用于其他的物质结构,后天获得的全部理智,都不能充分而深入地了解它们。"[3]

十分明显,萨特否定辩证唯物主义的核心在于否定自然辩证法,否认自然辩证法的客观实在性。

---

[1] 转引自伽罗迪:《人的远景》,巴黎大学出版社1959年版,第112页。
[2] 萨特:《辩证理性批判》,伦敦1976年版,第34页。
[3] 参见《人和世界(国际哲学评论)》杂志,1976年2月第9卷第1期。

萨特抨击马克思主义关于自然辩证法的理论是"把先验的和没有得到证明的辩证法说成自然界的根本规律"①。这是因为,在萨特看来,我们在自然界,只发现由人们导入其中的辩证法。他说,恩格斯责备黑格尔把思维强加于自然,其实他自己就是这么做的,因为他硬要自然科学证明他在社会世界中发现的辩证理性。然而,要是把只存在于历史的和社会的世界中的辩证法"搬到'自然'世界里,那就是强拉硬扯,恩格斯剥夺了辩证理性的合理性,这不再是人在创造自身时把它创造出来,它又回头来创造人的那种辩证法,而只是一种偶然的辩证法。关于这种辩证法,人们只能说,它就是这样的,而不是别种样子的,简单地说,理性又变成一副枯骨,因为它只是一个一个不具有可认识的必然性的事实"②。他说,根据我们现在的知识状态,人类还没有处在能够肯定或否定自然界存在辩证规律的地位,因此说自然界存在辩证规律的主张必定是超科学的。

"自然辩证法,它不能是形而上学的假定之外的任何东西。在实践中发现辩证理性,然后,把它当作无条件的规律投射到自然界,然后回到对社会的研究,声称自然的这种难以理解的、非理性规律制约着社会,这一套程序在我们看来是完全的脱轨。"③

"恩格斯……相信能够用比较、类推、抽象、归纳等等非辩证的程序,从自然界抽出它的辩证规律。在事实上,辩证理性是一个整体,而且必须自己确立自己或辩证地确立。"④

在《科学和辩证法》的发言中,萨特又进而抨击说,承认物质自然界存在普遍的辩证规律,就会陷入十足的神学,实际等于一种新的神学,因为只有上帝才能知道有这样一种规律,而且只有上帝才能创造这样的规律。

---

① 萨特:《辩证理性批判》,伦敦1976年版,第27页。
② 萨特:《辩证理性批判》,伦敦1976年版,第32页。
③ 萨特:《辩证理性批判》,伦敦1976年版,第33页。
④ 萨特:《辩证理性批判》,伦敦1976年版,第34页。

综上所述,可以看出,萨特主要是从人同自然的关系的角度上去展开其否定自然辩证法的论证的。

萨特认为,人对自然的认识只是人的构造,它远没有在和人认识自己的相同程度上揭示自然。所以,即使自然的科学范例是辩证的,它也只能证明人的理性是辩证的,而不能证明自然本身是辩证的。

同样,虽然人是处在自然之中的,自然过程是人类生活的前提,但却不能把人的知识归结为物质的模型。相反地,只有肯定人的现实十分不同于物理、化学现实,才能保证其可理解性的原则。

萨特说,自然辩证法的倡议者先是把人的思想加诸自然,然后又转过来把这些知识——似乎它是在自然中发生的——加诸于人的现实,这些自称是唯物主义者的马克思主义者,实际上在把他们关于自然的思想看作存在于人上面,因而是唯心主义者。

萨特还认为,自然辩证法就是没有人类的自然,因此,它不再需要证实和检验。它甚至对于批判认识和确立认识都变成无用的东西。因为认识,在任何形式之下,总是人对周围世界的某种关系,如果人不再存在,这种关系也就消失了。

从萨特所提出的这几条论据来看,应当说,他对自然辩证法的否定是站不住脚的。因为他的种种抨击,实质上都无非是借口自然界同人类社会的差异而抹杀它们之间的统一,在人类社会和自然界之间挖上一道人为的鸿沟。以自然界不具备人类社会所独有的种种特征为借口,推论出自然界不可能存在人类社会中存在的那种辩证法,人类也不可能认识自然界即使存在的辩证法,从而抹杀自然辩证法的客观实在性。然而,在规模上日益扩大、在程度上不断加深的人类社会同自然界的相互作用,却每日每时都在证明着,尽管自然界同人类社会有差异,但它们两者又是统一的,用差异去否定统一,是没有根据的。

那么,萨特为什么要那么激烈地抨击自然辩证法,竭力抹杀其客观实在性呢?

萨特认为,肯定自然辩证法的客观实在性,就会妨碍人的主观性、人的自由的发扬。他要肯定人的自由的不可削减性,而传统的马克思主义却用自然辩证法去论证一种认为人类在本质上是由客观实在所决定,而人的主观性仅属现象性外观的见解,因而他就把否定自然辩证法作为他对发挥人的主观性的论证的一个主要方面。萨特说:坚持自然辩证法的客观实在性的现代马克思主义者"否认思维本身的全部辩证运动,把思维溶化于普遍的辩证法之中,把人分解在世界之中而把它消除"①。

"在这种观点中,人被归入作为他的对象之一的自然界之中,并且在我们看来,他是依照自然界的规律而发展的,也就是说,作为一种被辩证法的普遍规律所支配的物质而发展的","这种外在的唯物主义硬使辩证法成为外在性:人的本性脱离了人而寓于一种先验的规律中,寓于一个超人的自然中,寓于一种从星云开始的历史中,对于这种普遍的辩证法说来,……人类史不过是自然史的特殊化而已。"②或者换句话说,"把辩证法弄成一种强加于宇宙的天然规律,弄成一种它自己会产生历史过程的形而上学力量(这就重新堕入黑格尔的唯心主义)。"③

萨特认为,依靠辩证法,就有使人不是依靠自己,而是去依靠一个外部世界的规律的危险。如果要保持自然辩证法,那就会排除掉马克思主义者所寻求的革命;如果把自然辩证法当作认识原则,那么,为社会主义社会所必需的那种思维和意识就是不可能的。

在《路易·波拿巴的雾月十八日》一书中,马克思曾经指出:

"人们自己创造自己的历史,但是他们……是在直接碰到的、既定的、从过去承继下来的条件下创造。"④

---

① 萨特:《辩证理性批判》,伦敦1976年版,第26页。
② 萨特:《辩证理性批判》,伦敦1976年版,第27页。
③ 萨特:《对于一种方法的探求》,纽约1963年版,第99页。
④ 《马克思恩格斯全集》第8卷,人民出版社1961年版,第121页。

萨特以此为基点来开展其关于分析理性和辩证理性、外在辩证法和内辩证法的对立，来进一步确立其关于否定自然辩证法的论证。"如果（马克思的）这个表述是正确的话，那么，就必须在理论上拒绝作为人类历史的规律和方法的决定论和分析理性。整个地包含在这句话中的辩证理性必须被看作是自由和必然的永恒的和辩证的统一。换句话说，正如我们所看到的，如果辩证法作为人的无条件的规律从外面控制人的话，宇宙就变成一个梦。但是，如果我们想象，每个人都随心所欲，而这些分子的冲突又产生大规模的结果，那我们将发现平均数或统计结果，而不是历史的一种发展。所以，在一种意义上，人像臣服于一种敌对力量那样臣服于辩证法，而在另一种意义上，人创造辩证法；而如果辩证理性是历史的理性，这个矛盾其本身就必须历史地生存下去，这就意味着人在其创造辩证法的范围内被辩证法所控制，又在人被辩证法控制的范围内创造辩证法。"①

在这种观点看来，否定自然辩证法的客观实在性成了不言而喻的事情。

和肯定自然辩证法的理论截然相反，萨特提出，要从人的主观性的角度，从实践的角度，从个人实践的总体性的角度出发去观察辩证法的问题："辩证法应当在许多的人同自然界、同种种'既定条件'的关系之中和人与人的关系之中被探究。在这里，它会找到作为各种计划彼此冲突的结果的源泉。"②"辩证法本身只是在存在的基础上作为历史和历史的理性而出现的，因为辩证法从其本身说来乃是实践的发展。至于实践本身，如果没有需要、没有超越、没有计划，则是不可设想的。"③

据此，萨特提出"人学辩证法"来同唯物辩证法相对立。

根据萨特在《存在与虚无》中展开的现象学本体论，作为"自在

---

① 萨特：《辩证理性批判》，伦敦1976年版，第35—36页。
② 萨特：《对于一种方法的探求》，纽约1963年版，第99—100页。
③ 萨特：《对于一种方法的探求》，纽约1963年版，第171页。

的存在"的物质世界,是没有规律、不可知的混沌一片,只有作为"自为的存在"的个人意识,才有自由。在《辩证理性批判》中,萨特正是沿着这条思想路线提出"人学辩证法"的。他认为,辩证法只能根源于个人意识的总体化运动,在自然界是不可能有辩证法的。

那么,到底什么叫作"人学辩证法"呢?

所谓"人学",按照萨特的说法,是研究人的实际的,是研究作为主体的人对自己的体验所作的自我了解的,它在从主体方面去理解人的基础上,建立起关于人的对象性的认识。而所谓"人学辩证法",则是一种来源于个人实践,以人类社会的总体化为实质和内容,又以这种总体化作为其获致可理解性的基础的辩证法。萨特说,要把这种人学辩证法"确立为人学的普遍适用的方法和普遍适用的规律"①。

萨特从三个方面来论证他提出的"人学辩证法"。

首先,从辩证法的源泉来说,它只能来源于个人的实践。

萨特认为,辩证法如果存在,那么,它就是它的对象的特殊的偶然性。在任何地方,无论在一个头脑中,在一个可知的天上,都不可能预先设定而强加于种种个别事物的发展的公式,辩证运动并不是一种统一的强力,如像历史背后的神的意志那样,它首先是一种结果。所以,萨特指出:"如果我们不想把辩证法重新变成一种神的法则和形而上学的宿命,那么,它必须来自一个个的个人,而不是来自我所不知道的什么超个人的集合体。"②

反之,"如果人们不愿意在个人之中和个人创造他的生活并把自己客观化的活动之中看到原始的辩证运动,那么就应当抛弃辩证法或者把它看作历史永恒规律。"③

其次,从辩证法的实质和内容来说,辩证法就是总体化,而总体

---

① 萨特:《辩证理性批判》,伦敦1976年版,第18页。
② 萨特:《辩证理性批判》,伦敦1976年版,第36页。
③ 萨特:《对于一种方法的探求》,纽约1963年版,第161页。

化仅仅存在于人类社会中,而不存在于自然界。萨特说:"辩证法如果存在的话,那就只能是总体化过程中许多的个别性所造成的许多具体的总体化总汇,这就是我所说的辩证法的唯名论。"①因为,"辩证法乃是总体化的活动,除了由正在进行的总体化所产生的各项法则之外,再也没有别的规律。"②

说到底,萨特认为,辩证的规律就是社会被我们自己所总体化和我们自己被社会运动所总体化。简言之,辩证法不是别的,只不过是实践。同时,实践就是产生和保持自己的整体,也可以把它叫作行动的逻辑。反之,由于人们总是外在于自然界,把自然界当作外在性来理解的,所以,在自然界是没有总体性的,所谓"自然界的总体性"只是一种类比,也没有什么"自然辩证法"。

再次,从辩证法的可理解性来说,也只有立足于总体化的观点上,才能找到它。萨特说:"人发现基础是整体,而他自身即在此整体之中。因而,从理解的观点来看,辩证法才具有可理解性。""对于马克思来说,正如对于黑格尔来说一样,——尽管他把辩证法头足倒置了——正是人类现实的总体这个观念,使得人类现实发展的每一辩证的环节成为可理解的。"③

反之,"如果像恩格斯……那样,只限于列举辩证法的规律,而这些规律的每条都不是作为揭示辩证法总体的一个'侧面'的时候,那么,辩证法的可理解性是不可能出现的。"④因为"辩证规律的可理解性只来源于这样一个事实,即这些规律是一种总体化运动的特殊化,这种总体化运动是永远在继续并构成作为总体的社会,从整体的

---

① 萨特:《辩证理性批判》,伦敦1976年版,第37页。
② 萨特:《辩证理性批判》,伦敦1976年版,第47页。
③ 萨特:《科学和辩证法》,载《人和世界(国际哲学评论)》杂志1976年2月第9卷第1期。
④ 萨特:《辩证理性批判》,伦敦1976年版,第44页。

角度来看,社会永远在组织自己,改造自己,重新塑造自己。"①

所以,"人们倘若立足在总体化的观点上,那么,每一条所谓辩证法的规律就会找到一种完全的可理解性。"②例如,否定之否定只有在总体化的范围内才提供出肯定。对立面的统一只有在总体化过程中作为部分与整体、整体与部分、部分与部分以及整体与其自身的对立才有意义。由此,从量到质(以及从质到量)的转化就是可以理解的了:量不复是简单的增加而是其本身为一总体化过程内的结构。

萨特把辩证法的内容和实质,把辩证法的可理解性统统归结为总体化。在他看来,当着从总体化的观点来看问题时,每一条辩证规律才成为可以理解的,这样,就自然而然地提出了什么是总体化,是否有一个作为存在形式的总体化的领域等问题。

萨特认为,在就此作出论述之前,先得把总体化同总体性区别开来。他把总体性定义成这样一种存在:"虽然它根本不同于它的各个组成部分的总和,却以一种或另一种形式出现在它的全体之中,出现在这每一个组成部分中,它或者通过它同某一个或一个以上的组成部分的关系,或者通过它同所有的或某些组成部分之间的关系而同它自身相关联",但是"总体性作为把它的各个组成部分搞到一起去的能动力量,却只是一种想象行为的相关物"。就是说:"它只能存在于想象中","作为一种想象的行为的相关物而存在"③。

总体性只是总体化的一个调节原则。

萨特认为,一方面,总体化具有和总体性相同的章程,因为它通过多样性而继续着那种使每个组成部分成为总体的表现,以及使整体通过它的各个组成部分的中介而同它自身相关联的综合活动。但是,在另一方面,总体化却"是一种发展着的活动",而且"这种行动

---

① 萨特:《科学和辩证法》,载《人和世界(国际哲学评论)》杂志1976年2月第9卷第1期。
② 萨特:《辩证理性批判》,伦敦1976年版,第45页。
③ 萨特:《辩证理性批判》,伦敦1976年版,第45页。

勾画出一个实际领域,这个领域作为实践的未曾分化的相关物,是要加以融合的整体的形式上的统一,在这个实际领域内,这种发展着的活动,试图对最分化的多样性作出最严密的综合"①。总之,在萨特看来,总体化就是理解历史、创造历史的经常发展着的过程,而辩证法也就是一种总体化活动:从本体论的观点来看,辩证理性只能是一种发展着的总体化,只能在发生总体化的地方发生;而从认识论的观点来看,辩证理性只能是总体化对于总体化认识的可接近性,因而,辩证知识其本身必定是总体化的一个要素。

接着,萨特又进而把总体化同个人自我的生活联系起来,认为"批判辩证法"的思维程序应当和马克思主义的思维程序有所不同,它应当是逆溯的,应当从作为总体化者"我"的生活出发。

萨特认为,如果历史的统一性是存在的,那么,一个实验者,就应当在"统一化"的辩证运动中,把他自己的生活看作是"整体",也看作是"部分",看作是"部分"同整体的联系,以及看作是部分之间的关系。他应当能够通过那规定他的生活的实际的否定之否定,从他的个人生活跃进到历史。从这个观点出发,研究的程序就变得清楚了:它必须是逆溯的。"批判的研究将沿着和作为一种方法的辩证法的综合运动的相反方向前进(就是说,沿着和马克思主义思想相反的方向前进,马克思主义思想从生产和生产关系到〔社会〕集团的结构,然后到集团的内部矛盾,到各种环境,并在适当的情况下,到个人);它将从直接的东西出发,那就是说,从在某抽象(不完全)的实践中实现自己抱负(发挥自己才能)的个人出发,通过越来越深化的环境条件,去重新发现他同其他人之间的实际联系的总体性,从而发挥各种实际的多样性的结构,并通过它们的矛盾和斗争去重新发现绝对的具体:历史的人。"②"我们应当在客体中把握辩证法并把它理

---

① 萨特:《辩证理性批判》,伦敦1976年版,第46页。
② 萨特:《辩证理性批判》,伦敦1976年版,第52页。

解为进行这总体化的运动——这是由于,我们每一个人,作为个人和人的历史的全体,是从这双重的观点,创造了辩证法又承受这种辩证法的——而不是先验地在我们身上来把握各个原理。"①

在《科学和辩证法》的发言中,萨特又进一步到马克思的《哲学的贫困》中为他的这个论点去寻找根据。他说:

"打开历史辩证法的钥匙就是马克思的《哲学的贫困》中的一句名言:生产关系构成一个整体。那就是说,无论你考察什么事情,都要把它同生产关系(即基础)这个历史的整体联系起来。一旦人们把社会的一般结果看作本身是建立在这个总体即生产关系之上的,那么,甚至克利奥佩特拉的鼻子也要从另外的观点来看了。而这个整体是基于这样的事实,即人本身,亦即生物学上的个人,是一个整体,在既定历史条件下他的需要、劳动和享受。人们正是必须在这种实践的物质性的水平上去寻找这个总体,而经济现实或生产事实的总体,最后即依赖于每一个人的人体总体。"②

十分清楚,萨特所谓作为辩证法的内容和可理解性标准的总体化,就是生物学上的个人在既定历史条件下的需要、劳动和享受。正因为这样,它就必须来源于"个人实践",只能是"特殊的偶然性",而不能是"统一的强力"。

如果说,萨特在《存在与虚无》中,在把辩证法和现象学综合起来时,由于把经验意识的主观性作为集中研究的对象,而把辩证法限制在人类精神范围之内,把辩证法主观化,把它变成只是在个人心理方面考察到的精神生活的现象的话,那么,它在《辩证理性批判》中论述"人学辩证法"时,由于使辩证理性只同人的意识相联系,只同人的有意识的实践领域相联系,因而在性质上就仍然没有跳出唯心主义的窠臼。

---

① 萨特:《辩证理性批判》,伦敦1976年版,第57页。
② 萨特:《科学和辩证法》,载《人和世界(国际哲学评论)》杂志1976年2月第9卷第1期。

至于萨特所竭力企图否定其客观实在性的自然辩证法,在实际生活中却是抹杀不了的。因为它并不像萨特所说的那样,似乎是"由人们导入其中的",而是相反,自然界本身的一切归根到底证明是辩证地发生和发展的。事情正如恩格斯所指出的那样:

"自然界是检验辩证法的试金石,而且我们必须说,现代自然科学为这种检验提供了极其丰富的、与日俱增的材料,并从而证明了,自然界的一切归根到底是辩证地而不是形而上学地发生的。"①

早在近100年以前,恩格斯在为《反杜林论》写第二版序言时,就曾以物理学、化学、生物学等自然科学的各个领域的丰富材料,论证了"辩证自然观的核心":"两极对立""虽然存在于自然界中,可是只具有相对意义"②。自然界中的一切界限都是有条件的和可变动的,没有任何一种现象不能在一定条件下转化为自己的对立面。随着近百年来自然科学的迅猛发展,又有更加丰富得无可比拟的材料进一步论证了辩证自然观的这个核心。

至于萨特为了否定自然辩证法的客观实在性,而把马克思和恩格斯在思想上人为地分割开来,似乎只有恩格斯在讲自然辩证法,而马克思则认为只有"人类现实的总体这个观念"才使辩证法成为"可以理解的"等等说法,同样是缺乏根据的。

事实上,虽然在马克思主义哲学发展史上,自然辩证法是由恩格斯首先系统地表述的,但他对自然辩证法的长期研究,却是在同马克思经常交换意见,而马克思则予以密切注视和积极支持的情况下进行的。在1867年到1882年期间,恩格斯曾就辩证唯物主义自然观的总的概括和他写作《自然辩证法》的宏大计划,就物理、化学等领域中分子、电气、机械运动的客观辩证规律,多次写信向马克思阐明自己的意见,而马克思对恩格斯所表述的范围极其广泛的自然辩证

---

① 《马克思恩格斯全集》第20卷,人民出版社1971年版,第25页。
② 《马克思恩格斯全集》第20卷,人民出版社1971年版,第16页。

法见解,或者表示同意,并以自己的论述为印证;或者评为"完全正确"、"非常好";或者表示阅后"非常高兴";或者复信表示热烈"祝贺"[①]。

(六)匮乏与异化的社会本体论

在《存在与虚无》中,萨特从存在主义哲学关于孤立的个人是独立于社会的封闭体系,因而人生活在社会上,就是沉沦在社会中而失去其本真的存在,同他人相处,就是想把他人当作客体而竭力摆脱自己成为他人的客体的地位等基本原理出发,联系个人在他人的注视下,觉得自己不是一个纯粹主体,而成为一个客体的体验,认为这种异化是"一个形而上学的事实",它构成为"人的状况"的一个主要组成部分。

在1948年发起组织"革命民主联盟"时,萨特把他的存在主义理论同马克思《1844年经济学—哲学手稿》中的异化观联系起来,在人不掌握自己的命运、生活、工作,人所具有的思想不是由他自己直接形成的意义上谈论异化问题,提出需要从意识形态方面和社会方面把人从剥削和神秘中拯救出来。

而在1960年发表的《辩证理性批判》中,萨特又进一步改变了角度,联系个人的自我对象化作为某种对他来说是异己的和敌对的东西而出现的现象来考察异化问题,并把它置于匮乏的前提下,处处受匮乏的制约,从而提出了匮乏—异化的社会本体论,使在《存在与虚无》中植根在偶然性中的人的存在的荒谬,转而植根到匮乏的任意的弥漫一切中间。

匮乏,本来是一个经济学领域中的名词、概念,被用来指某种物品、商品的欠缺而不足以满足人们的需要。在《辩证理性批判》中,萨特把匮乏这个概念运用到他的哲学中,用它来规定异化由以产生

[①] 参看徐崇温:《保卫唯物辩证法》,人民出版社1980年版,第189—195页。

的客观情境的特征。

萨特首先把匮乏说成是偶然的普遍性。

所谓匮乏是偶然的,是说的历史的起源和基地在于匮乏这样一个偶然的事实:"匮乏是我们历史的一个基本关系和我们同物质性的单一关系的一个偶然规定。"①

然而,这个偶然事实却是与人类在地球上的生活同时并存的。物质资源同需要养活的人口相比,总是过于不足,这种不足使所有的社会都要消灭它们的一部分成员,不论是业已存在的成员还是可能出现的成员,不论是在他们出生以前还是在他们出生以后。人们已经暗中感觉到的这种不足,隐藏在意识的深处,并产生出物质匮乏的气氛。"首先必须在原来的无区分中作出否定,而不论这个无区分是一个农业公社还是一个游牧部落。当然,这种否定,是匮乏对若干人的内在化了的否定,那就是说,社会必须选择它的死亡的和它的喂不饱的成员,换句话说,这是匮乏的人中间的一个非—人性的实际容积。"②

所谓匮乏是普遍的,是说的匮乏笼罩一切,而且一直到可以预见的将来都要连续不断地影响人的命运。因而,尽管匮乏在历史上是有条件的,在逻辑上、本体论上,也并非全然地是必然的,但却具有全面的普遍性。

萨特认为,要是人类社会中不存在匮乏,就是不可理解的。匮乏之所以具有这种全面的普遍性,原因在于它是由人类的两种基本需要造成的,一是以不断增长的人口来增殖人类本身,无情地榨取借以维持生存的资源以求得生存的需要;一是体现于人类相互关系中的生活质量所产生的对越来越复杂的、高级的社会文明的需要,而且为了满足这些需要,迅即向资源榨取,人类是生活在一个有限世界上的

---

① 萨特:《辩证理性批判》,伦敦1976年版,第125页。
② 萨特:《辩证理性批判》,伦敦1976年版,第147页。

有限居民,但是其需要却由于没有尽止和无限变化而不断增长,所以,匮乏是人类全部活动的根源,它造成了生存斗争中不可避免的对抗。

正因为匮乏具有笼罩一切的普遍性,因此它就成了物质环境的一个客观社会结构,成了人类必须进行劳动的根据。萨特说,在匮乏的条件下,"人毕竟是匮乏的产物","匮乏作为每一个人和一切人同物质的唯一关系,在最后变成物质环境的一个客观的社会结构,并在那样做时,它的惰性的指头指向每一个个人,使之既成为匮乏的原因,又成为匮乏的牺牲品。每个人把这种结构加以内在化,……使他自己成为匮乏的人"①。匮乏也是人类必须进行劳动的根据,但萨特不把劳动说成是对匮乏的斗争,而是把匮乏说成是一种环境,在这种匮乏的环境下,"劳动对人来说必须被规定为在匮乏的脉络内用一种对于匮乏的特殊否定去满足需要的实践。"②

匮乏是人类历史可能性的基础,因为在实际上,正是由于超越匮乏的集体计划,给历史揭幕,历史开始于并且终结于克服匮乏的社会努力。但是,萨特说,这需要有两个限定。第一个限定是说,这不等于说匮乏是一切历史的可能性的基础,因为"我们无法讲述对于不同的行星上的不同的有机体来说——或者,如果技术的和社会的变革粉碎了匮乏的框架,从而对于我们的子孙后代来说——在不同的基础上,用不同的动力和不同的内部计划,去构成一部不同的历史,在逻辑上是不是可以设想的"。"但说我们的历史是人民的历史,却等于说它是由匮乏所产生的紧张领域的永恒框架内产生和发展起来的。"第二个限定是说,"匮乏是人类历史可能性的基础,而并不是它的现实性的基础。换句话说,它使历史成为可能,但如要产生历史,还需要其他因素(这些因素还有待于确定)。"③

---

① 萨特:《辩证理性批判》,伦敦1976年版,第131页。
② 萨特:《辩证理性批判》,伦敦1976年版,第136—137页。
③ 萨特:《辩证理性批判》,伦敦1976年版,第125页。

匮乏本身从来也不足以使历史的发展由以开始,也不足以在发展的过程中冲破那使得历史变成重复的阻塞。但是,匮乏,作为人和他的环境以及人和人之间的现实的和经常的紧张,却说明了基本的结构(技术和制度):它们是"由人们在匮乏的环境中生产的,甚至当着这些人力图超越匮乏时,他们的实践也在把这种匮乏加以内在化"①。

正因为匮乏具有这种渗透一切、无往而不在的普遍性,所以,尽管它是偶然的,却又是一种必须把它当作必然性来承认的偶然性。

萨特说,我们不应被匮乏的关系是偶然的这个事实所打乱,因为至少迄今为止,整个人类发展一直是一场反对匮乏的苦战,而且在历史经过了几千年的发展以后,世界上还有四分之三的人营养不良。所以,尽管匮乏是偶然的,但却是人同自然以及人同人的基本关系。在"这个意义上,必须认为匮乏把我们变成产生这个特殊历史的这些特定个人,同时又把我们自己规定为人"。也正因为这样,虽然我们完全可以设想一种没有匮乏的辩证实践乃至劳动,但是"在今天,每个人都必须把(匮乏)这个基本的偶然性当作必然性来承认",它"既是我们偶然性的必然性,又是我们必然性的偶然性"②。

接着,萨特又论证了在匮乏的条件下,异化是人类实践的先验可能性。

在《辩证理性批判》中,萨特在谈到个人实践的异化的形式结构状况时,曾经说过:

"这意味着在具体历史中找到的真实的异化的基础上,对作为人类实践的先验可能性的异化进行辩证的研究","正是在人同人的、通过物的中介的,以及在人同物的、通过人的中介的具体而综合的关系中,我们能发现一切可能的异化的基础。"③

---

① 萨特:《辩证理性批判》,伦敦1976年版,第127页。
② 萨特:《辩证理性批判》,伦敦1976年版,第123—124页。
③ 萨特:《辩证理性批判》,伦敦1976年版,第66页。

那么，为什么说异化是人类实践的先验可能性呢？

萨特认为，作为物质有机体的个人，为了维持和继续自己的生存，就得发挥自己身上的种种机能，投入外部物质界。但是，在外部物质界中作为偶然事实（萨特认为在自在的自然中是没有匮乏的，只有通过人的中介，即在同人的需要的关系中，匮乏才出现在自然之中）而存在的匮乏，却不能保证有机体需要的满足，并且使它的发展中断。这样，人就产生了需要，由于需要，人就利用自己的物质性，把自己的身体工具化，使之作用于外部物质界。

然而，"人类劳动，人用来生产和再生产他的生活的独创的实践，是完全辩证的：它的可能性和它的永恒的必需取决于把有机体和环境统一起来的内在性的关系，取决于无机界和有机界之间的深刻矛盾，这两者都出现在每个人身上，它的最初的运动和它的主要特征是由一种双重的矛盾的改变所规定的：计划的统一赋予实践领域以一种准综合的统一，而劳动的关键性要素是有机体在其中使它本身成为惰性的（人把自己的力量用于杠杆等）以便改变周围的惰性。"①

这就是说，一方面，人的实践赋予物质存在以意义，使之适应于人的需要，从而实现外在性的内在化，也就是世界的人化。另一方面，物质存在又要求人完全适应它所指示和需要的处理办法，从而实现内在性的外在化，也就是人的世界化。或者由于其关系上的无限性而招致了人所不能预测的相反事态，使实践转化为反实践，而且，人越是把物内化于自身，人本身也越是外化于物。

萨特认为，本来，个人的实践是个人在自己身上处理自己，是不受必然性制约的一种完全的透明性。但随着通过个人实践而实现的外在性的内在化和内在性的外在化，人也沾染上了物的惰性，而失去了自由的自发性，人与物形成了"被动的无力的统一"。萨特把这种状态叫作"实践—惰性"。意思是说，物质本身是惰性的，不活动的，

---

① 萨特：《辩证理性批判》，伦敦1976年版，第90页。

但物质一经加工，就有人的实践物化于其中，于是成为既是实践的，又是惰性的：在"实践—惰性"的领域里，实践的产物变成了惰性的东西，转而以它特有的规律来反对它的生产者。萨特说，人与物之间的辩证关系是：行动不断地超出物质，而物质又不断地否定行动，这样，行动又非不断地超出物质不可，在这个意义上，物质界的统一不过是把人的统一吸收和反映（非人化）进去的东西而已。这表明人创造了非人的历史，在这个意义上，历史就是把人否定了的总体化的统一。

萨特举中国农民砍伐树木引起水患为例来说明，在匮乏的环境下，有需要的人进行斗争以克服匮乏，企图按照他的目标来改造环境，围绕着自己来组织情境，借以满足自己的需要。但是，面对着物质性世界的个人，并不是孤独的，个人实践不仅面对物质，而且也面对着同样企图把其特定情境按自己的目标加以总体化的其他人的个人实践。例如，在一个农民砍伐树木以开垦土地的同时，还有其他许多农民也为同样的目标而在砍伐树木。于是，人类对自然的斗争，就招致了自然的"反—结果"：大批树木森林的被砍伐，引起了水患，引起了每个农民在砍伐树木时所没有意想到的结果。这样，个人的意义就被窃取，结果成为畸形，被歪曲了的目标在其实现中被挫败了，个人劳动转过来反对他本人——在这种异化的根子上，有着匮乏的任意的和偶然的事实。匮乏中介着他同物质的关系，它把加过工的物质、处理过的物质、经他的劳动改造过的物质，变成一种异己的力量——"实践—惰性"。

不仅农民为开垦土地而砍伐树木时是这样，人们为克服匮乏而发明机器、发展工业化时，也是这样。因为它产生了通过使人成为机器的奴隶而对人的进一步否定，人落入到他本人创造的实践—惰性的统治之下，人创造了机器，但机器接着就反作用于人，把人贬到实践—惰性的水平，贬为能够加以操纵的东西。这就是萨特所说的以人为中介的、人同物的关系中的异化。

萨特所谓以物为中介的、人同他人关系中的异化:是说的在匮乏的条件下,仅仅与他人相遇,对于每一个人的自由来说就是一个威胁,个体之间的关系具有着异化的内在危险。这是因为,在萨特看来,个体之间唯一合乎人性的关系,要求实行平等和互利。然而,在人类的现实历史中,这种互利却从来没有出现过,毛病就出在物质的极度匮乏上面,它使人把人当作敌人。

在萨特看来,在匮乏的环境中,即使个人没有注意到他人,即使社会阶层和阶级结构完全切断了交互作用,特定社会领域内的每一个人也仍然在其他人面前存在着和活动着。反过来也是一样。他们中间的每一个人对于他的生活都是一个威胁。萨特写道:

"匮乏并不是人类机体生存的绝对的不可能性"。"对于每一个人来说,人作为非—人的人(non-human man),作为一个异己的类而存在着,而这并不必然意味着冲突已被内在化并作为一切生存战斗而生活着,它只是意味着每个人的单纯存在是被匮乏规定为既是对于另一个人,又是对于每一个人来说的非存在的经常危险的。"这就是说,"每一个人对于一切其他人来说都是一个非—人的人,并把一切其他人看作非—人的人,而且实际上不用人性去对待其他人"。萨特强调说,"人的非—人性(nonhumanity)并不是来自他的本性","但是,在匮乏继续统治期间,每个人将包含非—人性的一个惰性结构,它在事实上无非是被内在化的物质否定性。所以,让我们理解非—人性是人们之间的一种关系,而不能是任何其他东西"[①]。

萨特说,在生活资料匮乏的情况下,当个人消费一个对象时,也包含有因为消费那个对象而同每一个其他人相对立的意思。因为个人需要的满足,同时又是对每一个其他人的威胁,对于每一个人来说,需要的直接运动,无条件地肯定着他必须生存。这是饥饿和劳动的实际启示,对它的直接挑战是不可设想的,因为它本身就表现人对

---

① 萨特:《辩证理性批判》,伦敦1976年版,第128—130页。

物的根本威胁的超越。与此同时,个人的存在又被每一个人所怀疑,而且被超越一切威胁的运动所怀疑。人毕竟是匮乏的历史产物,匮乏作为每一个人和一切人同物质的唯一关系,在最后变成物质环境的一个客观的社会结构,每个人把这种结构加以内在化,就使自己成为一个匮乏的人。这种匮乏的人同他人的关系,就其来自物质而言,是一种外在性的关系。首先,因为他人就是毁掉必需品的活的、纯粹的(虽然是抽象的)可能性,所以,他就把他自己在外在性中规定为一种在产品中固有的、威胁性的,然而又是偶然的可能性,规定成为一个外部的客体。其次,因为匮乏,作为僵硬的否定的图式,通过每个人的实践,把每一个潜在地过剩的人口的集团,组成为一个必须加以否定的总体,组织成一个除它本身之外否定一切的总体。萨特说:

"一个人是和许多同样的有机体一起生活在匮乏领域中的实践有机体。但是,这种匮乏,在交换中把每个人和部分的多样性规定为既是人又是非—人:例如,在任何人可以消费一个对我(对一切他人)来说是首要的必需品来说,他是可以省略掉的,正是在他是我自己的同类的范围内,他威胁着我的生活。所以,作为人类的他变成非—人的,我的类在我面前显得是一个异己的类了。"[①]

萨特认为,匮乏摧毁积极的、肯定的交互作用:"在纯粹的相互作用中,异于自我也是同样的人。但是在由匮乏改变了的交互作用中,同样的人在我们看来却也是反—人(anti - human)。因为这个同样的人完全表现为用死亡威胁我们的他者。"[②]他说,再也没有比人的目的就是摧毁人这样的事情来得更可怕的了。然而,在匮乏的脉络中,人类的每一个成员就是这样看待别人的。总之,在萨特看来,生活资料的匮乏使人与人之间相互威胁,不能共存,因而引起异化和阶级斗争,它是人类过去和现在一切对立和对抗的根源,是剥削和暴

---

① 萨特:《辩证理性批判》,伦敦 1976 年版,第 735—736 页。
② 萨特:《辩证理性批判》,伦敦 1976 年版,第 131—132 页。

力等一切祸害的最初源泉。"无论如何,这就是在任何社会中人类关系的每一物化中的基本的抽象的母体。"①

从萨特对匮乏条件下,异化是人类实践的先验可能性这个命题的上述论证和分析中,可以看出,虽然抽象地说,萨特也认为异化的必然性同对象化的必然性是不同的,但在实际上,他却认为,在一个匮乏的世界里,对象化的必然性也就是异化的必然性。因为在匮乏的环境中,有需要的人进行斗争以克服匮乏,其结果却只是使他的劳动转而反对他。人类劳动的客体统治着人类,使之成为自己创造物的奴隶。而主体则变成机器的机器,个人之间的关系被物化了,被他们创造的客体所支配。萨特以傲慢的口吻说:

"必须强调之点是:历史要比某些简单化的马克思主义者所设想的更为复杂:人不仅必须进行斗争反对自然,反对产生他的那个社会环境以及反对其他人,而且也反对他自己的变成他者的活动。这种原始类型的异化,发生在其他形式的异化之内,但它是独立于它们的,并在事实上是它们的基础。换言之,我们将通过它而揭示永恒的反实践是实践的一个新的必然的要素。"②

萨特用他的这种匮乏理论去解释人类社会的发展。例如,人类社会最初是怎样的?在那时,人们之间的相互关系是怎样的?为什么原始公社会瓦解?为什么会产生阶级和私有制?……如此等等。萨特认为,所有这一切都要用匮乏去说明。

在萨特看来,匮乏以及由此产生的人们相互关系中的否定性,就是人类社会发展的基本动力。因此,作为人类痛苦源泉的异化,在时间上是先于剥削而产生的,在性质上也比剥削更为根本,只是在以生产资料私有制为基础的社会里,特别在资本主义社会里,两者才联系在一起。

---

① 萨特:《辩证理性批判》,伦敦1976年版,第132页。
② 萨特:《辩证理性批判》,伦敦1976年版,第124—125页。

同时，也正因为异化植根在匮乏之中，只有消灭了匮乏，异化才能被克服。而匮乏不是必然的，而是偶然的，可以克服的；但在可以预见的将来，它还将左右人的命运，因而在人类社会的历史中，异化持续的时期也要比剥削来得更长。这就是说，剥削的废除并不必然意味着异化的消失。由此也必然要引出结论，认为资本主义社会的覆灭并不等于一切异化的消失。

萨特认为，资本主义的罪恶之一，在于它在自然匮乏之外，还制造了种种人为的匮乏，新的、不合理的匮乏。所以，随着资本主义社会的覆灭而一起消失的，只是那些可以用资本主义的具体例子来说明的异化形式。在资本主义覆灭以后的漫长时间里，匮乏还继续存在着。虽然匮乏本身还不足以产生异化，但它的存在却始终使异化成为现实的可能。匮乏所包含的矛盾被糅合到实践的本质中，而这些矛盾比出现于任何特定历史阶段的畸形更为重要。所以匮乏仍然是人类全部活动的根源，它造成了或者至少承认了生存斗争中必不可免的对抗。

从萨特的上述论述中，可以看出，贯穿在他的匮乏—异化的社会本体论中的基本思想，是属于霍布斯的。

17世纪英国哲学家霍布斯，在观察了资本主义原始积累和早期发展时期的资产阶级的实际生活之后，把这些资产阶级的欲望绝对化为植根在人的本性中的欲望。他说，就人的本性和本质而言，人是极端自私自利和相互仇恨的。为了生存，每个人似乎都想消灭他人。"人对人像狼一样。"所以，在自然状态中，人的标志是利己主义的企求和恐惧，社会就起源于恐惧，而不是起源于共同生活的本能。而当人们的生活中还不存在使一切人感到恐惧的共同权力时，他们就处在被称为战争的状态之中，也就是处在一切人反对一切人的战争状态之中。

《辩证理性批判》所描绘的所谓人同他人的、通过物的中介关系而出现的异化，实际上正是发轫和脱胎于霍布斯的"人对人像狼一样"、"一切人反对一切人的战争"的观点。所不同的,只是霍布斯说这就是在自然状态中人的本性,而萨特则由于否认有普遍人性,就把它说成是在"匮乏"这种偶然的普遍性的条件下"人类实践的先验可能性"。但它和霍布斯的观点一样,说来说去都还是讲的生存斗争,因而,在实际上还是把动物社会的生活规律搬到人类社会中来。然而,人类社会却具有着不同于动物社会的特征,把动物社会的生活规律直接搬到人类社会中来是不行的。

同时,萨特把匮乏看作人类过去和现在一切对立和对抗的根源,看作推动人类社会发展的动力的观点,也是和历史事实不符的。古往今来的历史说明,历史的推动力并不是来自匮乏的存在,不是来自社会经济的这个消极方面,而是来自它的积极的方面,来自生产力的发展以及与此相联系的生产关系的变化。在人类历史上,形成阶级社会的经济基础并给阶级斗争提供动力的,并不是匮乏的持续,而是随着生产的发展而出现的超过基本的必需之上的财富的过剩。阶级冲突就是围绕着争夺对这部分社会剩余的占有、控制和分配来进行的,而不是围绕着匮乏来进行的。

至于《辩证理性批判》所描绘的所谓人同物的、通过人的中介的关系而出现的异化,则把异化同对象化混淆起来了。众所周知,所谓异化,是指的劳动产品作为一种异己的对象同劳动者相对立,而所谓对象化,则是指的劳动的实现、劳动物化在对象之中。只有在一定的社会历史条件下,特别是生产资料资本主义私有制的条件下,对象化才会成为异化,而并不是一切对象化都是异化。所以,萨特把这两者混淆起来是不科学的。

诚然,萨特在论述砍树伐林造成水患这样的人与物关系中的异化时,他强调异化的源泉主要在于人的中介,在于人们实践的多样性,而并不是物质自然界本身,然而,这同样没有改变事情的实质。这是因为在从许多单个的意志的相互冲突中产生最终结果的历史事变中,虽然各个人的意志都达不到自己的愿望,却又都包括在历史事变的合力中,都对合力作出贡献,因而就没有改变它终究还是人们的对象化的产物的事实。

(七)关于社会集团形成和分解的"历史人学"

萨特曾经说过,他所理解的马克思主义,乃是以一个内在辩证法为前提的历史唯物主义。他同时表示深信:历史唯物主义提供了对历史唯一合理的解释。但是,实际上,萨特所说的"历史唯物主义",同马克思主义的历史唯物主义是不同的两回事,它是一种关于社会集团的形成和分解的理论,萨特又把它称作"历史人学"。

在《辩证理性批判》中,萨特从三个层次上来展开其对"历史人学"的论述。

第一个层次是"个人的实践"。

如前所述,萨特认为,作为物质有机体的个人,为维持和继续自己的生存,就发挥自己身上的种种机能,投入外部物质界。但由于在外部物质界中存在着匮乏这样的偶然事实,使有机体的自然需要得不到满足,甚至使其发展中断。于是,人就把自己的身体工具化,也就是使自己成为准—惰性(Quasi-Inert)工具,以这样的物质性作用于外部物质界。这样,在个人的实践中,一方面,是人赋予物质存在以意义,使之适应人的需要,从而实现外在性的内在化。但是,在另一方面,物质存在又要求人完全适应它所需要和指示的处理办法,从而又实现内在性的外在化,而且人越是把物内化于自身,人本身也越外化于物;或者由于其关系上的无限性而招致人所不能预测的甚至同人的期望相反的事态,使实践转化为反实践。

这样,匮乏就使"历史人学"的第一个层次"个人的实践",进入到"历史人学"的第二个层次"群集",使个人过渡到社会,使自由过渡到必然性。

萨特认为,在匮乏的领域里,物质的被动的统一,把许多个人(个人实践的主体)在世界中联结了起来。但是,在这个领域里,即使存在着人的集体,这个集体的实践也不过只是个人实践的单纯总和。而当个人的实践发展到"实践—惰性"的领域时,情况就发生了变化:加过工的物质把因为物质而异化的人,在成为"自己以外的世界中的存在"的限度内,变成了失去独自性的无差别的人。这就是说,在"实践—惰性"领域内,社会关系被原子化和片断化了,个人是孤立而被分隔开来的,他们的相互作用是否定性的和外在的。组成为社会的那些集体,同样是建立在原子化和外在的相互作用的基础上的。这样,一些集体的原始结构就是"群集"。

在"群集"中,各个个人把他们自己否定性地当作实践—惰性的一个表现,而"群集"也就是表现处在服从实践—惰性状态中各个个人之间的关系的特征的。

马克思曾经指出,在资本主义制度下,人与人的关系,具有物与物的关系的外观,而物与物的关系则具有人与人的关系的外观。萨特用存在主义观点和术语、范畴重新表述这个命题说:

"如果正像马克思所常说的,在资本主义社会每一样东西都是它者,这主要是因为原子化——它的过程的根源和结果——使社会成为一个被它者所制约(就这些它者是有别于他们自己的它者而言)、有别于他自己的它者的缘故。"[①]

在《辩证理性批判》中,萨特用在法国巴黎的圣·日耳曼街头等待公共汽车的人群的行列为例,来阐述他的"群集"概念:这一群人作为乘公共汽车的人,他们具有某些既是直接的又是较一般的共同利益和目的,例如,他们都要经过同一公共汽车路线到他们不同的目的地去,他们都得花公共汽车费,等等。然而,即使他们成年累月地在每天的同一时间、同一地点等候同一辆公共汽车,他们也仍然是孤立的、分开的和无名的,即使他们彼此谈话,也总是人为的、不具人格的、无所事事的聊天。当公共汽车到站的时候,他们按照偶然来到车

---

① 萨特:《辩证理性批判》,伦敦1976年版,第308—309页。

站时的次序排队上车,各人有他自己的事情,不愿也不知道旁人要干什么。然后在适合于自己需要的停车站下车。然而,匮乏(因为车上没有容纳全部候车者的座位),使得他们成为潜在的敌人。萨特认为,"群集"的结构是一个不具人格的、量的结构,因为它不考虑个人的真实存在而把每一个人归结为"又一个",归结为一个可以在实际上予以抹掉的数字单位。

总之,在"群集"这个阶段上,许多个人虽然集合起来初步形成集体,但却还是散漫的乌合之众。在这里,人与人之间没有共同的实践,只是具有被动的活动性的物质在支配人,所以,它是实践—惰性支配实践的领域,是个人被个人自己创造的客体所统治,从而把个人归结为客体的领域。它在社会活动中到处表现出来,是个人软弱无力的领域、异化的领域。萨特认为,阶级也是服从着纯粹是群集性变化的一个实践—惰性的集体,它也不能免除这种群集性。

然而,尽管这种异化是弥漫一切的,却并不是绝对的。这是因为,在群集的惰性结构中失却了自由存在的可能性的个人,为了对在"群集"阶段上"实践—惰性"的支配进行反抗,便结合起来产生出共同的实践,形成"历史人学"的第三个层次——集团。西方有人认为,萨特"群集"理论的重要性,就在于它既说明了现代工业社会中官僚化的社会关系,而又指出了朝着进步的方向改变这种社会关系的可能性。

集团否定和克服着群集的异化。在集团中,群集的那些否定性的、外在的交互作用,被改造成一种肯定性的、内在的交互作用和相互承认的自由协作的结合,群集的原子主义,让位给了集团的有机团结。如果说,在"群集"中,关系类似于物质的惰性的话,那么,集团就具有自由的设计的生命力。集团从群集的背景上产生出来,但它以有机的巩固性代替了机械的巩固性。

集团的最初形态,叫作"融合集团"。

"融合集团"的形成是由于外部压力的威胁,使每一个人在别人身上看到自己,"个人之间的联结,在其各种真实的形式上,是在他人那里直接发现人们自己的它者性的联结"①。这样,当许多分散的个人实践意识到致命的共同危险时,就可能在群集中出现融合集团。

萨特以1789年法国大革命中攻占巴士底狱的巴黎群众为例指出,当着1789年6月,法国国王为怕发生一场暴动而把军队调遣到巴黎去时,本来只想到自己彼此之间的猜疑的巴黎群众,现在意识到国王不信任巴黎,意识到他们是一个整体,每个人都把对他(她)的威胁当作也是对一切其他人的威胁来体验;认识到在被国王的军队包围的巴黎市民这个整体中,每个人的命运是同全体人民的命运休戚相关的;所以,他们就不再抢劫面包坊而去抢劫起军械库来。巴黎武装起来反对国王。而且,国王的军队既然已经开进巴黎,他们的首要目标便是同国王在巴黎的堡垒——巴士底狱——建立联系,这样,巴黎人民就首先要攻占巴士底狱,这就形成了一个"融合集团"。

在"融合集团"里,已经有了共同的目的和行动:"到巴士底狱去!"就描绘出了苦于君主专制的巴黎市民的共同目的和行动。在这里,"群集"所具有的个人的非人格化、孤立的原子化等等特征,都一扫而光,被自由实践的强烈的人的和直接的关系所取代了。所以,它是"人性的开始",人在那里恢复了他们失去的存在、他们的被压抑的自由。

萨特强调说,在融合集团里,"每个个人都以一种新的方式发生反作用:不是作为个人或他者,而是作为共同的人的个别体现。"②人们为他们之间的关系的结构,提供了自我对其他人的总体的透明性,它把每个人选择其命运的自由加以具体化,它体现了人性的充分潜力。这样,异化被克服了,共同实践的自由被实现了。所以,萨特说:"融合集团的主要特征是自由的突然恢复。"③

----

① 萨特:《辩证理性批判》,伦敦1976年版,第353页。
② 萨特:《辩证理性批判》,伦敦1976年版,第357页。
③ 萨特:《辩证理性批判》,伦敦1976年版,第401页。

在融合集团的结构中,没有等级制,绝对平等在统治着一切,集团的发言人迅速出现而又迅速消失,因为他们只是直接表达大家的共同意志,只是说出每个人已经感觉到的东西。萨特认为,这是人类自由的最确实表现和最民主的结构。因为人在针对把他原子化的结构而采取的共同行动中,找到了自由。

在这里,萨特显然已对他在《存在与虚无》中的观点作了一定的修改,不再认为人的实现是围绕着自我这个中心,而是需要有一个承认每个人都是自由的存在的民主的集团结构,如融合集团就要求人们把自由当作每个人的共同设计而加以对象化,使自由成为一个客观的社会结构,西方有些人据此断定萨特在这里已经把《存在与虚无》中的自由观同马克思关于社会存在的概念有力地、融贯地结合起来了。然而,实际上,就是在这里,萨特也是把个人活动置于首位,把集团放在个人活动的基础上,并且认为任何其他的基础都会使一个超人的领域合法化。萨特不给超越个人活动的集团以任何公开的存在,认为集团的统一不得超越其成员的共同实践,如果超越了个人实践而具有了它自身的本体论状态,那就将扑灭个人自由。集团至多只是各个个人实践的总体化的一个主要方面。在这里,承认的交互性——每个个人能看到他自身在其他人那里得到确认的共同实践——是集团的重要内核。

正因为融合集团本身不是目的,而是共同活动的手段,所以,一旦攻打巴士底狱的计划实现以后,集团就失去了它的共同对象,重新堕入"实践—惰性"的领域,或重新引起"群集"的分散性:"巴士底狱被夺取了,可以解散回家了!"萨特认为,融合集团无非是惰性群集海洋中的一个人性之岛罢了,它不仅遭到"群集"的威胁,而且遭到个人自由的威胁,集团所据以形成的自由实践现在转而反对它了;个人总是能够自由地退出集团的。所以,为了保持在融合集团中实现的自由,为了使之获得一种并非"实践—惰性"的乌合性的永久状态,就必须使之发展成为"誓愿集团":由集团的成员宣誓牺牲自己的自由去保卫公共的自由。

由于誓言的破坏,意味着集团的灭亡,因此,为了保证誓言的效力,在宣誓的同时,还必须有恐怖。实际上,誓愿集团就是以一种内在的恐怖去代替外在的恐怖——集团就是在外部恐怖的压力下形成起来的。这样,就揭开了一个恐怖王国之幕,以便压制住集团内部的可能毁灭。萨特写道:归根到底,"恐怖……产生于同群集性的对立,而不是同自由的对立。"①

为了使集团有效地发挥作用,使实现其成员的共同目的的机能趋于完善,"誓愿集团"又发展成为"组织集团",即在集团内部建立一定形式的组织而使工作专门化。集团为实现所确定的目的,把工作分配给它的各个成员,而由它自己用综合的权力把各种不同的机能联结起来。在这种形式的集团中,行动的某些自发性失掉了,但集团内的劳动分工还不影响其融贯性,共同的目标在分量上还继续超过随着分工而出现的集团各个成员之间的分割。然而,集团实现其共同目标的努力,却需要越来越多的专门化和区分,渐渐地它被改变得朝着把它创造出来而加以克服的那种状况——"群集"走去,人们的活动开始转而反对他们,产生出不是他们打算产生甚至是被他们所有意拒绝的结果。

更进一步,为防止集团成员的"群集化",又产生了把集团的关系明确地加以规定的、在非有机的制度中把成员固定化起来的"制度集团"。

在"组织集团"变成"制度集团"时,发生了功能上的僵化。对于个人来说,共同的目的变成服从于他的完成其任务的狭隘义务,当着每个成员的自由目标越来越像一个陌生的义务而呈现在他面前时,实践现在变得被"外在化"了。所以,当着由"组织集团"发展为"制度集团"时,它的实践就显示出已经越来越多地被实践—惰性侵袭

---

① 萨特:《辩证理性批判》,伦敦1976年版,第596—597页。

的标志,恐怖作为保持集团使之不分解为群集的手段而出现。这样,事情的发展就走到了它的反面:在制度集团中产生了人人必须服从的主权者,由主权者来决定集团的共同目的。本来,维持"制度集团"的那种制度,是为更好地支持集团各个成员的自由而设置的,但现在却不能保证集团的共同意志就是其各个成员的真正意志,主权者的力量,在事实上也由于制度化而成为一种不可超越的权利而来的力量,主权者所决定的集团目的,也不是各成员的共同目的,这样,主权者就产生了统一的幻想。

此外,当制度集团被实践—惰性支配的时候,它还经历着一个官僚化过程。当着集团的共同目的变成使每个成员屈服于其自己的分开的狭隘工作时,集团的功能就开始僵化了,实践变得被外在化了,集团成员变得和他们的特殊作用相等同,并把他们的任务当作异己的义务来体验。这样,制度集团的各个成员对公共事务的自觉参与就松弛下来了,产生出一种等级制权威以保证集团各个成员完成其工作任务。当集团逐渐滑回到群集时,异化就重新产生了。

萨特特别强调说,"制度集团"中领袖所发挥的合法、必要的作用,是交互作用的异化的直接根源:"从个人到个体—总体性(Indi - vidual - totality)的这种异化,代表了作为共同实践的集团的最深刻的堕落,同时,它又复活了处在使人茫然形式下的结构联系。"[①]于是,个人又重新起来反抗这种异化。萨特认为,把全部职能组织与全部管理机构的官僚化结合在一起的职工会,是"制度集团"的典型例子,他把政党也归入制度化官僚主义集团,并认为这种趋势发展到极点就是"官僚国家"。

从萨特的"历史人学"的三个层次,即"个人实践—群集—集团"的模式中,可以看出,在萨特的心目中,推动着个人实践经由群集、融合集团一直到制度集团的发展,即推动着人类社会发展的,是匮乏。

---

① 萨特:《辩证理性批判》,伦敦1976年版,第624页。

他还认为,个体活动是唯一真实的实践的辩证法,而反抗则是人性的开端。这样,异化和反抗、革命就在人类社会发展中循环往复着:个人为了克服匮乏,先是让自己逐渐被囚禁在一种日益具有物质必然性的社会秩序之中,成为它的俘虏,然后为恢复自己的人性而奋起反抗这种社会秩序。为此,他们组织革命,但在发展过程中,这种革命又被制度化而重新堕入惰性状态,丧失了统一的意志,而随着这种统一意志的丧失,革命又逐渐等同于实践—惰性的状态,于是,个人又起而反抗之。

非常明显,萨特的这种"历史人学",和马克思主义的历史唯物主义是十分不同的。他所说的"存在主义的马克思主义",实质上还是用存在主义去取代马克思主义。

在出发点上,萨特以孤立的个人去取代生活在一定社会关系中的现实的人们。

在推动历史发展的动力上,萨特用物质匮乏—生存竞争,去取代生产关系和生产力、上层建筑和经济基础之间的矛盾运动。

而在社会发展图式上,萨特又用异化—造反—再异化—再造反的无限循环,去取代人们经过社会主义革命,从根本上消灭剥削和压迫的根源,而实现社会主义和共产主义。

在《70自述》中,萨特曾经说过,"我在骨子里没有改变,我始终是无政府主义者","我始终认为无政府主义,即一种没有权力的社会,是应该得到实现的"。这种无政府主义思想,也在他的"历史人学"所描绘的这个"异化—造反—再异化—再造反"的无限循环的社会发展图式中,得到了有力的佐证。

(八)萨特生前未曾出版的《辩证理性批判》第二卷

萨特自称他写作《辩证理性批判》一书的主要目标,是要论证植根于实践中的、统治着人类活动的物质结构的可理解性,要说明人类活动如何转向由它本身创造出来但却和它原来的打算相对立的结果,也即要说明原来被人类活动所创造的实践领域对人类活动的统治。

据此,萨特确定《辩证理性批判》第一卷的研究对象,是在一个由匮乏所统治的世界中,作为"任何历史的形式要素"的个人、集团、群集和集体之间的抽象关系。在第一卷接近结尾的地方,萨特预告说,第二卷将进一步对于构成历史过程本身的这些要素的具体结合进行研究。这就是说,在第一卷里,萨特规定抽象的范畴;而在第二卷里则走向具体历史。所以,很明显,《辩证理性批判》第一卷和第二卷是一个有机整体,只有把两者结合起来加以剖析,才能把握它的全貌和思想脉络。

但是,在1960年出版《辩证理性批判》第一卷之后,却迟迟不见其第二卷的发表;相反,萨特却发表了一系列其他著作。以致很长时间以来,人们认为萨特至多只写了第二卷的少许片段,之后就放弃了写作它的计划。事情的真相究竟是怎样的? 在整整10年里始终是一个谜。

直到1970年,萨特的两位传记作家米歇尔·贡塔和米歇·吕贝尔卡才在《萨特的著作》一书中,第一次透露了有关《辩证理性批判》第二卷的情况,透露了萨特在第二卷中谈到拳击师、谈到苏联。

1976年,萨特本人授权在《新左派评论》杂志上发表了《辩证理性批判》第二卷的一部分:关于"一国中的社会主义"的手稿。

1980年4月底,罗纳德·阿隆孙在美国哲学协会西部分会上,就《辩证理性批判》第二卷的手稿作了专题报告。

这样,关于《辩证理性批判》第二卷的情况才由浅入深地逐步透露出来。

《辩证理性批判》第二卷的手稿,就篇幅来说,长达781页,要是付印,估计是一部约20万字500页的书,就写作时间来说,手稿的相当大一部分不是写在1960年发表《辩证理性批判》第一卷之后,而是作为第一卷的直接延续写下来的,例如书中反复提到1958年是政治上的"现在"。就内容来说,这部手稿又由两部分组成:第一部分是关于苏联的论述。它从关于拳击师和亚集团的论述开始,接着就对从20世纪20年代初苏共党内的冲突直到50年代所谓斯大林复活反犹主义,对苏联这30多年来发展历程中的一些主要问题进行分析,并从中引申出结论。第二部分是关于本体论的思辨。这一部分约占手稿的五分之一强。它回到了《存在与虚无》一书中提出的"自在的存在"的概念,回到异化问题,最后,对辩证理性予以重新肯定。

既然《辩证理性批判》第二卷手稿已经具有相当的系统性和完整性,那么,萨特在生前为什么不把它付诸出版呢?

萨特本人没有公开谈论过这件事。从各个方面的因素来进行分析判断,大致可以说是由于两方面的原因。

一是技术方面的原因。

和《辩证理性批判》第一卷中充满着抽象的哲理分析不同,第二卷,特别是其中的第一部分,论述苏联的部分,充满着对大量历史事实的分析。可是由于《辩证理性批判》这部长达好几十万字的著作,是萨特在1957年—1959年期间极其仓促地写成的,没有来得及对书中所引证的历史事实进行认真细致的核对和校正,因而在一些问题上,如关于"不断革命"问题,关于20年代西欧共产党人对托洛茨基的选举问题,关于第四国际的形成问题等等,萨特的论述有明显的不符历史事实的错误。萨特自知要公开出版这部手稿,就需要根据大量的历史文献对书中的引证和论述进行认真细致的核对,而在他晚年已没有力量完成这一艰巨任务,所以就放弃了公开出版这部手稿的打算。

二是政治方面的原因。

在萨特写成了《辩证理性批判》第二卷以后,他对苏联的看法又有进一步的变化,或许正是这种变化,使萨特作出了不公开出版这部手稿的决定。

1956年11月,在发生了匈牙利事件、萨特公开抨击苏联以后,又要求被他称作同志的苏联领导放松他们的控制。因为他认为,在那时,苏联已获得了同西方的军事均势,实现了工业化、现代化,致使镇压已经不再成为必要的了。

与此同时,萨特对赫鲁晓夫在苏共二十大以后推行的"非斯大林化"政策抱有希望。他希望能够出现一个人道主义的社会主义,在匈牙利事件上他抨击苏联,也表现了他对这个进程作出贡献的希望。正因为这样,他宣布并开始了自己"复活"马克思主义并给予它一个哲学基础的计划,他希望自己能承担起一个"马克思主义的康德"的作用。

萨特的这些观点和想法,在《辩证理性批判》中清楚地流露了出来:在第一卷中,他对苏联革命初期的苏维埃表示向往;在第二卷中,他认为苏联现在的官僚主义,必须被苏联的工人阶级在一次"改良主义的",但"并不必然是和平的实践"中的解放所消灭。

1959年秋,在萨特写作《辩证理性批判》的计划接近结束时,他搁下了它,又去写一部叫作《阿尔托纳的隐藏者》的戏剧。在剧中,弗朗兹象征顽固而蛮横地拒绝放弃控制阿尔及利亚的法国,萨特用这部戏剧去揭露行凶作恶者的不可救药。这部戏剧在公演中获得巨大的成功,但却唤起了萨特本人既对西方也对东方,既对资本主义世界也对苏联的沮丧情绪。以后,这种在写作《辩证理性批判》时还没有的沮丧心情,在萨特关于尼尚的文章(1960年)、关于梅劳－庞蒂的文章(1961年)以及为法农《全世界受苦的人》一书(1961年)所写序言中,一再流露出来。

1968年8月发生了苏联出兵捷克事件以后,萨特立即起而谴责苏联的侵略行径,并得出结论说:"在1968年8月以后,必须抛弃道德主义的慰藉,抛弃对(东欧)这种类型政权的改良主义幻想,这部机器不能被修理了;东欧人民必须掌握和摧毁它。"

1968年5月到6月爆发的法国"五月风暴",一方面深受萨特《辩证理性批判》的影响,另一方面又影响了萨特政治观点的变化发展,使他完成了由共产党同路人到极左的激进主义者的变化。他说过,"五月风暴""对我特别重要,因为,如果说我曾经靠拢共产党人,那是因为归根到底1968年以前在他们左边什么也没有了"。

那么,《辩证理性批判》第二卷到底包括哪些主要内容呢?

萨特在1969年一次同记者的会见中,曾经提出这样的问题:个人行为的多样性,怎么能产生出具有自己的规律而又和个人行为不相连续的社会结构?为什么历史不是各个个人计划的任意混沌、交通阻塞?在实际上,这就是《辩证理性批判》第二卷的理论框架。

在《辩证理性批判》第二卷手稿中,萨特是这样提出问题的:"活动中心的多样性"如何能够有"一个单个的可理解性"?"历史的真正问题在于,对于两个或两个以上相互冲突的实践,能够被理解成一场单个的斗争、一部单独的历史吗?"对此,萨特认为,马克思主义必须能够确立起相互冲突的各阶级的一个可以理解的统一,而不求助于高于它们的人格化的"社会"的神秘化。而这个可以理解的统一,就是"包裹住一切方面的总体性",就是历史过程本身。萨特认为,各阶级的对立,产生了反劳动,即产生了为冲突各方所陌生的,然而又是他们的相互敌对的主张的共同结果的现象[①]。

萨特在这里用"存在主义的马克思主义"的艰涩术语所表述的,是历史研究中这样一种现象:在人类历史发展中,最终的结果总是从许多单个的意志的相互冲突中产生出来的,可以把这个结果看作是一个作为整体的,不自觉地和不由自主地起作用的力量的产物。因为任何一个人的愿望都会受到任何另一个人的妨碍,而最后出现的结果竟是谁都没有希望过的事物。对于这种现象应当怎样理解?马克思主义认为,一方面应当把人类以往的历史理解成一个服从于一

---

① 这里所引《辩证理性批判》第二卷的材料,除关于"一国中的社会主义"见之于发表在《新左派评论》第100期(1976年11月—1977年1月)上萨特的《一国中的社会主义》原文外,其余都转引自阿隆孙:《萨特的转折点:被放弃了的〈辩证理性批判〉第二卷》,载于《萨特的哲学》,伊里诺伊1981年版。

个运动规律的自然过程；另一方面，又认为每一个意志都对作为各个相互冲突的意志的合力的历史最终结果有所贡献，是包括在这个合力里面的。

如前所述，萨特在《辩证理性批判》第一卷关于匮乏—异化的社会本体论的论述中，曾经涉及过这个问题；而在其第二卷中，则把它当作理论框架，全面、具体地展开这个问题。那么，萨特在《辩证理性批判》第二卷中，又是怎样围绕着这个理论框架来展开他对这个问题的论述的呢？

1. 关于一国中的社会主义

在《辩证理性批判》第二卷里，萨特首先从分析拳击师在拳击场上的拳击比赛，一个大的集团内的两个亚集团之间的矛盾斗争入手来展开这个理论框架。

萨特把拳击比赛同整个社会生活联系起来作为"一切冲突的公开体现"，并论述了资本主义社会通过被压迫者的相互反对，而把匮乏的内在化暴力驯化到暴力的有规则的和有利可图的发动中。关于一个大的集团内两个亚集团的矛盾斗争，萨特说这不只是一种破坏力量，而且表现了集团本身的辩证法。为什么一个具有共同实践的组织集团，会被其两个彼此对立的亚集团以整体的名义所分裂？萨特说，这是因为一个集团在其实践中创造了一个"实践—惰性"领域，这个实践—惰性领域转而提出了二者择一的实践。所以，两个亚集团之间的斗争只有当它建立在共同实践的实际展开的基础上，才显现和展示出来。

接着，萨特就用他这一套"拳击"和"亚集团"的理论去分析"在(20年代的)苏联出现的一国中的社会主义的意识形态怪物"。

萨特认为，在20年代初，苏共内部斯大林同托洛茨基之间的冲突"是通过两个主角对于党的共同实践中的矛盾的总体化"。这个矛盾的一方面是，在落后的、被蹂躏的苏联，社会主义的实现，有赖于欧洲其他地方的革命；矛盾的另一方面则是，布尔什维克的革命却分裂了欧洲的工人运动,并吓得欧洲一些地方的资产阶级投入法西斯主义的怀抱。苏联政府承认,要是没有最发达的社会主义联盟,那么要建设一个真正的社会主义社会就是不可能的。但是,在被包围、不发达、被蹂躏、欧洲革命正处在低潮等条件下,采取行动去鼓励建立这样的联盟,却会使布尔什维克革命本身冒险,而不采取这样的行动,就只有最野蛮的社会主义。于是,布尔什维克领导现在就面对着一度曾经是统一的革命计划的被撕裂的两半:或者保持俄国的社会主义,或者使俄国的社会主义激进化。

面对着这种二者择一,斯大林和托洛茨基作了不同的抉择:斯大林体现了俄国特殊主义,他把目光转向俄国内部,小心使马克思主义地方化,使之适合于俄国的落后性;而托洛茨基,据萨特说,则体现了"西方普遍主义",他热情"赞助欧洲革命","闪烁着马克思主义理论家的光彩"。

萨特说,"一国中的社会主义"的口号,就是苏共领导内部这场冲突的产物,同时又代表了整个苏联社会中的矛盾和转变。它意味着"说让我们除了依靠自己以外不依靠别人";意味着预先抛弃认为世界上的无产阶级在实践中是相互依存的思想;意味着承认一切东西都必须服从苏联的建设性防御;意味着苏共必须对欧洲共产党实行一种真正的专政;意味着社会主义革命一旦由理想变成现实,它就不再是普遍的和国际的。……但在另一方面,"一国中的社会主义"这个不可理解的怪物,却变成了一种革命实践的变了形的真理,它成功了,因为它统一了理论和实践、普遍和特殊、仍然异化的历史的传统深度和文化解放运动、后退的否定运动和希望的肯定运动。

萨特用"一国中的社会主义"这个实例去证明:在一个已经融合起来的集团中的内部冲突,是集团的"普遍总体化"的"一个体现和历史化",集团的实际计划的真正的历史的展开,产生了不可还原的抉择和冲突。所以,他认为,应当把"一国中的社会主义"口号看成是论战力量多样性的一个不可预告的和变了形的合成结果,它被封锁在一场斗争中,这场斗争的逻辑改变了一切参与者的最初观点。

应当指出,即使暂且撇开别的不说,萨特把"一国中的社会主义"引为他关于拳击比赛和亚集团斗争理论的实例,也是不恰当的。因为在历史事实上,"一国中的社会主义"口号并不是斯大林和托洛茨基在20年代斗争的产物,而是早在1915年8月就由列宁明确指出的原理:经济政治发展的不平衡是资本主义的绝对规律。由此就应得出结论:"社会主义可能首先在少数或者甚至在单独一个资本主义国家内获得胜利。这个国家内获得胜利的无产阶级既然剥夺了资本家并在本国组织社会主义生产,就会起来反对其余的资本主义的世界,把其他国家的被压迫阶级吸引到自己方面来……"[1]

2.关于苏联发展中的悲剧

在"一国中的社会主义"之后,萨特紧接着就来论述苏联发展中的悲剧。

萨特说,在俄国工业化的历史环境中,领导的革命实践必须摧毁作为自由的实践有机体、作为共同个人的工人,以便能从对他们的摧毁中造就"苏维埃人"。萨特认为,这是一场官僚主义同工人阶级之间的斗争、管理者同群众之间的斗争。在这场斗争中,管理者在一种非—交互作用(non-Reciprocity)的实践中,在一种就客观上说是压迫和强制的实践,但还不是一个敌对阶级的实践中,把群众总体化到被操纵和分散的群集之中去。随后,萨特就集中主要力量分析布尔什维克的实践如何导致在工人阶级中间造成社会中坚和官僚主义,如何导致创造一种苏联等级制去拯救一场致力于废除一切等级制的革命的问题。

萨特说,无产阶级革命的目标,本来是要建立一个由工人完全控制生产过程的社会。但是,在匮乏和外部威胁的条件下,革命领导却不得不尽快克服"物的抵抗",首先发展重工业。为此,就必须鼓起

---

[1] 列宁:《论欧洲联邦口号》,《列宁选集》第2卷,人民出版社1995年版,第709页。

群众对生产的兴趣,而在那种环境下,这样的兴趣不能作为劳动的客观条件确立起来,也不能靠简单的强制产生出来,于是,领导就只能发展斯达哈诺夫运动。这样,在确立起一个领取工资报酬的队伍同布尔什维克平等主义的矛盾中,我们就可以看到,不能既保存布尔什维克原则,同时又拯救革命,而必须在或者粉碎革命或者背离革命中作出抉择。布尔什维克选择了后者。然而,这样一来,苏联社会的代理人就不再是一群没有特权的贫穷的革命党人了,这就是萨特所说苏联发展中的悲剧。

毫无疑问,为了坚持和发展马克思主义,对于苏联发展中的悲剧是必须认真总结和分析的。但是,萨特把苏联在克服了平均主义以后实行按劳分配原则,说成是"背离革命"的"悲剧",却是不正确的。这是因为平均主义并不是马克思主义的共产主义理想,而且为了在未来的共产主义社会实行按需分配,在社会主义社会就必须坚持按劳分配,这并不是苏联的独创,而是马克思在《哥达纲领批判》中反复强调的重要原理。萨特指责这是"背离革命的悲剧",只能说明被他奉为评断是非的指导原则的,并不是他所标榜的马克思主义,而是一种小资产阶级的极左的激进主义。

3. 关于斯大林和对他的个人崇拜

萨特反对把苏联的清党、莫斯科审判等统统归因于斯大林的个人品质,认为这种用偶然因素、个人因素去说明问题的思想路线是不可容忍的抽象,它没有把"斯大林主义"的一切特殊特征植根到革命过程本身中去。与此相反,萨特认为,苏联实践过程的环境,决定了它的主权机关只有通过把权力放在一人手中才能得以生存和活动。苏联发展的条件要求把对领袖的个人崇拜当作统一人民的方式,因为它要求它的人民既要作出最大努力,又要在政治上消极和相互分离开来。那么,为什么会把权力赋予像斯大林这样一个特定的个人呢?

萨特说,那是因为,斯大林的教养使他把当时当地情境所要求的品质加以内在化了。为什么没有别人把这些品质统一在自己身上呢？萨特说,那是因为当着匮乏进入社会生活一切方面时,也产生了"人的匮乏"。正是变成了特殊情境的人的斯大林,"在实践使自己适应于他的预制好的特性的范围内,使自己逐步适应于实践"。萨特还批评普列汉诺夫关于功能创造出行使功能的人的观点,说它忘记了这样一个事实:历史把自己个别化在它的人的身上,而人则在发挥其作用时又按照自己的特性去改变历史。

萨特归结说,总之,苏联的形势要求具有斯大林那样品质的个人主权者去体现其需要,而在另一方面,由斯大林的怪癖所加诸清党和莫斯科审判的压迫形式,不久就被吸收为苏联生活的确定方面。

在这里,萨特在实际上把对斯大林的个人崇拜说成是在当时苏联环境中一种注定不可避免的现象了。然而,这种说法却是不符合历史事实的,因为在同样的苏联环境中,比斯大林威信高得多的列宁,并没有容许发展对他的个人崇拜。对斯大林个人崇拜现象的形成和发展,一方面固然是同苏联发展过程中形成的权力高度集中,实际上的领袖职务终身制和缺乏对领袖的监督制这样一些制度方面的弊端密切相连的,另一方面,却又是同斯大林本人接受、欣赏并鼓励个人崇拜的错误态度分不开的。正是这两者的结合和相互助长,才给苏联党和国家的政治生活造成了严重危害。萨特片面地把对斯大林的个人崇拜说成是注定不可避免的现象,这是由于他在其无限夸大个人意志作用的唯意志论碰壁后跳到相反的另一极端的结果。

4. 一些本体论方面的思辨

萨特把他对苏联发展中一些问题的分析,逐步上升到理论的高度。

首先是提升到"包裹住一切方面的总体性"。萨特用这个概念去指人的实践被实践所创造,但不受实践控制的实践—惰性世界所统治的现象。但是,这个概念又不同于实践—惰性概念,因它是指实践的被打算达到的结果(连同其可以预见的后果)和结果的未被预见的后果之间的辩证关系。萨特认为,这个概念是指的一种循环运动:人们在对象化中实现自身,而这种对象化又改变着他们。

接着,他又把这些论述提升到"自在的存在"。萨特说,我们人类的计划是被那些在原则上超出我们的理解和控制之外的力量所局限和限制的,我们的实践过程在内在性中把自己理解成通过创造其产品而创造自身。但它的先验的规定,却把它构成为一个不是它自己的可能性的基础的现实。这样,我们就在我们的辩证经验中,发现实践过程的自在存在,就是可被称作是它的不可还原的现实,而作为这种总体性的自在存在,是被看作为先验外在性的内在限制的。这样,由人类所生产同时又生产着人类的包裹住一切方面的总体性,可以说是超越我们范围的一个外界:自在。

随后,萨特又在此基础上展开了他对异化根源的分析:在劳动中,有机的变成物质的,物质的变成有机的,从而创造了惰性物质同由这种物质形成了它,它又为这种物质服务的有机体生活这两者在本体论上的统一。萨特强调说,一切异化的根源正在于加过工的物质的这种特征。

萨特以机器为例指出,作为生产的这个或那个部门的机器,这种打着人类印记的惰性,一方面把分开的人的劳动统一了起来,但在另一方面,在这个过程中,统一和控制的力量却被从那些在这项或那项任务上进行劳动并把其劳动留在机器的消极综合上面的人那里移走了,被机器划分成各个部分然后加以分配和调节的有机体的活动,变成无非是一种受指导的惰性的形式——他已经像一架被其管理者所指挥的机器那样举动。我们活动的自相矛盾在于,一切都能被归结为惰性过程的连续。这就是说,当有机体力图把他的物质环境造成为有利于他的生活的惰性过程的结合时,却发生了这样一种循环性:有机体为改变物而变成了惰性,从而被他所曾劳动过的惰性所制约。

十分明显,萨特在这里宣扬的是一种异化到处存在、永远存在的理论,而他编织这种理论的思想基础则是在《辩证理性批判》第一卷中已经露头的那种把异化和对象化混同起来,认为一切对象化都是异化、都必然导致异化的不正确理论。

九、高兹:把"存在主义的马克思主义"和生态运动、后工业社会理论结合起来

在法国哲学界,高兹以体现存在主义哲学在第二次世界大战以后急剧政治化的倾向而闻名,他把存在主义特别是萨特的存在主义的哲学见解,用于指导自己积极参加的20世纪60年代的新左派运动,进而又把它同70年代开始崛起的生态运动以及"后工业社会"论紧密结合起来,提出了"政治生态学"、"后工业革命"等等理论,为存在主义哲学在70年代和80年代在法国的发展开辟了新的活动领域。

(一)生平和著作

高兹原籍奥地利,后移居法国,以新闻记者为职业。早在学校里读书的时候,特别在第二次世界大战以后,高兹就埋头于研究萨特的存在主义哲学,在1946年他同萨特的一次会见中,以高度熟悉萨特的著作而引起了萨特本人的注意,由此开始了他师从萨特,同萨特在哲学和政治上的毕生结合。

萨特的终身伴侣西蒙娜·德波娃在其回忆录《环境的力量》第1卷中,曾以生动的笔触回忆萨特同高兹的那次会面的情景:

"在(瑞士)洛桑的一次舞会上,萨特遇见了一个叫作高兹的青年人,他像熟悉自己的手背那样,熟悉萨特的一切著作,并且非常博学地谈论着它们。在日内瓦我们再次遇见高兹。他把(萨特的著作)《存在与虚无》当作他的出发点,(但)看不出人们怎么能够把一种选择正当地看成优于另一种选择,萨特的委身使他烦恼。萨特告

诉他那是因为是瑞士人。"①

瑞士人不能理解"把一种选择正当地看成优于另一种选择"之间有什么关系呢？原来瑞士是一个永久中立国。在一种选择与另一种选择之间永远保持中立的人，当然是不能理解为什么一方会优于另一方，从而委身于它的。萨特在这里是以瑞士为比喻，来告诉高兹，他之所以看不出为什么人们"把一种选择正当地看成优于另一种选择"，原因在于他自己在两种选择间保持中立。应当说，萨特的这个回答，并没有解决造成高兹疑惑的存在主义伦理学的含糊性问题，但高兹和萨特却从此相互熟悉了。

在政治思想的变化发展方面，高兹也和萨特有类似之处：他先是在20世纪50年代初期向马克思主义靠拢，而在1956年波匈事件以后和共产党疏远。从50年代末期开始，他像前共产党人列斐伏尔一样，企图根据现代社会中发生的变化去修改马克思主义，又和"是社会主义，还是野蛮？"集团的负责人加斯托伊迪士一样，把自治看作是解决苏联模式的困境的工具。与此同时，高兹又把这一切同萨特在《辩证理性批判》一书中对异化现象所作存在主义的马克思主义分析结合起来，为60年代法国新左派的政治战略提供理论基础，高兹据此而在国际上被奉为"战斗工人阶级的主要战略家"。

1961年，高兹就任萨特和梅劳-庞蒂等人创办的《现代》的负责政治方面的编辑，在此期间，他把意大利新左派中"宣言"集团负责人马格里斯等人描述劳动和消费中的异化现象的著作加以普及化，由此开创了《现代》杂志的"意大利时期"。

以后，高兹又以米歇尔·鲍桑葵为笔名，成为标榜为独立的社会主义周刊的《新观察》杂志的经济编辑和撰稿人；1973年政治生态学杂志《未开化的人》创刊以后，高兹又成为它的一名撰稿人。

在1968年的"五月风暴"中，高兹和萨特等人一起，在《世界》上

---

① 西蒙娜·德波娃：《环境的力量》第1卷，英文版，第92页。

发表宣言,称赞学生运动是一种克服社会的异化制度的英勇努力。

在"五月风暴"以后,高兹的政治思想又向卢森堡方向摆动,认为一场成功的革命需要有政党,但不是先锋队式的党,它的基础应该是生产党上的工人管理,由此高兹转入到对工厂中劳动分工的研究和对科学技术作用的分析,结果打开了把政治生态学领域作为发达工业社会基本矛盾领域加以研究的通道,进而提出"后工业革命"、"后工业社会主义"的一系列问题。

高兹著有多种著作,如《卖国贼》(1958年,萨特曾为之作序),《历史的精神》(1959年),《劳工战略》(1964年),《艰难的社会主义》(1967年),《改良和革命》(1969年),《劳动分工》(1973年),《生态学即政治》(1975年),《生态学与自由》(1977年),以及《告别无产阶级》(1980年),《资本主义、社会主义、生态学》(1991年)等等。

2007年9月,在其妻子多琳娜患不治之症、身受剧痛折磨后,高兹和她并肩躺在床上,双双服药自杀。他在写给病中妻子长达75页的情书《致D书:情记》中写道:"我们共度了58年的时光,我爱你胜过从前","我们彼此说过,倘若有来生,还要共度"。此书在其死后出版,短短几周内卖出了两万册,成为畅销书。

(二)对萨特异化观的发挥和运用

早在20世纪50年代末期,萨特就对当时正在形成的新左派学生运动具有明显的影响。萨特在抗议阿尔及利亚战争中的领头作用,使他赢得了学生活动家的尊敬,特别是萨特在《辩证理性批判》中对异化现象所作"存在主义的马克思主义"的分析,更加有助新左派学生把其对生活前景的不满,集中到现代发达资本主义的官僚社会上面去。

高兹认为,应当把萨特对异化现象所作的这种"存在主义的马克思主义"的分析,当作把新老工人阶级围绕着一个激进纲领团结起来的理论基础。为此,他在《萨特和马克思》一文中,着手去阐述和发挥萨特的这种异化观。

高兹秉承萨特的观点,认为辩证法的基础在于个人的实践和体验:"除非个人(当然不是被设想成一个单子的个人……)能用他本身和他自己的实践去体验它,否则辩证法就不可能有任何基础","除非是对某个人来说的,否则就没有什么确定性、没有什么意义、没有什么理解"。

高兹还认为,要是不从个人去理解社会,那么,社会便也是外在的:如果"用物质地构造的社会整体去说明个人,却不通过个人而使这些社会整体成为可以理解的,那么,除非把社会当作一个外部客观和从一个外在(非辩证的)观点出发,否则就不能认识社会。同样,也只能从外面把个人理解为一种纯消极的产物";不仅如此,要是社会不是通过个人成为可以理解的,那么,"作为人的社会化的社会主义,就永远也不能和作为社会的东西的人化的社会主义相一致。"高兹说,实证主义假设历史过程是不能被辩证的可理解性所穿透的,这样,"由一种外部的逻辑所产生的社会主义将还是外在于个人,不是社会和历史服从个人以及他们的要求,而是个人服从社会以及社会对个人的要求,不是个人的'充分发展',而是对个人的否定,不是社会的东西对个人实践的透明性,而是个人对他自身的不透明性。"高兹认为,这种流行了一个长时期的社会主义观必须在这个领域里瓦解。

接着,高兹就在这个强调"唯一的主体、绝对的主观性"的基础上来阐述和发挥萨特的异化观:

"萨特认为,异化的必然性和对象化的必然性是不同的,但是在一个匮乏和社会性群集与消极存在的世界里,异化的必然性却就是对象化的必然性。"①

　　萨特拒绝一切宗教的或形而上学的异化定义,而认为"异化既不是一种自然的宿命,也不是人性固有的特征;它是通过被加过工的物质所中介的其他人的实践,在确定的物质环境的基础上,实践所遭受的否定命运。换言之,异化的必然性是某种历史的东西,而不是某种本体论的或形而上学的东西,所以在原则上必然是有可能消灭它的","但是,只有当一切人的实际联合,消灭了那些在其基础上使一切人的实践对于每一个人来说是一种敌对力量的物质环境时,才能消灭掉这种由一切人加于我们每一个人的命运",而在此以前,"在每个人不以否定他人的生存或需要的满足的范围内,他又是一个潜在的'反人'——'对于人来说的一条狼'。"②

　　高兹特别强调说,萨特对这个课题的处理方式是对马克思主义哲学的一个暗中提示:共产主义将是前史的终结和人类历史的开始,共产主义在事实上的前提是,匮乏必须让位给丰裕,应当用这样一种方式去支配自然,使它不再和人类生活相敌对。

　　高兹着重强调异化的普遍性,为此,他不仅重申萨特关于资本主义产生新匮乏的观点,说工业发展在生活必需品之外的其他方面再生产着匮乏——时间、人的基本资源、能量等等方面的匮乏,并且认为,每个地方性和局部性的反匮乏斗争的胜利,都带来了把匮乏转移到其他地方去的结果,只有这样才能使人们理解帝国主义战争、帝国

---

　　① 应当指出,高兹对萨特的这个阐述,和萨特观点的实质不符。因为在实际上,萨特始终是把对象化看作是异化的源泉的。在《存在与虚无》中,萨特认为,主体由于把自己对象化在某种别的东西上面而异化;而在《辩证理性批判》中,萨特认为,自由实践把它自身对象化在由别人所中介的加过工的物质中而异化。

　　② 应当说,高兹的这个说法也是不符合萨特的原意的。因为在《辩证理性批判》中,萨特不仅把异化说成是在匮乏的条件下,人类实践的先验可能性,而且还在他的关于社会集团的形成和分解的"历史人学"中,描绘了一幅人们在异化和反抗中苦斗,人类永远也不能克服异化的可怕图景。在这种"历史人学"的不同层次上,异化只是在形成"融合集团"的转瞬即逝的时刻,才被暂时压抑下去,当着集团不可避免地蜕化变质时,异化就重新露头了。

主义内部斗争和社会主义阵营内部裂缝的扩大。

高兹反对把匮乏看作只是资本主义发展阶段的环境和产物,而鼓吹社会主义异化论,他说这是因为"社会主义还不能废除'必然性的统治'"。但是,他又说,萨特明确指出了必然性领域的可压抑性,这就是当各个个人面对一种反对"我们大家"的威胁时,就不再为自己而在彼此之间进行斗争,而联合起来一起去反对不能被分散的个人活动的多样性所支配的一个敌人或障碍,这就是萨特所说的"融合集团"。融合集团是辩证总体性的唯一典型。在这里,异化至少暂时被废除了,但融合集团却不可避免地要变质。高兹强调说,"萨特对集团变质的描述有一种特殊的当代兴趣,因为他把革命热情时期之后国家和官僚主义的形态的现代历史经验图式化了。萨特暗中(有时则明确)地指法国、俄国、古巴和阿尔及利亚革命。萨特认为,'辩证法的形式法则'总是不可避免地导致融合集团(一个彻头彻尾地能动和主权的共同体)滑到统一的一种多样化的、不透明的和异化的形式。斯大林主义不是一种或多或少地偶然的偏离,一切过去的革命都终结于或多或少地僵化的官僚形式的过程,甚至当它们作出努力反对这一点时(如在南斯拉夫)都例证了要加以理解的辩证法则。"

高兹说,马克思认为,共产主义的特征在于匮乏的终结,在于多技术主义(专门化的对立面),它将允许个人间任务的无限变更,也在于作为"由贫困和由外在目的所强加的一种义务"的劳动的废除。但是,高兹却认为,"这三项条件的实现,对于我来说,还是难以想象的,或许比100年前更为困难。"①

高兹用这样一种"存在主义的马克思主义"的异化观去观察资本主义社会和争取社会主义的斗争的问题。他认为,人的总体化活动发生在一个以匮乏为其主要特征的外部世界中,而在匮乏还支配

---

① 高兹:《社会主义和革命》,纽约1973年版,第237—270页。

人的时候,向社会主义的"质的飞跃"是不可能的,匮乏的存在和再生产,是资本主义重新创造的异化的根源,并通过使需要神秘化和使人的活动物化的办法,使其统治永久化。

高兹强调指出,资本的专政,是一种总体专政。这是因为:

"资本的专政不仅在对财富的生产和支配上面实行,而且以同等的力量在对生产的方式、消费的模型,以及消费的方式,劳动、思维、生活的方式上面实行……在对社会关于未来的见识、对它的意识形态,对它所优先考虑的事情和目标,对人民体验和认识他们自己、他们的潜力、他们同其他人和世界其余部分的关系的方式上实行。这种专政既是经济的,同时又是政治的、文化的和心理的:它是总体的。这就是为什么把它当作一个整体,在一切方面,以一个全面的替代物的名义同它进行战斗是正确的原因。……为一种关于人、生活、教育、工作、文化的新概念而进行的文化战斗,是为社会主义而进行的其他一切战斗获得成功的前提,因为它确立它们的意义。"①

而社会主义战略的目标是把总体化的人的实践,从资本主义异化的强制下解放出来,这意味着提出对资本主义的抽象否定是不够的,所需要的是积极否定,是体现新的需要,新的能力和新的社会主义理性的可行的替代性纲领,这种替代性的模型表现为工人阶级通过争夺资本的权力,以一种否定和局部的方式直接地肯定的自主性的积极反映。

据此,高兹提出了用这种"存在主义的马克思主义"的异化观去把新老工人阶级团结起来的"激进纲领",制定了在发达资本主义社会争取社会主义的劳工战略。

这个"激进纲领"认为,资本主义的主要罪恶,是工人在资本主义生产过程中创造性的异化,为了克服这种异化,应当把工人自治规定为社会主义运动的目标;"新工人阶级"是工人阶级的先锋队,他

---

① 高兹:《劳动战略》,波士顿1967年版,第131—132页。

们的克服异化的自治要求,是最发展的革命要求。工人通过企业的结构改革,把生产过程置于自己的控制之下,这样就把权力从资方转到工人手中,从而瓦解了由对劳动的经营管理和劳动任务的执行这两者之间的分割所产生的异化。而高兹制定的劳工战略,则认为在发达资本主义社会中争取社会主义的斗争,必须从劳动场所开始,在政治上行动,就是把生产者在生产过程中的异化同生产者在社会中的异化联结起来。

高兹认为,他根据"存在主义的马克思主义"的异化观制定的这个激进纲领和劳工战略,能够利用现代发达资本主义社会生产过程的内部矛盾,而且包含着权力分散,包含着对国家或资本的权力的限制,包含着人民权力的扩展,通过直接斗争而赢得的结构改革,既利用了又增加了资本主义生产过程中的矛盾,而且这些结构改革又总是超越它本身而指向一种新的社会主义合理性的模型。正是这种新的社会主义合理性的模型,能够吸引群众去改变现状。

然而,对高兹的战略持批评态度的人指出,高兹战略的缺陷也正在结构改革上面,因为在他的关于工人自治的要求中,有劳资共管的危险,它将不触及私有财产。所以,这种战略带有蒲鲁东主义和无政府主义的强烈色彩。总的来说,在结构改革的过程中,它把国家政权问题和一般的政治问题缩小到最小的程度。

(三)对"五月风暴"的总结和对政党作用的重新估计

高兹不仅和萨特一起,积极支持和参加了1968年5月—6月间爆发的旨在反对法国垄断资本主义的"五月风暴",而且在事后,还对自己提出的激进纲领和劳工战略进行检查,对"五月风暴"进行总结,特别对政党的作用进行重新估计。

高兹对"五月风暴"的总结,从分析自发性的局限性和对于革命政党的迫切需要开始。

高兹认为,每一个革命运动总是靠全面、彻底地拒绝现存社会制度及其一切可能的改善来哺育自己的,但是,每一个革命运动又只有在其发展中,展示出一种新社会的大纲,建设它,使之发挥作用,以及它在未来发展的工具时,才能进一步向前推进,才能坚持自己存在的权利和侵入到现存制度中去。而一个革命政党的特殊职能就在于在这中间架桥,在于规定把对正在崩溃中的制度的拒绝,引导到建立一个新社会的"中介"或中间性目标。而要是缺乏这些中介,要是不能超越单是拒绝现存制度的要素,这种革命运动就将倾向于成为一个自在的目的:无非是解放性暴力的又一次爆发罢了。

高兹说,问题的关键在于,现存的政治的和工会的机器没有能力把革命运动所解放出来的大胆想象,引导到行动上去,引导到那些一旦达到就会在社会制度中造成不可逆转的变化的目标上去。他认为,"五月风暴"的无政府主义和极左特性,在事实上反映了那些声称代表工人阶级的组织在政治上的全面破产,反映了它们对运动底下的深刻推动力不能理解,不能把它变成政治运动:

"正是运动的自发性使它能非常急速地获得一种直率的革命形式——普通战士大会的至高无上性;一切等级制、官僚的僵化和权力与责任的委派代表制的(至少在关键时刻)瓦解;从下而上的自我决定;通过占领工厂和通过自由集会,推翻社会和职业隔阂而获致的早期的'文化革命';对于一切形式的不平等和劳动的等级制划分等等的挑战。但也正是这种自发性,使它不能规定下一个目标和组织,而要是没有这样的目标和组织,它就不能给予其目的以统一性,它就没有在一个广泛的配置和一般的政治攻势中协调直接要求和地区活动的战略能力。"[①]

高兹回顾"五月风暴"时的情景说,当时,成千上万的罢工工人,用工资要求去表现一种革命的渴望,然而在运动的高潮时,任何工资增长都不能满足他们,这不是因为他们要求增加更多,而是因为他们

---

① 高兹:《社会主义和革命》,纽约1973年版,第37—38页。

活动的形式和动力告诉我们,他们能够获得,所以应当要求某种不同的东西。而这"某种不同的东西",又不是在制度框架内可以计算和实现的。资产阶级自由主义者对难以驾驭的学生和工人说:"告诉我们你们究竟要什么?"然而,为了说明他们究竟要什么,他们就必须重新集结、组织、分析形势,共同决定他们所要的东西。只有深入到运动之中的革命党,才能作出这种综合并把它变成政策,设计出一种战略,并发动一个革命变革过程。而这又包含党和群众、纲领和运动、政治活动和政府活动之间辩证关系的概念。

所以,高兹强调说,"五月危机第一次以实践的名词指出了西方革命的前景,它揭示了无论是法共还是任何别的政治力量都没有准备好去面对这种前景的事实。过渡到社会主义突然变成一个迫在眉睫的问题;但是,没有任何有组织力量能够决定过渡社会的本质,在这个社会内的权力分配或它的经济、文化和国际政策,资本主义突然拉起帷幕揭示了存在于远处的东西,但任何人都不知道怎样达到那远处。它使那些声称领导人民的人吓破了胆,所以他们什么也没有做。最后,五月风暴因为缺乏任何政治解释而崩溃了,自称是法国左派政党的机器在政治上崩溃了,因为他们不知道如何解释这个运动。"①

这样,形势就把高兹在"五月风暴"以前很少谈到的革命政党在革命运动中的作用,尖锐地、迫切地提上了议事日程。高兹说,"五月风暴"的失败,证明了需要有一个党。没有党,夺取政权是不可能的:"没有一个革命运动,就不可能有任何革命党,而没有一个革命党,就不可能有任何持久的革命运动,这就是法国五月运动再次证明的东西。"②

当然,高兹所说的"革命党",并不是列宁缔造的那种无产阶级

---

① 高兹:《社会主义和革命》,纽约1973年版,第43—44页。
② 高兹:《改良和革命》,巴黎1969年版,第26页。

先锋队式的党,而是群众性的党。高兹认为,这样的革命党,应该具有四个方面的功能。

第一个功能是理论工作方面的功能。

一个革命党必须不断地分析资本主义变化着的结果,对这个制度内产生的矛盾进行具体的经验研究,并对有关那个过程中斗争的情报进行分析和传播。在这种理论工作中,还"必须重新定义国家理论,必须使之表明,官僚主义集中制,国家控制政党和文化,工会的训导,这些都不是社会主义所固有的组成部分。这个研究还必须表明,计划如何地能够既是民主的又是集中的,它如何地能够掌握质量和技术变革问题以及和工人自治一起发生作用,它还必须树立一种同资本主义生活方式相对立的、更高级的生活方式"。

高兹说,"西方的革命取决于在重新思考社会主义方面没有前例的批判的和理论的努力,摆脱旧的清规戒律和新的咒语,用从欧洲、拉丁美洲和亚洲的革命经验中学到的正面、反面教训去丰富马克思主义研究。"①

第二个功能是对局部的矛盾和要求进行意识形态上的综合,并说明它们的特殊本质和自主性。高兹认为,革命运动必须要有一个政治纲领,并不断加以修正,以便用自己的名义去表述斗争的一切阶段,而不是把不同的信仰调和混合起来。意识形态上的综合必须提供一个武器,使党能用它去反对资产阶级在意识形态上的领导权,创造一个反资本主义集团,而不单是一个反资本主义的联盟。他说,在"五月风暴"之前和期间,就没有任何一个集团能够把法国社会中在技术上和文化上最发达的要素所或多或少地明确表达的对资本主义合理性的各种批判综合成一种广泛的反资本主义见解。高兹认为,展开一种社会主义"模式"的重要性现在越来越明显。然而,这种模式的表述,却不是一件学院式的工作,而必须是革命实践的意识形态

---

① 高兹:《社会主义和革命》,纽约1973年版,第56页。

上的颠覆性武器。在这里,学生运动的激进运动也是一个积极贡献,但既然学生运动是局部的,而不是阶级先锋队,它就不能要求为创造一个反资本主义集团所需要的意识形态和政治上的领导权。"只有一个把一切反资本主义斗争的线索集合到一个对社会存在的一切方面进行彻底改造的计划中去的革命政党,才能使学生运动超越其局限而变成群众性革命运动的组成部分。"①

第三个功能是教育和政治领导。革命党必须代表一个对资本主义社会的"积极否定",资本主义社会内一个活生生的矛盾。为此,党的纲领除了反映现阶段的斗争之外,还要做更多的事情:它必须催化新的斗争,并通过把各种要求放到一个过渡性的总体中,而使它们协调一致。

但是,革命党不应当把自己放在预先确定的政治路线的保证者的地位上,要求一切社会斗争不惜代价地服从这条路线,而是必须能够承认新的更先进的渴望,并通过把它们同一个广泛的革命变革纲领联系起来而把它们反馈到人民群众中去。

第四个功能是夺取政权和改造国家。这是革命党的主要功能,为此就必须民主地和在大规模上组织党,必须在基层、在劳动场所引发建党要求。

高兹认为,加强中央权威而削弱边缘权力中心和地方政府,是为垄断资本的统治所必不可少的,所以,一切旨在控制国家机器和现代资本主义社会而不打算改变它的政党,都要把他们自己的结构当作模式强加到现存国家上去。反之,一个革命党之区别于这些政党的地方,就在于"要在理论上和实践上侵犯作为垄断资本主义统治的一个表现的国家的独裁主义的和集权主义的性质;以及它的摧毁那认为这种程度的集权化在一个不论是资本主义还是社会主义的现代工业国家中都是不可避免的幻想",所以,"革命的目标并不是赢得

---

① 高兹:《社会主义和革命》,纽约1973年版,第60页。

国家政权,而是摧毁作为统治人民的分离的权力中心的国家"。

当然,这个目标本身必须永远反映在党的生活方式和行使领导的方式之中,党首先必须是一个永远进行辩论和直接民主的中心;它必须鼓励一切地方的集体的自我规定和自我统治;它必须不仅是一个在政治上和政治领导方面的专门化组织,而且应当也是人民在那里集合在一起去体验一种不同的生活,在实际上和在理论上搞出生活的政治的一个场所。"政治"和"政党"的意义本身必须被颠倒过来,它们必须被看作无非是一种解放的自觉的集体实践。

尽管高兹根据"五月风暴"的经验对革命政党的作用作了上述的重新估计,但他仍然认为政党只是一种"必要的祸害":"它之所以是祸害,是因为虽然革命事业同集权化的国家政权相对立,却又反映了一个以消灭一切集权化的国家为其最后目标的革命事业(其本身)集权化的必要性";而"它之所以必要,是因为需要有一个中心能够使各种经验彼此对照比较,协调它们并作一个综合的配景,一个反对资本主义国家的战略和旧物翻新"。所以,他得出结论说,"必须把作为一个中心组织的党,理解成一个短暂的结构,它将保证消灭资产阶级国家,以便在最终消灭它自己。"①

非常明显,虽然高兹的这个政党观比起否定一切政党的无政府主义观点来已经有所进步,但在另一方面,他把政党看作一种"祸害",把它规定为只是"保证消灭资产阶级国家"的"短暂的结构",却终究反映出他的思想还带有不分青红皂白地否定任何种类的集中化的无政府主义色彩。任何集中都是"祸害"吗?否,历史的经验证明,问题的症结不在于集中,而在于是一种什么样的集中,是官僚主义的集中,还是民主的集中?社会能够取消集中吗?不能。即使在将来彻底消灭了阶级的共产主义社会内,还得既有民主,又有集中,无政府主义者鼓吹的那种只要民主而不要集中的观点,在任何社会

---

① 高兹:《改良和革命》,巴黎 1969 年版,第 247 页。

都是行不通的。

（四）政治生态学的科学技术观

高兹认为,如果组织和领导一场成功的革命运动,就需要有一个革命党,一个群众性的革命政党。怎样才能保证这样一个政党是真正群众性的呢？高兹认为,应当在生产点上实行工人管理作为它的基础,而工人在工厂委员会中的自治则是工人维持其对工厂、政党和社会的控制的一条途径。高兹特别嘉许在"五月风暴"余波中法、意两国工人争取在生产点上获取工人管理和建立工人权力所作的努力。然而,又正是在密切注视工厂中生产的实际过程时,高兹发觉在过去被他看作是工人阶级先锋队的"新工人阶级",要比生产工人表现出更为传统的职业上的既得利益集团的优越感。这就使它不是发挥工人阶级先锋队的作用,而是使脑力工人脱离体力工人,于是高兹改变了他原先对"新工人阶级"和"工人委员会"的看法。

高兹说,历史没有使无产阶级成为历史主体,而是由一种只是按照资本主义的逻辑和需要去发挥作用的技术,在形成着无产阶级,这就是由资本主义连同其统治技术以及它的等级制劳动分工所形成的无产阶级。高兹认为,这种无产阶级,在气质上不能变成掌权者,如果它的代表夺取了资本所设置的统治机器,他就将再生产出同样类型的统治,并在他们的时代里变成功能上的资产阶级,工人委员会也不能发展成为工人自治和工人权力的独立中心。

高兹在密切注视法、意两国确立工人管理的实验中,发觉资本主义社会中现存的劳动分工首先就是一个障碍。例如,在一个工厂内,脑力劳动者和体力劳动者的分工,就阻碍着废除等级制的努力,而更为重要的则是,资本主义技术的发展还使工厂由一个独立地生产货物的经济单位,变成只是一个和几百里外的其他单位融合在一起的生产单位,国际劳动分工中的专业化和决策权集中在工厂之上的多国公司总部的高度集权化,预先排除了真正的权力分散和自主,当像在汽车工厂中,整个工厂往往只生产产品的一个或几个部件,从而严重地依存于几百里之外的另外的工厂时,这就严重地损害了工人的自主。这样,资本主义的劳动分工就使得克服异化的工人自治方案中权力分散和自主这两个核心要素归于落空。

于是,高兹在1973年发表的《劳动分工:现代资本主义中的劳动过程和阶级斗争》一书的序言中,强调指出,"资本主义的劳动分工是一切异化的源泉",而这种劳动分工又根源于资本主义的技术,因为"正是工厂的技术,把某种技术分工强加于人,而这种技术分工又转而需要某种类型的服从、等级制和专制主义,这样,技术就显得是一切东西的母体和最终原因"[①]。

当然,技术并不绝对必然地导致"工厂的暴政",因为这种"暴政"是包含在制定资本主义技术时所确定的目的之中的。资本主义给它的技术指派了双重目的:最大限度地生产,同时又剥夺工人的技能,从而也剥夺其对生产的控制。例如,资本主义装配线技术中所包含的对生产工序的细分和断片化,一方面创造出更高的生产率,另一方面又使手工艺工人的技能无用武之地。在生产工序再经过细分之后,劳动就成为无意义的,工人也被剥夺了在完成其任务中的自主性,而去适应于不是按照工人的需要,而是按照资本积累的需要设计的机器的要求。"整个说来,资本主义技术的历史可以被读作剥夺直接生产者资格的历史。……最合格的生产,工人的职业技能的划分为专业化,切断了自主。"[②]

高兹竭力强调科学技术对于社会形态的非中立性。他认为,资本主义的工业技术不仅具有大量的生产能力,也给工人解放带来不利的影响。他不同意把机器和对机器的资本主义使用严格区分开来,把资本主义中的异化全都归诸于资本主义生产关系,认为推翻了

---

① 高兹:《劳动分工》,伦敦1973年版,第Ⅻ-ⅩⅢⅨ页。
② 高兹:《劳动分工》,伦敦1973年版,第57页。

资本主义就能消除异化的说法和做法。他说:"只要物质母体还没有改变,对于工厂的'集体占有'就只能是对法律上的所有权的完全抽象的转移,一种永远不能结束工人被压迫和屈从的转移","如果这样一种转移不触动生产的组织和技术,它也将不触动等级制统治关系和权威的母体,像不触动旧的劳动分工一样——换言之,不触动资本主义生产关系,权力还将在资本方面,只是代表它的那些人有所不同,私人管理将被国家管理所代替,资本主义官僚主义被一种同样和人民分离的'政治'官僚主义所取代"①。

高兹对于技术的非中立性,强调到了公然否定生产资料所有制、社会制度的不同,对于技术使用方式的不同影响的地步,这种做法显然是极为偏颇的。

在收入《劳动分工》一书的《技术、技术人员和阶级斗争》一文中,高兹进一步否定了科学技术中立性的观点。他说:"直到最近,大多数马克思主义者仍然认为生产力,特别是科学和技术,在意识形态上是中立的,而且他们认为,这些生产力的发展天生是积极的",而高兹却认为这是一种对马克思主义命题的颇为机械论的解释。

因为首先,资本主义是以这样一种方式发展生产力的:它摧毁、隐蔽和否定它们的解放潜力。在这里,生产力的发展是同破坏力不可分解地联结在一起的。

其次,在资本主义制度下,劳动力的日益增大的部分所作的劳动,是非生产性的和寄生的。

再次,资本主义的发展采取这样一种方式:包括人的能力和技能在内的生产力是以一种畸形的方式发展的,从社会需要的观点来看是无用的。

高兹认为,资本主义生产关系和资本主义劳动分工在科学技术本身上面,在它们的断片化和专门化上面,在它们的发展方向上,在

---

① 高兹:《劳动分工》,伦敦1973年版,第Ⅸ页。

它们的实际应用甚至在它们所使用的语言上,都打上了印记。所以,使生产关系革命化的任何企图,都必定也包含不仅对技术的应用,而且也对生产的手段和技术进行彻底的改造。据此,高兹说,不能把科学技术看到是在意识形态上"中立的",因为它们是被资产阶级使用科学技术的目的,被它们在资本主义制度内发挥其职能的限制所制约的。

总之,在高兹看来,科学技术并不是独立于占统治地位的意识形态之外的,它们服从于生产过程,并且被融合于其中,它永远以资本主义生产为标志。所谓技术科学意识形态,无非是资产阶级意识形态的伪装罢了。技术和科学的文化和技能,清楚地打上了资本主义生产关系的印记(自动化和生产资料、生产力异化为"独立力量"),打上了把脑力劳动和体力劳动分割开来的资本主义劳动分工的印记,它只是以一种外部的方式,把一起创造"社会产品"的各种工作结合起来,否定工人自愿合作的任何可能性,使他们不可能理解和控制生产过程和其全面目标,把作出决定和生产劳动分割开来,把生产知识的能力和使用它的责任分割开来。

随着高兹在政治方向上向着政治生态学摆动,他又进一步发挥了他的这种观点。

政治生态学认为,现代西方社会的自然资源,正面临枯竭的边缘:经济发展所带来的对于空气、水、土壤的工业污染,特别是核的放射性污染,正在摧毁着地球上自然环境的生态学体系;再加上世界人口的急剧增长,更造成了巨大的世界规模的灾难,威胁着要毁灭地球。而避免这样一种世界末日预言的唯一机会则是停止经济发展,彻底改变我们的生活方式以限制消费,并从诸如石油、核裂变那样的不可再生的资源,过渡到诸如日光、潮汐、风、生物能那样的安全的、可以再生的资源。

根据政治生态学的这种理论框架,高兹把现代技术划分为性质上截然不同的两类。在1980年出版的《生态学即政治》一书中,高兹说,核技术代表一种独裁主义的政治选择,就其本质来看,它是一种具有巨大的工厂设备的高度集中的技术,它导致把决定权集中在少数人手里,而且由于所包含的安全危机(如雇员的破坏,偷盗放射性原料,恐怖主义袭击,等等),核力量本身就要求政府对人民有较大的控制。高兹强调说:

"全核社会是一个充满警察的社会,我全然不喜欢那个社会、建立在这样一种能量选择的基础上的社会,是不可能有最轻微的自治的。"[1]总之,核技术具有一个决定性的独裁的和加强资本的倾向性。

反之,日光、潮汐、风能、生物能这样一些可以再生的资源,则使用权力分散的技术,服从于大家的控制,人们不能出卖它们,它们也不能产生利润。所以,这些能源技术是潜在的民主的和反资本主义的。归结起来,他认为,核力量变成能源运动的中心问题,它包含有"选择我们所要的社会和文明的种类"[2]:在建立在独裁主义集权的技术(对个人和自然的统治)的基础上面的社会,同建立在民主的、非集权的技术(促进个人自主和同自然的合作)的基础上面的社会之间进行选择。

(五)对科技人员阶级属性的分析

当高兹把他的科学技术观用来分析科技人员阶级属性的时候,得出了否定"新工人阶级"存在的结论,虽然在60年代他也属于"新工人阶级"论者的行列。

高兹说,如果"认为产业中的科技工作者属于生产性、被剥削、被异化的劳动者的范畴是正确的话,那么,认为他们纯粹地是工人阶级的一个组成部分,却是不正确的"[3]。这是因为,只要科技劳动和体力劳动还是平行地但却分开地被完成着,那么,科技劳动者就还是

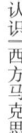

---

[1] 高兹:《生态学即政治》,波士顿1980年版,第109页。
[2] 高兹:《生态学即政治》,波士顿1980年版,第102页。
[3] 高兹:《劳动分工》,伦敦1973年版,第167页。

在生产着其他劳动者因之而被剥削和压迫的手段,从而必然被其他的劳动者看作是资本的代理人。反之,体力劳动者却并不生产科技劳动者因之而被剥削的手段,所以,科技劳动者和体力劳动者的关系并不是一种交互的关系,而是一种等级制的关系。

因此,高兹觉得,仅仅从资本和劳动的关系来考查科技劳动者在生产过程中的地位是不恰当的,还必须考察他和其他劳动者的关系。在这里,必须区分两种不同的情况。一种情况是技术劳动者监督、组织、控制和指挥生产劳动者集团,这些生产工人不论有什么技能,在工业等级制中只有一个低下的地位,并服从于技术劳动者;另一种情况是生产过程已经由技术劳动者实行了,通常他们从事一些日常的或者重复的劳动,对于同一个生产单位中的其他劳动者没有权威或等级制特权。高兹认为,像马勒那样,把科技人员当作"新工人阶级"的误解,就产生于他仅仅把注意力集中于第二种情况。然而,在事实上,第一种情况要广泛得多,而且在可以预见的未来还是如此。

高兹认为,为了理解技术工人在制造业中的功能,必须分析他们在技术上和在意识形态上两个方面的作用。因为他们不仅被委托去设计劳动过程,使生产达到预先确定的技术标准,而且也被委托去维持劳动力的等级制结构,使资本主义社会关系永恒化,即把生产者同他们集体劳动的产品以及同生产过程分割开来的任务。而且在通常,他们作用中的这第二个方面还优先于第一个方面。高兹说,这个事实以前在资本主义社会中很少受人注意,只是在中国的"文化大革命"以后,西方的人士才企图注意它。

迄今为止,一般人都认为分工、专门化和工业生产中工作的分割,这些并不是资本主义劳动分工的前提,而是为大规模机械化生产的技术命令所必需的;都认为细小的断片化和重复工作是技术分工的合理化的结果;而且一般都认为,这种非熟练的重复的劳动需要由技术专家来加以协调、监督、计划和测定,而这些专家则既需要有较高的技术技能,又要具有思想上和等级制上的权威。

对此,高兹持否定态度。他认为,从一开头,资本家所追求的,就是最大限度地扩大其对工资劳动的权力和控制,他们正是按照心目中的这个目标来组织劳动过程、决定生产技术的形式的。从资本家的观点来看的生产率,和从工人的观点来看的生产效率,并不是一回事。使得等级制和断片化的劳动分工成为必要的,并不是真正意义的技术进步,而是对最大限度地剥削的追逐。

高兹认为,资本主义劳动分工,连同其在脑力劳动和体力劳动之间、决定和执行之间、管理和生产之间所作的分割,是一种生产技术,又是一种统治技术。而工程师、高级技术员、完成监督职能的人,他们在制造业中的作用,就在于:第一,保证使活劳动服从于机器(死劳动),从而服从于资本;第二,使劳动者失去资格并把劳动归结为纯体力劳动;第三,他们享受重大的财政、社会和文化特权。

当然,直接生产劳动者和低级技术干部之间的社会文化差异并不是阶级差异,因为它在和工人相比时,固然处于等级制上的压迫地位,但它在自己的工作中又是处在被压迫、被剥削、被异化的地位。对于这种客观的阶级地位须要有正确的理解。这些低级技术干部在和工人相比时,觉得自己是工人阶级的一个组成部分,另一方面,又不能毫无保留地被包括在这个阶级之中,因为它受技术训练的制约,认为自己不属于工人阶级。高兹认为,"我们可以说他们是被神秘化的工人,而他们的等级制特权又支撑着这种神秘化。"[①]

这种神秘化在尖锐冲突的情况下,是能够通过意识形态的破裂而加以克服的,如在"五月风暴"中那样。但是,第一,这并不是必不可免的;第二,这并不意味着技术工人注定要成为先锋队;第三,他们是在斗争中理解到抛弃等级制劳动分工,对他们自己也是得多于失时,从政治上激进化工人那里获得这种教育的。而这就意味着他们必须努力把他们的特殊的技术和科学技能同他们在等级制劳动分工

---

① 高兹:《劳动分工》,伦敦1973年版,第176页。

中的作用区别开来,必须努力使他们的技术技能"社会化",就是说,必须寻找集体地发展这些技术技能的方式和手段,而不再由少数人在职业上垄断它们。在未来,虽然专门化是不能废除的,但是,特权和专业化却是可以废除的。

关于如何看待科技工人参加资本主义社会中新左派的造反活动的问题,高兹认为也应持慎重的态度。他说,不要由此得出结论说,这是科技工人"跳跃到无产阶级阶级意识的标志"。这是因为,更加经常的情况是,"他们不是作为无产阶级而造反,而是反对被当作无产阶级对待。他们造反反对等级制组织、他们工作的断片化和无意义,反对丧失他们全部的或部分的社会特权",这就是说,"他们反对等级制的权威,往往是他们重申他们作为职业的中间阶级的成员所曾一度享有的特权的要素的一部分,他们为他们自己拒绝无产阶级化(但只为他们自己)并认为他们能避免这种命运,因为他们认为他们自己不同于无产阶级,所以他们的斗争具有在事实上反对垄断资本主义,而不是在性质上反对资本主义的含糊性。"①

最后,高兹还根据现代资本主义的发展情况强调指出:

"10年前,马勒和其他人在谈到新工人阶级时,忽略了这种含糊性。他们(在那时正确地)区分了'新''老'工人阶级,说'老工人阶级'的要求主要限于'量'的事项,工资等等,而'新工人阶级'则为较为'质'的目标进行斗争。(然而)随着技术的和进一步的教育,以及劳动的技术化(或'智力化')变得越来越广泛,'新''老'工人阶级之间的区分变得过时了,至少就青年工人而论,他们知道或感觉到技术工人是'技术社会的无产阶级'","在他们对资本主义劳动分工的共同攻击中,存在着技术劳动和体力劳动在政治和意识形态上统一的客观基础",他们的"目标必须是一个'文化革命'的目标:摧毁不平等、等级制、脑力劳动和体力劳动之间的分工、概念和执行之间的

---

① 高兹:《劳动分工》,伦敦1973年版,第178—179页。

分割;一切工人的创造能力的解放"①。

(六)"存在主义的马克思主义"的后工业革命观

随着工业生产在技术革命基础上的发展,发达资本主义社会出现了劳动力结构方面和产业结构方面的变化,即工、农业生产所占劳动力比例大幅度下降,大量劳动力转入服务性行业,并且白领工人在数量上超过蓝领工人等情况,西方一些学者用"后工业社会"或工业化以后的社会的名称,来描述发达资本主义社会的新特征。

正是在这种情况下,高兹在20世纪80年代汇合了他用"存在主义的马克思主义"去指导西方新左派运动的理论观点,提出后工业社会革命论以及后工业社会的乌托邦共产主义的方案。

高兹所提出的这个理论方案认为,在后工业社会,人们的大部分时间都花在生产和出卖人们并不绝对需要的商品,如化妆品、梳妆用品、电子玩意儿、私人小汽车等等上面,它迎合了这个社会所独特的生产的需要。因此,"如果人们消费得好些,就能劳动得少些"。

所谓"消费得好些",就是说,使用满足衣食住的基本需要的、质量好而经久耐用的产品。如果能够把这个方针贯彻下去,那就可以"劳动得少些",就是说,大大降低目前发达资本主义国家工人的劳动时间,比如说每周至多工作24个小时,最后,甚至可以把社会必要劳动时间降低为每天劳动2个小时,就可满足一切基本的社会需要。所以,这种政策将为所有的人创造出大量的自由时间。这样,个人就能按照自己的计划去进行自主活动,并把文化重新融合到日常生活中去。例如,个人能学习工匠的技能,去生产基本必需之外的货物。于是,个人将不再是发达资本主义"奇观社会"的消极旁观者,而将主动地实现自己的创造性欲望:他们自己演奏音乐而不仅仅是聆听音乐,他们自己参加运动会而不仅仅是观看运动会,用他们自己的手

---

① 高兹:《劳动分工》,伦敦1973年版,第182—183页。

进行劳动而不只总是购买预先制造好的装备品,等等。

高兹认为,他的这个乌托邦共产主义在生态学上是健全地发展的。目前发达资本主义社会的经济发展综合征将被抛弃,自然资源将被节俭地使用和再循环,污染则因为借助于"软"技术而被制止。乡村将被改造得能进行有机的耕种和可以把人口重新移置进去,以扭转过度都市化的趋势,确立公共汽车、火车、"无司机出租车"和自行车的有效的、自由的大众运输体系,使人们有可能迅速到任何地方去,并大大减少由大量生产私人汽车而引起的空气污染。

高兹乌托邦的政治结构是一个民主地选举的政府机构,这个机构把自己的作用看作是通过为个人提供最适宜的条件、睦邻、共通性、发展自我——依赖的和主动满足自身需要的劳动集团来消除国家的职能,虽然还需要有某种集权化的国家计划。国家还将进行工作,但它将把自己的作用缩小到最小限度,而把权力分散的、自主的计划的领域扩大到最大限度,这样,这个乌托邦将是一个自治的社会,在其中,"国家开始消亡"。

根据这样的设想,高兹认为,后工业革命的主要目标,是扩展个人自主的领域而限制经济的和政治的必然领域,是确立个人主权的首要性。

高兹说,传统的社会主义理论期待生产力的充分发展会创造出能够占有整个生产力的充分发展的个人。社会活动的个人化和个人活动的社会化是共产主义发展的两个方面,将不存在个人活动和社会生产之间的冲突。然而,这个设想在实际上从未得到实现,因为生产力从未以社会化的生产能够变成一种丰富的个人活动的方式发展,也从未首先以整个社会层次上的劳动分工和组织能被每个个人当作自愿合作的普遍地意欲的结果来加以控制、反思和体验。相反地,事实倒证明了不可能创造出一个能向每人表明是他(她)同其他个人的自由合作所意欲的结果的、高度工业化的社会。

虽然可以通过使所有的个人都卷入到合作活动、冲突和感情关系中去建立一个高度自觉的共同体，从而使每个人都去保证被他们感到是"他们的"共同体的东西的融贯性，整个社会却仍还是由制度组织、交往和生产的上层建筑等等来体现和支配的关系，就是说，社会作为一种被构造的体系，必然是外在于它的成员的，它不是自由的、自愿的合作的产物。

资本主义国家的局限性、功能失调的弱点，意味着社会总是不完全地融贯的。社会主义的特征在于社会活动的结果是由作为一种客观的融贯性的集体性来预先规定的，每个人的活动是作为这个集体目标的功能而被调节和计划的。然而，问题在于，从个人的观点来看，计划仍然是一个没有被任何具体的人所打算的，而是被一切人当作一组外来强制来体验的"自动化结果"，它并不符合于现实的人的真正喜爱，因此，把计划的目标同每个人的个人实现等同起来，说成是每个人的公民的和政治的责任，那是错误的。

高兹正是据此而提出个人主权的首要性的。但是，他说，个人主权的领域并不是建立在单纯的消费欲望的基础上，也不仅仅是建立在松弛和闲暇活动的基础上，它更深刻地建立在不和任何经济目标相关，而是自在的目的的活动的基础上。这些活动就是交往，给予，创造，美的享受，生活的生产和再生产，柔软，身体的、感觉的和理智的能力的实现，非商品的使用价值的创造，等等，总是构成生存的结构的整个活动范围，从而占据一个原始的而不是从属的位置。

高兹强调指出："颠倒优先性的重量，使得由经济支配的社会化劳动，从属于构成个人自由领域的活动，正在过度发达的社会内的每个阶级中，特别是后工业新无产阶级中进行着。'真正的生活'在劳动之外开始，而劳动本身则变成扩大非劳动领域的一个手段，个人据以获得追逐其主要活动的可能性的临时职业，这是宣布向后工业社会过渡的一个文化上的变化，它包含着彻底颠覆资本主义所确定的意识形态、价值尺度和社会关系。"高兹还说，"这个关于以经济为方向的社会劳动应当为扩大个人自主领域——意味着自由时间活动——服务的思想,在马克思思想中已经占据核心地位。"①

高兹对于后工业革命主要目标的确立,还依据于他对劳动所作的分析。

高兹认为,资本主义的劳动分工不可避免地要使人失去个性,它把劳动变成一种受外界支配的活动,而且,要是不回到手工生产和乡村经济,要是不废除劳动分工,就不可能废除由社会规定的劳动的那种使人失去个性的、标准化的和琐碎等性质,这种劳动为个人的发展留下很小的范围。在工场车间、装配单位、办公室或建筑工地等单位实行技术自治,可以改善劳动条件、形式和关系,但它却永远不允许个人在每一种社会地规定的活动中得到完全的满足。同样,认为"工人控制"能够使每个人的劳动令人满足,在精神上激励人和使人实现自己的抱负,那也是危险的幻想,因为必要的最低限度的自由总是被劳动组织所否定和压抑。

据此,在后工业革命中,未来左派的中心命题是时间的解放和劳动的废除。劳动的废除就意味着时间的解放。而所谓"劳动的废除",则意味着逐渐地而不是全面地压抑那种通过异化我们的时间和生活,去购买生活权的需要。但是,自由又不能建立在废除社会地规定的劳动的基础上面,也不能建立在消除外部强制以便使每个人把客观的必需的东西当作内在化的道德责任的基础上面。所以,问题就不是废除由外界支配的劳动,而只是使用它所提供的货物和它们在其中被生产的方式,以便扩大自主的领域。在实际上,这个意义上的劳动的废除,是一个已经在进行中的过程,而且很可能加速,在西欧三个主要的工业化国家中,预计自动化在10年的时间内将要消灭400万—500万个劳动岗位,除非急剧地减少劳动时间的数目以及生产活动的形式和目的。

高兹认为,未来的社会将是一种双元社会,即把社会空间划分为

---

① 高兹:《告别无产阶级》,伦敦1982年版,第81页。

自主领域和受外界支配的领域:受外界支配的领域保证为个人和社会生活所必需的一切东西安排好和计划好生产,它具有最大限度的效率和对人力、资源的最少花费;而在自主活动的领域里,个人则自主地在市场之外生产非必需的物质的和非物质的货物或服务,这种生产由他们自己或同他人自由结合地进行,并同他们自己的欲望、口味或想象相一致。

总之,社会通过自动化去限制社会必要劳动时间,和提供自由地接近"欢乐的工具"的机会,去制造和生产具有美学价值和个人用处的东西,通过这些去获致废除劳动和解放时间的目标。那时,经济价值将服从于非经济价值,财富将不是用交换价值来衡量,而是用快乐的自我规定的可能性来衡量。高兹说,"这种双元的社会观现在是唯一的现实主义的和可以实践的解决办法,因为虽然对每个人来说,必要劳动时间可以相当大地加以缩减,却不可能使每一种社会必要劳动都成为对于那些被委派去进行这种劳动的人来说是可以享受的或使人丰满的;可以扩大自主的,自治的和自我动机的活动的非市场领域,鼓励自我中心的生产和训练,用互助合作和共有去取代由商业组织或官僚管理所供给的现行的某些服务,然而,却不可能自我管理全部社会生产过程,甚至也不能自我管理构成它的大规模的技术单位"①。

(七)后工业革命的主体——"非工人的非阶级"

那么,在这样一场后工业革命中,谁是革命的主体和动力呢?

高兹的回答,是提出"非工人的非阶级"这样一个概念来概括他所设想的革命主体。而"非工人的非阶级"这样一个概念的提出,又是同高兹对无产阶级作法兰克福学派马尔库塞式的批判相同步的。

高兹认为,在马克思主义思想中存在着危机,因为在工人运动中

---

① 高兹:《告别无产阶级》,伦敦1982年版,第98页。

发展出了危机,同样,社会主义的危机也首先反映了无产阶级的危机。这个危机的主要表现是,在过去 20 年中,在生产力的发展和阶级对立的发展之间的联系被打破了。这并不意味着资本主义内部矛盾不大,因为这种矛盾从来没有像现在那样惊人;也不意味着资本主义能够解决它所产生的矛盾;因为资本主义从来没有像现在那样无能。问题只是在于,这种无能还并不是致命的。相反地,"资本主义还获得了一种被人们考察得很少、理解得很差的能力去管理对它的问题的非解决,它能够适应它的功能失调,甚至还从这种状态中引出更新的力量,因为它发现不可解决的问题本来就是不可解决的,甚至当工人阶级的政治组织控制了国家政权的机器时也还是如此,只要生产方式、生产力、生产关系保持其现在的形式,它们将还是不可解决的。"[①]

高兹说,过去,人们总是认为,生产力的发展将为建立社会主义制度创造物质基础,也将为确立社会主义创造社会关系。然而,这些假定却没有得到证实。因为生产力的发展只是符合于资本的逻辑和需要地发挥作用,它们的发展不仅没有确立社会主义的物质前提,而且是实现社会主义的障碍。资本主义发展所造成的生产力被它们的根源所深刻地污染着,以致它们不能适应社会主义的合理性,要建立一个社会主义社会,就得重新塑造。同时,在资本主义社会中发展的生产力,既不有助于使之发生作用的集体工人的占有,也不能有助于整个无产者的集体占有,因为资本主义的发展造成了一个就整个来说不能控制生产资料,而且其直接利益和社会主义合理性不一致的工人阶级。他们的利益、能力、技能只是符合于使现存生产力合乎资本主义合理性地发挥作用,于是,"以一种不同的合理性的名义对资本主义的根除和超越,就只能来自社会的那些体现或预示了包括工

---

① 高兹:《告别无产阶级》,伦敦 1982 年版,第 14 页。

人阶级本身在内的一切社会阶级的瓦解的领域。"①

总之,在高兹看来,资本主义的劳动分工摧毁了科学社会主义的双重前提:一方面是工人的劳动不再包含任何力量,另一方面,劳动不再是工人自己的活动。这是因为,在绝大多数场合,不论在工厂或者办公室,劳动现在是一种消极的、预先安排好的活动,它使工人完全服从于一架大机器的运转,没有为个人的首创精神留下什么余地,在生产过程中,工人并不和"他们的"劳动或"他们的"职能同一起来。现在,一切东西都显然是在他们之外发生的,"劳动"本身变成了等待着和征服着"工人"的物化活动量。而丧失和自己的劳动相同一的能力,就等于属于一个阶级的任何感觉的消失。于是,对于工人来说,不再是把自己从劳动中解放出来,把自己置于对劳动的控制的地位,或在其劳动的框架内夺取政权的问题。现在的问题是要通过拒绝劳动的本质、内容、必要性和方式而使自己摆脱劳动的问题,而这样一来,也就必然要拒绝工人运动的传统战略和组织形式。

那么,出路何在呢?

高兹说,出路在于,"在一个老的、生产性总体工人的位置上,正在形成一个非工人的非阶级,它预示了现存社会中的一个非—社会,在这个非—社会中,阶级将和劳动本身,以及一切统治形式一起被废除。"②

那么,所谓"非工人的非阶级"(或高兹有时提到的"后工业的新无产阶级"),究竟是指的什么呢?

高兹首先把它当作废除劳动的潜在的社会主体。他说,他用这个概念去指那个把其劳动当作一种由外面强加的义务来体验的阶层,它的目标是废除工人和废除劳动,而不是占有劳动,而这就预示了未来世界。除了这个非阶级之外,劳动的废除不可能有任何其他

---

① 高兹:《告别无产阶级》,伦敦1982年版,第14—15页。
② 高兹:《告别无产阶级》,伦敦1982年版,第67页。

的社会主体;未来社会也不可能在没有这个非阶级的情况下,或同这个非阶级相对立地产生出来,而只能由它或在它的支持下产生。

高兹认为,作为废除劳动的潜在的社会主体的"非工人的非阶级"的定义,并不是一种伦理上的或意识形态的选择的结果,也不是在工人阶级的位置上,放下另一个被授予同样类型的历史的和社会的使命的阶级。这可以从它的构成、产生过程和同工人阶级相比所具有的特征中清楚地表现出来。

首先,从构成成分来说,所谓"非工人的非阶级",包括今天社会生产中的一切杂工,他们潜在地或现实地失业,不论是永久性的或临时性的,部分的还是完全的。这些人没有职位的安全或确定的阶级同一性,它充斥于试用、合用、临时、暂时和部分时间的雇佣中,甚至在现在,对于他们的详细说明也随着技术的急剧发展而不断变化。对于它来说,劳动不再标志着一种活动或甚至一个主要的职业,它只是生活边缘上的一个空白间隙,要加以忍受以便挣一点钱维持生活。所以,它实际上伸展到社会的每一个阶层,远远超过了游民,也可以说,它在构成成分上是一个含糊的领域,因为它是由经常变化着的个人所组成,它们的主要目标不是要夺取政权以建设一个新世界,而是要通过解脱生产主义的市场合理性去重获对他们自己活动的权利。

其次,从生产过程来说,这个非工人的非阶级的产生,建立在劳动的尊严、价值、社会效用和值得向往的社会的分解的基础上。具体地说,它是由两个相互关联的过程产生的:一个是从劳动分工中专门化的加剧所产生的,使生产技能不成其为生产技能的过程,正是这个过程把一部分劳动者从生产过程中驱逐出去;另一个过程是由诸如计算机和自动化等技术为标志的后工业技术革命所产生的,职业的非智力化过程,智力劳动的工业化过程,正是这个过程使部分人就业不充分。同时,在这种过程中,由于生产过程是非断片化的,产品是非常模糊的,人们在劳动中不能获得一种关于他们自己的力量的感觉,因而个人在现代化生产中,就既体验不到劳动的生产性,也不能由这种劳动中孕育出自己的阶级意识。对于这样一个"非阶级"来说,劳动是全盘异化的和没有意义的,他们不是从他们劳动的经验中,而是从他们的非劳动的经验中,获得他们的自我同一性。因此,对于他们来说,异化的克服所意味着的,就不是充分控制他们的劳动生活,而是最大限度地扩展他们的非劳动生活,以便进行自主活动。

最后,和工人阶级相比,这个非工人的非阶级又具有自己一系列的独特特征:

第一,和被赋予社会和历史使命的工人阶级相比,那个由不顺从于劳动的神圣化的人所组成的非阶级,并没有什么社会历史使命的先验统一。"它没有什么先知的气味,它不是给其各个个别成员提供融合和拯救的新的主体——社会的预言者,相反地,它提醒个人需要拯救他们自己,需要规定一种和他们的目标和自主存在相容的社会秩序。"①

第二,和工人阶级截然不同,这个非阶级不是由资本主义所产生,也不是以资本主义生产关系的符号为标志,它是资本主义危机和资本主义社会生产关系的分解——这是一个产生于新的生产技术的发展的过程——的产物。然而,"马克思认为,体现在工人阶级身上的那种否定性决没有消失,它被移植到一个新的社会领域中,并获得了一种更加激进的形式。当它被改变时,它获得了一种直接否定资本主义的意识形态、物质基础、社会关系和司法组织(作为国家形式)的新形式和内容。和马克思的工人阶级相比,它具有直接意识到它自己的附加好处,它的存在是不可分解的主观的和客观的,集体的和个人的。"②

第三,和工人阶级相比,对于这个非阶级不能按其劳动来定义,也不能用它在社会生产过程中的地位来定义。对于他们来说,唯一

---

① 高兹:《告别无产阶级》,伦敦1982年版,第11页。
② 高兹:《告别无产阶级》,伦敦1982年版,第68页。

的确定性是他们不感到他们属于工人阶级或属于任何别的阶级。"不仅新的后工业无产者没有在社会化劳动中找到潜在力量的任何源泉:它在那里发现的是机器的力量和它自己的无力,不仅它不再是社会化生产劳动的可能的主观力量;相反,它通过拒绝社会化劳动和否定把它本身看作是一种否定(或异化)的劳动来规定自己的主观性。没有任何东西说明社会化劳动的这种全面异化能被颠倒过来,技术发展没有指明生产者对社会生产的可能占有,相反,它指出了社会生产的进一步消失,以及作为计算机革命的结果的社会必要劳动的不断的边际化。"[①]

第四,和传统的工人阶级截然不同,这个非阶级是自由的主观性。如果说,工业无产者从物质的改造中得到客观力量,所以把它自己看作是支撑整个社会过程的一种物质力量的话,那么,非工人的非阶级或后工业的新无产者,则是一种没有客观的社会重要性的、从社会中排除出来的非力量。

那么,这样一种非工人的非阶级,怎么能够成为后工业革命的主体呢?

高兹分析其原因说,资本的逻辑在两个世纪的"进步"之后,通过积累越来越有效的生产资料而导致生产力发展到使劳动在实质上成为多余的结果,它不再能提供更多更好的东西了。更准确些说,生产主义的工业社会只能通过提供越来越坏的东西才能继续下去。"进步"已达到了一个极限,越过这个极限,加就变成减,未来重负着威胁,而缺乏诺言。生产主义的向前进军,现在带来了向野蛮主义和压迫的发展。他强调说:

"资本的逻辑把我们带到解放的门槛边,但只能以彻底破裂为代价才能越过它。在那边,生产主义将被一种不同的合理性所取代,这种破裂只能来自各个个人自身,自由的领域从未能从物质生产过

[①] 高兹:《告别无产阶级》,伦敦1982年版,第71—72页。

程中崛起;它只能通过一种奠基性的行为来加以确立,这种行为注意到自己的主观性,在每个个人那里表现为一种绝对的自在目的。只有非生产者的非阶级才能作这种行为,因为只有它才体现了超越生产主义的东西:拒绝积累的伦理学和一切阶级的分解。"①

高兹还认为,20世纪70年代以后在西方社会崛起的妇女运动,应当在后工业革命中发挥先锋作用。因为现在妇女运动的主要关心事项不再是把妇女从家务劳动中解放出来,而是扩大这些超越家庭的活动的非经济的合理性。它推翻传统的性别的劳动分工,它不仅废除男子气概价值的领导权,而且在两性和社会的关系中废除这些价值本身。但是,他指出,只有在妇女运动断定非经济价值和自主活动的核心性,以及经济价值和活动的从属性的范围内,它才成为后工业革命的动力的组成部分,并在许多方面成为后工业革命的先锋队。高兹重申马尔库塞的话说,后工业社会主义——即共产主义,要么是女性的,要么什么都不存在。

所谓后工业社会主义必须是女性的,这是什么意思呢?

高兹解释说,"这意味着一场文化革命将消灭履行原则,竞争的和积累的伦理学、积累的和在个人行为与社会关系方面的激烈竞争的文化革命,将用交互作用、温柔、自发性的原则和在生活的一切形式中爱的至高无上性去取代它们。"②

然而,尽管高兹为他的乌托邦共产主义设计了一份蓝图,分析和论证了"非工人的非阶级"如何成为它的主体,指出妇女运动将成为其先锋,他却毕竟没有能够提供作为革命主体的非工人的非阶级如何去实现这种乌托邦共产主义的整套战略。相反,高兹充满着悲观主义情调宣告说:

"工业制度的危机没有宣告什么新世界,这里没有什么东西指

---

① 高兹:《告别无产阶级》,伦敦1982年版,第85页。
② 高兹:《告别无产阶级》,伦敦1982年版,第85页。

出赎救的改造;现在没有从未来那里接受任何意义。所以,历史的沉默使个人回到他们自己,他们被迫回到他们自己的主观性。他们必须代表他们自己说话,没有通过他们的嘴说出任何未来社会,因为在我们眼皮底下分解的社会,并不宣告什么新社会。由今天的社会的分解所产生的非阶级,只能设想它是其预示的非社会。当然,非阶级不应意味着没有社会关系和社会组织,而是被用来意指社会领域中扣除一个在经济合理性和外部强制的彼岸的个人主权领域的过程。"①

强调"回到他们的主观性"去,强调"个人主权领域"。在这里,高兹的思想十分明显地表现出他重新捡起了写作《存在与虚无》时代的青年萨特和高兹自己青年时代的"老式的"存在主义。然而,这又是一种和70年代以后在西方崛起的生态运动、妇女运动等社会运动相结合,以这些运动提出的课题和积累的经验为主题的存在主义,就是说,是一种当代的存在主义。

这种当代形态的存在主义同"老式"的存在主义的一个根本性的共同点,在于它也同样沾染上了严重的悲观主义。而这种悲观主义是由他们脱离马克思主义,脱离无产阶级,用存在主义人本主义的观点去观察和处置异化问题的共同趋向的必然结果。他们敏锐地看到了现代资本主义社会中人们存在着一种大大地增强了的异化感觉,以异化的事实和问题作为自己的出发点,并把人从异化中得到解放确立为自己的目标。但是,由于他们把个人同社会抽象地对立起来,一味强调个人主权的首要性,强调回到个人的主观性,这就使他们终究不能为资本主义社会中的人们指出一条在现实生活中,而不是在想象中摆脱异化的正确道路,所以,他们就必然要使社会主义从科学退回到乌托邦,必然要陷入对未来的悲观主义。

但是,在另一方面,高兹结合着当代西方的社会运动所提出的一

---

① 高兹:《告别无产阶级》,伦敦1982年版,第75页。

些问题,又毕竟反映了当代发达资本主义社会中出现的新情况和新问题。以马克思主义基本原理为指导,正确地说明和回答这些新情况和新问题,是当代马克思主义者面临的一项重要任务。在这个意义上说,高兹的"存在主义的马克思主义"的理论著作,可以成为我们马克思主义者不断结合变化着的实际,探索解决新问题的答案时一份可以参考的思想资料。

十、马尔库塞的总体异化理论述评

马克思的《1844年经济学—哲学手稿》于1932年公开发表以后,在"西方马克思主义者"中间,首先撰文加以阐释的是马尔库塞。马尔库塞被西方一些新左派奉为"发达工业社会马克思主义的最重要的理论家",说他的著作"对于研究人在当代社会中的地位作出了根本的贡献",苏联东欧国家有些理论家则认为,马尔库塞的阐释,提供了一个"为资产阶级和修正主义的马列主义反对者至今都信守不渝的纲领",说他的"解释方式和方法,为一切后来的资产阶级的马克思解释奠定了基础"。

那么,马尔库塞和他对《1844年经济学—哲学手稿》的阐释,到底是怎样的呢?

在1968年法国"五月风暴"中被推崇为"国际新左派运动的发起人"的马尔库塞(Marcuse, Herbert 1898—1979),出生在德国柏林的一个资产阶级的犹太人家庭里。1917年—1919年间曾参加过德国社会民主党左翼,在当时的德国革命风暴中,还当过柏林—莱因契根道夫的士兵委员会委员。在革命因敌人的镇压和叛徒的出卖而遭到失败以后,马尔库塞就到柏林大学和夫赖堡大学去学习,在德国存在主义哲学创始人海德格尔的指导下攻读哲学博士学位,1922年,他以《黑格尔的本体论及其历史性理论的基本原理》为题的论文获得博士学位以后,还给海德格尔当过助手。1930年,霍克海默就任法兰克福社会研究所所长,致力于创办《社会研究杂志》,发展新型的"社会批判理论",开创法兰克福学派这一在学院框框内研究马克思主义的中心时,马尔库塞也被罗致到社会研究所去工作,并在后来成为法兰克福学派最著名的代表之一。马尔库塞阐释马克思《1844年经济学—哲学手稿》的论文《论证历史唯物主义的新源泉》,就发表在1932年第8期《社会研究杂志》上面。

在《论证历史唯物主义的新源泉》一文中,马尔库塞还没有把他对《1844年经济学—哲学手稿》中马克思异化理论的阐释称作"总体异化"理论。"总体异化"这个名词,是马尔库塞在他的另一本书——1941年出版的《理性和革命》——中,阐释马克思的异化理论时提出的概念、范畴。在那里,他写道:

"1844年—1846年间的马克思著作,认为现代社会中的劳动形式构成人的总体异化。对这个范畴的使用把马克思的经济分析同黑格尔哲学的一个基本范畴联系了起来。马克思说,社会劳动分工在实行时不考虑个人的天才和整体的利益,而完全按照资本主义商品生产的法则来进行。在这些法则下面,看来是劳动的产品、商品,在决定着人的活动的本质和格局。换言之,应当为生活服务的原材料,却统治了它的内容和目标。"①

但是,由于"总体异化"这个提法,概括了马尔库塞对马克思《1844年经济学—哲学手稿》所作阐释的基本特征,而且在当时和后来,马尔库塞还据此而引出了诸如"总体革命"、"总体性社会主义"等与此相适应的系列范畴,因此,在这里,我们就以"总体异化论"来称呼马尔库塞对《1844年经济学—哲学手稿》中异化理论所作的特殊阐释。

在《论证历史唯物主义的新源泉》一文的开头,马尔库塞就指出:"马克思《1844年经济学—哲学手稿》的发表,在马克思主义研究

---

① 马尔库塞:《理性和革命》,波士顿1960年版,第273页。

的历史中,必定变成一个决定性的事件。这些手稿能够把关于历史唯物主义以及整个'科学社会主义'理论的根源和本来意义的讨论放在一个新的的立足点上。"①

十分明显,马尔库塞的意思是要按照《1844年经济学—哲学手稿》的思想观点去重新解释马克思主义的历史唯物主义和科学社会主义理论,而他的这种重新解释的"新的立足点",就是他在阐释《1844年经济学—哲学手稿》中提出的关于"人的本质"的理论。在事实上,在马尔库塞这整篇文章中,他正是用人的本质来解释一切,又把一切都归结到人的本质上去的。例如,他把马克思提出的劳动异化解释为人的本质的异化,又认为异化的根源就在人的本质中,认为社会革命产生于人的本质的总体上的颠倒,并把"积极的共产主义"、"社会解放"归结为用属于人的本质的财产去代替私有财产。

在开始其分析论证的时候,马尔库塞说:"重要之点是看马克思是怎么样和从什么角度在这里把它(异化)解释成他的理论的出发点的。"他说,在《1844年经济学—哲学手稿》中,对异化和疏远化环境的描写最初看来完全是在传统政治经济学和它的原理的基础上进行的。马克思在一开头就把他的研究分为政治经济学的三个传统概念:"劳动的工资"、"资本的利润"和"土地的地租"。然而,更重要的却是有指向完全新的方向的标志,这就是他把接下去的论述放在"外化劳动"的标题之下,不久,政治经济学的三个传统概念的划分就爆炸和被抛弃了,"这样,劳动概念的发展就打破了论述问题的传统框架;论述由这个概念继续下去并发现了后来变成共产主义革命的基础的新的'事实'。所以,我们的解释必须从马克思的劳动观开始。"②

---

① 马尔库塞:《批判哲学研究》,波士顿1972年版,第3页。
② 马尔库塞:《批判哲学研究》,波士顿1972年版,第6、7页。

(一)把马克思的劳动异化论解释成人的本质的异化论

马尔库塞说,马克思所描述的资本主义社会中工人的劳动方式和生存方式的种种特征,以及在马克思的论述中,从"外化劳动"这一概念,到"私有财产"这一概念以及传统政治经济学基本概念的推演,乍看起来,似乎所表示的只是简单的经济事实。

"但是,如果我们更密切地注视对异化劳动的描述,我们就惊人地发现:在这里描写的,不仅是一件经济的事情,而且是人的异化,生活的贬值,人的现实的歪曲和丧失。马克思在有关段落中说'异化劳动、异化的生命,异化的人'[1]。这样,这就是一件人作为人(而不是作为劳动者、经济主体等等)不仅在经济历史中,而且在人及其现实的历史中的一个过程的事情。"[2]

"他(马克思)在同一意义上写到私有财产"[3],认为私有财产是人变成了对自己说来是对象性的,同时变成了异己的和非人的对象这种情况的感性表现,而对于私有财产的积极扬弃,则无非是为了人并且通过人而对人的本质和人的生命的感性的占有。

为什么马克思在这里经常谈到"人的本质力量"、"人的本质存在"呢?

马尔库塞认为,马克思之所以要作这样的论证,并不是因为他局限于特种的哲学目的论,而是由于马克思企图澄清政治经济学的整个批判显然是在哲学的基础上发展起来,从哲学争论中产生出来的。

根据马克思在同黑格尔的争论中发展起来的关于人的观念,资本主义社会中简单的经济事实正是作为对人的本质的歪曲和人的现实的丧失而出现的,而且只有在这个基础上,简单的经济事实才能变成一场将真正改变人的本质和人的世界的革命的真正基础。正因为

---

[1] 《马克思恩格斯全集》第42卷,人民出版社1979年版,第100页。
[2] 马尔库塞:《批判哲学研究》,波士顿1972年版,第7—8页。
[3] 马尔库塞:《批判哲学研究》,波士顿1972年版,第8页。

这样，马克思对异化劳动的描述，就经常越出经济领域而涉及人作为"人"的本质和实在，而且只是因为这个缘故，劳动对象的丧失才能获得中心意义，这是由于外化和物化的经济事实就植根在人（作为工人）对他的劳动的对象的特殊态度中。因此，就必须从人对客体的这种关系的意义上去理解"异化劳动"，而不是单单把它看作一个纯经济条件。所以，马尔库塞认为，在《1844年经济学—哲学手稿》中："从一开头，批判的基本概念——异化劳动和私有财产——并不是被当作经济概念简单地接过来和加以批判的，而是被当作人类历史中批判过程的概念的；结果是，私有财产被对人的现实的真正占有的'积极废除'，就将使人类全部历史革命化。"①

资产阶级政治经济学、粗陋的共产主义，都是因为没有看到人而遭到马克思的批判的。例如，资产阶级政治经济学从来就没有看到作为真正主体的人，它不考虑人的本质和人的历史，而且在最深刻的意义上它不是一门关于人的科学，而是无人的科学和一个由对象和商品组成的非人世界；粗陋的无思想的共产主义，也没有把注意力集中在人的本质的现实上面，而是在事物和对象的世界中打转转，它只是用普遍的私有制去代替个别的私有财产。马尔库塞还说，马克思在对粗陋共产主义的批判和反对中，就提出了马克思主义理论对绝对经济主义的异议。

不仅如此，马尔库塞还把他那种将劳动异化解释成人的本质的异化的做法，提到马克思的方法论的高度上来加以论证：

"在这里看来发生了对实际事实的迷惑人的、唯心主义的歪曲：一个经济事实被认为在一个一般概念中以及在人对客体的关系中有它的根子。'因此，我们通过分析，从外化劳动这一概念……得出私有财产这一概念'②——这是马克思而不是黑格尔写的！这个明显

---

① 马尔库塞：《批判哲学研究》，波士顿1972年版，第8—9页。
② 《马克思恩格斯全集》第42卷，人民出版社1979年版，第100页。

的歪曲,表现了马克思理论的决定性发现之一:由经济事实突破为人的因素,由事实突破为行为,以及在运动中,在其历史发展的过程中(它们就是从中落入到和变成为固定的)去理解固定的'情况'和它们的法则(它们在其物化形式中,就是从人的力量中来的)。"①

接着,马尔库塞又由阐释马克思关于异化劳动的论述,转到阐释马克思关于劳动的论述:如果异化劳动的概念包括人同对象(以及同他自己)的关系,那么,劳动概念本身必然也包括一种人类活动(不是一种经济条件),而如果劳动的异化标志着实现的总的丧失和人的本质的外化,那么,就必须把劳动本身理解为人的本质的真正表现和实现,而那就再一次意味着它是被当作哲学范畴来使用的。

随后,马尔库塞展开了对马克思关于劳动的三个公式——"劳动是人在外化范围内或者作为外化的人的自为的生成"②;劳动是人的"自我产生、自我对象化的运动"③;劳动是人的"生命活动","生产生活本身"④——的分析,得出结论说,对马克思劳动概念的最一般特征的描述,都"导致越出经济领域而进入到研究的主体是其总体性上的人的存在的领域"⑤。

(二)认为异化的根源在人的本质之中

和把劳动异化解释成人的本质的异化相适应,马尔库塞认为,根据马克思《1844年经济学—哲学手稿》中展开的异化理论,异化的根源在人的本质中。

马尔库塞首先论证说,一方面,客观世界,作为人所必需的对象性,人的本质通过对它的占有和变更而首先得到"产生"和"确认"的

---

① 马尔库塞:《批判哲学研究》,波士顿1972年版,第12页。
② 《马克思恩格斯全集》第42卷,人民出版社1979年版,第163、175、96页。
③ 《马克思恩格斯全集》第42卷,人民出版社1979年版,第163、175、96页。
④ 《马克思恩格斯全集》第42卷,人民出版社1979年版,第163、175、96页。
⑤ 马尔库塞:《批判哲学研究》,波士顿1972年版,第14页。

东西,是人本身的组成部分,只是对自我实现的人来说,它才是真正的对象性,它是人的"自我——对象化",或人的对象化;但是,另一方面,这同一个客观世界,因为它是真正的对象性,只能作为并不属于他的存在,超越他的控制和"压倒一切"的、他的存在的前提而出现。马尔库塞据此而强调说:正是"人的本质中的这个冲突——它本身是客观的——是下面这样一个事实的根子,即:对象化能够变成物化,而外在化则能变成异化。它使得人完全'丧失'作为他的本质的组成部分的对象,使之变成独立的和压倒一切的具有了可能。而在外化劳动和私有制中,这种可能变成了现实"[1]。

接着,马尔库塞又说,在《1844年经济学—哲学手稿》中,马克思企图把对象化和在其中出现的冲突甚至更深地植根到人的定义中去:"在关于人的本质的定义中,对象化总是带来一种物化的趋向,劳动总是带来一种异化的趋向,所以物化和异化并不仅仅是偶然的历史事实";"对象首先以一种外在的和异化的形式直接遭遇他,只是通过有意识的历史的和社会的中介,才变成人类的对象,人的对象化。这样,人的表现首先趋向于异化,他的对象化趋向于物化,所以,他只能通过'否定之否定'达到一个普遍的和自由的实在:通过废除他的异化而从他的外化中返回"[2]。

大家知道,在写作《1844年经济学—哲学手稿》不久之后写的《关于费尔巴哈的提纲》和《德意志意识形态》中,马克思关于人的本质问题的观点有了明显的发展变化,这就是明确指出人的本质并不是单个人所固有的抽象物,而是一切社会关系的总和。联系到马尔库塞把异化的根源说成就在人的本质中的观点,他对此又是怎样理解的呢?

用马尔库塞的话来说,这个问题就是:马克思在写这些手稿仅仅

---

[1] 马尔库塞:《批判哲学研究》,波士顿1972年版,第18页。
[2] 马尔库塞:《批判哲学研究》,波士顿1972年版,第37页。

一年之后写出的《德意志意识形态》中,就以无情的嘲笑摧毁了诸如施蒂纳等人的"真正社会主义者"关于本质、关于人的黑格尔派的无根据的谈论,那么,马克思本人在其关于人的本质的定义中,是否提供过一个这样的无根据的谈论呢?或者在《1844年经济学—哲学手稿》和《德意志意识形态》之间马克思的基本观点是否发生了彻底变化呢?

马尔库塞回答说,从《1844年经济学—哲学手稿》到《德意志意识形态》,马克思的观点确实发生了一个变化,但这个变化并不是基本观点的变化:

"必须再三强调指出的是,马克思在奠定革命的理论基础时,是在各条战线上进行战斗的:一方面反对黑格尔学派的假唯心主义,另一方面反对资产阶级政治经济学的物化,然后再反对费尔巴哈的假唯物主义。因而,他的战斗的意义和目的按其攻击和防卫的方向而变化着。"①在《1844年经济学—哲学手稿》中,马克思主要是进行战斗以反对政治经济学中的物化,这种物化把特种的历史的事实性变成僵硬的"永恒法则"和所谓的"本质关系",马克思表述了同人的真正本质相反的这种事实性。但是,马克思在这样做时,又发挥出了它的真理,因为,马克思是在人的真正历史的脉络关系内把握它,并揭示它的被克服的必然性的。

所以,关键在于,不要使本质和事实性对立起来,也就是说,不要使关于人的规定和人的特定的具体历史情境彼此对立起来,否则就是忽略了马克思在其研究开始时就主张的新观点。在马克思看来,这两者已经不再是独立于彼此之外的、分离的领域或者方面了。在马克思那里,"人的历史经验被接收到关于人的本质的定义之中去了。我们所涉及的不再是一种抽象的——它在具体历史的每个阶段都同样有效——人的本质,而是一种在历史中而且只有在历史中才

---

① 马尔库塞:《批判哲学研究》,波士顿1972年版,第28页。

能被定义的本质(所以,当马克思和鲍威尔、施蒂纳、费尔巴哈相对立而谈到'人的本质'时,那是另一回事)。"①

归根到底,"人本身在所有的人的历史实践中总是有关的这个事实,对于马克思来说是十分明白而不值得讨论的。"②

(三)说革命根源于人的本质的总体颠倒

马尔库塞把劳动异化解释成人的本质的异化,又把异化的根源归之于人的本质,因而也就很自然地认为革命的根源在于人的本质在总体上的颠倒。

马尔库塞认为《1844年经济学—哲学手稿》中人的定义是政治经济学批判的基础,所以,哲学批判本身就能直接变成实际的革命批判。

这是因为,批判所由以开始的事实是:表现在劳动的异化和外化中的人的本质的异化和外化,以及从而人在资本主义社会中的具体历史情境。然而,"这个事实是作为对被批判所规定为人类劳动和人的本质的东西的总体的颠倒和隐藏而出现的。"③这就是说,劳动不是"自由活动"或人的普遍的和自由的自我实现,而是他的被奴役和现实的丧失;工人不是他的生命表现的总体性中的人,而是一个非人;劳动的对象并不是工人的人类现实的表现和确认,而是属于某个有别于工人的人的异化事物——商品。通过这一切,在外化劳动中,人的存在不是成为他的自我实现的"手段",而是人的自我变成了他的单纯存在的手段。工人的单纯肉体存在是他的全部生命活动为之服务的目标。正因为这样,《1844年经济学—哲学手稿》指出,"结果,人(工人)只有在运用自己的动物机能——吃、喝、性行为,至多还有居住、修饰等等的时候,才觉得自己是自由活动,而在运用人的

---

① 马尔库塞:《批判哲学研究》,波士顿1972年版,第28页。
② 马尔库塞:《批判哲学研究》,波士顿1972年版,第29页。
③ 马尔库塞:《批判哲学研究》,波士顿1972年版,第26页。

机能时,却觉得自己不过是动物,动物的东西成为人的东西,而人的东西成为动物的东西。"①

马尔库塞说,"马克思把这种外化和实在的丧失描述为人作为人的行为的总体的颠倒。"②之所以说是总体的颠倒,是因为这种颠倒既表现在工人同劳动产品这个异己的、统治着的对象的关系之中,又表现在工人在劳动过程中同他自己的活动的关系,也是同一种异己的、不属于他的活动的关系。

接着,马尔库塞又从这种总体颠倒中引出了总体革命。他认为,人的本质和存在相分离着,要么人的存在是实现人的本质的一个手段,要么,像在异化劳动中那样,人的本质是他的单纯存在的一个手段。如果本质和存在变成这样地被分开着,而人的实践的真正的和自由的任务在于统一这两者,那么,当着实际情况发展到在总体上颠倒人的本质的时候,真正的任务就是摧毁这种实际情况了。马尔库塞强调说:"正是对人的本质的这种确实的思辨变成了发动彻底革命的坚决的推动力。"③

而资本主义的现实正是一种从总体上颠倒人的本质的实际情况。所以,马尔库塞认为,马克思正是在总体异化、总体颠倒的哲学理论的基础上,来规划无产阶级的总体革命的:

"资本主义社会不仅使经济事实和客体,而且使人的整个'存在'和'人的现实'成问题这个事实,在马克思看来,就是无产阶级革命作为总体的和彻底的革命的决定性证明,它无条件地排除任何片面的剧变式'进化',这个证明不是存在于异化和外化概念之外和之后——它正是这种异化和外化本身。"④

"资本主义的事实情况是:表示其特征的不仅有经济危机或政

---

① 《马克思恩格斯全集》第42卷,人民出版社1979年版,第94页。
② 马尔库塞:《批判哲学研究》,波士顿1972年版,第27页。
③ 马尔库塞:《批判哲学研究》,波士顿1972年版,第29页。
④ 马尔库塞:《批判哲学研究》,波士顿1972年版,第10页。

治危机,而且有影响人的本质的大灾变,这种见识在一开头就宣告任何单纯的经济的或政治的改革是要失败的,并无条件地要求通过总体革命而大灾变地超越实际情境。只有在用这种方式建立基础之后——这个基础坚固到不能被任何单纯的经济或政治论证所动摇——才产生革命的历史条件或承受者的问题——阶级斗争和无产阶级专政的理论的问题。任何只是把注意力放在这种理论上面,而没有把握其真正基础的批判,都没有抓住要点。"①

后来,马尔库塞又进一步发挥其关于总体革命的思想,并引申出关于总体性的社会主义的设想:社会主义不仅要增加生产,消除贫困,而且也要改变人的需要及其满足,要改变人在各方面——不仅在物质方面,而且也在道德与美学等方面——的生存条件和性质。所以,他指出,在社会主义革命中迫切的东西,不仅是现存需要的天地中满足的扩展,也不是使满足由一个较低的水平达到较高的水平,而是同这个天地的决裂,质的跳跃。革命包含有文化上和物质上的需要和渴望本身的彻底改变,包含意识和情感、工作过程和闲暇的彻底的改变。他说:"社会主义必须增加货物和服务的数量以便废弃一切贫困,但在同时,社会主义生产必须改变生存的性质——改变需要和满足本身。"也就是说,社会主义要创造这样一种社会秩序:"这种社会秩序能够不仅生产更多的东西和把产品生产得更好,而且也以一种不同的方式生产,(生产出)不同的货物,创造出人类关系的一种新形式。"②

在马尔库塞这种关于总体革命、总体性社会主义的设想中,道德的和美学的方面是极其重要的方面:

在资本主义社会,"对美学的和道德的需要的压抑,是统治的一个工具",而"社会主义的天地也是一个道德的和美学的天地","道

---

① 马尔库塞:《批判哲学研究》,波士顿1972年版,第29—30页。
② 马尔库塞:《反革命和造反》,波士顿1972年版,第39页。

德的、精神的官能,在今天如果得到发展的话,是归属于一个和物质存在相分离和凌驾于其上的文化领域的,而在那时(革命后的未来社会)将变成物质生产本身中的诸因素",那时,"道德和美学的需要变成基本的、生死攸关的需要,并走向两性之间、世代之间、男女和自然之间的新关系,自由被理解为植根在这些需要的满足之中,它们是激发美感的、伦理的和合理性的合于一身。"①

(四)认为克服异化之路在于用属于人的本质的财产去代替私有财产

在异化的克服方面,马尔库塞援引马克思在《1844年经济学—哲学手稿》中的论述,提出了用属于人的本质的财产去取代私有财产的方案。

在《1844年经济学—哲学手稿》中,马克思曾一再提到"私有财产同真正人的财产的关系"②。

马尔库塞阐释说,如果一个丧失现实的行为的外化形式在私有财产中得到实现的话,那么,私有财产本身只能代表真正的人类行为的一种外化的和非真实的形式,财产必然有两种形式:一种外化的形式,另一种,真正的形式;一种仅仅是私有的财产和另一种真正人的财产。"必定有一种形式的'财产'属于人的本质,积极的共产主义,远不是意味着废除一切财产,而正是恢复这种形式的真正人的财产。"③

那么,私有财产同真正人的财产的区别究竟表现在哪里呢?在真正人的财产中,异化又是怎样得到克服的呢?

马尔库塞认为,私有财产在于一种不真实地持有和占有对象的方式之中。在私有财产的条件下,当一个对象被"使用"时,它就是

---

① 马尔库塞:《反革命和造反》,波士顿1972年版,第173页。
② 《马克思恩格斯全集》第42卷,人民出版社1979年版,第102页。
③ 马尔库塞:《批判哲学研究》,波士顿1972年版,第32页。

财产,而这种使用或者包含在直接的消费之中,或者包含在它的被转变为资本的能力之中,这样,就是"生命活动"服务于财产,而不是财产服务于自由的生命活动;被占有的不是人的"现实",而是作为物(货物和商品)的对象,而且甚至这种占有也是"片面的":它限于人的行为和能够直接"满足"或者被变成资本的对象。

反之,对于真正人的财产来说,则应当在其真正占有中加以描述。这就是说,不应当仅仅在直接的片面的满足的意义上,仅仅在占有、持有的意义上去设想为了人和由人对人的本质和人的生活、对客观的人和人的成就的感性的占有。它是"人以一种总体的方式占有他的总的本质"[①]。而所谓以总体的方式去占有,就是说,人的同世界的每一种人类的关系如看、听、嗅、尝、感觉、思维、经验、要、行动等等,总之是个人存在的一切器官,在其客观方面上或在对象的方向上,都是对那个对象的占有。

这样,作为财产的基础的占有,就超越出一切经济的和法律的关系,变成了一个理解人同客观世界的普遍和自由的关系的范畴:它变成为人们自己的关系,而它同对象的关系则是"总体的"——它"解放"一切人类器官。整体的人精通作为"其劳动和其现实"的整个客观世界。对私有制在经济上和法律上的废除,并不是共产主义革命的终结,而只是它的开始。这个普遍的和自由的占有就是劳动,因为人同对象的特有关系是一个创造、安置和形成的关系。但是在这个场合,劳动将不再是一种异化和物化的活动,而是完全的自我实现和自我表现。

"这样,物化所代表的非人性就在它被最深深地植根于其中和危险的地方——在财产的概念中——被废除了。人不再在客观世界中'丧失'他自己,他的对象化不再是物化",所以,"人回到他的真正

---

① 马尔库塞:《批判哲学研究》,波士顿1972年版,第33页。

的财产就是回到他的社会的本质,就是社会的解放。"①

在后来1941年发表的《理性和革命》一书中,马尔库塞又进一步发挥了他的关于废除私有制不是目的,而只是废除异化劳动的手段的观点,甚至得出了马克思主义的基本兴趣是个人主义趋向,共产主义在本质上是新形式的个人主义的结论。他写道:

"至关重要的是要指出,马克思把废除私有制看作是废除异化劳动的手段,而不是目的本身,生产资料的社会化,它本身只是一个正如任何其他经济制度一样的经济事实。"②

这种社会化能不能成为一种新的社会制度的开端?

马尔库塞认为,这要看人们如何对待社会化的生产手段而定。而要是不把这些社会化生产资料用于发展和满足自由的个人,那么,它们就将只是构成一种使个人服从一种实体化的普遍性的新的形式。"只有在自由的个人,而不是'社会'成为社会化生产资料的主人的时候,私有制的废除才开创一种在本质上是新的社会制度。"③

马尔库塞援引马克思在《1844年经济学—哲学手稿》中所说"应当避免重新把'社会'当作抽象的东西同个人对立起来。个人是社会存在物。因此,他的生命表现……也是社会生活的表现和确证"的论述④说:"在严格的意义上,人类的真正历史将是自由的个人的历史,所以,整体的利益将被编织进每个人的个别存在之中";"证明特殊利益和共同利益已经融合起来的,是自由的个人,而不是一种新的生产制度,个人是目标。这种'个人主义的'趋向是马克思主义的基本兴趣","所以,共产主义,连同其'对私有制的积极扬弃',在本质上是一种新形式的个人主义,而不是一种新的和不同的经济

---

① 马尔库塞:《批判哲学研究》,波士顿1972年版,第33、34页。
② 马尔库塞:《理性和革命》,波士顿1960年版,第282—283页。
③ 马尔库塞:《理性和革命》,波士顿1960年版,第283页。
④ 参见《马克思恩格斯全集》第42卷,人民出版社1979年版,第122—123页。

制度"①。

(五) 总体异化论的可取之处和错误

从马尔库塞对《1844年经济学—哲学手稿》中异化理论的上述阐释中,可以看出,他所提出的总体异化论以及总体革命、总体性社会主义的设想,既包含有一些合理因素、可取之处,又包含有若干重大错误,而且这两个方面又是紧密地结合在一起的。

就马尔库塞企图超越单纯经济条件的描述和单纯的经济解释,把资本主义社会中的异化解释成劳动的产品、商品,在决定着人的活动的本质和格局,应当为生活服务的原材料,却统治了它的内容和目标,从而提出"总体异化"的概念来说,是有其积极意义的,然而,马尔库塞把总体异化解释成"人的本质的异化"并把异化的根源归之于"人的本质",归之于"人的本质中的冲突",即客观世界一方面是人本身的组成部分,另一方面又是不属于他、超越他的控制的、人的存在的前提这样两个方面之间的冲突,并把这一切统统加诸于马克思,加诸于马克思的劳动异化论,却是没有根据的。

就马尔库塞认为资本主义不仅有经济危机、政治危机,而且使人的整个存在和人的现实成问题,因而希望无产阶级的社会主义革命越出单纯的经济变革和政治变革的范围,成为彻底超越资本主义的现实情境,同现存需要的天地彻底决裂,并彻底改变人的意识和情感、工作过程和闲暇的"总体革命"来说,是有其积极意义的;然而,马尔库塞在其"总体革命论"中,把废除私有制放在无足轻重的地位,又把这种"总体革命"的根源归结为"人的本质的大灾变",把"总体革命"的推动力归结为"对人的本质的这种确实的思辨",并且把这一切统统加诸于马克思所规划的无产阶级革命,却是没有根据的。

就马尔库塞认为社会主义不仅要增加生产,消除贫困,而且也要

---

① 马尔库塞:《理性和革命》,波士顿1960年版,第286页。

改变人的需要以及对这些需要的满足,要改变人的包括道德方面和美学方面在内的各个方面的生存条件和性质,提出"总体性社会主义"的设想来说,是有其积极意义的;然而,马尔库塞把"自由个人"和社会绝对对立起来,把生产资料的社会化能否成为一种新的社会制度的开端,说成是取决于是否把自由个人而不是社会,当作社会化生产资料的主人,进而把共产主义说成"在本质上是一种新形式的个人主义,而不是一种新的不同的经济制度",并把这一切统统加诸于马克思的社会主义观时,却又是没有根据的。

显然,对于马尔库塞总体异化理论中所包含的可取之处,我们应当站在马克思主义的立场上予以肯定和借鉴,作为我们推进马克思主义异化理论的参考;面对于其中包含的错误,我们同样应当站在马克思主义的立场上予以剖析,弄清它在理论上失误的原因,划清马克思主义同这些错误观点的原则界限。

(六)从费尔巴哈到马克思,还是从马克思到费尔巴哈、到存在主义?

马尔库塞"总体异化"、"总体革命"、"总体性社会主义"理论和设想中所包含的错误,都根源于他对人、对人的本质的理解,然而,他在提出这些理论和设想时,又援引了马克思《1844年经济学—哲学手稿》中的有关论述作为依据,因此,为了明辨是非,深入剖析马尔库塞理论和设想中的谬误所在,就必须进一步考察马克思《1844年经济学—哲学手稿》中关于人的本质的异化的论述,就必须从马克思劳动异化论的总体上,从马克思思想发展的历程上考察马克思的这些论述,并从这样的高度去考察马尔库塞的阐释在什么地方背离了马克思,背离了马克思的思想发展历程,又走向什么地方,归结为什么思潮。

大家知道,马克思在《1844年经济学—哲学手稿》中系统地加以阐述的劳动异化论,不仅在原则上不同于黑格尔的绝对概念异化论和费尔巴哈的宗教异化论即抽象的人的本质的异化论,而且也唯物主义地研究了私有制产生的重要前提,它在马克思主义的三个组成部分的确立中,都具有极其重要的意义。但是,在另一方面,马克思的劳动异化论,又有一个发展过程,特别是一个逐步摆脱费尔巴哈人本主义影响的过程。

1867年4月24日,马克思在致恩格斯的信中,在谈到《神圣家族》一书时,曾经写道:这本书"对费尔巴哈的迷信现在给人造成一种非常滑稽的印象"①。

《1844年经济学—哲学手稿》写于《神圣家族》之前,自然同样保留有这种"对费尔巴哈的迷信"的痕迹。事实是,在《1844年经济学—哲学手稿》中,一方面,在一系列重大哲学问题上,提出了和费尔巴哈有原则区别的理论观点,另一方面,又还没有完全摆脱费尔巴哈人本主义的影响;一方面,提出了在内容上崭新的理论分析,另一方面,有时又还使用一些不确切的、不能表明马克思同费尔巴哈之间原则区别的旧的术语来表述这些新的分析。关于这一点,马克思在《德意志意识形态》中说得很清楚。在那里,当谈到费尔巴哈揭露了宗教世界是世俗世界的幻想,因而在德国理论界面前产生了一个为费尔巴哈所没有回答的问题:人们是怎样把这些幻想"塞进自己头脑"的? 这个问题为德国理论界开辟了通向唯物主义世界观的道路,而在《德法年鉴》上发表的《黑格尔法哲学批判导言》和《论犹太人问题》则明确指出了这条道路的时候,马克思强调指出:

"但当时由于这一切还是用哲学词句来表达的,所以那里所见到的一切习惯用的哲学术语,如'人的本质'、'类'等等,给了德国理论家们以可乘之机去不正确地理解真实的思想过程并以为这里的一切都不过是他们的穿旧了的理论外衣的翻新。"②

---

① 《马克思恩格斯全集》第31卷,人民出版社1972年版,第293页。
② 《马克思恩格斯全集》第3卷,人民出版社1960年版,第261—262页。

显然，在《1844年经济学—哲学手稿》中也还存在这种情况，例如，在关于所谓人的本质的异化的问题上，就存在着没有完全摆脱费尔巴哈的影响和使用不能表明马克思和费尔巴哈之间原则区别的旧的术语的问题。

当然，在怎样理解"人的本质"的问题上，写作《1844年经济学—哲学手稿》时的马克思，同黑格尔、费尔巴哈都是有所不同的。

关于黑格尔的观点，马克思指出，"黑格尔站在现代国民经济学家的立场上。他把劳动看作人的本质，看作人的自我确证的本质；他只看到劳动的积极的方面，而没有看到它的消极的方面"，"黑格尔唯一知道并承认的劳动是抽象的精神的劳动"[①]。所以，人的本质，人，在黑格尔看来是和自我意识等同的。因此，人的本质的一切异化都不过是"自我意识的异化"[②]。显然，黑格尔把人的本质理解为抽象的精神劳动、思维活动，把人的本质的异化说成是自我意识的异化的这种观点，是唯心主义的观点。

费尔巴哈批判了黑格尔的唯心主义观点，否定了人的本质在于抽象的精神劳动而肯定感性的人，他认为人的本质的属性、人的类的属性异化或外化而创造了上帝，并把它塑造成了救世主。这就是说，人们把自己的本质完全赋予想象中的上帝，并加以无限夸大，给自己造成了全知、全能、全在的上帝。他认为，无限的属神的本质，就是人的精神本质；但是，这个精神本质被从人里面分离出来，被表象为一个独立的存在者。人在宗教崇拜中丧失了自己的本质，变成利己主义的个人，这也正是人的本质的异化。对此，马克思在《1844年经济学—哲学手稿》中加以肯定说：费尔巴哈的伟大功绩在于"证明了哲学不过是变成思想的并且经过思考加以阐述的宗教，不过是人的本质的异化的另一种形式和存在方式；从而，哲学同样应当受到

---

① 《马克思恩格斯全集》第42卷，人民出版社1979年版，第163页。
② 《马克思恩格斯全集》第42卷，人民出版社1979年版，第165页。

谴责"①。

　　费尔巴哈否定了黑格尔的抽象思维的人、哲学的人,而提出现实的人、感性的人,提出从所谓人类生活,公共生活来看个人,这些无疑是唯物主义的。但在另一方面,他所谓的感性,却只是感性的直观,主要是把人类之爱或同情心作为人的本质,而他所谓人的类生活则是属于自然的人的,所谓人的类本质,也就是人的自然的共同性。费尔巴哈的人本主义原则就是用这样的人的本质的异化论去说明社会现象、历史问题的,这显然背离了唯物主义而转向唯心主义。对于费尔巴哈观点的这个方面,马克思在写作《1844年经济学—哲学手稿》时,还没有加以批判。

　　不仅如此,在《1844年经济学—哲学手稿》中,在费尔巴哈人本主义的影响下,马克思还袭用了"人的本质"、"类"等概念、术语。

　　在《1844年经济学—哲学手稿》中,马克思所说的"人的本质",就其具体内容来说,是和黑格尔、费尔巴哈有所不同的。因为它既不是指黑格尔所说抽象的精神劳动、思维活动,也不是指费尔巴哈所说感性的直观、感情的活动,而是指有意识的生活活动,自由的自觉的创造性的生产劳动,感性的实践。马克思说,"有意识的生命活动把人同动物的生命活动直接区别开来,正是由于这一点,人才是类存在物"②,而异化劳动却使人的这种类本质,变成人的异己的本质,就是说,"异化劳动使人自己的身体,以及在他之外的自然界,他的精神本质,他的人的本质同人相异化。"③

　　正因为马克思把"人的本质"看作是有意识的生活活动、生产劳动,因而就在一定程度上克服了费尔巴哈的人本主义。费尔巴哈强调人是自然的存在物,是自然界的一部分,在费尔巴哈的人本主义观点看来,社会生产是不在哲学分析之内的,而马克思则由于从物质生

---

①　《马克思恩格斯全集》第42卷,人民出版社1979年版,第158页。
②　《马克思恩格斯全集》第42卷,人民出版社1979年版,第96页。
③　《马克思恩格斯全集》第42卷,人民出版社1979年版,第97页。

产出发,把它看作是人所特有的类的活动,这就揭示了人和自然的统一的社会本质。因为只是"通过这种生产,自然界才表现为他的作品和他的现实"①。这就同时揭示了人的社会本性。费尔巴哈把人的类本质看作每一个人同其他一切个人的人类学的统一,而马克思则由于把物质生产看作是人的活动的类的根本的形式,是个人其余一切活动形式的基础,这就使人类学的发展依赖于物质生产的进步所制约的社会发展。

虽然《1844年经济学—哲学手稿》中关于"人的本质"的观点没有完全摆脱费尔巴哈人本主义的影响,但是,在马克思的劳动异化学说的发展过程中,受费尔巴哈人本主义影响的这个阶段,毕竟只是一个短暂的阶段。在1844年4月—8月写作《1844年经济学—哲学手稿》半年左右以后,在1845年春写作的《关于费尔巴哈的提纲》,在1845年—1846年写作的《德意志意识形态》中,马克思就开始了彻底摆脱和清除费尔巴哈人本主义影响的历程。

在《关于费尔巴哈的提纲》中,马克思强调指出:

"费尔巴哈把宗教的本质归结为人的本质。但是,人的本质并不是单个人所固有的抽象物。在其现实性上,它是一切社会关系的总和",并且依据这个观点批判了费尔巴哈的"把人的本质理解为'类',理解为一种内在的、无声的、把许多个人纯粹自然地联系起来的共同性"②的观点。

在《德意志意识形态》中,马克思进一步发挥说:"不管是人们的'内在本性',或者是人们的对这种本性的'意识','即'他们的'理性',向来都是历史的产物;甚至当人们的社会在他们看来是以'外界的强制'为基础的时候,他们的'内在本性'也是与这种'外界的强制'相适应的。"③

---

① 《马克思恩格斯全集》第42卷,人民出版社1979年版,第97页。
② 《马克思恩格斯全集》第3卷,人民出版社1960年版,第5页。
③ 《马克思恩格斯全集》第3卷,人民出版社1960年版,第567—568页。

在揭露和批驳"真正的社会主义者"把社会主义和共产主义体系、文献,先是同它们所表现的现实运动分裂开来,然后又任意地把它们同德国的特别是黑格尔和费尔巴哈的意识形态联系起来的歪曲做法时,又指出:"他们始终一贯地把各个具体的一定的个人间的关系变为'人'的关系,他们这样来解释这些一定的个人关于他们自身关系的思想,好像这些思想是关于'人'的思想。因而他们就离开实在的历史基础而转到思想基础上去,同时又由于他们不知道现实的联系,所以他们也就很容易用'绝对的'或者另外的思想方法虚构出幻想的联系。"①

而在实际上,"所谓'非人的东西'同'人的东西'一样,也是现代关系的产物";"'人的'这一正面说法是同某一生产发展的阶段上占统治地位的一定关系以及由这种关系所决定的满足需要的方式相适应的。同样,'非人的'这一反面说法是同那些想在现存生产方式内部把这种统治关系以及在这种关系中占统治地位的满足需要的方式加以否定的意图相适应的,而这种意图每天都由这一生产发展的阶段不断地产生着"②。

可以清楚地看出,在《关于费尔巴哈的提纲》和《德意志意识形态》中,马克思关于人的类本质和人相异化的观点有了发展,在马克思思想发展史中,这是清算费尔巴哈人本主义,清除其劳动异化理论中费尔巴哈痕迹的一个飞跃。而马尔库塞借口在马克思那里,"人的历史经验被接受到关于人的本质的定义中,(因而人的本质)不是一种抽象的,而是在历史中才能被定义的本质",因而从《1844年经济学—哲学手稿》到《德意志意识形态》,马克思观点的变化就不是基本观点的变化的说法,却是没有根据的。这是因为,马克思把人的本质规定为"一切社会关系的总和"这就意味着认为人们在社会关

---

① 《马克思恩格斯全集》第3卷,人民出版社1960年版,第536页。
② 《马克思恩格斯全集》第3卷,人民出版社1960年版,第507、508页。

系中所处的地位不同,他们的本质也就不同;随着社会关系在历史的长河中不断地发生变化,人们的本质也不断地变化发展着,正如马克思所说"整个历史也无非是人类本性的不断改变而已"[①]。所以,在这里,问题的焦点,并不在于是否把人的历史经验接受到关于人的本质的定义中去,而在于是否按照历史时代的不同、社会关系的不同去规定不同人的不同本质,在于是否排除把人的本质规定为不同时代、不同社会地位的人们所共有的某些固有属性,而不论这些属性是些什么。

在1848年所写《共产党宣言》中,马克思恩格斯又进一步沿着在《关于费尔巴哈的提纲》、《德意志意识形态》中开始确立的历史唯物主义的思想路线,批判德国的真正社会主义者在法国的社会主义共产主义文献的原著下面写上"人的本质的外化"是"哲学胡说"。他们强调指出:这种哲学胡说"不代表无产阶级的利益,而是代表人性的利益,即一般人的利益,这种人是不属于任何阶级,而且根本不存在于现实界,而只存在于哲学冥想的渺茫太空"[②]。

所以,从马克思主义的形成发展来看,"人的本质的异化"是受费尔巴哈人本主义的某些影响的。但这种影响不仅在时间上是极为短暂的,而且在范围上也是非常有限的,即使在《1844年经济学—哲学手稿》中,它也远远不等于马克思劳动异化论的全部,因为在马克思所揭示的劳动异化的诸方面中,首先是劳动生产的对象、产品同劳动者相异化以及劳动者在生产活动中使自身异化,然后才谈到异化劳动也使人的本质同人相异化,以及人同人相异化的。

而马尔库塞总体异化论,却不把这个短暂的影响加以永恒化,否认从《1844年经济学—哲学手稿》到《德意志意识形态》,马克思的劳动异化学说有了重大的发展,否认马克思已经彻底摆脱了费尔巴

[①] 《马克思恩格斯全集》第4卷,人民出版社1960年版,第174页。
[②] 《马克思恩格斯全集》第4卷,人民出版社1960年版,第495、496页。

哈人本主义影响,而且把"人的本质的异化"加以普遍化、绝对化,把马克思的劳动异化论单纯解释和归结为就是人的本质的异化论,而在阐释人的本质的异化时,又把马克思和费尔巴哈的重大区别加以抹杀,对它作出人本主义的曲解,这样,马尔库塞的总体异化论就不是沿着马克思主义的形成发展历程,由费尔巴哈前进到马克思,而是反其道而行之,由马克思倒退到费尔巴哈。

然而,马尔库塞总体异化论的错误,并没有终止于从马克思倒退到费尔巴哈,而是还由费尔巴哈进一步滑到了存在主义。

现代西方哲学中的存在主义流派,是一种人本主义思潮。随着自由资本主义发展为垄断资本主义,社会生活的官僚化和个人生活的单调刻板有了进一步的发展,它滋长着使个人丧失个性的倾向,人的关系的"物化"也具有了更加尖锐的形式;而随着资本主义社会机械化和自动化的发展,人的存在更受到"技术化"和"物化"的威胁,本来应当成为自己所创造的一切东西的最高主宰的人,反而成了被这些创造物所奴役的奴隶,这一切使人感到似乎在"工业化社会"中人的要素正在降低,人在分裂的异己的现实中感到无家可归。

存在主义哲学家们觉察到了资本主义社会中这种正在发生的"人格解体"、"人格沦丧"的过程,觉察到了人们的这种不安、恐惧、孤独、对未来丧失信心的情绪,他们反映了资本主义社会的这种危机,津津乐道异化是当代人状况的特征,说什么"在近代人中存在着一种在最近一百年已相当大地增强了的异化的感觉",因而"他们的出发点就是异化的事实和问题,他们的目的就是从异化中得到解放"①。

但是,存在主义对于现代资本主义社会各种现实矛盾的这种反映,却是一种歪曲的反映,它把资本主义总危机所提出的问题神秘化了。这是因为,虽然它描绘和记述了现代资本主义社会中人的状况,

---

① 海涅曼:《存在主义和现代困境》,纽约1958年版,第9页。

却并没有阐明制约这些病态过程的社会历史情况,相反,它把这种只是在资本主义社会中才存在的暂时状态,看作是天然的、永恒的状态,把这种根源于生产力和生产关系的矛盾以及由此产生的资本主义社会中活劳动和物化劳动之间的矛盾的社会现象,说成是根源于人性本身的本体论现象,把资本主义社会的危机描绘成整个人类存在的危机,描绘成任何社会改造都不能加以克服的人类存在的永恒悲剧。例如,马尔库塞的老师、德国存在主义的创始人海德格尔,就是把异化看作是人的存在的一个构成的契机,认为人以日常存在的方式从他自身异化、沉沦于世界的。在海德格尔看来,人的异化不是在进一步的发展过程中能够加以克服的一个历史阶段,而是人作为人必然地要被异化的。在《论人道主义的信》中,海德格尔还把他的这种异化观加诸于马克思说:

"无家可归状态变成了世界命运,因此有必要从存在的历史的意义上去思考这种命运。马克思在基本而重要的意义上从黑格尔那里作为人的异化所认识到的东西,其根源乃是新时代人的无家可归状态。……因此马克思在体会到异化的时候深入到历史的本质的向度中,所以马克思关于历史的观点要比通常的历史科学来得优越。"[①]

与此同时,存在主义还把人的东西和社会的东西对立起来,把对于个人的人本主义说明绝对化为个人最本质的东西,把个人同社会的关系说成是抽象的敌对关系,把人在社会中的存在说成是人的沉沦、人失去其真实性。

正是从这样一些前提出发,存在主义认为哲学的对象不是存在本身,而是阐释和揭示"存在"——人的存在、单独的个人的存在、单独个人自我的情绪和体验——的意义。它把这种纯主观性看作是产生一切客观性的基原,力图从这种主观性中找到人的自由的、创造性

---

① 海德格尔:《论人道主义的信》,法兰克福1954年版,第27页。

的活动以及人的真正存在的基础和原则,并通过它们去探求其他存在的意义和作用,它竭力强调内心世界的价值,而反对使之屈从于社会发展中无名的自发力量。

十分明显,当马尔库塞把异化的根源转移到人的本质之中,转移到人的本质内的冲突之中,认为在人的本质的定义中,对象化总是带来物化,劳动总是带来异化,物化和异化不是偶然事实时,显然表现出了存在主义把异化看作是和人的存在不可分割的要素的影响,从而把在马克思看来是一种社会现象的异化,说成是一种本体论现象,还把它强加于马克思;而当马尔库塞把自由个人和社会绝对对立起来,说生产资料社会化能否成为新的社会制度的开端,取决于是否把它用于发展和满足自由个人,因而共产主义在本质上是一种新形式的个人主义时,则又显然曲解了马克思关于应当避免把社会当作抽象东西同个人对立起来的论述,而表现出了存在主义把个人同社会的关系看作是抽象的敌对关系的观点的影响。这样,马尔库塞的总体异化论最终就滑到了存在主义。

十一、评"当代走向社会主义的道路要由科学到乌托邦"论

在社会主义的问题上,西方马克思主义提出过许多论点和命题,其中最引人注目的当数所谓"当代走向社会主义的道路要由科学到乌托邦"论。由于在苏东剧变、解体以后,有一些原来信奉科学社会主义的人,也对科学社会主义的科学性有所怀疑,对西方马克思主义的这个论点产生了某种共鸣,因此,在这个问题上,弄清事实真相、明辨理论是非,就有着重要的意义。

(一)布洛赫、马尔库塞提出命题的论据

有许多西方马克思主义者有过有关上述命题和论点的论述,但

是，最突出的则是布洛赫和马尔库塞。布洛赫在1918年发表《乌托邦的精神》中，一再阐述这个理论观点并指责马克思主义"从乌托邦到科学的步子迈得过大"，以致造成"革命想象的逐渐的营养不良"，导致从内部使革命运动陷于枯萎的精神上的贫困化。[①] 布洛赫认为，人是乌托邦的主体，是没有实现的可能性的焦点，哲学的任务不是描述现状，而是唤醒生活，促成一个还处在潜在状态的、要是没有人的首创精神就不能诞生的世界的出现。他说，马克思主义是一种科学，又是一种乌托邦，其特征是不包含关于未来社会的任何精确预言，却用积极地参加对社会进行革命改造的内在历史过程来同旧的幻想相对立，马克思的乌托邦是和傅立叶的抽象乌托邦不同的"具体乌托邦"。而所谓具体的乌托邦，布洛赫说是指这样一种未来的状况：人在那里达到现在还在躲着他的本质。它指人的这样一种存在状态，在那里，人不再是"单纯的现象"，而是由于认识到他自己的人性而成为某种本质的活生生的东西。

把所谓当代走向社会主义的道路要由科学到乌托邦论表述得更加系统的，是法兰克福学派的著名代表马尔库塞。马尔库塞在1967年发表的《马克思主义的过时》一文中说："看来，马克思本人的社会主义思想还不够激进和不够乌托邦。他过低估计了资本主义制度下劳动生产率所能达到的水平和由获致这个水平所指明的可能性。资本主义的技术发展将使社会主义的发展有可能超越马克思主义对于社会必要劳动和创造性工作、异化劳动和非异化劳动、必然领域和自由领域的划分。"[②]在同年发表的《乌托邦的终结》的讲演中，马尔库塞宣称："我们必须面对这样的可能性，走向社会主义之路是从科学到乌托邦，而不是从乌托邦到科学。"[③]在1969年发表的《论解放》中，马尔库塞又说，当代社会的生产性的动力剥去了乌托邦在传统上

---

① 布洛赫：《希望的原理》，法兰克福1954年—1959年版，第26页。
② 洛伯柯维奇编：《马克思主义和西方世界》，伦敦1967年版，第413页。
③ 马尔库塞：《五篇讲演》，波士顿1970年版，第63页。

的幻想内容,被痛斥为乌托邦的东西不再是那种在历史的天地里没有位置而且不可能有任何位置的东西,而倒是由于那种被现存社会的权力所阻拦而没有发生的东西。他强调说,在现在这个历史时期,发达工业社会的运动需要有一个"从马克思到傅立叶……从现实主义到超现实主义的理论和实践的运动"[1]。在20世纪70年代的一次谈话中,马尔库塞又说"乌托邦"应不再被社会主义者所使用,因为被说成是乌托邦的东西,实际上不再是乌托邦。一个例子:消灭贫苦、痛苦。今天,社会财富如此之大,以致对生产力的合理组织在实际上就指向:每个人的利益会使在少数几年中克服世界上的贫困成为可能。而且,马克思认为缩短劳动时间是社会主义的前提,没有人否认甚至资产阶级的经济学家也不否认在发达工业国家,能够在不降低文化和物质的生活水平的情况下,决定性地降低社会必要劳动。这个例子提供了索引,说明把社会主义说成是乌托邦在宣传上的漫画,在实际上无非是对它的诽谤,如此等等。

以上所引西方马克思主义者关于当代走向社会主义的道路要从科学到乌托邦的大量言论,说明他们提出这一理论的论据主要有二:一是在苏联模式等社会主义实践中,革命想象营养不良和精神上的贫困化;二是在资本主义社会中生产力的高度发展使得过去被视为乌托邦的东西现在具有了实现的可能性。然而,在实际上,以这样两条论据为根据提出当代走向社会主义的道路要从科学到乌托邦,就是说,要颠倒马克思主义关于社会主义从空想到科学的发展的命题是没有根据的,因为它首先严重地误解和曲解了马克思主义的这个命题。

(二)社会主义从空想到科学发展的命题的本来意义

马克思主义关于社会主义从空想到科学发展的命题,究竟是什

---

[1] 马尔库塞:《论解放》,波士顿1969年版,第22页。

么意思呢?这个命题说的是马克思主义,特别是马克思以其关于唯物主义历史观和剩余价值理论这两个伟大的发现使社会主义摆脱了空想的性质,成为指导无产阶级完成其历史使命的科学理论。为什么说马克思以前的社会主义学说具有空想的性质?那是因为从16世纪以来的西欧的社会主义者虽然全面抨击了资本主义生产方式及其后果,试图论证资本主义制度的暂时性,并对未来社会提出了种种旨在消灭阶级对立的积极主张,但由于他们当时是在无产阶级同资产阶级之间斗争尚未发展的时期、在无产阶级取得解放的物质条件尚未成熟的时期提出其社会主义学说的,他们既不能从社会主义本身找到改造它的物质条件,又不能发现无产阶级肩负的历史使命,所以,就只有从头脑中产生出解决社会问题的办法来。在他们看来,"社会所表现出来的只是弊病;消除这些弊病是思维着的理性的任务。于是,就需要发明一套新的更为完善的社会制度,并且通过宣传,可能时还通过典型示范,从外面强加于社会",因为"对所有这些人来说,社会主义是绝对真理、理性和正义的表现,只要把它发现出来,它就能用自己的力量征服世界",然而,他们所发明的"这种新的社会制度是一开始就注定要成为空想的,它越是制定得详尽周密,就越是要陷入纯粹的幻想"[①]。所以,这里所说空想的特点是不根据和不符合客观事实,而并不是因为条件尚不具备,因而还不能实现的东西。

为了使社会主义学说由空想变为科学,就必须把它由空想的基础上移植到现实的基础上。这样一个历史任务,由马克思通过唯物主义历史观和剩余价值理论两个伟大的发现而完成了。首先,唯物主义历史观确立了从人们的社会存在说明他们的意识的原则,于是,"社会主义现在已经不再被看作某个天才头脑的偶然发现,而被看作两个历史地产生的阶级即无产阶级和资产阶级之间斗争的必然产

[①] 《马克思恩格斯选集》第3卷,人民出版社1995年版,第724、732、739—740页。

物。它的任务不再是构想出一个尽可能完善的社会体系,而是研究必然产生这两个阶级及其相互斗争的那种历史的经济的过程,并在由此造成的经济状况中找出解决冲突的手段"。其次,剩余价值理论则证明"无偿劳动的占有是资本主义生产方式和通过这种生产方式对工人进行剥削的基本形式;即使资本家按照劳动力作为商品在商品市场上所具有的全部价值来购买他的工人的劳动力,他从这种劳动力榨取的价值仍然比他为这种劳动力付出的多",这就揭穿了"这种生产方式的一直还隐蔽着的内在性质",并说明了"资本主义生产方式的历史联系和它在一定历史时期存在的必然性,从而说明它灭亡的必然性";"由于这些发现,社会主义变成了科学"①。

恩格斯就社会主义从空想到科学的发展问题所作的这个经典表述,清楚地说明了马克思主义所说社会主义从空想到科学的发展,无非是说马克思主义把社会主义学说从空想的基础上移植到现实的基础上,而并没有其他的附加含义。社会主义从空想到科学的发展,丝毫也不意味着要消灭革命的想象和精神,它所摒弃的只是不根据和不符合于客观事实的空想。事情正如毛泽东所指出的:"我们反对主观地看问题,说的是一个人的思想不根据和不符合于客观事实,是空想,是假道理,如果照了做去,就要失败,故需反对它。但是一切事情是要人做的……做就必须先有人根据客观事实,引出思想、道理、意见,提出计划、方针、政策、战略、战术,方能做得好。思想等等是主观的东西,做,或行动是主观见之于客观的东西,都是人类特殊的能动性。这种能动性我们名之曰自觉的能动性,是人之所以区别于物的特点。一切根据和符合于客观事实的思想是正确的思想,一切根据于正确思想的做或行动是正确的行动。我们必须发扬这样的思想和行动,必须发扬这种自觉的能动性。"②所以,布洛赫把尔后苏联模

---

① 《马克思恩格斯选集》第3卷,人民出版社1995年版,第724、732、739—740页。
② 《毛泽东选集》第2卷,人民出版社1991年版,第477页。

式的社会主义实践中出现的所谓革命想象营养不良、精神贫困化使革命运动陷于枯萎的情况,归咎于马克思主义使社会主义从乌托邦到科学的步子迈得过大,是一件毫无道理的事情,这只是说明布洛赫自己把革命的想象和精神同不根据和不符合于客观事实的空想混为一谈了。

(三)对社会主义从空想到科学发展的命题的正确认识

首先,社会主义实践中发生失误并没有使科学社会主义倒退为空想。社会主义从空想发展为科学,说的只是社会主义学说的基础从空想移植到现实,而并不保证尔后的社会主义实践都合乎科学,都能事事顺遂而不发生任何曲折和挫折。一是因为科学社会主义原理的实际运用,随时随地都要以当时的历史条件和当地的客观实际为转移,要是不把马克思主义的科学社会主义的基本原理和本国实际、时代特征相结合,那么,就算你所用的公式是马克思主义的、科学社会主义的,也没有意义、没有生命力,仍难免犯错误;二是因为有的社会主义者由于主客观原因往往只能领会科学社会主义的某些方面,并把它夸大成为片面的理论和片面的策略体系,或死背它的一些口号和某些策略问题的答案,而这样那样地背离科学社会主义的基本精神,从而使社会主义事业遭受挫折、发生曲折。但这一切显然同社会主义从空想发展为科学无关,也并没有倒转发展进程,使社会主义又从科学倒退到空想。相反地,科学社会主义只是要求社会主义者在实践中检验真理和发展真理,抛弃那些对马克思主义的某些原则、某些本本的教条式理解,抛弃那些对社会主义的不科学的甚至扭曲的认识和附加到科学社会主义名义下的错误观点。

其次,社会主义从空想发展为科学以后还要不断地与时俱进。社会主义从空想发展为科学,说的是马克思主义使社会主义学说由空想发展成为严密而完整的科学的思想体系,成为无产阶级和劳动群众认识世界和改造世界的行动指南,但它丝毫也不意味着科学社会主义从此能够为解决尔后几十年、上百年、几百年所产生的问题提供现成答案,成了万古不变的教条,成了处于终极状态的终极真理。相反地,马克思主义认为,科学社会主义是发展的科学,它必须随着时代的发展、实践和科学的发展、世界社会主义运动的发展而不断地向前发展。在这个过程中,一方面不能把科学社会主义僵化成万古不变的教条,另一方面又不能借口当代世界发生的种种新问题在科学社会主义的创始人那里找不到现成答案,就扬言社会主义还没有完成从空想到科学的发展,或者扬言社会主义要从科学倒退为空想、乌托邦云云。正是针对诸如此类的错误思想,邓小平强调指出:"科学社会主义是在实际斗争中发展着,马列主义、毛泽东思想是在实际斗争中发展着。我们当然不会由科学的社会主义退回到空想的社会主义,也不会让马克思主义停留在几十年或一百多年前的个别论断的水平上。所以我们反复说,解放思想,就是要运用马列主义、毛泽东思想的基本原理,研究新情况,解决新问题。"[1]因此,西方马克思主义者提出当代走向社会主义的道路要从科学到乌托邦这一论断的真正原因,并不在于苏联模式在社会主义实践中的失误,也不在于资本主义社会中生产率高度发展等新变化提出了新问题,而是在别处:在于他们所说的社会主义不同于科学社会主义所说的社会主义。

(四)对"西方马克思主义"人本主义社会主义观的评析

"西方马克思主义"中的人本主义思潮各派,从卢卡奇的《历史和阶级意识》一书开始,就反对科学社会主义根据唯物史观关于人们的社会存在决定人们意识的原理,所提出的资本主义社会的基本矛盾的发展使它被社会主义所取代的客观必然性的论断,指责这是客观主义、经济主义、机械主义,他们转而强调主观因素在革命理论和实践中的极端重要性。尔后的人本主义各派的西方马克思主义者

---

[1] 《邓小平文选》第2卷,人民出版社1994年版,第179页。

基本上都是根据这个精神来定义社会主义的。如布洛赫说:"社会主义越科学,也就是越具体地把人当作中心,也就越具体地把确实消灭人的自我异化当作目的。"①而所谓异化、自我异化,在这些西方马克思主义者的心目中,又多半是一种被心理学化了的东西。弗洛姆认为,"马克思关于社会主义的概念,是从他关于人的概念中推导出来的",据此,"社会主义的目的是人","正如(美国有神论存在主义者)梯利希所指出的,对于马克思来说,社会主义就是一场在社会的现实中反对毁灭爱的抵抗运动"②。马尔库塞则在20世纪30年代就发表《论证历史唯物主义的新源泉》一文,说马克思的《1844年经济学—哲学手稿》"能够把关于历史唯物主义以及整个科学社会主义理论的根源和本来意义的讨论放在一个新的起点上"③。他所说的这个"新的立足点"就是把劳动异化解释成人的本质的异化,又认为人的异化的根源就在人的本质中,认为社会革命产生于人的本质的总体上的颠倒,以后,他更把社会主义社会看成是一个人的本能结构非压抑的社会。这就把社会主义彻底人本主义化了。然而,事情的真相却正如列宁所指出的那样:"社会主义学说正是在它抛弃了关于合乎人的本性的社会条件的议论,而着手唯物主义地分析现代社会关系并说明现在剥削制度的必然性的时候取得成就的。"④

西方马克思主义者从这种人本主义化的社会主义观出发提出所谓当代走向社会主义的道路要从科学到乌托邦,自然是不足为奇的。然而问题在于当代走向社会主义的道路到底是从空想发展为科学,还是要从科学倒退到乌托邦? 这并不是由哪个人主观上的喜爱来决定,而是要由客观实践来检验的。如果说科学社会主义在以《共产党宣言》为出生证诞生以来的160多年中,社会主义经历了从空想到

---

① 布洛赫:《希望的原理》,法兰克福1954年—1959年版,第312页。
② 弗洛姆:《马克思关于人的概念》,纽约1961年版。
③ 马尔库塞:《批判哲学研究》,波士顿1972年版,第3页。
④ 《列宁全集》第1卷,人民出版社1984年版,第55页。

科学、从理论到实践、从一国建设社会主义的实践到多国建设社会主义的实践,再从传统的计划经济体制到现代的社会主义市场经济体制的凯旋进军的话;那么,西方马克思主义人本主义流派鼓吹的当代走向社会主义的道路要从科学到乌托邦论,所遭遇的却是一连串的挫败。两相对比,实践无可争辩地说明,走向社会主义的道路只能是从空想到科学,而绝不是从科学到乌托邦。

西方马克思主义的社会主义理论也包含一些有益的探索。西方马克思主义者所谓当代走向社会主义的道路要从科学到乌托邦的理论观点,就总体来说是错误的。然而,这丝毫也不意味着要全盘否定他们在争取实现社会主义方面所做的一切探索。仍以马尔库塞为例,在1972年发表的《反革命和造反》一书中,马尔库塞分析了当代资本主义社会的情况后指出:"20世纪的资本主义具有空前的能力,正是这一能力,将引起20世纪的革命,当然是这样一种革命,其基础、其战略和目标都和迄今一切的革命特别是俄国革命,有根本的区别";他认为,在当代发达资本主义社会造成革命的是一个扩大了剥削的基础、又创造出现存生产方式所不能满足的需要。据此,他提出了总体革命的设想,认为社会主义不仅要增加生产,废除贫困,而且也要改变人的需要及其满足,要改变人在各方面——不仅在物质方面,而且也在道德和美学等方面——的生存条件和性质,要反对种种不公道、不合理现象,诸如"反对幸福生活掩盖下的匮乏,反对污染环境的生活方式。道德的和美学的需要,成了基本必须的需要,并对家族,上一代人与下一代人,男子和妇女,以及同自然之间的关系提出新的要求"等等。[①] 这就清楚地说明了在西方马克思主义总体错误的社会主义理论中,又包含有一些有益的探索和有价值的见解,对此,马克思主义者在推进科学社会主义理论的过程中,是必须予以肯

---

① 马尔库塞:《反革命和造反》,译文参见《工业社会和新左派》,商务印书馆1980年版,第86、92页。

定的评价和吸取与改造其中一切有价值的东西的。

（五）社会主义振兴之路

社会主义振兴之路在于更紧密地结合时代特征和本国实践向前推进科学社会主义。毋庸讳言，以科学社会主义为指导思想的共产党、社会主义国家在发展历程中也遭遇到许多困难和挫折，甚至遭遇到像1989年—1991年东欧剧变、苏联解体那样的严重挫折和暂时复辟，而西方的一些发达国家却仍然保持着资本主义制度，并且在经济上还在继续发展。尽管这两个方面的事实引起人们思想上的疑难和迷茫，西方资产阶级的代表更据此而鼓噪什么"资本主义已经全面战胜了社会发展的其他模式"，因而"现在不是资本主义向社会主义转变的时代，而是资本主义在世界范围内扩展的时代"，然而，在社会主义的低潮和谷底中崛起和腾飞的中国特色社会主义，却以举世瞩目的成就告诉人们，在当代，振兴社会主义的道路并不在于要改弦更张，使社会主义从科学倒退到空想，而是要向前推进科学社会主义，就是说，要把科学社会主义的基本原理和时代特征、本国实际更加紧密地结合起来，在坚持以科学社会主义为指针研究新情况、解决新问题的伟大实践中，用新的思想观点去丰富和发展科学社会主义；并用改革开放和社会主义现代化建设的伟大成就向人类表明，社会主义是必由之路，社会主义优于资本主义。

十二、评施密特的马克思主义解释

在"西方马克思主义"者中间，施密特（Alfred Schmidt 1931年— ）是以法兰克福学派的"传家宝"而著称的。施密特之所以得到这么一个"称号"，是因为他在法兰克福学派的第二代代表人物中间，与怀疑社会批判理论在20世纪70年代的有效性的哈贝马斯等人相反，坚决捍卫和阐明在20世纪30年代开始形成的社会批判理论在过去和今后之间的统一性和连续性，把它看作"西方马克思主义"的立论基础。

施密特出生于德国柏林。1957年—1960年间曾在法兰克福学派创始人霍克海默和阿多尔诺的指导下当研究生，在此期间，他完成了题为《马克思的自然观》的博士论文。从70年代开始，施密特在法兰克福大学哲学系讲授哲学史特别是法国和德国的启蒙时代的哲学史。

在施密特的著作中，1962年和1965年在法兰克福以德文出版，1971年和1973年在伦敦一再以英文出版的博士论文《马克思的自然观》，是他的一本影响较大的代表作。

《马克思的自然观》之所以成为施密特的一本影响较大的代表作，首先因为像他自己所说的，这本书的"每一页都浸透着法兰克福学派自30年代初以来发展的'批判理论'的影响"，它企图从这个立场出发，全面展开法兰克福学派对马克思主义哲学的解释。

但是，在具体做法上，施密特又自诩和20世纪50年代以来存在主义者那种把马克思的思想归结为一种以早期著作（特别是《1844年经济学—哲学手稿》）中异化的理论框架为中心的非历史的人类学的趋向不同，他企图从马克思的中期的和成年时期的政治—经济著作中，特别从《资本论》和1857年—1859年的经济学手稿中，引出对马克思毕生著作的"哲学"解释。

那么，施密特到底是怎样展开法兰克福学派对马克思主义哲学的解释的呢？

首先，在唯物主义方面，法兰克福学派历来认为，真正的唯物主义，并不是指一种建立在物质的本体论上的首要性的基础上的新型的一元论形而上学，认为崇拜所谓的客观的物质世界是错误的，而认为唯物主义是就对人的快乐的彻底关心，相信要得到快乐就要改变生产关系的信念来说的，认为唯物主义的基础只不过是指人类生存的基本条件。

施密特在《马克思的自然观》一书中进一步展开了对这些观点的阐述和论证。

在《路德维希·费尔巴哈和德国古典哲学的终结》中,恩格斯曾经说过:"全部哲学,特别是近代哲学的重大的基本问题,是思维对存在的关系问题","哲学家依照他们如何回答这个问题而分成了两大阵营。凡是断定精神对自然界说来是本原的,……组成唯心主义阵营。凡是认为自然界是本原的,则属于唯物主义的各种学派"①。

施密特断然反对用断言物质自然界的本原性的主张,作为识别唯物主义的标志。他说:"如果在唯物主义中看到一种一致的观念,在其历史中有一种内在的智力发展,那是十分错误的",因为"唯物主义在其方法上,在其特殊兴趣上,以及最后,在其实质性特征上,是服从于社会—历史变化的。在一国对于唯物主义来说有最高重要性的某种东西,在下一个国家却显得是边缘性的"②。

特别是马克思的唯物主义,更加具有"非本体论的特性"。他写道:"马克思的意思并不是简单地用一种物质的'世界实体'去代替黑格尔的'世界精神',那会是一个同等的形而上学原则"③;"把辩证唯物主义描写成为一种'根源的哲学',甚至比在黑格尔的辩证唯心主义的场合,更不能证明是正确的。辩证唯物主义不承认诸如能独立地存在于其具体规定之外的任何自主的实体"④。

施密特引证恩格斯在《反杜林论》和《自然辩证法》中关于物质概念的两个论述作为证明。其中的一个论述说,物质本身并不是感性地存在着的东西,而是我们把它从各种有形地存在着的事物中概括出来的,因而是纯粹的思想创造物和抽象;另一个论述说,只有通

---

① 《马克思恩格斯全集》第21卷,人民出版社1965年版,第315—316页。
② 施密特:《马克思的自然观》,1973年英文版,第31页。
③ 施密特:《马克思的自然观》,1973年英文版,第27页。
④ 施密特:《马克思的自然观》,1973年英文版,第34页。

过研究和认识个别的实物和运动形式,才能认识物质和运动①。施密特据此而引申说:

"对于物质概念的辩证解释说明恩格斯是注意到一种本体论的危险并希望避免它。然而,如果人们同时用物质的概念去使宇宙的根源成为可以理解的话,那就不能成功地作到这一点。在用物质去为世界提供一个包括一切的、形而上学的说明的地方,人们就被迫从把物质当作一个普遍原则出发,而不是从把物质当作它的具体的存在方式出发。"②

施密特的意思很清楚:既然恩格斯把物质这个抽象、这个概念同各种有形地存在着的事物区分开来,那么,他就显然不应当再把物质当成世界的本原,否则就陷入他所希望避免的本体论的危险。

施密特在这里显然把两件不同的事情混为一谈了:说物质概念是抽象,是我们从各种有形地存在着的事物中概括出来的,这是指一般存在于个别之中,这里不存在什么"注意到一种本体论的危险并希望避免它"的问题;而说物质是世界的本原,则是就物质与意识这两者的关系来说的,这里所讲的"物质",和所讲的"意识"一样,都是个别与一般的统一,所以也不存在什么"从把物质当作一个普遍原则出发,而不是从把物质当作它的具体的存在方式出发"的问题。

然而,施密特却硬是把这种混淆当作他立论的出发点。他煞有介事地写道:"只有像马克思那样,承认物质实在一开头就被社会中介,才可能避免本体论和正确对待恩格斯的关于物质本身是一个抽象,关于物质只实在地出现在特定的存在方式中的公式"③;"马克思接受了唯心主义者认为世界是通过主体而得到中介的见解,然而他认为他能够通过说明从康德到黑格尔的哲学家所说'创造'的真正因素来认识这个观念的全部意义:客观世界的创造者是人类的社

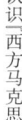

---

① 参见《马克思恩格斯全集》第 20 卷,人民出版社 1971 年版,第 598、579 页。
② 施密特:《马克思的自然观》,1973 年英文版,第 35 页。
③ 施密特:《马克思的自然观》,1973 年英文版,第 35 页。

会—历史的生命—过程。在现时代，人之外的自然存在越来越被归结为人类社会组织的一个功能"①；而且，"既然中介的主体、有限、被暂时地决定的人们，他们本身就是通过他们而得到中介的事物的实在的组成部分，那么，直接的东西的中介性观念在其马克思主义版本中就并不导致唯心主义。"②

把马克思说成承认物质实在一开头就被社会中介，这岂不是和马克思再三重申的对外部自然界优先地位的确认相矛盾吗？

对此，施密特回答说，虽然马克思"谈到外部自然界的优先地位"，却"批判地保留说任何这样的优先地位只能存在于中介之内"③，"他的意思并不是说对于这个在人之外的现实，要在一种未被中介的客观主义的意义上，从本体论方面去理解"④。

显然，这只是施密特对马克思观点的随意解释和发挥，而与马克思本人无关。然而，他却根据他的这种随意发挥去进一步论述马克思的唯物主义的基本特征说："马克思的唯物主义主要关心于从世界上驱除饥饿和痛苦的可能性，而不是论述灵魂的精神和物质本性问题，对此即使是一个唯物主义的回答，也只能经常是一个唯心主义的即转移注意力的功能。"⑤所以，"不是物质的抽象本性，而是社会实践的具体本性，才是唯物主义理论的真正主题和基础"⑥，虽然"物质存在先于每种形式的历史实践，但就其对人有意义而言，这种存在却不是被任何唯物主义理论假定其在发生学上的优先性的抽象的物质存在，而是通过社会劳动而被占有的一种第二存在。马克思在其整个发展中都强调在不同时期里被称作自然的东西的被社会中介的特性，而且他较少关心自然图画的变化着的内容，而更多地关心这个

---

① 施密特：《马克思的自然观》，1973年英文版，第27—28页。
② 施密特：《马克思的自然观》，1973年英文版，第28—29页。
③ 施密特：《马克思的自然观》，1973年英文版，第26—27页。
④ 施密特：《马克思的自然观》，1973年英文版，第26—27页。
⑤ 施密特：《马克思的自然观》，1973年英文版，第40页。
⑥ 施密特：《马克思的自然观》，1973年英文版，第40页。

变化的历史条件"①。

不仅如此,施密特还根据这种随意发挥去抨击恩格斯对庸人歪曲唯物主义所作的揭露。

大家知道,在《路德维希·费尔巴哈和德国古典哲学的终结》中,恩格斯在指出了哲学家依照如何回答思维和存在孰是世界的本原这个问题而分成唯物主义和唯心主义两大阵营之后,接着就强调说:"除此之外,唯心主义和唯物主义这两个用语本来没有任何别的意思,它们在这里也不能在别的意义上被使用。下面我们就可以看到,如果给它们加上别的意义,就会造成怎样的混乱。"②随后,恩格斯在"下面",又揭露了"庸人偏见"加于唯物主义的"别的意义":"庸人把唯物主义理解为贪吃、酗酒、娱目、肉欲、虚荣、爱财、吝啬、牟利、投机,简言之,即他本人暗中迷恋着的一切龌龊行为……"③

对此,施密特抨击说:"恩格斯在其关于费尔巴哈的论文中,嘲笑那种不是把唯物主义理解成一种理论而是把它同感性喜悦结合在一起的所谓'庸人偏见'。但如果瞄准的目标之一不是喜悦,不是达到感官的满足的话,人的超越资本主义的、巨大无边的而不是理论的努力的价值又是什么呢?恩格斯的公式包含海涅早在社会主义运动早期就已觉察、后来成为一种反人的实践的源泉之一的那种禁欲主义的某种东西了。"④

又是一连串的混淆。

为什么把唯物主义的标志,说成是肯定存在对思维、物质对精神的首要性,而不是什么"喜悦"、"达到感官的满足"这些主观的精神状态,竟会影响人们摆脱资本主义的努力的价值?

为什么把唯物主义的标志,说成是肯定存在对思维、物质对精神

---

① 施密特:《马克思的自然观》,1973年英文版,第194页。
② 《马克思恩格斯全集》第21卷,人民出版社1965年版,第316、324页。
③ 《马克思恩格斯全集》第21卷,人民出版社1965年版,第316、324页。
④ 施密特:《马克思的自然观》,1973年英文版,第40页。

的首要性,而不是什么"喜悦"、"达到感官的满足"这些主观的精神状态,竟会包含禁欲主义?

施密特的意思岂不是说,只有把唯物主义的标志,说成是"喜悦"、是"达到感官的满足"这些主观的精神状态,才有助于人们摆脱资本主义的努力的价值,才有助于社会主义运动摆脱禁欲主义?

然而,事实却和施密特的说法刚好相反:一味追逐"喜悦"和"达到感官的满足"的,并不是什么唯物主义,而是享乐主义,而以它为世界观去指导人们的行动,不能有助于而只能有害于争取摆脱资本主义的社会主义运动。

其次,在辩证法方面,施密特继承卢卡奇首倡的所谓"辩证法是主体和客体的相互作用"论,竭力强调"对于马克思主义的唯物主义来说,辩证法只能是一种历史方法"①,而非难和指责恩格斯所阐述的自然辩证法。

非难和指责之一,是说恩格斯"借助于辩证范畴去解释已经以完成的形式放在手头的现代自然科学成果",因而"恩格斯的自然辩证法必然还是外在于其主题的"②;是说恩格斯"用一种唯物主义的符号预先确定辩证的运动形态,并把它们'应用'于自然现象而全然没有关心它们的思辨含意"③。

这个指责是和事实不符的。这不仅因为恩格斯再三重申:"对我来说,事情不在于把辩证法的规律从外部注入自然界,而在于从自然界中找出这些规律并从自然界里加以阐发。"④而且,更重要的,在恩格斯阐述自然辩证法时自然科学的发展情况,也清楚地说明了恩格斯是在概括当时自然科学的成就的基础上来展开对辩证唯物主义自然观的阐述的。

---

① 施密特:《马克思的自然观》,1973 年英文版,第 167、52 页。
② 施密特:《马克思的自然观》,1973 年英文版,第 167、52 页。
③ 施密特:《马克思的自然观》,1973 年英文版,第 185 页。
④ 《马克思恩格斯全集》第 20 卷,人民出版社 1971 年版,第 15 页。

非难和指责之二,是说"恩格斯认为,自然和人最初并不是通过历史实践而统一起来的,人只是作为自然过程的一个消极反应和进化的产物而出现,而不是作为一种生产力而出现"。"证据"是恩格斯认为"唯物主义的自然观不过是对自然界本来面目的朴素的了解,不附加任何外来的成分",施密特说,恩格斯的这一论述"同他和马克思在《德意志意识形态》中反对费尔巴哈的论战中所已达到的观点相比较,标志着倒退到素朴实在论"①。

施密特说恩格斯把人看作自然过程的消极反应,而不是一种生产力,完全是无稽之谈。因为正是恩格斯在批评自然主义历史观时,强调指出它"认为只是自然界作用于人,只是自然界到处在决定人的历史发展,它忘记了人也反作用于自然界,改变自然界,为自己创造新的生存条件"②。

至于把恩格斯关于唯物主义自然观的论述,说成是从《德意志意识形态》倒退到素朴实在论,同样不符事实。因为恩格斯那个论述的意思,无非是指的唯物主义主张如实地反映客观外界的真实情况,而不把人们头脑里虚构、造作的种种联系和过程强加于它。这个论述和《德意志意识形态》对于人类改造自然界的劳动实践是整个现存感性世界的深刻基础的强调,是一致的而不是矛盾的,正因为这样,《德意志意识形态》也同样强调"要按照事物的本来面目及其产生根源来理解事物"③。

非难和指责之三,是说"恩格斯在一种纯客观辩证法的意义上去解释前于和外于人类的自然的企图,在事实上必定导致……辩证法同唯物主义之间的冲突","必然导致到一个'自然—主体'的泛神论的—物活论的概念,从而当然抛弃唯物主义的立场",而另一方面,由于"在人类社会存在之前,自然界只能存在于彼此之外的诸要

---

① 施密特:《马克思的自然观》,1973 年英文版,第 55—56、195 页。
② 《马克思恩格斯全集》第 20 卷,人民出版社 1971 年版,第 574 页。
③ 《马克思恩格斯全集》第 3 卷,人民出版社 1960 年版,第 49 页。

素之间的两极性和对立；至多是相互作用，但不是辩证的矛盾。恩格斯的'自然的体系'，像霍尔巴赫的一样，是一个单纯的相互作用的体系"，"符合于自然本身的前辩证特性"，"他的关于自然的见解最终是前辩证法的"①。

恩格斯根据自然过程的辩证性质阐明了自然界的不依人的意志为转移的辩证规律，在施密特的笔下，反倒成了"抛弃唯物主义的"、"前辩证法的"，乃至什么"泛神论—物活论"，这种种说法完全是颠倒了黑白。

事实是，由于恩格斯坚持根据自然过程的辩证性质去阐明自然界固有规律，而不是把辩证规律从外部注入自然界，由于恩格斯阐明不同的物质运动形式在特定条件下的相互转化，而不是把为人类社会特有的规律强加给前于和外于人类的自然界，因而是彻底地唯物主义的。至于施密特所谓前于和外于人的自然界只有前辩证法的两极性、对立和相互作用，而没有辩证矛盾的说法，则正好暴露他自己毫无根据地把辩证法同人类社会所特有的运动形式等同起来，而把前于和外于人类的自然界的辩证发展规律摈于辩证法之外，斥为"前辩证法的"，从而暴露了他的人本学唯心主义立场。

非难和指责之四，是说"恩格斯有意撇开不谈'人对自然界的反作用'，即在自然脉络关系中那种叫作社会劳动的特种形式的相互作用的现象。然而，……唯物主义理论却要求具体辩证法只有通过社会生产的活动才发生作用"②。

说"恩格斯有意撇开不谈'人对自然界的反作用'"，完全是一种曲解。因为恩格斯虽然在谈到在自然界中全是不自觉的、盲目的动力时，说过"如果我们把人对自然界的反作用撇开不谈"③，但那完全是为了说明在自然界和社会历史领域中活动的，是两种不同的动力

---

① 施密特：《马克思的自然观》，1973年英文版，第59—60页。
② 施密特：《马克思的自然观》，1973年英文版，第186—187页。
③ 《马克思恩格斯全集》第21卷，人民出版社1965年版，第341页。

而作的一个临时假设,而丝毫不意味着他在自然辩证法研究中,有意撇开不谈人对自然界的反作用,相反,在恩格斯的著作中,是充满着对于这种反作用的强调的[①]。

至于说"唯物主义理论却要求具体辩证法只有通过社会生产的活动才发生作用",也是和客观事实背道而驰的。因为自然界是按照自己的辩证规律发展的,人们通过劳动生产而改造自然界,不是由于取消了自然界固有的辩证规律而带进了人的"具体辩证法",而是由于认识和正确运用了自然界的辩证规律。施密特所谓"只有通过社会生产活动才发生作用"的"具体辩证法",只不过是一种臆想罢了!

最后,在认识论方面,施密特认为,把马克思同反映论联系起来是一个误解;列宁坚持反映论,就是坚持费尔巴哈的非辩证观点;在施密特看来,反映只能是消极的、非辩证的,不能说明实践对客体的最终构成作用的,因而认识的任务就不是反映而是"创造"。

施密特说:"把马克思和……'反映论'等同起来",是一个"误解"[②],因为"马克思在概念中并未看到客体本身的素朴实在论的印象,而倒不如说是(看到了)人们同那些客体的历史的中介的关系的反映"[③]。

这个说法是不符合事实的。在马克思那里,人类对于客观世界的改造,从来就是同正确反映客观世界不可分割地联系在一起的。例如,在《德意志意识形态》中,马克思就指出:"意识在任何时候都只能是被意识到了的存在,而人们的存在就是他们的实际生活过程","从他们的现实生活过程中我们还可以揭示出这一生活过程在意识形态上的反射和回声的发展。甚至人们头脑中模糊的东西也是

---

① 参见《马克思恩格斯全集》第 20 卷,人民出版社 1971 年版,第 373、374、518、519、573、574 页等。
② 施密特:《马克思的自然观》,1973 年英文版,第 108、111 页。
③ 施密特:《马克思的自然观》,1973 年英文版,第 108、111 页。

他们的可以通过经验来确定的、与物质前提相联系的物质生活过程的必然升华物"①,而在《资本论》第一卷第二版跋中,马克思更强调指出:"观念的东西不外是移入人的头脑并在人的头脑中改造过的物质的东西而已。"②

施密特说:"在《唯物主义和经验批判主义》中,列宁用一种为素朴的反映实在论所特有的片面形式强调了物质存在的独立于意识之外的要素","列宁的观点,只是以像费尔巴哈唯物主义(根据马克思的《关于费尔巴哈的提纲》)是黑格尔绝对唯心主义的抽象反题的相同方式,作为马赫、阿芬那留斯和他们的俄国追随者的主观唯心主义的抽象反题(而存在的)","在列宁关于'物质'或'外部世界'是被感觉所反映或复写的意见中,我们遇到了费尔巴哈的抽象〔观点〕"③。

列宁在《唯物主义和经验批判主义》中确实多次表述过由包括费尔巴哈在内的一切唯物主义者所共同持有的唯物主义反映论,但是,把列宁的认识论观点,说成是什么"一种为素朴的反映实在论所特有的形式",说成是"费尔巴哈的抽象(观点)",却是毫无根据的。因为在《唯物主义和经验批判主义》中,列宁除了强调思维反映存在这个由包括费尔巴哈在内的一切唯物主义者所共同持有的唯物主义反映论观点之外,还坚持和发展了为马克思主义的辩证唯物主义和历史唯物主义所特有的,把辩证法应用于反映论的观点,把实践作为认识的基础的观点。

施密特还从把反映论同人类通过实践改造客观世界对立起来的角度去指责和否定反映论:

在"认识是反映的原始观念"中,"意识和客体被放在平坦的对立之中,而不说明实践对于客体的最终构成作用。客观世界并不仅

---

① 《马克思恩格斯全集》第3卷,人民出版社1960年版,第29、30页。
② 《马克思恩格斯全集》第23卷,人民出版社1972年版,第24页。
③ 施密特:《马克思的自然观》,1973年英文版,第224页。

仅是被反映的自在,而多半是一个社会产物"①。

"随着在现代日益增多地把自然归结为社会行动的一个要素的平面,客观性的规定日益增多地进入主体之中。在劳动关系内部朝着主观方面的这种重点的转移,在概念上是由下列原则来表述的:只有由主体所'创造'的东西,才是在严格意义上的可认识的","对于马克思来说,认识世界的可能性的问题,只有根据世界是一个人类的'创造(物)'才有意义"②。

"在现实历史中,物质和外部世界总是社会生产关系的要素,如要保持'反映'这个成问题的观念,那就必须说实在反映人们的实践,像人们的意识反映实在一样的多。"③

施密特的这些指责,显然是以把反映论同对反映的机械解释,以把反映看作是不变的意识对于物的不变的反映为基础的。然而,既然马克思主义的反映论把反映看作是不断地发展着的人的意识,对于永恒地运动着和发展着的物质的反映,既然马克思主义的反映论认为,在人类社会,不仅人的意识的发展,而且客观世界的变化发展,都是同人类的实践活动密切关联着的,那么,施密特对马克思主义反映论的这些指责就显然是没有根据的。

然而,施密特却不仅对反映论进行没有根据的指责,而且还用没有根据的臆想去构造其只要"创造"而不要反映的认识论:"认识的任务不是在于在像一道石墙似的围着人们的现实面前投降。认识,由于苏醒了淹没在既定事实中的人类历史过程,而证明现实是由人生产出来的,因而是能被他们所改变的,实践作为最重要的认识概念,变成政治活动的概念。"④

显然,施密特鼓吹的这种只要"创造"、不要反映的认识论,在实

---

① 施密特:《马克思的自然观》,1973年英文版,第196、122页。
② 施密特:《马克思的自然观》,1973年英文版,第122、224页。
③ 施密特:《马克思的自然观》,1973年英文版,第224页。
④ 施密特:《马克思的自然观》,1973年英文版,第196页。

际上是一种建立在不可知论和唯意志论基础上的,口头上标榜什么"创造",在事实上却只能充当"盲目必然性"的奴隶的认识论,它所导致的,只能是一种毫无实际成果并且到处碰壁的盲目乱动。

十三、评哈贝马斯的"重建历史唯物主义"

在法兰克福学派第二代的代表人物中,最多产也最著名的,是哈贝马斯(Jürgen Habermas,1929—)。

哈贝马斯出生在德国的杜塞尔多夫。1961年在玛尔堡获得大学教授资格后,一直在海德堡大学讲授哲学,从1964年开始到法兰克福大学去担任哲学社会学教授,并协助阿多尔诺指导法兰克福社会研究所的研究方向。在1969年社会民主党勃兰特执政以后的第二年,哈贝马斯又到施塔恩堡去就任新建立的普朗克科学技术世界生存条件研究所的领导人。

哈贝马斯自1957年发表《关于马克思和马克思主义哲学争论的述评》,引起人们的注视以后,在1960年代和1970年代又相继发表了大量的著作,如《大学生和政治》(1961年)、《社会舆论的结构》(1962年)、《理论和实践》和《分析的科学理论与辩证法》(1963年)、《社会科学的逻辑》(1967年)、《认识与人的兴趣》(1968年)、《技术与科学即意识形态》(1968年)、《抗议运动与学校的改革》(1969年)、《社会理论或社会工艺学—制度研究取得了什么成果?》(1971年)、《文化与批判》和《晚期资本主义的合法化问题》(1973年)、《论重建历史唯物主义》(1976年)等等,据统计,截至1978年,哈贝马斯已经发表了17本书和77篇文章。1974年1月,西德斯图加特市政局授予哈贝马斯以黑格尔奖金,表彰他在哲学和社会学理论中,揭示了还没有显示出来的前提,研究了资本主义社会发展的条件及其现实的生活条件,在普遍的相互联系中利用新的概念工具对这个社会作出自己的解释。

哈贝马斯属于法兰克福学派的右翼。

在20世纪60年代中期以后掀起的激进学生运动中,哈贝马斯在开始时持支持的态度,但他反对马尔库塞提出的在发达工业社会搞"大拒绝"和迫使统治集团使用武力的斗争策略,而主张采取"群众教育战略";他还批评激进学生运动中的"活动主义"趋向,认为这种趋向或则导致反理智主义,或则导致堵塞具体的政治分析的独裁主义,在1967年和1968年的两次激进学生运动中,他都持批评态度,并指责激进学生的领导人杜茨契克是"左翼法西斯主义者",而激进学生运动也把哈贝马斯当作政治上的敌人而发表著作批判他,说他是"顺从主义"和"反革命"。在实际上,哈贝马斯也正是在法兰克福学派左、右两翼围绕着诸如此类的问题进行的激烈争执中,离开社会研究所的。

在理论上,哈贝马斯虽然继承了霍克海默、阿多尔诺在《启蒙的辩证法》中的主题,沿着和马尔库塞在《单面的人》中对发达工业社会研究的相似路线,展开了他对认识理论、一般的社会理论和工艺合理性理论的阐述,但是,哈贝马斯却怀疑法兰克福学派社会批判理论在70年代的有效性。他认为,在今天,社会批判理论不能建立在政治经济学批判的基础上,今天提到首位的是对科学进行批判,法兰克福学派对社会的批判应被对科学的批判所取代,因而,早在60年代,哈贝马斯的思想就开始逐渐离开法兰克福学派的社会批判理论。

哈贝马斯在逐渐离开社会批判理论的同时,一方面企图把法兰克福学派的辩证法理论同实证主义、同哲学释义学结合起来,并吸取奥斯丁的分析哲学和乔姆斯基的语言学研究中的某些东西,另一方面则加强其对马克思主义的批判。

古典的法兰克福学派社会批判理论的一个重要特征是,它保持了马克思主义对资本主义社会罪恶的批判,而日益怀疑马克思主义就此提出的医治方案:无产阶级革命和由此带来的生产力的解放。这种怀疑导致他们在意识形态和政治立场上的超激进化和从政治实践退到哲学和美学,并把在马克思主义传统中历来看作是起进步和革命作用的科学技术,说成是社会压迫的直接原因和辩护理由。而哈贝马斯的逐渐离开社会批判理论,则表现在他由这一点出发,向右进一步引出批判、否定马克思主义而转向资产阶级改良主义的结论。

例如,哈贝马斯曾经援引过马尔库塞的观点,把他在科学技术问题上的"基本命题表述如下:'在发达工业国家,技术和科学不仅变成为一种和平的和令人满意的存在奠定基础的主要生产力,而且也变成一种使一个同群众隔绝的管理上的高压统治合法化的新的意识形态形式'"①。

从这同一个前提中,马尔库塞和哈贝马斯引出了截然不同的政治结论。

马尔库塞的结论是说:"在矛盾中思维,必须变得在同现状的对立中更加否定的和更加乌托邦的。在我看来,这是同我30年代的理论文章有关的当前形势的最高命令。"②

而哈贝马斯却由此引出了宣扬马克思主义"过时"和鼓吹资产阶级改良主义的结论。

哈贝马斯宣扬的马克思主义"过时"和用资产阶级改良主义取而代之的观点,突出地表现在他"重建历史唯物主义"的奢望上:在1974年西德社会学家第十七次代表大会上,哈贝马斯声称他要"发展"历史唯物主义,企图用"交往活动的理论"去取代历史唯物主义;在1975年5月西德"黑格尔联合会"的代表会议上,他又把"重建历史唯物主义"作为自己的纲领;在1976年,他发表《论重建历史唯物主义》一书说,"我认为,历史唯物主义是未来的社会进化理论中的一种富有意义的纲领。当然,我指的不是这种理论的现存形式。"

在实际上,"重建历史唯物主义",是哈贝马斯几十年理论活动

---

① 哈贝马斯:《对赫尔伯特·马尔库塞的答复》,1968年德文版,第14页。
② 马尔库塞:《否定》,1969年英文版,第XX页。

的一个重心。

早在1963年出版的《理论和实践》一书中,哈贝马斯就认为有"四个事实"是"反对马克思"的:

"一、国家干预经济意味着经济不再是自主的,国家和社会不能再被认为是基础和上层建筑";

"二、甚至(包括)'广大人民阶层'(在内)的生活水平的提高,意味着不再能把社会解放的兴趣连接在直接的经济形式中";

"三、在这些情况下,无产阶级作为(批判理论意义上的)无产阶级已经分解了:排斥在对生产手段的处置之外,不再同必然导致阶级意识的,在收入、安全和教育方面的这样一些丧失联系在一起";

"四、马克思主义落到了作为苏联的独裁政权的国家意识形态而发挥作用的地步"[①]。

以后,哈贝马斯就从五个方面去否定马克思主义基本原理而"重建历史唯物主义"。

第一,他认为科学技术的发展不是起着日益解放人的作用,而是使人更加异化和更受压迫。

哈贝马斯说,"从生产力的不断增长依赖于科学技术进步时起,科学技术便具有了统治职能",在科学技术革命条件下,生产力空前大发展,加强了对资产阶级社会所有人的奴役,技术成了解放的桎梏,"当代的技术和科学取得了合法的统治地位,成了理解一切问题的关键"[②]。

哈贝马斯论证说,科学技术之所以具有统治职能,是因为它成了既控制自然也控制人的政治控制的特别形式,这样,在科学技术的控制下,人就不可能有自由了:"在这个宇宙中,技术也使人的不自由变成非常合理的,并证明技术使人不可能成为自主的、不可能决定他

---

① 哈贝马斯:《理论和实践》,1967年德文版,第162—165页。
② 哈贝马斯:《走向一个合理的社会》,1971年英文版,第100—101页。

自己的生活。因此,这个不自由既不表现为不合理的,也不表现为政治的,而不如说是表现为服从技术机制的。技术扩大了生活的安慰,提高了劳动的生产力,因而技术的合法性不是取消统治的合法性,而是保护它,但在理性的工具性领域却发现了一个合理的完整的社会。"①

应当说,哈贝马斯在这个问题上的观点,是法兰克福学派一贯的观点的继承和发挥。阿多尔诺曾把科学技术说成是意识形态,说马克思"低估了技术的奴役作用",因而要对马克思的遗产进行"根本的人本主义修正";马尔库塞则认为技术不再包含有隐藏另一个社会的可能性而使旧的社会继续存在下去,甚至说什么"技术本身就是(对自然和人的)统治,即方法上的、科学上的、筹划好了的和正在筹划着的统治"。

显然,法兰克福学派在这里把科学技术同资本主义社会对科学技术的应用完全混淆起来,而把对科学技术的资本主义式应用所带来的害处归诸于科学技术本身了,所以,这个观点是错误的。

第二,他要求用"劳动"和"相互作用"代替生产力和生产关系的范畴。

哈贝马斯说,鉴于生产力只在社会的前工业阶段才有决定意义,才真正推动社会发展,而在晚期资本主义社会里,生产力已由解放的潜能变成了辩护和巩固资本主义统治关系并使之合法化的基础,同时,在生产关系领域里,也出现国家的调节作用等新现象,改变了生产关系原先具有的职能,使之成为"历史上过时了的东西",因此,他认为"应当用劳动和相互作用之间的更加抽象的相互联系,取代生产力和生产关系之间的相互联系":

"我用'劳动'或'有目的的合理的活动'这个词来指'工具的活

---

① 哈贝马斯:《走向一个合理的社会》,1971年英文版,第84—85页。

动'或'合理的选择'或二者的结合"①；

"我把'相互作用'理解为'相互交往的活动'与符号的相互作用。它是由起联系作用的具有相同意见的规范控制的,它规定行为的相互预期,它至少必须由二个活动中的主体所了解和承认。社会范畴由于人们的承认而得到执行"②。

哈贝马斯否定生产力和生产关系而用"劳动"与"相互作用"去取代它们的观点,是站不住脚的。

这是因为,生产力和生产关系是社会生产的两个方面,生产力体现社会生产的物质内容,而生产关系则体现生产的社会形式。它们两者是密切联系着的:生产力体现社会生产不断发展的倾向,生产关系则体现社会生产相对稳定的倾向,生产力的发展总是快于生产关系,随着生产力发展到一定阶段,生产关系就由促进其发展的社会形式变成阻碍其发展的桎梏,所以,生产力决定生产关系,生产力的发展要求生产关系同它相适应。

生产力对生产关系的这种决定作用,是不是像哈贝马斯所说,只适用于前工业社会,而到了发达资本主义社会,生产力就变成了辩护和巩固资本主义统治关系的基础了呢?

否,完全不是这样。事实是,在发达资本主义国家中生产的自动化,进一步发展了生产过程的社会性,从而也进一步发展了生产过程的社会性和生产资料私有制之间的矛盾。这种矛盾表现为生产的无政府状态和生产过剩危机,表现为不能根据社会需要,而必须根据利润去调节生产,从而不能利用生产发展所达到的全部潜力,表现为生产发展要经历高涨和萧条、"繁荣"和危机的不平衡性,表现为经济的乃至社会的动乱,所以,即使在暂时不存在无产阶级夺取国家政权、根本改变生产资料私有制的革命形势的情况下,生产力的决定作

---

① 哈贝马斯:《走向一个合理的社会》,1971年英文版,第91、92页。
② 哈贝马斯:《走向一个合理的社会》,1971年英文版,第91、92页。

用也还是会在资本主义的范围内以曲折的形式表现出来的。在发达资本主义国家中垄断组织的建立、国家垄断资本主义的发展,等等,正是反映了这个尽管只是在"资本关系"的限度内,却终究不能不"愈来愈把生产力当社会生产力看待"的过程。

至于说生产关系成为"历史上过时了的东西",则同样是没有根据的。这是因为,只要人类社会还在从事物质生产活动以解决物质生活问题,那么,作为一切社会关系中基本的原始的关系的生产关系这个范畴,就不存在什么"过时"的问题,"过时"的只能是落后于和阻碍着生产力发展的旧的生产关系,而决不是一切生产关系,决不是生产关系这个范畴。国家在经济领域中发挥调节作用,只是说明国家具有了经济职能,也作为生产关系的一方面出现,而并没有使生产关系改变原有职能,成为"历史上过时的东西"。

第三,他还认为经济基础、上层建筑的范畴不再起作用。

哈贝马斯认为,经济基础的范畴只适用于早期资本主义,到了晚期资本主义,国家、交往、科学和技术就不以经济基础为转移并对经济基础起决定性作用。他说,随着资本主义的发展,国家干预生产和交换领域变得越来越重要,结果,政治就不再成为"上层建筑"的一部分了,而在"经济基础"的功能中也包含有政府活动和政治斗争了。随着资本主义社会技术潜力的增长,政治获得了新内容和新职能,它失却了对经济基础的依赖,主要任务变成了解决技术组织问题,在行政上解决技术任务,政治成了促进技术过程的组织行政活动。总之,"国家和社会不再能被认为是基础和上层建筑"[①],不是处在马克思主义理论所规定的经济基础和上层建筑的关系之中。

哈贝马斯的这个论断是和事实不符合的。这是因为在发达资本主义国家内,不是国家活动越来越局限于在行政上解决技术任务,而是国家在经济方面作用的大大加强。这主要表现在大量国有财产的

---

① 哈贝马斯:《理论和实践》,1967年德文版,第162页。

形成,利用赋税收入去推动经济的发展,为新技术的科学研究提供津贴补助,等等,从而扩大了国家在规划生产、调节价格、直接干预社会关系等方面的作用。

那么,国家的经济作用的加强,是不是意味着国家"失却了对经济基础的依赖"呢? 不,一点也不是这样。且以发达资本主义国家内,国家利用赋税收入去贴补新技术的科学研究这一活动为例,从表面上看,似乎真是国家失却了对经济基础的依赖,去"解决技术组织问题","在行政上解决技术任务"了,但在实际上,这却是国家通过赋税,把从居民那里取来的资金,拿去贴补垄断组织,在它们中间分配订货,替它们担负试制和掌握新技术的费用,从而使垄断资产阶级可以不仅直接地依靠其企业,而且还可以间接地依靠整个社会生产来剥削劳动者。

第四,他又认为应当修正剩余价值理论和阶级斗争理论。

哈贝马斯说,在"晚期资本主义社会"里,"科学技术的进步业已成了一个独立的剩余价值的来源,它同马克思原先只知道考察的那一种剩余价值的来源是没有关系的:直接从事生产的劳动力变得越来越不重要了","于是,技术和科学成了头等的生产力,马克思的劳动价值学说的应用前提便从此告吹了"[①]。

哈贝马斯这个关于剩余价值是由科学技术创造的理论是不符合事实的。

事实是,价值增值、剩余价值的创造,从来就是通过两种方式实现的:或则延长劳动日,或则缩短必要劳动时间。在资本主义初期,资本家主要依靠前者;而在现在,则主要依靠后者。在科学技术发展到实现自动化的条件下,剩余价值仍然是必要劳动之上的剩余劳动,所不同的只是在工人总数和他们发挥的活劳动总量减少的情况下,在比较以前来得少的总劳动量中含有比较以前来得更大的部分构成

---

① 哈贝马斯:《技术与科学即意识形态》,1968年德文版,第79页。

为剩余劳动罢了。

剩余价值的大小,取决于受资本剥削的工人的人数,也取决于对每一个工人的剥削程度。科学技术发展到实现自动化时,前者缩小了而后者却增加了。在实现自动化以后,一方面,工人的体力劳动减轻了,另一方面,工人劳动时的神经紧张程度却加剧了,而资产阶级借助于科学技术加强对工人的剥削,则正是寓于这种神经紧张之中。

所以,在发达资本主义社会,不是科学技术成为独立的剩余价值源泉,而是资本家借助于科学技术去剥削工人阶级。

在与此相联结的阶级矛盾和阶级斗争问题上,哈贝马斯认为,在资本主义社会,由于"公开的阶级对抗产生了对制度的危害,国家管理的资本主义就是从这些危害的反作用中产生的,它平息了阶级冲突"。他说,因为在发达资本主义社会,经济调节和政治操纵的技术统治制度已经取代了任何可以加以明确规定的阶级统治,并且在制度化、科学技术进步的基础上创造出了跨越社会阶级界限的忠诚,这就使阶级矛盾成为隐而不见的了,"旨在避免危及制度的统治制度恰好摈弃了'统治'(指直接的社会统治和间接的经济统治而言),这种统治所采取的方式使得一个阶级的主体把另一个阶级的主体当作可以相等的集团来对待。但是,这并不意味着阶级对立的扬弃,而是意味着阶级对立的潜伏",然而,马克思的阶级斗争理论却不再可以无条件地适用于发达资本主义社会,而必须被修正了[①]。

哈贝马斯的这个阶级矛盾隐而不见论也是不符合事实的。

这首先因为阶级的划分根源于人们在一定社会生产体系中所处地位的不同,对生产资料的关系不同,在分配、消费从而生活方式中的不同,是由在生产中的上述不同所产生的,而在政治上一个阶级对另一个阶级的统治,则更是从经济领域中一个阶级对另一个阶级的剥削的基础上产生出来,为维护和巩固这种剥削服务的。所以,尽管

[①] 哈贝马斯:《技术与科学即意识形态》,1968年德文版,第84—86页。

垄断资产阶级可以适应形势发展的需要而不断改变其统治形式,但只要它不改变它维护和巩固经济领域中剥削劳动阶级的事实,那么,即使它能在一定程度上缓和阶级矛盾和阶级斗争的剧烈程度,模糊一些劳动人民的阶级意识,它却毕竟不能创造出什么"跨越社会阶级界限的忠诚",也不能"使阶级矛盾成为隐而不见"。而且,既然垄断资产阶级搞的什么"经济调节和政治操纵的技术统治制度",并没有也不可能取消在经济领域中垄断资产阶级剥削广大劳动人民的客观事实,那么,哪里谈得到"使得一个阶级的主体把另一个阶级的主体当作可以相等的集团来对待"?

第五,他认为应当改变社会解放的途径和取消社会主义革命。

哈贝马斯说,由于在发达资本主义社会,国家等等不仅不以基础为转移反而对基础起决定性作用,这就取消了关于消灭基本生产资料的资本主义私有制问题;同时,由于"阶级调和"成了现代资本主义社会的社会结构基础,这样,植根于社会阶级本质中的"统治"就失却了任何根据。它所施加的唯一的压迫性桎梏就只能是一种"思想"桎梏。所以,当代唯一的现实性问题就是教育问题,一旦使统治合法化的那些准则在理智的辩论中暴露出是无用的东西之后,普天之下就会确立起摆脱思想压迫和强制的自由交往——一种崭新的人类关系形式,彻底实现资产阶级的民主标准和早期自由主义宣扬的代表"一般人"的代表制,这就是人类实现历史性"解放"的途径。以后,哈贝马斯在其"重建历史唯物主义"的纲领中,又明确提出要用"活动动机的道德化"和"社会意识的改良"来取代社会主义革命。

应当说,事情到了这步田地,已经彻底暴露出哈贝马斯的资产阶级改良主义的真面目。而这种改良主义又是同他的"晚期资本主义"理论分不开的。

什么叫晚期资本主义?据哈贝马斯说,这是指通过国家在一切生活领域中的干预,组织的日益增长的作用,这种现象的发生是因为高度的资本主义集中,多国公司的活动和一个越来越受控制和操纵的市场,越来越受限制的私有领域和一种作为社会分配形式的市场的减到最低限度,它包含有创造一种新的社会行为形式的、在阶级层理中的变化。他说,晚期资本主义有三个潜在的危机源泉:经济的、政治的和文化的;这些危机能在四种形式中表现出来:经济东西的系统危机,行政管理的合理性危机,合法化的危机,同一性或社会危机①。

哈贝马斯说,前垄断资本主义时期的经济危机带有无法解释的灾祸的性质,需要按照自然科学的方法论对它进行系统发展的"客观"研究,而在晚期资本主义条件下,危机的趋势却可能从经济领域被排挤到社会生活的其他领域(政治、行政、社会领域)而得到缓和。所以,今天解决资本主义制度危机的方式就不同于过去,而危机本身也往往表现为其他社会现象。虽然生产的社会性和私有制之间的矛盾这个资本主义的基本矛盾,可能再度集中表现在政治领域,但这个矛盾"已经不再带有阶级斗争的政治性质"②,而是采取了新的形式。今天,危机趋势是完全可以允许的,危机已经不带有客观的制度危机的性质。

十分清楚,哈贝马斯的"重建历史唯物主义",是在用资产阶级改良主义取代马克思主义。在实际上,哈贝马斯对于晚期资本主义社会的分析,其基本论点,可以说是渊源于英国工党右翼理论家斯特拉彻的《现代资本主义》,渊源于社会民主党关于国家干预经济是"民主的经济后果"的思想。

十四、阿尔都塞的多元决定论和马克思主义

在20世纪60年代—70年代,法国共产党员哲学家阿尔都塞为

---

① 哈贝马斯:《晚期资本主义的合法化问题》,1973年德文版,第30、60页。
② 哈贝马斯:《晚期资本主义的合法化问题》,1973年德文版,第60页。

干预苏共二十大谴责个人崇拜在国际共产主义运动中造成的严重局势,而提出的对马克思主义的重新解释中,所谓在辩证法观和历史观上马克思主义是一种多元决定论,是一个极其重要的方面。

由于阿尔都塞提出的这种多元决定论,不仅具有反驳国际共产主义运动中那种否认上层建筑的反作用的庸俗经济决定论,乃至反驳那种所谓在经济的发展中,资本主义自动长入社会主义等谬论的现实针对性,而且它所强调的上层建筑的相对自主性和强大反作用,在外观上也和当代资本主义社会中国家干预的空前增强,以及在社会主义革命过程中,国家政权在建立和发展社会主义经济中所起巨大作用相一致,这就使阿尔都塞的多元决定论在一些人中间获得了相当的声誉。虽然在当时和以后,都曾有人就此提出过异议和批评,阿尔都塞本人也已在1990年去世,但他的多元决定论所留下的理论是非却还盘踞在思想领域的某些角落里,有待人们去研究、分析和澄清。

(一) 多元决定论提出的缘由

阿尔都塞先是在法国共产党《思想》杂志1962年12月号上发表《矛盾和多元的决定》一文,提出马克思主义的矛盾观和历史观是多元决定论的论断,在引起讨论和争论之后,他又在《思想》杂志1963年8月号上发表《关于唯物辩证法》一文。1965年,他把这两文连同其他几篇论文一起,合成《保卫马克思》一书时,又给《矛盾和多元的决定》增加了一个附录。在1965年出版的《阅读〈资本论〉》一书中,阿尔都塞对多元决定论又有所论述。

阿尔都塞怎么会提出多元决定论的?

这得从阿尔都塞对马克思同黑格尔的关系,特别是对马克思的因果观同黑格尔的因果观的关系的看法说起。

阿尔都塞断然反对根据《资本论》第一卷第二版跋的论述,把马克思的辩证法看作是黑格尔辩证法的"颠倒",以便从黑格尔唯心体系的"神秘外壳"中摘取辩证法这"合理内孩"的说法,尤其反对把马克思方法的实质归结为黑格尔的总体性原则的说法,而认为马克思的总体性和黑格尔的总体性根本不同。

在阿尔都塞看来,黑格尔的总体性暗含着理念的一种简单、原始的统一。在这种统一中,不同的社会现实只是现象上的表现,是理念自动发展的单纯外在化。这种外在化在任何时候,任何地方都不可能占据统治地位。反之,和黑格尔这种关于一个原始本质的简单统一性的还原主义不同,复杂性是马克思主义关于社会组织的概念的中心,依据这个原则,构成社会组织的各种结构,都是不可还原地各不相同的。

阿尔都塞把马克思的总体性和黑格尔的总体性的这种不同,归因于他们在因果观上的各不相同。

阿尔都塞认为,在马克思以前的哲学中,尤其是在四百年来的西方哲学中,有两种不同类型的因果观占据着统治地位:一种是可以溯源到笛卡尔的"线状因果观",或者说,主张一物的作用及于它物的因果观。阿尔都塞说,这种因果观能够描写一个因素对于另一个因素的作用,但却不能描写整体对于局部的作用,因为它把因果关系归结为一个物的作用及于它物的效力;建立在这种因果观模型上面的解释,则把整体看成是它的各个部分的合成结果或总和,当然就不能设想整体对于局部的影响。阿尔都塞认为,这种被第二国际的考茨基和第三国际的布哈林所竭力推崇的因果观,是一种机械的因果观。

另一种因果观,是由莱布尼茨首先表述,在黑格尔那里得到最引人注目的发展的"表现因果观"。这种因果观在考虑整体对于它的各个局部的影响时,预先假定了整体可以还原为一个内在的本质,而整体的各个局部则无非是它的现象的表现。所以,这种因果观虽然能考虑到整体对局部的影响,却不能把整体看成是一个结构,而且必须预先假定整体具有某种性质,并且恰好是一个精神整体的本质。在这个整体中,每个要素都无非是莱布尼茨单子论的整个总体的表现罢了。这就把整体的影响简单化了,阿尔都塞说,卢卡奇、柯尔施等"左派共产党人"都信奉这种表现因果观。

阿尔都塞强调说,马克思对于社会结构及其变化这个新的科学"大陆"的发现,需要相应地发展一种新的因果观。实际上,在马克思的著作中,也确实存在着不同于上述两种因果观的另一种类型的因果观,这就是"结构因果观"。例如,在《政治经济学批判·导言》中,马克思就曾使用这种因果观:"在一切社会形式中,都有一种一定的生产决定其他一切生产的地位和影响,因而它的关系也决定其他一切关系的地位和影响。这是一种普照的光,它掩盖了一切其他色彩,改变着它们的特点,这是一种特殊的以太,它决定着它里面暴露出来的一切存在的比重。"①阿尔都塞认为,马克思的这段话,清楚地说明了"效果并不是在结构之外的,并不是一个预先存在着,以便结构在它上面刻下其印记的客体、要素或空间;相反地,它意味着,结构是内在于它的结果的,是在斯宾诺莎使用此词的意义上的一个内在于其结果的原因,结构的整个存在在它的效果之中。总之,只是其特殊要素的特定组合的结构,并不是存在于其效果之外的任何东西"②。

阿尔都塞指出,马克思所实际使用的这种"结构因果观",它和"线状因果观"、"表现因果观"的区别表现在以下三个方面:一是结构因果观认为,结构是一个出现在或内在于它的要素/效果之中的原因,而不是外在于它们的;二是结构因果观认为,结构只存在于这些要素/效果和它们的关系的总体中;三是结构因果观认为,结构并不完全地出现在它们中间的任何一种之中,只是作为一个结果,以其决定性的不再出现在那里,在这个意义上,可以把它描写成既出现又不出现在它的效果之中。阿尔都塞说,马克思的这种结构因果观,既描

---

① 《马克思恩格斯选集》第 2 卷,人民出版社 1995 年版,第 24 页。
② 阿尔都塞:《阅读〈资本论〉》,伦敦 1979 年版,第 188—189 页。

写了社会组织中占统治地位的全面性结构对局部性结构的决定作用,以及这些局部性结构对于它们各自的构成要素的决定作用,又坚持了局部性结构对于全面性结构、局部性结构的构成要素对于局部性结构的相对自主性。

根据这种结构因果观,阿尔都塞认为,马克思的辩证法观、矛盾观,并不是一元论的。他说"'一元论'是同马克思主义毫无共同之处的意识形态概念","这一概念在马克思主义中起不了积极的理论作用,它在理论上甚至是危险的。它至多具有实践的价值,即从反面提醒大家注意'多元论'!它没有任何认识价值。谁如果赋予这一概念以认识价值并引出理论结论,其结果只能歪曲马克思的思想","假如人们把复杂整体单纯当作唯一的、原始的和简单的本质或实体的简单发展,那么,在最好的情况下,人们就会从马克思倒退到黑格尔,而在最糟的情况下,则从马克思倒退到海克尔"![1] 但是,马克思的辩证法观、矛盾观也不是多元论,因为"矛盾的这种互为依存并不取消在矛盾中占统治地位的主导结构","并不破坏构成整体复杂性和统一性的主导结构"[2]。于是,在这里就出现了既非一元论又区别于多元论的所谓"多元决定"这个名词。在精神分析中,"多元决定"原是指许多原因同时起作用,而引起的神经病。阿尔都塞把它借用过来,是因为"矛盾的存在条件在矛盾内部的这种反映,正是复杂整体统一性的主导结构在每个矛盾内部的反映,正是马克思主义辩证法的最深刻的特征,也是笔者不久前试图用'多元决定'的概念加以确认的特征"[3]。

(二) 多元决定论把上层建筑和经济基础等量齐观

阿尔都塞认为,由于马克思拒绝了表现因果观的总体性概念,达

---

[1] 阿尔都塞:《保卫马克思》,伦敦1977年版,第201—202页。
[2] 阿尔都塞:《保卫马克思》,伦敦1977年版,第205—206页。
[3] 阿尔都塞:《保卫马克思》,伦敦1977年版,第206页。

到了结构因果观的总体性概念,这样,马克思的历史观也就和黑格尔的历史观根本不同;黑格尔的历史观是一元决定论,即把一定的历史社会的无限多样性还原为一个内在原理,而马克思的历史观则是多元决定的。

那么,到底有什么根据把马克思的历史观说成是多元决定论的?所谓在历史观上的多元决定论,又究竟是什么意思、包含一些什么样的内容呢?

对此,阿尔都塞提出了三个方面的论据:

论据之一,是说包括俄国革命和中国革命在内的全部马克思主义革命的经验证明,成功的革命永远也不是生产力和生产关系之间的经济矛盾的简单结果。如果说,"生产力和生产关系之间的矛盾是以把革命'提到议事日程上来',它却不能只靠它本身的直接作用,来激发起一种'革命的形势',更不能激发起革命的爆发和革命胜利的形势",为要使这种矛盾"变成真正是能动的,即变成爆发的动力,就必须有各种根源不同、方向不同的'形势'和'潮流'集合在一起(在这些'形势'和'潮流'中,有许多从其根源和方向说来,必然是与革命绝对对立的)而'融合'成为一种统一的破坏力"。阿尔都塞据此得出结论说,生产力和生产关系之间的矛盾总是被它在其中起作用的那些社会关系和具体历史情况所特殊化的,所以,生产力和生产关系之间的矛盾"在同一个运动中既是起决定作用的,又是被决定的;它是被它所促成的社会形态的各个方面和各个层次所决定的"[①]。

说成功的革命永远也不是生产力和生产关系之间的经济矛盾的简单结果,无疑是符合事实的。因为在实际生活中,生产力和生产关系之间的矛盾,总是和经济基础与上层建筑之间的矛盾相互联结着作为基本的矛盾而推动社会向前发展的,同时,这种基本矛盾又总是

---

① 阿尔都塞:《保卫马克思》,伦敦1977年版,第99、101页。

和爆发社会革命的当时当地的"形势"和"潮流"结合起来,形成为特定的革命的情境的。但是,现在的问题在于:第一,马克思主义的历史唯物主义从来也没有把革命归结为生产力和生产关系之间经济矛盾的简单结果,而忽视它同经济基础和上层建筑之间矛盾的联结,忽视爆发社会革命的当时当地的特殊的"形势"和"潮流",而只是强调"一切社会变迁和政治变革的终极原因",不应当到人们的思想意识形态和政治法律上层建筑中去寻找,更不应当到一些带有偶然性的形势和潮流中去寻找,而"应当到生产方式和交换方式的变更中去寻找","应当到有关时代的经济中去寻找"①;第二,在社会革命的爆发中,尽管有各种上层建筑因素,乃至带偶然性的当时当地"形势"和"潮流"的强有力的参与,但是,却没有根据把这一切同生产力和生产关系之间的矛盾,同经济因素并列起来、等量齐观,把他们之间的关系说成"既是起决定作用的,又是被决定的",因而"在它的原则上,是被多元决定的东西"。因为马克思主义的历史唯物主义之区别于资产阶级形形色色社会理论的地方,就在于它强调在种种因素的"这种相互作用中归根到底是经济运动作为必然的东西通过无穷无尽的偶然事件向前发展"②。

阿尔都塞提出多元决定论的论据之二,是说在马克思那里,经济的东西和政治的东西的那种不言而喻的同一性消失了,相反地,"马克思向我们提出了'一条链的两端'":"一端是,生产方式(经济的)最终的决定作用,另一端是,上层建筑的相对独立性及其特殊的作用力"。"人们只要承认上层建筑和国内外的形势,其大部分的形式是特殊的和独立的,所以也是不能还原为单纯的现象的一种现实的存在,那么,这种多元的决定就是不可避免的,而且是可以思维的。"③

什么是经济的最终的或归根到底的决定作用? 什么是上层建筑

---

① 《马克思恩格斯选集》第3卷,人民出版社1995年版,第741页。
② 《马克思恩格斯选集》第4卷,人民出版社1995年版,第696页。
③ 阿尔都塞:《保卫马克思》,伦敦1977年版,第111、113页。

的相对独立性及其特殊的作用力？为什么在这里多元决定是不可避免的？

阿尔都塞分层次地回答了这些问题。

首先，所谓"'归根到底是经济'的这种决定因素，决不是作为单独的时钟而敲出声音的"；"经济决定着历史的进程，不过是在最后地、归根到底地决定的。但这个过程又是通过上层建筑、地方的传统和国际形势等多种形式的世界而'开辟它的道路'的"①。

其次，"决定因素并不是在一切时候都固定不变的，它随着矛盾的多元决定和它们的不平衡发展而变化着"，"'归根到底'此词并不指有某个最终时刻或有某个出发点，那时经济将是或是在先于或后于它的因素中唯一地决定的"②。

最后，"经济所起归根到底的决定作用在现实的历史中，恰恰是通过经济、政治、理论等等，交替起主要作用而实现的"，"在不同的结构中，经济之成为决定因素在于它决定社会结构中哪个因素占据决定地位"，③在这种场合，经济才作为"不在场的原因"而起作用："'原因不在场'的意思是说，'归根到底是决定因素的矛盾'从来都不是亲自出现在历史的舞台上，我们从来都不能够直接地就像我们能是'在场的人'一样掌握它"，"辩证法使得占支配地位的原因成为不在场的原因"④。

只要和马克思主义关于经济基础和上层建筑之间相互关系的基本原理作一比较，就立即能够发现它同阿尔都塞这种多元决定论的原则区别。

诚然，马克思主义否定那种认为只有经济状况才是原因、才是积

---

① 阿尔都塞：《保卫马克思》，伦敦1977年版，第113、112页。
② 阿尔都塞：《保卫马克思》，伦敦1977年版，第255页。
③ 阿尔都塞：《保卫马克思》，伦敦1977年版，第213、224页。
④ 阿尔都塞：《自我批评文集》，台湾远流出版事业股份有限公司1990年版，第177页。

极的,其余一切都不过是消极的结果的庸俗的经济决定论,而坚持认为整个伟大的发展过程是在相互作用的形式中进行的。但是,马克思主义又认为,经济基础和上层建筑各要素之间的这种相互作用,又并不是可以等量齐观的相互决定作用,也不是各要素轮流坐庄的,忽而这个起决定作用,忽而那个起决定作用,而是力量很不相等的因素之间的相互作用,是经济表现为"基础",表现为"决定性作用",而上层建筑各要素则表现为"反作用",表现为"影响",表现为"不是决定性的作用"之间的相互作用。正因为这样,才谈得上经济因素在历史发展过程中最后的、归根到底的决定作用。

在1890年9月21日致约·布洛赫的信中,恩格斯指出:"经济状况是基础,但是对历史斗争的进程发生影响并且在许多情况下主要是决定着这一斗争的形式的,还有上层建筑的各种因素";"其中经济的前提和条件归根到底是决定性的。但是政治等等的前提和条件,甚至那些萦回于人们头脑中的传统,也起着一定的作用,虽然不是决定性的作用"[①]。

在1890年10月27日致康·施米特的信中,恩格斯又强调"这是两种不相等的力量的相互作用:一方面是经济运动,另一方面是追求尽可能大的独立性并且一经确立也就有了自己的运动的新的政治权力";"整个伟大的发展过程是在相互作用的形式中进行的",但是,"相互作用的力量很不相等:其中经济运动是最强有力的、最本原的、最有决定性的"[②]。

在1894年1月25日致瓦·博尔吉乌斯的信中,恩格斯再次重申:"政治、法、哲学、宗教、文学、艺术等等的发展是以经济为基础的。但是,它们又都互相作用并对经济基础发生作用。"然而,"这是在归根到底总是得到实现的经济必然性的基础上的互相作用";因

---

① 《马克思恩格斯选集》第4卷,人民出版社1995年版,第701页。
② 《马克思恩格斯选集》第4卷,人民出版社1995年版,第701、705页。

"在这些现实关系中,经济关系不管受到其他关系——政治的和意识形态的——多大影响,归根到底还是具有决定意义的,它构成一条贯串始终的、唯一有助于理解的红线"①。

马克思主义不仅从经济基础和上层建筑相互关系的基本原理上,而且还在具体考察国家、法律、意识形态和经济基础的关系中,进一步阐明和论证了历史唯物主义的这些基本观点。

例如,在考察国家政治制度同经济基础的关系时,不仅指出"一切争取解放的阶级斗争","归根到底都是围绕着经济解放进行的,因此,至少在这里,国家、政治制度是从属的东西,而市民社会,经济关系领域是决定的因素",而且还驳斥了那种认为市民社会的一切要求一定要通过国家的意志才能以法律的形式取得普遍效力,因而国家是决定的要素的传统观点,指出"这是问题的形式方面",而就问题的内容来说,"国家的意志总的说来是由市民社会的不断变化的需要,是由某个阶级的优势地位,归根到底,是由生产力和交换关系的发展决定的。"②

又如,在考察法律同经济基础的关系时,则提出,在现代国家中,尽管法必须是不因为内在矛盾而自己推翻自己的内部和谐一致的表现,致使法学家以为,他们是在凭着先验的原理来活动,但是无论是公法还是私法,毕竟是由经济关系决定:人们的"法起源于他们的经济生活条件"③。而且是"由一定物质生产方式所产生的利益和需要的表现"④。

再如,在考察意识形态同经济基础的关系时,又指出,尽管像现代社会主义那样的意识形态具有独立的历史发展的外表,"它必须首先从已有的思想资料出发",但是,"它的根子深深扎在经济事实

---

① 《马克思恩格斯选集》第4卷,人民出版社1995年版,第732页。
② 《马克思恩格斯选集》第4卷,人民出版社1995年版,第251页。
③ 《马克思恩格斯选集》第2卷,人民出版社1995年版,第211页。
④ 《马克思恩格斯全集》第6卷,人民出版社1961年版,第292页。

之中"①。

阿尔都塞提出多元决定论的论据之三,是说整体的每一个相对自主的因素,都有其相对自主的历史,都有它自己的发展韵律和连续性。他写道,"我们可以从马克思主义整体性的特殊结构出发指出:不再可能用相同的历史时间去思考整体的不同因素的发展过程,这每一个不同的因素并不具有同样类型的历史存在。相反地,我们必须给每个因素分派一个相对自主的,而且即使在其依存性中,也是相对地独立于其他因素的'时间'——特殊时间","正如没有生产一般那样,也没有历史一般,而只有历史性的特殊结构"②。这样,我们就不仅有经济结构的历史,而且还有政治上层建筑的历史,意识形态的历史,科学的历史等等,在它们相互之间是不可还原的,这就意味着不存在能够被用来衡量一切历史的唯一的线状时间连续性,意味着一个横断历史过程的断面所显示的,并不是一个原始的、无所不在的本质,而是那个复杂的结构的特殊的多元决定的局面。

说上层建筑的各个组成部分,具有相对独立于经济基础的历史,这无疑是符合于事实的。但如果给这种相对独立性注入了绝对的内容,说它们具有自己的同经济基础所谓"不可还原",实际上是不相干的历史,那就走到了和庸俗的经济决定论相反的另一个极端中去了,它将使得对人类历史的理解成为不可能的事情。事情正如马克思和恩格斯所指出的那样:"我们需要深入研究的是人类历史","意识形态本身只不过是这一历史的一个方面";甚至人们头脑中的模糊幻象也是他们的可以通过经验来确认的、与物质前提相联系的物质生活过程的必然升华物。这样,"道德、宗教、形而上学和其他意识形态,以及与他们相适应的意识形式便不再保留独立性的外观了,它们没有历史,没有发展,而发展着自己的物质生产和物质交往的人

---

① 《马克思恩格斯选集》第3卷,人民出版社1995年版,第355页。
② 《阅读〈资本论〉》,伦敦1979年版,第99、108页。

们,在改变自己的这个现实的同时也改变着自己的思想和思维的产物。"①所以,直接的物质的生活资料的生产,从而"一个民族或一个时代的一定的经济发展阶段,便构成基础,人们的国家设施、法的观点、艺术以及宗教观念,就是从这个基础上发展起来的,因而,也必须由这个基础来解释的"②。

从以上的比较和分析中,可以看出,在阿尔都塞的多元决定论中,尽管在口头上,上层建筑只具有"相对自主性"和"特殊作用力",但是,在实际上,它们却可以和经济基础相互决定,交替起主要作用,无异于和经济基础具有同样的作用力。而经济基础,尽管在口头上,还保存着"归根到底的决定作用",但从时间上说,它不能始终不变地唯一地起决定作用;从空间上说,则不能单独地起决定作用;甚至还被归结为作为一种"不在场原因"去"决定社会结构中哪个因素占决定地位"。这样,在阿尔都塞的多元决定论中,尽管还保留着马克思主义历史唯物主义关于经济的归根到底的决定作用和上层建筑的相对自主性等传统名词,但却因被阿尔都塞注入了不同的内容,而在旨趣上和马克思主义的历史唯物主义迥然相异了。阿尔都塞的多元决定论把上层建筑和经济基础等量齐观了。

为什么会出现这种状况?是阿尔都塞在阐述历史唯物主义的过程中,说走了嘴、写漏了笔,以致身不由己、事与愿违,还是从开始时起,他就另有所图?

从阿尔都塞《阅读〈资本论〉》一书的合作者、他的学生巴利巴尔最近的一段回顾中,我们可以找到问题的症结所在。巴利巴尔说:"1859年的《政治经济学批判·序言》很久以来被看作是对'唯物主义历史观'的经典阐述,即使如此,也十分明显,它只是一个纲领。"后来,恩格斯在1890年9月致约·布洛赫的信中,提出了"根据唯物

---

① 《马克思恩格斯选集》第1卷,人民出版社1995年版,第66、73页。
② 《马克思恩格斯选集》第3卷,人民出版社1995年版,第776页。

史观,历史过程中的决定性因素归根到底是现实生活的生产和再生产","如果有人……说经济因素是唯一决定性的因素,那么,他就是把这个命题变成毫无内容的、抽象的、荒诞无稽的空话"[1]的原理,但阿尔都塞认为"恩格斯的表述仍然缺乏同经济主义甚至技术主义的界限","'归根到底决定'所最终带来的只是历史发展的更加绝对的目的论",所以,阿尔都塞在指出"所谓'归根到底是经济'的这种决定因素,决不是作为单独的时钟而敲出声音的"同时又提出"用'多元决定'的观念去取代交互作用的观念和上层建筑对经济基础的反作用,多元决定的观念表现了唯物辩证法所安置的'社会整体'的不可还原的复杂性"[2]。

从巴利巴尔的这个回顾中可以看出,阿尔都塞的观点之所以偏离马克思主义的历史唯物主义的基本原理,其原因并不在于他对这些原理的误解、误述,而是他有意识地要在经济的归根到底决定作用、上层建筑的相对自主性等传统名词的名义下,鼓吹把上层建筑和经济基础等量齐观的多元决定论。正因为这样,阿尔都塞的这个理论一经提出,就引起了广泛的议论。这里且以20世纪80年代西方国家的一些议论为例:

米·凯莱在《现代法国马克思主义》一书中,指出"阿尔都塞的多元决定的观念包含有若干的危险":"如果说经济主义不能说明变化的缺乏的话,那么,阿尔都塞则陷入了相反的困境中去了,因为他的多元决定概念使他难以说明变化如何能够发生","阿尔都塞所正确地攻击的经济主义,产生于对经济决定作用的过分简单化,但是,阿尔都塞在抨击经济主义时,却站到了全然否定经济决定性作用的危险上面去了。"[3]

卡林尼柯斯肯定阿尔都塞的多元决定论在批评经济主义否认上

---

[1] 《马克思恩格斯选集》第4卷,人民出版社1995年版,第695—696页。
[2] 巴利巴尔:《马克思的哲学》,伦敦1995年版,第93页。
[3] 米·凯莱:《现代法国马克思主义》,马里兰1982年版,第129页。

层建筑的任何效力,追求理论活动自身的目标而不受外来的干预和妨碍,提供理论以说明上层建筑的某些部分在革命以后落后于经济基础的变化的原因等方面,具有积极的含义。但是,与此同时,他又强调说:"从一开始,阿尔都塞否认表现总体性的可能性,就提出了一个非常严重的困难:认为实践必然是多样的和不可彼此还原的命题,如何能够同关于社会总体性的观念相一致呢?"①

马丁·杰说:"阿尔都塞把某种正统马克思主义的'归根到底'的经济决定,同自相矛盾地承认结构因果性及其斯宾诺莎的'不在场的原因'中,'归根到底从来不是作为单独的时钟而敲出声音的'结合起来的扭曲的努力,对于其较为持有怀疑目光的读者来说,很少有说服力。"②

施密斯肯定"多元决定概念是把握矛盾和强调历史经验的实际复杂性的有用方式":它"承认发生作用的矛盾的多种源泉",从而是对"否认基础和上层建筑之间真正相互作用的有价值的纠正"。但在同时,他又尖锐地指出"阿尔都塞对矛盾理论的重新表述导致基础和上层建筑被赋予或多或少同等的地位,这种多种原因的多元决定的社会模式的最终影响,是用一种功能主义多元论去取代对生产力在原因上的首要性的强调"③。

(三) 当代资本主义的发展变化与多元决定论

阿尔都塞的多元决定论之所以会在一些人中间获得相当的声誉,一个重要的原因是因为在这些人看来,尽管这种理论不符合马克思主义基本原理,却反映了当代资本主义的发展变化。例如,美国《左派研究》杂志主编之一斯·阿罗诺维茨就认为,阿尔都塞的多元决定论这个公式"克服了马克思主义中那种忽略了对于任何平心静

---

① 卡林尼柯斯:《马克思主义还有未来吗?》,香港1982年版,第73页。
② 马丁·杰:《马克思主义和总体性》,剑桥大学1984年版,第408页。
③ 施密斯:《读解阿尔都塞》,伦敦1984年版,第163、165—166页。

气地注视近代历史的人来说都是明显东西的古怪趋向:基础和上层建筑之间的区分已经在晚期资本主义中崩溃了","经济基础的决定性因素的专门性,已在作为相对自主的次体系的总体性的社会形态概念中丧失了"①。

而阿罗诺维茨对基础和上层建筑之间的关系所持这种看法,又是在法兰克福学派的强烈影响下形成起来的。法兰克福学派第二代主要代表哈贝马斯一直在鼓吹晚期资本主义社会中国家对经济的干预,改变了马克思主义关于经济基础和上层建筑的理论。在1963年出版的《理论和实践》一书中,他就把所谓"国家干预经济意味着经济不再是自主的,国家和社会不再能被认为是基础和上层建筑",列为"反对马克思"的"事实"之一。以后他又不断发表著作,宣称经济基础的范畴只适用于早期资本主义。因为在此之前的传统社会,是建立在其对世界作神话的、宗教的和形而上学的解释的制度合法性基础上的;只是到了资本主义社会,由于开动了发展生产力的自我推进机,才推翻了传统的合法化和统治原则,而用符合等价的商品交换原则的标准去取而代之。而在此之后,随着资本主义的发展,国家干预生产和交换领域变得越来越重要,结果,政治就不再成为"上层建筑"的一部分了,而在"经济基础"的功能中,也包含有政府活动和政治斗争了。总之,在哈贝马斯看来,在晚期资本主义,国家主要是作为资本主义经济的有效稳定者,作为改进公共生活的组织的纯技术手段而出现,这样,政治就获得了新的内容和职能,它不仅失却对经济基础的依赖,而且还对经济基础发挥决定性作用,国家和社会不再处在马克思主义理论所规定的基础和上层建筑的关系之中,马克思主义关于基础和上层建筑的理论成为过时的了。

应当指出,在经济基础和上层建筑相互关系的问题上,历来存在着唯物史观和唯心史观的激烈斗争。唯物史观主张经济基础决定上

---

① 阿罗诺维茨:《历史唯物主义的危机》,纽约1981年版,第50、69—70页。

层建筑。马克思曾经强调指出:"任何时候,我们总是要在生产条件的所有者同直接生产者的直接关系——这种关系的任何形式总是自动地同劳动方式和劳动社会生产力的一定的发展阶段相适应——当中,为整个社会结构,从而也为主权和依附关系的政治形式,总之,为任何当时的独特的国家形式,找出最深的秘密,找出隐蔽的基础。"[①]

反之,唯心史观则主张国家、政治制度是决定性的因素,而市民社会、经济关系则是被国家所决定的因素。这并不是一个反映20世纪晚期资本主义的新情况、新特征而提出的新观点,而是一个正如恩格斯所指出的,早就被"黑格尔所尊崇"过的"传统的观点",而且是一个只看到问题的形式方面仅仅和事情的表面现象相吻合的观点。

恩格斯在《费尔巴哈和德国古典哲学的终结》一书中,谈到唯心史观所主张的这种国家、政治制度决定市民社会、经济关系的传统观点时,曾经说过:"表面现象是和这种看法相符合的",因为市民社会的一切要求,确实只有通过国家的愿望的形式,才能以法律的效力取得普遍的形式。但是,"这是问题的形式方面,这方面是不言而喻的;不过要问一下,这个仅仅是形式的愿望(不论是个别人的或国家的)有什么内容呢?这一内容是从哪里来的呢?为什么人们所期望的正是这个而不是别的呢?在寻求这个问题的答案时,我们就发现,在现代历史中,国家的意志总的说来是由市民社会的不断变化的需要,是由某个阶级的优势地位,归根到底,是由生产力和交换关系的发展决定的。"例如,"在今天这个大工业和铁路的时代,国家总的说来还只是以集中的形式反映了支配着生产的阶级的经济需要。"[②]

那么,在当代的晚期资本主义社会,情况是否发生了向相反方面发展的变化,以致应该得出独立自主的政治对经济基础起决定作用的结论呢?事实说明,情况刚好相反。

---

① 《马克思恩格斯全集》第25卷,人民出版社1974年版,第891—892页。
② 《马克思恩格斯选集》第4卷,人民出版社1995年版,第251、252页。

在晚期资本主义社会中，不是国家活动越来越局限于在行政上解决技术任务，而是国家在经济方面作用的大大加强。这主要表现在大量国有财产的形成，利用赋税收入去推动经济的发展。对新技术的科学研究提供津贴补助等等，从而扩大了国家在规划生产、调节价格、直接干预社会关系等方面的作用。而国家干预经济作用的这种加强，却并不意味着"国家活动失去了传统的政治性质"，使之"失却对经济基础的依赖"而"表现出自主性"，并不意味着垄断资产阶级的国家机器变成替社会全体成员谋福利的经济和社会生活组织了。不，它所意味着的是资本主义垄断组织的加强，是垄断组织为了有利于自己的目的而进一步操纵国家机器。

这里且以西方资本主义国家中，国家利用赋税收入去补贴新技术的科学研究这一活动来说吧，从表面上看来，这似乎真像在"解决技术组织问题"，或"在行政上解决技术任务"。但在实际上，这却是国家通过赋税把从居民那里取来的资金，拿去补贴垄断组织，在它们中间分配订货，替它们负担试制和掌握新技术的费用，从而使垄断组织可以不仅直接依靠其企业，而且还可以间接地依靠整个社会生产来剥削劳动者。

所以，20世纪晚期资本主义社会的情况，进一步证实了国家的意志是由某个阶级的优势地位，由生产力和交换关系的发展所决定的论断，进一步论证了经济基础对于上层建筑的首要和决定作用，也有力地否证了所谓政治上层建筑对经济基础起决定作用的观点，有力地否证了所谓多元决定论反映当代资本主义社会的发展变化的观点。

（四）社会主义与多元决定论

阿尔都塞的多元决定论之所以会在一些人中间获得相当的声誉，也和有些人误解了国家和政治在社会主义革命和建设中的功能，误认为在这里，政治变革先于经济变革，似乎成了产生社会经济基础的原因有关,也和有些人误解了列宁所再三强调的政治同经济相比不能不占首位的论述有关。

由于社会主义生产关系首先是生产资料的社会主义公有制,只能在社会主义革命取得胜利以后,通过无产阶级专政的国家政权建立起来,因此,与资本主义革命相比,在社会主义革命中就出现了政治变革先于经济变革这样一种特殊现象:在社会主义革命中取得胜利的无产阶级,运用社会主义国家这一强大杠杆,消灭资本主义生产关系,建立社会主义生产关系,改造农业和手工业中的小商品经济,实现向社会主义经济的过渡。但是,这丝毫不意味着在这里,政治成了经济的原因。事实是,经济变革的原因在于生产力和生产关系先前的发展,在于生产力和生产关系、经济基础和上层建筑这一社会基本矛盾的发展,必然要求向生产资料社会主义公有制过渡。无产阶级专政的社会主义国家政权是实现这种客观必然性的工具和杠杆,而不是其原因、根源。

正是鉴于国家政权在社会主义革命过程中具有这种强大杠杆作用,列宁提出了"政治是经济的集中表现","政治同经济相比不能不占首位"的观点。

所谓政治是经济的集中表现,意味着政治一方面受经济的制约,是表现经济的,另一方面,它作为经济的集中表现,又对经济的发展产生强大的影响。

所谓政治同经济相比不能不占首位,则意味着无产阶级的根本经济利益、无产阶级面临的经济任务,只有通过无产阶级夺取和巩固政权的阶级斗争才能得到解决。在这里,经济利益仍然具有归根到底的决定作用,但是,无产阶级反对资产阶级的政治斗争,对于实现无产阶级的经济利益来说却具有首要的意义。当着俄国的"经济派"以各阶级的经济利益在历史中起决定作用为依据,要求把无产阶级的经济斗争提到首位时,列宁进行了批驳。列宁强调说:"根据经济利益起决定作用这一点,决不应当作出经济斗争(等于工会斗争)具有首要意义的结论,因为总的来说,各阶级最重大的、'决定性的'利益只有通过根本的政治改革来满足,具体说来,无产阶级的基本经济利益只能通过无产阶级专政代替资产阶级专政的政治革命来满足。"①

在无产阶级夺取政权以后,政治同经济的关系发生了变化。列宁曾经说过,战胜白卫分子的军事战线上的每一个胜利"都会使斗争的重心逐渐转向经济方面的政治","现在我们主要的政治应当是:从事国家的经济建设,收获更多的粮食,开采更多的煤炭,解决更恰当地利用这些粮食和煤炭的问题,消除饥荒,这就是我们的政治"②。正是在这种情况下,列宁强调指出:"从资本主义社会向社会主义社会过渡的实质,是政治任务对经济任务来说居于从属地位。"③

但是,即使在这样的时候,政治也仍然对经济基础具有不可缺少、不可替代的反作用,这就是对于社会主义经济的保证作用和促进作用。因为事情正如列宁所指出的那样:"一个阶级如果不从政治上正确看待问题,就不能维持它的统治,因而也就不能完成它的生产任务";"我们过去、现在和将来都希望我们少搞些政治,多搞些经济。但是不难理解。要实现这种愿望,就必须不发生政治上的危险和政治上的错误"④。所以,即使在社会主义革命取得胜利,无产阶级集中力量从事经济建设的时候,也仍然要讲政治,以便为经济建设提供强有力的政治保证。

但是,在社会主义建设中讲政治,又绝不意味着要改变经济建设的中心地位,绝不意味着要用政治去代替经济。在这方面,我国无产阶级专政的历史所提供的一条重要的经验教训就是,在生产资料的

---

① 《列宁全集》第6卷,人民出版社1986年版,第44—45页。
② 《列宁选集》第4卷,人民出版社1995年版,第308—309页。
③ 《列宁全集》第6卷,人民出版社1986年版,第122页。
④ 《列宁选集》第4卷,人民出版社1995年版,第408、410页。

社会主义改造基本完成以后,在国际上波匈事件、国内反右斗争的影响下,重新强调以阶级斗争为纲,从而把阶级斗争绝对化,偏离和动摇了经济建设这个中心,乃至发展到"文化大革命",使国民经济濒临崩溃边缘,直到党的十一届三中全会才实现了党和国家工作中心的战略转移。从理论上来说,这一段历史插曲所提供的经验教训就是,不能过分夸大上层建筑的反作用而贬低经济基础的决定作用。不能用思想、政治等等形形色色的上层建筑决定论去取代历史唯物主义的归根到底的经济决定论。

综上所述,我认为,阿尔都塞提出的多元决定论,虽然具有反对庸俗经济决定论的良好用意和在这方面的一定效果,但是,总的说来,这种理论却从否认上层建筑具有任何反作用的一个极端,跳到无限夸大上层建筑反作用的另一个极端去了。这种多元决定论既不符合马克思主义关于经济基础和上层建筑相互关系的基本原理,也不反映当代发达资本主义社会的发展变化和社会主义国家革命和建设的实际状况。

而阿尔都塞之所以会陷入这种境界,在思想方法上也是有深刻的经验教训可供汲取的。这就是:当着反对一种错误观点、错误倾向时,应该尽量做到实事求是、恰如其分,而切忌夸大其词,力求避免走到另一种相反的错误观点和倾向中去。马克思主义在形成过程中,曾经批判地汲取了黑格尔辩证法的有价值成分,这本来是一个不容争辩的客观事实。夸大这种继承关系,在"暴露马克思主义的黑格尔根源"的旗号下,自觉不自觉地把马克思主义这样那样地和黑格尔的思想画等号,显然是错误的。但是,要是在反对这种错误观点和倾向的时候,像阿尔都塞那样,不顾客观事实地全盘否认马克思对于黑格尔的批判继承关系,进而把马克思的辩证法观、矛盾观、因果观、历史观……统统说成和黑格尔的截然相反的东西,那就只能陷入到另一种方向相反的错误观点和倾向中去。在某种意义说,阿尔都塞提出的多元决定论,不正是他针对着有些人把马克思主义等同于黑格尔的绝对观念一元论、表现因果性等等,在思维中进行"反向歪曲"的产物吗!

十五、阿尔都塞的反经验主义认识论和马克思主义

针对苏共二十大谴责个人崇拜在国际共产主义运动中造成的严重形势,法国共产党员哲学家阿尔都塞,在20世纪60年代中期发表《保卫马克思》、《阅读〈资本论〉》等论著,去进行理论干预。在阿尔都塞就此提出对马克思主义的一系列新解释中,所谓马克思主义是一种认识上的反经验主义,是一个极其重要的方面。尽管在70年代末以后阿尔都塞学派已逐渐衰落,阿尔都塞本人也已在1990年去世,但他所遗留下来的理论是非和经验教训却有待人们去澄清和汲取。

(一)科学与意识形态在"认识论上的断裂"

阿尔都塞在用结构主义思潮干预形势的时候,为什么要说马克思主义主张反经验主义的认识论呢?

对此,阿尔都塞在为《保卫马克思》1967年英文版所写《致我的英语读者》一文中,曾经作过比较清晰的说明。他说,对斯大林主义的"教条主义"的批判,被一些共产党人知识分子当作"解放"来体验,这就招致了深刻的意识形态上的反动,"它在趋向上是'自由主义的'和'伦理的',同时它又重新发现了'自由'、'人'、'有人性的人'、'异化'等老的哲学课题。这些意识形态上的趋向到马克思的早期著作中去寻找理论证明",这就改变了马克思主义哲学同资产阶级、小资产阶级意识形态斗争的形势:"'马克思主义的人道主义'和对马克思著作的'人道主义'解释,被逐渐地和不可抗拒地加诸晚期的马克思主义哲学,甚至在苏联和西方共产党内。"针对这种情况,阿尔都塞进行了"双重的'干预'",或者说"在两条战线上进行

'干预'":第一个干预主要是"在马克思同黑格尔之间的对抗的领域内"进行的,"目标是'引出'马克思主义理论同损害它或威胁它的种种哲学(和政治)的主观主义之间的'分界线':首先是经验主义及其古典的和现代的变种——实用主义、意志主义、历史主义等等";第二个干预主要是"在马克思的早期著作同《资本论》之间的对抗的领域内"进行的,"目标是在马克思主义的历史科学和哲学的真正理论基础,同前马克思主义的唯心主义观念(把马克思主义解释成人道主义、人的哲学的理论基础)之间引出一条分界线"①。由于前马克思主义的唯心主义观念也是以经验主义为认识论基础的,所谓普遍的人的本质,所谓这种本质是其真正主体"孤立的个体"的属性,这两个相互补充而不可分离的假设"都预先假定了经验主义—唯心主义的全部世界观"②,从经验主义下面解放出来,是把成年马克思同青年马克思区别开来的标志之一。因此,阿尔都塞进行这"双重的干预"的历史使命,就是把马克思主义解释成主张反经验主义的认识论这一任务提上了议事日程。

  阿尔都塞首先从他的老师、法国理性主义哲学家白喜拉那里借来了"认识论上的断裂"概念,用它来划分青年马克思的以经验主义为理论基础的"意识形态"时期,和成年马克思的以反经验主义为理论基础的"科学"时期。阿尔都塞认为,从理论框架来看,意识形态和科学有质的区别,由前者发展到后者,要求对前者作基本结构的彻底改变。这种"认识论上的断裂"存在于每种学说从意识形态到科学的发展过程中,马克思的思想发展也是如此:"在马克思的著作中有一个毫不含糊的'在认识论上的断裂',只有几句话之长的《关于费尔巴哈的提纲》标出了这个断裂的较早的分界线,在那里,新的理论意识已经在以前的意识和以前的语言中,就是说,以必然是含糊的

---

① 阿尔都塞:《保卫马克思》,伦敦1977年版,第10—13页。
② 阿尔都塞:《保卫马克思》,伦敦1977年版,第228页。

混乱的概念表现出来"①,从而把马克思的思想发展划分为1845年以前由康德—费希特型和费尔巴哈型支配的"意识形态"时期,和1845年以后逐步展开的"科学"时期。

应当指出,面对着苏共二十大以后国际共产主义运动中人道主义思潮泛滥、资产阶级意识形态甚嚣尘上的严重形势,作为一个共产党员哲学家的阿尔都塞,忧心忡忡地进行理论干预,力图挽狂澜于既倒,这种心情和愿望不仅是可以理解的,而且还是值得嘉许的。在20世纪60年代—70年代,阿尔都塞的"结构主义的马克思主义"之所以会在西欧乃至拉美一些国家里,引起一些人的广泛共鸣,风靡一时,甚至被有的人称作"革命马克思主义的复兴",其根本原因就在这里。从人们对阿尔都塞的种种赞美中,可以看到他们不仅对资产阶级的意识形态,而且也对国际共产主义运动中长期流行的教条主义、个人崇拜所抱强烈反感,以及迫切要求找到一条摆脱它们的出路的愿望,可以看到人们要求用科学去排除主观随意因素的玷污,使马克思主义研究现代化的愿望。

但在同时,又必须强调指出,阿尔都塞用"认识论上的断裂"去划分马克思的论著、崇尚科学而贬低意识形态的做法,把反经验主义的认识论强加于马克思的做法,又都是无助于这些愿望的实现的,而且是和马克思本人的思想、马克思主义的基本理论相悖的。

什么是意识形态?马克思主义在其发展初期,曾经因为某种理论把阶级社会中的特定情况看作自然的,就把它加以非历史化、凝固化和神秘化的情况,而把这种理论称作"意识形态",例如"德意志意识形态";并且指出,无产阶级理论却要使资本主义社会现代的阶级统治非法化,因而它不同于意识形态。但是,与此同时,马克思恩格斯又从一开始就着眼于对意识形态的内容进行具体分析,区分其不同的类型。他们从来也没有认为真理、科学性是同意识形态绝对不

---

① 阿尔都塞:《保卫马克思》,伦敦1977年版,第33页。

相容的。以后,马克思主义更把一切直接反映社会经济形态和政治制度,并为其巩固和发展服务的思想体系,都称作意识形态,认为在阶级社会,意识形态集中体现一定阶级的利益和要求,它的作用是由它所体现的那个阶级的社会历史地位来决定的;认为不同阶级之间斗争的一个重要方面,表现为意识形态之间的斗争;认为无产阶级的意识形态同一切剥削阶级的意识形态有着根本的区别,它以科学的形式宣布工人阶级的历史使命,因而是既有科学根据,又公开宣布自己的党性,是最科学、最进步的意识形态。列宁就曾把"科学社会主义"、"马克思主义"称作"无产阶级的思想体系"[1],即无产阶级的意识形态。

然而,阿尔都塞却从结构主义者拉康那里因袭来的意义上去使用意识形态这一概念。拉康认为,想象在于儿童沿着"恋母情结"而进入象征阶段之前,因而想象自己是自主的和自足的整体;拉康还认为想象是作为一个社会的使用语言的共同体的有自我意识的成员的主体构成中的一个要素。阿尔都塞把拉康的这些说法套用到意识形态上,认为意识形态是描述人们对于他们的生存条件的想象上的关系的:"人们对世界——包括对历史——'体验的'依附关系(不论参与或不参与政治活动)要通过意识形态而实现","意识形态是人类依附于人类世界的关系,就是说,是人类对人类真实生存条件的真实关系和想象关系的多元决定的统一。在意识形态中,真实关系不可避免地被包括到想象关系中去,这种关系更多地表现为一种意识形态(保守的、顺从的、改良的或革命的),甚至一种希望,或一个留恋,而不是对现实的描绘。"[2]据此,阿尔都塞认为,意识形态并不给人们提供恰当的认识工具。他说,"每一个意识形态概念的特殊性",就在于"它是超越出仅仅由认识必然性的'利益'所支配的",它"反映

---

[1] 列宁:《政治鼓动和"阶级观点"》,《列宁全集》第 6 卷,人民出版社 1986 年版,第 251 页。

[2] 阿尔都塞:《保卫马克思》,伦敦 1977 年版,第 233—234 页。

了不同于理性的利益的许多'利益'"①,"它用一种特殊的及意识形态的方式确指一些存在,但不说明这些存在的本质"②。

这样,阿尔都塞就不分意识形态的具体内容、阶级属性、历史地位和作用,一句话,不分青红皂白地把意识形态看成是一个贬义词,一个等同于神秘和畸形的、虚幻和神话的、武断和偏见的、想象和非知识的领域。这就是说,阿尔都塞由于意识形态包含有价值观和政治哲学并具有实际的政治作用,而把它看成在本质上是不科学的,在认识上是有缺陷的"虚假意识"。然而,这恰恰是对意识形态的一种误解,事情正如麦克卡内在《现实的意识形态世界》(布赖登1980年版)一书中所说明和论证的:"在马克思那里,意识形态并不意味着认识上的缺陷,它只是指这样一些概念:它们的内容给了它们一种政治意义和用法,而在认识论上则是中立的。"而阿尔都塞之所以会这么严重地误解意识形态的本质和作用,其根源又在于他非批判地接受了实证主义思潮那种所谓"只求描写经验和现象,不问事物的本质",因而"拒斥一切形而上学"的科学观。

什么是科学?按照马克思主义的观点,科学是以概念、定理、定律的形式反映关于自然界、社会和思维的规律的认识体系。就科学知识是一定客观领域内各种结构和规律的相当确切的反映这一内容来说,科学是没有社会制度和阶级的属性的。但是,在另一方面,由于科学也比较确切地反映意识,因而,在这个意义上,科学又是社会精神生活的一个组成部分,构成一种特殊的社会意识形式。同时,由于任何一门科学都包含有自己的哲学前提和结论,因而都在不同程度上受社会上各种,特别是占统治地位的世界观和意识形态的影响和渗透,科学中的社会科学部分更直接触及阶级利益,体现了阶级的意识形态。所以,尽管科学不同于意识形态,却又同它有着种种联

---

① 阿尔都塞:《阅读〈资本论〉》,伦敦1979年版,第141、158页。
② 阿尔都塞:《保卫马克思》,伦敦1977年版,第223页。

系,它们并不是绝对对立的。

然而,阿尔都塞却因袭了实证主义思潮"拒斥一切形而上学"的科学观,把科学解释成同意识形态绝对对立的东西。在阿尔都塞看来,科学和意识形态的这种对立主要表现在三个方面:一是主体在其中发挥的作用。他说,在科学的理论框架中,"'主体'所发挥的,并不是它正在发挥的作用,而是由过程的机制指派给它的作用"①。反之,主体的范畴却是一切意识形态的唯一构成要素。二是认识功能在其中占据的位置。阿尔都塞说:"作为表象体系的意识形态之所以不同于科学,就是因为在意识形态中实践的—社会的功能要比理论的功能及认识的功能更重要。"②三是是否提供认识现实的手段。阿尔都塞认为,意识形态虽确指一系列存在着的事实,但不同于科学,它"不提供认识这些现实的手段"③。英国苏萨克斯大学教授艾特格雷指出:"在阿尔都塞的科学观及其关于科学与意识形态的区别中,一直起作用而未受到其严厉的自我批评的,是资产阶级哲学的这样一些非常熟悉的观点:科学之所以是知识,因为它是描述的,其所以是理论,因为是非评价的;意识形态之所以是认识的幻觉,因为它是评价的、规定的和实践的。"④

当阿尔都塞用这种实证主义的科学观和意识形态观编织出"认识论上的断裂"论,以此去解释马克思主义的发展时,他没有看到马克思主义科学同自然科学的区别和同无产阶级政治实践的紧密联系,不懂得马克思主义既是科学的,又是革命的,因而严重曲解了马克思主义。而当阿尔都塞用他的这种要科学、不要意识形态的"认识论上的断裂"论去干预国际共产主义运动的形势时,就更走到了

---

① 阿尔都塞:《阅读〈资本论〉》,伦敦1979年版,第27页。
② 阿尔都塞:《保卫马克思》,伦敦1977年版,第231页。
③ 阿尔都塞:《保卫马克思》,伦敦1977年版,第223页。
④ 艾特格雷:《马克思的革命科学》,载麦番姆·鲁宾编《马克思主义哲学中的问题》第3卷,布赖登1979年版。

他力图使马克思主义摆脱资产阶级意识形态的侵袭的良好愿望的反面。在20世纪60年代初期和中期,西方国家的一些资产阶级社会学家曾先后发表《意识形态的终结——论50年代政治思想的枯竭》(丹尼尔·贝尔),《政治的人——政治的社会基础》(利普塞特),《工业社会——关于意识形态和发展的三篇论文》(雷蒙·阿隆)等著作,说什么意识形态是为某些人达到某种政治目标服务的,其目的是为斗争双方的利益辩护的,它的原则和原理没有真伪可分,是歪曲现实的、虚假的,随着发达资本主义社会阶级斗争的缓和化,工人阶级已同现存资本主义制度逐渐"一体化",不再需要完成其历史使命,也不再是革命意识的代表,阶级对抗已经消失,意识形态已无立足之地,"意识形态终结"的时刻已经到来,必须用科学去取代意识形态,摆脱意识形态的影响,从而掀起了一股把矛头直指马克思主义的"非意识形态化"的浪潮。正是在这样的时刻,阿尔都塞鼓吹其要科学、不要意识形态的"认识论上的断裂"论,他怎么能证明自己同资产阶级的"非意识形态化"的浪潮划清了界限,而不是相呼应呢?

(二)把认识过程完全置于思想领域中的"理论实践"论

为了把马克思主义解释成认识论上的反经验主义,阿尔都塞在猛烈抨击经验主义的基础上,提出把认识过程完全置于思想领域之中的"理论实践"论。

什么是经验主义?经验主义是一种把感性经验看成是认识的唯一源泉,而理论认识则是靠不住的认识论学说。它和那种认为只有理性认识才靠得住,而感性经验则靠不住的理性主义认识论学说各执一端,构成古往今来认识论中的一种带片面性的学说。在坚持理论和实践相统一的马克思主义认识论看来,就认识过程的秩序来说,人的认识确实始于在实践的基础上从客观外界得到的感性经验。就此而论,唯物主义的经验主义(这里姑且不说那种把经验看成内省体验的唯心主义经验主义,下同)把感性经验看成认识的源泉并没有错;其局限性仅在于,经验主义看不到这种感性经验是对客观外界的片面和表面的不完全反映,它形而上学地夸大了没有反映事物本质和内部规律性的感性经验的作用,而低估了科学抽象和理性认识在认识过程中的作用,就是说,它否认在实践基础上进行的理性思维比感性经验更深刻、正确地反映客观事物。

然而,阿尔都塞在批判经验主义时,它的矛头所针对的,却并不是经验主义夸大感性经验作用的形而上学方面,而是经验主义的把"纯客观的所与"当作认识过程的出发点、它的在"事实"上面工作以及"关于直接的见识和读解的反映"等唯物主义的方面。当阿尔都塞在此基础上鼓吹所谓"任何科学认识的过程都始于抽象、始于一般性,而不是始于实在的具体"时,他就展示了他建构的所谓反经验主义的认识论,从一开始就是一种"颠倒了事实"的认识论。事情正如毛泽东同志在《实践论》中强调指出的:"理性的东西所以靠得住,正是由于它来源于感性,否则理性的东西就成了无源之水,无本之木,而只是主观自生的靠不住的东西了";"只有社会实践才能使人的认识开始发生,开始从外界得到感觉经验。一个闭目塞听、同客观外界根本绝缘的人,是无所谓认识的。"①

然而,阿尔都塞还沿着这样一条"颠倒了事实"的认识论路线,进一步提出了把认识过程完全置于思想领域中的"理论实践"论。在阿尔都塞看来,"不存在什么一般的实践,而只有各种不同的实践"。"实践的首要性"就表现在"社会存在的一切层次都是不同的实践——经济实践,政治实践,意识形态实践,技术实践和科学(或理论)实践——的位置。我们就是通过思考它们的特殊结构来思考这些不同实践的内容的";"要是没有各种不同的实践之间的精确区别和关于理论和实践之间关系的新概念,就不能有任何关于实践的

---

① 毛泽东:《实践论》,《毛泽东选集》,人民出版社1966年版,第279页。

科学概念"①。但在另一方面,从理论上说来,又存在着把各种不同的实践的共同点——都是一种生产的结构——概括起来的"实践一般"。阿尔都塞说:"关于实践一般,我意指任何把一定的所与原料,改造成一定的产品的过程。这是一种由一定的人类劳动,使用一定的'生产'手段来进行的改造。在任何这样设想的实践中,决定性的要素既不是原料,也不是产品,而是狭义的实践:改造性劳动本身这个要素,它在一个特定的结构中,使得人、手段和利用这些手段的技术方法运转起来。"②这样,在阿尔都塞看来,理论就同经济实践、政治实践等等一样,也成了一种实践。在政治实践中,给予一定的生产关系,就生产出一种新的社会关系来;在意识形态实践中,生产出改变人们据以体验他们同世界的关系的表象知觉的形式来;而理论实践则把"思维力量"和理论劳动的手段搞到一起,从概念、表象、直觉中生产出知识这种特殊产品来。

阿尔都塞在分析"理论实践"的具体进程时说,在这里,实践一般Ⅰ的原料,是概念和抽象,它们并不是现成的所与、具体的实在,而是由作为先前实践的产物的抽象概念所组成的原料;对上述原料进行改造的实践一般Ⅱ,是一门科学的基本概念;而作为"理论实践"产品的实践一般Ⅲ,则是具体表现认识的科学概念。这样,阿尔都塞就用他的"理论实践"论,把在马克思主义看来,始于人类改造客观世界的物质实践活动,又在实践的基础上不断深化,在最终还要由实践来检验其正确性的整个认识过程,完全移植到思想领域中去。他还把马克思主义的哲学世界观说成就是理论实践的理论③。

在法共领导的严肃批评下,阿尔都塞曾对自己的观点作过一些修改。例如,在1968年写的《阅读〈资本论〉》的意大利文版前言中,阿尔都塞写道:"关于哲学是理论实践的理论的定义,是片面的,因

---

① 阿尔都塞:《阅读〈资本论〉》,伦敦1979年版,第58页。
② 阿尔都塞:《保卫马克思》,伦敦1977年版,第166—167页。
③ 阿尔都塞:《保卫马克思》,伦敦1977年版,第171—172页。

而是不准确的。"①在 1968 年的《列宁和哲学》一书中,阿尔都塞又重申他把辩证唯物主义说成理论实践的理论是一种"片面的因而虚假的概念",并提出辩证唯物主义是"政治的—理论的干涉"的实践的新定义。在《保卫马克思》一书的 1977 年英文版中,阿尔都塞又把他的这个"新的哲学定义概述为三点:(1)哲学'代表'理论领域中的阶级斗争,因而哲学既不是一门科学,也不是一种纯理论(理论),而是在理论领域中干预的一种政治实践;(2)哲学'代表'理论实践中的'科学性',因而哲学并不是政治实践,而是在政治领域中干预的一种理论实践;(3)哲学是一种独创的实例(不同于科学和政治实例),它'代表'着以一种特殊干预(政治的—理论的)形式出现的,与另一种实例并列的一种实例"②。

尽管作了这些自我批评和修正,阿尔都塞却仍然坚持其把整个认识过程完全置于思想领域中的"理论实践"论。就主观动机来说,阿尔都塞之所以会提出这种"理论实践"论,联系当时的实际情况来看,可能是想针对对科学、理论的粗暴的政治干预,论证理论的相对自主性。但是,这种"理论实践"论毕竟是不科学的,是同马克思主义坚持理论与实践的紧密联系和统一的基本立场背道而驰的;在实践中也是无法达到阿尔都塞的预期目的的,而只能使马克思主义的理论研究严重脱离无产阶级的革命和建设实践。正因为这样,这种"理论实践"论从始至终遭到来自马克思主义的各色研究者的广泛批评。

(三)"两种客体"论和马克思的从抽象上升到具体的方法

阿尔都塞之所以坚持把整个认识过程完全置于思想领域内的"理论实践",就认识论方面来说,一个极其重要的原因是因为他认

---

① 阿尔都塞:《阅读〈资本论〉》,伦敦 1979 年版,第 8 页。
② 阿尔都塞:《保卫马克思》,伦敦 1979 年版,第 256 页。

为存在着两种客体：实在的客体和认识的客体；认识是在认识的客体而不是在实在的客体上进行的。他写道："认识在其'客体'上工作，这样，它就不是在实在的客体上，而是在构成为特殊的严格意义上的原材料上，在它的（认识的）'客体'上工作。这种认识客体甚至在认识的最基本形式上，也是不同于实在客体的。因为那种原材料是现成的，是马克思在《资本论》中所赋予它的强有力的意义上的一种原材料，即通过施加复杂的（感性的—技术的—意识形态的）结构使之构成为一个认识客体的，精心制作和改造的物质。这种制作和改造虽然粗糙，却使原材料构成为它所要改变的客体，它将在其发展的过程中改变这种客体的形式，以便产生认识，这些认识是经常被改变的，但总是适用于它的在认识客体的意义上的客体的。"①

阿尔都塞还把他对这种"两个客体"论的建构，直接归因于马克思在《政治经济学批判·导言》中提出的由抽象上升到具体的方法。在1965年出版的《保卫马克思》和《阅读〈资本论〉》两书中，阿尔都塞就认为"马克思说任何科学认识过程都是从抽象、从一般开始，而不是从实在的具体开始"②；"把实在客体和认识客体区别开来的1857年《导言》的原文，也在它们的过程之间作了区别"③。在1974年出版的《自我批评论文集》中，阿尔都塞再次重申说："和经验主义相反，马克思主张知识不是从具体上升到抽象，而是从抽象上升到具体，而且所有这一切是——我引述一下——'在思维中'进行的，而产生着整个过程的实在具体却存在于思维外部"；所以，"实在的客体和认识的客体之间"的"这种区别是包含在马克思讨论认识过程的这些段落里"④。

---

① 阿尔都塞：《阅读〈资本论〉》，伦敦1979年版，第43页。
② 阿尔都塞：《保卫马克思》，伦敦1977年版，第190页。
③ 阿尔都塞：《阅读〈资本论〉》，伦敦1979年版，第46页。
④ 阿尔都塞：《自我批评论文集》，台湾远流出版事业股份有限公司1990年版，第222—223页。

这样，准确理解马克思的《政治经济学批判·导言》，就成为判断阿尔都塞的"两个客体"论正误的一个重要环节。

首先，应当强调指出，阿尔都塞把马克思在《政治经济学批判·导言》中关于科学认识过程的论述，仅仅归结为只是从抽象上升为具体一种方法，这是片面的，不符合马克思的本意的。实际上，马克思在那里揭示出了辩证思维运动中存在的两条方向相反的道路。第一条道路，用马克思的话来说是"完整的表象蒸发为抽象的规定"的道路，在这条路上，"从表象中的具体达到越来越稀薄的抽象，直到我达到一些最简单的思维"①。在《政治经济学批判·导言》（以下简称《导言》）中，马克思说，为了免得预先说出要证明的结论有妨害，他把起草好的《导言》压下了。但他强调说："读者如果真想跟着我走，就要下定决心，从个别上升到一般。"②马克思在这里所说的"从个别上升到一般"，就是《导言》中所说的"从完整的表象蒸发为抽象的规定"的道路。这条道路也就是列宁在《哲学笔记》中所说的"从生动的直观到抽象的思维"的道路，也即"思维从具体的东西上升到抽象的东西的道路"③。在这第一条道路结束之后，接着才是第二条道路，用马克思的话来说，就是"行程又得从那里回过头来，直到我最后又回到……具有许多规定和关系的丰富的总体"，这就是说，"在第二条道路上，抽象的规定在思维行程中导致具体的再现。"④正是从具体上升到抽象，再从抽象上升到具体这样两条相反而又相成的道路的认识运动，构成了完整的认识过程。人类的认识正是经由从感性的具体出发，通过分析，从感性具体上升到抽象的规定，然后

---

① 马克思：《政治经济学批判·导言》，《马克思恩格斯选集》第 2 卷，人民出版社 1995 年版，第 18 页。
② 马克思：《政治经济学批判·导言》，《马克思恩格斯选集》第 2 卷，人民出版社 1995 年版，第 31 页。
③ 列宁：《哲学笔记》，《列宁全集》第 55 卷，人民出版社 1990 年版，第 142 页。
④ 马克思：《政治经济学批判·导言》，《马克思恩格斯选集》第 2 卷，人民出版社 1995 年版，第 18 页。

再通过综合，由抽象的规定达到思维中的具体这样的"具体—抽象—具体"过程而深化发展的。

其次，正因为从抽象上升到具体，在认识过程中是继从具体上升到抽象之后开始的一条道路，它所由以开始的那个"抽象"，就是"从具体上升到抽象"道路结束时所获得的那个"抽象"，也即经由"完整的表象""具体""蒸发"出的那个"抽象"，因此，它就只能是对实在客体进行分析而得出的抽象规定，而决不是阿尔都塞所想象的似乎是在实在客体之外、与实在客体有别的什么"认识客体"。尽管阿尔都塞为了把其"理论实践"的原材料说成是这样的一种"认识客体"，把它产生的过程说得玄而又玄，什么"通过施加复杂的（感性的—技术的—意识形态的）结构"，加以"精心制作和改造"，但说到底，它终归是从完整的表象具体中分析出的抽象规定。在《导言》中，马克思就曾以17世纪的政治经济学家为例，说他们从人口、民族、国家这些混沌的表象中，分析出分工、货币、价值等等抽象规定。难道分工、货币、价值等等这些抽象规定不是实在客体的抽象规定，而是什么不同于实在客体的另一个认识客体吗？在《导言》中，马克思还指出，要从人口这个关于整体的混沌表象中，层层分析出阶级，然后是雇佣劳动、资本，再后是交换、分工、价格等抽象规定，然后"行程又得从那里再回过头来，直到我最后又回到人口——这时它已是一个具有许多规定和关系的丰富的总体"①。难道阶级、雇佣劳动、资本、交换、分工、价格等等，也都统统不是实在客体的抽象规定，而是不同于实在客体的另一些认识客体吗？所以，阿尔都塞用马克思提出的从抽象上升到具体的方法去论证他所说的在实在客体之外还存在有认识客体的"两种客体"论，那是引申不当、没有根据的。

再次，在《导言》中，马克思曾对"从抽象上升到具体"这种方法

---

① 马克思：《政治经济学批判·导言》，《马克思恩格斯选集》第2卷，人民出版社1995年版，第19页。

的性质作过明确的界定,指出它"只是思维用来掌握具体、把它当作一个精神上的具体再现出来的方式。但决不是具体本身的生产过程","具体总体作为思想总体、作为思想具体,事实上是思维的、理解的产物",而"实在主体仍然是在头脑之外保持着它的独立性"[①]。在这里,马克思有力地坚持了"不是人们的意识决定人们的存在,相反,是人们的社会存在决定人们的意识"这一历史唯物主义的基本原理。既然在马克思看来,从抽象上升到具体的方法,只是思维掌握具体,在思维行程中再现具体的一种方式,而并不是具体本身的生产过程,作为这种思维具体的原型的实在主体,仍然在头脑之外独立地存在着,那么,阿尔都塞又有什么可靠的根据,把按照从抽象上升到具体的方法进行的认识,说成是一种有别于政治、经济……实践之外的"理论实践",并把这种"理论实践"论加之于马克思呢?

(四)真理本身是真理的标准论和斯宾诺莎主义

对于坚持认识始于实践的马克思主义者来说,认识的真理性标准只能是实践的检验。所以,早在1845年的《关于费尔巴哈的提纲》中,马克思就指出:"人的思维是否具有客观的(gegenstandliche)真理性,这不是一个理论的问题,而是一个实践的问题。人应该在实践中证明自己思维的真理性,即自己思维的现实性和力量,自己思维的此岸性。"[②]

而在坚持认识是一种不同于政治、经济等等实践的"理论实践"的阿尔都塞看来,把实践、科学实验、社会实践等等作为检验认识的真理性标准,这只是一种"'明显性'的实用主义的平凡语言",因为"实用主义在探究认识中设置了一个事实上的保证:实践中的成功,

---

① 马克思:《政治经济学批判·导言》,《马克思恩格斯选集》第2卷,人民出版社1995年版,第19页。
② 马克思:《关于费尔巴哈的提纲》,《马克思恩格斯选集》第1卷,人民出版社1995年版,第55页。

它往往构成为可以分配给所谓'实践标准'的唯一内容"①。所以,阿尔都塞说,所谓保证认识的真实性的标准问题,压根儿是一个假问题,而不是一个真问题。任何认为认识本身是一个问题的认识论,只是一种意识形态的认识论,因而必须为此理由而加以拒绝。

然而,对于任何认识来说,又毕竟有一个无法回避的检验标准的问题,对此,阿尔都塞说:"理论实践确实是它自己的标准,并在它自身包含有用来证实其产品的质地的确定的议定书,就是说,包含有科学实践的产品的科学性的标准。这正是在真正的科学实践中发生的事情:一旦它们被真正地构成和发展了,它们就无需从外部实践获得证实,以声称它们生产的认识是'真的',是知识。"②

阿尔都塞的这个真理本身是真理的标准论,是直接从斯宾诺莎那里承袭过来的。在《列宁和哲学》一书中,阿尔都塞就说,我的参考点既非康德也非黑格尔,而是斯宾诺莎;我是一个斯宾诺莎主义者。在《自我批评论文集》一书中,阿尔都塞又重申"我们曾经都是斯宾诺莎主义者"③,并说:"我把知识'界定'成'生产',而且肯定各种形式的科学性是属于'理论实践'的内在性,我自己是以斯宾诺莎为基础的。"④

这样,在真理的检验标准问题上,阿尔都塞就提出了两个有待澄清的问题。

一个问题是马克思主义认为实践是检验认识的真理性标准,这是否等同于实用主义?在这个问题上,马克思主义和实用主义的原则界限究竟在哪里?

事实是,在马克思主义看来,人类的实践是主观见之于客观的东

---

① 阿尔都塞:《阅读〈资本论〉》,伦敦1979年版,第56、57、59页。
② 阿尔都塞:《阅读〈资本论〉》,伦敦1979年版,第56、57、59页。
③ 阿尔都塞:《自我批评论文集》,台湾远流出版事业股份有限公司1990年版,第149页。
④ 阿尔都塞:《自我批评论文集》,台湾远流出版事业股份有限公司1990年版,第156页。

西,所以,它不仅具有受人的思想、计划、意图目的支配的一面,而且具有受客观的物质过程制约的一面,因而只有根据客观事实,符合于客观条件,才能达到目的;而实用主义却夸大了前者而抹杀了后者,这就把人的实践变成主体的一种随心所欲的创造活动。在马克思主义看来,人类之所以能够在实践中改造世界,是因为反映和运用了客观世界的规律的缘故。在这里,反映以实践为基础,又转过来指导实践,而实践则检验人们对客观世界的反映是否正确。在实用主义看来,人类的实践是动物有机体适应环境的一种行为。因此,如果说马克思主义是把实践看作检验认识是否具有真理性的标准的话,那么,实用主义则把行动看作是检验主观的思想、观念、理论对人有什么样的效果,能否给人带来好处的准绳。在《唯物主义和经验批判主义》一书中列宁曾经说过:"在唯物主义者看来,人类实践的'成功'证明着我们的表象同我们所感知的事物的客观本性相符合。在唯我论者看来,'成功'是我在实践中所需要的一切,而实践是可以同认识论分开来考察的。"①实用主义正是这样的唯我论。所以,阿尔都塞把马克思主义坚持的实践是检验真理的标准说成实用主义,是没有根据的。

另一个问题,关于真理本身是真理的标准问题,斯宾诺莎到底是怎样说的？在《伦理学》第二部分"论心灵的性质和起源"定义Ⅳ中,斯宾诺莎说:"恰当的观念,我理解为这样一种观念:单就它本身而不涉及对象来说,它就具有真观念的一切特性和内在标志。"在该书同一部分的命题XXXXIII的附释中,他又说:"除了真观念之外,还有什么更明白更确定的东西足以作真理的标准呢？正如光明之显示其自身并显示黑暗,所以真理既是真理自身的标准,又是错误的标准。"就此而论,阿尔都塞的真理本身是真理的标准论,确实如他所

---

① 列宁:《唯物主义和经验批判主义》,《列宁选集》第 2 卷,人民出版社 1995 年版,第 100 页。

说是从斯宾诺莎那里承袭过来的。

但是,这并不是事情的全部。问题的另一方面在于,斯宾诺莎在提出真理是其自身标准的同时,站在唯物主义一元论的立场上,从本体论的高度,把思想和广延即精神和物质看成是唯一实体的两种属性,并以"一物两面说"为根据,在《伦理学》第一部分的公则Ⅵ中断言"真观念必定符合它的对象",并把这称作真观念的"外在标志"。这就是说,斯宾诺莎在肯定真理本身就是真理的标准,把观念的清楚、明白、恰当当作真理的"内在标志"的同时,又把"真观念必定符合它的对象"、"观念的次序和联系与事物的次序和联系是相同的"当作真理的"外在标志"。而阿尔都塞在承袭斯宾诺莎把真理本身看作真理标准的内在标志时,却没有承袭斯宾诺莎提出的真观念必定符合其对象的真理的外在标志说,而且还一直坚持其完全在思想领域内运作的"理论实践"论,坚持其认识客体不同于实在客体的"两种客体"论,这就使阿尔都塞的真理本身是真理的标准论只有理性主义的味道,而没有唯物主义的气息。

(五)几点思考

尽管阿尔都塞建构的反经验主义认识论以及它所包含的主要理论,在西方一些学者的马克思主义研究中曾经发挥过针砭时弊的积极作用,例如,帮助他们摆脱对人道主义的非批判的盲目颂扬,而把主要的研究精力转移到《资本论》等论著方面来;又如提醒他们注意科学理论的相对自主性,在科学问题上确立理性的观点等等。然而,就阿尔都塞所建构的这些理论本身来说,却正如我们在前面所评析的那样,是和马克思主义的基本理论有相当大的距离,甚至是相悖的,更谈不到像阿尔都塞和赞美他的人原来期望的那样发展马克思主义了。为什么会出现这种严重的事与愿违的情况呢?这里有什么经验教训可供汲取呢?笔者觉得在这里,有几点特别值得我们深思。

一是一个严肃的马克思主义研究者应该力求做到动机和效果相

统一。如前所说,阿尔都塞是在目击了苏共二十大批判个人崇拜引发了资产阶级意识形态广泛泛滥的严重形势,才决心进行理论干预,提出他对马克思主义的一系列新解释来与之相抗衡的。对于这样的动机应该说是无可怀疑也无可指责的。问题在于,为什么怀有这样良好动机的作者,在资产阶级掀起反马克思主义的"非意识形态化"的浪潮时,也去鼓吹贬低和拒斥意识形态的"认识论上的断裂"论?为什么对于别人说他的理论同马克思主义基本理论相违背的种种批评充耳不闻?即使在"自我批评"中也只是一味辩解自己不是结构主义者呢?当然,我们不能简单地用效果去逆推动机,连作者良好的愿望也因此给抹杀了;但是,对于一个严肃的马克思主义研究者,人们完全应该要求他们努力做到动机和效果的统一。应该说阿尔都塞学派后来的迅速衰落,同他没有用动机和效果相统一的原则去对待他的理论观点,通过真正的自我批评去改正其理论错误,有着密切关系。

二是对待各种思潮,要坚持具体情况具体分析。阿尔都塞的反经验主义认识论,是针对人道主义的理论基础经验主义而提出来的。如前所说,经验主义也确实具有其形而上学的片面性方面,需要加以纠正和克服。但是,事情正如列宁所强调的,"对具体情况作具体分析",是"马克思主义的精髓,马克思主义的活的灵魂"[①]。马克思主义者对待经验主义思潮,也应该采取这种具体分析其是非得失的态度,否定其中必须否定的东西,又肯定其中应该肯定的东西,这样才能战而胜之、取而代之。反之,要是采取不加分析的盲目、绝对的否定态度,直至走到和它完全相反的"反经验主义"的另一极端去,那就不仅不能纠正和克服经验主义的错误,还会陷入由于搞"反向歪曲"而导致的另一种错误的泥潭中去。

三是必须根据现在的情况,认识、继承和发展马克思主义。面对

---

① 列宁:《共产主义》,《列宁选集》第4卷,人民出版社1995年版,第213页。

着第一次世界大战以后社会主义革命没有在马克思曾经预期的西方发达国家取得胜利的情况,西欧有一些希望成为马克思主义者或者以马克思主义者自诩的学者,曾经企求从理论中去寻找问题的答案,他们致力于用当代西方某个流行思潮去发挥、解释、结合、补充马克思主义,由此出现种种带修饰词的不同品种的"马克思主义"。虽然他们积累了不少有价值的思想资料,但是,从总体上看,又都没有能够为把马克思主义的社会主义革命理论胜利地运用于西方社会,找到一条有效的途径。应当说,这和这种研究不是遵循着"实践—理论—实践"的道路,而是遵循着"理论—理论—理论"的道路,有着密切的关系。这种情况在阿尔都塞身上表现得尤其突出:他不仅热衷于从法国理性主义传统,从斯宾诺莎主义,从当代法国结构主义等等中引来种种新奇的名词、观念、范畴和术语,用它们去解释马克思主义,而且把这种完全脱离实际的唯理论主义活动提到认识论的高度上来加以系统化和理论化。这就涉及到一个极其重要的原则性问题:在马克思去世以后100多年来发生了变化的条件下,如何认识和发展马克思主义?十分明显,在这里,教条主义地所谓"回到马克思",是解决不了层出不穷的新问题的;"离开马克思"、改宗资产阶级思潮,更只能招致苏东剧变那样的后果。事情正如邓小平在总结世界共产主义运动正反两个方面历史经验的基础上所指出的那样:"绝不能要求马克思为解决他去世之后上百年、几百年所产生的问题提供现成答案。列宁同样也不能承担为他去世以后五十年、一百年所产生的问题提供现成答案的任务。真正的马克思列宁主义者必须根据现在的情况,认识、继承和发展马克思列宁主义。"[①]为此,马克思主义者的理论研究工作也必须像我们的实际工作一样,坚持解放思想,实事求是,以实践为检验真理唯一标准的思想路线。

[①] 邓小平:《结束过去,开辟未来》,《邓小平文选》第3卷,人民出版社1993年版,第291页。

十六、阿尔都塞的"理论反人道主义"和马克思主义

1965年,法国的共产党员哲学家阿尔都塞出版了《保卫马克思》和《阅读〈资本论〉》两部著作,按照当时风靡法国的结构主义的方法去读解马克思主义,提出了以"理论反人道主义"为核心的对马克思主义的一系列新解释,被称作"结构主义的马克思主义"。次年12月,巴黎的一位观察家在英国《泰晤士报》文学副刊上提请人们注意法国有一群和阿尔都塞的名字联系在一起的理论家正在崛起后,阿尔都塞和他的"结构主义的马克思主义"在国际上获得越来越大的知名度,他的上述著作,被认为是继卢卡奇的《历史和阶级意识》之后"西方马克思主义"传统中最重要的著作。

阿尔都塞及其思想引起了两种截然相反的巨大反响:赞誉者说其著作是"马克思主义的文艺复兴",是在恩格斯、列宁、葛兰西、毛泽东所作贡献的基础上,促进了马克思主义理论的某些关键性因素的发展,使它得到了更加完善的创立;而且"对于制定必要的理论以帮助革命战士理解当代社会斗争的复杂性并采取有效的行动来改变现存社会是必不可少的"。批评者则认为阿尔都塞同马克思主义很少有共同点,说他同马克思原文的明确性相对立,声称马克思并不真正在说他正在说的东西,是一种打着反教条主义旗号的非常特别的教条主义。西方敌对势力甚至把他提出的"理论反人道主义"说成是马克思主义始于激进的人道主义又终于同样激进的反人道主义这种"人道主义自我解体"的证据。

虽然早在20世纪70年代末期阿尔都塞学派就已衰落,阿尔都塞本人也已在90年代初去世,但阿尔都塞提出的那种对马克思主义的解释却仍在发挥着影响。例如在我国,直到前不久还有人在说他所谓的"理论反人道主义"实际要说的只是马克思主义不是人道主

义,他关于历史是没有主体的过程的诠释,其理论底蕴无疑是历史决定论的等等。这就说明,弄清楚阿尔都塞所谓理论反人道主义的全部含义和是非得失,它和马克思主义的联系和界限,对于我们坚持和发展马克思主义具有极其重要的意义。

(一) 阿尔都塞提出理论反人道主义的历史背景

促使阿尔都塞提出马克思主义是理论反人道主义的历史背景,是第二次世界大战以后,萨特鼓吹唯主体性的存在主义人道主义在法国思想界特别是苏共二十大以后人道主义在国际共产主义运动中的广泛泛滥,正是针对这种形势阿尔都塞决定进行干预。

阿尔都塞说,收在《保卫马克思》一书中的七篇文章,是由一个共产党人哲学家在一种特殊的意识形态的和理论的形势中构想、写作和发表的,它们并不仅仅是从学术的和思辨的研究中产生的,同时也是"对一定形势的干预"。他认为苏共二十大谴责个人崇拜所采取的形式和突然急转弯的情况,在政治和意识形态领域中都有深刻的反映:从30年代以来资产阶级知识分子开始的对马克思早期著作所作反马克思主义解释,现在被从斯大林教条主义下"解放"出来的共产党人知识分子发展成为"马克思主义的人道主义"和对马克思著作的"人道主义"解释,这就改变了马克思主义哲学同资产阶级、小资产阶级意识形态斗争的形势。据此,共产主义运动在理论方面的决定性任务之一,是反对资产阶级和小资产阶级世界观的一般形式:经济主义及其精神补充伦理唯心主义(今天的"人道主义"),它们"都是反科学的和反马克思主义的,都是为了反对革命者而建立起来的"[①]。与此同时,阿尔都塞说,为了彻底清算斯大林主义并取而代之,还必须对由于谴责个人崇拜而遗留下来悬而未决的问题作

[①] 参见阿尔都塞:《保卫马克思》伦敦1977年版,第10—11页;《列宁和哲学》,伦敦1971年版,第17、19、20页。

出确定的回答。

以理论反人道主义为核心的"结构主义的马克思主义",就是阿尔都塞在对上述形势进行干预时提出的确定的回答。

(二)理论反人道主义的哲学基础,是结构主义的主体移心论

阿尔都塞对苏共二十大以后的国际共产主义运动的形势进行干预时,正值结构主义取代存在主义而在法国思想界占据统治地位。

以萨特为主要代表的法国存在主义哲学思潮,把人的主体性作为哲学思维的出发点,认为世界上的一切都源于主体的设计、选择和创造,因而只有主体才是能动的;而且世界上的一切存在物都是因为人而取得意义的,他据此而把存在主义等同于人道主义。20世纪50年代末60年代初,这种曾经在第二次世界大战以后风靡一时的哲学思潮,由于其极其明显的主观主义色彩使人失望、厌倦,而被结构主义所取代。

发轫于由语言学家索绪尔肇始的、从历时态向同时态转换的语言学变革的结构主义,和存在主义相反,认为"我",主体既不是自己的中心,也不是世界的中心,而且根本就不存在这样一个中心;认为人只是构成结构的复杂的关系网络中的一个关系项,它本身并没有独立性,只是由结构所决定的,因而是被动而不是能动的。结构主义从反主体性出发去否定人本主义,认为不是人赋予世界以意义,而是结构赋予人以意义。所以,结构主义主张"主体移心论",把主体从笛卡尔以来在哲学中所占据的中心位置上驱逐出去,使之从思想、语言的可靠基础,变成某种既先于它又超越它的关系的结果。结构主义否认个人在认识和实践中的作用,否认思维主体能够在认识中居于哲学思考的中心地位。它把人溶化到客观化的、无个性和无意识的结构之中,认为正是这些结构在决定着人的全部行为,它们是人的全部生存的结构,而主体则是某种外在力量的表现。

这种主体移心论广泛地表现在法国结构主义的各个代表人物的

思想和言论中。例如，把结构主义应用于人种学、人类学研究的列维－斯特劳斯说，人文科学的最终目的不是"创造人"，"而是把人加以溶化"，"结构主义允许撇开主体这个占据哲学舞台为时太久的令人厌的宠儿"；把结构主义应用于历史哲学研究的福科认为，人的形象迟早会像海边沙滩上的图画一样被完全抹掉，"人是一种臆想"，它"将要像海市蜃楼一样消失"；把结构主义应用精神分析研究的拉康则颠倒笛卡尔"我思故我在"的公式，说"我思我不在之处，所以我在我不思之处"，就是说：我不在自我意识的圈子内，而在无意识的别处，因为作为自主的和自我确定的主体的存在，属于想象的序列，主体的自主性只是一种在想象中产生的幻想，主体的意义也不在"我思"的自我确定性中，而在其他地方。这样，主体就被移心了。把结构主义用于哲学和文学批评的德立达也有着这种否认主体和人在认识上首要性的结构主义共同倾向。

60年代初期，在同青年人类学家塞巴格、经济学家高迪里埃等人一起把结构主义应用于马克思主义经典著作的阅读和研究时，阿尔都塞提出了以理论反人道主义为核心的"结构主义的马克思主义"。

阿尔都塞把马克思主义说成是理论反人道主义的思想历程，始于他认为马克思著作中存在着"认识论上的断裂"的"对症读解"。他认为马克思只是在对其青年时代的理论基础——人的哲学作了彻底批判以后，才达到科学的历史理论的。他说，从1840年到1845年，是马克思思想的"意识形态"时期，在马克思思想中占主导地位的，先是接近于康德和费希特的理性加自由的人道主义，接着是费尔巴哈的人道主义；1845年是马克思同意识形态决裂的时期，马克思开始和一切把历史和政治建立在人的本质的基础上的理论、一切形式的哲学人道主义相决裂，把人道主义规定为一种意识形态；1845年—1875年是马克思的过渡性著作的时期，马克思为建立一种适合于其革命理论设计的概念术语和分类学，而进行多年的实证研究和精心推敲;1875年以后,是马克思的成熟时期,在对人的哲学进行彻底批判以后,马克思达到了科学的历史理论,用生产力、生产关系等新概念,代替个体和人的本质这个旧套式,同时又提出了实践的辩证唯物主义和历史唯物主义。据此,阿尔都塞说:"所以,关于理论,严格地说来,人们能够而且必须公开说到马克思的理论上的反人道主义","理论上的马克思主义反人道主义的必然结果是承认和认识人道主义本身是一种意识形态"①。

对于把阿尔都塞的思想和著作列入结构主义的范畴,他本人曾多次提出异议。他认为自己只是"同结构主义术语的'调情',肯定超过了所允许的限度","所使用的术语在许多方面都过于接近结构主义的术语",但却不是结构主义者。而人们却坚持认为阿尔都塞的理论框架属于结构主义之列,究其原因,一是阿尔都塞信奉结构主义的语言观,他的理论体系通过把"语言变革"的许多主题融合进马克思主义,而对其提出的挑战作出反应,首先是主张主体移心论。卡林尼柯斯说,为阿尔都塞和其他一些各不相同的结构主义者"所共有的语言观,是一种和现实分割开来的自主过程的语言观",它"组织主体同时又炸裂主体,把主体归结为这个过程的一个从属的代理人,而不是意义的自主源泉"②。二是阿尔都塞惟妙惟肖、亦步亦趋地套用结构主义的理论框架,卡林尼柯斯说:"阿尔都塞的'回到马克思'的整个设计,显然是以拉康'回到弗洛伊德'的设计为模型的,正如拉康企求把弗洛伊德从其门徒的错误解释中拯救出来那样,阿尔都塞则旨在把马克思主义的基本原理从对它的庸俗化和曲解中解脱出来。阿尔都塞在《阅读〈资本论〉》的头篇《从〈资本论〉到马克思的哲学》中,承认自己受惠于拉康。"③

所以,阿尔都塞的"理论反人道主义",在哲学基础上根源于他

---

① 阿尔都塞:《保卫马克思》,伦敦1977年版,第229、230页。
② 卡林尼柯斯:《马克思主义有未来吗?》,香港1982年版,第169页。
③ 卡林尼柯斯:《马克思主义有未来吗?》,香港1982年版,第62页。

和其他结构主义者在思想倾向上,特别在主体移心论上具有着深刻的共同性。阿尔都塞的一个学生普兰查斯曾经说过:"在阿尔都塞身上,在我们其他人身上,以及在其中工作的理论界,都有结构主义的某些残余,用结构主义反对历史循环论,用列维-斯特劳斯反对萨特,对于我们来说,同这两个理论框架彻底决裂是极端困难的。"①

然而,由存在主义唯主体性这一端到结构主义的主体移心论的另一端,都是不能正确解决主体性问题的。英国哲学家潘登认为:"正是关于人类主体性和代理人的哲学概念的不能令人满意的特性,赋予结构主义关于人文科学中的解释以动机。但一般说来,结构主义却丢下了这个关于主体性和有意识活动的哲学概念,而只是把它加以'移心'。于是,'理论困难就重新出现'";"只要结构和代理人之间的对立支配着关于历史因果性的推理,结构主义宿命论和内容贫乏的唯意志论的极端所遇到的困难,就只能由两者的任意结合来加以避免"②,而实际上却总是无法避免的。阿尔都塞的理论反人道主义的命运,正是这样说明问题的。

(三)人与生产关系,孰为主体?

那么,阿尔都塞所谓理论反人道主义,到底包括哪些内容,它们同马克思主义又究竟有什么关系呢?

阿尔都塞说,"在马克思用以思考实在的概念中,以理论概念出现的不再是人的概念或人道主义的概念,而是生产方式、生产力、生产关系、上层建筑、意识形态等崭新的概念。"③他说马克思反对从"人的本质"的思辨概念中,引申和演绎出社会发展的必然性来。

阿尔都塞的这个说法,无疑是符合马克思主义的,因为马克思确实说过他的分析方法的特点,在于"不是从人出发,而是从一定的社

---

① 《同普兰查斯的会见》,载《今日马克思主义》杂志,1979年7月号。
② 潘登:《结构主义的崛起和衰落》,麦克米伦1984年版,第213页。
③ 阿尔都塞:《保卫马克思》,伦敦1977年版,第243、244页。

会经济时期出发"①。这是因为"人,如果这是指的'一般的人'这个范畴,那么他根本没有'任何'需要;如果指的是孤立地站在自然面前的人,那么他应该被看作是一种非群居的动物;如果这是一个生活在不论哪种社会形式中的人","那么出发点是,应该具有社会人的一定性质,即他所生活的那个社会的一定性质,因为在那里,即他获得生活资料的过程,已经具有这样或那样的社会性质"②。

从这个意义来看,把阿尔都塞所谓"马克思主义是一种理论反人道主义",理解为是指马克思主义不是人道主义,或马克思主义是非人道主义,无疑是可以的。但问题在于,理论反人道主义的含义远不止此。从阿尔都塞赋予这个概念的其他含义中,可以看出,所谓"马克思主义是一种理论反人道主义",实际上提出了一种把结构主义的主体移心论用于观察人类社会历史进程的各个方面的历史观,还把它强加于马克思,用它来取代历史唯物主义。

阿尔都塞赋予理论反人道主义的一个重要含义,是说生产关系不是人和人之间的关系,在生产过程中成为主体的,是生产关系而不是人。

阿尔都塞认为,"生产关系的结构在决定着由生产当事人所占据的位置和所承担的职能,就他们是这些职能的'承担者'而言,他们从来也只是这些位置的占据者。所以,真正的'主体'(在过程的构成主体的意义上说)并不是这些位置的占据者和职能的承担者,不管一切表面现象如何,真正的主体并不是素朴人类学'所与'的'明显性'、不是'具体的个人'、'实在的人'——而是对这些位置和职能的规定和分配。真正的'主体'是这些规定者和分配者:生产关系(以及政治的和意识形态的社会关系)。但既然这是一些'关系',那就不能在主体的范畴内思考它们。如果任何人偶然要把这些生产

---

① 《马克思恩格斯全集》第19卷,人民出版社1963年版,第415页。
② 《马克思恩格斯全集》第19卷,人民出版社1963年版,第404—405页。

关系归结为人与人之间的生产关系,即'人的关系',那么,他就违反了马克思的思想","马克思极其深刻地指出,生产关系(以及政治的和意识形态的关系)是不可被还原为任何人类学的内在主观性的,因为生产关系只是把当事人和客体结合在一个特定的分配关系的结构中,即由生产的当事人和客体所占据和承担的位置和职能的结构"①。他还说:"认为社会关系可以归结为人与人之间的关系或人的集团之间的关系,这种想法是一种极其错误的理论神话。因为只要这样想,那就意味着社会关系只涉及到人的关系,却不知道它们也涉及到物,即从物质自然界取得的生产资料","总而言之,生产者要受到生产关系及其结果的制约"②。

阿尔都塞赋予理论反人道主义的这个含义,显然是同马克思主义毫不相干的。

马克思主义认为,生产关系就是人和人在生产过程中结成的,为生产劳动所必不可少的社会关系。

第一,虽然由于人们的生产活动是在一定的物质的,不受他们任意支配的界限、前提和条件下进行的,因而人们在社会生产中结成的生产关系,具有着必然的,不以他们的意志为转移的性质,但是,生产关系又终究是人和人在生产过程中结成的社会关系,终究是人们的物质实践活动和个体活动所借以实现的形式,而并不是什么存在于人的活动之外的超历史存在物,离开了人们的生产活动便无所谓生产关系;同样的道理,生产关系是人们为了进行物质生产而结成的关系,也丝毫没有改变它仍然是人与人之间一种关系的性质。所以,阿尔都塞所谓"把生产关系归结为人与人之间的生产关系,即'人的关系',就违反了马克思的思想","是一种极其错误的理论神话"等等说法,不仅毫无根据,而且具有把生产关系加以极度神秘化的生产关

---

① 阿尔都塞:《阅读〈资本论〉》,伦敦1979年版,第180页。
② 阿尔都塞:《观点(1964—1975)》,巴黎1976年版,第166、167页。

系拜物教的性质。

第二，虽然处在一定生产关系中的人们，总是受生产关系的影响和制约，但是，任何生产关系又都不是从天上掉下来的，也不是世界上固有的，而是由人们自己生产出来的。马克思曾经指出："经济学家蒲鲁东非常明白，人们是在一定的生产关系中制造呢绒、麻布和丝织品的，但是他不明白，这些一定的社会生产关系同麻布、亚麻一样，也是人们生产出来的。"[1]阿尔都塞只谈"生产关系的结构在决定着生产当事人所占据的位置和所承担的职能"，而只字不提任何生产关系都是由生产当事人根据生产力的发展水平和需要生产出来的。这种片面的思想方法和观点只能助长把生产关系神秘化。

第三，虽然和具有不断发展特性的生产力相比，生产关系具有相对稳定的性质，但却并不是永恒不变的。马克思指出："生产方式、生产力在其中发展的那些关系，并不是永恒的规律，而是同人们及其生产力的一定发展相适应的东西，人们生产力的一切变化必然引起他们生产关系的变化"，具体地说，就是"随着新生产力的获得，人们改变自己的生产方式，随着生产方式即谋生方式的改变，人们也会改变自己的一切社会关系"[2]。阿尔都塞只讲"生产关系的结构在决定由生产当事人所占据的位置和所承担的职能"，而不讲又正是生产当事人随着新生产力的获得而改变自己的生产关系。这种片面的思想方法和观点，使阿尔都塞只能从静止的结构的观点去看生产关系，而看不到它的动态的发展，看不到在人类历史中一种生产关系被另一种生产关系所替代的发展进程。卡林尼柯斯在《马克思主义和哲学》一书中说，阿尔都塞这种做法的"结果却是使生产关系永恒化，把它们变成不变的结构"[3]。

第四，正因为在"生产关系的结构在决定着生产当事人所占据

---

[1] 《马克思恩格斯选集》第1卷，人民出版社1995年版，第141页。
[2] 《马克思恩格斯选集》第1卷，人民出版社1995年版，第142页。
[3] 卡林尼柯斯：《马克思主义和哲学》，牛津1983年版，第93页。

的位置和所承担的职能"的同时,生产关系又毕竟是人们在生产过程中结成的社会关系,是由人们自己根据生产力的发展水平和需要生产出来和加以改变的,因此,在生产过程中成为主体的,就只能是人,而不可能是生产关系。这是马克思所始终一贯坚持的基本观点。例如,在《1857—1859年经济学手稿》中,马克思说:"生产过程的条件和物化本身也同样是它的要素,而作为它的主体出现的只是个人,不过是处于相互关系中的个人,他们既再生产这种相互关系,又新生产这种相互关系,这是他们本身不停顿的运动过程。"① 在《政治经济学批判·导言》中,马克思指出,"对生产一般适用的种种规定":"主体是人,客体是自然,这总是一样的";指出"生产""始终是一定的社会体即社会的主体在或广或窄的由各生产部门组成的总体中活动着"②。在《剩余价值理论》中,马克思重申"人本身是他自己的物质生产的基础,他是他进行的其他各种生产的基础。因此,所有对人这个生产主体发生影响的情况,都会在或大或小的程度上改变人的各种职能和活动,从而也改变人作为物质财富、商品的创造者所执行的各种职能和活动"③。

所有这些说明,阿尔都塞赋予理论反人道主义的这个重要含义,所谓生产关系不是人和人之间的关系,生产的主体不是人而是生产关系,无论从哪个方面来看,都是不符合马克思主义的,因此,像阿尔都塞那样说马克思主义是一种理论上的反人道主义,是没有什么根据的。

(四)历史是无主体过程吗?

阿尔都塞赋予理论反人道主义的另一个重要含义,便是否认人在历史发展中的作用,鼓吹历史是一个无主体的过程。

---

① 《马克思恩格斯全集》第46卷下,人民出版社1980年版,第22页。
② 《马克思恩格斯全集》第12卷,人民出版社1962年版,第733—736页。
③ 《马克思恩格斯全集》第26卷Ⅰ,人民出版社1972年版,第300页。

阿尔都塞考察了马克思的思想从《1844年经济学—哲学手稿》到《资本论》的演变,从中引出结论说:"马克思在《1844年经济学—哲学手稿》中所主张的那个站不住脚的论点是:历史主体(即在'异化劳动'中被异化的人的类本质)的异化过程的历史,即人的类本质异化为'异化劳动'的历史","但正是这个论点爆炸了,爆炸的结果是主体、人的本质和异化等概念完全消失,化为乌有,没有主体的过程这个概念得到解放,成为《资本论》中一切分析的基础"。他说,所谓"历史是无主体的过程",意味着"在历史中起作用的辩证法不是任何主体的作用,无论这主体是绝对的(神),还是仅仅是人类的"①。

应当指出,阿尔都塞赋予理论反人道主义的这个含义,同样是和马克思主义不相干的。

首先,马克思历来强调人类社会发展史不同于自然发展史。他指出:正如"维科所说的那样,人类史是我们自己创造的,而自然史不是我们自己创造的"②。这就是说,若是把人对自然界的反作用撇开不谈,那么,在自然界中全是不自觉的盲目的动力,在那里,任何事情都不是作为预期的目的而发生的。反之,在社会历史领域内进行活动的,却全是具有意识的、经过思虑或凭激情行动、追求目的的人。在这里,任何事情的发生都不是没有自觉的意图、没有预期的目的的。有什么根据把由有意识的人类怀着自觉的意图和预期的目的而创造的社会发展史同自然发展史等量齐观,说成是一个无主体的过程呢?

其次,正因为这样,马克思历来反对那种把历史同人、同主体的活动对立起来,把历史看作是诸如把人当作工具的特殊人格或普遍理性自我表现之类东西的神秘化观点。早在《神圣家族》中,马克思恩格斯就指出:"历史什么事情也没有做,它'并不拥有任何无穷无

---

① 阿尔都塞:《列宁和哲学》,纽约1971年版,第120—121页。
② 《马克思恩格斯全集》第23卷,人民出版社1972年版,第409—410页。

尽的丰富性',它并'没有在任何战斗中作战',创造这一切、拥有这一切并为这一切而斗争的,不是'历史',而正是人,现实的、活生生的人。'历史'并不是把人当作达到自己目的的工具来利用的某种特殊的人格。历史不过是追求着自己目的的人的活动而已。"①在1846年12月致安年科夫的信中,马克思又批驳了蒲鲁东"人类的无人身的理性"史观。他说:"蒲鲁东在历史中看到了一系列的社会发展。他发现进步是在历史中实现的",可是"人们作为个人并不知道他们在做些什么","他们的社会发展初看起来似乎是和他们的个人发展不同、分离和毫不相干的","他无法解释这些事实,于是就作出假设,说是一种普遍理性的自我表现","在他看来,人不过是观念或永恒理性为了自身的发展而使用的工具"。与此相反,马克思强调认为:"人们的社会历史始终只是他们的个体发展的历史,而不管他们是否意识到这一点。他们的物质关系形成他们一切关系的基础。这种物质关系不过是他们的物质的和个体的活动所借以实现的必然形式罢了。"②

再次,由于人们并不是随心所欲地去创造自己的历史,并不是在他们自己选定的条件下创造,而是在直接碰到的、既定的、从过去承继下来的条件下创造历史的,正是这些客观物质生活生产条件构成为人们全部历史活动的基础。这样,在历史领域中,尽管各个人都有自觉期望的目的,但总的说来,历史发展进程却是不依人的意志为转移的内在的、一般规律支配的。然而,这一切又并不意味着人们在历史领域中是无能为力、无所作为的。不,所谓人类历史发展规律,无非是人类在特定的客观物质生活生产条件下创造自己历史的规律。所以,事情正如列宁所指出的那样:"决定论思想确认人的行为的必然性,摒弃所谓意志自由的荒唐的神话,但丝毫不消灭人的理性、人

---

① 《马克思恩格斯全集》第2卷,人民出版社1957年版,第118—119页。
② 《马克思恩格斯选集》第4卷,人民出版社1995年版,第531—533页。

的良心以及对人的行动的评价。恰巧相反,只有根据决定论的观点,才能作出严格正确的评价,而不致把什么都推到自由意志上去。同样,历史必然性的思想也丝毫不损害个人在历史上的作用:全部历史正是由那些无疑是活动家的个人的行动构成的。在评价个人的社会活动时会发生的真正问题是:在什么条件下可以保证这种活动得到成功?有什么保证能使这种活动不致成为孤立的行动而沉没在相反行动的汪洋大海里?"①所以,因为人类历史的发展是一个具有不以人的意志为转移的客观规律的自然历史过程,而把它说成是一个无主体过程,也是没有什么根据的。然而,阿尔都塞却把这样一个没有根据的观点强加于马克思,这样,事情就正如施密斯在《读解阿尔都塞》一书中所指出的那样,"对于阿尔都塞来说,理论反人道主义变成了结构主义关于人死了的箴言的马克思主义装饰品。"②

又次,虽然在社会历史领域,人们所预期的许多东西,或因缺乏实现手段,或因受到别人的阻碍,或因彼此冲突、相互矛盾等等而无法实现,从而使历史领域出现一种同在没有意识的自然界中占统治地位的状况十分相似的情况。但是,在人类历史中出现的结果,又毕竟是由许多单个意志的相互冲突中产生出来的合力,是作为整体的、不自觉地和不自主地起作用的力量的产物。因此,事情就正如恩格斯所指出的那样:"从这一事实中决不应作出结论说,(各个人的)这些意志等于零。相反地,每个意志都对合力有所贡献,因而是包括在合力里面的。"③这就是说,虽然在历史领域里,许多人都达不到自己的愿望,历史中最后出现的结果甚至是谁都没有希望过的事物,但这并没有改变历史终归是人们自己创造的历史这个事实,所以,据此而把历史说成是无主体的过程,是没有根据的。

最后,阿尔都塞把历史是没有主体的过程说成是"《资本论》中

---

① 《列宁选集》第1卷,人民出版社1995年版,第26—27页。
② 施密斯:《读解阿尔都塞》,伦敦1984年版,第193页。
③ 《马克思恩格斯选集》第4卷,人民出版社1995年版,第697页。

一切分析的基础",同样是一种无稽之谈。事实是,在那里,马克思无论是在分析资本主义特有的商品关系时,还是在分析为人类各种社会形态所共有的劳动过程时,都始终坚持历史是人类自己创造的观点。如在分析资本主义社会的细胞——商品时,马克思说"这只是人们自己的一定的社会关系",只是在商品拜物教的条件下,"商品形式在人们面前把人们本身劳动的社会性质反映成劳动产品本身的物的性质,反映成这些物的天然的社会属性,从而把生产者同总劳动的社会关系反映成存在于生产者之外的物与物之间的社会关系",就是说,"它在人们面前采取了物与物的关系的虚幻形式。"①在考察撇开了各种特定形式的劳动过程时,马克思更指出:"劳动首先是人和自然之间的过程,是人以自身的活动来引起、调整和控制人和自然之间的物质变换的过程","为了在对自身生活有用的形式上占有自然物质,人就使他身上的自然力——臂和腿、头和手运动起来"。马克思在指出人类劳动和蜘蛛、蜜蜂等动物的活动的区别时,又一次强调"劳动过程结束时得到的结果,在这个过程开始时就已经在劳动者表象中存在着,即已经观念地存在着,他不仅使自然物质发生形式变化,同时他还在自然物中实现自己的目的,这个目的是他所知道的,是作为规律决定着他的活动的方式和方法的,他必须使他的意志服从这个目的"②。

以上这些,说明了阿尔都塞所谓历史是无主体过程,不仅同马克思主义毫不相干,而且其理论底蕴也同历史决定论风马牛不相及,而是一种在历史过程中排斥人的能动作用的结构主义宿命论。英国学者汤普逊在《理论的贫困》一书中,曾经指出,阿尔都塞由于把人类代理人从历史的过程中排除出去,把他们描写成只是"占统治地位的(复杂)结构"的"载体",这就使他全然不能把历史过程加以概念

---

① 《马克思恩格斯全集》第23卷,人民出版社1972年版,第88—89页。
② 《马克思恩格斯全集》第23卷,人民出版社1972年版,第201—202页。

化,从而也就不能把握作为"过程"的历史。

(五)几点启示

阿尔都塞作为一个共产党人哲学家,面对存在主义在法国思想界、人道主义在国际共产主义运动中的广泛泛滥,决心为保卫马克思主义而进行干预。应当说,这种愿望和动机,不仅是毋庸置疑的,而且是值得肯定的。在这个干预的过程中,他也确实提出过前面提到的符合马克思主义的正确见解,但为什么在发展进程中,这种干预会走到阿尔都塞愿望的反面,变成鼓吹和马克思主义毫不相干的东西并把它强加于马克思呢?我们在总结其中的经验教训时,无疑是可以得到不少启迪的。

一是研究问题忌带片面性、表面性。

阿尔都塞说:"生产关系的结构在决定着由生产当事人所占据的位置和所承担的职能。"这句话本身并不错,因为"个人"确实有"从属于生产关系"[①]的方面。但阿尔都塞据此而否认生产关系是人与人之间的关系,进而否认人是生产过程的主体,却是一种把片面当全面并加以进一步发展的错误,因为事情还有另一个方面。又如阿尔都塞说历史是一个无主体的过程,似乎也和社会发展是一个由不以人的意志为转移的客观规律支配的自然历史过程,人们预期的目的很少能如愿以偿地与外观相吻合,但这只是一种表象,它后面隐藏着人类历史终究是由人们自己创造的这个内在实质。阿尔都塞之所以会陷入理论反人道主义的错误,原因之一就在于他把片面当全面,把表象当实质。

二是在反对错误倾向时,不能搞反向歪曲。

阿尔都塞的实例说明,在反对把马克思主义解释成存在主义、人道主义等歪曲马克思主义的错误思潮时,如果不是恰如其分地指出

---

① 《马克思恩格斯全集》第46卷上,人民出版社1979年版,第33页。

其错误并加以纠正,而是走到另一个极端,去鼓吹马克思主义是一种理论反人道主义,那就不仅不能有效地克服错误思潮,而且还会因为对马克思主义作了一个和存在主义、人道主义方向相反的歪曲,而陷入到另一种错误思潮的泥潭中去。

三是要实事求是地对待马克思主义。

马克思主义是马克思恩格斯在吸取人类文明最优秀成果,总结无产阶级阶级斗争实践的基础上,制订的无产阶级的科学世界观,是全世界无产阶级、被压迫人民和民族的战斗旗帜和行动指南。但是,马克思毕竟已经逝世一百多年,我们决不能要求马克思为解决他去世之后上百年所产生的问题提供现成答案。因此,马克思主义者要根据现在的情况去认识、继承和发展马克思主义,要运用马克思主义的基本原则和基本方法,去积极探索解决新的政治经济社会文化基本问题的答案,把马克思主义理论推向前进。在这里,至关重要的是实事求是的态度:是马克思的观点就是马克思的观点,不是马克思的观点,就不是马克思的观点,在当代的情况下,需要提出新观点把马克思主义推向前进时,也要加以如实说明。反之,要是像阿尔都塞那样,用什么"对症读解"法,把本来不是马克思的观点,乃至把和马克思主义毫不相干的观点强加于马克思,那么,不管其主观动机怎样良好,都是不能保卫,而只会损害马克思主义的。

四是要正确对待当代西方哲学思潮和社会思潮。

一百多年来,马克思主义之所以赢得世界历史性意义,就因为它是在吸取和改造两千多年来人类思想和文化发展中一切有价值的东西而形成起来的。在今天,在世界发生着巨大变化,人类对自然、社会历史和人类思维本身的认识日益深化,并在新的探索中提出种种新的思想理论的时候,马克思主义要发展,就显然要在研究和探索社会主义革命、建设和改革的规律的同时,研究当代世界的新变化和各种思潮,批判地吸取和概括各门科学发展的最新成果。然而,现代西方的哲学思潮和社会思潮,又毕竟是在和马克思主义截然不同的理论基础和思想倾向上观察和分析问题的,在这里,不仅包含有错误的倾向,而且连一些本来正确、合理的成分,也会因被极度夸张而变成错误、荒谬的东西,因此,在研究现代西方文化的时候,"一定要用马克思主义对它们的思想内容和表现方法进行分析、鉴别和批判"[①],取其精华而去其糟粕。反之,要是像阿尔都塞那样,亦步亦趋地盲目推崇结构主义思潮,不顾在理论基础和思想倾向上的根本区别,把它生搬硬套到马克思主义中来,搞什么"结构主义的马克思主义",那就不仅不能推进,而且还会损害马克思主义。

十七、普兰查斯:"结构主义的马克思主义"的阶级论和国家论

普兰查斯是"结构主义的马克思主义"的著名代表之一,以提供结构主义马克思主义的阶级论和国家论而闻名于世。

西方有些学者认为普兰查斯不仅消化了共产主义经典,而且毫不犹豫地引证韦伯、熊彼德、帕森斯、拉斯威尔、麦克艾佛、盖格和达伦道夫;有些学者认为普兰查斯用非凡的敏感性在马克思主义著作和西方社会科学著作之间架起了桥梁,他提出的理论填补了人们理解20世纪下半期技术官僚国家的空白,从而成为20世纪70年代西方最有影响的马克思主义政治理论家。

(一)短暂而多产的生命历程

普兰查斯出生于希腊雅典,曾就读于雅典、海德堡等地,是希腊共产党党员。1960年以后移居法国巴黎,师事"结构主义的马克思主义者"阿尔都塞,并采纳其总的理论框架,但他又对"结构主义的马克思主义"作出了自己独特的贡献。

---

① 《邓小平文选》第3卷,人民出版社1993年版,第44页。

除阿尔都塞之外，普兰查斯自称还受过卢卡奇和哥德曼的强烈影响。他的关于法哲学方面的博士论文《事物与权利的本质：论事物及其价值的辩证法》，就是试图发展一种他从卢卡奇和哥德曼那里学来的法学观念的，此文在1964年发表以后，曾获得法国学术界的荣誉奖。但普兰查斯本人却由此开始觉得它有局限性，于是转而研究葛兰西的著作，在葛兰西的影响下，他对阿尔都塞的观点采取又同意又不同意的有选择态度。

普兰查斯在毕业以后，曾在法国巴黎第八大学社会学系执教，在法兰克福、雅典、波士顿等大学讲过课，也在社会科学高等研究院任过教，并担任法国大学出版社《政治丛书》主编。

在20世纪70年代末期，普兰查斯开始沾染上严重的悲观主义思想，最后，终于因为法国左派联盟的失败而引起的抑郁症，以及因为对于越南武装侵略柬埔寨这种"社会主义国家之间的战争"无法理解，而于1979年10月3日用自杀结束了自己的生命，时年43岁。

普兰查斯的生命历程虽然短暂，却多产地留下了5部著作：一是1968年出版的《政治权利和社会阶级》；二是1970年出版的《法西斯主义和独裁——第三国际和法西斯主义问题》；三是1974年出版的《当代资本主义中的阶级》；四是1975年出版的《独裁的危机：葡萄牙、希腊、西班牙》；五是1978年出版的《国家、权力和社会主义》。除此之外，普兰查斯还围绕着阶级问题和国家问题参加过一些论战、发表过一些文章。

普兰查斯在这些著作中所表现出来的理论倾向，基本上是"结构主义的马克思主义"的倾向；他所使用的主要理论概念，如生产方式和社会形态、相对自主性、占统治地位的结构、归根到底的决定，等等，也全都是从阿尔都塞的"结构主义的马克思主义"理论框架中引申过来的。

但是在另一方面，和阿尔都塞相比，普兰查斯的"结构主义的马克思主义"又有它自己的特征：

第一,普兰查斯没有把自己的观点说成就是马克思本人的观点,更没有认为自己比马克思本人还更理解马克思的理论观点。

第二,普兰查斯明确承认自己的"结构主义的马克思主义"的观点,明确承认自己是"结构主义的马克思主义者"。

第三,普兰查斯还公开批评他的伙伴的结构主义观点。

例如,早在1976年,普兰查斯在针对英国学者米利班德批评他的《政治权利和社会阶级》一书有"结构主义的超决定论"和"结构主义的抽象主义"的毛病,进行答辩时,区分了结构主义的两种含义:

一种是同普兰查斯认为与属于资产阶级主观唯心主义传统的人道主义历史主义的框架、主体的框架相对立的意义上的结构主义。他说:"在这个意义上,我是一个马克思主义结构主义者,因为我并不把充分的重要性赋予具体的个人和创造性人物的作用;赋予人的自由和活动;赋予自由意志和人的选择能力;赋予和必然性相对立的'计划'。"

另一种是忽略了阶级斗争在历史中的重要性和分量,即阶级斗争在"形式"的生产、再生产和转变中的重要性和分量的意义上的结构主义。关于这种意义上的结构主义,普兰查斯检查说:"我倾向于认为和国家机器相比,我没有充分强调阶级斗争的首要性。"①

在1979年的一次同记者的会见中,普兰查斯又坦率承认:

"在阿尔都塞身上,在我们其余人的身上,以及在我们在其中工作的理论界,都有结构主义的某些残余。用结构主义反对历史循环论,用列维-施特劳斯反对萨特,对于我们来说,同这两个理论框架彻底决裂是极端困难的。我们坚持说,对于马克思主义来说,主要危险不是结构主义,而是历史循环论。所以,我们集中我们的一切注意力去反对历史循环论——关于主体的理论框架;反对萨特和卢卡奇

---

① 普兰查斯:《资本主义国家:答米利班德和兰克鲁》,载《新左派评论》杂志1976年1—2月号,第95期。

的理论框架,结果我们'矫枉过正',当然,这在我们理论本身中有后果。"①普兰查斯明确承认列维-斯特劳斯的无时间的、不变的结构的概念化,忽略了阶级斗争的重要性,不能说明历史变化。

正是本着这种精神,普兰查斯在自己的著作中,多次对阿尔都塞和其学生巴利巴尔合写的《阅读〈资本论〉》一书中,巴利巴尔的"以经济主义和结构主义为标志"的观点进行批评,而且还多次点名批评了他的老师阿尔都塞的结构主义观点。

普兰查斯首先批评了阿尔都塞没有给予阶级斗争以应有的地位。

在《法西斯主义和独裁》一书中,普兰查斯在谈到要是不把"意识形态的国家机器"这个机器,放到阶级斗争的关系中去,它就能导致某些混乱时,他批评了阿尔都塞的《意识形态和意识形态国家机器》(后来收在《列宁和哲学》一书中)一文。

他说:"我认为此文在某种程度上既有抽象性又有形式主义,它没有给予阶级斗争以它应有的地位,我认为在此文中有某些应予责备的错误。"②

其次,普兰查斯批判阿尔都塞低估和忽略了国家机器的经济作用。

普兰查斯说,阿尔都塞区分了三种再生产:一是生产资料的再生产,包括资本的流通和剩余价值的实现,二是劳动力的再生产,三是生产的社会条件的再生产意义上的、生产关系的再生产。阿尔都塞认为,这最后一个领域才是国家机器进行干预的唯一领域,所以,他在《列宁和哲学》中说,镇压性国家机器的作用,主要在于通过力量去保证(或者反对)生产关系再生产的政治条件,进行统治的意识形

---

① 斯图亚特·霍尔和阿兰·霍尔:《同普兰查斯的会见》,载《今日马克思主义》杂志1979年7月号。
② 普兰查斯:《法西斯主义和独裁——第三国际和法西斯主义问题》,伦敦1970年版,第300—301页。

态正是严重地集中在这里。

普兰查斯批评说:把阿尔都塞的这一理论推演到其逻辑结论,就是:国家只有一个镇压作用和一个意识形态作用。而"用这种'国家=意识形态+镇压'的概念,是永远也不能理解列宁关于资本主义和帝国主义的分析的"[①]。

普兰查斯的第三个批评,涉及"阿尔都塞提出的对意识形态国家机器解释的最成问题的方面"。

普兰查斯认为,阿尔都塞虽然提到了意识形态国家机器的"相对自主性",但他是以一种描述性方式提到这种相对自主性的;另一方面,阿尔都塞又说,意识形态国家机器的"统一",是由于进行统治的意识形态,而进行统治的意识形态就是掌握国家政权的统治阶级的意识形态,结果是,意识形态机器的"统一",只通过"意识形态"而被抽象地归结为国家政权的统一。

普兰查斯批评阿尔都塞这种分析是抽象的和形式的,因为它没有具体地说明阶级斗争,没有考虑到在一个社会形态内存在着若干种相矛盾和对立的阶级的意识形态;它没有考虑到国家政权的位置错乱,也就是说,意识形态国家机器中的权力关系,并不直接依存于国家政权的阶级本质,并不是被它所排它地规定的,这些意识形态机器的改造只能是直接影响它们的一种"革命化实践"的结果。国家政权只是把给意识形态机器的"统一"划定界线的一些限制加诸于意识形态机器,而这些限制却并不是进行统治的意识形态的排它性结果。

据此,普兰查斯得出结论说,"我觉得必须强调说,要是不把这些观点弄得十分清楚,我们就有落入到被现代改良主义所宠爱的对

[①] 普兰查斯:《法西斯主义和独裁——第三国际和法西斯主义问题》,伦敦 1970 年版,第 303 页。

葛兰西的'官方'解释中去的危险。"①

除此之外，普兰查斯还在一些场合，明确表示同阿尔都塞提出的某些理论，保持一定的距离。

例如，普兰查斯在谈到阿尔都塞学派把主要攻击力集中于反对经验主义和新实证主义，坚持理论过程的专门性、其结构的发生在思维过程中的认识的生产的专门性，而又犯有理论主义、抽象主义的错误和产生过分僵硬的认识论观点时，曾经批评性地提到阿尔都塞的"理论实践"公式：

"在阿尔都塞那里，甚至创造出高度可疑的思想，认为理论过程或'谈论'本身就包含有自己的效力或'科学性'的标准。这在他和巴利巴尔合用，但后来被他抛弃的名词'理论实践'此词中非常清楚，这个名词通过把'理论—实践'关系完全放在理论本身之中，而用魔法驱除了理论实践关系问题。"

普兰查斯强调指出，虽然"这种认识论图式对我的思维有某些特殊影响"，但是"我必须说，我从一开始就高度批判了这种认识论图式的较为极端的形式：这见诸于我在《政治权力和社会阶级》一书导言中所作各种告诫以及在我的书中不存在'理论实践'这个名词的事实之中"②。

普兰查斯对极端形式的结构主义观点所采取的这种保留和批评态度，为他在后来转到20世纪70年代末产生的较为开放的"后结构主义"观点奠定了基础。

在普兰查斯短暂一生的末期，他在政治上还接受了西方"新左派"关于结构改革和自治的命题。在阿尔都塞学派其他的"结构主义的马克思主义者"，如"新哲学家"们在经历了70年代的幻灭以

---

① 普兰查斯：《法西斯主义和独裁——第三国际和法西斯主义问题》，伦敦1970年版，第306—307页。
② 普兰查斯：《资本主义国家：答米利班德和兰克鲁》，载《新左派评论》杂志1976年1—2月号。

后,提出所谓"马克思主义死了"、"社会主义已经死亡"等极右理论的时候,普兰查斯与此相反,提出了"民主社会主义"的目标和战略。

普兰查斯认为,普选中的胜利,只有发生在广泛的群众运动的脉络中,只有在群众能够在其中获得其"基层"的自治权的脉络中的时候,才能夺取政权。同时,马克思主义还应认真对待 70 年代在西方出现的新型社会运动,如女权运动,生态运动等等,而不要认为它们先天地次于工人运动。普兰查斯说,尽管包含有危机,民主社会主义的目标还是必然的和可以实现的:"历史还没有给我们提供一种通过民主的道路走向社会主义的成功经验。历史给我们提供的——而且不是无足轻重的——是某些应该避免的反面例子,或者是某些应该加以反省的错误","但是有一件事是肯定的:社会主义应该是民主的,否则就根本不是社会主义"①。

虽然在那时,普兰查斯就已经萌发了因为对国际共产主义运动中错综复杂的矛盾和曲折起伏的发展不能理解而滋长的悲观情绪。他认为,在争取通过民主的道路走向社会主义的斗争中,总是包含有这样的危险:"在最坏的情况下,我们可能作为指定的牺牲者被关进集中营并遭到屠杀","如果我们权衡一下各种风险,这条路无论如何还是胜似去屠杀别人,然后在公安委员会或者某个无产阶级的独裁者的屠刀下结束自己的生命"②。从而为在不久以后,用自杀的手段结束自己短暂的生命历程,埋下了伏笔。

(二)"结构主义的马克思主义"的阶级论

普兰查斯提出的"结构主义的马克思主义"阶级理论的一个重要特征,是它自称既同阶级理论领域中的经济还原论相对立,又同这个领域中的唯意志论相对立;它主张阶级和阶级斗争不可分割,而拒

---

① 普兰查斯:《国家、权力和社会主义》,伦敦 1978 年版,第 265 页。
② 普兰查斯:《国家、权力和社会主义》,伦敦 1978 年版,第 266 页。

斥关于"自在的阶级"和"自为的阶级"之间的划分。

普兰查斯认为,只要阶级存在,它们就通过在经济、政治、意识形态各方面的斗争而相互关联起来;阶级并不是仅仅建立在和经济生产手段的关系的基础上的人们的集团,而是对意识形态、政治和经济的结构规定等"社会实践领域"的影响。

和阶级的结构规定的复杂性相一致,它并不是同质的"集体主体",不仅在阶级与阶级之间,而且在阶级内部,也存在着各种裂缝、对立和矛盾。在阶级的经济、政治和意识形态的"结构规定"的思想的基础上,普兰查斯表述了一种有关阶级之间和阶级之内的基本的类型学:当一个阶级是根据经济方面的差异(如财政、工业或商业资本)而被划分时,普兰查斯提议称之为"阶级派别";当一个阶级是根据政治和意识形态的结构规定(如脑力体力劳动之间的分工,监工和直接劳动者之间的区分)而被划分时,普兰查斯称之为"构成层";普兰查斯认为,还可以有把人们从十分不同的社会阶级中抽出来,联结到一种功能上的统一中去的"社会范畴",如国家官僚主义等等。

西方有些学者认为,普兰查斯的这些在概念上的区分,有助于把阶级分析具体化,因为它们承认在政治冲突中发挥作用的各种力量的多样性,既把这些力量同化到阶级分析的一种形式中去,又不把任何一种力量的特殊性瓦解到基本阶级的同质的客观利益中去。

普兰查斯还认为,资本主义社会中的阶级斗争,是不能简单地被还原为资本和劳动之间的斗争的。由于在这种社会里,还有其他的生产方式和资本主义生产方式并存着,这就意味着阶级和阶级派别的复杂范型。首先,在经济上占统治地位的阶级并不是独立地确立它的政治统治,而是通过同其他统治阶级和派别的联盟而确立这种统治的;其次,各被统治阶级也结成联盟以进行反对"权力集团"的有效斗争。

普兰查斯的"结构主义的马克思主义"的阶级理论,还有其他许多特色,但是,最突出的部分,是他在1974年出版的《当代资本主义中的阶级》一书中,对于当代资本主义社会中一些阶级的分析。

《当代资本主义中的阶级》一书,主要分析了当代资本主义社会中工人阶级的敌人、它的潜在的朋友,但却没有直接分析工人阶级。对此,普兰查斯在此书的"前言"中解释说:

"本书所特别涉及的那些阶级被马克思主义理论所相对地忽略了。然而,我想,革命战略的一个主要的成分就在于认识敌人,以及能建立正确的联盟,今天尤其如此。"①

虽然普兰查斯在书中没有直接地正面地分析他所说的工人阶级,但是,却有相当大的篇幅触及到在当代资本主义社会中发生的阶级结构的变化,其中也包括工人阶级的结构和组成方面的变化。这是因为,在第二次世界大战以后,随着科学技术革命的深入发展,资本主义社会的社会结构也发生了相应的变化,其中最突出的变化之一,便是"白领工人"的崛起和在数量上的日益增加、在生产中所占地位的日趋重要。这些"白领工人"属于什么阶级?"存在主义的马克思主义"传统的一些理论家,把它称作"新工人阶级",反之,"结构主义的马克思主义"传统的一些理论家,特别是普兰查斯则称之为"新小资产阶级"。

《当代资本主义中的阶级》一书对工人阶级潜在朋友的分析,主要是对这些"白领工人"的分析,是论证为什么这些"白领工人"不是工人阶级,而是"新小资产阶级"。

普兰查斯的论证,从分析和确定划分阶级的标准开始。

马克思主义理论中的社会阶级是什么?划分社会阶级的标准是什么?

普兰查斯说,"社会力量的经济地位在确定社会阶级中具有主要的作用","但是,政治的和意识形态的(上层建筑)东西也具有重要作用。每当马克思、恩格斯、列宁和毛泽东分析社会阶级时,远不

---

① 普兰查斯:《当代资本主义中的阶级》,伦敦1975年版,第9页。

是使自己局限于经济标准,而是明确提出政治和意识形态标准"①。

在论证政治和意识形态因素也包括在划分阶级的标准之内时,普兰查斯谈到了"阶级立场"同"阶级规定"之间的区分。

普兰查斯认为,一个社会阶级,或者一个阶级的组成部分或阶层,是可以采取一种不符合于其利益的阶级立场的。例如,"劳工贵族"在某些场合所采取的立场,在实际上是资产阶级的立场,但这并不意味着它在这些场合就变成资产阶级的组成部分了,因为从它的结构的阶级规定的事实来看,它还是工人阶级的组成部分,还构成为工人阶级的一个"阶层",所以,不可把阶级规定归结为阶级立场。所谓阶级规定,是由结构,即由生产关系、政治和意识形态的统治/服从地位所规定的在阶级实践中的存在。

同样的道理,小资产阶级的某些组成部分或阶层,在特定的场合也可以采取工人阶级的立场或者和工人阶级相结盟立场,但这并不意味着它就由此而变成了工人阶级的组成部分。例如,生产技师在罢工斗争中经常站在工人阶级一边,但这并不意味着它就据此而变成工人阶级的一个组成部分了。这同样是因为不可以把阶级规定归结为阶级立场的缘故。而要是把阶级的结构规定归结为阶级立场,那就会等于为了"社会运动"的"表示关系的"意识形态而抛弃社会阶级地位的客观规定。

普兰查斯认为,和阶级斗争的实践相一致,并包括政治、意识形态关系的阶级规定,指出了社会力量在社会劳动分工中所占据的、独立于它自己的意识形态的客观地位。

普兰查斯强调说:

"所以可以说一个社会阶级是由它在社会实践的整体中的地位,即由它在整个社会劳动分工中的地位来定义的,这包括政治和意识形态关系。在这个意义上,社会阶级是一个指社会劳动分工(社

---

① 普兰查斯:《当代资本主义中的阶级》,伦敦1975年版,第14页。

会关系和社会实践)内结构的效果的概念,这符合于我将称之为阶级的结构规定的东西。"

"必须强调意识形态和政治关系,即政治和意识形态的统治和服从的地位,其本身即是阶级的结构规定的组成部分","从一开始,结构的阶级规定就包含经济、政治和意识形态的阶级斗争,这些斗争都表现在特定场合的阶级立场的形式中"[1]。

普兰查斯认为,他的这种分析在原则上不同于黑格尔、卢卡奇关于"自在阶级"和"自为阶级"的图式。因为每一个在生产过程中的客观阶级地位,其特征必然是由这个阶级在一切方面的结构规定的效果来规定的,也即由这个阶级在社会劳动分工的政治和意识形态关系中的特定关系来规定的。例如说有一个经济关系中的工人阶级,那必然包含着这个阶级在意识形态和政治关系中的特定地位,即使在某些国家和历史时期,这个阶级并不是有它自己的阶级意识或自主的政治组织。这意味着在这些场合,即使它被资产阶级的意识形态所严重驯化,它的经济存在仍然冲破了它的资产阶级"谈吐"而表现在某些特定的物质的和政治—意识形态的实践中:这就是列宁所说的阶级本能。

大家知道,马克思主义历来主张,虽然阶级是一个广泛的阶级范畴,阶级之间的关系除了表现在经济生活方面之外,还反映在社会的政治、精神生活方面,但是,阶级的划分却只能以经济的因素为标准,就是说,仅仅着眼于人们同生产、同生产关系,特别是同生产资料所有制的关系,而并不把政治和意识形态因素包括在内。

马克思在谈到自己在阶级问题上的新贡献之一,在于证明了"阶级的存在仅仅同生产发展的一定阶段相联系"[2]。

恩格斯指出,"这些相互斗争的社会阶级在任何时候都是生产

---

[1] 普兰查斯:《当代资本主义中的阶级》,伦敦1975年版,第14、16页。
[2] 马克思:《马克思致约·魏德迈》,《马克思恩格斯选集》第4卷,人民出版社1995年版,第332页。

关系和交换关系的产物,一句话,都是自己时代经济关系的产物。"①

列宁则说:"所谓阶级,就是这样一些大的集团,这些集团在历史上一定社会生产体系中所处的地位不同,对生产资料的关系(这种关系大部分是在法律上明文规定了的)不同,在社会劳动组织中所起的作用不同,因而领得自己所支配的那份财富的方式和多寡也不同。所谓阶级,就是这样一些集团,由于它们在一定社会经济结构中所处的地位不同,其中一个集团能够占有另一个集团的劳动。"②

正因为这样,当普兰查斯以马克思主义的名义,把政治、意识形态因素包括到划分阶级的标准中去时,就引起了广泛的批评和抨击。

例如美国学者赖特说,普兰查斯在意识形态的和政治的标准的基础上把集团指定为阶级是任意武断的和矛盾的,因为并不是社会劳动分工中的一切立场都可以毫不含糊地指派给一个或另一个阶级的,在实际生活中,往往存在着"矛盾的阶级地位"③。

法兰克·派京说,普兰查斯在划分阶级的定义中"引入政治和意识形态标准,并没有使他以前的分析丰满起来的效果,而只有完全取代这些分析的效果"④。

卡林尼柯斯则指出,"普兰查斯在《当代资本主义中的阶级》一书中关于社会劳动分工的论述,倾向于把生产关系和'意识形态的以及政治上的从属关系'等同起来;经济不再是归根到底地决定的,而被分解到上层建筑中去了";普兰查斯把意识形态的和政治的规定包括到阶级的定义中去"只有使马克思主义的阶级理论失却在生产关系中的任何寄托并从而抹杀马克思主义同韦伯社会学之间的任何原则界限,韦伯就是用权力关系来解释阶级关系的","传统马克

---

① 恩格斯:《反杜林论》,《马克思恩格斯选集》第3卷,人民出版社1995年版,第66页。
② 列宁:《伟大的创举》,《列宁选集》第4卷,人民出版社1995年版,第10页。
③ 赖特:《发达资本主义社会中的阶级界限》,载《新评论》杂志1976年7—8月第98期。
④ 派京:《马克思主义和阶级理论》,伦敦1979年版,第27页。

思主义的观点并不(像普兰查斯所说的那样)包含经济还原主义",反之,把意识形态的和政治的因素包括到阶级定义中去,却"使普兰查斯在论述小资产阶级时得出了任意的和主观主义的结论"①。

普兰查斯在提出他的划分阶级的标准之后,接着就用这个标准去论证"白领工人"属于小资产阶级。

普兰查斯认为,"白领工人"这个新的、靠工资谋生的集团,它新就新在并不是命中注定要步传统小资产阶级的后尘,面临被消灭的威胁,相反地,它的发展和扩大是以资本主义的扩大再生产本身和资本主义向垄断阶段的转化为条件的。

他说,"白领工人"集团不属于资产阶级,因为它在经济方面既没有所有权,也不占有生产资料,相反地,它的表现确实是雇佣劳动的表现,它所得到的报酬形式也是工资。那么,它同工人阶级之间的界限又在什么地方呢?

普兰查斯用生产劳动与非生产劳动之间的区别来划分经济领域中的这条阶级界限。他认为:

"如果说每一个属于工人阶级的社会承担者都是雇佣劳动者的话,这并不意味着每一个雇佣劳动者都必然属于工人阶级。工人阶级的定义不是根据一个简单的和固定的否定性标准,即它被排除于所有权之外,而是根据生产劳动这个标准来确定的。"他援引马克思在《直接生产过程的结果》中的话说,"每一个生产劳动者都是雇佣劳动者,但不能由此就说,每一个雇佣劳动者都是一个生产劳动者。"②

什么是生产劳动?生产劳动是指在一定社会条件下完成的,直接为特定生产方式的社会剥削关系所支配的劳动。它同非生产劳动之间的界限,是由一定的社会形式、由劳动借以实现的社会生产关系

---

① 卡林尼柯斯:《马克思主义有未来吗?》,香港1982年版,第76—77、140—150页。
② 普兰查斯:《当代资本主义中的阶级》,伦敦1975年版,第210页。

产生的。据此，一种特定生产方式中的所谓生产劳动，是产生这种方式的主要的剥削关系的劳动；对于一种生产方式来说是生产劳动的劳动，对于另一种生产方式来说就可能不是生产劳动。在资本主义生产方式中，生产劳动就是直接生产剩余价值的劳动，是维持资本的价格，并且与资本相交换的劳动。

普兰查斯认为，这个定义已经足以概括出工人阶级的基本界限。由于只有生产资本才产生剩余价值，因而：

第一，凡是在资本流通领域里或者有助于剩余价值实现的领域里完成的劳动，都是非生产性劳动。所以，商业、市场、财会、银行和保险业领域里的雇佣劳动者，由于都不生产剩余价值，所以都不能构成为工人阶级的一部分。

第二，那些以劳务形式表现出来的劳动，也属于非生产性劳动，由这些劳务的提供者所组成的集团，甚至包括这些部分的雇佣劳动者在内，都不属于工人阶级。这样，从理发师到律师、医生或者教师，他们的劳务也是非生产的，尽管医生、教师的劳务有助于劳动力的再生产。

第三，国家机关承担者的劳动、文职人员的劳动，虽然对于资本主义社会关系的扩大再生产来说是主要的，但也不是直接的生产劳动。于是，从医疗部门，到司法部门、建筑业等等自由职业，还有娱乐、宣传部门，这些部门劳务的承担者也谈不上是工人阶级。

普兰查斯还"改善"和"补充"马克思关于生产劳动的理论说："马克思对资本主义生产劳动的分析，应该以一个关键性论点为基础加以改善，这个论点与资本主义生产劳动的定义似乎有同样重要的意义。这就是，在资本主义的生产方式中，生产劳动是这样的劳动：它在生产剩余价值的同时，直接再生产着作为剥削关系的基础的物质要素，这种劳动直接包含在生产增加物质财富的使用价值的物质生产过程之中。"①普兰查斯在把他的这种"改善"和"补充"应用到考察科学及其各种承担者在物质生产和剩余价值创造过程中所起作用。

第四,要把科学"研究"和"情报的生产与分配"及其承担者排除出生产劳动之外。

普兰查斯论证说,"科学家本身的工作,今天决不会比过去更直接地包含于物质生产过程之中,在资本主义的条件下,科学仍然是某种脱离直接生产者的劳动,它不是直接包含于这个过程之中,而是像马克思所说的那样,通过'技术的应用',与物质劳动过程中的这种或那种要素,与劳动力或者生产资料结合在一起,因此,科学研究和情报成了不是生产剩余价值的劳动","即使这种工作的产品具有商品的形式(专利权、特许权),但它仍然是非生产性的,因为它们自己并不产生价值,正像文艺作品不生产价值一样"②。

普兰查斯用生产劳动和非生产劳动去划分工人阶级和新小资产阶级的提法,在西方,虽然得到了一些人的附和,但却引起了更多人的批评和非议。人们提出的反驳意见主要有两点:一是认为普兰查斯把生产劳动、非生产劳动之间的区别和阶级区别等量齐观的看法是错误的,马克思从未明确表示过生产劳动可以被用来作为确定阶级的标准,马克思区分生产劳动和非生产劳动的目的,也并不是要为自己提供一个用来进行阶级分析的分类图式;二是认为资本主义制度的结构取决于资本对劳动的剥削,而生产劳动与非生产劳动的概念,并没有提供一种对剥削的恰当分析,因此,马克思主义的阶级分析理论应当超过这个概念,具体分析资本主义剥削的复杂过程,把重点放在作为阶级形成的基础的剥削性社会关系所产生的实际对抗上面。

---

① 普兰查斯:《当代资本主义中的阶级》,伦敦1975年版,第216页。
② 普兰查斯:《当代资本主义中的阶级》,伦敦1975年版,第222—223页。

普兰查斯在用生产劳动和非生产劳动的区分把以上四类靠工资谋生者划出工人阶级范围之外以后,接着又用政治和意识形态因素去考察直接包含在物质生产过程中,作为总体工人的一个组成部分的工程师和技术人员的状况。

在生产过程中承担监督和管理工作职能的人,它的阶级规定是什么?

普兰查斯认为,这些人并不属于工人阶级,因为他们的结构阶级规定和他们在社会劳动分工中占据的地位,是以他们所维护的政治关系,要优于他们在劳动分工中的生产劳动方面为标志的。他们的主要职能,是从工人那里取得剩余价值的职能,他们行使着从资本(掌握着劳动过程的控制职能的资本)那里得来的权力,尽管他们也出卖自己的劳动、提供剩余价值和被资本家所剥削。

关于直接卷入到物质生产过程中去的工程师和技师,普兰查斯说,他们的结构阶级规定涉及到脑体力劳动的分工问题。他抱怨说,恰恰在这个问题上,马克思主义经典作家总是"一方面强调这种分工对于阶级划分这种历史现象的决定性作用(马克思、恩格斯),或者强调废除脑体力劳动之间的分工同废除阶级剥削,甚至一般的阶级划分之间的密切关系(列宁、毛泽东)。然而,另一方面,每当用脑体力劳动之间的分工来定义一个特定的社会形态,特别是资本主义社会形态的阶级规定时,这种差别就消失了",而他普兰查斯则正是要强调"这种分工在资本主义社会形态中阶级的实际规定中的作用"[①]。

马克思在谈到资本主义生产发展中生产性集体工人的出现时,曾经说过:

"为了从事生产劳动,现在不一定要亲自动手;只要成为总体工

---

① 普兰查斯:《当代资本主义中的阶级》,伦敦1975年版,第230页。

人的一个器官,完成他所属的某一种职能就够了。"①

普兰查斯说,"新的科学技术革命"的鼓吹者把马克思的这个分析用来将工人阶级的界限扩大到包括新的工程师、技师集团,而他则认为,这个假定不可避免地要导致这样的结论:即生产性总体工人的出现,通过把"科学的负荷"变成工人(生产性劳动),沿着劳动的"社会化"而导致脑体力劳动之间分工的废除。然而,在事实上,这种认为自动化导致废除脑体力劳动之间分工的论证是完全虚假的。因为马克思反复论述的是,招致生产性集体工人产生的东西,是资本主义劳动过程的社会化(扩大的合作),而这种社会化在同时又加深了脑体力劳动之间的分工。这就是说,一方面,在资本主义社会化的条件下,体力劳动的承担者倾向于变成生产性总体工人的组成部分,而另一方面,与此同时,又由于资本主义社会化的同样的缘故,体力劳动又在一个"对立的矛盾中"和脑力劳动分割开来。

那么,应当怎样正确理解这种在生产劳动里面分开来的,从事脑力和体力这样两种劳动形式的人们之间的矛盾呢?

普兰查斯认为,脑力和体力劳动之间的这种分工,并不仅仅是一种技术劳动分工,而且在实际上在一种划分成阶级的生产方式中,它都形成为政治关系同意识形态关系之间关系——在其同生产关系的连接上——的集中表现。

根据这种脑体力劳动之间分工观,普兰查斯认为,在工程师和技师的阶级规定中,政治和意识形态的因素具有如下的作用:

首先是从科学同意识形态之间关系来看,由于所论述的这种科学,是被资本占有的科学,即处在同占统治地位的意识形态密切交织着的知识的形式之中,甚至在"基础研究"的场合也是如此,因此,科学连同其"技术应用"就都服从于它的构成的社会、政治和意识形态

---

① 马克思:《资本论》,《马克思恩格斯全集》第23卷,人民出版社1972年版,第556页。

条件的。而工程师和技师问题所涉及的,却正是科学发现在物质生产过程中的"技术应用",而科学的这种技术应用,在其服务于资本主义生产力发展的范围内是直接为资本主义生产服务的。

据此,普兰查斯引申出关于工程师和技师的地位的结论说,"他们的对科学作技术应用的工作,发生在占统治地位意识形态的标志之下,他们甚至把这种意识形态物质化在他们的'科学'工作中;这样,他们就在实际上在物质生产过程中支持意识形态关系的再生产。通过科学的技术应用,他们在这种再生产中的作用,在资本主义下采取表现资本主义生产过程的意识形态条件的,脑体力劳动之间分工的特殊形式。"①

其次,从资本主义脑力劳动在生产过程中的实际内容来看,即使这种脑力劳动的实践同科学的技术应用无关,这种实践也仍然被赋予了一种为工人所不具有的知识而合法化。这样,可以说,凡是采取把直接生产者排除在外的知识形式的每一种劳动形式,都落到了资本主义生产过程的脑力劳动方面,而不管其经验/自然内容如何。

普兰查斯认为,以上两点只是工程师和技师问题的一个方面,它只包含意识形态关系的一个方面。除此之外,还有另一个方面,即包含政治关系的方面:"这些工程师和技师,通过科学的技术应用而干预资本主义生产过程,也由于同一事实至少其绝大多数被卷入到管理和监督劳动过程的政治关系之中。"②

这种卷入,既是间接的,通过技术应用而发生的,又是直接的,表现为这些工程师和技师本身就负有控制工人的"效率"和产品规范的成就等管理和监督责任。而且他们还是通过被赋予同知识有关的特殊职能去完成这种指导和监督工作的,他们的同体力劳动分开的脑力劳动,代表了政治关系在工厂专制中的行使,而这种行使是被知

---

① 普兰查斯:《当代资本主义中的阶级》,伦敦1975年版,第236—237页。
② 普兰查斯:《当代资本主义中的阶级》,伦敦1975年版,第239页。

识的垄断和秘密所合法化和同它相连接的,也即被统治和服从的意识形态关系的再生产所合法化和同它相连接的,正是这种密切的连接,把脑力劳动的特征规定为在资本主义生产过程中同体力劳动相互分开。

通过以上两个方面的分析,普兰查斯认为,就工程师和技师的结构阶级规定来说,他们并不属于工人阶级,虽然作为把科学技术应用于现阶段的垄断资本主义的生产过程,就经济关系而论,说他们日益增长地倾向于成为资本主义生产劳动(生产性总体工人)的组成部分,这是正确的。因为他们在生产剩余价值中直接维持着资本。为什么说他们不属于工人阶级?因为他们在社会劳动分工内的位置上,维护着使工人阶级服从于资本的政治和意识形态关系(脑体力劳动分工),以及因为他们阶级规定的这个方面占统治地位的方面。

普兰查斯最后得出结论说:

"工程师和技师并不属于工人阶级,即使他们愈益形成生产性总体工人的组成部分,因为这些情境的占统治地位的方面是他们所支撑的政治和意识形态关系。这些关系影响了他们在社会劳动分工(脑体力劳动)中的结构阶级规定;而且不能把它们同其在关键时刻的阶级立场等同起来,在事实上,作为同工人阶级和同资本的联系中他们规定的两极化的结果,这个集团的某些部分有时持资产阶级立场,有时则持工人阶级的立场,然而,在后一个场合,这些人并不据此而成为工人。"①

工程师和技师,在协调和统一扩大的资本主义生产过程中,在技术上发挥着必不可少的作用,同时又是生产剩余价值的"总体工人"的一个组成部分,因而无疑地属于生产劳动者的范畴。但是,普兰查斯却认为,虽然从经济实践的角度来看,他们在从事着工人阶级的经济实践,但从政治意识形态实践方面来看,他们却在从事着新小资产

---

① 普兰查斯:《当代资本主义中的阶级》,伦敦1975年版,第250页。

阶级的政治、意识形态的实践,所以不属于工人阶级而属于新小资产阶级。虽然普兰查斯说在确定这些人的结构阶级规定时,应当把无产阶级的经济实践同小资产阶级的政治意识形态实践结合在一起,实际上在这个范畴中起作用的,却只有小资产阶级的政治、意识形态实践。

然而,把政治、意识形态因素引进划分阶级的标准中去,把从事脑力劳动的科学家、工程师、技师统统划到工人阶级外面去,这种种做法,在马克思主义看来,却是错误的。

这是因为,在资本主义社会,有各种各样的脑力劳动者,虽然有些人是完全为反动统治阶级服务、同从事体力劳动的劳动者处在对立的地位,但也确有很多从事科技工作的知识分子,尽管浸透了资产阶级偏见,但他们本人却是学者,他们的劳动成果被剥削者利用,那一般是由社会制度决定的,并不是出于他们的自由选择,一般的工程技术人员也参与剩余价值的创造,也受资本家剥削。所以,把脑体力劳动之间的分工说成是阶级对立,那是没有根据的。

在实际上,随着现代科学技术的发展,大量繁重的体力劳动将逐步被机器所代替,直接从事生产的劳动者,体力劳动会不断减少,脑力劳动会不断增加,越来越要求有更多的人从事科学研究工作。要是像普兰查斯那样,借口脑体力劳动之间有分工,而把脑力劳动者从工人阶级那里划出去,工人阶级的队伍岂非将越来越小,"小资产阶级"乃至"资产阶级"的队伍岂非要越来越大?

实际上,把脑体力劳动之间的分工不分青红皂白地说成是阶级对立,这并不是马克思主义,而是一种极左思潮。在我国的"文化大革命"中,"四人帮"为了打击迫害知识分子,曾经利用这股极左思潮,把脑体力劳动间的分工歪曲成阶级对立。普兰查斯在阶级划分问题上的这种极左见解,正是受我国"文化大革命"的影响而形成和发展起来的。例如,在谈到"社会劳动分工同包含在社会阶级的规定及其再生产的政治和意识形态条件直接地关联着"等问题时,普兰查斯强调"马克思主义不是固定不变的教条,很清楚,中国的无产阶级文化大革命使马克思主义能在这个特殊的方面决定性地向前推进"①,而在谈到脑体力劳动之间的分工在事实上影响新小资产阶级和工人阶级的整个关系时,他又说他是在论述"一个被中国的文化大革命再次提出的非常重要的问题。"②

正因为普兰查斯在这个问题上的理论观点,是受我国"文化大革命"影响的极左思潮的观点,因此就必然偏颇不正而不符合客观实际。西方有些学者也认为"普兰查斯总的理论方法,是朝着系统的马克思主义的阶级理论真正前进了一步,但当普兰查斯用他的理论方法分析垄断资本主义社会的小资产阶级和无产阶级时,却得出了错误的结论"③。

(三)"结构主义的马克思主义"的国家论

普兰查斯的"结构主义的马克思主义"理论是从批评马克思主义的国家理论入手而引出的。

普兰查斯认为,马克思主义遗忘了国家理论,因而没有一种详尽的国家理论。

在马克思那里,出现这种"遗忘"主要是因为他的主要理论对象是资本主义生产方式,这种生产方式的特征是,在这里,经济不仅具有归根到底的决定作用,而且也具有支配作用,于是,马克思就集中考察了资本主义生产方式的经济方面,而没有专门涉及国家那样的其他方面。在马恩的著作中,可以找到关于国家理论的一般原则,了解资本主义国家的一些指南,但是,他们没有详尽的国家理论。

在列宁那里,出现这种"遗忘",是因为列宁卷入到直接的政治

---

① 普兰查斯:《当代资本主义中的阶级》,伦敦1975年版,第225—226页。
② 普兰查斯:《当代资本主义中的阶级》,伦敦1975年版,第30页。
③ 斯科特奈斯:《确定无产阶级和小资产阶级的结构因素》,载《反叛的社会学家》杂志1979年第1期。

实践中去，只是在主要是论战性的著作中才涉及国家问题，如《国家与革命》，但它们并不具有像《资本主义在俄国的发展》那样的理论状态。后来，普兰查斯还说，列宁关于国家的有些分析，已陷入工具主义观念，即把国家看成浑然一体的、没有分裂、没有内部矛盾的东西，认为它只能遭到来自外面的、反国家的组织的正面攻击。

在第二国际那里，出现这种"遗忘"，是因为它信奉经济主义。而经济主义是认为可以把国家归结为经济基础的简单的附带现象，政治活动是应当把经济当作它的主要目标的，于是，对于国家的专门研究，就成了多余的事情。

在第三国际那里，出现这种"遗忘"，普兰查斯认为，这也是因为它沾染上了经济主义和缺乏革命战略，这突出地表现在它在对法西斯主义分析中忽东忽西上面。

由于普兰查斯认为马克思主义缺乏一种国家理论，因此他就着手用他的"结构主义的马克思主义"国家理论来"填补"这个"空白"。

普兰查斯首先从国家的相对自主性上来展开"结构主义的马克思主义"的国家理论。

普兰查斯认为，国家不可能是一种完全独立的权力，应该在经济方面寻找它的基础，而为了不陷入经济主义的泥潭，又必须借助于多元决定的概念去考察国家的相对自主性。他说，这种相对自主性是建立在政治和经济分离的基础上的国家权力机构的特点。

他说，国家的这种相对自主性，并不是指其结构与生产关系之间的一种直接关系，而是指阶级斗争领域中国家对于统治阶级的关系："我的意思是指国家对阶级斗争领域的关系，特别是针对权力集团的阶级和派别的相对自主性，并扩大到针对权力集团的同盟和支持力量的相对自主性。"这种相对自主性和制度化政治权力所特有的统一又是密切相连的。这是因为，虽然资本主义国家类型对于统治阶级和统治集团来说具有一种相对自主性，但是，"它恰恰只是在其作为资本主义生产方式和资本主义形态的一个特殊方面，才具备了其自身的特殊统一性（阶级力量的统一性）。与此同时，由于它对这些阶级和派别来说是相对自主的，也就是说，由于针对这些阶级和派别赋予它的那种职能，它具备有这样一种制度化了的统一性。"

那为什么说这种相对自主性是国家权力机构的固有特点呢？普兰查斯说，那是因为国家与政治阶级斗争关系集中了各个结构方面与阶级实践领域之间的关系，"国家对政治上的统治阶级或派别的相对自主性是资本主义形态中各个环节相对自主性的反映。简言之，资本主义国家类型的这种自主性和统一性，是与它的各种结构在同政治阶级斗争发生关系的特性相关联的。"①

例如，资产阶级国家的作用，在于负责资产阶级的政治利益并实现政治上的霸主作用，这种作用资产阶级自身是不能实现的。但是，资本主义国家要做到这一点，就得对资产阶级保持一种相对自主性，因为相对自主性允许国家进行干预，这不仅是为了同被统治阶级进行妥协，而且也是为了干预统治阶级中这一派或那一派的长期经济利益，因为这种妥协和牺牲有时候对实现他们那政治方面的阶级利益是很必要的。

资产阶级国家在各种制度的活动中所反映的这种相对自主性，本来是为统治阶级实现其统治所必不可少的，可是，为了应付这种相对自主性，国家得到了社会上某些被统治阶级的支持，国家通过一种复杂的意识形态过程，自我表现为这些被统治阶级的代表，它以各种各样的方法鼓励这些被统治阶级与那个或那些统治阶级相对抗，但这还是要符合后者的政治利益的，国家是以这种办法成功地促使那些被统治阶级接受一整套的妥协办法，这种妥协办法看来似乎是符合这些被统治阶级的利益的。所以，资本主义国家在履行其政治功能的时候，要依赖被统治阶级，并且有时候愚弄他们去反对那些统治阶级。它在这么干的时候是确实认识到了它所具有的包含在国家制

---

① 普兰查斯：《政治权利和社会阶级》，伦敦1975年版，第256—257页。

度中的那种针对统治阶级的相对自主性:这种自主性允许它保持与那些阶级的政治利益的永久联系。事实上,在这些严格的限制之内,资本主义国家甚至连一步也不肯离开资产阶级的政治利益。

据此,普兰查斯得出结论说:"这种国家针对这些阶级采取了一种相对自主,恰恰是这种自主构成了这些阶级的明确的、专有的政治权力","这种自主既没有授权给这些被统治的阶级来有效地参与政治权力,也没有把制度化的权力分割'一部分'给他们","归根到底,这种相对自主只不过是各统治阶级霸主组织所需要的那种自主而已,也就是,它只不过是这些阶级的明确权力所不可缺少的那种相对自主而已"①。

接着,普兰查斯就以国家的相对自主性作为理论基石,把国家当作维持生产条件、生产方式,特别是维持社会形态的统一,使其保持正常活动的条件的一种组织形式,当作黏合社会形态各方面的统一的因素。

他说,国家的特殊职能就是要成为一种社会形态各个方面的黏合因素,就国家能够起着一个复杂的统一体所有各个方面黏合的意义而言,就国家作为调节这个体系综合平衡的因素而言,国家是一种社会形态的"秩序"或"组织原则"。

然而,尽管国家是黏合一个社会形态的统一的因素,它又是这个形态各个方面矛盾集中在一起的结构,而且,正是国家作为一种社会形态的统一黏合因素的职能,使其成为各个环节矛盾集中起来的场所。

普兰查斯说,国家具有在政治阶级冲突当中维持政治秩序的职能,这种职能同时也是作为统一的黏合因素而维持全面秩序的职能。国家防止政治上的阶级冲突不至于破裂,因而这种冲突反映着一种社会形态的统一,国家防止阶级和社会不至于毁灭自己。他还说,国

---

① 普兰查斯:《政治权利和社会阶级》,伦敦1975年版,第288—289页。

家作为黏合因素的作用不能贬低国家对各个方面,特别是对经济方面的干预。

后来,在别人的批评下,普兰查斯认识到自己在《政治权利和社会阶级》一书中,没有充分强调阶级斗争的重要性,关于国家是社会形态各个方面的黏合因素的命题尤其如此。于是,他在两年以后发表的《法西斯主义和独裁》一书中,开始纠正这种观点。在1974年出版的《当代资本主义中的阶级》一书中,特别是在1978年出版的《国家、权力和社会主义》一书中,他明确提出和系统展开了关于国家是力量关系的凝聚的观点。

例如,在《当代资本主义中的阶级》一书中,普兰查斯通过考察国家在资本主义/帝国主义的当前阶段中的形式和作用,以及它的取决于现存社会形态的特殊的相对自主性,从而进一步推敲其国家理论时,就得出结论说:"国家不是自为地存在的工具实体,它不是一物,而是力量平衡的凝聚。"[1]

而在《国家、权力和社会主义》一书中,普兰查斯则更加明确地提出,在这个问题上,他要把他自己以前的一些表述弄得更加准确一些。

现在,他说,"不应把(资本主义)国家看作是像资本那样的一个固有的实体,倒不如说,它是各种力量(之间)的一种关系,或者更精确些说,它是阶级和阶级派别之间这样一种关系的物质凝聚,以一种必然是特别的形式表现在国家中。"[2]

普兰查斯说,他提出的这个关于国家是力量关系的物质凝聚的公式,是同共产主义关于国家垄断资本主义的分析相对立而提出来的,因为这种分析导致到把国家和垄断资本混淆起来,把国家看成纯粹地为垄断资本服务而没有什么自主性。

---

[1] 普兰查斯:《当代资本主义中的阶级》,伦敦1975年版,第98页。
[2] 普兰查斯:《国家、权力和社会主义》,伦敦1978年版,第128—129页。

普兰查斯特别强调他的这个公式的重点在于，国家并不纯粹地和简单地是一种关系或一种关系的凝聚，而是阶级和阶级派别之间力量关系的特别的物质凝聚。这是什么意思呢？普兰查斯说，资本主义国家的物质框架是由它同生产关系以及社会劳动分工的关系所构成的，所以，不可以把国家简单地归结为力量关系，因为它展示了一种对它自身的不透明性和抗阻。当然，阶级力量关系中的变化，总是要影响国家的，但它并不是以一种直接的方式和式样表现在国家之中的，它只是以一种随国家机器的变化而变化的折射方式去把这种变化结晶化在国家之中。

所以，"国家是阶级和阶级派别之间力量关系在国家本身之内以一种必定是特别的方式的凝聚。换句话说，国家是彻头彻尾地被阶级矛盾所构成/划分的。这样，一个旨在再生产阶级划分的制度就不是而且永远也不能是一个没有裂缝的铁板一块的集团，可以不顾其自身的矛盾而制定政策。"①

普兰查斯认为，说矛盾和斗争横跨着国家，那是全然不够的，阶级矛盾是构成国家的原材料，它们表现在其物质框架和组织范型中，而国家的政策正是这些矛盾在国家内部发生作用的结果。这样，统治阶级和派别中间的矛盾，或者说权力集团的力量关系，对于要被国家所组织的集团的统一来说，正是使之成为必需的东西，它们是作为纠缠在国家之内的各种矛盾关系而存在的。

普兰查斯说，他的这种国家理论既避开了把国家理解为物、工具，又避开了把国家理解为主体这样两种看法。

工具论和主体论都把国家和社会阶级的关系，特别是同统治阶级、派别的关系理解为一种外在的关系了。工具论主张统治阶级通过影响和压力，使国家向自己屈服，主体论主张国家控制统治阶级，使之向自己屈服。在这种外在的关系中，国家和统治阶级总是被看

---

① 普兰查斯：《国家、权力和社会主义》，伦敦1978年版，第132页。

成彼此面对着的固有实体,一方持有的权力等于另一方缺乏的权力,权力被认为社会中一个所与的量:一种"互相冲销为零"的权力概念。工具论主张统治阶级通过抽空国家所具有的权力来吞没国家,主体论主张国家抵抗统治阶级,并为它自己的利益而剥夺统治阶级的权力。

在普兰查斯看来,工具论和主体论两者都既不能解释一种有利于统治阶级的国家政策是怎样制订出来的,又不能把握住国家的内部矛盾的决定性作用,因为它们都把国家看成是处在社会阶级之外,从而自然而然地显得是一个没有任何裂缝的铁板一块的集团。工具论主张阶级矛盾外在于国家,主体论主张国家的矛盾外在于社会阶级。

反之,普兰查斯认为他提出的关系论,却把国家特别是资本主义国家,看作是在结构上充满阶级矛盾并由阶级矛盾构成的,从而是由于其结构而自身被划分开来的国家的各种机关和分支。议会和行政、中央和地方、军队、司法,等等,在它们那里都显示有矛盾。普兰查斯把这说成是他的一个根本的理论观点。

(四)"结构主义的马克思主义"的政治战略

普兰查斯在提出了他的国家理论以后,接着又提出了他的过渡到社会主义的战略。

正如在国家观上,普兰查斯用他所谓国家是阶级力量关系的物质凝聚的观点,同所谓列宁主义的"工具主义"国家观相对立那样,在过渡到社会主义的问题上,他用通过民主道路走向社会主义的战略,去同所谓列宁主义的双重政权战略相对立。

所谓"双重政权战略",普兰查斯是指的:列宁主义认为,必须在双重政权的情况下通过正面进攻去摧毁国家,代之以第二种政权——苏维埃,而苏维埃则不再是本来意义上的国家,因为它已经开始消亡了。他认为这种战略的核心,是把国家之外的各种平行的权力集中起来,建立到一定时候可以代替资产阶级国家的另一套国家机构。他还认为,由于列宁经常把代议制民主和政治自由制度都归结为资产阶级的东西,因而主张必须予以连根铲除,而代之以直接的基层民主、代之以真正的无产阶级的苏维埃。

普兰查斯认为,作为战略家的列宁的高见之一,在于坚决支持普通老百姓和苏维埃的直接民主,这是列宁积极的一面。但另一方面,普兰查斯附和卢森堡的批评,认为整个围绕着彻底粉碎代议制民主的无产阶级专政的实践和理论问题,是列宁的消极的一面。他说:

"卢森堡不是责备列宁忽略或藐视直接的基层民主,而是正好相反——也就是说,责备他仅仅依靠委员会民主和完全消灭议会民主","把苏维埃规定为劳动阶级唯一真正的代表,来代替由人民普选产生的代议团体。但是,随着对整个国家政治生活的压制,苏维埃中的生活也必定越来越残缺不全。没有普选,没有不受限制的出版和集会自由,没有意见的自由交锋,无论哪一种公共制度中的生命都会熄灭,变成一种仅仅貌似生命的东西,其中只有官僚才依然是活跃的因素"①。

而到了斯大林所领导的第三国际那里,又加上了国家主义和对直接的基层民主的藐视。

普兰查斯提出了和这种导致国家主义的"双重政权战略"相反的,"通过民主道路走向社会主义的战略"。

普兰查斯说,在向社会主义过渡的问题上,我们面临着一个两难处境:"要么保持(资本主义)现存的国家,并仅仅坚持一种修改过的代议制民主——这是一条以社会民主主义的国家主义和所谓自由主义的议会主义告终的道路;要么一切都以直接的基层民主或自治运动为基础——这是一条迟早不可避免地导致国家主义的专制政治或专家专政的道路。"

怎样才能摆脱这个两难处境呢?普兰查斯提出的解决办法就是

---

① 普兰查斯:《国家、权力和社会主义》,伦敦1978年版,第253页。

他的"通过民主道路走向社会主义的战略":"应该用另一种方式提出这个根本性问题;从根本上说,如何才能用这样一种方式来改造国家,即把政治上的自由和代议制民主的机构(这些也是人民群众争取到的东西)同增加直接民主的形式和雨后春笋般出现的自治团体结合起来?"①这就意味着必须把在国家内部进行的斗争,同与此平行的、处于各种机构和国家机关之外的斗争结合起来。

所谓在国家内部进行斗争,就是通过人民群众的斗争,去加剧国家内部矛盾,改变国家内部力量对比,以实现国家的深刻变革。在今天,人民群众的斗争经常通过国家——它已不再是以前那种脱离人民群众的象牙塔了——来进行,其目的不是寻求创造一种与国家并行的、在国家之外的双重政权,而是用斗争本身去影响国家的各种内部矛盾。

在普兰查斯看来,接收或夺取国家政权,并不是简单地抓住国家机器的一部分,以便用第二种政权去代替它。权力并不是由国家掌握,因而必须从它手中拿走的,可以计量的实体,而是各社会阶级之间的一系列关系,理想的形式是权力集中于国家,因而国家本身是各种力量的特殊阶级关系的凝聚。国家既不是一个可以取走的东西和工具,又不是一座可以用一匹木马来撞开大门的要塞,也不是一只可以被盗贼砸破的保险箱,它是行使政治权利的核心,是一个战场。

所以,为了取得政权,群众斗争就必须通过改变国家机器内部力量对比的办法来进行,取得政权的漫长过程主要是扩大、发展、加强、调整和指导群众总是在国家的网状组织中据有的那些分散的抵抗中心,使这些中心成为国家战略地带内的真正的权力中心。

在国家内部进行斗争以改变其力量对比,并不意味着接连不断地赢得一些改良,一部分一部分地征服国家机器或占领政府阵地,而是包含一个真正决裂的阶段:当着国家的战略地带的力量对议会道路或选举道路,因为它涉及整个国家机器,国家内部力量对比有利于

---

① 普兰查斯:《国家、权力和社会主义》,伦敦1978年版,第256页。

人民群众的时候,就达到这个阶段的顶点。

在国家内部进行斗争——改变其力量对比,也不简单地是一条议会道路或选举道路,因为它涉及整个国家机器,国家内部力量对比的变化不仅影响议会这种在当代国家中具有决定性作用的国家的意识形态机器,而且也扩大到垄断了合法的有形暴力的镇压性国家机器如军队和警察。

普兰查斯认为,在这种斗争之外的另一种平行的斗争,即所谓处于各种机构和国家机关之外的斗争中,会出现基层人民权力用来进行斗争的一系列工具、协调手段和机构,也即基层的直接民主机构。他说,这种形式的斗争的目的不是要建立集中的反国家的另一种权力,但它必须同前一种斗争结合起来。

通过民主道路走向社会主义的战略所包含的第二个重要内容,就是反对彻底砸碎或摧毁资产阶级国家机器的提法,而主张把直接民主和代议制民主结合起来。

普兰查斯认为,马克思主义所说的彻底砸碎或摧毁资产阶级国家机器的提法,其含义无非是为了直接的基层民主或者所谓真正的自由,而根除任何形式的代议制民主或形式上的自由。反之,通过民主道路走向社会主义的战略,却包含有政治和意识形态的多元论,承认普选制的作用,扩大和增加包括反对者的自由在内的一切政治自由等内容,因此,在这种战略看来,"谈论砸碎或摧毁国家机器,只能是一种文字游戏,各种各样的改造所涉及的是代议制民主制度的真正永恒性和连续性——不是把这种制度当作只要有必要就得容忍的倒霉遗迹,而是当作民主社会主义的一个基本条件"[1]。

例如,"通过民主道路走向社会主义"战略要求未来的社会主义保持卢森堡在批评列宁时强调的那种形式和政治上的自由,但要保持这种自由,就必须保持某种形式的代议制民主,必须把它同直接民

---

[1] 普兰查斯:《国家、权力和社会主义》,伦敦1978年版,第261页。

主结合起来。

那么,这两种民主的区别在哪里?普兰查斯说,一方面,直接民主是一种强制授权制度,选民可以随时罢免代表;而另一方面,如果要保持政治和形式上的自由,就必须还有体现这种自由的某种机构,这就是说,要有一个权力中心,一个用秘密投票普选出来的国民议会,这个议会不受强制授权和随时罢免权这些原则的约束。

为什么必须把这两种民主结合起来?普兰查斯说,这是因为从历史上看,基层直接民主制,如果不在一定时期内同代议制民主结合在一起,没有不失败的。不论在任何地方,直接民主最后总是废除多党制,然后是压制政治和形式上的自由,把它仅仅归结为斯大林主义,看来不太合适。普兰查斯的这种战略提出来以后,在西方引起广泛的评论。

英国学者卡林尼柯斯认为,普兰查斯的"在一个逐渐地把中央的议会民主制度和基层的直接民主制度连接起来的政权框架内逐渐改造资本主义"的战略是"明显矛盾的"。

他说,提出这种战略设计的一个理论上的原因,是普兰查斯接受了后结构主义者福科关于权力关系先于生产关系,生产关系服从权力关系,阶级斗争也并不排他地决定权力关系等命题,因而认为即使在改变了生产关系,结束了阶级斗争的社会主义制度下,古老的极权主义的亚当也会重新产生,据此,就必须避免武装暴动而保持作为反对独裁的保护措施的议会民主制度。

但是,普兰查斯却没有认识到福科的这种后结构主义理论在关键之点上,是和普兰查斯宣称仍然信奉的经典马克思主义的理论框架相矛盾的。于是,结果只能是悲观主义的:

"在过去10年内最有影响的马克思主义政治理论家,却在(关于代议制民主的)自由主义的陈词滥调中陷于崩溃瓦解,这是一种令人伤感的景象。"[1]

---

[1] 卡林尼柯斯:《马克思主义有未来吗?》,香港1982年版,第214—216页。